HERMANN SCHREIBER

Henri Nannen

1948: Die Westdeutschen halten ihre neue Währung in Händen. Die Verfassungsväter und -mütter ringen um ein demokratisches Grundgesetz, der 1.FC Nürnberg wird deutscher Fußballmeister – und Henri Nannen beschließt, daß all dies und vieles mehr Stories sind, über die in Text und Bild zu berichten sich lohnt. Das ist die Geburtsstunde des »Stern«, der anders ist als alles Gedruckte vor ihm. Nannen spürte, was ein Millionenpublikum lesen wollte, denn: »Ich bin Lieschen Müller.« Ihm war kein Thema zu klein oder zu groß, zu sauber oder zu schmutzig. Er mischte sich ein, er kitzelte die Mächtigen und machte Feuerchen unter ihren Sesseln. In mehrjähriger genauer Recherche hat Hermann Schreiber ein neues Bild des Mannes entworfen, der den »Stern« geprägt und damit großen Einfluß auf die politische und gesellschaftliche Entwicklung der Bundesrepublik genommen hat – ein bislang ungeschriebenes Kapitel deutscher Zeitgeschichte.

Autor

Hermann Schreiber, Jahrgang 1929, war von 1964 bis 1979 Redakteur beim »Spiegel«, bevor er zum Magazin »Geo« wechselte. Für eine »Spiegel«-Reportage über den Vietnam-Krieg erhielt er 1966 den Theodor-Wolff-Preis. Er ist Jury-Mitglied des vom »Stern« gestifteten Egon-Erwin-Kisch-Preises sowie des Axel-Springer-Preises für junge Journalisten. Neben zwei biographischen Titeln über Willy Brandt und »Werkstatt Bayreuth« (1986) erschien 1996 »Das gute Ende. Wider die Abschaffung des Todes«.

Hermann Schreiber

Henri Nannen

Der Herr vom *stern*

GOLDMANN

Umwelthinweis:
Alle bedruckten Materialien dieses Taschenbuches
sind chlorfrei und umweltschonend.

Vollständige Taschenbuchausgabe September 2001
Wilhelm Goldmann Verlag, München,
in der Verlagsgruppe Random House GmbH
© 1999 by C. Bertelsmann Verlag GmbH, München,
in der Verlagsgruppe Random House GmbH
Umschlaggestaltung: Design Team München
(Photo: Hinz/Stern)
Dokumentation: Jutta Temme
Lektorat: Kathleen Wallstein
Druck: Elsnerdruck, Berlin
Verlagsnummer: 15132
AM · Herstellung: Sebastian Strohmaier
Made in Germany
ISBN 3-442-15132-5
www.goldmann-verlag.de

1 3 5 7 9 10 8 6 4 2

INHALT

Liebe Leserin, lieber Leser,

wer Henri Nannens Leben erzählen will, der muß Geschichten erzählen, Nannens Geschichten. Darauf habe ich mich gefreut, denn es sind gute Geschichten, die sich wunderbar erzählen lassen. Aber warum hat er das dann nicht selber gemacht, warum hat er sich immer geweigert, seine Memoiren zu schreiben?

»Weil es keine ehrlichen Memoiren gibt«, hat er einem Schweizer Interviewer, Markus M. Ronner, 1987 in Emden gesagt. »Jeder hat in seinem Leben etwas getan, dessen er sich zutiefst zu schämen hätte, und wenn er Memoiren schreibt, müßte er das eigentlich erzählen.« Was aber die guten Geschichten angeht, so hat er immer wieder gesagt, er habe sie so oft erzählt, daß er nun wirklich nicht mehr wisse, ob er sie auch so erlebt habe.

Oft genug war es nicht so – das kann ich, muß ich nach zwei Jahren intensiver Nachforschung bestätigen. Nannen war ein begnadeter Fabulierer, er hatte einen untrüglichen Sinn für die Dramaturgie einer Geschichte, und sein Umgang mit den *dramatis personae* wie sein Talent für Auftritte wären eines Theatermannes würdig gewesen. Mit dem Stoff seiner Erzählungen ist er umgegangen wie Richard Wagner mit den germanischen Mythen: Er hat sich das herausgepickt, was in sein höchst persönliches Drama paßte. Wenn ihm jemand eine Geschichte erzählte, die er gut fand, dann hat er sie gleich in dramaturgisch erheblich verbesserter Form weitererzählt. Seine Manier, Geschichten zu erzählen, war eine Art *work in progress*: Die dramatische Substanz der Geschichten wurde immer besser, die Entfernung vom Stoff – oder wenn Sie wollen: von den Fakten – wurde immer größer.

Natürlich hat es mich gereizt, genauso zu verfahren – also Nannens Biographie quasi zu inszenieren. Der Stoff dieser Lebensgeschichte, der Plot sozusagen, hätte das wahrlich hergegeben. Gern hätte ich dann, wenn die kontrollierende Ermittlung der Fakten mühsam wurde, und das wurde sie oft, meine Schilderung mit den Worten »Ich stelle mir vor...« begonnen. Aber das geht natürlich nicht, wenn ein Journalist über einen Journalisten schreibt, obendrein über einen, der erst ein paar Jahre tot ist, und wenn von den übrigen handelnden Personen viele noch am Leben und in Amt und Würden sind. Da ist man als Biograph wie als Journalist im Zweifel auf gerichtsverwertbare Belege angewiesen.

Ich bleibe dennoch dabei, Geschichten zu erzählen, weil ich ganz sicher bin, daß Henri Nannen anders gar nicht zu fassen ist. Er paßt in keine Fußnote und in keinen Apparat. Ich will ihm nicht antun, den Erzählfluß seiner Lebensgeschichte mit Quellenhinweisen und numerierten Anmerkungen zu unterbrechen. Ich weiß, er hätte das als eine Zumutung für den Leser empfunden – und hätte selber nicht weitergelesen.

Trotzdem können Sie, liebe Leserin, lieber Leser, davon ausgehen, daß ich gründlich recherchiert habe und daß es für jede Situationsschilderung eine Quelle gibt, die der Nachprüfung, wo immer sie noch möglich war, standgehalten hat oder über Zweifel an ihrer Glaubwürdigkeit erhaben ist. Ich war zeit meines Lebens Reporter und weiß also, daß man als Berichterstatter nur drei Quellen glauben soll: dem Augenschein, den Augenzeugen (diesen bereits mit Einschränkungen) und den Dokumenten. Als Biograph bin ich nun in Bereiche geraten, in denen diese drei Quellen entweder nicht mehr zur Verfügung standen oder widersprüchliche Erkenntnisse vermittelt haben. Von so mancher Geschichte gibt es mehrere Fassungen. Und gerade Henri Nannen hat seine Geschichten mit Variationen erzählt.

Es gibt Ereignisse in Nannens Leben, über die verläßliche Berichte nicht existieren. Dokumente sind nicht mehr vorhanden, und Zeitzeugen, wenn sie noch leben, erinnern sich unterschiedlich oder gar nicht. Das gilt nicht nur für solche Geschichten, die Nannen selber nicht hätte erzählen wollen, weil er sich ihrer schämen zu müssen meinte. Es gilt zum Beispiel auch für seine Soldatenzeit, von der er durchaus, wennschon mit Variationen, erzählt hat – nur daß diese Geschichten nicht zusammenpassen mit anderen Berichten aus jenen Tagen. Was bleibt, sind Versionen: Es könnte so, es könnte aber auch anders gewesen sein. Wo dies der Fall ist, habe ich es kenntlich gemacht – und beide Versionen erzählt.

Aber was ist nun die Wahrheit? Ich weiß es nicht. Ich glaube, es gibt sie gar nicht. Es gibt im Leben eines Menschen viele Wahrheiten, und manchmal weiß dieser Mensch selber am wenigsten, für welche Wahrheit er sich entscheiden soll – erst recht nicht im Rückblick. Da bleibt das meiste im ungenauen. Oliver Storz, ein Klassiker des deutschen Fernsehspiels (Jahrgang 1929 wie ich und ein alter Freund), hat das in seinem jüngsten Film »Gegen Ende der Nacht« dramatisch klargemacht: Ein amerikanischer Besatzungsoffizier, Sohn emigrierter deutscher Juden, trifft bei dem Versuch, bald nach Kriegsende 1945 einen Fememord aufzuklären, auf ein blondes deutsches Mädel, in das er sich zu seinem Unglück heftig verliebt – auch dann noch, als die junge Frau in Verdacht gerät, in einem KZ die nicht arbeitsfähigen Häftlinge »selektiert« und sie so ins Gas geschickt zu haben. Hat sie das wirklich getan? Weiß sie überhaupt, was sie getan hat? Einmal antwortet sie dem verzweifelt Fragenden: »Ihr wollt immer alles genau wissen – aber die Wahrheit ist ungenau.«

Die Wahrheit ist ungenau. Nannens Biographie bestätigt das, und ich habe nicht versucht, es zu verbergen. »Die Wahrheit über Henri Nannen« wäre ein Pamphlet, keine Biographie. Es hat solche politisch motivierten Pamphlete gegeben. Sie haben der Wahrheitsfindung nicht gedient.

Ich denke, Martin Walser ist der Wahrheit näher, nicht in seiner allzu ungenauen Paulskirchen-Rede, aber in seinem jüngsten Roman *Ein springender Brunnen*, der in den Jahren 1932 bis 1945 spielt und den er so beginnen läßt: »Solange etwas ist, ist es nicht das, was es gewesen sein wird. Wenn etwas vorbei ist, ist man nicht mehr der, dem es passierte.«

Sind nicht alle Geschichten, die Menschen über ihr Leben erzählen, notwendigerweise eine Mischung aus Mythos und Wirklichkeit? »Was den Mythos angeht«, so der kanadische Schriftsteller Timothy Findley in seinem Roman *Die Tochter des Klavierspielers*, in dem er den Helden die Geschichte seiner Mutter erzählen läßt: »Nehmen Sie irgendein Leben und leugnen Sie, daß das meiste davon vorsätzliche Selbsttäuschung ist – eine Überhöhung – ein Gemisch aus Lügen und Wahrheit, aus Gewünschtem und Erreichtem – die notwendige Rechtfertigung dafür, daß man überhaupt am Leben ist.«

Ich habe versucht, dem Menschen Henri Nannen näher zu kommen – näher als ich ihm zu seinen Lebzeiten war. Diese Distanz hat sich erst in den letzten Jahren seines Lebens ein bißchen verringert. Vorher habe ich ihn bewundert und gefürchtet zugleich, und diese Ambivalenz war unter Journalisten sehr verbreitet. Ende der sechziger, Anfang der siebziger Jahre hat er zweimal versucht, mich vom *Spiegel* zum *stern* zu holen, und ich habe beide Male geschmeichelt, aber aus Überzeugung abgesagt. Besonders übelgenommen hat er mir das offenbar nicht, sonst hätte er mich, als er den Egon-Erwin-Kisch-Preis gründete, nicht in dessen Jury berufen. Als ich 1979 dann doch vom *Spiegel* weg, aber nicht zum *stern*, sondern zu *GEO* ging, hielt Nannens Begeisterung sich in Grenzen. Es hat ihn wohl nicht mehr besonders interessiert. Sein langer, schwerer Abschied vom *stern* hatte bereits begonnen.

Ich habe bei meiner posthumen Annäherung an Henri Nannen einen Menschen kennengelernt, der sich vom öffentlichen Erscheinungsbild des überlebensgroßen *stern*-Mannes unterscheidet. Das war eine spannende und eine bewegende Erfahrung. Diese Erfahrung möchte ich Ihnen vermitteln.

Hamburg, im Juni 1999   Hermann Schreiber

Triumph des Unbefugten

oder: eine Art Vorwort

Beginnen wir mit Bildern – mit den beiden Fotos von Henri Nannen, die zu Ikonen seiner Biographie geworden sind: Nannen 1955 auf der großen Treppe des Kreml-Palastes in der ersten Reihe mit Parteichef Chruschtschow, Ministerpräsident Bulganin und dem deutschen Kanzler Adenauer für die Fotografen posierend, während wichtige Amtspersonen wie Walter Hallstein, Kurt Georg Kiesinger und Heinrich von Brentano hinter ihm im Troß verschwinden. Und Nannen 1973, wieder im Kreml, locker plaudernd mit dem ersten Mann der sozialistischen Welt, Leonid Breschnew, und dabei den halben Hintern und eine stützende Hand auf dessen Schreibtisch plazierend.

Da geht ein Journalist demonstrativ zu weit, überschreitet Grenzen des Metiers, die er für sich selber nicht gelten läßt, und macht daraus eine Attraktion. Da schlägt ein Beobachter des Geschehens den mächtigen Akteuren ein Schnippchen, um so auf dieselbe Höhe mit ihnen zu kommen. Man schaut sich diese Bilder an und denkt: Das darf doch nicht wahr sein, das gibt's ja gar nicht. Doch, das gibt's, demonstriert Nannen, ich zeig's euch – besonders denen, die glauben, das stehe mir nicht zu. Was wir da sehen, ist nicht bloß ein gut gelungener Trick. Es ist der Triumph des Unbefugten.

Im Jahr 1955 hatte der *stern* schon eine Druckauflage von 800 000, und der Chefredakteur Nannen gehörte zu den nicht sehr zahlreichen Journalisten, die Konrad Adenauer auf dessen erster (und letzter) Rußland-Reise begleiten konnten. Die Russen hatten den rheinischen Kanzler eingeladen, nachdem dieser gegen heftige Widerstände, aber mit Erfolg die Wiederbewaffnung und die relative Souveränität des westdeutschen Teilstaates erreicht hatte. Die Westintegration der Bundesrepublik war schon seit 1952 perfekt, Stalins Angebot eines neutralisierten Gesamtdeutschland abgeschmettert, die innerdeutsche Grenze abgeriegelt. Nun reagierten die Russen auf die neue Situation und boten Westdeutschland die Aufnahme diplomatischer Beziehungen an. Über Wiedervereinigung war mit ihnen nicht mehr zu verhandeln. Alles, was Adenauer für die Aufnahme diplomatischer Beziehungen bekommen konnte, war das Versprechen, die letzten 9626 deutschen Kriegsgefangenen freizulassen, die in den russischen Lagern überlebt hatten. Und einen glänzenden Empfang im Kreml bekam er auch.

»Wir Journalisten standen unten am Kreml-Palast, und oben war das große Festessen«, erzählt Nannen. »Ich hatte einen Fotografen, der hieß Grossar und konnte fließend russisch. Grossar hatte ein Foto von einer Genfer Konferenz, auf dem er mit Bulganin abgebildet war.« Dieses Foto zeigte Grossar einem der Wachhabenden, gab sich als Mitglied der deutschen Delegation aus und erzählte dem Mann, daß er leider seine Einladung im Hotel vergessen habe, aber auf dem Foto könne man ja sehen, wer er sei. Grossar wurde reingelassen. Drinnen im Saal erzählte er dann einem anderen Bewacher, sein Chef stehe noch draußen, denn der habe leider seine Einladung im Hotel vergessen, und ob man den – es folgt eine genaue Beschreibung Nannens – nicht bitte hereinholen könne. Nannen wurde hereingeholt. »Als dann alles vorbei war, ging ich in der achtzehnten Reihe die breite Treppe mit hinunter. Und als ich unten alle die wartenden Fotografen sah, hab ich mich schnell nach vorn geschoben. Die Leute vor mir gingen zur Seite. So kam ich in die erste Reihe.« Nämlich mit dem »befugten Gesicht«.

Im Mai 1973, als das zweite Foto entstand, brauchte Nannen kein »befugtes Gesicht« mehr. Man wußte auch im Kreml, wer er war. In Deutschland regierte die sozialliberale Koalition, Willy Brandt war noch Kanzler. Er hatte der Adenauerschen Westintegration die – ungleich schwierigere – Aussöhnung der Bundesrepublik mit ihren Nachbarn im Osten folgen lassen, und Henri Nannen war mit seinem *stern* einer der Propagandisten dieser neuen Ostpolitik. Breschnews erster Besuch in Bonn stand bevor, eine Art Gegenbesuch bei Willy Brandt, den er zwanzig Monate zuvor in Oreanda auf der Krim zu Gast gehabt hatte, und wie in solchen Fällen üblich, gaben beide Partner der jeweils anderen Seite vorweg ein Interview – Brandt der *Iswestija* und Breschnew dem *stern*. Also flog Nannen mit seinen politischen Flügeladjutanten Manfred Bissinger und Peter Koch und dem Fotografen Fred Ihrt nach Moskau.

Das Interview entpuppte sich als Reinfall: Die Russen hatten es, samt den Fragen, fix und fertig vorformuliert und überreichten diesen Text mit feierlichen Worten im Außenministerium. Breschnew war gar nicht da, er war noch zu Besuch in Ostberlin. Nannen erwog indigniert die Abreise. Aber da ein viertelstündiger Fototermin nach Breschnews Rückkehr am Abend in Aussicht gestellt wurde, entschloß er sich zu dem Versuch, diesen Termin umzufunktionieren. Vorsorglich hatte er ein pompös in rotes Leder gebundenes Album mit den besten Fotos von der Begegnung in Oreanda mitgebracht, das Breschnew geneigt und gesprächig machen sollte. Das tat es dann auch. Aus der angesagten Viertelstunde wurden zwei Stunden, Breschnews Redefluß ähnelte immer mehr einem Wasserfall, und schließlich führte er die *stern*-Crew sogar in sein Arbeitszimmer.

»Fred Ihrt wieselte um uns herum, um seine Fotos zu machen«, erzählt Nannen, »und plötzlich fiel mir ein, Breschnew nach dem Roten Telefon zu fragen, der Direktleitung zwischen Moskau und Washington, die im Konfliktfall das letzte Verständigungsmittel sein könnte. Breschnew hob den Plexiglasdeckel links neben seinem Schreibtisch hoch, das Telefon war wirklich rot, ›aber das darf ich ja jetzt nicht anfassen‹, sagte er lachend.« Statt dessen führte er den Besuchern ein Gespräch auf der Direktleitung zu seinem anderen Büro im alten Gebäude des ZK der KPdSU vor. Nannen lauschte dem Dolmetscher Iwan Kurpakow, der mit großer Geläufigkeit übersetzte, »und plötzlich merkte ich, daß Fred Ihrt, unser Fotokollege, dabei war, seinen Film zu wechseln – er hatte die Szene mit dem Roten Telefon nicht draufgekriegt. Verdammt, was tun? Man konnte Breschnew doch nicht zum Schauspieler degradieren und um eine Wiederholung der Szene bitten.«

Der Generalsekretär hatte sich inzwischen an seinen Schreibtisch gesetzt und wollte nun wissen, wie es Brandt gehe. Der habe das Rauchen aufgegeben, erzählte Nannen, sei dabei aber dicker geworden. Das Problem war Breschnew geläufig. Ihm sage man auch immer, er solle das Rauchen aufgeben, aber er kenne nun mal keine andere Methode, den »Genossen Hunger« zu verscheuchen. »Da fiel mir zum Glück das Zigarettenetui ein«, erzählt Nannen, »das der amerikanische Milliardär Armand Hammer dem Amerika-Besucher Breschnew geschenkt hatte. Das Etui enthielt eine Uhr, die nur einmal in der Stunde eine Zigarette freigab. Ich fragte Breschnew, ob er das Geschenk noch besitze. Er lachte, bückte sich zur untersten Schreibtischschublade, holte das Etui hervor, zog die Uhr auf und hielt mir das Etui ans Ohr. Da blieb mir nichts anderes übrig, als mich auf seinen Schreibtisch zu setzen. Und so hatte ich mein Bild.«

So also »kam das despektierliche Foto zustande: zwei Interview-Partner, die vergessen hatten, daß der eine der mächtigste Mann der östlichen Welt, der andere nur ein Zeitungsschreiber war, der seinen Lesern zu schildern hatte, wie dieser Breschnew sich verhielt...«

Ach nein, Henri Nannen hat das nie vergessen. Im Gegenteil. Diese Distanz zwischen den Mächtigen und den Zeitungsschreibern war seine Manege. Dort hat er dem staunenden Publikum gezeigt, daß nicht allein die Mächtigen sich auf große Show und kleine Tricks verstehen. Dort hat er ihnen entweder rote Teppiche ausgerollt oder Feuerchen unter ihren Sesseln gemacht. Dort hat er mit Pauken und Trompeten ihre Tabus gebrochen, und das zu einer Zeit, als der Tabu-Bruch längst noch nicht zum flimmernden Volkssport verkommen war. Dort hat er den Mächtigen unermüdlich demonstriert, daß er ihnen nicht traut und daß auch sie an ihre Grenzen stoßen – so wie er selber an seine Grenzen gestoßen ist.

»Ich bin immer der Meinung gewesen: Das Wichtigste ist, daß man weiß, was man *nicht* kann«, hat er in einem späten Interview, mit 73 Jahren, gesagt. Und er hat daraus den Schluß gezogen: »Ich fasse nichts an, was ich nicht kann.« Das war keine weise Selbstbeschränkung, eher eine Vorsichtsmaßnahme. Er wollte sich nicht mit Pfusch blamieren. »Meine Selbstsicherheit ist geringer, als die meisten Leute glauben; dafür bin ich mir meiner Grenzen zu schmerzlich bewußt.« Und deshalb hat er sie überschritten; deshalb ist er immer wieder demonstrativ zu weit gegangen. Der Triumph des Unbefugten ist eine solche Grenzüberschreitung. »Hätte ich vielleicht in der achtzehnten Reihe stehen bleiben sollen?« Nannen gewiß nicht. Und also sehen wir ihn immer wieder dort, wo er von Rechts wegen gar nicht sein dürfte, wo das Ungehörige zum Ereignis wird und wo das schmerzliche Bewußtsein der eigenen Grenzen ausgelöscht wird vom Applaus eines verblüfften Publikums.

Als er siebzig geworden war, hat Henri Nannen mehr als einmal darauf beharrt, daß er alle entscheidenden Erfahrungen seines Lebens, wirklich alle, schon als Junge gemacht habe – in seinen ersten siebzehn Lebensjahren in Emden also. Und wer ihn nach seinen Vorbildern fragte, hat immer nur die eine Antwort bekommen: »Mein Vater.« Der war Polizeibeamter in Emden. »Mein Vater hatte nur Volksschulbildung und wäre immer in der unteren Beamtenlaufbahn geblieben, aber er war ehrgeizig und unendlich korrekt und hat eine Schule nach der anderen besucht.« Auch noch als Erwachsener hat er Nachhilfestunden genommen, »wöchentlich zwei Stunden ›allgemeinbildendes Gespräch‹, an dem ich teilnehmen sollte«. In einem jener späten Interviews (das ihm nicht gefallen, das er in diesem Punkt aber auch nicht dementiert hat) sagt Nannen: »Ja, mein Vater war pedantisch korrekt und übte einen Beruf aus, dem er nicht gewachsen war. Meine Komplexe sind auch seine gewesen und umgekehrt.«

Das sagt einer, der ja nicht nur mit Adenauer in der ersten Reihe gestanden und auf Breschnews Schreibtisch gesessen, sondern der auch ein Bilderblatt erfunden hat, das zeitweilig die größte und auch die beste Illustrierte der Welt war. Das sagt einer, der Erfolg ja nicht nur gehabt, sondern auch weidlich genutzt und vor sich hergetragen hat – so sichtbar, daß Herbert Wehner ihn mit der Anrede »Sie Wirtschaftswunderknabe« beehrte. Und dieser Mann will alle entscheidenden Lebenserfahrungen schon als Knabe in der ostfriesischen Provinz gemacht haben?

Ein Zufall sei das wohl nicht, hat ein kluger Beobachter Nannens, Jürgen Leinemann, im *Spiegel* geschrieben: »In einem Alter, da Kinder lernen, ihre Träume und Phantasien der Realität der Erwachsenenwelt anzupassen, hat er sich offensichtlich erfolgreich verweigert. Das hat er weitgehend durchhalten können im Leben – sein Erfolg als Blattmacher des *stern* ... wurzelt hier.«

Wir werden sehen.

Vorbild Vater

oder: die Unfähigkeit, glücklich zu sein

Es war Weihnachten, und der Krieg war nicht mehr weit, als Henri Franz Theodor Max Nannen zur Welt kam – eine Hausgeburt. Das Haus war ein landwirtschaftliches Gebäude am Emder Vogelsangzwinger, der heute Philosophenweg heißt, und die Hebamme Hinderika Buitenduif, die Elise Marie Nannen entband, war die Großmutter des Neugeborenen.

Ziemlich genau sechs Jahre zuvor war der Vater, Klaas Eiben Nannen, damals 23 Jahre alt, vom Magistrat der Stadt Emden zunächst probeweise zum Polizeisergeanten ernannt worden, mit einem monatlichen Gehalt von zunächst 91 Mark und 66 Pfennigen, nebst Dienstkleidung. Zu der gehörte ein Paar weiße Handschuhe, die Klaas Nannen nur selten ablegte und die ihm vor Aufregung über die Geburt seines Sohnes in die Kloschüssel fielen.

Im Leitartikel der *Rhein-Ems-Zeitung*, Untertitel *Unparteiisches Emder Tageblatt*, vom 25. Dezember 1913, Henri Nannens Geburtstag, hieß es: »In vieler braver Männer Stirnen hat das Verhängnis der Arbeitslosigkeit Furchen gelegt, heiser singt noch immer jede Stunde die harte Weise von der Teuerung, von erhöhter Plage um des Lebens Notdurft.« Die Spitzenmeldung des Tages handelte von Kaiser Wilhelms Weihnachtsspaziergang an Heiligabend: »Heute vormittag 11 Uhr machte der Kaiser bei Schneegestöber den gewohnten Spaziergang im Park von Sanssouci und erfreute die Gartenarbeiter, über hundert an der Zahl, durch Geldgeschenke.«

Der Polizeisergeant Nannen war ein gehorsamer Diener der Ordnungsmacht, auf deren Anerkennung er peinlich bedacht war; andererseits fühlte er mit den Erniedrigten und Beleidigten, zu deren Klasse er gehörte, deren Schicksal er aber nicht teilen wollte. Er war, offen gesagt, armer Leute Kind, eines von sieben. Sein Vater Franz Klaassen Nannen war, als Klaas 1884 in Tjüche,

Gemeinde Marienhafe, Kreis Norden, im absolut flachen Ost-friesland geboren wurde, Müllergeselle, später dann »Güterbo-denarbeiter« bei der Eisenbahn. Enkel Henri hat, wenn er von die-sem Großvater als dem Kronzeugen seiner eigenen Herkunft aus der Arbeiterschaft sprach, fast nie zu erwähnen vergessen, daß der Mann »in seinem ganzen Leben nicht eine Stunde Ferien ge-habt hat. Und das hat mein Vater nie ganz vergessen.«

Er hatte gar keine Chance, das zu vergessen. Klaas Nannens Ju-gend als hart und entbehrungsreich zu bezeichnen, wäre ein Un-derstatement. Morgens um sechs, vor der Schule, trug er für den Bäckermeister Brötchen aus, und wenn mittags der Unterricht be-endet war, ging er zum Pferdeputzen oder mit der Mutter aufs Feld zu schwerer Landarbeit. Mehr als Volksschule kam sowieso nicht in Frage und ein anderer Beruf als Handwerker auch nicht. Klaas erlernte, mit mäßiger Begeisterung, das Schlosser-Hand-werk. Und als er zwanzig war, faßte er sich ein Herz und ging zur Kaiserlichen Marine – aber eben nicht als schmucker Matrose an Deck und in den Rahen, sondern als Heizer im Maschinenraum von S.M.S. »Mecklenburg« – auch nicht eben ein Luxusliner. Be-währt hat er sich, in diesem engen Raum des Möglichen, durch-aus. Sein Führungszeugnis für die zweijährige Dienstzeit bei der »I. Kompagnie II. Werftdivision«, ausgestellt in Wilhelmshaven 1906, lautet »sehr gut«.

Und so begann sein Kampf gegen das Handikap seiner Her-kunft, sein langer Marsch in Richtung bürgerliche Existenz. Daß er sich dabei überforderte, muß er gewußt haben, auch daß ihm niemand helfen würde. Emdens bürgerliche Schichten hatten durchaus Übung darin, sich die Arbeiter vom Halse zu halten. »Daß dem Arbeiterstande über die Behandlung, die ihm von Sei-ten der Bourgeoisie zu Theil wird, nicht die Augen aufgehen«, schrieb die (sozialdemokratische) *Nord-Wacht* 1894, »hat seine Ursache in der hermetischen Abschließung der Arbeiter von Al-lem, was dem Geist Anregung zum Denken geben könnte.« Diese »Abschließung« mußte Klaas Nannen selber durchbrechen, und daß ihm dies im Dienst der Polizei, die schließlich auch für Recht und Ordnung der Bourgeoisie zuständig ist, noch am ehesten ge-lingen könnte, war gewiß keine dumme Idee.

Zu Zeiten ihrer Hochblüte im 16. Jahrhundert muß die Hafenstadt Emden eine reiche Wirtschaftsmetropole gewesen sein, nicht nur architektonisch deutlich geprägt von den nahen Niederlanden. Emden war auch eine Hochburg des nordwesteuropäischen Kalvinismus und ein Tummelplatz der Sekten, von den Täuferischen bis zu den Mennoniten. Sie waren da, weil an die sechstausend holländische Asylanten aus den katholischen Niederlanden in das protestantische Emden, damals Ziel und Schutz vieler Religionsverfolgter, geflüchtet waren, wobei sie nicht nur Frömmigkeit, sondern auch viel Geld mitbrachten. Aber die reichen Flüchtlinge blieben nicht, und der Emder Kalvinismus entgleiste zu einem engherzigen und selbstherrlichen Moralismus. In einer von Henri Nannen herausgegebenen Monographie über den in Emden geborenen Maler Ludolf Backhuysen findet sich der Satz: »Ein Ruch dieser Selbstherrlichkeit haftet den Emdern noch heute an...«

Klaas Nannen wird es gespürt haben. Die Stationen seines Aufstiegs zum Beamten ohne akademische Vorbildung, eines Aufstiegs also, der bei Null begann, mag ausgesehen haben wie der Beförderungsautomatismus einer regulären Beamtenlaufbahn, war aber das Ergebnis unermüdlichen Lernens und beständiger Anpassung: jedes Avancement ein neuer Sieg über den Mangel an Voraussetzungen. Im Zeugnis der »Polizeischule zu Recklinghausen«, die er von Juni bis August 1922 besuchte (»1. Führung: sehr gut, 2. Aufmerksamkeit und Fleiß: sehr gut«), wird ihm die Eignung zum Polizeikommissar unter der Voraussetzung attestiert, daß er »in der ersten Zeit weiter gute Anleitung findet und sein Wissen auf polizeilichem Gebiet vertieft«. Das hat er dann in den Ferien getan – beispielsweise 1924 beim »Polizeiwissenschaftlichen Ferienkursus« der Verwaltungs-Akademie zu Berlin.

In einem Nachruf auf den Kriminalkommissar Nannen, der nach amtlicher Herkunft klingt, hat später gestanden: »Er beging eigentlich nur ein einziges Mal in seiner Laufbahn eine dienstliche Unkorrektheit. Das war 1914, als er durch Verfügung des Oberbürgermeisters der Stadt Emden uk [unabkömmlich, also kein Kriegsdienst, d. A.] gestellt worden war. Er wandte sich über seine Vorgesetzten hinweg an den Regierungspräsidenten mit der Bitte, dennoch eingezogen zu werden.«

Nun war solcher Hurra-Patriotismus in der Arbeiterklasse nicht allzu weit verbreitet; es gab in Emden sogar Aufrufe und Kundgebungen gegen den Krieg, die linken Ursprungs waren. Man wird auch nicht ohne weiteres davon ausgehen dürfen, daß der Polizeisergeant Nannen die komplexen Ursachen des Kriegsausbruchs im Sommer 1914 durchschaute, oder daß er gar ein begeisterter Befürworter jenes »Burgfriedens« zwischen Monarchie und Sozialdemokratie war, der im Reichstag schließlich, gegen Karl Liebknechts einsames Nein, zur Bewilligung weiterer Kriegskredite führte. Auch war Insubordination gegenüber Vorgesetzten nicht seine Art. Als ihn dann doch ein Gestellungsbefehl zum 3. Januar 1917 nach Aurich zitierte, »bittet Unterzeichneter den Wohllöblichen Magistrat ganz gehorsamst aus obigem Grunde um Urlaub, wenn angängig vom 23. d. Mts. abends an. Gehorsamst: Nannen.« Ein verhinderter Held? Es wird ihm eher darum gegangen sein, bei seinen Vorgesetzten aus dem bürgerlichen Milieu als mutiger, allzeit bereiter und pflichtgetreuer Mann anerkannt zu werden.

Außerdem bekam er noch früh genug Gelegenheit, »seinen persönlichen Mut unter Beweis zu stellen«, wie es in jenem Nachruf heißt. »Damals hatten sich in den ›Auswandererhallen‹ (später Lloyd-Hotel) die Spartakisten verschanzt und drohten, Emden zu terrorisieren. An der Spitze einer Polizeigruppe brach der Polizeiwachtmeister Nannen den bewaffneten Widerstand am Haupttor«, indem er sich »angesichts eines Maschinengewehrs« über die 2,50 Meter hohe Mauer schwang und das Tor von innen öffnete. Es gab in diesen Jahren der politischen und wirtschaftlichen Verwirrung immer wieder Putsche von rechts wie von links. Betagte Emder Bürger erinnern sich an einen drohenden Zusammenstoß zwischen den Rechten und den Linken vor dem Emder Rathaus, den der Polizeisergeant Klaas Nannen mit gezogenem Säbel und dem Ruf »Drei Schritt vom Leibe! Den ersten, der anrückt, steche ich nieder!« verhindert habe.

Der Polizeisergeant Nannen trat 1918 der SPD bei und wurde mit Hilfe dieser Parteizugehörigkeit in der sogenannten Systemzeit, am 1. April 1927, Polizeikommissar. Im Jahr 1931 trat er wieder aus – was ihn freilich nicht davor bewahrte, nach der Machtergreifung der Nazis von diesen aus dem Amt entfernt zu werden.

Ein Jahr nach seinem Eintritt in die SPD ließ er sich bei der Gemeindewahl in Emden 1919 sogar als Kandidat aufstellen – eine Premiere in jeder Beziehung. Vor 1918 konnten die Sozialdemokraten nur im Reichstag parlamentarisch aktiv werden, denn Mandate in Landtagen und Kommunalparlamenten waren wegen des dort geltenden preußischen Dreiklassenwahlrechts für sie praktisch unerreichbar. Chancen hatten nur die Bürger, und die Gewinnung des Bürgerrechts setzte die Entrichtung eines »Bürgergewinngeldes« voraus, das die Arbeiter (oder auch der Polizeisergeant Nannen) sich nicht leisten konnten. Nun aber kandidierte er zur Wahl der 36 »Bürgervorsteher«, wie die Abgeordneten des Stadtparlaments in Emden heißen, auf einer zugelassenen Liste der Sozialdemokraten, »4. Wahlvorschlag: Voermann«, und zwar auf Platz 21. Die ersten 14 Kandidaten dieser Liste wurden gewählt. Klaas Nannen war nicht dabei. Er hat bei späteren Wahlen auch nicht wieder kandidiert. Da er aber im amtlichen Schriftverkehr mehrmals als Bürgervorsteher apostrophiert wird, kann er nur nachgerückt sein, spätestens zur Halbzeit der Wahlperiode. Nach der (auch in Emden angewandten) hannoverschen Städteordnung jener Zeit hatte »ein Drittheil der Mitglieder des Bürgervorsteherkollegiums« alle zwei Jahre auszuscheiden.

Politik spielt bei alledem nur vordergründig eine Rolle. »Ich habe mich weder vor noch nach 1933 politisch betätigt«, schreibt Klaas Nannen 1954 treuherzig an den Regierungspräsidenten in Aurich. Dennoch hat die Politik ihn in Verdacht gebracht, ein Opportunist zu sein, ein »Konjunkturpolitiker«, der »stets versucht hat, in dem Augenblick umzuschwenken, wo der politische Wind sich drehte«, wie die »Gau-Inspektion« der NSDAP Leer 1933 formulierte. Drei Monate zuvor hatte Nannen, ins Emder Rathaus vorgeladen, dort erklärt, er habe bereits 1931 NSDAP gewählt.

Als er 1918 in die SPD eintrat, war er damit zumindest für den konservativen, deutschnational gesinnten Teil des Emder Bürgertums ein Revolutionsgewinnler, einer, der in dieser scheußlichen

Räterepublik mit Hilfe der Sozis nach oben wollte. Und als er 1931 wieder austrat, während die Nazi-SA seinen Genossen bereits Saalschlachten lieferte, da war er auch bei diesen untendurch. In einer Versammlung der Emder SPD am 14. August 1931 sagte der Genosse Heinrich Homberg laut Protokoll zu diesem Thema, es sei wohl wahr, daß die Partei manche Leute »in Stellungen gesetzt habe, die sich später als alles andere nur nicht als Sozialdemokraten zeigten«, wie zum Beispiel »Herr Polizeikommissar Nannen, der sich durch seinen ärgerlichen Austritt aus der Partei, am Tage vor dem Volksentscheid [mit dem die demokratiefeindlichen Kräfte der Rechten und die KPD eine Auflösung des preußischen Parlaments bezweckten, d. A.], gerade nicht mit Ruhm bekleckert habe«.

Klaas Nannen hat seine Defizite vor allem durch äußerste Korrektheit kompensiert – durch das, was die Italiener *bella figura* und die Preußen eine tadellose Haltung nennen. Eine Respektperson wollte er sein. Er hatte eine pittoreske Uniform, mit einem rot ausgeschlagenen Kragen und einem Tschako, der nicht glänzte, einem Tuchtschako, dazu den Säbel, und er trug diese Uniform mit demonstrativer Würde. Sein Gang war so kerzengerade, daß ungezogene Kinder ihm auf der Straße »Stockverschlucker« nachriefen; es war schon fast ein Paradeschritt. Er ging, erinnert sich ein Schulkamerad seines Sohnes, »so wie Henri – der zog ja auch beim Gehen die Knie ein bißchen an«. Solange er noch nicht Polizist war, trug Vater Nannen bei feierlichen Anlässen einen für Emder Verhältnisse ziemlich exotischen steifen schwarzen Hut, den sein schon damals zu Sarkasmen neigender Sohn einen »Arbeitgeberhut« nannte.

Vater Nannen war ein korrekter, aber kein dominanter Mann, auch zu Hause nicht. Geheiratet hat er früh, im November 1910, die damals 23 Jahre alte Tochter Elise des Sattlers und Tapezierers Hermanus Buitenduif und seiner Frau Hinderika, Hebamme am Emder Apfelmarkt. Als die Söhne auf der Welt waren, Henri und sein vier Jahre jüngerer Bruder Erich, zog die Familie vom Vogelsangzwinger in die Judenstraße 25 (heute Webergildestraße). Der Hausherr dort, der Böttchermeister Nagel, hatte 1925 schon Telefon, Nummer 567, der Polizeisekretär Nannen hatte keins.

Als er aktiver Sozialdemokrat war, sorgte er dafür, daß auch seine Frau in der SPD wirkte. Im Protokoll einer »Frauenversammlung« der Emder SPD vom Januar 1923 wird sie als eine jener Genossinnen genannt, die sich an der Gründung eines Wohlfahrts-Ausschusses für die Arbeiterschaft beteiligt haben. In der Familie hatte sie ohnehin das Sagen – nicht laut zwar, sondern eher mild und leise, aber doch deutlicher, als die bürgerlich-traditionelle Rollenverteilung vorgegeben hätte. Zum Beispiel nahm Klaas Nannen es klaglos hin, wenn er sich nach Dienstschluß einen von seiner Frau vorgekochten Eintopf oder eine Erbsensuppe selber aus der energiesparenden Kochkiste nehmen und auch mal allein verzehren mußte. Wichtiger war ihm, daß er dabei die Uniform auszog, denn die war Staatseigentum und durfte keinesfalls privat strapaziert werden.

Sobald sein Avancement zum Kriminalkommissar es zuließ, sorgte er für ein eigenes Dach über dem Kopf: Er beteiligte sich am Bau eines Doppelhauses. Das war für einen Mann seiner finanziellen Verhältnisse eine gewaltige Herausforderung, und um sie besser bestehen zu können, mußte Nannen – als 1925 die eher bescheidene Klinkerhaushälfte in der Schillerstraße 20 beziehbar war – »abvermieten«. Als Untermieter bevorzugte er Studienräte vom Emder Gymnasium und von der Realschule. Die bekamen die Wohnung sogar billig. Dafür mußten sie Vater Nannen und dessen beiden Söhnen an zwei Wochentagen jeweils zwei Stunden Unterricht in »Allgemeinbildung« geben – was dem Vater zweifellos wichtiger war als den Söhnen. Er könne dem Herrn Kriminalkommissar bestätigen, schrieb einer der Privatlehrer in das erbetene Zeugnis, »daß er den Unterweisungen mit größter Aufmerksamkeit gefolgt ist, so daß er sich mehr als ein bloß oberflächliches Wissen in deutscher Kulturkunde aneignen konnte«. Gelesen wurden unter anderem »Dramen und Prosawerke der klassischen und der zeitgenössischen Dichtung«.

Henri Nannen hat später einmal gesagt, sein Vater sei bei alledem »im Grunde genommen kein glücklicher Mensch« gewesen. Das war er bestimmt nicht. Er hat sich nie wirklich abgefunden mit seinen beschränkten Möglichkeiten, und er hat nie aufgehört, sich zu überfordern. Vor allem aber war er finster entschlossen, dafür zu sorgen, daß seine Kinder es, verdammt noch mal, besser haben sollten als er selbst. Er hat das förmlich von ihnen verlangt, vor allem von Henri, jedenfalls hat der das so empfunden: »Mein Vater verlangte von mir, was ihm fehlte: Bildung.« Daß er seinem Sohn damit auch das Trauma der Überforderung weiterreichte, das hat der gute Mann gewiß nicht geahnt. Es war aber so. Gerade in den späten Gesprächen über sein Leben hat Henri Nannen gesagt, was ihn am meisten schmerze, sei, »daß ich nicht so gebildet bin, wie ich gern sein möchte«. Und auf die Frage »Was ist für Sie das größte Unglück?« in dem Marcel Proust zugeschriebenen Fragebogen des *FAZ-Magazins* hat er 1983 geantwortet: »Die Unfähigkeit, wirklich glücklich zu sein.«

Im Magistrat der Stadt Emden, dem der Kommissar Klaas Nannen als »Dienststellenvorsteher der Kriminalabteilung« direkt zugeordnet war, saßen vor 1933 keine Nationalsozialisten. Nach der Wahl zur Bürgervorsteher-Versammlung am 14. März 1933, bei der die Nazis die meisten Stimmen und die meisten Sitze gewannen, änderten sie das auf ihre Weise. Amtsträger, die ihnen nicht gefielen oder nicht gefällig waren, mußten beurlaubt werden; bei einigen fanden Haussuchungen statt. Im Juli verlangte der Magistrat dann die Entlassung des Oberbürgermeisters Dr. Wilhelm Mützelburg, der bei der Gauleitung der NSDAP als politisch unzuverlässig galt, weil er es gewagt hatte, seine Polizeibefugnisse auch gegen diese gelten zu lassen. Nachdem die Staatsverwaltung die Entlassung verweigert hatte, wurde Mützelburg am 16. Oktober 1933 von einer Menschenmenge aus seinem Dienstzimmer im Rathaus gezerrt und mit Gejohle durch die Straßen geführt. Offiziell distanzierte sich auch die NSDAP von diesen Übergriffen, aber schon am 11. November war in der Zeitung zu lesen, der neue Kreisleiter Menso Folkerts sei wegen »Schuldlosigkeit an den Vorfällen« wieder in sein Amt eingesetzt worden.

Spätestens an dieser Stelle hätte Klaas Nannen erkennen müssen, was da auf ihn zukam. Er amtierte schräg vis-à-vis dem Emder Renaissance-Rathaus in einer – symbolisch mit zwei historischen Kanonen bewehrten – Wache am Delft und hatte, direkter noch als Mützelburg, die Polizeigewalt auch gegen die Nazis einsetzen müssen. In seiner Wiedergutmachungs-Eingabe aus dem Jahr 1954 liest sich das so: »Ich hatte noch gegen Ende des Jahres 1932 auf Grund einer Anzeige bei mehreren führenden Nationalsozialisten eine Durchsuchung nach Waffen vornehmen lassen. Dabei kam es in meinem Amtszimmer zu einer heftigen Auseinandersetzung mit einem Vorstandsmitglied der NSDAP, bei der mir angedroht wurde, ich würde aus dem Amt entfernt werden, sobald die Nationalsozialisten an der Macht wären.«

Als sie dann an der Macht waren, machten sie ein Säuberungsgesetz unter dem zynischen Titel »Zur Wiederherstellung des Berufsbeamtentums«, das die Entfernung politisch »unzuverlässiger«, also zum Beispiel sozialdemokratischer, Beamter aus dem Staatsdienst bezweckte. Am 7. August 1933 unterschrieb Oberbürgermeister Mützelburg eine Notiz, wonach »eine Rücksprache mit dem Standartenführer Bleeker ergab, daß von ihm ein Verbleiben der Polizeibeamten Nannen, Ommen, Kühne, Walter, Schulz, Brink und Holzhauer im Dienst der Exekutive nicht für tragbar erachtet wird«. Am 8. März 1934 wurde der Kommissar Nannen auf Grund des § 4 des Gesetzes zur Wiederherstellung des Berufsbeamtentums mit sofortiger Wirkung aus dem Dienst entlassen. Seine Pension wurde nach drei Monaten auf »drei Viertel von 70 Prozent der letzten Dienstbezüge« reduziert. Das waren RM 242,32, so die Unterlagen der Stadt Emden. Nach Nannens erhalten gebliebenen Belegen waren es bloß 198,73 Mark.

Mehr noch als materielle Not schmerzte die »Kränkung«, aus dem Amt gejagt worden zu sein; das hat Klaas Nannen gleich nach dem Krieg, im Juni 1945, dem neuen Oberbürgermeister Georg Frickenstein handschriftlich gegeben, und er hat es in seinen Entschädigungsanträgen wiederholt: Ihm sei Unrecht geschehen. »Übrigens meine ich, daß auch 1945 viele korrekte Berufsbeamte völlig zu Unrecht entlassen worden und zum Teil erst nach sehr, sehr langem Warten wieder eingestellt worden sind.« Ihm haben die Nazis die Wiedereinstellung damals verwehrt, haben ihm 1937 sogar die geplante Gründung eines Auskunfts- und Detektivbüros verboten.

Der Akt der Amtsenthebung am 8. März 1934 muß dramatisch gewesen sein. Folgt man Henri Nannens Erzählungen, dann war er sogar dabei – obwohl er bereits seit dem 28. Oktober 1933 als Student in München gemeldet war. »Ich werde es nie vergessen, wie zwei tief beschämte Polizisten an unserer Haustür klingelten und sagten, sie seien gekommen, um den Polizeidegen meines Vaters abzuholen«, so Nannen im *stern*. »Schweigend und mit einer ganz unpathetischen Gebärde zerbrach mein Vater den Degen über dem Knie und gab die Stücke den beiden Abgesandten.« In einer anderen, eher noch dramatischeren Variante dieser Geschichte ist das dem »Alten«, der in Uniform ausgesehen habe wie Gneisenau, nicht gelungen: »Der Alte zog den Degen heraus, wollte ihn zerbrechen. Aber der bog sich. Das war ja kein Damaszenerstahl. Und das schrecklich aussehende Ding, das übergab er dann den beiden.« So hat Henri Nannen es, mit Lachtränen in den Augen, zum Beispiel dem *Spiegel* erzählt.

Ob Vater Nannen solchen Umgang mit den traumatischen Erlebnissen seiner Vita angemessen gefunden hätte, ist zweifelhaft. Er ist am 2. Januar 1956 in einem Hamburger Krankenhaus gestorben, ein Jahr nach seiner Frau und von seinem Sohn versorgt und begleitet. »Bevor er starb, sagte er mir noch, daß er mit seinem Leben einverstanden sei und zufrieden sein könne. Das erleichterte ihm das Sterben.«

Henri Nannen hätte gern mit der Gewißheit gelebt, daß sein Vater stolz auf ihn gewesen sei. Er war sich dessen aber nicht so sicher. Deutlich gesagt hat er das erst am Ende seines Lebens, als er die Emder Kunsthalle gebaut und alle großen Ehrungen schon empfangen hatte. »Bei der Kunsthalle habe ich gedacht: Mein Gott, wenn mein Vater das erlebt hätte, daß die mich in dieser Stadt zum Ehrenbürger machen und daß die mir einen so hohen Orden geben und so weiter... Ich hätte es gerne gehabt, wenn mein Vater auf diese Weise noch ein bißchen Stolz empfunden hätte. So hat er eher mit mir seine Sorgen gehabt.« Den materiellen Erfolg des Sohnes hat er sicherlich gewürdigt; der war ja auch nicht zu übersehen. Aber daß Klaas Nannen den Umgang seines Sohnes mit diesem Erfolg immer gut gefunden hat, hätte der selber nicht behaupten wollen. »Das war ja auch kein normaler Lebensweg, wie bei einem Beamtensohn vorgezeichnet. Es hätte ja auch schiefgehen können, wenn einer so aus der Emder Reihe tanzt.«

Es war wohl eher so, daß der Kriminalkommissar a. D. Nannen, der auch nach Wiederherstellung seiner vollen Ruhestandsbezüge kaum 400 Deutsche Mark im Monat bekam und trotzdem fünfstellige Beträge zu ersparen verstand, den rauschenden Erfolg des Sohnes nicht so recht glauben konnte. Bei einem Besuch in Hamburg Anfang der fünfziger Jahre, als der *stern* im Pressehaus am Speersort noch nicht mal eine ganze Etage okkupierte, fragte Vater Nannen, bevor er sich bei seinem Sohn, dem Herrn Chefredakteur, melden ließ, die Empfangsdame, was denn hier nun alles »meinem Sohn gehört«. Und als die Dame ihm erklärt hatte, wo die *stern*-Redaktion zu finden sei, schritt er diesen Teil der Etage sozusagen ab, verharrte vor jeder Tür, las, was auf den Schildern stand, und schaute verwundert drein.

Er hat das nie gesagt, aber Henri Nannen wäre auch gern stolz gewesen auf seinen Vater. Als in den sechziger Jahren der stellvertretende Chefredakteur des *stern,* Jochen Steinmayr, seinen Hauptwohnsitz nach Rottach in Bayern verlegte und Nannens Protest gegen diese Maßnahme mit dem Satz quittierte: »Nun benehmen Sie sich doch nicht wie ein Bauerngendarm«, explodierte Sir Henri. Zu spät begriff Steinmayr, was er da gesagt hatte.

Als Henri Nannen längst in einem Bezirk der Besserverdienenden, in Hamburg-Wellingsbüttel, eine Villa erworben hatte, besuchte sein Vater ihn auch dort. Stolz war er schon, aber Henri Nannen spürte, »was in dem Stolz meines Vaters mitschwang«, als er das Ambiente des Sohnes sah, nämlich »ein Quentchen: Na, wenn das man gutgeht...«

Cilly

oder: ein Traum von der Liebe

Frauen haben in Henri Nannens Leben immer eine entscheidende Rolle gespielt. Er hätte ohne sie gar nicht leben können – ohne ihre Hilfe, ihre Herzlichkeit, ihren Sinn für die Realitäten. Auch das hat schon in der Emder Kindheit angefangen.

Im elterlichen Haushalt hatten die Frauen nicht nur die Mehrheit, sondern auch das Sagen. Von der Großmutter, der Hebamme Hinderika Buitenduif, geborene Janssen, nahm Henri das gern an. Sie war nicht nur die eigentliche Autorität, sondern auch die emotionale Mitte der Familie – trotz der bodenlangen Röcke keine sehr feminine Erscheinung mit ihrem eng anliegenden Kopftuch und der strengen Nase, aber doch gütig und voller Verständnis. Dann gab es da noch zwei Tanten, an denen Henri vor allem eines mißfiel: daß sie seinen und seines jüngeren Bruders Erich Bedarf an Kleidung im wesentlichen durch geschicktes Ändern abgelegter Sachen des Vaters befriedigten; was dann noch fehlte, lieferte die eifrig strickende Oma Hinderika. Auf Mutter Elise schließlich hätte das Dichterwort von der drinnen züchtig waltenden Hausfrau nicht schlecht gepaßt; »und mehrt den Gewinn mit ordnendem Sinn«. So sah sie auch aus: auf eine unspektakuläre Weise selbstbewußt und enorm zielstrebig innerhalb ihrer begrenzten Möglichkeiten.

Es ist bezeichnend für Henri Nannens Verhältnis zu seiner Mutter, daß er die Geschichte vom Kauf eines Wintermantels der Marke »Eisenfest« dem »lieben *Stern*leser« 1965 in aller Ausführlichkeit erzählt hat, als Exempel für Preisbewußtsein und vorbildliches Konsumverhalten; bezeichnend übrigens auch, daß er dem Leser dabei sein schlechtes Gewissen bekennt, weil er selber gerade beim Kauf eines Wintermantels für seinen Sohn verärgert, aber ohne zu protestieren 360 Mark bezahlt hatte. Als der Mantel für den jungen Henri gekauft wurde, verdiente sein Vater gerade mal 370 Mark im Monat, und das gute Stück, das seine Mutter sich im Schaufenster bei Max Schulmann & Co. in der Emder Neutorstraße für ihn ausgeguckt hatte, sollte laut Preisschild 89,50 Mark kosten – viel Geld, zuviel Geld für die Verhältnisse der Familie Nannen. Trotzdem gingen Mutter und Sohn zu Schulmann. »Herr Seeligmann, der Inhaber, ein kleiner beflissener Mann mit einem Kneifer, dem ein gütiges Geschick es bescherte, daß er wenige Wochen vor der ›Kristallnacht‹ starb und nicht mehr miterleben mußte, wie auch sein Schaufenster zertrümmert und der Inhalt geplündert wurde – Herr Seeligmann also bediente selbst.« Und Nannens Schilderung, wie die evangelisch-reformierte Polizeibeamtengattin dem jüdischen Textilhändler den gewünschten Mantel schließlich für 70 Mark abhandelte und noch ein paar gefütterte Lederhandschuhe dazu bekam, ohne dabei im mindesten ihre Haltung oder gar ihre Würde zu verlieren – diese Schilderung ist auch eine Hommage an den »ordnenden Sinn« der Frauen, ohne den Henri Nannen verloren gewesen wäre.

Dabei wußte die Mutter ihre Söhne durchaus kurzzuhalten. Als die Nannens noch beim Böttchermeister Nagel, Judenstraße 25, im ersten Stock zur Miete wohnten und die Nagel-Kinder einmal Henri zum Schwimmen mitnehmen wollten, der aber die fünf Pfennige für die Badeanstalt nicht hatte und sie von der Mutter trotz Bittens und Bettelns auch nicht bekam, machte Henri ihr eine solche Szene, daß schließlich Mutter Nagel einsprang und ihm das Geld gab, damit endlich Ruhe war.

Jedenfalls hat Henri beizeiten die Begabung entwickelt, solchen Mangel durch originelle Ideen und organisatorisches Geschick wettzumachen und ein paar Pfennige nebenbei zu verdienen. Zum Beispiel studierte er Fahrpläne und diente sich dann gemeinsam mit seinem Freund und Schulkameraden Rudi Nagel am Bahnhof als Kofferträger an. Oder er organisierte in einer zeitweilig nicht genutzten Halle der Böttcherei Nagel eine Kasperl-Theater-Vorstellung gegen Eintritt, zu entrichten von den ziemlich zahlreichen Kindern aus der Nachbarschaft. Die Requisiten und die Kasperlfiguren gehörten Nagels, auch die Bretter und die Fässer, aus denen Sitzbänke fürs Publikum wurden. Die Ideen und auch die »Werbung« für solche Veranstaltungen stammten von Henri.

Ein beliebter Knabenstreich im Emden der frühen zwanziger Jahre war, vermittels einer Steinschleuder die Porzellankontakte der an den Häuserwänden frei verlegten Telefonleitungen kaputtzuschießen, was dann zu Störungen im ohnehin noch kärglichen Fernsprechverkehr führte. Auf dieses Delikt achtete die Polizei besonders aufmerksam; schon wer eine Schleuder sichtbar bei sich trug, war verdächtig. Das dürfte den halbwüchsigen Henri dazu veranlaßt haben, sich bei solchen Lustbarkeiten zurückzuhalten; mit seines Vaters Kollegen konnte er sich nicht anlegen.

Nennenswerte Schulprobleme hatte er nicht, jedenfalls nicht auf der Grundschule. Der Tochter seines Mitschülers Rudi Nagel, Eske, hat er viel später mal erzählt, ihr Vater habe bei der Einschulung geheult – »ich nicht«. Während eines Spaziergangs mit Schulkameraden auf dem Stadtwall rief er, als der Weg am Vogelsangzwinger und dem Haus vorbeiführte, in dem er geboren war: »Alle mal herhören! Hier hat Henri Nannen das Licht der Welt erblickt.« Über die Zeugnisse, die er von der »Städtischen evang. Bezirksschule III zu Emden« heimbrachte, konnte sich auch keiner beschweren. Fleiß und Betragen waren immer »gut«, und etwas Schlechteres als eine Drei bekam er mit einiger Regelmäßigkeit bloß im Turnen. Dafür war der Sohn eines lutherischen Vaters und einer reformierten Mutter stets für eine Eins in Religion gut; im Evangelischen Bibelkreis und im CVJM war er später ebenfalls. Vater Nannen unterschrieb die Zeugnisse denn auch schwungvoll und, wenn er mal wieder befördert worden war, mit Amtsbezeichnung.

Henris Bruder Erich hatte mehr Probleme. Er war wohl überhaupt etwas benachteiligt, sah bei weitem nicht so gut aus wie Henri, besaß auch nicht dessen Energie und Umtriebigkeit. Dafür war er sanfter, umgänglicher, liebenswürdiger, jedenfalls nicht so »suggestiv schroff« wie sein älterer Bruder. So hat das der Schriftsteller Curt Hohoff formuliert, der aus Emden stammt, dort auch – eine Klasse über Henri – aufs Gymnasium gegangen ist, sich dann aber in München niedergelassen hat. Vater Nannen hatte ihn engagiert, seinem Sohn Erich, der laut Hohoff »mit dem Anspruch seiner vierzehn Lebensjahre die Faulheit als Tugend« übte, den dringend nötigen Nachhilfeunterricht zu geben. Hohoffs Mitteilungen über Erichs Faulheit hörte der Vater sich kommentarlos an, sagte nur immer, aha, jawohl, jawohl; und als Hohoff zu Ende war: Vergessen Sie Ihre Mütze nicht!

Es mag wohl sein, daß der sanfte Erich in der Familie beliebter war als Henri, daß er zumindest dem Herzen der Mutter näher war – und daß Henri das auch wußte. Aber Erich hat kein Glück gehabt. Er ist kurz vor Kriegsende 1945 als Leutnant der Reserve in der 7. Panzerjäger-Division, 3. Kompanie, vermutlich in der Nähe von Marienburg gefallen. Schon bei seinem letzten Fronturlaub soll er einen sehr niedergeschlagenen Eindruck gemacht haben. Den Vater eines Freundes, einen bildenden Künstler, bat er, ihm eine Gesichtsmaske aus Gips abzunehmen, was auch geschah. Henri hat diese Maske später an sich genommen. »Meinen Eltern wäre es wohl lieber gewesen«, hat er wiederholt zu Freunden gesagt, »sie hätten Erich behalten können, und ich wäre gefallen.« Daß er das wirklich geglaubt hat, ist nicht auszuschließen.

Henris Bezugsperson war die Großmutter. Immer wieder hat er ihre Redensarten, ihre plattdeutschen Sprüche, ihre Art Tee zu trinken beschrieben, hat von ihrer bäuerlichen Herkunft und von ihrem segensreichen Einfluß auf seinen Vater erzählt. Ihn selber schien Hinderika Buitenduif zu vergöttern, das war jedenfalls Hohoffs Eindruck, und Henri vergalt ihr diese Liebe mit einem Respekt, den er sonst niemandem erwies, sogar dem Vater nicht.

»Ich erinnere mich genau, daß ich mal einen Bleistift von meinem Vater nahm und damit rummalte. Und da sagte er, paß mal auf, dieser Bleistift ist nicht mein Bleistift, der gehört dem Staat, den habe ich, damit ich meine Berichte schreibe, und hier hast du fünf Pfennig, und nun kannst du dir einen Bleistift kaufen.« Wenn Vater Nannen die Stummel der staatlichen Bleistifte wegwarf, schrieb er schon fast mit den Fingernägeln, und vermutlich hatte er auch dann noch Gewissensbisse.

Dies jedenfalls hat er seinem Ältesten nicht vermitteln können. Bei aller Bewunderung für Vaters Pflichteifer, bei aller Bereitschaft, sich selber mehr abzufordern, als man billigerweise von ihm erwarten durfte – in einem wesentlichen Punkt unterscheidet sich Henri Nannens moralische Ausstattung von der seines Vaters: Was ihm nicht gefiel, das suchte er zu verändern, notfalls indem er es eben anders darstellte; und was nicht zu ändern war, das konnte er schnell und gründlich vergessen.

Sein Vorname zum Beispiel gefiel ihm nicht. Henri klang ihm irgendwie »zu kalt«. Also förderte er die Erfindung und den Gebrauch diverser Kosenamen. Als Kind und manchmal auch noch als Volksschüler ließ er sich »Bussi« nennen. Der Vorname Peter, den ja viele Weggefährten später übernommen und beibehalten haben, sogar sein Verleger Gerd Bucerius, ist ursprünglich wohl eine Kreation der ersten Frau Nannen, die Henri stets Monika nannte, obwohl sie eigentlich Editha hieß; aber Editha gefiel ihm eben nicht für sie. Er selber hätte gern »Jan van Neersum« geheißen, wie er einer Studienfreundin gestand, und einmal hat er sich mit diesem Namen auch in einem Hotel eingetragen – dummerweise in Süddeutschland, wo die Polizei den Namen so exotisch (und also verdächtig) fand, daß sie Nachforschungen anstellte.

Daß er die Gabe besaß, Unabänderliches aus seinem Bewußtsein zu verbannen, auch dies hat er schon als Kind erfahren. Die folgende Geschichte aus seinem Repertoire belegt das: Als er zum Milchholen unterwegs war, sind ihm einmal fünf Mark von einer Brücke ins Wasser gefallen – ein Unglück, das Folgen haben mußte, denn fünf Mark waren damals viel Geld. Die meisten Kinder wären an seiner Stelle in Panik geraten. Nicht Henri. Er hat »gleich gewußt: Das kannst du nun nicht mehr ändern. Und damit war für mich das Problem gelöst.«

Was ist das? Ignoranz? Autosuggestion? Oder einfach Operette: »Glücklich ist, wer vergißt, was doch nicht zu ändern ist«? Gleichviel – diese Gabe hat ihn ein Leben lang begleitet: Was er nicht mehr ändern kann, hat aufgehört ihn zu interessieren. Meistens hat ihm das geholfen, nicht immer. In seiner Vita gibt es natürlich Dinge, die er nicht mehr ändern kann, aber doch nicht hat vergessen dürfen. Auch was Sentimentalität ist, hat er früh gewußt. Und das hat wieder mit seinem Vater zu tun.

Der nämlich war »auch ein merkwürdig sentimentaler

Mensch. Manchmal mußte er mich verprügeln, weil ich irgendwas ausgefressen hatte, und dann nahm er einen Rohrstock oder so was und schlug auf mich ein und weinte dabei und sagte: Ich bin doch immer so gut zu dir, ich bin doch immer so gut zu dir...« Diese Regung, hat der erwachsene, erfolgreiche Henri Nannen gesagt, kenne er von sich selber genauso. Und er hat das bestimmt nicht ironisch gemeint.

Klaas Nannen, der Volksschüler, schickte seine beiden Söhne aufs Gymnasium. Studieren sollten sie später auch. Das war, von der finanziellen Belastung ganz abgesehen, unter den gegebenen Umständen ein kühner und keineswegs risikoloser Entwurf. An den höheren Schulen Emdens gab es so gut wie keine Arbeiterkinder, man wollte sie dort auch nicht haben. Gewiß, Nannen war Polizeibeamter. Aber seine Herkunft aus der Arbeiterschaft war allen Beteiligten sehr bewußt. Und er war damals noch aktiver Sozialdemokrat.

In Emden gab es zwei Oberschulen, die unterschiedlichen gesellschaftlichen Rang hatten, auch wenn man an beiden Schulen Abitur machen konnte. Die Oberrealschule verstand sich als eine Art Trainingslager der Industriegesellschaft. Die alte, traditionsreiche Schule war das ehedem königliche, in der Weimarer Republik dann staatliche Wilhelmsgymnasium, ein humanistisches Gymnasium: Latein und Griechisch zählten zu den Hauptfächern. Das Wilhelmsgymnasium war die »feine«, die vornehme Schule – ungefähr 200 Schüler, zwölf bis fünfzehn von ihnen machten jährlich Abitur. Dorthin schickte Klaas Nannen seine Söhne.

Vermutlich tat er das, weil das Wilhelmsgymnasium eben als »feineres« Institut galt, und nicht, weil es ein humanistisches, altsprachliches Gymnasium war. Das heißt, sein Motiv war problematisch, der Entschluß aber war richtig – jedenfalls für Henri. Auf der Oberrealschule wären dessen musische Neigungen weniger entwickelt worden. Der Umgang mit der Antike aber war Balsam für seine erzählerische Phantasie, und die intellektuelle Disziplin, die der Umgang mit Latein und Griechisch ihm abverlangte, zwang seine natürliche Begabung für das Wort, für sprachlichen Ausdruck, in geordnete Bahnen. Er paukte Latein und lernte dabei anständig Deutsch. Er entwickelte nicht nur sein Sprachgefühl, er begriff und beherrschte auch die Regeln. Zu Hause war er von seinem Vater immer bloß aufgefordert worden, »schön ordentlich«, also nicht Platt zu sprechen. So gesehen war Henri Nannen am Emder Wilhelmsgymnasium genau richtig. Dennoch blieb er dort ein Außenseiter.

Die Schüler kamen nicht nur aus bürgerlichen Familien, sie brachten auch die politischen Ansichten ihrer Eltern mit. Unter denen gab es sicherlich Vernunftrepublikaner und Verstandesdemokraten, aber eben auch Monarchisten und solche, die mit der extremen Rechten sympathisierten. Die meisten jedenfalls mochten die Weimarer Republik nicht. Henri Nannen hat seinen »lieben *Stern*lesern« 1959 von einem Mitschüler »aus einer jüdischen Familie« erzählt, der ihn in Mathematik abschreiben ließ und dem er dafür beim deutschen Aufsatz half; er wußte auch, daß dieser Mitschüler den Nazis später entkommen sei und in Israel lebe. Der Regelfall war das sicherlich nicht.

Ende der zwanziger Jahre, also zu Henris Pennälerzeiten, ereignete sich am Wilhelmsgymnasium ein »Flaggenskandal«, der Schlagzeilen machte: Bei der Siegerehrung nach einem sportlichen Wettbewerb rissen republikfeindliche Schüler die ungeliebten schwarz-rot-goldenen Bändchen von den vorbereiteten Lorbeerkränzen und warfen sie zu Boden. Der Vorfall endete immerhin mit mehreren Schulverweisen. Der Anstaltsleiter, Studiendirektor Dr. Max Horn, auch Deutschlehrer in Henris Klasse, galt als Linksliberaler. Wie denn überhaupt die Humanisten etwas mehr und etwas länger Distanz zu der Barbarei hielten, die am Ende alle überwältigte.

Henri war den Mitschülern mindestens von seinem physischen Erscheinungsbild her überlegen »und galt, vielleicht deshalb, als kontaktarm«; dies hat, eine Klasse über ihm, Curt Hohoff beobachtet. »Er litt wohl auch unter dem bei den Schülern des Gymnasiums eher negativen Bild des Vaters: Bekennender Sozi zu sein war in der bürgerlichen Gesellschaft Emdens ebenso abträglich, wie Jude oder Katholik zu sein.« Aber auch sonst »war sein Leben den Mitschülern unverständlich. Er verkehrte im Hause des Antiquitätenhändlers Gans und eines Millionärs am

Brauersgraben. Deren Töchter und Frauen hatten einen Salon, wo man über Kunst, Philosophie, auch über Theologie sprach, den *Querschnitt* las und auf Leute wie Graf Keyserling, Martin Buber und Kaplan Fahsel hörte. Mir war das alles fremdartig und unheimlich, aber Henri Nannen empfing in diesen Kreisen den Eindruck des Höheren.«

Was ihn vollends zum Außenseiter machte, war aber etwas anderes: Henri Nannen hatte, kaum war er der Pubertät entwachsen, eine Freundin – eine jüdische Freundin: Cilly Windmüller, die Tochter des Schlachtermeisters Adolf Windmüller, Boltentorstraße 42, ein hübsches, aber nicht besonders auffälliges Mädchen mit dunklen Augen, dunklen Haaren, die, zu zwei kurzen Zöpfen geflochten, ihr Gesicht einrahmten, und mit einem kleinen, aber sinnlichen Mund. Henri »ging« mit ihr, und zwar ausdauernd und für jedermann sichtbar. Es gibt ein Foto von den beiden in einer fröhlichen Menschenmenge, aufgenommen vermutlich bei einem festlichen maritimen Anlaß, auf dem zeigt Cilly ein seltsam verlorenes Lächeln, und Henri hinter ihr hat unter seiner Schülermütze eine geradezu verblüffende Ähnlichkeit mit dem jungen Frank Sinatra.

Solche Konstellationen kamen in Emden damals auf dem »Bummel« zustande. Jeden Abend von sechs bis kurz nach sieben flanierten die jungen Leute die Neutorstraße auf und ab, jeweils zu zweit und nach Geschlechtern getrennt. »Aber natürlich«, so hat Henri Nannen es selbst beschrieben, »hatte das ganze keinen anderen Sinn, als daß wir auf diese Weise immer wieder Gelegenheit hatten, dem Mädchen unserer Träume beim Entgegenkommen und Vorbeigehen ins Auge zu sehen«. Für ihn, der schon als Pennäler geradezu unverschämt gut aussah, muß der »Bummel« ein permanentes Erfolgserlebnis gewesen sein. Ob es dort zwischen Cilly und ihm »gefunkt« hat oder anderswo, und wann genau das war, ist nicht überliefert. Bestimmt aber ist diese Liebschaft über den »Bummel« weit hinausgegangen.

Für Nannens »rechte« Mitschüler, wie zum Beispiel für den »Jung-Stahlhelmer« Hans Mälzer, mit dem Henri ohnehin zuweilen handgreiflich wurde, war der Fall klar: Das war alles nicht »echt«, eher »Angabe« – Ausdruck eines im Grunde unseriösen

Drangs nach dem Besonderen, Außergewöhnlichen, womit man auffallen konnte; außerdem waren Mälzer und seine Freunde überzeugt, daß Cilly Windmüller nicht die einzige gewesen sei, mit der Henri angebandelt habe.

Es war aber echt – und genau das war wirklich das Besondere, Außergewöhnliche an dieser frühen Verbindung: Sie nahm keine Rücksicht auf die Realitäten, nahm die Widerstände nicht wahr, die um sie herum errichtet wurden und gegen die sie letztlich keine Chance hatte. Je ernster die beiden es miteinander meinten und je länger sie zusammenblieben, desto schwieriger wurde ihre Situation. Ob sie sich das nun klargemacht haben oder nicht, ob sie darüber geredet oder sich schweigend umarmt haben: Sie hatten eine Menge Potential, aber keine Perspektive. Es war eine unmögliche Liebesgeschichte.

Das war nicht von Anfang an zu erkennen. Die Judenstraße, in der die Familie Nannen bis 1925 gewohnt hat, war kein Ghetto, eher im Gegenteil: Juden und Christen, Rabbiner und Pastoren, Arm und Reich wohnten beieinander, es gab dort keine erkennbare Trennung nach Klassen oder Konfessionen. Auch die Juden in Emden gehörten unterschiedlichen Schichten an, vom kleinen Händler bis zum damals wohl reichsten Mann Emdens, einem großräumig agierenden Viehhändler, den man »Baron Stein« nannte und dem ein halbes Dutzend Höfe gehörte. Es gab geachtete, vielleicht beneidete, jedenfalls wohlhabende jüdische Bürger in Emden. Das Schlachterhandwerk zum Beispiel hat unter Emder Juden eine jahrhundertealte Tradition; ehedem arbeiteten die jüdischen Schlachter für die Verproviantierung von Schiffen, dann für den »Export« in die rheinisch-westfälischen Industriebezirke. Es gab unter ihnen nicht nur wohlhabende, sondern auch gebildete und kunstverständige Leute.

Vor allem aber waren sie Deutsche und von preußischer Gesinnung. Ein Überlebender der Familie Windmüller hat bei einem Gespräch in Israel 1984 gesagt, »daß mein Herz immer hoch geschlagen hat, wenn ich das Deutschlandlied gehört habe, damals, als ich noch in Emden lebte. Ich habe dort mit allen Kindern gespielt, habe mich immer gefühlt wie ein Deutscher, nur jüdischen Glaubens.«

Ein Deutscher jüdischen Glaubens – das war auch der Schlachtermeister Adolf Windmüller, Boltentorstraße 42. Es gab in seiner Familie einen Weltkriegsteilnehmer mit dem Eisernen Kreuz Erster Klasse. Und daß Cilly, geboren am 9. August 1913, diesen Namen bekam, verdankte sie nicht zuletzt der Verehrung ihrer Eltern für die preußische Kronprinzessin Cäcilie. Daß Deutsche ihn würden umbringen wollen, weil er jüdischen Glaubens war, das hat ein »treudeutscher« Jude wie Adolf Windmüller sich einfach nicht vorstellen können, bis zuletzt nicht.

Natürlich haben Cilly Windmüller und Henri Nannen sich so etwas auch nicht vorstellen können. Sie hatten ganz andere Probleme mit sich und ihren Gefühlen und ihrer Umgebung, in der junge Leute unter zwanzig damals ja nicht machen konnten, wozu sie Lust hatten. Was heute beiläufig Sex genannt wird, war tabuisiert, und ein Bruch des Tabus konnte lebensgefährlich sein. Entfernte, aber verständnisvolle Verwandte, die in Emden ein Schuhgeschäft hatten, gestatteten den beiden gelegentlich, sich in einem kleinen Zimmerchen ihres Hauses aufzuhalten, damit sie dort wenigstens ihre Liebe zur Kunst in Ruhe ausleben konnten. Mit Cilly klebte Henri Nannen Reproduktionen alter Meister in Alben ein. Mit Cilly besuchte er die Bremer Kunsthalle und Worpswede. Was darüber hinaus blieb, waren kleine Ausflüge mit dem Paddelboot und Waldspaziergänge, aber auch die meist nicht zu zweit und bestimmt nicht ohne Ängste. Cillys Briefe, in denen auch von Problemen die Rede ist und von Spannungen, hat Nannen aufgehoben, samt einer Locke von ihr.

Es ist schwer, der Bedeutung dieser Liebesgeschichte für Henri Nannens Leben gerecht zu werden. Daß er selber sie rückblickend idealisiert hat, daß er immer wieder von seiner »großen Jugendliebe« oder auch nur von seiner »großen Liebe« Cilly gesprochen hat, macht es eher noch schwerer. Zuviel daran bleibt, wie wir sehen werden, ungereimt, ja unverständlich. An der Ernsthaftigkeit, um nicht zu sagen Schicksalhaftigkeit dieser Beziehung zweifelt freilich keiner der Zeitzeugen, die Henri und Cilly nicht nur gekannt, sondern auch gemocht haben. Yizchak Windmüller, einer der Davongekommenen, hat 1984 in Israel sogar gesagt: »Wenn Hitler nicht gekommen wäre, hätten sie geheiratet.« Dem hat Nannen, ebenfalls in den achtziger Jahren, widersprochen. Schließlich waren Cilly und er fast noch Kinder, »Teenies« nach heutigen Begriffen, viel zu jung, um ans Heiraten zu denken, und statt Action-Movies sahen sie mit an, wie die Scheite für einen Weltenbrand aufgeschichtet wurden.

Als übermütige Schulkinder anfingen, den beiden »Rassenschänder« oder auch »Nazi un een Jödske« nachzurufen, mag Henri darüber noch gelacht oder auch mal mit einer kurzen Aggression reagiert haben. Aber daß es dabei nicht bleiben würde, war nicht zu übersehen. Ob die beiden freilich begriffen, was ihnen drohte, und vor allem warum es ihnen drohte, ist zweifelhaft. Anderthalb Jahre bevor der Boykott jüdischer Läden auch in Emden begann, nahm Henri seine Freundin Cilly mit nach Aurich, weil »wir auch einmal Adolf Hitler sehen und hören wollten«. Der kam am 29. Oktober 1932 nach Oldenburg und dann nach Aurich, um den wahlmüde gewordenen Ostfriesen wieder Stimmung zu machen und seine Weigerung zur Mitarbeit im Kabinett Franz von Papens zu erklären. Hitler wollte nun »durchmarschieren«, er wollte sich auf »diese Republik« eigentlich gar nicht mehr einlassen: »Man kann mir in dieser Republik keinen Titel anbieten, der besser wäre als mein Name. Ich bin ein Kind des Volkes und werde es ewig bleiben.« Und: »Wenn ich einmal in eine Regierung eintrete, habe ich nicht die Absicht, wieder auszutreten.«

Henri und Cilly hielten auf der Wahlkundgebung sicherheitshalber Abstand zur jubelnden Gefolgschaft des »Führers«. Und Cilly »liefen nachher die Tränen über die Wangen. Wir standen da ganz allein und durften nicht dazugehören«. So hat Henri das später beschrieben. Hätten sie denn dazugehören wollen?

Damals ging er noch aufs Gymnasium, neun Jahre insgesamt, davon zwei in Prima – er war kein schlechter Schüler, aber eben ein Außenseiter. Gänzlich unbestritten unter den Mitschülern war lediglich seine Überlegenheit im Deutschunterricht. Wenn die Klasse sich zu einer mehrstündigen Aufsatz-Klausur versammeln mußte, »dann gab Nannen nach einer Stunde seine Arbeit ab und ging weg« – und bekam im Zweifel auch noch die beste Zensur; das gibt sogar sein damaliger Widersacher Hans Mälzer zu. Henri war auf einen Deutsch-Einser quasi abonniert. Seinen Freunden galt er als Geschichtenerzähler, dem man nicht unbedingt glauben mußte.

Um so auffälliger ist, daß er in der »Bierzeitung«, die seine Klasse zum Abitur vorbereitete, so gut wie gar nicht vorkommt, obwohl das überwiegend in Sütterlin geschriebene, mit simplen Zeichnungen verzierte Heft sonst vor Satire und Angriffen (vor allem auf den Lehrkörper) nicht zurückschreckt. Die einzige Attacke auf Henri holpert zudem fürchterlich: »Mein Glaube war, die andern Leut'/ sind wenig oder nicht gescheit. / Dies, ich glaub', es sollte langen / ist die Weltanschauung von Nannen.«

Am 14. März 1933 empfing Henri Nannen vom staatlichen Wilhelmsgymnasium Emden das Zeugnis der Reife. Es war ein erfreuliches und vor allem ein für seine Begabungen charakteristisches Zeugnis: siebenmal »Gut« (in Zeichnen und Religion zum Beispiel), zweimal »Genügend« (in Latein und Physik), zweimal »Nicht genügend« (in Mathematik und Leibesübungen) und natürlich »Sehr gut« in Deutsch. An der für den Berufswunsch reservierten Stelle steht, Henri Nannen habe »sich noch nicht für einen bestimmten Beruf entschlossen«.

Die Abiturienten des Wilhelmsgymnasiums waren gerade mal drei Tage im Besitz ihrer Zeugnisse, da meldete die *Emder Zeitung* unter der Schlagzeile »Kommunisten kommen ins KZ«, daß zahlreiche Emder KPD-Mitglieder in Schutzhaft genommen und abtransportiert worden seien. Und zehn Tage nach dem Zeugnis-Termin, am 24. März 1933, wurde vom Reichstag das sogenannte Ermächtigungsgesetz verkündet. Hitler konnte damit beginnen, seine politischen Gegner endgültig zu beseitigen.

Das sollte die Abiturienten nicht daran hindern, ihre Zeugnisse in der üblichen Weise zu feiern. Sie richteten einen Ball aus – mit den jahrgangsmäßig zugehörigen Damen vom Emder Lyzeum und in standesgemäßem Rahmen. Unter maßgeblicher Beteiligung von Hans Mälzer und seiner Familie konnte der Klub »Zum guten Endzweck« als Veranstaltungsort gewonnen werden – eine außerordentlich traditionsreiche, noch heute existierende Einrichtung des gehobenen Emder Bürgertums. Der Klub hatte 1902 sein hundertjähriges Bestehen feiern können und zählte 1910 zum Beispiel 41 Beamte, Direktoren und Bankiers, 27 Kaufleute, 15 Ärzte, 11 Senatoren, zwei Fabrikanten und einen Reeder zu seinen Mitgliedern. In diesem Rahmen also fand der Abiturienten-Ball statt, vermutlich noch im März 1933.

Henri Nannen war nicht dabei. Er konnte gar nicht dabei sein, so hat er behauptet, weil er wenige Tage vor der Veranstaltung von einem Trupp SA-Leute, auf alle Fälle von Nazis, wegen seiner jüdischen Freundin als »Rassenschänder« zusammengeschlagen worden und »mit sechs Platzwunden am Hinterkopf« im Krankenhaus gelandet war. Merkwürdigerweise wissen die noch ansprechbaren Klassenkameraden, auch seine Freunde, nichts von diesem Vorfall, über den doch bestimmt geredet worden wäre; Hans Mälzer war ohnehin der Meinung, Henri sei nicht erschienen, weil ihm das Ambiente im Klub »Zum guten Endzweck« nicht paßte, ganz zu schweigen davon, daß er Cilly Windmüller dorthin schwerlich hätte mitnehmen können. Jedenfalls hat keiner ihn auf diesem Ball gesehen.

Gesehen hat ihn anderswo ein Emder Bürger jüdischen Glaubens und der hat 1987 in Emden darüber folgendes mitgeteilt: »Als Ende März 1933 die Boykotts begannen, habe ich zufällig gesehen, wie Henri Nannen sich mit den Posten anlegte, die bei Windmüller standen... Er hat eine Rempelei und einen großen Disput mit den Posten gehabt. Das war damals schon gefährlich.«

Aber Henri Nannen fehlte nicht nur beim Abiturienten-Ball. Er verschwand eine Weile überhaupt von der einsehbaren Bildfläche, stieg aus für ein paar Monate aus einer rational nachvollziehbaren Lebensplanung. Gut, er wußte nicht, was er werden wollte, das Gymnasium hatte ihm da keine Gewißheit verschafft, und wahrscheinlich hatte er es so genau auch gar nicht wissen wollen. Aber die Konsequenz, die er daraus nun zog, war wirklich schwer zu begreifen. Er wurde Bauernknecht.

Es ist ja wahr, daß das Naturerlebnis Henri Nannens Sinnenfreude immer besonders beflügelt hat. Die Proust-Frage nach dem vollkommenen irdischen Glück hat er mit »Im Sommer in einer Wiese liegen« beantwortet und das Wiesenschaumkraut als seine Lieblingsblume nominiert. Wahr ist auch, daß er zeit seines Lebens, auch schon als junger Mensch, eine Leidenschaft gehabt hat für alles, was man mit der Hand machen kann – anstreichen, schreinern, herrichten. Aber wenn er das Landleben wirklich zu seinem Beruf machen wollte, hätte er das früher und leichter haben können. Neun Jahre humanistisches Gymnasium – und dann Kühe melken bei einem Erbhofbauern namens Doornkaat im ostfriesischen Loquard, nicht weit von Emden?

Warum hat er das gemacht? Aus materieller Not sicherlich nicht; sein Vater war noch bei vollen Bezügen im Amt. Wollte er Cillys wegen in der Nähe bleiben? Oder wollte er wirklich aussteigen? Verweigerte er sich jener prinzipiellen Überforderung, die der Vater ihm vererbt hatte, mit der er aber nicht leben wollte? War es eine Flucht vor der nicht mehr wegzuleugnenden Erkenntnis, daß die Verbindung mit Cilly chancenlos war gegenüber einer immer brutaler werdenden Wirklichkeit? War es die Flucht in einen neuen Traum – den Traum vom einfachen Leben?

Ernst Wiecherts *Das einfache Leben* war noch nicht geschrieben. Aber Henri hatte den flämischen Dichter Felix Timmermans gelesen, und er hatte dessen *Pallieter* (neben Joseph Conrads *Lord Jim*) zu seinem liebsten Romanhelden erkoren. Der »Tagemelker« Pallieter ist ein unerschütterlich positiver, der Welt und dem Leben stets dankbar zugetaner Held; er kann ergriffen vor einem radschlagenden Pfau stehen oder ein betautes Schmerwurzblatt ablecken und dabei denken, daß es nach dem Himmel schmeckt. »Nun hatte er die unendliche Welt vor sich, die da froh und offen lag wie ein lockendes Paradies. Wiesen voll Mäher, umringt von Sensengebrumm, und Weiden reich an Kühen – darüber der perlgraue Himmel, der sich ausregnete in dicken, langen Tropfen, die die duftende Seele der Erde heraufholten...« Sollte das die Welt von Henri Nannen sein?

Er selber hat einer solchen Interpretation gelegentlich Vorschub geleistet: »Ich wollte zunächst ein einfaches Leben führen und bin als Bauernknecht aufs Land gegangen. Da habe ich morgens um halb vier meine Arbeit begonnen, habe gelernt Kühe zu melken und Schweine aufzuziehen.« Aber nun kommt der eigentliche Lernprozeß: »Das hält man physisch allerdings nur durch, wenn man es von Kindheit auf gewohnt ist. Deshalb wurde nach vier, fünf Monaten aus dem Bauernknecht ein Buchhandlungslehrling.«

So lang hat dieser – nicht eben überraschende – Lernprozeß aber gar nicht gedauert, sondern exakt vom 1. April bis 13. Juni 1933. Zwei Tage später trat Henri Nannen in der Buchhandlung Bruno Hanckel in Osnabrück eine Lehre an. Wer ihm die vermittelt hat, ist unklar. Lang gedauert hat auch sie ohnehin nicht. Henri sollte zunächst einmal das Antiquariat ordnen. Als Hanckel nach zwei Wochen aus dem Urlaub zurückkam, saß sein Lehrling immer noch inmitten eines stattlichen Bücherbergs. »Ich hatte nichts geordnet, aber ungeheuer viel gelesen.« Außerdem hatte er, wie er später gestand, seine »Unschuld« an die Verführungskünste einer erheblich älteren Frau verloren. Hanckel warf ihn nicht raus, sondern schickte ihn wieder nach Ostfriesland, auf die Insel Norderney, wo er eine Badebuchhandlung hatte. Dort bewährte sich Henri Nannen mit einer geradezu futuristisch anmutenden Marketing-Idee: Er schickte jedem neu eingetroffenen Kurgast anhand der täglich aufgelegten Kurliste eine von ihm entworfene Postkarte, in der er schönes Wetter wünschte und für die weniger sonnigen Tage ein paar Bücher empfahl. Das Geld für den Druck der Postkarte und für das Porto hatte Nannen zuvor bei einem »Sponsor« eingeworben, nämlich bei dem Verlag, dessen Bücher er anpries.

Bruno Hanckel war beeindruckt und bescheinigte seinem Lehrling am 1. Oktober 1933 »ausgezeichnete fachliche Eignung« und tadellose Führung. Kunst und Literatur seien ihm »infolge seines persönlichen Interesses in hohem Maße geläufig« gewesen. »Er verläßt mein Geschäft, weil ihm jetzt die Möglichkeit geboten wurde, seiner Lieblingsidee folgend Kunstgeschichte zu studieren.« Nannen hat später behauptet, Hanckel sei ohnehin gezwungen gewesen, das Lehrverhältnis zu kündigen – wegen Henris jüdischer Freundin. Wahr ist auf jeden Fall, daß nun das Studium der Kunstgeschichte begann. Und zwar in München.

Szenenwechsel. Henri trennte sich von Cilly, jedenfalls räumlich. Wer weiß, ob die beiden damals überhaupt noch von der Zukunft geredet haben? Aus den Augen, aus dem Sinn? Das wohl nicht. Aber daß Henri Nannen, als er im Oktober 1933 in die

»Hauptstadt der Bewegung« zog, auch in ein anderes Leben ging, das sollte sich bald zeigen.

Als er in München schon eine Studentenbude hatte, besorgte er sich in Emden beim »Oberbürgermeister als Ortspolizeibehörde« am 23. Oktober noch ein Führungszeugnis, das laut Formular zwar nur »zum Eintritt in die Reichswehr und in die SA- und SS-Formationen sowie in den Stahlhelm und den Arbeitsdienst« gültig war, zu diesen Zwecken aber nicht verwendet worden ist. Es zeigt eine Art Paßfoto von Henri Nannen im Trenchcoat mit hochgeschlagenem Kragen und breitkrempigem Hut, auf dem er aussieht wie Humphrey Bogart in seinen besten Tagen. An den Pallieter und das einfache Leben erinnert da nichts mehr.

Die Familie Windmüller blieb in Emden, die Eltern Adolf und Johanna sogar bis nach dem Ausbruch des Zweiten Weltkriegs. Im Februar 1940 wurden sie abtransportiert, über Berlin nach Lodz, damals Litzmannstadt, und dort auf unbekannte Weise ums Leben gebracht. Ihre fünf Kinder Ludwig, Jetti, Cäcilie, Cornelia und Frieda haben sie beizeiten weggehen lassen. Sie entkamen dem Schicksal der Eltern, wenngleich auf unterschiedlichen Wegen. Als erste ging Jetti – im Juni 1934 nach Den Haag. Cilly Windmüller blieb in Emden bis zum April 1937. Dann erst bereitete sie sich in Oldenburg und vor allem in Augsburg auf die Auswanderung vor. Im Oktober 1938, knapp einen Monat vor der Zerstörung der Emder Synagoge, gelang ihr die Flucht nach Palästina.

Mundus vult decipi

oder: das Studium der Kunst, erfolgreich zu sein

»Immer waren Mädchen dabei«, hat Henri Nannen, sein Leben betrachtend, einmal gesagt. Das ist wörtlich zu nehmen – sowohl das »immer« als auch der Plural.

Auf die Reise nach München im Oktober 1933 hatte er sich mit Trude B. verabredet, die er in seinen Osnabrücker Tagen kennengelernt hatte und von der er wußte, daß sie ebenfalls in München studieren wollte. Im Zug nach München war dann aber auch Ilse H., die bereits in München studierte, Medizin im dritten Semester, und aus den Semesterferien kam. Es wurde der Beginn einer wundervollen Freundschaft.

»Dreh dich mal um«, sagte Henri Nannen ein paar Monate später während eines zweisamen Spaziergangs auf der Ludwigstraße zu Ilse. Und als diese der Aufforderung nachkam, erblickte sie fünf Personen weiblichen Geschlechts, denen Henri im Vorbeigehen ein freundliches Lächeln geschenkt hatte und die ihm nun fasziniert nachschauten. Henri hatte sich dessen nicht vergewissert, er wußte es einfach. Seine Wirkung auf Frauen war von seinen vielen Gaben wohl die einzige, derer er immer sicher gewesen ist.

München gefiel ihm. Die pralle, katholisch-barocke Lebenslust der Bayern muß für den dunkelhaarigen Ostfriesen aus dem kalvinistisch strengen Emden eine Entdeckung gewesen sein. Auch das südliche Flair der Stadt faszinierte ihn, und das Klima tat ihm ausgesprochen gut. »Ich fühle mich erst richtig wohl«, hat er auch später noch gesagt, »wenn ich in München aus dem Zug steige.« Die Stadt wurde sein neuer Lebensraum, Schauplatz von Ereignissen, die sein Leben neu in Schwung brachten. Die Bezeichnung »Hauptstadt der Bewegung« hätte er privat akzeptieren dürfen.

Der Studiosus Nannen begann, sich neu zu organisieren, also

beispielsweise Nebenerwerbsquellen zu finden. Denn auch solange sein Vater den bescheidenen Wechsel noch finanzieren konnte, hatte Henri nie genug Geld, sich wirklich satt zu essen; sein Bedarf an Nahrungsaufnahme war immer beträchtlich. Seine Art, zu leben und zu studieren, fand Curt Hohoff, den er in München wiedertraf, verblüffend modern und einträglich. Zum Beispiel ging Nannen »jeden Morgen um sechs zum Funkhaus, sprach einen Satz, den er selber aussuchen durfte, als Tagesmotto und bekam fünf Mark. Davon lebte er oder behauptete es zumindest. Außerdem verkehrte er an der Modeschule, wo es hübsche Mädchen gab, und machte sich beim Film in Geiselgasteig zu schaffen.« Hohoff erkannte in Nannen »einen neuen Typ des Menschen. Heute würde man ihn einen Manager nennen.«

Seine erste Studentenbude hatte er bei einer jüdischen Vermieterin, Hedwig Kahn, in der Leopoldstraße 56a, mit deren Sohn Ferdinand, einem Rechtsanwalt, er sich anfreundete. Der verdiente damals schon Geld mit Sprüchen für die Werbung wie diesem: »Das Wetter ist mir einerlei, mein Mantel ist von Loden-Frey«. Henri dachte, das könne er auch, jedenfalls versuchte er es: »Dein Mann gurrt wie ein Tauber, trägst Wäsche du von Rosa Klauber.« Dafür bekam er aber nur einen Trostpreis, eine Krawatte. Ferdinand Kahn übrigens floh beizeiten nach England, und die Nazis erkannten ihm die deutsche Staatsangehörigkeit ab.

Henri Nannen begann ein Studium der Kunstgeschichte. Aber die erste Vorlesung, die er im Winterhalbjahr 1933/34 besuchte, war eine von Dr. Karl d'Ester, und da ging es um die »geistigen, wirtschaftlichen und technischen Grundlagen des Zeitungswesens der Gegenwart«. Auch über die »Psychologie des Menschen« hörte er bei Dr. Alexander Pfänder und über Ästhetik bei Dr. Kurt Huber. Überhaupt besuchte er Vorlesungen punktuell und je nach Thema, auch in ganz anderen Fakultäten. Von Ilse wollte er in medizinische Vorlesungen mitgenommen werden, wenn das Thema ihn interessierte. Einmal allerdings weigerte sie sich, ihn mitzunehmen, weil er in beigen Kamelhaarpuschen erschienen war – nicht aus Schlamperei, sondern aus Spaß an solchen Provokationen. Nicht nur sie hat damals den Eindruck gewonnen, daß Henri zwar ein kunstbegeisterter Mensch, aber kein besonders fleißiger, systematisch vorgehender Kunststudent gewesen sei.

Hohoff, der fand, daß Nannen sich für Kommunikation mindestens so stark wie für Kunst interessiere, ging mit ihm »zu Wilhelm Pinder in die Vorlesung für Studenten aller Fakultäten. Pinder war ein Stern erster Größe an der Universität. Das Thema der Vorlesung war aufregend: Echtheit und Falschheit von Bildern. Das echte Bild wurde neben dem falschen gezeigt, in riesigen Fotos auf die weiße Wand geworfen. Das Problem der Nachahmung, die Möglichkeit der Täuschung schien Nannen brennend zu interessieren.«

Ob die beiden wohl wußten, daß dieser »Stern erster Größe« unter den Münchner Professoren dem »Volkskanzler Adolf Hitler« gleich im Frühjahr 1933 eine Ergebenheitsadresse geschickt hatte und auf dem besten Wege war, zum Kunstpapst der Nazis zu werden? Es hätte sie wohl kaum davon abgehalten, den Mann interessant zu finden. Immerhin gehörte Pinder später auch zu den nicht sehr zahlreichen Kunstexperten im Dritten Reich, die den Expressionismus als eine vom Wesen her deutsche Kunst bezeichneten und zum Nationalstil erklären wollten, was Hitler nicht zuließ. Pinder hatte aber auch bedeutende Beiträge über die deutsche Plastik des Mittelalters geschrieben und dürfte die Aufmerksamkeit des jungen Kunststudenten damals in München wohl eher auf die schönen Madonnen der Gotik gelenkt haben.

Henri Nannen hat Pinder gelegentlich seinen »Ordinarius« genannt und gern mit dem Satz zitiert, dieser Nannen sei einer, der »nicht viel weiß, aber ziemlich viel kann«. Und auch mit einem Brief, den Pinder ihm zum Studienbeginn schrieb, hat Nannen sich gern identifiziert: »Wille und Fähigkeit zur Kritik, wissenschaftliches Denkvermögen und Sinn für historische Forschungstätigkeit, darüber sollte man verfügen können, wenn man sich dem Studium der Kunstwissenschaften widmet. Und doch vermöchten diese drei nichts, wenn nicht die Begnadung des Künstlerischen hinzuträte, das Sehenkönnen, die Begabung, aus sichtbaren Gestalten Form und Farbe, eine Welt innerster Empfindungen und Gesichte abzulesen.«

Promovieren wollte er, solange er das überhaupt wollte, wohl eher bei dem Kunsthistoriker Dr. Hugo Kehrer, ehedem aktiver Offizier in einem badischen Grenadier-Regiment. Der hatte Bücher über El Greco und Goya und Francisco de Zurbarán geschrieben und dazu beigetragen, daß spanische Kunst eine Weile als Mode galt.

Spannender fand Nannen offenbar den legendären Theater-Professor Artur Kutscher, bei dem er »Deutsche Literatur vom Weltkrieg bis zur Gegenwart« und einen theaterwissenschaftlichen Oberkurs mit dem Thema »Das Wesen der Magie« belegte. Kutscher, der Bücher über Frank Wedekinds Leben und Werk publiziert hatte, vertrat die These, das Drama dürfe nicht nur literarisch oder philologisch gesehen werden, sondern es müsse mit den Mitteln der Dramaturgie Stellung nehmen. Anschauung war sein oberstes Prinzip.

In den eigenen Aufführungen des sogenannten Kutscher-Kreises haben bedeutende Regisseure wie Liebeneiner, Viertel und Piscator ihr Handwerk gelernt. Kutschers Ausstrahlung auch in die damalige Münchner Szene muß enorm gewesen sein. Vier seiner Studenten und Protegés, Kurd E. Heine, Werner Kleine, Helmut Käutner und Bobby Todd, machten in den frühen dreißiger Jahren als »Die vier Nachrichter« in der Schwabinger Künstlerkneipe »Simplicissimus« das literarische Brettl zum Sprungbrett ihrer Karriere. Nannen könnte sie dort noch gehört haben, denn im »Simpl« war er zeitweilig fast so intim wie der Operetten-Graf Danilo im »Maxim«.

Vor allem aber organisierte der Kunststudent das Leben, sein eigenes und, wenn sie wollten, das seiner Freunde – zum Beispiel, nachdem Hohoff sich endlich ein Fahrrad gekauft hatte, einen Radausflug an Pfingsten nach Berchtesgaden, mit Mädchen natürlich. Da Hohoff aber nicht liiert war, erbot sich Henri »zur Beschaffung einer weiteren Medizinerin, denn Medizinerinnen seien für Absichten, wie wir sie hegten, die besten Objekte«. Hohoff erzählt in seinen Münchner Erinnerungen voller Bewunderung, daß Nannen unterwegs am Chiemsee, wo man die erste Nacht verbringen wollte, bei einer alten Frau in Prien im Nu auch zwei Doppelzimmer ausgemacht hatte, das Bett zu einer Mark. Der Versuch, diese Zimmer paarweise zu verteilen, scheiterte am ersten Abend aber am Widerstand der Mädchen, und man fand sich erst beim Frühstück am selben Tisch wieder. Hohoff fragte, was denn aus Henris Spruch des Tages im Radio werde, und der sagte lachend, er habe für sechs Tage Vorrat beim Sender deponiert, und es gebe dort ja genügend Sprecher.

»Nannens Kraft zum Disponieren kam mir erstaunlich kühn vor. Da er zugab, daß er nie eine Zeile von Goethe, Schopenhauer oder Gottfried Keller gelesen hatte, wollte ich wissen, wie er zu seinen Zitaten kam.

Mundus vult decipi, sagte er und übersetzte den Medizinerinnen, die nur ein kleines Latinum hatten, seinen Lieblingsausspruch: Die Welt will betrogen werden. Er forderte mich auf: Hohoff wird euch sagen, wer das geschrieben hat.

Sebastian Brants Paradoxa, sagte ich.

Da seht ihr ein Musterbeispiel humanistischer Bildung; ich aber beziehe meine Weisheitssprüche von der Rückseite eines Abreißkalenders.

Er zog ein winziges Blatt aus seiner Brieftasche und las: Das Böse, das man selbst an sich hat, straft man desto härter an andern. – Von wem das ist? Hohoff weiß es nicht. Hippel heißt der Mann. Ich habe keine Ahnung, wer das ist. Hohoff wird es wissen.«

Die Fahrt ging weiter über Traunstein und Reichenhall bis Bischofswiesen vor Berchtesgaden, und als das Quartett dort abends erschöpft ankam, fand Nannen wieder schnell ein ähnliches Quartier und setzte diesmal auch die paarweise Belegung der Zimmer durch. Hohoff wunderte sich, zu Recht, über die Unbedenklichkeit der Wirtsfrau. Aber »Nannen belehrte mich: Bayern ist in diesem Punkt ein Paradies.«

Aus derart paradiesischen Verhältnissen hatten ihn schlechte Nachrichten von zu Hause im Frühjahr 1934 brutal in die rauhe Emder Wirklichkeit zurückgerissen: die Amtsenthebung seines Vaters durch die Nazis. Henri Nannen eilte zum Familienrat. Bedeutete das nun: Ende des Studiums? Mindestens mußte das Geld dafür komplett selber verdient werden. Aber das traute er sich zu. Schlimmer war die Demontage des Vorbilds Vater. Die Wut darüber ließ Henri ausfällig werden. Als er auf der Straße in Emden einem Beamten begegnete, der mit seinem Vater zusam-

mengearbeitet und diesen, wie Henri annahm, »denunziert«
hatte, rempelte er den mit »Na, du alter Nazi«, nach einer anderen Version mit »Nazi-Bonze« und nach wieder einer anderen
Version sogar mit »Du Nazi-Schwein« an – durchaus in der Annahme, das habe ja nun sonst keiner gehört, und es werde schon
nichts passieren. Der Mann erstattete aber Anzeige bei der Emder Kreisleitung, und einige Monate später schloß sich der Emder
Oberbürgermeister als Nebenkläger der Klage wegen Beamtenbeleidigung an. Die Universität München wurde sofort verständigt, denn der Eintrag in Henris Karteikarte – »Beleidigg. eines Be-
amtens« – datiert vom 14. Mai 1934.

Als Henri Nannen im Sommer 1934 abermals nach Emden
fuhr, nahm er Ilse mit zu seinen Eltern und dann auch auf einen
kurzen Ausflug nach Norderney. Daß er zu Hause Cilly wiedersehen würde, war klar. Aber Henri hatte mit solcher Doppelglei-
sigkeit keine Probleme, und die beiden Mädchen damals wohl
auch noch nicht. Die Familie Windmüller hatte ohnehin andere
Sorgen. Waren sie als Juden wirklich in Lebensgefahr?

Eines freilich mag Cilly damals klargeworden sein, wenn sie
es nicht längst begriffen hatte: daß sie Henri endgültig verlieren
würde, wenn sie Deutschland eines Tages verlassen mußte. Es ist
nicht völlig auszuschließen, daß sie noch eine Weile gehofft hat,
er werde ihr nachfolgen, wenn er erst in der Lage sei, eine eigene
Existenz aufzubauen. Ihr Neffe Heinrich Brockmeier, der Sohn
ihrer Schwester Frieda, die einen Christen geheiratet hat, ist heute
noch überzeugt davon, daß es so gewesen ist; die Tatsache, daß
Henri nie auch nur daran gedacht hat, sie zu begleiten, sei eine
der bittersten Enttäuschungen ihres Lebens gewesen.

Für Ilse blieb der Emder Abstecher auch nicht ganz folgenlos.
Sie wurde bereits im Wintersemester 1934 »strafversetzt« und
mußte die nächsten beiden Semester in Düsseldorf und in Kö-
nigsberg weiterstudieren, weil ihre Eltern eine Liaison mit diesem
offenbar unwiderstehlichen Henri Nannen auf jeden Fall unterbinden wollten. Besonders erfolgreich war diese Intervention
nicht, denn zumindest ins Rheinland reiste Henri der Verbannten
zuweilen nach und wurde dort dann unter strengster Geheim-
haltung bei einer Freundin von Ilse untergebracht.

Aber noch in diesem Sommer seines Mißvergnügens wurde der Studiosus Nannen von dem Emder Eklat eingeholt. Die Folgen drohten, seine wichtigste Erwerbsquelle zu verstopfen: den Reichssender München. Dort hat Henri Nannen, wie Intendant Dr. Hellmuth Habersbrunner ihm wiederholt bescheinigte, »beginnend im Jahr 1934 regelmäßig und häufig als Verfasser von Vorträgen und als Rundfunkberichter mitgearbeitet«, wobei er »besonders über Ereignisse der Kunst und der Malerei« gesprochen hat. Ein solcher Vortrag war für den Juli 1934 geplant – und wurde abgesagt. In der parteiamtlichen *Ostfriesischen Tageszeitung* stand dann auch, was passiert war: »Vor einigen Tagen wurde von den bürgerlichen Zeitungen Emdens angekündigt, daß der ›Münchner Kunstwissenschaftler Henry Nannen, ein Sohn unserer Stadt‹ am Reichssender München über ›Das Ringen um die deutsche Kunst‹ sprechen würde. Die hiesige Kreisleitung der NSDAP setzte sich daraufhin sofort mit der Intendantur des Reichssenders München in Verbindung und erwirkte, daß der Vortrag Henry Nannens nicht stattfand. Die hiesige Kreisleitung der NSDAP und mit ihr alle nationalsozialistisch denkenden Volksgenossen, die Nannen persönlich kennen, stehen auf dem Standpunkt, daß ein Mann, der durch seinen Verkehr mit einer Emder Jüdin bewiesen hat, daß er nicht einmal die primitivsten Grundsätze unserer Weltanschauung begriffen hat, weder die Berechtigung noch die Befähigung besitzt, um über unser Ringen um die deutsche Kunst sprechen zu können.«

Aus dieser Notiz wurde der erste Presse-Streit um Henri Nannen, und zwar mit Hilfe der ersten von vielen hundert Berichtigungen, die er in seinem Leben losgelassen hat. Sie erschien zunächst nur in der bürgerlichen *Emder Zeitung*. »Wie uns Herr Nannen ›im Einvernehmen mit der Reichsrundfunkgesellschaft, Sendeleitung München‹ mitteilt«, so hieß es dort, »ist der Vortrag ›Das Ringen um die deutsche Kunst‹ nicht deshalb vom Programm abgesetzt, weil die Kreisleitung der NSDAP ihm wegen seiner Freundschaft zu einer Jüdin die primitivsten Grundsätze nationalsozialistischer Weltanschauung abgesprochen hätte, ›sondern lediglich zurückgestellt bis zur Klärung weitergehender umfangreicher Beschuldigungen‹, welche die Kreisleitung gegen ihn erhoben habe. Die Angelegenheit sei auf Nannens Bitte dem Reichsministerium für Volksaufklärung und Propaganda zur Nachprüfung überwiesen worden.«

Nun legte die *Ostfriesische Tageszeitung* nach und druckte eine Erklärung der Kreisleitung Emden, in der Nannen der Wortklauberei und der »flegelhaften Auseinandersetzung mit der Kreisleitung« geziehen wurde. »Es ist nicht an der Tatsache zu rütteln, daß der Vortrag Nannens laut Schreiben des Reichssenders München an die Kreisleitung Emden vom 19. d. M. ›aus dem Programm genommen‹ werde. Es ist uns unverständlich, daß die *Emder Zeitung* bei dem Versuch Nannens, der Kreisleitung Emden eins auswischen zu wollen, Handlangerdienste leistet... Der *OTZ* lag dieselbe ›Berichtigung‹ Nannens vor... Sie lehnte selbstverständlich die Veröffentlichung ab. Wir verbitten es uns für die Zukunft, daß von irgendeiner Stelle unsere Maßnahmen und Verlautbarungen in Zweifel gezogen werden.«

Nun war der Reichssender München nicht die einzige Institution, bei der Nannen sich mit Vorträgen über die Runden zu bringen suchte. »Während meiner Studentenzeit«, das hat er in einem am 12. Mai 1940 verfaßten Lebenslauf, offenbar zutreffend, mitgeteilt, »war ich in verschiedenen nationalsozialistischen Kulturorganisationen – NS Studentenbund, KdF, NS Kulturgemeinde usw. – tätig«, nicht aber Mitglied. In Nannens Anmerkung zu Frage 116 des berühmt-berüchtigten Fragebogens des »Military Government of Germany« aus dem Jahr 1946 liest sich das dann so: »Es war mir gelungen, dem Kampfbund für deutsche Kultur, später NS Kulturgemeinde, einen Vortragsring zu unterschieben (ohne Mitglied dieser Organisation zu sein!), in dem u.a. Ernst Wiechert, Manfred Hausmann, Oswald Poetzelberger und Bruno Ernst Werner sprechen sollten. Die Rede Wiecherts wurde später verboten, das Manuskript konfisziert. Bruno Ernst Werner durfte wegen politischer Unzuverlässigkeit nicht sprechen. Poetzelberger sprach, wurde darauf seines Postens als Leiter der Kunstkammer enthoben. Manfred Hausmann war politisch unerwünscht. Daraufhin wurde meine Post regelmäßig zensiert.«

Nannen selber wollte zum Beispiel im Oktober 1934 in Mainz über »Kampf um die Kunst« reden, und auch das machte Probleme. Die Ankündigung des Vortrags im *Mainzer Anzeiger* rief den »Kampfbund für deutsche Kultur, Ortsgruppe Mainz« auf den Plan, der in einem Protestbrief an die »N. S. G. Kraft durch Freude« und das »Amt N. S. Kulturgemeinde« auf Henris jüdische Freundin hinwies und hinzufügte: »Erst kürzlich machten wir den Reichssender München auf diese Tatsache aufmerksam, so daß ein vorgesehener Vortrag des N. noch rechtzeitig vom Programm abgesetzt werden konnte. Wir bemerken weiter, daß die Gauleitung Weser-Ems diesbez. bereits mit dem Reichspropagandaministerium in Verbindung getreten ist... Teilen Sie uns bitte mit, ob N. im Besitze eines Rednerausweises war und wer denselben ausgestellt hat, damit wir die Angelegenheit weiter verfolgen können.« Nannen redete trotzdem, vor etwa 600 Zuhörern.

Aber es wurde allmählich eng für ihn. Der Gau Weser-Ems stand unter der Fuchtel von Carl Röver, der dort Parteikarriere gemacht hatte, erst Ministerpräsident von Oldenburg und im Mai 1933 Reichsstatthalter von Oldenburg und Bremen geworden war. Schon als Gauleiter hatte er gedroht, er werde den SA-Stabschef Ernst Röhm, der im Verdacht stand, gegen Hitler putschen zu wollen, verhaften lassen, wenn dieser seinen Gau betrete. Einen Mann wie Röver gegen sich zu haben, wäre auch für mächtigere Leute als einen Kunststudenten zu gefährlich gewesen. Henri Nannen brauchte dringend Hilfe. Er vertraute sich Wilhelm Pinder an. Und Pinder meinte, es werde ihm wohl einfallen, wie man diese dumme Geschichte aus der Welt schaffen könne.

Pinder fiel ein, Hugo Bruckmann, den Verleger der traditionsreichen Zeitschrift *Die Kunst*, für den Fall zu interessieren – oder eigentlich dessen Frau Elsa. Bruckmann selber war politisch nicht unmittelbar engagiert, trotz der niedrigen PG-Nummer 91; er war ein Vertrauter von Cosima Wagner, der Witwe Richard Wagners, und hatte die Wagner-Biographie des Cosima-Schwiegersohns und prominenten Antisemiten Houston Stewart Chamberlain verlegt. Frau Elsa aber unterhielt in München einen politischen Salon, wo auch Hitler verkehrte und wo dessen Kontakte zur intellektuellen Münchner Szene gepflegt wurden. Elsa Bruckmann also ließ sich davon überzeugen, daß man dem begabten und obendrein sehr ansehnlichen jungen Mann, der da eine

Dummheit gemacht hatte, helfen sollte. Sie stellte einen Kontakt zum »Stellvertreter des Führers« Rudolf Heß her, in dessen Stab es einen Kulturbeauftragten namens Ernst Schulte-Strathaus gab.

Das war ein umgänglicher Mann, der Frau Bruckmann auch gern einen Gefallen tun wollte. Er sah sich Henri Nannen an, und der hat ihn später so zitiert: »Also hören Sie mal zu, äußern Sie sich in Zukunft nicht mehr politisch, und dann wollen wir mal fünfe gerade sein lassen und die ganze Geschichte in Ordnung bringen, dann dürfen Sie wieder arbeiten. Aber bitte erzählen Sie das nun nicht überall herum.« Schulte-Strathaus ließ seine Drähte zu Goebbels' Propagandaministerium spielen, und Henri Nannen bekam am 18. Januar 1935 schriftlich: »Die Abteilung Rundfunk des Reichsministeriums für Volksaufklärung und Propaganda hat lt. Mitteilung vom 14. d. Mts. die Reichssendeleitung veranlaßt, die über Sie verhängte Sperre bei allen deutschen Sendern sofort aufzuheben. Heil Hitler! i. A. Schulte-Strathaus.« Das Verfahren wegen Beamtenbeleidigung wurde per Amnestie eingestellt.

Henri Nannen konnte weiterjobben und also auch weiter studieren. Und er entwickelte eine beträchtliche Begabung, sich mit den Pressionen des Regimes zu arrangieren. In jenem Fragebogen von 1946 hat er das auch nicht verschwiegen: »1934 wurde für alle Studenten SA-Hochschuldienst als Pflichtdienst eingeführt. Befreit waren lediglich Mitglieder der NS Gliederungen und des Deutschen Luftsportverbandes. Ein Befreiungsversuch auf Grund meiner Werkstudententätigkeit mißlang. Darauf trat ich dem D. L. V. bei, machte ein einziges Mal Dienst, ließ mich dann zu den unterstützenden Mitgliedern überschreiben und zahlte zwei Monate Beiträge. Dann habe ich nie wieder davon gehört.«

Nicht in diesem Fragebogen, aber in späteren Darstellungen seines Lebensweges hat Henri Nannen – je häufiger, desto dramatischer – erzählt, er sei damals wegen des Nazi-Ärgers über seine jüdische Freundin auch von der Universität geflogen, sei »relegiert«, ja sogar »zwangsexmatrikuliert« worden. Die Weggefährten seiner Münchner Zeit, die man noch ansprechen kann, selbst seine Freundinnen, haben davon nichts bemerkt. Auch im Archiv der Ludwig-Maximilians-Universität München gibt es keinen Hinweis auf eine Exmatrikulation Henri Nannens, nur den völlig undramatischen Eintrag, er sei »1937/38 gestrichen [worden] wegen Überschreitung d. Immatr. Frist«. In dem Lebenslauf, den er im Mai 1940 verfaßt hat, schreibt er selber: »Vom 1. Oktober 1933 bis einschließlich Sommersemester 1937 habe ich in München sieben Semester Kunstgeschichte, Geschichte, Philosophie und Zeitungswissenschaft studiert.« Die Einträge darüber in seinem Vorlesungsverzeichnis, komplett mit den Quittungen für bezahlte Studiengebühren, sind denn auch alle vorhanden – mit Ausnahme des Sommersemesters 1935. Aber das hat nachweislich andere Gründe. Es hat damals nämlich noch eine Auseinandersetzung mit der Polizei wegen einer jüdischen Freundin Henri Nannens gegeben. Doch das war in München und nicht in Emden. Und die jüdische Freundin war auch nicht Cilly Windmüller.

Man erzählt diese »läppische Geschichte« am besten so, wie Henri Nannen sie der legendären Münchner »Simpl«-Wirtin Toni Netzle in deren Radio-Talkshow 1985 erzählt hat. »Ich hatte eine jüdische Freundin, und mit der bin ich mit dem Fahrrad über den Bürgersteig in München gefahren, weil wir nach Starnberg fahren wollten. Ein Polizist hielt uns fest und fragte nach den Personalien und stellte aus dem Paß oder dem Personalausweis des Mädchens fest, daß sie zwar den schönen deutschen Namen Lehmann und den Vornamen Erna hatte, aber sie stand in dem Paß als Erna Sara Lehmann, denn es war ja damals so, daß alle jüdischen Männer den Namen Israel und alle jüdischen Mädchen und Frauen den Namen Sara als Zunamen tragen mußten.«

Das kann nun freilich nicht stimmen. Abgesehen davon, daß man in München auch damals nicht unbedingt über den Bürgersteig radeln mußte, wenn man nach Starnberg wollte: Die Nazi-Verordnung über die Zunamen für jüdische Männer und Frauen ist erst am 17. August 1938 erlassen worden und war ab Januar 1939 gültig, obendrein nur für solche Juden, die nicht ohnehin einen erkennbar jüdischen Vornamen hatten. Dennoch, so Nannen, »brüllte mich dieser Polizeibeamte an, wie ich dazu käme, mit einer Judenschickse, wie er sich ausdrückte...«, was Henri Nannen sich prompt verbat. Das wiederum hatte zur Folge, daß er zur Feststellung seiner eigenen Personalien mit auf die Wache sollte.

»Dann hat er mich mit meinem Fahrrad die Schwabinger Leopoldstraße runtergeführt, und ich habe dafür gesorgt, daß langsam das Pedal nach oben kam. Und an der Giselastraße habe ich dann auf das Pedal getreten und war weg. Aber der Polizist hat ein Auto angehalten und hat mich wieder erwischt. Ich fühlte mich in der Giselastraße vollkommen sicher, als plötzlich dieses Auto neben mir anhielt, der Polizist aus dem Auto stieg und auf mich zulief und mich mit meinem Fahrrad festhielt. Und dann habe ich mich einfach zu Boden fallen lassen. Denn kriegen Sie mal einen auf, der immerhin einssiebenundachtzig groß und nicht ganz leicht ist, und wenn der sich ganz schlapp macht. Dann hat der Polizist Passanten rangepfiffen, und die haben einen zweiten Polizisten geholt, und die haben mich dann zu zweit in die Wache geschleppt. Und dann haben die hinterher behauptet, ich hätte einen getreten. Deshalb das Verfahren wegen Widerstands gegen die Staatsgewalt.«

In den Akten des Polizeibezirks 11 (Schwabing) wird der Vorfall etwas anders dargestellt. Von einem zweiten Polizisten ist nicht die Rede, wohl aber davon, daß Nannen den ihn verfolgenden Hauptwachtmeister Stengel mit der Bemerkung einzuschüchtern versucht habe: »Ich bin deutscher Student, darf ich Sie darauf aufmerksam machen, daß ich Mitarbeiter des *Völkischen Beobachter* bin und außerdem für verschiedene NS-Zeitschriften Aufsätze schreibe.« Auf Stengels Einwand, dann sollte Nannen sich aber schämen, mit einer Jüdin zu verkehren, habe dieser erwidert, »er denke gar nicht daran sich zu schämen, da er seit 1930 [sic] nationalsozialistisch tätig sei und bei verschiedenen nationalsozialistischen Zeitungen arbeite«. Bei nochmaliger Einvernahme habe Nannen erklärt, »er habe damit nur ausdrücken wollen, daß ihm der Beamte keinen Nationalsozialismus beibringen könne, da er sich schon längere Zeit im nationalsozialistischen Sinne als Journalist betätige«. Das Verfahren wegen Nötigung wurde am 21. August 1934 eingestellt.

Zunächst aber will sich der Übeltäter einer angeblich drohenden Strafverfolgung durch die »Flucht« entzogen haben. So jedenfalls hat Nannen wiederholt die Reise in die Schweiz bezeichnet, die er wenig später antrat. Der Vorfall in der Giselastraße war wohl doch nicht der Anlaß. In seinem Fragebogen 1946 erwähnt er die Rangelei mit dem Polizisten eher beiläufig und fügt hinzu: »Vor dem Amtsgericht München erfolgte Freispruch [das Verfahren wurde eingestellt, d. A.], doch wirkte mein Verhalten erschwerend auf die Geldstrafe wegen Verkehrsübertretung.«

Der eigentliche »Fluchtgrund« war vermutlich ein anderer. Es gab im März 1935 in der Neuen Pinakothek eine Ausstellung »Berliner Kunst«, in der Bilder von Schmidt-Rottluff, Beckmann, Kollwitz, auch von Nolde, Pechstein und Feininger hingen, zunächst jedenfalls. Dann ließ der damalige Gauleiter Adolf Wagner 26 dieser Bilder abhängen, wogegen Münchner Kunststudenten vehement protestierten. An diesen Protesten beteiligte sich Nannen. Bei einer Führung durch die inkriminierte Ausstellung im Auftrag der Münchner Künstler-Genossenschaft sprach er, »entgegen dem Verbot irgendeines Kulturamtes«, auch über die abgehängten Bilder. »Ich plädierte dafür, die Stricke an den Wänden hängen zu lassen und nicht mit neuen Bildern zu besetzen, damit man sehen konnte, was hier geschehen war.« Das habe »zu einem Tumult der Besucher gegen die Maßnahme Wagners« geführt, was wiederum zwei Gestapo-Leute zur Notiz nahmen. Nannen hat wohl auch noch einen Rundfunkbericht über diese Ausstellung gemacht. »Darauf erschienen in meiner Wohnung bei meinem jüdischen Freund Dr. Ferdinand Kahn, München, Leopoldstraße, zweimal nacheinander zwei verschiedene Gestapo-Beamte, um Haussuchung zu halten und mich zu verhören«, trafen ihn aber nicht an. Am 3. Mai 1935 jedenfalls »floh« Henri Nannen. Seit dem 26. April hatte er ein spanisches Visum im Paß. Aber er ging in die Schweiz. Und natürlich ging er nicht allein.

Nun hätte es nahegelegen, Erna Lehmann mitzunehmen. Das tat er aber nicht, aus welchen Gründen auch immer. Sondern er nahm eine junge Schriftstellerin und Kabarettistin mit, die im »Simpl« ihre Gedichte vortrug und ihre Liedchen sang »und die ich sehr gerne mochte«: Inge Moossen, drei Jahre älter als Henri, ein zierliches Mädchen, das Nannens Freund Hohoff als »Puppe« in Erinnerung hat; neben »dem Riesen Henri« muß sie ziemlich verloren gewirkt haben. Die gemeinsame Reise war denn auch kein großer Erfolg, nicht zuletzt weil es an jeglichem Komfort mangelte. Ein Hotel konnte man sich nicht leisten. »Wir sind nach Ascona gefahren«, hat Nannen der Toni Netzle erzählt, »ich hatte ein Zelt mit, und da hat Inge Gedichte geschrieben, und ich habe die Strümpfe gestopft. Das war nun nicht unbedingt das, was einem auf die Dauer Spaß machte.«

Die Dauer war denn auch sehr begrenzt. Immerhin ging Henri Nannen mit seiner Reisegefährtin noch zu dem ein Jahr zuvor aus Deutschland geflohenen Erich Maria Remarque in Porto Ronco und machte Besuch in der Villa »Casa Monte Tabor« – eine Begegnung unter Schicksalsgefährten sozusagen. Offenbar hatte ihm Remarque per Reisescheck 200 Schweizer Franken zukommen lassen.

Daß Remarque den jungen Nannen faszinierte, bedarf keiner Begründung. Sein 1929 erschienener Roman gegen die Verherrlichung dessen, was sich im Ersten Weltkrieg an der Front abgespielt hatte, *Im Westen nichts Neues*, war wohl der spektakulärste Bucherfolg der dreißiger Jahre, Remarque selber war schon damals ein Medienstar, lebte zuweilen wie ein Märchenprinz, sammelte impressionistische Malerei und hatte Affären mit einigen der aufregendsten Frauen der internationalen Filmwelt. Aber daß er einen trampenden deutschen Studenten und dessen Münchner Brettl-Bekanntschaft mit Geld versorgen würde, war eher unwahrscheinlich.

Henri Nannen hat ein paarmal beiläufig gesagt, er habe den berühmten Mann aus Osnabrück gekannt, sei sogar mit ihm befreundet gewesen. In Osnabrück ist Remarque als Erich Paul Remark 1898 geboren, und Henri Nannen ist dort vom 15. Juni bis 1. Oktober 1933 Lehrling beim Buchhändler Hanckel gewesen. Aber zu einer Begegnung kann es damals nicht gekommen sein. Remarque ist zwar zu Beginn der dreißiger Jahre nochmals in Osnabrück gewesen und hat dort an *Der Weg zurück* gearbeitet. Aber 24 Stunden bevor die Nazi-Aufmärsche am 30. Januar 1933 den neuen »Führer« feierten, ist Remarque in Berlin, wo er ein paar Wochen gelebt hatte, in seinen Lancia gestiegen, ist durchgefahren bis in die Schweiz und die nächsten 20 Jahre nicht mehr nach Deutschland gekommen.

Selbst wenn sie von Remarque stammen, gehen 200 Franken eines Tages zu Ende, und Inge Moossen entschloß sich irgendwann zur Rückreise nach München. Henri Nannen aber zog weiter nach Florenz, in der Hoffnung, dort am »Istituto Germanico di storia dell' arte« einen Job kriegen zu können. Diese Hoffnung erfüllte sich nicht. Der Institutsleiter unterstützte ihn zwar, konnte ihm aber weder Arbeit noch Aufenthaltsgenehmigung verschaffen.

Für den weiteren Verlauf der Geschichte sind wir auf Nannens Schilderung angewiesen, und die ist erstaunlich. In Florenz traf er einen englischen Journalisten, dessen Namen er nicht nennt, wohl aber den seiner Zeitung: *Morning Post.* Dieser Mann war auf dem Wege nach Neapel, wo Italiens »Duce« Mussolini gerade die Truppen konzentrierte, die er zur Eroberung Abessiniens gegen die Soldaten Kaiser Haile Selassies in den Krieg zu schicken gedachte. Und Henri Nannen ging mit. Er, der bislang eher mit dem »revolutionären Pazifisten« Kurt Hiller und dessen Publikationsorgan *Das Ziel* sympathisiert hatte, verspürte Lust, Kriegsberichterstatter zu werden. Denn er hatte, im Unterschied zu dem Engländer, einen Fotoapparat. Und mit dem gelang ihm bei der Einschiffung der Truppen in Neapel »das einzige wirklich tolle Foto, das mir in meinem Leben je gelungen ist«: Ein italienischer Soldat, der nicht in den Krieg will, klammert sich weinend an die Schürze seiner Mama, und ein Unteroffizier reißt ihn da weg und schlägt ihn. In diesem Moment hat Nannen draufgedrückt. »Das Foto wurde nach England an die *Morning Post* geschickt und ging um die halbe Welt.« Nannen selber und der Engländer gingen an Bord eines Truppentransporters nach Dschibuti. »Aber als wir dort ankamen, hatten die Italiener schon rausgekriegt, von wem das Foto stammte. Und dann haben die Italiener mich festgenommen und haben mich unter Bewachung wieder an die Brenner-Grenze gebracht.«

Nun hat Henri Nannen eine stattliche Anzahl Fotos aufgehoben, auch einige aus jenen Tagen. Ausgerechnet dieser Glückstreffer, der »um die halbe Welt gegangen ist«, findet sich nicht darunter. Und auch die Ausgabe der *Morning Post*, in der das Foto erschienen sein soll, hat sich bei gründlicher Nachschau in der Bri-

tish Library nicht auftreiben lassen – die *Morning Post* ist 1937 im
Daily Telegraph aufgegangen und nur noch als *Daily Telegraph and
Morning Post* existent gewesen. Übrigens hat Nannen die Neapel-
Episode nicht immer erzählt. In dem 1940 geschriebenen Lebenslauf zum Beispiel fehlt sie, obwohl sie da nicht schlecht hin-
eingepaßt hätte, denn Nannen war immerhin schon Gefreiter
beim Luftflottenkommando 3 und erklärte seine »Absicht, die
Kriegsoffizierslaufbahn einzuschlagen«. Daß die Episode auch in
den Anmerkungen zum Fragebogen von 1946 und in einem späteren Brief an die Spruchkammer für den Landkreis Tölz fehlt, ist
schon besser zu begreifen. Da heißt es dann nur noch: »Aus Italien wegen Mittellosigkeit ausgewiesen.«

Das läßt sich belegen. Laut Eintrag in Nannens Reisepaß hat
ihn das deutsche Konsulat Florenz am 31. Mai 1935 »von hier mit
Freifahrkarte bis Brenner« versehen. Der Polizeidirektion München hat Nannen später mitgeteilt, eine Geldbörse mit 1100 Lire
sei ihm am 26. Mai 1935 auf der Post in Florenz geklaut worden,
und da er ohne eigenes Verschulden nicht in der Lage gewesen
sei, die Heimreise zu bezahlen, »habe ich das Anerbieten des
deutschen Konsuls, mich per Schub heimzuschaffen, angenommen«. Von Neapel oder gar Dschibuti ist keine Rede mehr, und
in Italien will Nannen auch nur gewesen sein, »um für den deutschen Rundfunk und für deutsche Tageszeitungen Stimmungs-
berichte zu liefern«. Sicher ist: Am 2. Juni 1935 hat ihn das Königreich Italien ausgewiesen: »Allontanato dal Regno«, steht im Paß.
Die österreichischen Grenzer stundeten dem mittellos Ausgewiesenen die »Entrichtung der Gebühr für eine Reise durch Öster-
reich«, gaben ihm einen Fahrschein bis Kufstein im Wert von 18,–
Schilling oder 10,80 RM, und als er diesen Betrag am Ende des
Jahres noch nicht zurückgezahlt hatte, wurde sein Paß eingezogen. Nannen bezahlte und protestierte zugleich, nicht ohne sich
in seinem mit der Grußformel »Heil Hitler!« beendeten Brief an
das Münchner Paßamt darüber zu beschweren, daß seine »nach
den Äußerungen führender Nationalsozialisten« als wertvoll ge-
würdigte »kunsterzieherische Arbeit« so skandalös behindert
werde.

Das ganze Italien-Abenteuer hat genau vier Wochen gedauert

– nicht lang genug, um Gras über Nannens Münchner Kontroversen wachsen zu lassen. In seinen Anmerkungen zum Fragebogen formuliert er das so: »Obwohl zwei Tage nach meiner Abreise aus München Polizisten mit Haftbefehl in meiner Wohnung gewesen waren, wurde ich bei Wiedereinreise nach Deutschland nicht behelligt. Jedoch meldete ich mich nicht in München an, sondern fuhr nach Emden, um dort als Arbeiter in einer Fabrik unterzuschlüpfen.«

Der Unterschlupf war die »Nordwestdeutsche Fassfabrik GmbH Emden«, die ehemalige Böttcherei Nagel. Dieser Betrieb, so hat Nannen die Tölzer Spruchkammer 1948 wissen lassen, »marschierte geschlossen in der Deutschen Arbeitsfront – wie aus einem am Fabrikgebäude befestigten Plakat hervorging. Es war also nichts selbstverständlicher, als daß der Betriebsobmann nach wenigen Tagen zu mir kam, um mich als Mitglied aufzunehmen. Und es war wohl auch nichts selbstverständlicher, als daß ich, um jedes Aufsehen zu vermeiden, mich fügte und Mitglied wurde. Dieses geringe Maß an Tarnung wird man doch wohl zugestehen müssen.«

Es gab in Emden damals noch eine beachtliche Heringsfischerei, mithin Bedarf an Fässern. Henri Nannen half zunächst beim Aufbau der Fabrik, war also Bauarbeiter. Und weil er wußte, wie man ein Faß »aufsetzt«, blieb er in der Fabrik als Hilfsarbeiter. Es war Henri Nannens zweite Flucht ins »einfache Leben« – in die Handarbeit. Sie dauerte vom 24. Juni bis zum 26. Oktober 1935.

»Eines Tages begegnete mir mein ehemaliger Lateinlehrer, Professor Ritter«, hat Nannen im Gespräch mit Toni Netzle gesagt. »Ich kam in meinen Manchester-Hosen und meinem blauen Leinenkittel und mit meinem Henkelmann von der Arbeit.« Ritter war natürlich überrascht und bat den Hilfsarbeiter Nannen für den Abend in seine Studierstube. Friedrich N. J. Ritter, Verfasser zahlreicher Abhandlungen über Emden und Ostfriesland, war »übrigens Halbjude, der war auch schon rausgeschmissen«, und das mag erklären, warum Henris Klassenkameraden vom Abitur-Jahrgang 1933 sich an ihn als Lateinlehrer nicht erinnern können. Aber Ritter hatte eine Bibliothek, und in der traf er sich, wohl nicht zum erstenmal, mit dem jungen Nannen. »Er hatte einen schwarzen Anzug mit einer schwarzen Weste an, die schon ein bißchen mit Tabak bekleckert war. Er war auch schon ziemlich alt.« Ob Henri sich an seinen Konfirmationsspruch erinnern könne, wollte er wissen; denn »der Pastor Herbrecht, der Sie konfirmiert hat, wußte schon, warum er seine Konfirmationssprüche gab«. Nannen konnte sich erinnern: *Verlaß dich auf den Herrn von ganzem Herzen und verlaß dich nicht auf deinen Verstand.* »Sehen Sie«, sagte Ritter, »das setzt voraus, daß Sie einen haben. Und das ist ein Pfund, mit dem Sie wuchern müssen. Was Sie da machen, ist eine Flucht. Sie haben die Pflicht, Ihren Verstand einzusetzen und wieder zu studieren.«

Nannen wandte ein, daß er ja nicht völlig grundlos abgehauen sei. Und außerdem gebe es, seit der Vater entlassen und auf halbe Pension gesetzt worden sei, kein Geld mehr fürs Studium. Dem sei er bereit abzuhelfen, sagte Ritter, denn er war kein armer Mann. »Und da gab mir Professor Ritter für ein halbes Jahr 120 Mark im Monat. Das war wahnsinnig viel Geld, ein richtig großer Wechsel, mit dem man leben konnte.«

Und als Henri Nannen in München aus dem Zug stieg, ging es ihm wieder richtig gut. Am 1. November 1935 bezog er sein neues Quartier hinter dem Sendlinger-Tor-Platz, Müllerstraße 49/2, bei Heiditsch, zirka acht Quadratmeter, nur über die Küche zu erreichen. Diese »Bude« richtete er sich erst mal her, strich die Wände neu und verbesserte die Inneneinrichtung, beispielsweise mit einem auf Pump angeschafften Fleckerlteppich. Ilse war zum Wintersemester 35/36 auch wieder in München und versuchte vergebens, Henri zur Fertigstellung eines umfangreichen kunsthistorischen Textes zu bewegen, den er angefangen und in halbfertigem Zustand dem Professor Kehrer gezeigt hatte; der hatte positiv reagiert und sogar gesagt, das sei doch schon die halbe Dissertation. Aber Henri hatte irgendwie die Lust an diesem Text verloren, er flüchtete in die Renovierung seiner Studentenbude und brachte die Arbeit an seinem Text nicht zu Ende. Handarbeit fand er einfach ergiebiger als den Umgang mit der Theorie.

Für Streitgespräche war er schon eher zu haben. Einmal geriet er auf dem nächtlichen Nachhauseweg von einer Veranstaltung mit Ilse so heftig ins Diskutieren, daß die beiden sich nach einer

Stunde dort wiederfanden, wo sie aufgebrochen waren; keiner hatte auf den Weg geachtet. Mit offenkundigem Engagement gelesen hat er ein Buch des Kunstkritikers Max Deri, *Naturalismus, Idealismus, Expressionismus*, worin Deri zu dem Schluß kommt, »die expressionistische Gestaltungsgepflogenheit [bleibe] als die letzte, die einzige übrig«; das Exemplar, das Ilse ihm gegeben hatte, war mit Henris heftig hingekritzelten Randglossen verziert. Dieser Autor sei es gewesen, hat Nannen später dem Kunsthändler Roman Norbert Ketterer gesagt, der ihn dazu angestoßen habe, eine Dissertation über die Beziehung zwischen Expressionismus und deutschem Idealismus zu schreiben; es ist aber beim Anstoß geblieben.

Der Literat Curt Hohoff wiederum versuchte, seinen Freund Henri davon zu überzeugen, daß dessen gute Meinung über Kurt Hillers *Ziel* und die Poesie der Pazifisten hoffnungslos rückständig sei, Staub des neunzehnten Jahrhunderts, Gedankengut der Großväter-Generation. Er fand, Nannen sei »kleindeutsch-protestantisch eingestimmt, nicht preußisch, sondern demokratisch und mit einer Schwäche für den Sozialismus«. Die moderne Literatur aber werde in Amerika geschrieben. Nannen kannte Jack London. »Das genügte mir nicht: Lies wenigstens Hemingway, der ist ganz einfach! Ich hatte aus London *A Farewell to Arms* als Penguin Book mitgebracht. Ich suchte ihm den Roman mit dem Pathos gegen den Krieg schmackhaft zu machen: Hemingway ist gegen den Krieg, aber kein Pazifist. Das ist der Unterschied zwischen Männerverstand und Poesie beim Tee.« Nannen hörte seufzend zu. »Sprich dich nur aus«, sagte er, »du bist im Besitz einer festen Weltanschauung, und die mangelt mir.«

Dafür nahm er Hohoff gelegentlich mit in den »Simpl« in der Türkenstraße. Die dort gebotene Jeder-kann-mitmachen-Kleinkunst fand der Literat »recht billig«, aber Nannens Nähe zu den Diseusen imponierte ihm, nicht nur zu Inge Moossen, sondern auch zu Lale Andersen, die eigentlich Liselotte Wilke hieß. »Wenn es Nannen gelungen war, Fräulein Andersen zu einem Klön an unseren Tisch zu bringen, und ein französisch parlierender Voßlerschüler aus Köln am Rhein das Fräulein Moossen von ihrem Auftritt abhielt, war das Programm zu Ende.« Dann verließ der neue »Simpl«-Wirt Theo Prosel seinen Platz am Klavier und ging an die Theke.

Der »Simpl«, ehedem Mittelpunkt der Schwabinger Boheme, hatte es nicht leicht zu Nazi-Zeiten. Joachim Ringelnatz zum Beispiel durfte dort nicht mehr auftreten (und starb 1934 verarmt in Berlin). Wer auf dem Brettl weiterhin Witze über die braune Herrschaft machte, stand mit einem Bein schon im KZ. Im Sommer 1935 erwarb der Kabarettist und Conférencier Adolf Gondrell den »Simpl« und verpachtete ihn an seinen Wiener Freund Prosel, einen völlig unpolitischen Entertainer. Gondrell, der später mit der Geschichte vom »Münchner im Himmel« berühmt geworden ist (»Luja, sag i!«), und Prosel (»Ich hab' die schönen Madeln ned erfunden«) versuchten, die Welt mit einem lachenden Auge zu sehen und ihre Gäste die Sorgen vergessen zu lassen.

Daß Nannen im »Simpl« aufgetreten sei, ist nicht überliefert, obwohl er Prosa wie ein Schauspieler lesen konnte und nicht nur optisch, sondern auch akustisch ein Hit war. Er machte sich einen Spaß daraus, das Fräulein vom Amt anzurufen und in ein Gespräch übers Wetter oder was auch immer zu verwickeln. Häufig endeten solche Gespräche mit einer Verabredung. Oder die Mädchen riefen nach einer halben Stunde zurück, weil sie diese unwiderstehliche Stimme noch mal hören wollten. Henris bevorzugte Zeit für Telefongespräche war zwischen 23 Uhr und Mitternacht, was zumindest seine Studienfreundinnen in erhebliche Schwierigkeiten mit ihren Vermietern brachte. Ilse zum Beispiel hielt sich um diese Zeit, wenn es irgend ging, in der Nähe des Telefons auf, um den Ärger wegen nächtlicher Ruhestörung so gering wie möglich zu halten.

Am Ende des Wintersemesters 35/36 beendete Ilse ihr Studium in München und ging nach Kiel. Henri hat sie dort wiederholt besucht. Aber in München rückte für ihn nun eine andere Studienfreundin in den Vordergrund, Käte W., eine Graphikerin, so zierlich wie Inge Moossen. Nun war sie es, die sich nach 23 Uhr beim Vermietertelefon herumdrückte, ausgenommen natürlich die Abende, an denen sie mit Henri unterwegs oder im Kino war. An einem solchen Abend hatten die beiden einen Film mit der »Reichswasserleiche« Kristina Söderbaum gesehen, der Käte zutiefst gerührt hatte, während Henri ihn für einen schwülstigen Schmarrn hielt, und gerieten darüber in Streit. Als Käte nicht nachgab, griff sich Henri die kleine Person, setzte sie mit großem Schwung auf einen Briefkasten an einer Hauswand, von dem sie ohne fremde Hilfe nicht mehr herunterkam, und entfernte sich – allerdings nur so weit, daß er ihre Kapitulation entgegennehmen und sie wieder auf den Boden seiner männlichen Vorherrschaft herunterholen konnte.

Henri Nannen hatte Käte kennengelernt, als diese an einer just zerbrochenen Liebe litt und die Trennung von dem Mann, der sie verlassen hatte, nicht hinnehmen zu können meinte. Henri beteiligte sich sogar an einem Reparaturversuch und reiste deshalb 1936 noch einmal in die Schweiz, wo der Abtrünnige nun lebte, kam dabei aber zu dem Schluß, daß der Bruch nicht zu kitten sei und daß er selber Käte nur noch helfen könne, die Geschichte zu verarbeiten, buchstäblich fertig zu werden damit. Verarbeiten bedeutete für ihn: ein Ende finden, nicht auf Verlängerung spekulieren. »Man muß das für sich bewahren«, sagte er zu Käte – und dann aufbrechen zu neuen Ufern. Man muß den Verlust akzeptieren, um überhaupt weitermachen und das Leben danach wieder genießen zu können.

Daß er da auch von sich selber redete, daß seine eigenen Erfahrungen in diesen Ratschlag einflossen, das verbarg er nicht. Gerade mit seinen Freundinnen Käte und Ilse hat er ebenso oft wie offen über sein Verhältnis zu Cilly Windmüller und später auch über seine Probleme mit anderen Frauen gesprochen. »Er war ja ein Frauentyp«, so Ilse, »und andererseits treu wie Gold.« Er war beides zugleich. Und schon damals hat diese paradoxe Mischung aus echter Freundestreue und beinah beliebiger Onenight-stand-Sexualität bei ihm kein Unrechtsbewußtsein wachgerufen. In seiner Studentenzeit kam er dabei auch noch ohne chauvinistische Allüre aus. Sein leichter Erfolg bei Frauen bedurfte des Macho-Gehabes gar nicht; sein heimliches Harmoniebedürfnis war da viel wirksamer.

Der Kontakt zu Cilly war keineswegs unterbrochen. Aber es wurde immer klarer, daß sie Deutschland verlassen würde. Als Hohoff sich bei Henri einmal nach ihr erkundigte, »sprach er von ihr als einer Dame, die zum Schaden der Emder Gesellschaft ihre Emigration betreibe«, und zwar nach Palästina. Das klingt distanzierter, als es gemeint war. Henri billigte den Entschluß auszuwandern vielleicht nicht, aber er nahm ihn als unvermeidlich hin und wirkte auf seine Weise sogar dabei mit. Jedenfalls belehrte er Hohoff, der sich bei der Jewish Agency in London vergebens um Hilfe für einen auswanderungswilligen jüdischen Freund bemüht hatte, da sei er an der falschen Adresse gewesen; an den englischen Immigration Officer müsse man sich wenden, wenn man nach Palästina wolle.

Cilly Windmüller verließ Emden im Sommer 1937 und kam, mit einem Zwischenaufenthalt als »Haustochter« in Oldenburg, nach Augsburg in die »Hachschara« – also in eine jüdische Gemeinschaft zur Vorbereitung auf ein neues Leben in Palästina. Seit 1936 gab es in Deutschland dreißig (weltweit achtzig) solche Lager, in denen jüdische Mädchen und Jungen für die »Alija«, die Einwanderung nach Palästina, fit gemacht wurden. Die Nazis duldeten diese Zellen der jüdischen Selbsthilfe bis 1941, dann deportierten sie deren Teilnehmer in die Zwangsarbeits- und Vernichtungslager. Cilly Windmüller war etwa vom September 1937 bis zum Oktober 1938 in der Augsburger »Hachschara«, ihr Bruder Ludwig folgte ihr im Februar 1938 dorthin. Beiden gelang die Ausreise, Cilly sogar ganz offiziell. Beim Einwohnermeldeamt Emden wurde sie am 20. Oktober 1938 abgemeldet, »nach Palästina«.

Als Cilly in Augsburg eintraf, bekam Henri, fast zur selben Zeit, in München seinen ersten richtigen Job mit einem richtigen Gehalt und leistete sich davon, unter anderem, ein Motorrad, mit dem er große Strecken zurücklegte. Bestimmt ist er damit auch in Augsburg gewesen. In seinen späteren Erzählungen über Cilly spielt die Geschichte einer gemeinsamen Reise auf dem Motorrad an die holländische Grenze eine Rolle, eine Geschichte, die sich allmählich zu dem Diktum verfestigt hat, er habe seine jüdische Freundin an die grüne Grenze gebracht, damit sie das Land verlassen könne. Dessen hat es aber gar nicht bedurft. Cillys in Israel geborene Tochter Yael, von der noch zu erzählen sein wird, bestreitet diese Version denn auch vehement: Ihre Mutter habe eine offizielle Genehmigung zur Ausreise aus Deutschland gehabt. In Holland hätte sie allenfalls ihre Schwester Jetti besuchen können, sofern diese 1937 nicht schon in Palästina war – wofür es Anzeichen gibt. Cilly jedenfalls verließ Nazi-Deutschland auf direktem Wege.

Aus der Traum. Die Versuchung ist groß, diesen gewaltsamen Tod einer Liebe in einen hochromantischen Liebestod umzudichten. Den tatsächlichen Ereignissen angemessen wäre es nicht. Dieses Ende hat nichts von Tristan und Isolde. Henri Nannen wird seine frühe Einsicht in die Endgültigkeit jeglichen Verlustes – »Das kannst du nun nicht mehr ändern« – auch auf das erzwungene Finale seiner Jugendliebe angewandt haben. Und Cilly ging ja nicht, weil ihr nach Wanderschaft zumute war, sondern weil sie ihr Leben vor einem gewalttätigen Regime in Sicherheit bringen mußte. Es ist nicht ausgeschlossen, daß sie schon damals fand, Henri habe sich auf dieses gewalttätige Regime weiter eingelassen, als er sich hätte einlassen dürfen – auch wenn er es anders dann zu nichts gebracht hätte.

Bereits bei seiner Rückkehr nach München hatte Henri Nannen einen Besuch in der Schellingstraße bei der Redaktion des Parteiorgans *Völkischer Beobachter* gemacht und den ihm zuvor nicht persönlich bekannten Kunstkritiker Dr. Wilhelm Rüdiger nach Möglichkeiten der Mitarbeit gefragt. Daraus wurde dann zwar eine Freundschaft, die viele Jahre gehalten hat, aber zunächst kam kein Job für Henri dabei heraus. Seine wichtigste Erwerbsquelle blieb der Reichssender München. Die Kunstzeitschriften, die der Eher-Verlag, der Zentralverlag der NSDAP, später herausgab, waren noch nicht erschienen. Das sah anders aus, als Henri Nannen sein Studium beendete. Und er beendete es gewissermaßen freiwillig.

»Als ich 1937 in München zu promovieren beabsichtigte«, hat er der Tölzer Spruchkammer 1948 mitgeteilt, »wurde mir von dem Kanzleisekretär der Universität Einblick in meine Personalakten gewährt. Als ich darin Schreiben der Kreisleitung Emden der NSDAP, der Gauleitung Weser-Ems und des Propagandaministeriums erblickte, in denen der Universität die gegen mich unternommenen Schritte mitgeteilt waren und meine politische Bedenklichkeit attestiert wurde, habe ich – um nicht neuerlich die Dinge in Fluß zu bringen – verzichtet und die Universität verlassen.«

Diesen ungewöhnlichen Vorgang hat der Gefreite Nannen in seinem Lebenslauf von 1940 wesentlich konziser – und auch präziser – dargestellt: »Im Jahr 1937 beendete ich mein Studium, um eine mir angebotene Stellung in der Schriftleitung der Zeitschrift *Die Kunst im Dritten Reich*, Verlag Eher, anzutreten. Als die Redaktion dieser Zeitschrift nach Berlin verlegt wurde, trat ich als Schriftleiter der Zeitschrift *Die Kunst* in den Verlag F. Bruckmann in München ein, wo ich bis zum Ausbruch des Krieges tätig war.« Bevor die Redaktion der *Kunst im Dritten Reich* nach Berlin ging, war sie noch bei Nannens Motorisierung behilflich; sie suchte am 15. September im Polizeipräsidium darum nach, »die Führerscheinzuteilung für Herrn Henri Nannen möglichst zu beschleunigen«, da er alsbald »verschiedene Aufnahmefahrten zu den Ordensburgen der NSDAP zu machen« habe. Am 22. September hatte er den Schein.

Daß Henri Nannen 1937 noch promovieren wollte, ist auch deshalb zweifelhaft, weil sich seine Prioritäten so erkennbar verändert hatten. Er war auf der Suche nach einer Basis, von der aus er operieren konnte, nach einem archimedischen Punkt, der ihm gestatten würde, selber festen Halt zu finden und dann die Welt zu bewegen. Darin war er, wie Ilse richtig erkannt hat, »im Grunde sehr bürgerlich«. Er wollte, wie Wagners Wotan im *Ring des Nibelungen*, »daß in der Burg gebunden, ich mir von außen gewinne die Welt«. Monogam oder gar »treu« im herkömmlichen Sinne wäre er auch dann nicht gewesen, denn »Wandel und Wechsel liebt, wer lebt: das Spiel drum kann ich nicht sparen«. Aber zu der »Burg«, die er sich wünschte, haben Haus und Hof, Weib und Kind immer gehört.

Den ersten Anlauf dazu nahm er eben damals. Er suchte sich einen richtigen Job und hielt Ausschau nach einer richtigen Wohnung in der als ziemlich exklusiv geltenden Münchner Borstei. Dann besuchte er Ilse in Kiel und machte ihr einen Heiratsantrag. Aber die sagte, vielleicht schweren Herzens, nein. Sie wollte damals weder ein Heim noch ein Kind, sondern ein Staatsexamen.

Interessant ist in diesem Zusammenhang die folgende Geschichte, die einer seiner Emder Klassenkameraden erzählt, Hans Cassens, der damals auch in München studierte: Eines Tages um diese Zeit erschien bei ihm ziemlich aufgelöst ein ihm unbekanntes »Mädchen aus dem Norden«, das Henri angeblich einen Korb gegeben hatte, und zeigte ihm ein Telegramm, Absender Cassens: »Henri Selbstmordversuch. Zustand ernst«, oder so ähnlich. Cassens, der keine Ahnung davon hatte, daß er als »Unheilsbote« mißbraucht worden war, lachte bloß: »Der bringt sich nicht um. Dazu ist der viel zu feige.«

Zumindest hing er zu sehr am Leben und machte sich zu viele Sorgen um seine physische Befindlichkeit. An Käte hat er mal einen ähnlichen Notruf losgelassen, allerdings ohne Tarnung und am Telefon: Komm sofort, ich bin schwer krank! Käte glaubte das zwar nicht, ging aber hin, fand Henri im Bett, jedoch transportfähig, und schlug vor, vorsichtshalber ins Krankenhaus zu fahren, mit der Tram. Das lehnte der Patient als gänzlich unzumutbar ab. Ein Taxi mußte her. Käte besorgte eines, weigerte sich aber, es auch zu bezahlen. Was immer Henris schwere Krankheit gewesen sein mag – aus dem Krankenhaus war er schnell wieder draußen.

Mundus vult decipi: Man muß den Leuten etwas vormachen. Nannen nahm Hohoff mit zum Tanz im »Bayerischen Hof«, ohne Damen, versteht sich, aber mit Schlips und Kragen und blauem Anzug. »Da ging es zu wie im Wunderland der Ufa, ein Spiegelsaal mit roten Läufern, Reihen von gedeckten Tischen mit Blumenstrauß, weißem Porzellan, Weingläsern. Man saß auf gepolstertem Stuhl und winkte den Kellner im Frack an den Tisch und bestellte wie ein Kenner eine halbe Flasche Winkeler Hasensprung. Peter Kreuder spielte seinen Schlager ›Veronica, der Spargel wächst‹.«

Irgendwie war Henri das alles zu fein. »Wir werden Leben in die Bude bringen«, sagte er. Hohoff wurde beauftragt hinauszugehen und vom nächsten Telefon aus den »Bayerischen Hof« anzurufen und Seine Exzellenz den Gesandten der Republik Island, Herrn Arne Mjölk, ausrufen zu lassen. Als dies geschah, erhob sich Nannen und ging, verfolgt von überwiegend weiblichen

Blicken, durch den Saal. In Ordnung, sagte Henri alias Arne Mjölk am Telefon, du kannst wieder reinkommen. »Als ich kam, sah ich, wie Herr Mjölk die Musiker mit einer Runde Bier traktierte. Dann kam er diplomatisch lächelnd zu mir und sagte: Paß auf! Die Kapelle spielte einen Tusch, prostete dem Gesandten zu, und dann hieß es: Damenwahl! Zwanzig Damen suchten Seine Exzellenz, den Gesandten, zum Tango zu erreichen.«

Ergo decipiatur? Henri Nannen hat seine favorisierte Spruchweisheit offenbar nie vollständig zitiert: Mundus vult decipi, ergo decipiatur. Die Welt will betrogen sein, also soll sie auch betrogen werden. Er verstand den Spruch als Aufforderung zum Aktionismus, zu einem ziemlich bedenkenlosen Aktionismus allerdings. »Man muß was machen«, sagte er immer wieder – was vormachen. Ein Macher war er allemal.

Als er den Job bei der Bruckmannschen *Kunst* endlich hatte, ging er ihn denn auch so an. Er war 24 Jahre alt, nannte seinen Chefredakteur Paul Kirchgraber, der sechzig war, den »Alten«, der bloß im Sessel sitze und die *Münchner Neuesten Nachrichten* studiere, während er selber zum Beispiel seinen Freund Hohoff, der für so feine Blätter wie das *Hochland* und die *Deutsche Allgemeine Zeitung* schrieb, als Autor und Rezensent für die bei Bruckmann erscheinenden Kunstbücher keilte. Hugo Bruckmann und die Geschäftsleitung waren für Nannen Greise. »Ich werde den Laden hier aufmöbeln«, sagte er zu Hohoff.

Der junge Schriftleiter saß in der Nymphenburger Straße in einem Zimmer mit eichenen Möbeln und hatte einen Schreibtisch mit zwei Telefonen. »Nannen sprühte von journalistischen Ideen und wußte die Leute zu nehmen. Eine Sekretärin gehorchte dem Wink seines kleinen Fingers. Die Arbeiter des technischen Betriebs, den er mir zeigte, grüßten ihn: Guten Morgen, Herr Nannen! Und Nannen grüßte jovial zurück: Guten Morgen, Permoser! Morgen, Huber – na, was macht der Umbruch? Alle liebten ihn.«

Nun war Henri Nannen auch an Hohoffs Künstler-Stammtisch, nach dem der seine Münchner Erinnerungen *Unter den Fischen* genannt hat, sozusagen salonfähig. Bislang hatte Henri dort nicht so recht reüssiert, auch weil er mit dem Alkohol nichts im

Sinn hatte. Dieser Stammtisch stand in dem Pfälzer Weinhaus »Zum Schönfeld« in der Schönfeldstraße unter einem nachgedunkelten Bild mit blauen Fischen in türkisfarbenem Wasser, und dort versammelte sich fast täglich dieselbe Runde von starken Trinkern und Rauchern, zu denen nicht nur Literaten, sondern auch Münchner Maler wie Hugo Troendle, Max Unold und Josef Achmann gehörten. Da sie alle keine Ahnung hatten, wer Henri Nannen war, verschaffte der sich Respekt mit der volltönenden Ankündigung, daß Hohoff (der davon noch nichts wußte) demnächst für ihn einen Aufsatz über Romantische Bewegung in der Münchner Malerei schreiben werde. Und bald sah es so aus, als habe Nannen den Stammtisch, mindestens aber den Bruckmann-Verlag und *Die Kunst,* in seiner Gewalt. »Es ist ganz einfach, sagte er, nichts ist einfacher als eine Zeitschrift zu machen. Man braucht aber einen Verleger; und was die Kunst betrifft, so ist jeder Maler froh, wenn er in der *Kunst* erscheint.«

Ein paar Jahre später hat Nannen bei Bruckmann auch selber Bücher mit Bildern und über Bilder veröffentlicht, wobei er die Rolle des Herausgebers, nicht des Autors spielte: zunächst *Ein Pferdebuch* und dann *Ein Hundebuch,* beide mit Texten von Wolf Graf Baudissin, schließlich ein *Kleines Musikbrevier,* Untertitel *Ein Buch der Bilder* und *Glanz von innen. Dichter über Bildwerke, die sie lieben* – graphische Gestaltung in allen Fällen von seiner Freundin Käte. Auch die Widmungen sind bemerkenswert, die Nannen den beiden letzten Bändchen, beide erschienen erst 1943, mitgegeben hat: »Für C. W.« und »Meiner Frau Monika«.

Monika hieß, wie bereits gesagt, eigentlich Editha Zedlitz, geboren 1902 in Magdeburg, Beruf Schneidermeisterin, verehelicht mit dem Sohn eines Stoffhändlers, Heinz Bischof, ebenfalls aus Magdeburg, Mutter zweier kleiner Kinder namens Uwe und Arnika. Begegnet ist Henri Nannen auch ihr in der Eisenbahn. Und passiert ist das, nach der unter seinen Freunden gängigen Version, Ende 1936 oder Anfang 1937 auf der Fahrt von Heidelberg nach Darmstadt – ein Ereignis, das Editha und Henri nicht nur dazu brachte, füreinander ihre Vornamen zu verändern – Editha wurde Monika, Henri wurde Peter – , sondern noch vor der Ehe Ringe zu tauschen, in die der Umriß einer Lokomotive eingraviert war.

Editha alias Monika war, im Unterschied zu Henri alias Peter, alles andere als eine spektakuläre Erscheinung: zierlich, von einer stillen, fast versteckten Schönheit, das dunkle Haar stets streng frisiert – sehr fein, sehr zurückhaltend, sehr korrekt, auch sehr bürgerlich. Und daneben er: ein ebenfalls dunkelhaariger Riese, gut elf Jahre jünger, ungestüm, demonstrativ, zu Heftigkeiten neigend. Daß diese gegensätzlichen Gestalten so stark aufeinander reagierten, ist eigentlich nur damit zu erklären, daß sie etwas gefunden zu haben glaubten, wonach sie beide mehr oder minder bewußt auf der Suche waren. Henri suchte den heimischen Herd. Monika suchte den Ausweg aus einer scheiternden Ehe und wohl auch ein Äquivalent für das dritte Kind, das sie sich wünschte, das zu bekommen ihr der Ehemann aber verwehrt haben soll.

»Peter, du Kind!« schreibt sie in ihr Tagebuch. »Er ist ein Kind; er ist ein bißchen wild, aber im Grunde ist er weich und so gut.« Und immer wieder bekräftigt sie die Erkenntnis, daß dieser Kindmann sie brauche. »Der Peter braucht mich; das fühle ich; für mich wäre es eine Aufgabe, ihm das zu sein, was in seinem Leben fehlt.« Aber da war ja noch ihr Mann, der Vater ihrer Kinder, und auch diesen Mann liebte sie, obwohl er inzwischen auf Distanz zur Familie gegangen war. Das Ehepaar Bischof hatte über den gemeinsamen Beruf, also die Textilbranche, zusammengefunden, hatte zeitweilig auch eine Modewerkstatt in Hamburg betrieben. Nun aber lebten Editha und die Kinder bei ihrer Mutter in Hannover, und ihr Mann hatte sich anderswo einer anderen Frau zugewandt. Sie aber suchte immer noch nach einer »gemeinsamen Lösung«, und die sollte am liebsten nun auch »den Peter« einschließen. »Ich liebe meinen Mann und wäre einfach fassungslos, wenn ich ihn verlöre. Und ich liebe den Peter. Ich liebe ihn wie eine Mutter und ich liebe ihn als Frau.« Aus diesem Dilemma fand sie keinen Ausweg.

Es ist schwer, aus Monikas Aufzeichnungen den tatsächlichen Ablauf der Ereignisse zu erkennen. Ihr Tagebuch beschreibt eine Achterbahn extremer Emotionen; höchstes Glück und tiefste Verzweiflung trennt manchmal nur ein Tag. Sicher ist, daß sie in der letzten Woche des Januar 1937 bei Henri in München war, und diese Woche war für sie, aber wohl auch für Henri, »wie ein

Traum«. Aus diesem Traum erwecken sie eine Reihe von schlechten Nachrichten, die teils ihren Mann Heinz, teils Henri alias Peter betreffen, deren Anlässe aber undeutlich bleiben. Am 10. Februar zitiert sie ihren Peter mit dem Satz »aus politischen Gründen entlassen« und fügt die Befürchtung an, das bedeute »für immer brotlos«. Neun Tage später beschwert sie sich über einen zu unpersönlichen, mit der Maschine geschriebenen Brief von Peter und knüpft daran die merkwürdige Mutmaßung: »Klar ist es wieder die Sache mit Cilly.« Mißverständnisse? Dramatisierungen?

Erst am 8. März beginnt der Knoten, zu dem die Nornen ihr Garn hier verzurrt haben, sich ein bißchen zu lösen. Monika ist offenbar wieder bei Peter gewesen. »Ich weiß noch nicht, was nun wird, aber ich muß nach München. Diese Tage haben mich so fest an diesen Mann gebunden«, an diesen Mann, »der seine guten, großen Hände um mich und die Kinder legen will«. Aber ein Umzug nach München ist teuer, »und er kann mir nicht helfen; man haßt ihn, man gibt ihm kein Geld, man will ihn nicht«. Dieses Problem löst dann Heinz, indem er deutlich macht, daß er seine persönliche Freiheit behalten und dafür den Umzug bezahlen will. Aber die emotionalen Abstürze, die Monikas Schicksal zu sein scheinen, bleiben ihr auch dann nicht erspart. »War alles Heuchelei?« Am Ostermontag 1937 bricht ihr Tagebuch ab. Heinz hat ein Päckchen geschickt, aber sie ihm nicht mal einen Gruß. »Und Peter ist mir verloren. Eben habe ich alles, was ich von ihm habe, zusammengepackt. Nur den kleinen Ring will ich behalten.«

Die Realität hat das korrigiert – nicht alles vielleicht, aber doch den tatsächlichen Gang der Dinge. Henri Nannen verzichtete auf die Fortsetzung seines Studiums und wurde Schriftleiter, erst bei der *Kunst im Dritten Reich*, dann bei Bruckmann und der *Kunst*. Und am 1. August 1937 bezog er mit Monika und ihren Kindern eine Wohnung in der Borstei, Pickelstraße 3, erster Stock, Parkett in vier Zimmern, angemietet auf den Namen von Gertraude Editha Bischof geb. Zedlitz.

Als Henri seiner Freundin Käte von der Beziehung zu Monika erzählte, war die, milde formuliert, verblüfft. Eine elf Jahre ältere Frau? Ob er denn keine Angst vor dem Altersunterschied habe.

»Du glaubst ja gar nicht«, sagte er, »wie groß mein Harmoniebedürfnis ist.« Doch, sagte Käte, aber deshalb heiraten? Ja, das wolle er, sagte Henri. »Die heiratet dich nie«, sagte Käte. Drei Jahre später wurde sie Trauzeugin.

Wenn Curt Hohoff in der Pickelstraße zu Besuch war, hatte er stets den Eindruck, daß Henri Monikas Kinder wie die seinen liebte und aufzog. »Er tollte mit ihnen durch die Wohnung, sie ritten auf ihm und hielten sich an seinen Haaren fest. Plötzlich warf er sie ab, so daß sie auf die Couch flogen; großes Belustigungsgebrüll, beleidigtes Heulen und Wiederbesteigen des galoppierenden Henrihengstes.« Monika sah so etwas mit gebremster Begeisterung. Sie wolle ihre Kinder hannöversch erziehen, sagte Henri. »Ich tu das nicht.«

Er wußte seine Gefährtin durchaus zu rühmen, besonders ihre Schönheit, ihre braunen Augen, ihre dunkel pigmentierte Haut – »wie von Botticelli. Wenn sie die Haare auflöst, reichen sie in die Kniekehlen. Sie ist famos in Küche und Bett, aber aus Hannover, steif und vornehm. Das Wort Busen existiert dort nicht.« Als Hohoff bei der Betrachtung von Goyas nackter Maja und deren kraftvollen Brüsten auf die Anatomie seiner Freundin Melanie zu sprechen kam, lachte Henri und sagte, seine Monika sei anatomisch das Gegenteil. Außerdem müsse er sehr vorsichtig sein: »Wenn du mit'm Handtuch nach ihr wirfst, kriegt sie'n Kind.«

Als Henri und Hohoff in Monikas Gegenwart einmal in eine hitzige Debatte darüber gerieten, ob der Nationalsozialismus nun ein katholisches Produkt sei oder nicht, saß Monika lächelnd und an den Kleidern der Kindern nähend auf der Couch. Wenn ein gewisser Siedepunkt erreicht war, hob sie den Kopf und sagte: »Wollt ihr nicht bitte einen Spaziergang machen?«

»Nannen fiel vor ihr nieder, umfing sie und sagte: Verzeih uns, meine Süße, verzeih uns!

In Gegenwart der Kinder solltet ihr nicht so reden!

Siehst du, sagte er zu mir und stand auf, die Löwin verteidigt ihre Jungen. In Hannover redet man in Gegenwart der Kinder nicht über Politik.

Deine ungenierte Art, sagte sie.

Hör dir das an, sagte er zu mir.«

Einem nüchternen Betrachter wäre gewiß nicht verborgen geblieben, daß der neue Bund zwischen Monika und Peter den Keim des Scheiterns von Anfang an in sich trug. Aber nüchterne Betrachtungen gab es nicht mehr – nicht in Henri Nannens privatem und schon gar nicht in seinem öffentlichen Leben.

Riefenstahl

oder: die Kunst, mit den Wölfen zu heulen

Der 18. Juli 1937, ein Sonntag, war der Höhepunkt einer dreitägigen Veranstaltung, die man heute ein Festival nennen würde. Damals hieß sie »Tag der Deutschen Kunst« und nahm die Fertigstellung eines von Hitler in Auftrag gegebenen Ausstellungsgebäudes zum Anlaß, ein »Bekenntnis des ganzen deutschen Volkes zur heiligen deutschen Kunst«, so die Schlagzeile des *Völkischen Beobachters*, in Szene zu setzen. Die Inszenierung war üppig, und die NS-Prominenz war pausenlos im Einsatz.

Goebbels redete, in Anwesenheit des »Führers«, bei der Festsitzung der Reichskammer der Bildenden Künste: »Nie war die Stunde für deutsche Kunst so gesegnet wie heute.« Hitler hatte sich statt der bei solchen Anlässen sonst üblichen *Meistersinger* eine Aufführung von *Tristan und Isolde* im Nationaltheater gewünscht, der er beiwohnte. Clemens Krauss dirigierte, denn Wilhelm Furtwängler war zeitgleich in Bayreuth mit dem *Parsifal* beschäftigt. »Der Stellvertreter des Führers« Rudolf Heß ging zum *Don Giovanni* ins Residenztheater. Richard Strauss ließ es sich nicht nehmen, bei seinem *Rosenkavalier* persönlich anwesend zu sein. Im Zentrum dieser künstlerischen Leistungsschau aber standen die Einweihung des »Hauses der Deutschen Kunst« und die Eröffnung der *Grossen Deutschen Kunstausstellung 1937* durch den »Führer« sowie der sich anschließende Festzug mit dem Thema »2000 Jahre deutsche Kultur«.

Adolf Hitlers »programmatische Kulturrede« vor dem Eingang des neuen Kunsthauses unterschied sich von seinen jährlichen Parteitagsreden zum Thema Kultur durch ihre bedrohliche Deutlichkeit. »Ich will daher in dieser Stunde bekennen, daß es mein unabänderlicher Entschluß ist, genauso wie auf dem Gebiet der politischen Verwirrung, nunmehr auch hier mit den Phrasen im deutschen Kunstleben aufzuräumen«, mit »Kunstverirrungen«

wie Impressionismus, Kubismus, Dadaismus zum Beispiel. Das Volk habe mit dieser sogenannten modernen Kunst nichts zu schaffen. Bis zum Machtantritt des Nationalsozialismus habe es so was in Deutschland gegeben, und damit sei nun Schluß. »Mit der Eröffnung dieser Ausstellung aber hat das Ende der deutschen Kunstvernarrung und damit der Kulturvernichtung unseres Volkes begonnen. Wir werden von jetzt ab einen unerbittlichen Säuberungskrieg führen gegen die letzten Elemente unserer Kulturzersetzung.«

Und dann, quasi zur Illustration, der Festzug »2000 Jahre deutsche Kunst«. Der ging los mit den »Fahnen der Bewegung und der Kunst«, dahinter die »Siegeszeichen: nämlich die Plaketten der vier Reichsparteitage, die Wappen der Kunst, überragt vom Hoheitszeichen«, und endete militärisch, nämlich mit dem »Standartenblock SA, NSKK, SS«, abgeschlossen von einem »Bataillon der SS-Verfügungstruppe« und begleitet von Musik der SA-Standarte »Feldherrnhalle« mit des »Führers« Lieblingsmarsch, dem Badenweiler. Und dazwischen also die »Zeitalter deutscher Kunst« in der Interpretation der Machthaber: die germanische und die romanische Zeit, die Zeit der Gotik, der Renaissance und des Barock, die Zeit der Klassik und der Romantik und »die Neue Zeit«.

Fernsehen für alle gab es noch nicht, also kam dem Reichssender München die Aufgabe zu, das Ereignis zu übertragen, und man plante, auf der Tribüne am Haus der Deutschen Kunst nicht nur einen, sondern mehrere routinierte Reporter einzusetzen: Paul Laven, Ernst von Khuon, Paul Gnuva und Otto Willi Geil. Der Letztgenannte aber hatte in einer Reportage zum höchsten NS-Feiertag, dem Tag des Gedenkens an den »Marsch zur Feldherrnhalle« am 9. November 1923, ein paar negative Bemerkungen über den prasselnden Regen und die schlapp an den Masten hängenden Fahnen gemacht, und es soll ihm sogar der Satz entfahren sein: »Selbst die Heilrufe klingen heute fast ernsthaft.« Das war ruchbar geworden und führte schließlich dazu, daß Geil aus der Planung für das Kunst-Spektakel herausgenommen werden mußte. Statt seiner wurde der Reporter Henri Nannen auf die Tribüne geschickt. So hat er das jedenfalls seiner Gesprächspartnerin Toni Netzle erklärt.

Er war beim Barock dran, untermalt von Georg Friedrich Händel und einem Orgel-Präludium von Bach. »Ich hatte mir nichts aufgeschrieben, nur einen Zettel mit den verschiedenen Rot, weil ja das Rot im Barock eine große Rolle gespielt hat: Pompejanisch-Rot, Tizian-Rot, Feuerrot und so weiter.« Paul Gnuva war bei seinem Teil der Reportage unsicher geworden, weil ihm dauernd jemand Zeichen machte, »und fast wäre mir dasselbe passiert, denn da saß drei Reihen vor mir eine hübsche junge Frau und guckte mich dauernd an. Ich dachte: Na, das wird dir nicht gelingen, mich hier aus der Fassung zu bringen, und brachte meine Reportage zu Ende. Und als sie zu Ende war, kam die junge Frau auf mich zu und fragte: Wer sind Sie eigentlich? Ich sage: Hören Sie mal, das muß ich eigentlich Sie fragen. Sie: Ich bin Leni Riefenstahl. Ich: Ach, das ist ja interessant.« Das war es in der Tat. Denn so kam Henri Nannen in Riefenstahls berühmten Olympia-Film.

Leni Riefenstahl erinnert sich ein bißchen anders an diese Begegnung. Sie sei nach dem Festzug durch die Ludwigstraße Richtung Feldherrnhalle gegangen, da »fiel mein Blick auf einen jungen Mann in einer Telefonzelle. Er sah sehr fotogen aus. Immer wenn ich Menschen sah, gleich ob jung oder alt, ob Mann oder Frau, die ich für den Film geeignet hielt, bat ich sie um Namen und Adresse. So besaß ich schon eine ziemlich umfangreiche Kartothek. Als der junge Mann die Zelle verließ, sprach ich ihn an und bat ihn auch um Namen und Adresse.

Wieso? fragte der Fremde verdutzt. Verzeihen Sie – vielleicht kennen Sie mich. Ich bin Leni Riefenstahl. Der junge Mann lachte und sagte: Ich heiße Henri Nannen und bin über den Bruckmann-Verlag in München erreichbar.«

Die höhere Wahrscheinlichkeit spricht für Riefenstahls Version, denn solche Details wie die Telefonzelle erfindet das Gedächtnis nicht. Die Episode nahm in den Erzählungen, die sie alsbald auslöste, eine Dramatik an, die ihr nicht zukam. Keineswegs nur Curt Hohoff mutmaßte, Henri habe die prominente Dame »mit seiner schwarzen Mähne und seiner Beredsamkeit erotisch aufs Eis geführt« und sei so zu einem Filmjob gekommen, der ihn häufiger mal nach Berlin führte, wenn »wieder was umgeschmissen« wurde an dem Olympia-Film. »Da bist du auf dem

Holzweg«, sagte Henri, »die Riefenstahl ist besessen von ihrer Kunst. Nicht mal Goebbels kann ihr reinreden.«

Tatsächlich bekam Nannen die Riefenstahl in Berlin gar nicht zu sehen. Wohl aber versuchte dort »der Leiter der Tobis-Film«, ihn für eine Filmrolle zu interessieren. Schauspielerei, meinte Henri, sei nicht seine Berufung. Da sagte der Tobis-Mensch: »Papperlapapp, die Hauptsache ist, daß Sie den Dienstmädchen und den Hausfrauen gefallen, und denen gefallen Sie sicher, so wie Sie aussehen.« Der Zorn, den diese Bemerkung bei Nannen auslöste, wurde erheblich gemildert durch das Angebot, Probeaufnahmen mit Brigitte Horney zu machen – die nämlich war, wie auch Elisabeth Bergner, damals sein Schwarm. Und »Biggi«, so hat Nannen sie später dem *Playboy* gegenüber genannt, drehte gerade einen Film namens *Verklungene Melodie*. Dabei hat er dann probeweise zwei Szenen mit der Horney gedreht, »und die Filmfritzen haben gesagt: Sie bleiben gleich hier, Sie gehen auf die Schauspielschule. Da habe ich gesagt: Ich muß das nicht. Ich will kein Schauspieler werden.«

Aufgetreten ist er aber im Olympia-Film, und das war, wie Leni Riefenstahl in ihren Memoiren ebenso zutreffend wie verbittert bemerkt, für viele Leute später Anlaß genug, ihn schon deshalb für einen Nazi zu halten.

Als Leni Riefenstahl mit 34 Jahren diesen Olympia-Film machte, hatte sie ihre Erfolge als Tänzerin und Schauspielerin schon gehabt, hatte auch ihre meisten Filme schon gezeigt, *Der heilige Berg* zum Beispiel, *Die weiße Hölle vom Piz Palü* und *Das blaue Licht*; sie hatte auch jenen Film über die Nürnberger Parteitage der NSDAP 1933 und 1934, *Triumph des Willens,* schon gedreht, der vor allem ihr das Odium eingetragen hat, eine Nazi-Propagandistin erster Güte gewesen zu sein. Ihre Nähe zu den mächtigsten Männern des Regimes ist ebenso unbestreitbar wie ihre Naivität im Umgang mit ihnen. Aus ihrer Bewunderung für Hitler hat sie nie ein Hehl gemacht, auch nicht aus ihrer Verwirrung über die späte Einsicht in den verbrecherischen Charakter seiner Herrschaft. Das haben ihr viele Menschen im demokratischen Deutschland nicht geglaubt und erst recht nicht verziehen. Die Psychoanalytikerin Margarete Mitscherlich hat sie »eine vom

Männlichkeitswahn besessene Superverleugnerin« genannt, die sich einfach an nichts erinnere, an was sie sich nicht erinnern wolle. Das alles aber hat nichts daran ändern können, daß Leni Riefenstahl bei den Cineasten in aller Welt eine Kultfigur geworden und bis heute geblieben ist, ein Genie des bewegten Bildes.

Die Olympischen Spiele 1936 in Berlin waren für Hitler eine propagandistische Chance sondergleichen. Und der Diktator nutzte die Gelegenheit, Gastfreundschaft und friedliche Weltgeltung eines Regimes zu demonstrieren, das sich in Wahrheit darauf vorbereitete, der Welt die Vorherrschaft eines neuen »Herrenmenschen« blutig zu beweisen. Kein Wunder, daß für die optimale Darstellung dieses »Festes der Völker« in Berlin weder Kosten noch Mühen gescheut wurden.

Leni Riefenstahl arbeitete noch anderthalb Jahre nach dem Ende der Dreharbeiten an der Fertigstellung des Olympia-Films. Zu Zeiten des Münchner Kunst-Spektakels war der Schnitt noch längst nicht fertig, und sie mußte schleunigst in den Schneideraum zurück. Die Namen und Adressen der Rundfunkreporter, die ihr in München als mögliche Sprecher der Filmtexte bei den Synchronarbeiten aufgefallen waren, gab sie ihren Mitarbeitern weiter. Vier von ihnen wurden engagiert: Rolf Wernicke, Paul Laven, Johannes Pagels und Henri Nannen. Sein Vertrag mit der »Olympia-Film-Gesellschaft m.b.H.« stammt vom 29. November 1937, ist unterschrieben von dem Produktionsleiter Walter Groskopf und läßt erkennen, daß Nannen bereits seit dem 24. November in Berlin war. Als Gage bekam er »pro Woche RM 100,–. Für die eigentlichen Aufnahmetage, welche später im Synchronisations- oder Überspiel-Atelier stattfinden und zu denen wir Sie berufen, erhalten Sie pro Tag extra RM 30,– bzw. RM 60,–, je nach der Art Ihrer Tätigkeit. Außerdem zahlen wir Ihnen, da Sie in München beheimatet sind, einen Diätensatz von RM 20,– pro Tag.« Was Nannen dort zu sehen und zu hören bekam, ließ sich auch noch zu Geld machen, beispielsweise im Reichssender Breslau; dort plauderte er über »Hinter den Kulissen des Olympia-Films«.

Nicht diese Tätigkeiten waren es, die Henri Nannen in den von Leni Riefenstahl zitierten Ruf brachten, auch deshalb ein Nazi zu sein, weil er an ihrem Film mitgewirkt hatte. Sondern das war ein zunächst gar nicht vorgesehener Auftritt im Bild, zu dem es kam, weil die Riefenstahl sich bei den Synchronarbeiten plötzlich seiner erinnerte: »Wir mußten noch eine kleine Rolle besetzen, den deutschen Sprecher, der die Olympischen Spiele eröffnete. Ich beauftragte Herrn Bartsch, einen meiner Mitarbeiter, mit diesem jungen Nannen Kontakt aufzunehmen und mit ihm die Aufnahme, die vor einer Rückprojektion des Stadions gemacht werden sollte, zu probieren. Eine kurze Szene mit nur einem Satz. Ich konnte nicht dabeisein, ich war im Schneideraum beschäftigt.«

Die Szene erscheint gleich zu Beginn des Olympia-Films Teil I *Fest der Völker* (Teil II heißt *Fest der Schönheit*) und dauert knapp acht Sekunden. Sie zeigt einen in der Tat sehr ansehnlichen jungen Mann im weißen Hemd vor dem Hintergrund einer vollen Besuchertribüne mit zwei dieser flaschengroßen Mikrofone von damals, um die er die Hände gelegt hat und in die er mit forscher Stimme den Satz sagt: »Die Olympischen Spiele haben begonnen. Die Besten der Welt sind in Berlin angetreten, und 51 Nationen kämpfen um den Sieg.« Das ist alles. Und fast nichts davon ist wirklich so, wie es da erscheint. Die Szene spielt nicht im Olympiastadion, denn dort ist Nannen gar nicht gewesen; die Zuschauer sind eine filmische Projektion; die Mikrofone sind nicht angeschlossen; und das Hemd ist nicht weiß, sondern blau, damit es im Film weiß aussieht.

Die Szene ist auch nicht das Ende der Geschichte von Leni Riefenstahl und Henri Nannen. Aber die findet ihre Fortsetzung erst fünfzehn Jahre später, und da ist Henri Nannen längst Chefredakteur des *stern*, und es ist auch sonst alles ganz anders.

Die Festlichkeiten zum »Tag der Deutschen Kunst« fand die Regisseurin Riefenstahl damals übrigens ganz geschmackvoll, und der Münchner Trubel erinnerte sie an die Wochen der Olympischen Spiele in Berlin. »In Nymphenburg wurde eine Nacht der Amazonen gefeiert, und im Englischen Garten rund um den Chinesischen Turm hingen in den hohen Bäumen große, bunte Stoffballons und verwandelten die Szene in einen feenhaften *Sommernachtstraum*.« Ganz im Gegensatz dazu fand Leni Riefenstahl den Kern der Veranstaltung, also die Ausstellung im Haus der Deutschen Kunst, eher verwirrend. »Welche Peinlichkeit stellten da Adolf Zieglers vier Nackedeis als ›Die vier Elemente‹ dar, um die sich die Besucher drängten, oder Hitler als ›Ritter‹ auf einem weißen Gaul und ein weiteres Dutzend heroischer oder allegorischer Führerporträts. Wo waren ›meine‹ deutschen Künstler – Klee, Marc, Beckmann, Nolde oder Käthe Kollwitz –, die ich von Jugend an verehrt und so oft im Kronprinzenpalais bewundert habe.«

Das dürfte Henri Nannen nicht anders gesehen haben. Was er damals schon – und erst recht später – über seine Probleme mit dem Kunstdiktat der Nazis gesagt hat, läßt keinen anderen Schluß zu. Geschrieben hat er das damals allerdings nicht.

Er hatte zur Zeit des Münchner Kunst-Festivals schon den »mir angebotenen« Job bei der im Januar 1937 gegründeten Zeitschrift *Die Kunst im Dritten Reich*, Zentralverlag der NSDAP, Franz Eher Nachf., München (in der die Zeitschrift *Kunst und Volk*, Elsner-Verlag, Berlin, aufgegangen war). Gemanagt wurde der Eher-Verlag von dem Alten Kämpfer Max Ammann, Parteimitglied Nr. 3, im Ersten Weltkrieg Hitlers Feldwebel und nun Reichsleiter der NSDAP. Ein Reichsadler überm Hakenkreuz, eine Fackel und ein irgendwie germanischer, schwer behelmter Kopf zierten das Titelblatt.

In der Juli-Ausgabe dieser Zeitschrift also schrieb Henri Nannen über den »Tag der Deutschen Kunst« zum Beispiel dies: Wer dabeigewesen sei, habe gleich gemerkt, »daß es sich auch hier nicht um ein von oben herab organisiertes Fest handelte, sondern um eine mit biologischer Notwendigkeit erfolgende Kundgebung des Menschentums dieser Stadt«. Und dann kam auch er, des Kontrastes halber, auf den 9. November zu sprechen. »Wenn in den ersten grauen Regentagen des November der Zug der Lebenden und Toten zur Feldherrnhalle marschiert, dann kann München in eine namenlose Trauer versinken, die Straßen im stumpfen Rot der Novemberfahnen ziehen sich endlos unter einem verhangenen Himmel, verschwimmen im Nebel, und selbst die Menschen gehen schweigsam und wie unter einer schweren Last. Bis dann am Abend des 9. November diese Trauer sich wandelt in den heroischen Ernst und in das sieghafte Pathos der Vereidigung der SS vor den Stufen der Feldherrnhalle, bis aus Opfer und Tod heißestes Kämpfen und Leben geboren wird. Dann stehen die ernsten klaren Bauten des klassizistischen Münchens wie eine hohe und feierliche Kulisse hinter der Front der schwarzen Soldaten, und die Ludwigstraße weitet sich im Schein der tausend Fackeln – aus dem Kreuzweg der Bewegung wird die Via triumphalis des neuen Reiches und der Tag des Opfers wird zum Tag der deutschen Auferstehung.«

Nun war derart aufgedonnerte Situationslyrik in den Publikationen der »Neuen Zeit« durchaus angesagt; man hätte fast täglich schlimmere Beispiele dafür finden können. Bemerkenswerter ist denn auch die perfekte Adaption des Nazi-Jargons, die sprachliche Mimikry eines mit Latein und Griechisch aufgewachsenen Humanisten, dem das Mörder-Pathos der Nationalsozialisten ja nicht an der Schulbank gesungen worden ist.

Zurück zum »Tag der Deutschen Kunst« und zu der Szene vor dem Kongreßbau des Deutschen Museums, wo die Festsitzung stattfand. »Der Führer nahm seinen Weg über die Ludwigsbrücke. Ausgerichtet wie ein Mann standen die Formationen des Heeres, der Luftwaffe, der Marine, des Reichsarbeitsdienstes, der SS, der SA, des NSKK und der HJ. Mit leuchtenden Augen sahen die Männer auf ihren Führer, der ernst und gemessen die Front abschritt, und wie ein gewaltiger Jubel standen die Heilrufe der unzähligen Menschen hinter dem Wall der Kolonnen auf, mischten sich in die Klänge des Parademarsches und in das Knattern der Fahnen, die von allen Dächern und den unabsehbaren Reihen der Pylonen und Masten herunterwehten. Wäre das nun alles nur ein befohlenes Schauspiel gewesen, dann hätte wohl die Gespanntheit der Soldaten und der Menschenmassen mit dem Beginn der eigentlichen Sitzung, der sie ja nicht beiwohnen konnten, nachgelassen – aber sie standen lauschend und mit sichtbarem Interesse unter den Lautsprechern und hörten die Worte der Redner, in denen die brennenden Probleme der künstlerischen Situation unserer Zeit erörtert wurden...«

Genug davon. Diese »Reportage« war ohnehin nur Beiwerk der eigentlichen »Kunstbetrachtung«. Die hat Henri Nannen dann in der Zeitschrift *Kunst und Volk* geschrieben. Er selber wechselte 1937 zum Bruckmann-Verlag und zur *Kunst*.

Dort nannte er in seiner Betrachtung der Eröffnungsausstellung im Haus der Deutschen Kunst »Adolf Zieglers dekoratives Triptychon«, das Leni Riefenstahl gar nicht gefallen hatte, durchaus hervorhebenswert und wollte auch dem von ihr geschmähten Hitler-Bild seine Anerkennung nicht versagen. »Eine eigenartige Spannung entsteht durch die Hängung des ›Führerbildnisses‹ von Heinrich Knirr und des Porträts ›Professor Paul Ludwig Troost‹ von Paul Roloff. Der Schöpfer und sein Bauherr blicken sich durch die geöffnete Ehrenhalle hindurch an...«

Vor allem aber würdigt der Betrachter Nannen die »pädagogische« Absicht der Ausstellung, der »Fremdheit zwischen Kunst und Leben, zwischen Kunst und Volk« ein Ende zu setzen. »Wir brauchen hier nicht von den künstlerischen Verirrungen einer vergangenen Zeit zu sprechen – Einsichtigen waren sie immer ein Greuel, und darum bestimmen sie auch die eigentliche künstlerische Situation kaum.« Gemeint ist: Das Kunstwerk war nicht mehr dienender Bestandteil eines umfassenden Ganzen. »Vor diese Situation fand sich die neue Zeit gestellt, als aus der Weltanschauung des Nationalsozialismus ein neues Gemeinschaftsbewußtsein aufstand, das nach der Formwerdung im Kunstwerk verlangte. Mit dem Ästhetizismus des 19. Jahrhunderts war da wenig auszurichten...« Fazit und Apotheose: »Der Führer selbst bezeichnete die Ausstellung als einen Anfang. Dieser Anfang ist notwendig und in keiner Weise entmutigend. Mögen sich die Künstler der großen Verantwortung bewußt sein, die unsere Zeit ihnen auferlegt, und das Wort des Führers beherzigen: ›Wer von der Vorsehung ausersehen ist, die Seele eines Volkes der Mitwelt zu enthüllen, sie in Tönen klingen oder in Steinen sprechen zu lassen, der leidet unter der Gewalt des allmächtigen, ihn beherrschenden Zwanges – der wird seine Sprache reden, auch wenn die Mitwelt ihn nicht versteht oder verstehen will, wird lieber jede Not auf sich nehmen, als auch nur einmal dem Stern untreu zu werden, der ihn innerlich leitet.‹«

Das war ja nun keine Situationslyrik mehr, das war schon beinah Propaganda. Aber was steckte denn wohl dahinter: Sinneswandel? Verblendung? Opportunismus? Oder war da irgendwo eine ganz andere Botschaft versteckt? War das Hitler-Zitat womöglich arglistig gewählt – als ein Signal an die Verfolgten und »Entarteten«, durchzuhalten und nicht zu verzagen?

Zwanzig Jahre später hat Henri Nannen das alles noch einmal beschrieben, in einem der ersten *Stern*leser-Briefe vom 3. September 1958, diesmal als »Komödie dieser armseligen Ausstellung«. Das Haus der Deutschen Kunst hätten die Münchner respektlos »Palazzo Kitschi« genannt, »und den Professor Adolf Ziegler hatte sein Führer zum Präsidenten der Reichskunstkammer gemacht. Dieser Ziegler war dem Hitler aufgefallen, weil er dessen geliebte und durch Selbstmord geendete Nichte Geli Raubal nach einer Fotografie höchst naturgetreu zu malen verstanden hatte. Naturgetreue Postkartenmalerei aber war das Gebot der Stunde, und so hing denn auch in der ›*Ersten Grossen Deutschen Kunstausstellung*‹ Zieglers bis auf jede Hautpore und jedes Haar genau gemaltes Bild ›Die vier Elemente‹ – vier nackte Damen, die von den Besuchern bald in ›Die vier Sinne‹ umgetauft wurden, der fünfte, der Geschmack, fehlte eben.«

Ob Nannen das damals schon so gesehen hat? Den schlimmen Artikel, den er geschrieben hat, hätte Cilly Windmüller kurz vor ihrer Flucht nach Palästina noch zu Gesicht bekommen können – den folgenden, zum Glück, nicht mehr.

Als Cilly das Land verlassen hatte, wurde im Haus der Deutschen Kunst die *Grosse Deutsche Kunstausstellung 1939* eröffnet, bereits die dritte solche Veranstaltung, wieder mit »Führerrede« und ein paar Festivitäten. Hitler zeigte sich in seiner Rede sehr zufrieden darüber, »daß der ganze Schwindelbetrieb einer dekadenten oder krankhaften, verlogenen Modekunst« mittlerweile »hinweggefegt« worden sei. Der Einmarsch in das »Protektorat Böhmen und Mähren« hatte auch funktioniert, und der Überfall auf Polen stand kurz bevor.

Diesmal besprach Henri Nannen die *Grosse Deutsche Kunstausstellung* in der Monatsschrift *Kunst dem Volk*, die im Verlag des inzwischen zum Professor ernannten Leibfotografen Hitlers, Heinrich Hoffmann, Wien, herauskam – übrigens nicht ohne am Schluß lobend zu erwähnen, »daß die Künstler der neu hinzugewonnenen Reichsteile, der Ostmark, des Sudetenlandes und des Memelgebietes«, sich in die malerische Entwicklung im neuen

Deutschland gut eingeordnet hätten. »Es ist das einmalige und in der gesamten Entwicklung der Kunst unseres Volkes leuchtend dastehende Verdienst unseres Führers, daß er erkannte, wie hier mit bloßen Säuberungsaktionen und mit der Förderung des Mäzens allein kein Wandel geschaffen werden konnte. Er wußte, und er hat es in vielen Reden immer wieder gesagt, daß Kunst und Volk, Kunst und Nation unauflöslich ... zusammengehören, und daß deshalb zuerst im Volke die Voraussetzungen geschaffen werden mußten, ohne die ein neuer Stil niemals entstanden wäre. Denn nicht die Künstler bringen den neuen Menschen hervor, sondern der neue deutsche Mensch schafft sich seine Künstler und in ihnen den Stil unserer Zeit.«

Und dann kommen die Sätze, die nicht geschrieben zu haben sich Henri Nannen in späteren Jahren wohl hundertmal gewünscht hat, obwohl – oder eben weil – sie zu seinen meistzitierten Sätzen gehören. »Die Erneuerung des deutschen Menschen aber ist das Werk des Führers, er hat ihm den neuen und doch ewig alten Glauben an sich selbst und an das Schicksal seines Volkes zurückgegeben, er allein hat sein Volk wieder zum Erleben und damit auch zur Darstellung seines eigenen Wesens geführt. Und wie der Führer aus unserer innersten Mitte gleichsam als Verdichtung unseres ganzen Volkes wunderhaft heraufgestiegen ist, so hat er unser Volk wieder fest gegründet auf den unerschütterlichen Grund der Herkunft und des Blutes, aus dem letzten Endes auch die Kunst ihre Nahrung empfängt. Er hat den Mythos geschaffen, und es ist das erste und einzige Mal, daß der Wille und die Schöpferkraft eines einzelnen Menschen hierzu imstande waren.«

Man ist heute beim Lesen dieser Sätze versucht, an eine Parodie zu denken. »... wie der Führer aus unserer innersten Mitte gleichsam als Verdichtung unseres ganzen Volkes wunderhaft heraufgestiegen ist« – das kann ja wohl nicht Nannens Ernst gewesen sein, selbst damals nicht. Er hat das auch nie behauptet. Auf politischen Irrtum oder auf Verführung durch den Zeitgeist hat er nie plädiert. Sondern er hat in vielen Wiederholungen und manchen Varianten gesagt, daß er diese Artikel geschrieben habe, weil er aufgefordert worden sei, sich für die Unterstützung erkenntlich zu zeigen, die man ihm gewährt habe, als die Nazis ihm Schwierigkeiten machten. Eines Tages sei ein Mitglied des Bruckmann-Vorstands zu ihm gekommen – einmal nennt er sogar den Namen: Karl Thiemig – und habe ihm gesagt: »Bruckmann hat so viel für Sie getan, nun müssen Sie sich auch mal bewähren; wir machen da nämlich eine neue Kunstzeitschrift namens *Kunst dem Volk*.« In einem Leserbrief an das Branchenblatt *Der Journalist* schreibt Nannen im März 1976, die Artikel »waren geschrieben, um meinen Vater zu entlasten, der als Beamter von den Nazis ohne Pension entlassen wurde, und um ein gegen mich verhängtes Studier- und Arbeitsverbot aus der Welt zu schaffen«.

Die Wahrheit ist ungenau – gewiß. Aber es gibt Namen und Daten, die sich nachprüfen lassen. Die Zeitschrift *Kunst dem Volk* ist nicht bei Bruckmann erschienen, sondern im Verlag des »Reichsfotografen« Heinrich Hoffmann, und zwar erst Ende 1938. Nannens Vater ist bereits im März 1934 entlassen worden (auch nicht ohne, sondern mit etwa der halben Pension). Das Arbeitsverbot für Henri Nannen an den deutschen Reichssendern hat der Rudolf-Heß-Referent Schulte-Strathaus schon im Januar 1935 wieder aufgehoben. Und daß Nannen im Sommersemester 1935 nicht in München studiert hat, lag daran, daß er in die Schweiz und dann nach Emden ausgebüxt war. Außerdem sind die »Bewährungsartikel« erst erschienen, nachdem Nannen von der Universität abgegangen war, und zwar, wie er selber geschrieben hat, weil er nach Einsicht in seine Personalakte auf eine Promotion »verzichtete«.

Es ist natürlich denkbar, daß er 1937 abermals Probleme mit den Nazis gekriegt hat. Da ist dieser nebulöse Hinweis im Tagebuch seiner späteren Frau Monika auf eine »Entlassung aus politischen Gründen« und auf »die Sache mit Cilly«. Und es gibt einen – nicht viel präziseren – Hinweis von ihm selbst auf »neue Schwierigkeiten mit der NSDAP wegen eines Briefwechsels mit der Freundin, die inzwischen nach Holland emigriert war« (tatsächlich aber Ende 1938 direkt nach Palästina emigriert ist). Daß er eine Verbannung von der Universität in dem Lebenslauf zur Bewerbung um die »Kriegsoffizierslaufbahn« 1940 nicht erwähnt, leuchtet ein. Aber warum er eine Exmatrikulation wegen politischer Unzuverlässigkeit auch in seinem Brief an die Tölzer Spruchkammer 1948 nicht erwähnt, sondern nur von jenem Verzicht spricht, bleibt im dunkeln. Dort bleibt auch die Geschichte, daß er trotz »Bewährungsartikeln« seinen Job als Kunstschriftleiter verloren habe, nachdem er »das Buch eines Juden« (der freilich Christ geworden war), eine Rembrandt-Biographie, positiv besprochen habe – nicht nur weil diese Rezension nicht zu finden ist, sondern vor allem weil der Bruckmann-Verlag ihm gute Zeugnisse geschrieben und 1947 noch einmal ausdrücklich bescheinigt hat, er sei »auf eigenen Wunsch aus seiner Tätigkeit in unserem Hause« ausgeschieden.

Nun hat Henri Nannen für Bruckmanns *Kunst*, bei der er von 1937 an fest angestellt war, eine ganze Menge geschrieben und keineswegs nur zur »Bewährung« – zum Beispiel über »Die Malerin Emilie von Hallavanya«, über »Das künstlerische Plakat« oder das »heroische Italien«, über »Farbe und Dekoration bei Ferruccio Ferrazzi«, über die »Schönheit der bewegten Linie« oder die »Totenmale des grossen Krieges« – Artikel, in denen man Pathos finden kann, aber keinen Byzantinismus, keinen Kotau vor dem »Führer«. Auch noch während des Krieges hat Henri Nannen für *Die Kunst* geschrieben, als »Kriegsberichter« von der Ostfront 1941, nämlich einen Aufsatz über »Maske und Gesicht der sowjetischen Kunst«, der mit dem Satz beginnt: »Dem deutschen Soldaten, der in den vom Bolschewismus befreiten Gebieten Weißrußlands nach Zeugnissen einer sowjetischen Kultur Ausschau hält...« Die Malerei, der er dort begegnet, sieht der Autor wie »ein verhüllendes Tuch über die Wahrheit gehängt«. Die Graphik aber »reißt diesen Vorhang jäh entzwei. Die erschreckende Not der vergewaltigten Seele tritt hier mit einer grausamen Deutlichkeit zutage, mit der kaum jemals eine Kunst die seelische Qual ihrer Erzeuger enthüllt hat.«

Wer nicht, wie Nannen, in einer Diktatur gelebt und in dieser Zeit sein Geld mit Veröffentlichungen verdient hat, tut sich schwer zu begreifen, daß man viele der dort entstandenen Texte nicht »eins zu eins« lesen darf, sondern eher wie ein Palimpsest – daß sich darunter oft ein ganz anderer Text verbirgt, eine Geheimschrift gewissermaßen, erkennbar nur für Eingeweihte an bestimmten Formulierungen oder an versteckten Widersprüchen. Der Kunstschriftleiter Nannen hat Freunde, die sich über sein Engagement bei der *Kunst im Dritten Reich* wunderten, damals dazu angehalten, auf solche Subtexte zu achten. Zum Beispiel auf diesen: »Kunst wird nicht geschaffen, um betrachtet zu werden, sondern, so seltsam das klingen mag, sie entsteht, um da zu sein... Nicht die ›Kunst dem Volke‹, sondern ›Das Volk der Kunst‹, nicht die Kunst zu uns herunter, sondern wir hinauf zur Kunst!... denn es ist besser, wenigen Menschen vieles zu geben als allen ein falsches Bild.«

Diese Sätze standen in der Einleitung zu einer Reihe von Kunstbücher-Besprechungen, waren jedenfalls nicht so prominent plaziert wie dann die donnernde Eloge auf die *Grosse Deutsche Kunstausstellung 1939* mit ihren unglaublichen Verbeugungen und Verbiegungen: »Als der Nationalsozialismus in Deutschland zur Macht gelangte, da war die Vereinsamung der Kunst und ihre Entfremdung vom Leben des Volkes auf dem Höhepunkt angelangt. Wäre dieser Zustand nur eine Folge der jüdisch-bolschewistischen Kunstzersetzung gewesen, so hätte er leicht geändert werden können...«

Was geht in einem Menschen vor, der von Haus aus kein Zyniker ist und doch so etwas schreibt, obwohl er ganz anders denkt? Aus Peter Sagers Kunstsammler-Buch *Die Besessenen* wissen wir, daß der Kunststudent Nannen Mitte der dreißiger Jahre nach Wiesbaden gefahren ist, mit einem Empfehlungsbrief der Malerin Gabriele Münter an ihren Freund aus den Tagen des *Blauen Reiters*, Alexej von Jawlensky. »Ich fand einen schwerkranken, aber unendlich wachen Mann«, so Nannen zu Sager, »die Arthritis hatte seine Hände nahezu erstarren lassen. Er lag im Bett, ein Zeichenbrett vor sich, hielt den Pinsel mit beiden Händen und malte seine ›Meditationen‹, kleine Tafeln, in denen die Gesichter aus waagrechten und senkrechten breiten Pinselstrichen, Nasen-, Augen- und Mundlinie zum Doppelkreuz abstrahiert, immer noch intensiv leuchteten.« Wir wissen auch, daß derselbe Nannen, der die zitierten Sätze über die Exponate im Haus der Deutschen Kunst geschrieben hat, sich im Sommer 1937 in die Schlange der täglich mehr als 20000 Besucher einreihte, die in den Münchner Hofgarten-Arkaden sehen wollten, was die Nazis dort als *Entartete Kunst* an den Pranger gestellt hatten. In dieser Propagandaschau des »Führers« sah er Werke der *Brücke* und des *Blauen Reiters*, auch Jawlensky war dabei, sah Werke des Expressionismus und der Neuen Sachlichkeit, die er schon früh bestaunt und später dann gesammelt hat. Es war einiges darunter, was er sich Jahre zuvor mit Cilly Windmüller in der Bremer Kunsthalle angeschaut und ganz bestimmt nicht als »entartet« empfunden hatte. Und nun? »Ich war in dieser Ausstellung so verwirrt und so verzweifelt! Es war alles so schrecklich.« Mehr über das, was in ihm vorging, hat er auch Peter Sager nicht verraten.

Einmal hat Henri Nannen öffentlich mehr darüber gesagt, nämlich in einem Gespräch mit dem Kollegen Jost Nolte von der Zürcher *Weltwoche*. »Ich erinnere mich an meine seelische Verfassung von damals sehr genau, weil ich ein ziemlich simpel konstruierter Mensch bin. Ich kann eigentlich immer nur eine Sache ganz und gar und richtig machen. Ich kann nicht mit doppeltem Boden arbeiten. Gerade deshalb erinnere ich mich, daß ich mir damals halb wie ein Schwein vorkam, halb es eigentlich glauben wollte, weil ich kein Outcast sein wollte.«

Kein Outcast sein. Das ist es. Das ist auch der wahre Inhalt der »Bewährung«, die er mit seinen »Nazi-Artikeln« erstrebte. Er wollte dabeisein, anerkannt sein. Er wollte etwas tun und damit Erfolg haben, und den konnte es gegen das Regime nicht geben. Schon damals, nicht erst 1955 mit Adenauer in Moskau, wollte Nannen nicht in der achtzehnten Reihe stehen bleiben, er wollte nach vorn, auch wenn er dabei gegen ein paar Regeln und gegen die guten Sitten verstoßen mußte. Die abwehrende Geste des Dissidenten hatte er nicht im Repertoire, sie paßte auch nicht zu seinem Erscheinungsbild. Und um einer Überzeugung willen ehrenvoll zu scheitern, gehörte schon deshalb nicht zu seinem Lebensplan, weil er eine solche Überzeugung gar nicht hatte.

Ein Nazi aus Überzeugung war er bestimmt nicht. Es mangelte ihm nicht nur an einer festen Weltanschauung, wie er seinem Freund Hohoff gesagt hat, er war sogar allergisch dagegen und ist es sein Leben lang geblieben – allergisch gegen jegliche Ideologie.

»Schauen Sie«, hat er zu Toni Netzle gesagt, »ich wäre wahrscheinlich ein ganz guter Nazi geworden. Ich war einigermaßen gerade gewachsen, ich war jung, und ich eignete mich nicht unbedingt zum Beiseitestehen. Aber ich bin anders erzogen worden. Ich bin also ohne jedes eigene Verdienst kein Nazi geworden. Darauf kann ich mir nichts einbilden.«

Nein, wirklich nicht. Umständehalber und aus Mangel an Überzeugung kein Nazi geworden zu sein und doch mit den Wölfen geheult zu haben – das ist vielleicht sogar schwerer zu »bewältigen« als die Vergangenheit eines Überzeugungstäters, der sich zu seinen politischen Irrtümern bekennt. Henri Nannen jedenfalls hat immer wieder gezeigt, daß er sich mit der Bewältigung sehr schwergetan hat. Am liebsten hätte er das Thema wohl verdrängt, aber das ging schon deshalb nicht, weil er selber mit seinen Attacken im *stern* häufig den Vorwand lieferte, damit konfrontiert zu werden. Andererseits hat er sich in etlichen Briefen an den »lieben *Stern*leser« geradezu zwanghaft mit der Frage abgemüht, warum so viele Menschen Hitler gefolgt sind und nicht wahrgenommen haben wollen, was wirklich geschah.

Zu seinen »Nazi-Artikeln« allerdings hat Henri Nannen sich stets bekannt, »beschämt, aber unumwunden«, hat sogar ungefragt hinzugefügt, er habe das alles wirklich selber geschrieben, es sei ihm nicht hineinredigiert worden. »Und da ich kein Held war«, hat er 1983 in der *Frankfurter Rundschau* mitgeteilt, »habe ich dann 3 (in Worten: drei) Artikel geschrieben, in denen ich mit nationalsozialistischer Terminologie nicht eben gespart habe.« Aber gut zurecht gekommen mit diesem Bekenntnis ist er nie.

Anfangs hat er überhaupt nur einen solchen Artikel zugegeben. In einem Schriftsatz an das Hamburger Landgericht vom 8. November 1963 heißt es, Nannen sei »im Dritten Reich nur Schreiber einer einzigen Kunstkritik gewesen«, und damals sei er »ein anonymer Anfänger gewesen, dessen erste Stilübungen für die Beurteilung seines heutigen Wirkens belanglos« seien. Zusätzlich legt Nannen selber eine eidesstattliche Erklärung vor, in der behauptet wird, er habe »nur einmal mit den Wölfen geheult«. Den »lieben *Stern*leser« aber läßt er am 19. November 1968 wissen, »ich hatte zwei Artikel geschrieben, in denen der Führer ein großer Staatsmann war«. Später ist er dann immer bei drei Artikeln geblieben – auch nachdem das Oberlandesgericht Hamburg ihm in zweiter Instanz auf fünf eng beschriebenen Seiten Zitate aus insgesamt sechs solchen Artikeln vorgehalten hatte.

In der Begründung des rechtskräftigen OLG-Urteils vom 22. Oktober 1964 heißt es: »Entgegen der Darstellung der Antragsteller (Verlag Henri Nannen GmbH und Henri Nannen) hat es sich bei den Veröffentlichungen ganz offensichtlich nicht um Stilübungen eines Anfängers gehandelt. Das könnte vielleicht bejaht werden, wenn der Antragsteller wirklich nur eine einzige Kunstkritik geschrieben hätte, wie es die Antragsteller zunächst im ersten Rechtszug vorgetragen haben. Die Anzahl und der Inhalt der Veröffentlichungen sprechen aber entscheidend gegen die Darstellung der Antragsteller. Insbesondere der Artikel zur Eröffnung der *Grossen Deutschen Kunstausstellung 1939* steht in keinem zeitlichen Zusammenhang zu den angeblichen Verfolgungsmaßnahmen aus dem Jahr 1934.«

Dieses für Nannen desaströse Urteil hätte sich vermeiden lassen. Aber dazu hätte eine kühl kalkulierende Zurückhaltung gehört, über die Nannen beim Thema »Nazi-Artikel« offensichtlich nicht gebot und zu der ihn auch sein Rechtsbeistand Martin Holste nicht bewegen konnte, wenn er es denn versucht haben sollte. Der ganze Vorgang ist typisch für Nannens Probleme im Umgang mit jener Vergangenheit, der seine »Nazi-Artikel« entstammen.

Im März 1963 bekam der Chefredakteur des *stern* einen bösen Brief des Schriftstellers Kurt Ziesel, der nach dem Krieg mit den Büchern *Das verlorene Gewissen* und *Der rote Rufmord* auffällig geworden war. Ziesel beschwerte sich unter anderem über Nannens scharfe Attacken auf Franz Josef Strauß und schloß einige Fragen zur Vergangenheitsbewältigung an. »Sie wissen aus meinen Büchern, sehr geehrter Herr Nannen, daß mich diese Vergangenheit, auch die Ihre, nicht interessiert. Mich beginnt sie erst zu interessieren, wenn Sie anderen das vorwerfen, was Sie selbst getan haben, und ich finde, daß die Hetze des *stern* gegen Männer wie Oberländer und Strauß einen skandalösen Geruch erhält, wenn Sie diesen Männern Jugendirrtümer vorhalten, die Sie beim

Chefredakteur der größten deutschen Illustrierten offenbar für verzeihlich halten.« Da er, Ziesel, dabei sei, ein Buch über die *Spiegel*-Affäre und das Verhalten des *stern* in dieser Affäre zu schreiben, »wäre es mir aus Gründen der Objektivität von Belang zu wissen, wieweit Sie im Dritten Reich trotz Ihres leidenschaftlichen Einsatzes für seine Ziele ›gemaßregelt‹ wurden und welchen tatsächlichen Widerstand Sie geleistet haben, der Sie dazu berechtigt, heute den Stab über andere zu brechen...«

Nannen hatte offenbar Lust, mit dem Mann zu reden. Er wußte wohl, daß Ziesel, im Unterschied zu ihm, NSDAP-Mitglied gewesen war, kurz beim *Völkischen Beobachter* in München volontiert hatte und als Kriegsberichterstatter in Griechenland im Einsatz war, bevor er nach dem Krieg zum Eiferer wurde. Jedenfalls antwortete er ihm erstaunlich moderat: »Wenn dagegen Sie ein Buch über die *Spiegel*-Affäre schreiben wollen und wenn Sie um der Objektivität willen auf eine lückenlose Dokumentierung meines Lebenslaufes Wert legen, so habe ich nicht den geringsten Grund, Ihnen die Einsicht in meine Unterlagen zu verwehren. Wenn Sie nach Hamburg kommen wollen, will ich Ihnen gerne meine eigene unbewältigte Vergangenheit dokumentieren. Ich gehöre nämlich nicht – wie Sie irrtümlicherweise anzunehmen scheinen – zu Ihren Widersachern.« Das sollte sich bald ändern.

Das Gespräch zwischen Nannen und Ziesel wurde für den 13. Mai vereinbart. Etwa zwei Wochen vorher schlug ein mit beiden bekannter literarischer Agent dem *stern*-Chefredakteur, der gerade seinen Kolumnisten William S. Schlamm gefeuert hatte, Ziesel als Nachfolger Schlamms vor – nicht in Ziesels Auftrag, wie dieser Nannen brieflich wissen ließ, aber »wir können auch darüber natürlich sprechen«. Das Gespräch dauerte drei Stunden. Von einem Engagement Ziesels war nicht die Rede, wohl aber von Nannens Vergangenheit und von der *Spiegel*-Affäre.

Am 20. Juni gab Ziesel seinem Gesprächspartner brieflich eine zusammenfassende Darstellung des Gesprächs aus seiner Sicht und »damit gegebenenfalls keine Differenzen auftauchen«. Nannens Vergangenheitsbewältigung will Ziesel, mit Einschränkungen, »durchaus positiv« aufgenommen haben, auch Nannens Erläuterungen der Angriffe auf Strauß: »Sie erklärten mir dies aus einer Art von Haßliebe gegenüber Strauß, den Sie auch aus persönlichen Kontakten besonders hoch geschätzt hätten und dessen Verhalten Sie daher besonders getroffen hätte.« Der Knackpunkt aber waren offenbar Nannens Äußerungen über das Verhalten von Rudolf Augstein in der *Spiegel*-Affäre. Dazu »erklärten Sie mir entrüstet, daß Sie nie wieder ein Wort über Augstein verlieren würden, da derselbe Sie schwer enttäuscht habe«.

Erst geraume Zeit später, am 16. August, reagierte Nannen. Er lehnte eine Beantwortung der Gesprächsdarstellung Ziesels ab, erklärte sie in allen wesentlichen Punkten für unrichtig und kündigte das Einschreiten seines Anwalts an, mit dem Ziel, eine Veröffentlichung des Gesprächsinhalts zu verhindern. Daraus entwickelte sich dann ein mehrstufiger, von beiden Seiten immer wieder neu munitionierter Rechtsstreit, der für Nannen mit der kalten Dusche des Hamburger OLG-Urteils vom 22. Oktober 1964, also mit der rechtskräftigen Feststellung endete, seine »Nazi-Artikel« stünden »in keinem zeitlichen Zusammenhang zu den angeblichen Verfolgungsmaßnahmen aus dem Jahre 1934«.

Aber damit war der Fall nicht erledigt. Ein Redakteur der *Deutschen Tagespost* aus Würzburg wandte sich an Ziesel, veröffentlichte Auszüge und kommentierte sie unter der Überschrift »Der deutsche Selbstmord führt zu Prozessen«. Das wiederum nahm der Branchendienst *aus unseren kreisen* zum Anlaß einer Nachfrage bei Nannen und war einigermaßen überrascht, als er vom damaligen Bonner *stern*-Korrespondenten Peter Stähle per Telefon zur Antwort bekam, das Gespräch sei von Ziesel frei erfunden; alles, was Nannen angeblich über Augstein gesagt haben solle, sei in Wahrheit von Ziesel gesagt worden; Nannen habe immer nur »no comment« gesagt; im übrigen besitze er einen Rechtstitel, der es ihm ermögliche, jede Wiederholung des fraglichen Artikels auch in einem anderen Publikationsorgan zu unterbinden. Parallel dazu drohte Anwalt Martin Holste noch vor Erscheinen des Branchendienstes eine einstweilige Verfügung gegen die Redakteure Waldemar Schweitzer und Günther Kress an, die vom Landgericht Hamburg auch erlassen wurde. Der Dienst revanchierte sich mit dem Abdruck von Auszügen aus Nannens Artikel über die *Grosse Deutsche Kunstausstellung 1937*. Nannens nachfolgende

»große Maulkorbklage«, die dem Dienst allen Ernstes verbieten wollte, »nicht allgemeinkundige oder ... zur Veröffentlichung bestimmte und vorher genehmigte Informationen« über den *stern* zu verbreiten, wurde von der 15. Zivilkammer des Landgerichts Hamburg am 13. Mai 1964 gebührend abgeschmettert.

Fast ein Jahrzehnt ist ins Land gegangen, bevor Henri Nannen bereit war, auf juristische Schritte gegen Veröffentlichungen über seine »Nazi-Vergangenheit« zu verzichten. Mit Ziesel beziehungsweise mit dessen »Deutschland-Stiftung« haben sich die Rechtsbeistände des *stern* noch bis Mitte der siebziger Jahre, meist erfolglos, herumgerauft. Anfang 1971 verklagte Nannen auch den Deutschland-Korrespondenten der in Luzern erscheinenden konservativen Zeitung *Das Vaterland* (damals 60 000 Auflage), Edmund Plazinski, weil der den »Saubermann der bundesdeutschen Demokratie und Tugendwächter der Nation« rüde gerempelt hatte: »Der Mann, den Willy Brandt zum Prototyp des deutschen Journalismus beförderte, war zu allen Zeiten ein gewissenloser Opportunist, der den Heros Hitler feierte, wo sich ihm eine Gelegenheit dazu bot.« Die Privatklage wurde vom Amtsgericht Moers und dann vom übergeordneten Landgericht Kleve zurückgewiesen, und zwar mit der Begründung, Nannen »beteiligt sich an politischen Auseinandersetzungen publizistisch und muß sich dann auch scharfe und abwertende Kritik durch andere Presseorgane gefallen lassen«. Die Niederlage erboste Nannen. Seinem Anwalt Dr. Heinrich Senfft schrieb er eine impertinente Hausmitteilung: »Die Behauptung, ich hätte mich in widerlicher Weise mit den Nationalsozialisten angebiedert, ist doch wohl eine Tatsachenbehauptung, die der Herr hätte beweisen müssen. Und die Artikel allein hätten dazu wohl nicht ausgereicht, wenn ich notfalls mit Zeugen die Begleitumstände dargelegt hätte.«

Fast schon grotesk ist, daß er auch noch sechs Jahre später auf den dilettantisch zusammengestoppelten Artikel eines in Bielefeld erscheinenden *Schüler Magazins* mit einer per Landgericht Bielefeld angeordneten Gegendarstellung reagiert, in der er behauptet, sein Vater sei 1938 (!) aus dem Beamtenverhältnis entfernt, und er selber sei ebenfalls 1938 (als er längst bei Bruckmann war) von der Universität München verwiesen worden. Außerdem dementiert er den vom *Schüler Magazin* dem Verleger Richard Grunder [sic] zugeschriebenen Spruch: »Nannen hat keine Überzeugungen. Aber die verficht er mit soviel Leidenschaft wie kein anderer.« Diese Formulierung, so Nannen, »stammt von mir und war auf den Journalisten Claus Jacobi, heute Chefredakteur der *Welt am Sonntag*, gemünzt. Herr Jacobi hat diesen Ausspruch in einem kürzlich veröffentlichten Artikel wahrheitswidrig auf mich bezogen und meinem Freund Richard Gruner untergeschoben.« Weder diesen Artikel hat Nannen dementiert noch Jacobis Buch *Fremde, Freunde, Feinde*, in dem der Spruch auch schon Gruner zugeschrieben wird. Und Richard Gruner bekennt sich als Urheber des strittigen Bonmots.

Erst 1980, als Franz Josef Strauß Kanzlerkandidat der Union war und sein *Bayernkurier* die Angriffe des *stern* auf diese Kandidatur oder auf den der CSU angehörenden Innenminister Friedrich Zimmermann mit ganzen Flächenwürfen von »Nazi-Artikel«-Zitaten beantwortete – erst in den achtziger Jahren verzichtete Nannen auf den Versuch einer Reaktion mit Rechtsmitteln. Er hatte sich endlich damit abgefunden, daß solche Zitate im politischen Meinungsstreit als Waffe zugelassen waren und daß seine Widersacher sie immer wieder herausholen würden wie der Kasperl die Klatsche. Als der »Verein Schweizer Journalisten«, der 1983 sein hundertjähriges Bestehen feierte und Nannen als einen der Festredner gebeten hatte, ihn auf Verlangen der 1200 Journalisten zählenden Sektion Zürich und unter Hinweis auf seine Vergangenheit wieder auslud, reagierte Nannen erstaunlich gelassen. »Ich war kein Widerstandskämpfer, kein Held«, sagte er im Schweizer Fernsehen ohne jede Polemik, »aber ich war auch kein Nazi.« Er habe »den strammen Schweizer Kollegen« die Ausladung nicht übelgenommen, sagte er später seinem Gesprächspartner Markus Ronner von der Zürcher *Sonntagszeitung* und überließ es diesem, die Ausladung als einen Versuch zu qualifizieren, »sich an einem Kollegen zu rächen, der es als Journalist und als Blattmacher weiter gebracht hat als ein ganzer Verbandsvorstand in corpore«.

Daß die Auseinandersetzung darüber, ob Henri Nannen ein Nazi war oder nicht, so lange auf so blamabel niedrigem Niveau geführt worden ist, hat mit dem Ambiente zu tun, in dem sie sich abgespielt hat; sie war meistens nur Nebenwirkung irgendeiner Kontroverse, die auf dem Jahrmarkt der aktuellen Politik ausgetragen worden ist. Und deshalb könnte es so aussehen, als hätte Nannen selber zu dieser Auseinandersetzung außer Retourkutschen, Klitterungen und ein bißchen Hau-den-Lukas nichts beigetragen. So war es aber nicht. Nannens zahlreiche Erörterungen der Frage, warum seine Generation Hitler nachgelaufen ist, warum sie seine Verbrechen nicht erkannt und, als sie offenkundig waren, nicht verhindert hat, waren immer eingebunden in die Kommentierung eines aktuellen Vorgangs und sind wohl auch so gewertet worden. Sie verdienen mehr Aufmerksamkeit.

Ein solcher Vorgang war im April 1961 eine Fernsehreihe, in der »eine Gruppe von Televisions-Historikern« alle zwei Wochen »den Irrsinn und die Schrecken des Dritten Reiches« auf dem Bildschirm dokumentierten. »Ich frage mich, wozu das geschieht, solange man sich konsequent um die Beantwortung der entscheidenden Frage drückt. Es ist die Frage, die uns in selbstgerechter Verachtung das Ausland stellt und die auch unsere Kinder immer wieder aufwerfen: Wie konntet ihr darauf hereinfallen? Auf dieses Regime, auf diesen dahergelaufenen Anstreicher, auf diesen Teppichbeißer?« Selbst sein eigener Sohn frage sich angesichts der Fernsehbilder offenbar, ob er mit seinen fünfzehn Jahren klüger sei als damals die große Mehrheit der erwachsenen Deutschen. »Und in der Tat, selbst die ältesten Alten Kämpfer müßten dunkelrot anlaufen vor Scham, daß sie es nicht schon in jenen Jahren gemerkt haben, was uns heute auf dem Bildschirm gezeigt wird: dieser heiser belfernde Hitler, dieser zynische Goebbels, die groteske Karikatur eines ›Reichsmarschalls‹ und die dem Regime hündisch ergebenen Generale, Industriellen und Politiker – sie hätten uns doch schon damals stutzig machen müssen.«

Dahinter stecke offenbar die Hoffnung der öffentlich-rechtlichen Fernsehdemokraten, daß die Deutschen, nachdem sie das gesehen haben, nicht ein zweites Mal auf solchen Irrsinn hereinfallen würden. »Aber ich fürchte, diese Sendereihe bewirkt eher das Gegenteil. Was die Jungen verwirrt, lassen sich die alten Nazis als bequeme Entschuldigung dienen. Sie sagen einfach: ›So war es ja gar nicht.‹ Und leider haben sie recht, es war nicht nur so.« Und dann schildert Nannen die Zustände kurz vor dem Zusammenbruch der Weimarer Republik und die Wirkung, die in diesem Elend ein Mann hatte, der Arbeit und Brot versprach.

»So fing es an. Mit Erfolgen auf der ganzen Linie. Mit einer neuen sozialen Sicherheit. Mit Arbeiterschiffen, die nach Madeira und in die norwegischen Fjorde fuhren. Mit der Faszination von Fahnen, Fackeln und Fanfaren... Dann aber, als es zu spät war – und als die große Mehrheit der Deutschen immer noch nicht ahnte oder nicht glauben konnte, was etwa in den Konzentrationslagern geschah –, da befand man sich im Krieg. Und von einem kriegführenden Volk kann man schwerlich objektive Reaktionen erwarten, weder im Taumel der Siege noch in der Drangsal der Niederlagen. Das alles mindert nicht die Strafwürdigkeit der verantwortlichen Verbrecher. Es löscht auch unsere Mitverantwortung nicht aus. Aber es macht sie zu einer tragischen Schuld. Diese Tragik hätte das Deutsche Fernsehen zu seinem Thema machen sollen.«

Was Nannen hier artikuliert, ist die damals sehr verbreitete Stimmungslage der Kriegsteilnehmer-Generation, besonders deren Unfähigkeit, sich den Kindern verständlich zu machen, und deren Ärger über die platte Manier, mit der Hollywood sich des Themas bemächtigt hatte. Was seinen Ärger von den damals gängigen Landser-Jeremiaden abhebt, ist vor allem der Umstand, daß er von »unserer Mitverantwortung« spricht und diese gleichsetzt mit Schuld, mit »einer tragischen Schuld«. Henri Nannens Fazit 1961: »Die Verbrecher soll man greifen und ohne falsches Mitleid verurteilen. Denen aber, die arglos schuldig wurden, möge man endlich die Gnade des Vergessens zuteil werden lassen.«

Es ist bemerkenswert und wohl auch charakteristisch für Nannens Umgang mit seiner Vergangenheit, daß er achtzehn Jahre später, mit 65 Jahren, für sich selber auf die Gnade des Vergessens verzichtet. Am 1. Februar 1979 liest sich der letzte Absatz eines *Stern*leser-Briefes zum selben Thema so: »Erst, wenn wir nicht mehr zu feige sein werden, unserer eigenen Schuld ins Gesicht zu sehen, und erst, wenn wir bereit sind, ohne Feigheit aufzustehen gegen die ersten Anzeichen jeglicher Intoleranz – erst dann mögen wir zumindest für unsere Kinder die Gnade des Vergessens in Anspruch nehmen.«

Nannen gibt diesem Brief die Überschrift »Ja, ich war damals zu feige«. Anlaß ist wieder eine Fernsehserie, diesmal eine amerikanische, »Holocaust«, die den *stern*-Chef zu einem seiner längsten Briefe an den Leser provoziert. »Holocaust« hat offenbar mehr ausgelöst als nur Ärger. Nannen sagt das nicht selbst, er läßt es seine Frau Martha sagen, die er 1943 in Berlin kennengelernt hat und mit der er eigentlich nur noch eine »Telefonehe« führt. »Nach der ersten ›Holocaust‹-Folge fing meine Frau mitten im Gespräch zu weinen an. ›Erinnerst du dich: Berlin, Meinekestraße, ein kleines Lebensmittelgeschäft, in dem ich einkaufte. Und ich ging, keine 20 [sic] Jahre alt, vorbei an den alten Damen mit dem Judenstern und ließ mich bedienen, denn Arier hatten den Vortritt. Mein Gott, was war mit uns los, daß wir es zuließen?‹«

Nannen selber fragt nicht mehr, ob die Deutschen gewußt haben, was da in Wahrheit passierte, er antwortet jetzt, und zwar für seine Person. »Wer sich nicht Augen und Ohren zuhielt und das Gehirn abschaltete, dem blieb nicht verborgen, daß hier das perfekteste Verbrechen seinen Weg nahm. Wir hätten es wissen müssen, wenn wir es nur hätten wissen wollen. Wer Soldat im Osten war, dem konnten die Judenerschießungen, die Massengräber und beim Rückzug die ausgebuddelten und verbrannten Leichenberge nicht verborgen bleiben. Ich jedenfalls, ich habe gewußt, daß im Namen Deutschlands wehrlose Menschen vernichtet wurden, wie man Ungeziefer vernichtet. Und ohne Scham habe ich die Uniform eines Offiziers der deutschen Luftwaffe getragen. Ja, ich wußte es, und ich war zu feige, mich dagegen aufzulehnen.«

Aber, sagt Nannen, Holocaust ist überall, »und überall bieten sich die Opfer an, Juden, Neger, Langhaarige… Dissidenten, Radikale«. Und zum Beweis nennt er die Verfügung eines jungen deutschen Staatsanwalts aus dem Jahr 1978, der zufolge die Anrede »dreckige Judensau« zwar überaus häßlich sei, aber den allgemeinen Rechtsfrieden nicht störe. »Erinnern Sie sich an die kaum faßbare Gleichgültigkeit, mit der die Polizisten in dem Film

›Holocaust‹ zusahen, als die SA den alten jüdischen Buchhändler Palitz zusammenschlug? Genauso geht er vorbei, der junge Herr Staatsanwalt, und hört nicht hin, und dabei ist er doch keiner von uns Älteren, die wir verseucht sind von unserer unbewältigten Vergangenheit.«

Da ist es endlich heraus: »... die wir verseucht sind von unserer unbewältigten Vergangenheit«. Henri Nannen, nach Lebensjahren nun schon ein Pensionär, hat nicht mehr nur das Siegerlächeln im Gesicht, er kann auch ein Wort wie Resignation buchstabieren. Im Grunde hat er schon lange keine Illusionen mehr über seine Generation: »Wir sind eben zu oft überwacht und abgehört und getreten und belogen worden. Wir haben zu oft mit den Wölfen geheult und mit den Geprügelten geschwiegen.« Aber jetzt weiß er auch, daß die Seuche, die ihn befallen hat, nicht heilbar ist. Und also erbittet er die Gnade des Vergessens nicht mehr für sich, sondern für die nächste Generation.

Diese heillose Seuche hat auch die Geschichte von Henri Nannen und Leni Riefenstahl nicht verschont. Alle Anzeichen deuten darauf hin, daß diese Geschichte ohnehin nicht das war, was so manche Beobachter damals – und erst recht im nachhinein – darin gesehen haben, nämlich eine Affäre. Sicher ist, daß sie kein gutes Ende gefunden hat.

Der *stern* war noch keine vier Jahre alt, da berichtete er im Mai 1952 beinah triumphierend über eine geplatzte Intrige, mit der Leni Riefenstahl erst von einem Erpresser und dann von dem Bericht »einer süddeutschen Zeitschrift« (nämlich der *Revue* aus dem Kindler-Verlag) unmittelbar vor ihrer Entnazifizierungsverhandlung »abgeschossen« werden sollte. Der Vorwurf, sie habe in dem polnischen Ort Konsky eine Judenerschießung gesehen, dabei sei sie zwar ohnmächtig geworden, habe aber nicht dagegen protestiert, ließ sich zur vollen Zufriedenheit der Spruchkammer widerlegen. Drei Jahre später berichtete der *stern* in großer Aufmachung und in den höchsten Tönen über die Fertigstellung des Riefenstahl-Films *Tiefland*.

Kein Zweifel, Leni Riefenstahl durfte davon ausgehen, beim *stern* Freunde zu haben – und zwar Freunde, die mächtig genug waren, kritisches Gemurmel in der Redaktion wegen des Engagements für die Hitler-Bewunderin überhören zu können. Aus der Annahme wurde Gewißheit, als der *stern* 1969 begann, sich sehr lebhaft für ihre Fotos von dem Naturvolk der Nuba im Westen des Sudan zu interessieren, auch für ihr Leben bei diesem physisch sehr ansehnlichen Stamm. Nach einem ersten *stern*-Bericht über die Nuba schrieb Nannen ihr, das »Oberauge« des *stern,* Rolf Gillhausen, »und ich finden Ihre Fotos aber sehr viel besser, und nun überlegen wir uns, wie wir einen neuen Aspekt in die Sache hineinbekommen«. Nannens Vorschlag: »Einfach eine Geschichte über Leni Riefenstahl bei den Nubas. Wie redet sie mit den Leuten, wie kommt eine solche menschliche Beziehung zwischen zwei fremden Welten zustande?«

So wurde es auch gemacht – nicht ganz ohne Turbulenzen bei der *stern*-gerechten Aufarbeitung des Textes, aber am Ende war die Riefenstahl sehr glücklich über die Geschichte und das stattliche Honorar, 25 000 Mark, und über einen Brief von Nannen, in dem er ihr bescheinigt: »Nachdem ich Ihnen zugehört habe, muß ich zugestehen, daß viel von dem, was man bisher bei uns über die Verhältnisse im Sudan gelesen hat, auf einseitigen Informationen beruhte … Sie können sicher sein, daß wir in Zukunft Berichte über den Sudan und seine besonderen Probleme sehr kritisch prüfen werden.« Den Brief bekam sie offenbar zum Vorzeigen bei solchen Leuten im Sudan, die an kritischer Berichterstattung Anstoß genommen hatten. »Über unsere Begegnung habe ich mich sehr gefreut«, schrieb sie denn auch am 14. Dezember 1969 an Nannen. »Es war ein Erlebnis, Sie in dieser Frische und Vitalität wiederzusehen.«

Einen Autor für Ihr geplantes Buch über die Nuba mochte er ihr aber nicht empfehlen, jedenfalls keinen *stern*-Autor. »Hans Nogly ist ein eigenwilliger und ganz außergewöhnlich begabter Schriftsteller«, schrieb er ihr am 6. Februar 1970, »der nicht im Traum daran denkt, in die Haut eines anderen zu schlüpfen... Wenn Sie durchaus selbst keinen wissen, dann fragen Sie doch einmal Josef von Ferenczy. Er ist ein literarischer Agent, der über einen großen Stall von Schreibern verfügt... Aber sagen Sie ihm, daß Sie eine nervöse und schwierige – wenngleich sehr liebenswerte – Weibsperson sind.«

Irgendwann in den folgenden sieben Jahren – Leni Riefenstahl ist unterdessen siebzig geworden – wechseln die beiden vom geschäftsmäßigen Sie zum vertrauten Du. Zu ihrem 75. Geburtstag am 22. August 1977 schickt Nannen ihr dieses Telegramm: »Liebe Leni, ich umarme Dich heute noch glücklicher als vor 31 Jahren. Alles Liebe, Dein Henri Nannen.« Also doch, könnte man denken. Aber dann müßte Nannen sich verrechnet haben. Wäre die Umarmung 31 Jahre her gewesen, hätte sie 1946 stattgefunden, und da hatte Leni Riefenstahl mit Sicherheit anderes im Sinn, nämlich ihre Befreiung aus den Händen der französischen Besatzungsmacht. Die Olympiade in Berlin war 41 Jahre früher, 1936 – aber da ist Nannen gar nicht gewesen.

Nein, die beiden sind nicht eins geworden, noch nicht mal über Lenis Memoiren. Zuerst hat Nannen ihr, bei einem zufälligen Treffen auf Capri 1952, geraten, das Angebot eines englischen Verlegers anzunehmen, weil es besser sei, wenn so ein Buch zuerst im Ausland erscheine. Dann hat er, 25 Jahre später, doch versucht, sie für eine *stern*-Serie über ihr Leben zu gewinnen, und sie hat, zögernd und verunsichert, nein gesagt. Der Rest ist Enttäuschung, beiderseits.

Im Februar 1979, zwei Wochen nach seinem Bekenntnis im *stern*, »Ja, ich war zu feige«, schreibt Nannen der Riefenstahl einen Brief, in dem er ihr zunächst gute Genesung von Problemen mit dem Oberschenkelhals wünscht. »Du gehörst zu den Leuten, die immer zu früh aufstehen und zu früh wieder auf den Lukas hauen.« Und dann reagiert er auf eine Bemerkung über den »Holocaust«-Film so: »Was Holocaust angeht, so gehöre ich zu den Leuten, die Dir glauben, daß Du davon nichts gewußt hast. Aber Du mußt auch verstehen, daß das für Außenstehende ganz grotesk klingt. Ich habe natürlich auch keine Einzelheiten gewußt, aber vieles hätte man wissen müssen, und spätestens Ende 44 habe ich im Fronturlauberzug von Rußland ein paar Dinge gehört, die mich schaudern ließen. Aber es genügt ja schon, das erlebt zu haben, was man vorher auf den Straßen erlebt hat. Daß Menschen gezeichnet und gedemütigt und geschunden wurden, die nichts verschuldet hatten. Und ich glaube, liebe Leni, das haben wir nun alle gewußt, und wir alle haben wahrscheinlich nach anfänglichem Erschrecken lieber weggesehen als etwas unternommen.«

In Leni Riefenstahls Memoiren ist dieser Brief nicht erwähnt, also auch nicht ihre Antwort darauf. Der Kontakt bricht ab. Bis 1987 die Memoiren, an denen sie fünf Jahre handschriftlich gearbeitet hat, im Albrecht-Knaus-Verlag erscheinen und die *Bunte* einen Vorabdruck erwirbt, für den der Burda-Verlag großflächig wirbt und dabei die Formulierung »Nannens Freundin« verwendet. Der geht zum Anwalt und läßt Burda auf Schmerzensgeld verklagen. Er lebt längst in Emden und verbringt nicht eben wenig Zeit damit, das Defizit seiner Kunsthallen-Stiftung durch allerlei Spenden zu verringern. Nach Vermittlungsbemühungen der *Bunte*-Redaktion kommen von dort 20 000 Mark in die Kasse, und die Klage unterbleibt. Dann aber lädt der in diesem Punkt ahnungslose Dr. Albrecht Knaus zur Buchpremiere am Vorabend von Lenis Geburtstag, also am 21. August 1987, auch Henri Nannen ein und »fände es doch sehr schön, wenn nach der Begrüßung ein Mann von Kompetenz für das Werk Leni Riefenstahls eine kleine Festrede hielte«. Der »Mann von Kompetenz« reagiert sauer und lehnt das Ansinnen, »als Grüß-August bei Lenis Premiere« aufzutreten, mit folgenden Worten ab: »Ich bewundere uneingeschränkt ihre Regie-, Tauch- und Verdrängungskünste, aber für eine Festrede bin ich da der falsche Mann. Politisch ist sie nun einmal eine Närrin, offenbar hat sie weder Hitlers noch Rosenbergs noch Goebbels' Schriften gelesen, und der *Stürmer* ist ihr nur ein Mann aus der Fußball-Elf gewesen.«

Leni Riefenstahl bekommt diesen Brief zu sehen, und er macht sie »traurig«. Von der Burda-Werbung habe sie nichts gewußt, schreibt sie am 17. Dezember 1987 auf einem Briefbogen von »El Colony«, abgesandt aus Cuba, Schatzinsel, und auch nichts von Knaus‹ Bitte um eine Festrede – »so naiv war ich nun doch nicht, anzunehmen, daß Du dies tun würdest«. Aber war der Gedanke denn so abwegig? »Du hattest doch in Jahrzehnten, in denen es mir schlecht ging, Deine Freundschaft bewiesen.« Sie kann Nannens harsches Nein nicht verstehen. Sie kann auch nicht verstehen, daß die Seuche der unbewältigten Vergangenheit ihre Freundschaft umgebracht hat. »In Deiner Antwort schreibst Du an Dr. Knaus, daß ich die ›größte Verdrängerin‹ wäre, oder so ähnlich, ich habe diesen Brief nicht mitgenommen. Was meinst Du damit? Was soll ich denn verdrängen? Ich habe den Mut gehabt zu schreiben, daß ich an Hitler geglaubt habe, weil ich nicht zu denen gehören möchte, die sich um 180 Grad gedreht haben und schließlich sich als Widerstandskämpfer ausgaben.«

Leni Riefenstahl sagt nicht, ob sie Henri Nannen zu diesen Leuten zähle. Sie schließt »trotz allem, mit herzlichem Gruß Deine Leni«.

Kriegsberichter

oder: Vernichtungsprosa aus dem Land des Schweigens

Als im August 1914 der Erste Weltkrieg begann – Henri Nannen war gerade acht Monate auf der Welt –, herrschte Aufbruchstimmung unter den Deutschen, und es gab ein großes patriotisches Hurra. Als im September 1939 der Zweite Weltkrieg ausbrach, verbargen sich unter dem Gedröhn der Propaganda bloß Beklommenheit und Beängstigung. Worauf hatten die Deutschen sich da eingelassen, als sie der Nazi-Partei zur Mehrheit verhalfen, weil Hitler in der Mitte der dreißiger Jahre die Wirtschaftskrise gelöst und Deutschland zum stärksten Staat Europas gemacht hatte? Jetzt wußten sie es. Schon als der »Führer« in der Sudetenkrise 1938 zum Zweck der Stimmungsmache eine Panzerdivision mitten durch Berlin hatte marschieren lassen, war der Beifall ausgeblieben. Die meisten Deutschen wollten keinen Krieg, und Henri Nannen war einer von ihnen.

Er war nun 26 Jahre alt und sehr damit beschäftigt, eine Existenz zu gründen und eine Familie. Beides schien ihm zu gelingen: das berufliche Engagement als der eigentliche »Macher« bei Bruckmanns *Kunst* und die ansehnliche Heimstatt mit Monika und deren Kindern in der Borstei. Beides aber bedurfte der Konsolidierung, und an der war ihm durchaus gelegen. Er wollte das alles ja auch vorzeigen. Er wollte vorankommen, wollte weiterkommen und zugleich einen fest gegründeten Standort haben. Für ihn gehörte das zusammen, war jedenfalls kein Widerspruch – wie er auch seinen Hedonismus und sein Harmoniebedürfnis ja nie als widersprüchlich empfunden hat.

Seit August 1937 lebte Editha Bischof alias Monika, mittlerweile geschieden, mit ihrem Sohn Uwe und ihrer Tochter Arnika in München. Sie trat als Mieterin der Wohnung in der Pickelstraße 3 in Erscheinung, und Henri Nannen war offiziell ihr Untermieter. Im folgenden Jahr fanden die beiden dann noch eine zweite

Behausung, ein Wochenendhaus sozusagen, mit dem sie das sich entwickelnde Familienleben zu komplettieren gedachten. Das geschah eher zufällig während eines Motorrad-Ausflugs in die Gegend um Bad Tölz, der eigentlich der Suche nach einem Bauernschrank beziehungsweise deren oberbayerischen Urhebern galt. Was sie fanden, war ein ungenutztes »Austragshäusl«, also die bescheidene Wohnstatt, die dem Lebensabend der Altbauern zugedacht ist, nachdem diese den Hof an die nächste Generation übergeben haben. Henri und Monika verliebten sich auf der Stelle in dieses Häuschen, und da es leer stand, mieteten sie es dem Bauern spontan und per Handschlag für fünfzehn Reichsmark im Monat ab. Einen Bauernschrank fanden sie auch. Er steht immer noch dort.

Dieses »Austragshäusl«, das zu einem der seltenen Fixpunkte auf Henri Nannens Lebensweg werden sollte, gehört zu dem Ort Oberfischbach – das sind eine Handvoll Höfe mit einer Kirche, an einem Hang gelegen, etwa eine Stunde zu Fuß von Bad Tölz. Das Häuschen liegt versteckt am Rande einer Senke ganz nah beim Wald, besteht im wesentlichen aus Holz und hat eigentlich nur zwei niedrige Zimmer und einen scheunenartigen Raum, der früher als Unterrichtsraum für die örtliche Zwergschule genutzt und nach dem Krieg von Nannen zu einem weiteren Wohnraum umgebaut worden ist. Wasser gibt es auch heute nur in der Kochecke des Wohnraums, und das Plumpsklo liegt, damals wie heute, außerhalb des Hauses. Der unerfüllte Traum vom einfachen Leben mag eine Rolle gespielt haben bei der Begeisterung, die das ländliche Idyll in Henri Nannen zu wecken vermochte, und auch deshalb paßte es gut in den Lebensplan, den er damals machte: ein erfolgreicher Mann mit einer herbeigeträumten Familie in einem Ambiente zu werden, das den Neigungen seines Herzens entsprach.

Wahrscheinlich konnte oder wollte Henri Nannen sich damals nicht vorstellen, daß der Krieg diesen Lebensplan in drei, vier Jahren total über den Haufen werfen würde. Sonst hätte er wenigstens auf die Eheschließung verzichtet, die in seinem Entwurf einer bürgerlichen Existenz bislang die konsolidierende Rolle gespielt hatte. Andererseits bekräftigte der Krieg den Vorsatz zu heiraten, denn sonst hätten Monika und ihre Kinder nicht wenigstens ein bescheidenes festes Einkommen gehabt, solange Henri Soldat war. An Freundinnen bezahlte die Wehrmacht keine Familienunterstützung (mit dem Zubrot von Bruckmann rund 3000 Reichsmark im Jahr). Also traten »Gertraude Editha Bischof geborene Zedlitz, geschieden, ohne Beruf«, und der »Schriftleiter Henri Franz Theodor Max Nannen« am 29. August 1940 in München vor den Standesbeamten. Trauzeugen waren Nannens Freundin Käte und der Sohn seines Verlegers, Alfred Bruckmann. Die schmucklose Heiratsanzeige, aufgegeben vom Ehemann, nennt als Adresse »Z. Z. im Felde«. Henri Nannen war auf Hochzeitsurlaub von der Westfront, Stukageschwader 3, Funktionsbezeichnung »Technischer Schreiber«; seit dem 1. April 1940 war er Gefreiter.

Helmut Schmidt, für den Henri Nannen später zu den (nicht sehr zahlreichen) Journalisten gehörte, die er gelten ließ, hat in seinen Erinnerungen diese Entwicklung des »Weggefährten« Nannen ohne kritische Nachprüfung so zusammengefaßt: »Nannen hatte vor dem Krieg Kunstgeschichte studiert; die Nazis hatten seinen sozialdemokratischen Vater in Emden aus dem Amt geworfen, er selbst flog später in München von der Universität. Danach hat er sich irgendwie angepaßt und wurde Kriegsberichterstatter. Ein für seine und meine Generation recht exemplarischer Lebensweg durch die Nazizeit.« Exemplarisch vielleicht; aber ganz so glatt ist es nicht gegangen.

Daß Nannen keine Chance hatte, dem Kriegsdienst an der Waffe zu entgehen, war ihm klar; ein Versuch, als Schriftleiter »uk« gestellt zu werden, hätte günstigstenfalls wie ein schlechter Scherz gewirkt. Ebenso klar war ihm, daß er unter diesen Umständen zur Luftwaffe wollte – einmal wegen seines Faibles für die Fliegerei, zum anderen auch deshalb, weil die Flieger nun mal die interessantesten und auch die bei weitem feschesten Soldaten waren – von verärgerten Infanteristen beider Weltkriege deshalb gern »Operettensoldaten« genannt. Aber zu den Fliegern zu kommen war gar nicht so leicht.

Nannens Zivilberuf ließ es naheliegend erscheinen, ihn bei der Nachrichtenübermittlung einzusetzen, und so bekam er seine militärische Grundausbildung noch zu Friedenszeiten als Funker, vom 1. Februar bis 30. April 1939 beim I. Luftnachrichten-Regiment 9/7, und zwar in Augsburg – aber Cilly Windmüller war da nicht mehr. Am Ende dieser Übung wurde er zum Unterführer-Anwärter ernannt und kehrte für ein knappes halbes Jahr in seinen Job bei Bruckmann zurück. Am 7. August 1939 wurde er zu einer zweiten Übung einberufen, diesmal bei der 3. Kompanie des Luftnachrichten-Regiments 3, und in diese Übung platzte der Kriegsausbruch. Der Unterführer-Anwärter Nannen schaffte es, »aufgrund von Sprachkenntnissen« zur Stabskompanie des Luftflotten-Kommandos III versetzt und dort als Dolmetscher für Holländisch und Englisch in der Abteilung Ic Presse eingesetzt zu werden, obwohl seine Sprachkenntnisse die Bezeichnung Dolmetscher keineswegs rechtfertigten. Aber zum Abhören ausländischer Rundfunknachrichten mochten sie ausreichen. Denn das war sein Auftrag: zu horchen, was es im Westen Neues gab.

Verläßliche Berichte über Henri Nannens Einsätze in diesen ersten beiden Kriegsjahren an der Westfront gibt es kaum. Am 19. Juli 1940 kam die Versetzung zum I. Stukageschwader 3, also zu den legendären Sturzkampfflugzeugen, aber eben als »Technischer Schreiber«. In einem Schreiben des Oberkommandos der Wehrmacht, das Nannens im Mai 1940 schriftlich bekräftigte Absicht befürwortet, die Laufbahn eines Kriegsoffiziers einzuschlagen, werden unter »Bewährung vor dem Feinde« drei Schauplätze genannt: Abwehr an der deutschen Westgrenze, bis zum Mai 1940; Schlacht in Frankreich, Mai und Juni; Einsatz gegen England, vom Juni bis zum September 1940. Nannen selber hat dem *Playboy* 1981 anvertraut, er habe »am Anfang des Krieges mal eine Zeitlang als Soldat in St. Cloud gelegen. In St. Cloud gab es eine Kneipe. Und in dieser Kneipe war eine Wirtin mit zwei ganz bezaubernden, hinreißenden Töchtern, in die ich damals sehr verknallt war... Ich wußte nicht, in welche ich mehr verknallt war.« Aber solche amourösen Begleiterscheinungen machten den Schreibstubendienst nicht wirklich angenehmer.

Im November 1940 wurde der Gefreite Nannen schließlich zu einer der Kriegsberichterkompanien der Luftwaffe kommandiert, tat aber auch dort »Truppendienst« am Boden, gehörte also nicht zum fliegenden Personal. Diese »Lw KBK (mot) 6« lag seit Ende Juni 1940 in Berlin-Reinickendorf und galt als Ausbildungs- und Ersatzeinheit für die übrigen Kriegsberichterkompanien der Luftwaffe, die im Fronteinsatz waren – taktisches Zeichen: ein Flugzeug mit einer Feder statt einer Tragfläche. »Ich mußte die Teller des Feldwebels waschen, mit kaltem Wasser«, hat Henri Nannen später seinem Verleger Gerd Bucerius erzählt. Zum beneideten fliegenden Personal konnte er nur als Kriegsberichter kommen, und das wiederum bedeutete eine Ausbildung zum Bordschützen, denn in den Kampfflugzeugen war kein Platz für Beobachter, die nicht aktiv in die Luftkämpfe eingreifen konnten. Als sich die Möglichkeit bot, diese Ausbildung zu machen, zögerte Nannen nicht lange – was ihm dann zwei Jahre Rußland-Feldzug eingetragen hat. Am 6. Dezember 1940 trat er in der Fliegerschützenschule Kolberg an. Eine Woche lag er mit Mandelentzündung im Reservelazarett I. Sein erster »Schießflug« war am 6. Januar 1941. Am 10. Januar verließ er die Schule als ausgebildeter Bordschütze. Jetzt erst konnte er Kriegsberichter werden.

Die Geschichte der Kriegsberichterstattung, von Xenophon bis Ernst Jünger, ist lang; in fast allen Kulturen unserer Hemisphäre ist sie so alt wie die Geschichte der Literatur selber und von dieser gar nicht zu trennen. Und natürlich hat Kriegsberichterstattung auch immer schon mit Propaganda zu tun gehabt. Walther von der Vogelweide, wie viele andere Heldendichter und Minnesänger des Mittelalters ein Kriegsberichter, habe »staufische Propaganda« betrieben, so der Literaturhistoriker Hermann Schneider, und zwar aus politischer Überzeugung. Ein Höhepunkt war ohne Zweifel der Erste Weltkrieg, auch was die Beteiligung prominenter Schriftsteller an der Kriegsberichterstattung angeht. Einer von ihnen war Dr. Ludwig Ganghofer, bayerischer Heimatdichter (*Das Schweigen im Walde*) und Auflagen-Millionär, der in einer Art Jagdanzug die Fronten in Frankreich, Belgien und Polen besuchte und dabei, obwohl kein Soldat, so intensiv in die Kampfhandlungen eingriff, daß ihm für »außerordentlich tapferes Verhalten« im Gefecht um den Stützpunkt Rzesna westlich Lemberg auf kaiserlichen Befehl das EK II verliehen wurde.

Im Zweiten Weltkrieg war Henri Nannen wahrhaftig nicht der

einzige Kriegsberichterstatter, der später als Journalist von sich reden gemacht hat. Paul Sethe, Werner Höfer, Peter von Zahn, Walter Henkels, Josef Müller-Marein, Giselher Wirsing zum Beispiel gehören auf die lange Liste der Männer aus den Propagada-Kompanien, die nach dem Zusammenbruch des Dritten Reiches die deutsche Presse repräsentiert haben. Aber nicht nur Journalisten, auch Verleger und Herausgeber sind unter den PK-Leuten: Ernst Rowohlt zum Beispiel, Dietrich Kenneweg, Begründer der Illustrierten *Quick*, Erich Welter von der *Frankfurter Allgemeinen Zeitung*, Lambert Lensing von den *Ruhr-Nachrichten*, Wilhelm Eiben vom *Schwarzwälder Boten*. Und die Schriftsteller sind dabei, einige sogar im Wiederholungsfall wie Ernst Jünger oder, auf der anderen Seite der Front, Ernest Hemingway. PK-Männer waren Rudolf Hagelstange, Ernst Glaeser, Walter Kiaulehn, Hanns Bayer alias Thaddäus Troll; nicht zu vergessen der Krimi-Serien-Autor Herbert Reinecker oder der *Stahlnetz*-Regisseur Jürgen Roland; nicht zu vergessen auch die Kameraleute, die oft in vorderster Linie ihr Leben riskiert haben, und die Zeichner wie die späteren *Welt*-Karikaturisten Mirko Szewczuk und Hicks oder den *Nick-Knatterton*-Erfinder Manfred Schmidt. Auf dem Höhepunkt ihrer Wirksamkeit, in den Jahren 1942 und 1943, waren rund 15 000 PK-Soldaten an allen Fronten im Einsatz, von denen ungefähr zwei Drittel mehr oder weniger unbeschadet überlebt haben.

Über die Kapitulation der königlich jugoslawischen Armee vor den deutschen Invasoren am 17. April 1941 in Belgrad berichtete, im Wettlauf mit konkurrierenden PK-Leuten des Heeres, als erster in einer Rundfunkreportage der Luftwaffen-Kriegsberichter-Leutnant Karl Holzamer, später Intendant des Zweiten Deutschen Fernsehens. Die Zensoren der so entstehenden Berichte, sogenannte Fachprüfer, saßen sowohl im Oberkommando der Wehrmacht als auch im Reichspropagandaministerium; für die »Fachprüfung Wort« zum Beispiel waren zeitweilig zuständig die Hauptleute Ernst Rowohlt, später Hemingway-Verleger (militärische Zensur), und Werner Stephan (politische Zensur), später Bundesgeschäftsführer der Freien Demokratischen Partei. Daß sie alle überzeugte Nazis gewesen seien, ist nicht anzunehmen.

Was die wahren Nazis angeht, so war ihnen früher als den Militärs klar, welche Bedeutung einer maßgeschneiderten Propaganda für ihre kriegerischen Vorhaben zukam. Goebbels richtete in seinem Ministerium ein »Reichsverteidigungsreferat« ein, in dem schon 1935 an einer speziellen »Kriegspropaganda« gearbeitet wurde. Zivile Berichtertrupps traten zu den Herbstmanövern 1936 an, auch wieder im Jahr darauf. Dann aber wurde Goebbels' zivile Propagandatruppe, gegen dessen hinhaltenden Widerstand, in die Armee eingegliedert. Im September 1938 erließ das Oberkommando der Wehrmacht »Grundsätze für die Führung der Propaganda im Kriege«, in denen zum ersten Mal die Bezeichnung »Propaganda-Kompanie« verwendet wurde. Im April 1939 entstand die Abteilung Wehrmacht-Propaganda im Oberkommando der Wehrmacht (OKW/WPr), deren Führung der spätere Generalmajor Hasso von Wedel übernahm. Anfang 1940 wurden die Propaganda-Kompanien der Luftwaffe und der Kriegsmarine in Luftwaffen- beziehungsweise Marine-Kriegsberichterkompanien (KBK) umbenannt. Alle diese Propagandatruppen unterstellte Hitler per »Führerbefehl« im Februar 1941 endgültig dem Oberkommando der Wehrmacht.

Nun war also klar, daß die Kriegsberichter militärisch ausgebildet sein mußten und wie richtige Soldaten eingesetzt wurden. Ihrer Verwendung angemessene Dienstgrade aber konnten die meisten von ihnen noch nicht erworben haben. Und hätte man einen PK-Mann als schlichten Landser beispielsweise zu einer Recherche beim Generalstab kommandiert, dann wäre er dort nicht ernst genommen worden. Also wurde der »Sonderführer« erfunden, ein Quasi-Offizier: Sonderführer (Z) = Leutnant, Sonderführer (G) = Unteroffizier. Die Aktiven nannten diese Leute »Schmalspur-Offiziere« wegen ihrer deutlich schmäleren Schulterstücke; ein richtiger Leutnant hatte acht Litzen, ein Sonderführer (Z) bloß zwei – ein Handikap, das viele Betroffene dadurch zu umgehen wußten, daß sie die echten Schulterstücke kauften, zwei Litzen abtrennten und so nicht mehr auf Anhieb als »Schmalspurer« zu erkennen waren.

Ein besonderer »Verein« waren diese PK-Leute zweifellos – vor allem wohl deshalb, weil ihre kreative Kraft in der Regel stärker war als die militärische Disziplin, der sie sich zu unterwerfen hatten. Es fiel ihnen einfach mehr ein, und folglich nahmen sie sich Freiheiten heraus, die sie in der regulären Truppe womöglich vors Kriegsgericht gebracht hätten. Sie agierten fast ungehindert als Profis, besonders im Bereich der Unterhaltung, von der die Militärs ohnehin nichts verstanden. Der in ganz Europa zu empfangende Soldatensender Belgrad war es, der das »Lied eines Wachtpostens«, gesungen von Lale Andersen, 1941 zum Weltschlager »Lili Marleen« machte; Sendeleiter PK-Leutnant Karl Heinz Reintgen, später Chefredakteur des Saarländischen Rundfunks, hatte die Platte mit dem in Deutschland so gut wie unbekannten Lied zusammen mit anderen verstaubten Tonträgern aus dem Plattenkeller des Wiener Funkhauses als Nachschub bekommen.

Aber diese »guten Tage« der deutschen Kriegspropaganda, vor allem an der Westfront, waren gezählt, als Henri Nannen zu den aktiven Kriegsberichtern stieß. Außerdem hatte er damals noch nichts mit Unterhaltung zu tun. Schon gar nicht an der Ostfront.

Die ersten sechs Flüge, die sein vorschriftsmäßig geführtes »Flugbuch« zwischen dem 6. Januar und dem 2. April 1941 verzeichnet, waren Ausbildungsflüge in wechselnden Flugzeugtypen, der Arado 96, der Me 108 und schließlich der berühmten He 111, Standort Kolberg oder Dessau. Während dieser Ausbildungszeit machte der Gefreite Nannen weiterhin Rundfunkreportagen fürs »Zeitgeschehen«, über die Fertigung der Ju 88 in den Junkers-Werken zum Beispiel oder über die Werkspiloten bei Junkers; nichts Bemerkenswertes. Am 10. Januar 1941 war er von der Fliegerschule Kolberg wieder zur Kriegsberichter-Kompanie Lw KBK (mot) 6 kommandiert worden, die zwecks Bereitstellung für das »Unternehmen Barbarossa« in den Raum Warschau verlegt und dem II. Fliegerkorps zugeordnet wurde. Am 1. April 1941 wurde Henri Nannen dort zum Unteroffizier befördert.

Seine Feindflüge begannen am 23. Juni, einen Tag nach Beginn des Rußland-Feldzugs, als Berichterstatter und Bordschütze in der He 111: »Angriff auf Flugplätze im Raum Orscha – Minsk (Flak). Angriff auf Panzer und Truppenkolonnen Straße Kobrin–Baranowitsch. Angriff auf Ortsausgang von Sluzk (Jäger).« Das ging dreimal gut. Beim viertenmal baute der Flugzeugführer Hauptmann Minza mit der He 111 »nach Beschuß« eine erstklassige

Bruchlandung in Bielsk-Podlaski. Niemand wurde ernsthaft verletzt. Bei dem Beschuß allerdings hatte auch der Bordschütze Nannen in der gläsernen Kanzel des Flugzeugs etwas abgekriegt, und zwar an einem Körperteil, der ihn erst kurz zuvor wegen eines Abszesses ins Lazarett gebracht hatte: an der Sitzfläche. Am 1. Juli bekam er dafür das Verwundetenabzeichen in Schwarz und am 7. Juli das Eiserne Kreuz II. Klasse, dann das Fliegerschützenabzeichen. Die weiteren Feindflüge in der He 111 verliefen glimpflich, auch wenn es zuweilen brenzlig wurde. »Flug 80 km hinter der Front wegen Motorschadens abgebrochen... Nach Bombenwurf über Feindgebiet wegen Motorschadens abgebrochen... Angriff auf Bahnhof Brjansk, starke Flakabwehr.«

Feindflug Nummer 18 am 21. Juli 1941, Start in Borissow um 20.59 Uhr, war, laut »Flugbuch«, der »1. Großangriff auf Moskau«. Was der Kriegsberichter Nannen darüber mitzuteilen hatte, erschien wichtig genug, drei »Überlandflüge«, Richtung Heimat und zurück, zu machen, zwecks »Überbringung des Rundfunkberichts über 1. Großangriff auf Moskau«.

Im Herbst 1941 kam Henri Nannen zu den Stukas nach Seschtschinskaja und flog Sturzkampfangriffe auf die sowjetischen Stellungen oder auf rollende Panzereinheiten als zweiter Mann in der Ju 87 mit. Am 6. Oktober waren es gleich zwei Angriffsflüge »auf Artilleriestellungen und Fahrzeuge südwestlich Schukowka«. Die Aktionen dienten der Luftunterstützung einer deutschen Offensive, die der Kriegsberichter Nannen in seinem vom *Völkischen Beobachter* gedruckten Bericht so beginnen ließ: »Ein strahlend sonniger Herbstmorgen leitet den ersten Tag der großen Schlacht im Osten ein. Auch für die Truppen unseres Kampfabschnitts ist nun wieder der Augenblick des Losschlagens gekommen... Bis auf das letzte Geschütz waren die Bereitstellungen aufgefüllt, und jetzt bricht die ganze aufgestaute Kraft dieser geballten Energie los – mit einer Gewalt, daß den Bolschewisten drüben hinter dem Fluß Hören und Sehen vergehen wird.«

Dafür sorgen die Stukas, die wie »schwarze stählerne Vögel heulend vom Himmel heruntergeschossen« kommen. In einem von ihnen sitzt der Kriegsberichter Nannen und sieht zum Beispiel dies: »Die Sowjets springen aus ihren Löchern, rennen hierhin und dorthin, werfen sich zu Boden – da und dort flammen die Strohmieten unter den einschlagenden Brandgeschossen auf. Die Panzer kommen herausgefahren. Sie kriechen aus den Erdstellungen heraus – und mit einem Male ist da unten Leben, ist da ein wildes Durcheinander von Menschen, Wagen und Panzern – und nun gibt es Ziele für unsere Bomben. Kurz auf Höhe gegangen. Ein paar der mächtigen Kolosse herausgefischt und hoch, rauf – auf sie mit Gebrüll. Da spritzen die Erdfontänen hoch. Graubraun stehen die Pilze über der Erde. Da bersten Panzer auseinander, brennen LKW und stürzen Brücken krachend ein. Noch einmal und noch einmal stürzen wir, werfen Bomben und schießen, was aus den Rohren heraus will.«

Das ist, gerade in seiner verbalen Brutalität, ein ziemlich typischer PK-Bericht. Aus dem Abstand von fast sechzig Jahren und im Frieden gelesen wirkt dieses Schwelgen in Tod und Zerstörung wie eine Perversion. Aber *c'est la guerre*, und alle, die über den Krieg zu berichten hatten, haben irgendwann solche Vernichtungsprosa geschrieben. Henri Nannen hat später darauf hingewiesen, daß in seinen gedruckten Kriegsberichten, im Unterschied zu seinen Kunstbetrachtungen, herumredigiert und hinzugeschrieben worden sei. Aber es hätte dieses Hinweises gar nicht bedurft, um glaubhaft zu machen, daß Nannen den Krieg anders erlebt als beschrieben hat.

Kurze Zeit nur nach dem Bericht über jene Offensive im *Völkischen Beobachter* beschreibt er den Beginn eines Tages an der Ostfront ganz anders. »Es ist der erste russisch kalte Morgen, das Thermometer zeigt minus 24 Grad, und nach vielen dunklen Regenwochen steht zum erstenmal die Sonne an einem klaren kaltblauen Himmel, der nach dem Horizont zu ganz gelb scheint. Das weite, ein wenig gewellte Land ist mit einer dünnen Schneedecke überzogen, an manchen Stellen schaut noch das gelbbraune Steppengras darunter hervor. Das und die Sonne geben dem Schnee einen warmen Schimmer, und im Westen steht noch das leuchtend kalte Grün des Nachthimmels.« Nannen friert erbärmlich, die Wintersachen für die Truppe sind noch nicht angekommen, »aber an den Händen habe ich die Fellhandschuhe, die Du mir von einem Jahr nach Kolberg schicktest...«

Das steht in einem viele Seiten langen Brief an die Freundin Käte vom November 1941, in dem er ihr auch sagt, wie gern er sie bei sich hätte. »...und wir könnten zusammen schweigen und die Straße vor uns hinuntersehen, die sich in der Unendlichkeit des Landes verläuft. Es ist eigentlich meine schönste Straße in Rußland, die Strecke Roslawl–Smolensk, die armseligen Hütten der Dörfer zu beiden Seiten, manchmal schmiegen sie sich in flachen Mulden um ein kleines Wasser zusammen, der Morgenrauch steigt aus den Schornsteinen in die kalte Luft, weit am Horizont liegen die schwarzen Wälder. Es ist ein Land des Schweigens und nicht der Unterhaltung.«

Nannen hatte in einer ehemaligen russischen Fliegerkaserne in Schatalowka ein eigenes kleines Zimmer mit einem eigens für ihn gesetzten Backsteinofen, und er teilte dieses Vorzugsquartier freiwillig mit seinem Tontechniker und zwei kleinen Katern aus dem Wurf einer Katzenfamilie, die vor der Kälte in die Waschküche geflüchtet war. Er taufte sie Peter und Murr. »Es waren richtige Wildkatzen, die noch nie Menschen gesehen hatten. Wenn man herankam, legten sie die Ohren an und knurrten ganz böse, so winzig sie sind, und dann fauchten sie und bissen. Langsam gewöhnen sie sich an uns. Peter ist zwar noch recht schreckhaft und verkriecht sich gern irgendwo unter dem Bett, aber Murr hat die Nützlichkeit eines gesitteteren Betragens schon eingesehen und frißt aus der Hand. Ich habe ja sonst Katzen nicht besonders gern, aber diese beiden sind so richtige kleine Pelzknäuel. Und wenn sie sich unbeobachtet fühlen, dann treiben sie die seltsamsten Spiele. Gestern abend, als wir von der Aufnahme heimkamen, waren beide nicht mehr aufzufinden. Wir waren ganz traurig. Aber dann fiel mir auf, daß aus meinem Nachtschränkchen alle meine gebrauchte Wäsche herausgezerrt war, und unter der Wäsche schliefen die beiden eng umschlungen... Ungeziefer haben sie nicht, also dürfen sie nachts in meinem Schlafsack schlafen. Jedesmal wenn ich mich umdrehe, knurrt Peter, aber wenn ich ihn dann an die Luft setze, kommt er doch schon von selbst wieder.«

Aber es gibt kein Idyll im Krieg, nicht auf Dauer. Nannen weiß das. Es sei wohl doch besser, schreibt er der Freundin, daß sie nicht bei ihm sei, sie müßte sonst mit ansehen, was er gesehen habe: sein wahres Bild von diesem Krieg. »Am Abend oder in der Nacht vorher war ein Gefangenentransport die Straße gezogen, die Leute mochten aus dem Kessel von Wjasma noch stammen oder aus dem neuen von Tula – sie hatten wohl fünf oder sechs Tage keinen Bissen zu essen gehabt und fanden nun auch, da der Boden gefroren war, keine Kartoffeln oder Wurzeln und nicht einmal Baumrinde, die sie hätten essen können. Da waren viele vor Schwäche umgefallen, man hatte sie kurzerhand erschossen, und nun lagen sie in Abständen von wenigen Metern an der Straße, steif und mit verrenkten Gebärden die einen, andere als ob sie sich zum Schlafen niedergelegt hätten und dann erfroren wären. Das Blut auf ihren kleinen alten bärtigen Gesichtern war hartgefroren, und der Schnee hatte sie schon halb zugeweht. So ist der Krieg sogar noch für alle, die ihn durchgestanden und hinter sich gebracht zu haben glauben. Ich bin wirklich froh, daß ich nicht zur Infanterie gehöre, die täglich solche Bilder sieht.«

Und dann beschreibt er Greuel des Krieges, die er in seinen späteren Äußerungen zu diesem Thema, jedenfalls in den öffentlichen, nie auch nur angedeutet hat; dabei läßt ihn die Sprache im Stich, mit der er sonst so flexibel umgehen kann; seine Syntax kommt ins Schleudern, er stottert sozusagen. »Der Hunger wütet überhaupt schrecklich unter den russischen Gefangenen, es ist wirklich und wahrhaftig so, daß wo einer umfällt und stirbt, stürzen sich die anderen auf ihn und schneiden mit ihren Messern die Stücke heraus und verzehren sie. Und es ist unwahrscheinlich, mit welcher Gleichgültigkeit all solche Dinge hier draußen aufgenommen und registriert werden. Was an Blut und Mord mit einem solchen Krieg verbunden ist, davon macht sich kein Mensch einen Begriff, der es nicht selbst miterlebt hat. Deutsche Flieger, die über russischem Gebiet abspringen mußten, fand man auf die Tragflächen ihrer Maschinen genagelt. Das ist die eine Seite, die andere begnügt sich mit der Erschießung von Tausenden von Juden.«

Einen solchen Brief der Feldpost anzuvertrauen, war gefährlich, auch wenn die Empfängerin über jeden Zweifel an ihrer Diskretion erhaben war. Aber hätte die Gestapo oder ein Schnüffler von der militärischen Abwehr sich diesen Brief als »Stichprobe« aus der Feldpost gefischt, dann wäre Henri Nannen vors Kriegsgericht und womöglich ins KZ gekommen. »In Minsk und Borissow hat die von uns eingesetzte weißruthenische Polizei die Ghettos geräumt und alle Juden, ob Mann, Frau oder Kind, lange Gruben schaufeln lassen, an deren Rand sie sich dann aufstellen mußten. So wurden sie reihenweise erschossen, fielen in die Gruben, und wenn einer nicht richtig getroffen war, fiel die nächste Reihe schon auf ihn. Ein Offizier erzählte mir von einem solchen Massenmord, daß ein Jude aus der Grube wieder aufgestanden sei und immer gerufen habe: ›Lieber Herr, bitte, guter Herr, schiessen Sie mir tot!‹ So geht es mit tausenden, allein in Minsk sollen es siebentausend gewesen sein. Kein Wunder, daß selbst die ältesten Flieger den Tag herbeisehnen, an dem sie wieder gegen England fliegen können...«

Der Sonderführer Henri Nannen, regulärer Dienstrang seit dem 1. April Unteroffizier, gerät Mitte November 1941 in eine akute gesundheitliche Krise. Die Stimme versagt ihm – und ohne Stimme ist er zumindest als Rundfunkberichter nicht mehr einsatzfähig. Er kommt ins Standortlazarett nach München, wird später nach Reichenhall verlegt – eigenen Angaben zufolge »wegen Kehlkopfkatarrh«. In den noch zugänglichen Unterlagen des Reservelazaretts der Luftwaffe Bad Reichenhall, in dem Nannen während des schlimmen russischen Kriegswinters 1941/42 fast zwei Monate zubringt, von Januar bis März, ist nur von »Erkrankung« die Rede, eine Diagnose wird nicht genannt. »Orientierungslosigkeit« wäre medizinisch mißverständlich gewesen, aber ganz gewiß nicht falsch.

»Wenn ich hier in Rußland die Gräber auf den Flugplätzen und an den Straßen sehe«, schreibt er an Käte, »dann muß ich immer wieder denken, das wäre nicht mein Tod. Und darum habe ich manchmal auch richtige Angst davor. Es wäre nicht nur zu früh – wie ›unfertig‹ ist alles noch in mir, wie ungeordnet und ohne jeden Ansatz zu einer Ordnung. Weil ich nun schon von mir spreche: ich schaudere manchmal bei dem Gedanken, daß ich nun schon 28 Jahre alt bin und doch so gar keinen festen Grund gefunden habe. Vier oder fünf Jahre zurück, da sah es aus, als wäre ich auf dem besten Wege, alle Himmel zu stürmen. Inzwischen bin ich zurückgefallen, ich weiß gar nicht, wo ich bin, und ich sehe für diese Zeit des Krieges auch keinen Weg. Und selbst wenn ich den Weg sehe, ob ich die Kraft hätte ihn zu gehen? Ich weiß es wirklich nicht und ich bin oft sehr traurig darum, daß ich es nicht weiß. Gewiß, das Himmelstürmen ist nicht mein Leben, mein Leben ist viel, viel ›bürgerlicher‹ – allerdings bürgerlich im Goetheschen Sinne. Das einzig ›Positive‹ an meiner jetzigen Situation ist die Einsicht in die Nichtswürdigkeit des Meisten von dem, was wir reden und tun...«

Eines allerdings kann er erkennen, das dem nahekommt, was er das Wesentliche nennt und das ein Stück vorausweist auf sein künftiges Leben: »das ist das Sehen. Vielleicht führt der Weg dahin: alles abzulegen, nicht mehr an die eigene Wichtigkeit und an die ›große Arbeit‹ im Sinne einer menschenbeglückenden Aufgabe zu glauben, sondern nur das eine zu tun: zu sehen und still und dankbar zu sein. Das ist nun freilich keine sehr aktive ›Weltanschauung‹, eher ein bürgerliches Sichbescheiden. Oder ist es Feigheit und Faulheit und Sattheit und Bequemlichkeit? Ich weiß es nicht. Wozu sind wir da? Was können wir tun? Ist es feige, nicht kämpfen zu wollen, wenn man keinen Lorbeer sieht, um den zu kämpfen sich lohnte? Ist es bürgerliche Bequemlichkeit, wenn man morgens auf einem schneeüberstäubten Flugplatz steht, wenn die Sonne das Licht in allen Farben durch den Schnee wirft, und man steht dann still und es kommt in einem wie eine Welle von Glück hoch und man dankt insgeheim Gott, daß man das sehen darf, und dann ist man den ganzen Tag froh... Ist es Faulheit und Feigheit, wenn man in menschenferner Stille vor einem Bild sitzen möchte und sehen? Ja, wenn man malen könnte oder musizieren – das freilich sollte man tun und daran sollte man arbeiten wie an einer großen Aufgabe. Aber nicht für die Menschen, auch nicht für sich, sondern um des Schönen willen, um des Malens, des Musizierens oder des Dichtens willen. Und – um der Liebe willen, denn die ist ›die größte unter ihnen‹.«

Dieser Selbstfindungsversuch des 28 Jahre alten Henri Nannen ist nicht nur deshalb so bemerkenswert, weil hier schon deutlich wird, daß er sich nicht als Verkündiger irgendeiner Weltanschauung sieht, sondern eher als verhinderten Maler, Musiker, Dichter. Man soll auch nicht übersehen, was er an dieser kritischen Stelle seines Lebenswegs über die Schönheit und über die Liebe sagt. »Die Liebe ist wohl auch das eigentlich Wesentliche, ich meine nicht einmal die Liebe zwischen Mann und Frau allein, obwohl sie die Erfüllung der Liebe überhaupt ist. Es ist wirklich schade, daß das Wort von der Liebe zum Schönen schon so abgebraucht ist, daß sich niemand mehr etwas darunter vorstellen kann. Denke einmal darüber nach! Und wenn ich vom Schönen spreche, dann meine ich auch nicht das im landläufigen Sinne Schöne – der Grünewaldsche Christus ist auch schön. Man muß nur die Empfindungssinne haben, man muß sehen können...«

Henri Nannen mußte zurück an die Front, an die Ostfront, und er wußte ja, was ihn dort erwartete. Wohl hatte er ein paar Hebel in Bewegung gesetzt, bei Bruckmann in München vor allem, um per »Arbeitsurlaub« für eine wichtige Tätigkeit an der »Heimatfront« reklamiert zu werden, und das funktionierte auch, aber erst im November 1942, immerhin zeitig genug, um dem zweiten schlimmen russischen Kriegswinter 1942/43 zu entgehen. Im April 1942 wurde Nannen erst mal zur Lw KBK (mot) 2 kommandiert, zu deren Aufgaben es gehörte, über jene Fliegerkorps zu berichten, die in die Kampfhandlungen auf der Krim unterstützend eingriffen. Dort wurde er zunächst der Jagdfliegergruppe JG 52 der Kroaten zugeteilt, die den deutschen Truppen damals in Waffenbrüderschaft verbunden waren. Diese kroatische »Jagdgruppe Džal« operierte ebenfalls auf der Krim. »Und da nicht alle Kroaten unsere Sprache beherrschen, und da sie sich vor allem in unserem deutschen Dienstbetrieb nicht ganz auskennen, fällt mir gleichzeitig die Rolle des Verbindungsoffiziers zu«, schreibt Nannen in einem seiner PK-Berichte, die auch sonst manchmal so klingen, als habe er bei diesem Kommando einigen Spaß gehabt.

»Sie liegen in ihren Betten und lachen aus vollem Halse. Sie lachen, weil ich keinen Slibowitz vertragen kann, und sie lachen über den Hauptmann Stipcić, der im Eifer des Gefechts fast das Luftschnappen vergessen hätte, als er in 6500 m Höhe über dem Asowschen Meer einem sowjetischen Aufklärer das Lebenslicht ausblies... Man nennt sie schließlich nicht umsonst ›die lachende Staffel‹.« Diese Kroaten, schreibt Nannen, seien Soldaten aus Leidenschaft, die den serbischen Kommunismus am eigenen Leibe erlebt hätten. »Deshalb tragen sie mit Begeisterung die Spange der kroatischen Fliegerlegion an der Uniform der deutschen Luftwaffe. Und dieser Begeisterung entspricht ihre fliegerische Tüchtigkeit. Kroaten – Akrobaten, sagen unsere Landser, wenn die schnittigen Me 109 der kroatischen Jäger über ihre Köpfe dahinbrausen, und wenn sie dann wackelnd wieder über dem Platz erscheinen, dann freuen sich die deutschen Kameraden so gut wie das kroatische Bodenpersonal.« Für die lobende Erwähnung der kroatischen Fliegerspange revanchierten sich die lustigen Waffenbrüder sofort: Am 1. Mai 1942 bekam Henri Nannen vom Kommandeur der kroatischen Jagdgruppe, Oberstleutnant Džal, selber eine.

Besonders der Oberfeldwebel Vezo Miković hatte es dem Kriegsberichter Nannen angetan, ein »großer Junge« von einem Meter neunzig, der nur mit bis zum Kinn hochgezogenen Knien in die Me 109 hineinpaßte, dann aber damit flog »wie der Teufel auf der Granate«, so sein Kommandeur. Mit unverhohlenem Interesse berichtete Nannen über eine Aktion der gegnerischen Aktivpropaganda und Vezos Reaktion darauf. Eines Nachts »werfen die Bolschewisten über unserem Flugplatz aus größerer Höhe Flugblätter in kroatischer Sprache ab, in denen die kroatischen Flieger mit allen Mitteln der Überredung, aber auch mit grausamen Drohungen zur Aufgabe ihres freiwilligen Einsatzes gezwungen werden sollen«. Keiner habe sich dafür interessiert, nur »Vezo läuft den ganzen Tag auf dem Flugplatz herum und sammelt die Zettel ein«, schnürt sie schließlich zu einem Bündel. »Mittags startet er zu einem Jagdbomberangriff. Aus 5000 Meter stürzt er auf 3000 Meter und setzt seine Bomben gerade in eine Flakkaserne. Dann schickt er das Paket mit Flugblättern hinterher. Auf dem obersten Blatt hatte er mit Rotstift einen berühmten kroatischen Fluch geschrieben, den man besser nicht übersetzen soll.«

Wann immer sich eine Chance dazu bot, personalisierte Nannen nun seine PK-Berichte. Das heißt, er orientierte sich an den

Heldenliedern seiner historischen Vorbilder. Der jeweilige »Held« rückte in den Mittelpunkt der Geschichte und diente zum Vorwand auch für die Vernichtungsprosa, ohne die PK-Berichte wohl nicht gedruckt worden wären. Ein solcher Held war zum Beispiel der »unbekannte Generalstabsoffizier«, mit dem Nannen, als er Verbindungsoffizier bei den Kroaten war, zu tun hatte, »der junge Leutnant R., Adjutant des Ia in einem Fliegerstab«. Bei ihm hat Nannen sich quasi auf die Schreibtischkante gesetzt. »Wenn mich nachts um ein Uhr das Telephon aus dem Schlaf läutet, dann ist es sicher der Leutnant R., der die Erfahrungen der heutigen Einsätze mit mir besprechen und den Einsatzbefehl für den nächsten Tag durchgeben will. Bevor ich den Hörer auflege, wünsche ich ihm eine gute Nacht – aber um drei Uhr ruft er schon wieder an, um mir zu sagen, daß wir Jagdschutz für den Start einer Kampfgruppe beim ersten Büchsenlicht zu stellen haben. Ich frage ihn, wann er denn endlich schlafen gehen wolle. ›Jetzt gleich‹, meint er, ›aber wenn es etwas Besonderes gibt, rufen Sie mich ruhig an.‹ Um sieben Uhr telefonieren wir schon wieder... Und wenn ich abends mit dem Leutnant R. spreche und ihn frage, wie es vorwärts geht, dann sagt er nur: ›Planmäßig.‹«

Diese Art der Darstellung war nicht unproblematisch, jedenfalls was den erstrebten Effekt der PK-Berichte anging. Ausgerechnet ein linker Medienkritiker wie Otto Köhler, weiß Gott kein Freund Henri Nannens, hat darauf rund fünf Jahrzehnte später in einem Buch über »Journalisten unter Hitler – und danach« aufmerksam gemacht. Wie viele andere Kriegsberichter, Walter Henkels zum Beispiel oder der spätere Mitherausgeber der *FAZ*, Jürgen Eick, hat auch Nannen damals Texte für die Heftchen der *Kriegsbücherei der deutschen Jugend* geschrieben, deren erklärtes Ziel die Weckung des Wehrwillens deutscher Knaben war. »Aus der Erzählung, die Ihr soeben gelesen habt«, stand immer auf der letzten Seite dieser Heftchen, »könnt Ihr erkennen, daß ein rechter Kerl überall seinen Einsatz finden und sich dabei bewähren kann... Niemand kann und soll zurückstehen: auch Ihr nicht, deutsche Jungen!« Otto Köhler schreibt, daß er damals, nicht zuletzt dank der »klobigen Mordprosa« der *Kriegsbücherei der deutschen Jugend*, »ein glühender kleiner Nazi« geworden sei. »Aber

Henri Nannen – Kriegsheft 144 ›Störungsfeuer von M17‹ – , den mochte ich schon damals nicht. Er machte mir, wo ich tote Feinde sehen wollte, zuviel Lyrik (›Die Luft flimmert unter der heißen Mittagssonne, in der Ferne scheinen die Auen zu brennen, aber es ist nur das Leuchten des wilden Mohns...‹). Und wenn der den toten Franzmann endlich lieferte, dann – Gefühlsduselei – war der wie ein Mensch (›Es ist der erste Gefallene, den Pleschke sieht. Der Tote hat ein schmales, bleiches Gesicht und schwarze Haare. Der Helm ist im Fallen nach hinten gerutscht. Auf der Oberlippe sitzt ein kleines Bärtchen. Er mag an die fünfunddreißig Jahre zählen.‹). Aber das war die Ausnahme. Und auch Nannens Bemühen um etwas weniger unmenschliche Töne änderte nichts an dem höheren Sinn der Hefte...«

Außerdem fehlten der Kriegsberichterstattung bald die großen Siege, ohne die sie den von Goebbels eindeutig vorgegebenen Auftrag nicht erfüllen konnte: »Was wir benötigen, ist einzig und allein die für einen heiligen Zweck eingesetzte positive Berichterstattung, die das Volk in der Heimat braucht.« Die gute alte Journalistenregel »bad news is good news« zu praktizieren, war bei Strafe verboten. »Gut ist, was uns nützt«, hatte Goebbels verfügt, »schlecht hingegen, was uns schaden und hindern könnte, den Sieg zu erringen.« Aber »good news« in diesem Sinne gab es bald nicht mehr.

Die offensiven Operationen des Frühsommers 1942 an der Ostfront, besonders die Kesselschlacht südlich Charkow, die Eroberung der Halbinsel Kertsch und schließlich die Einnahme der Festung Sewastopol, gehörten zu den siegreichen Aktionen der abgekämpften deutschen Armeen, die den grausamen russischen Winter 1941/42 nur geschwächt überstanden hatten. Solche Erfolge verleiteten die Oberste Führung dazu, den Gegner zu unterschätzen und das Maß des Möglichen aus dem Auge zu verlieren. Insofern führt, zumindest psychologisch, eine direkte Linie von diesen Siegen zur Katastrophe von Stalingrad. Die aber war die Zeitenwende auch für die deutschen Kriegsberichter. Statt Eroberungen zu melden, hatten sie nun Rückzüge plausibel zu machen – und dazu waren sie nicht ausgebildet.

Henri Nannen hatte, nach dem Abstecher zu den Kroaten, im

Dienst der Lw KBK (mot) 2 noch drei Einsätze mitzufliegen: einen Stuka-Angriff auf den Kessel bei Charkow, einen Erkundungsflug an die Front bei Taganrog und eine Fernaufklärung Richtung Maikop, Krasnodar, Kaukasus. Für seine Einsätze auf der Krim wurde ihm »auf Befehl des Führers« im folgenden Jahr »Der Krimschild« verliehen.

»Die Kesselschlacht südlich Charkow ist nun abgeschlossen«, schrieb er in einem am 28. Mai 1942 telefonisch nach Berlin durchgegebenen, also noch nicht zensierten Bericht. »Das Bild der Zerstörung, das sich heute früh unseren Augen bot, war der letzte Akt einer mit gewaltigen Kräften im Januar vorgetragenen sowjetischen Offensive, die den entscheidenden Durchbruch durch die deutschen Stellungen bringen sollte. Die Kräfte, welche die deutsche Heerführung dem Einbruch entgegenzuwerfen hatte, standen in keinem Verhältnis zu den angreifenden Massen. Dennoch gelang es unter Aufbietung auch des letzten Soldaten und mit Unterstützung eines Luftwaffen-Kampftrupps aus dem Bodenpersonal der umliegenden Verbände, entscheidende Stützpunkte wie Slawjansk usw. zu halten.« Diesem letzten Aufgebot, in dem über die Hälfte des Bodenpersonals einer Staffel eingesetzt wurde, galt Nannens besonderes Interesse. Es sei, schrieb er ungeschönt, »in der höchsten Not zusammengestellt und der Infanterie eingereiht« worden, und vergaß auch nicht zu erwähnen, daß sich die Luftwaffensoldaten in diesen harten Kämpfen 21 Infanterie-Sturmabzeichen und die gleiche Zahl Eiserner Kreuze verdient hätten.

Auch seine Beschreibung des Schlachtfeldes war keine »klobige Mordprosa«, keine Siegesfanfare, sondern ein in den düstersten Farben gemaltes Bild des Grauens. »Heute beim Morgengrauen haben wir den letzten Stuka-Einsatz auf den Kessel südlich von Charkow geflogen. Wir haben unsere Bomben alle wieder mit nach Hause gebracht, denn es gab kein Ziel mehr für uns. Sonst pflegen wir zu fluchen, wenn uns das geschieht, aber heute haben wir in unseren Maschinen gesessen und waren mehr gepackt von dem Bild, das da unter uns hinwegrollte, als bei irgendeinem anderen, noch so erfolgreichen Angriff... Nur wer als Flieger die Wunden sah, die der Krieg an diesen Stellen der Erde geschlagen hat, die Gräben und Feldstellungen, angefüllt mit gefallenen Bolschewisten, die Bombentrichter, Krater an Krater, die rauchenden Hütten, die ausgebrannten Panzer, die zu Tausenden zerstörten Kraftwagen, deren Inhalt weit verstreut liegt, als seien sie zerplatzt, die herrenlosen Gespanne, die ungezählten Pferde, die teilnahmslos dahintrotten oder verwundet wie irrsinnig über das Gelände sprengen, dazwischen die ausweglos herumirrenden Kolonnen, abgerissen, zerschlagen, mit weißen Tüchern winkend, wankende Gestalten, die zusammensinken und sich in den Staub der zerwühlten Erde einkrallen, wenn sie das Geräusch eines Flugzeugmotors hören...« Nannen brachte den Satz zu keinem grammatikalisch korrekten Ende. »Es sieht aus«, beschloß er diese Litanei des Grauens, »als leide die Erde hier an einer schrecklichen Hautkrankheit.«

In einem Bericht über Belagerung und Bombardement der Festung Sewastopol, telefonisch durchgegeben am 12. Juni 1942, beschäftigte der Kriegsberichter Nannen sich zunächst mit dem Wetter – die Hitze könne es »getrost mit Sizilien oder Südspanien aufnehmen« – und beschrieb dann, einigermaßen überraschend, ein Produkt der feindlichen Aktivpropaganda: »Vor Tagen noch warfen sowjetische Flugzeuge Flugblätter ab, die den deutschen Soldaten die Uneinnehmbarkeit Sewastopols beweisen sollten. Die Flugblätter zeigten eine Umrißkarte der Krim, und dort, wo die Seefestung liegt, standen Arm in Arm ein Rotarmist und ein sowjetischer Marinesoldat mit gefällten Bajonetten und blickten grimmig gen Simferopol. Ein vor der Küste liegendes schweres Schlachtschiff richtete drohend seine Kanonen auf die Insel, und auf der Straße Sewastopol–Simferopol war bereits ein überschwerer Sowjetpanzer unterwegs.«

Warum der deutsche Kriegsberichter Nannen solcher Feindpropaganda, die zu diesem Zeitpunkt ja noch nicht durch den Fall der Festung Sewastopol widerlegt war, mit seinem Bericht zusätzliche Publizität in den eigenen Reihen verschaffte, war diesem Bericht nicht zu entnehmen. Vermutlich fand er das Flugblatt dilettantisch und hatte im Hinterkopf den Gedanken, so was könne man erheblich besser machen.

Daß er dazu bald reichlich Gelegenheit bekommen würde,

daß er selber solche Flugblätter entwerfen und von der Kriegsberichterstattung zur Kampfpropaganda wechseln würde, konnte
er damals noch nicht wissen.

Kampfpropaganda

oder: Waffen, die auf die Seele zielen

Knapp drei Wochen bevor die sowjetischen Streitkräfte zu jener Zangenbewegung ansetzten, mit der sie die in Stalingrad kämpfende 6. Armee des Oberbefehlshabers Friedrich Paulus dann einkesselten, konnte der Sonderführer Henri Nannen seine Kriegsberichter-Einheit verlassen und nach München zurückkehren. Sein regulärer Dienstgrad war nun Feldwebel, und am 1. November 1942 trat er einen mehrwöchigen »Arbeitsurlaub« bei seinem privaten Arbeitgeber an, beim Bruckmann-Verlag. Den Anfang vom Ende dieses Wahnsinnskrieges erlebte er an der »Heimatfront«.

Das ist zumindest merkwürdig, selbst wenn man bedenkt, daß die ursprüngliche Aufgabe der Kriegsberichter, Siege zu beschreiben, mangels solcher Siege fast schon entfallen war. Die Produktion des Bruckmann-Verlags wiederum konnte kaum für sich in Anspruch nehmen, »kriegswichtig« zu sein, noch nicht mal auf dem Gebiet der aufmunternden Unterhaltung; die wurde viel besser von der Traumfabrik Kino bedient, mit kriegsfernen Filmen wie *Hallo, Janine* oder *Wir machen Musik* oder *Der weiße Traum.* Was Nannen in dieser Zeit bei Bruckmann als Herausgeber auf den Weg brachte, nach dem bereits erschienenen *Pferdebuch* und dem *Hundebuch*, waren zwar hübsch eskapistische, aber keinesfalls massenwirksame Büchlein wie *Glanz von innen. Dichter über Bildwerke, die sie lieben* und ein *Kleines Musikbrevier*, auch dies *Ein Buch der Bilder*, Erscheinungsdatum jeweils 1943.

Monika Nannen lebte bereits seit dem Mai 1941 mit ihren Kindern nicht mehr ständig in der von Bombenangriffen bedrohten Stadt, sondern in dem Oberfischbacher Bauernhäuschen, das ursprünglich nur als Ferienquartier gedacht gewesen war. Für die Dauer des Arbeitsurlaubs ihres Mannes, also bis in den April 1943 hinein, zog sie aber wieder nach München in die Wohnung

Pickelstraße 3/1, und so kam es zumindest räumlich zu einer vorübergehenden Wiederaufnahme der ehelichen Gemeinschaft.

Nannen hat diesen Arbeitsurlaub erheblich später, in einem Personal-Fragebogen des »Military Government of Germany, Information Control«, als eine weitere Folge seiner politischen Differenzen mit dem Nazi-Regime interpretiert. Er sei damals als Rundfunkberichter »kaltgestellt« worden, »da ich mich weigerte, politische Berichte zu machen. Wortlaut des Berichtes des Sachbearbeiters Rundfunk bei OKW/WPr an den Personalchef OKW/WPr-Luftwaffe, Major Schunck: ›Es hat sich erwiesen, daß der Rundfunkberichter Nannen nicht in der Lage ist, den gaubezogenen politischen Bericht zu gestalten.‹« Was immer ein »gaubezogener politischer Bericht« unter den damaligen Bedingungen auch gewesen sein mag – das zitierte Schreiben ist unter den erhalten gebliebenen Dokumenten nicht aufzufinden.

Wohl aber gibt es dort einen Schriftwechsel zwischen dem Bruckmann-Verlag, dem Propagandaministerium, der Pressestelle der Reichsregierung, Abteilung Zeitschriftenpresse, und der bereits erwähnten Abteilung OKW/WPr 6 D über eine von Bruckmann gewünschte Verlängerung des Arbeitsurlaubs für Nannen, beantragt am 10. Dezember 1942 beim OKW. Dieser Antrag hat, dringlich befürwortet von der Abteilung Zeitschriftenpresse, auch Hans Fritzsche vorgelegen, einem der wichtigsten Propagandisten des Dritten Reichs nach seinem Chef Joseph Goebbels. Fritzsche, gelernter Journalist, hatte seit 1937 wegen der scheinbar sachlichen, in Wahrheit aber raffiniert mit der offiziellen politischen Linie abgestimmten Kommentare seiner Sendereihe »Hier spricht Hans Fritzsche« eine höhere Glaubwürdigkeit bei großen Teilen der Bevölkerung als amtliche Verlautbarungen. Seit November 1942 war er außerdem Ministerialdirektor und Chef der Rundfunkabteilung im Propagandaministerium.

Als solcher scheint Fritzsche mit dem Rundfunkberichter Nannen in der Tat nicht ganz einverstanden gewesen zu sein. In einer handschriftlichen Notiz eines seiner Mitarbeiter für den zuständigen Ministerialrat Stephan heißt es: »Nach nochmaliger Rückfrage über Nannen möchte Herr Fritzsche auf den Rundfunkberichter N. ganz verzichten.« Aber allzu groß können die

Differenzen nicht gewesen sein, denn: »Er schlägt vor, N. als Wortberichter zu benennen und dann gegebenenfalls seinen Arbeitsurlaub zu verlängern.« So ähnlich ist es dann auch gemacht worden: Verlängerung abgelehnt, aber »Herr Major Schunck hat Nannen der Lw-Kriegsberichterkompanie 4 zugeteilt, die zur Zeit in der Nähe von Wien liegt, und diese Kompanie gebeten, Nannen für den bekannten Zweck zu beurlauben.«

Der »bekannte Zweck« wird in dieser Notiz nicht näher bezeichnet. Für Nannen bestand er wohl in erster Linie darin, direkten Anschluß an den nächsterreichbaren Offizierslehrgang in Berlin zu finden, und das gelang auch. Zurück an die Ostfront mußte er nicht mehr. Aber ein richtiger Offizier wollte er auf alle Fälle werden. Noch immer war er ja nur ein Sonderführer im Feldwebelsrang.

Stille Tage in München dürfte der Arbeitsurlaub dennoch nicht beschert haben. Die Stadt gehörte, spätestens seit dem September 1942, nun auch zu den Zielen massiver Bombenangriffe der Royal Air Force, die am 10. März 1943 abermals zuschlug. Und daß der Krieg mitsamt der ganzen Hitlerei in einer Katastrophe enden würde, war längst mehr als nur eine bange Ahnung gutgläubiger Mitmacher. Insgeheim formierte sich Widerstand, auch in München, und einmal wurde Henri Nannen sogar direkt damit konfrontiert.

Er traf sich in jenen Tagen wieder oft mit seiner Studienfreundin Käte. Mit ihr besuchte er, in Zivil, Galerien, Theatervorstellungen und Veranstaltungen in der Universität, zum Beispiel am 18. Februar 1943. Das war der Tag, an dem die Geschwister Scholl dort ihr letztes Flugblatt verteilten, in dem zum Widerstand gegen das nationalsozialistische Gewaltregime aufgerufen wurde.

Der Medizinstudent und Kriegsteilnehmer Hans Scholl hatte mit seiner Schwester Sophie, dem Münchner Professor Kurt Huber und einer Handvoll Künstler und Gelehrten die Widerstandsgruppe »Weiße Rose« gegründet – aus christlicher Überzeugung und aus Empörung über die politische und moralische Kapitulation der Intellektuellen vor Hitler. Sie wollten »eine Erneuerung des schwerverwundeten deutschen Geistes«, wie es in einem ihrer Flugblätter hieß, sie wollten jenen Teufelskreis durchbrechen, in dem »jeder wartet, bis der andere anfängt«, und so am Ende alle schuldig werden. An diesem 18. Februar 1943 streuten sie in einigen Hörsälen und in der Eingangshalle der Münchner Universität ein Flugblatt aus, mit dem »die Brechung des nationalsozialistischen Terrors aus der Macht des Geistes« proklamiert wurde. Diesmal scheiterte das lebensgefährliche Unternehmen. Die Geschwister Scholl wurden vom Hausmeister der Universität denunziert und noch am selben Tag verhaftet.

Käte erschrak fürchterlich, als in der Vorlesung, die sie mit ihrem Freund Henri besuchte, plötzlich die Flugblätter von der Balustrade flatterten. In der allgemeinen Aufregung und in dem Gerenne, das dann losging, drängte Nannen sie zum sofortigen Verlassen der Universität. Er selber hob blitzschnell zwei Flugblätter auf und steckte sie in seinen Mantel, und im Hinauseilen zischte er Käte mit unbewegtem Gesicht zu: »Kein Wort darüber zu irgend jemand!« Die Flugblätter behielt er bei sich, und zum Glück kontrollierte keiner die beiden auf ihrem Weg ins Freie. Die Geschwister Scholl wurden vier Tage nach ihrer Verhaftung zum Tode verurteilt und hingerichtet. Sophie Scholl rief als Schlußwort in den Gerichtssaal: »Was wir geschrieben haben, das denkt ihr ja alle auch, nur fehlt euch der Mut, es auszusprechen.«

Falls das für Henri Nannen gegolten haben sollte, dann hat er es auch weiterhin sorgfältig und mit Erfolg verborgen. Offener Widerstand war wohl wirklich das letzte, was ihm damals in den Sinn kam. Er wollte nicht nur davonkommen, er wollte was werden – sicherlich auch deshalb, weil ein Offizier im Krieg nicht ganz so leicht verheizt werden konnte wie der sprichwörtliche Schütze Arsch. Er hat das ja auch nach dem Krieg nicht bestritten, hat sich im Gegenteil zu seiner Feigheit vor dem Regime bekannt. Gewiß hat er seine tatsächlichen wie seine vermeintlichen Differenzen mit dem Nazi-Regime grell angeleuchtet, aber als verhinderten Widerstandskämpfer hat er sich nun wirklich nicht stilisiert – auch wenn Leni Riefenstahl in ihrem begreiflichen Verdruß über die späte Abkehr des Freundes das so empfunden haben mag.

Der Lehrgang für Offiziersanwärter, zu dem Nannen kommandiert wurde, begann am 5. April 1943 in Berlin-Tempelhof und dauerte zwei Monate. Eine angenehme oder gar glanzvolle Veranstaltung war das nicht, ganz im Gegenteil. Gestandene Männer mit beachtlichen Auszeichnungen für ihre Tapferkeit waren hier dazu verdonnert, mit Marmeladeneimern, Scheuerlappen und Piassavabesen den Staub aus ihren Baracken in Tempelhof oder in der Hasenheide zu fegen, und holten dafür mit der nassen Putzteufelei den gemeinen Hausschwamm herein. In der *Wildente*, einer Nostalgie-Postille für ehemalige Kriegsberichter, die von 1952 bis 1966 in 28 Ausgaben erschienen ist (und von der noch die Rede sein muß), hat ein Anonymus diese Lehrgänge folgendermaßen charakterisiert: »Die Möglichkeit, gelegentlich den Ku-Damm mitzubevölkern oder sonstigen Ambitionen frönen zu können, vertauschte man gern mit den Plackereien des lebensgefährlichen oder eintönigen Frontlebens. Leider mußte man dafür aber die Strapazen eines Kommißbetriebs in Kauf nehmen, für den in der PK so gar keine Leidenschaft anzuheizen war. Das begann mit der behelfsmäßigen, verwanzten Unterkunft im Massenquartier, der kümmerlichen Verpflegung und der einzuholenden Erlaubnis für jeden Schritt, den man außerhalb militärischen Geländes zu unternehmen gedachte.«

Der Lehrgang selber war auch nicht lustig. Zum sturen Formalexerzieren kam der Unterricht in Fächern wie: Festigung im Auftreten vor der Front, Verschlußsachenvorschriften, Körper- und Gesundheitspflege, Wahrung der Manneszucht, Benehmen des Offiziers in der Öffentlichkeit und im Kasino – bis hin zum Unterricht in Taktik und zur Einweisung in die Kriegslage, die von solch »hoher Warte« betrachtet sehr viel rosiger aussah, als die Lehrgangsteilnehmer sie an der Front erlebt hatten. Hinzu kam eine Art Examensangst, denn es bestand durchaus die Möglichkeit, zurückgestellt zu werden oder gar durchzufallen. Der Unterrichtstag begann morgens um sechs und endete offiziell um halb sechs am frühen Abend. Vom Winter 1942 an wurde das Leben besonders in Tempelhof bei nahezu permanentem Fliegeralarm sehr ungemütlich, und schließlich war es fast gefährlicher als an der Front. Aber man nahm das auf sich, um am Ende des Lehrgangs den stumpfen Drillich des gemeinen Soldaten mit dem

Offiziersglanz vertauschen zu können, der, wie die *Wildente* süffisant bemerkt, »damals das persönliche Prestige gewährte, den [sic] heute ein Mercedes oder eine gewölbte Brieftasche, eine Villa oder eine Chefredakteursposition vermitteln«.

Nannen jedenfalls nahm die unerfreulichen Seiten des Lehrgangslebens ganz gern auf sich und entwickelte eine beachtliche Begabung, solche Schattenseiten durch Einfallsreichtum und clevere Organisation ein wenig aufzuhellen. Zum Beispiel benutzte er die Gelegenheit, das Atelier des Bildhauers Gerhard Marcks' zu besuchen, der sich große Sorgen darum machte, daß seine Gipsmodelle den Bombenangriffen zum Opfer fallen könnten, und organisierte zwei Wehrmachtslastwagen, die Marcks' Modelle nach Kladow aufs Land in Sicherheit brachten. Zum Dank dafür hat ihm die Tochter von Gerhard Marcks viel später, als Nannen in Emden seine Kunsthalle gebaut hatte, *Die große Maja* ihres Vaters, entstanden 1942, als Leihgabe überlassen. Die gleiche Hilfestellung wollte Nannen, wie er dem Kunst-Chronisten Peter Sager erzählt hat, damals dem Maler Karl Hofer geben, der wie Marcks von den Nazis als »entartet« verfemt worden war. Aber eine Krankheit des Künstlers verhinderte die rechtzeitige Evakuierung der Bilder aus seinem Atelier, und so sind sie 1943 dort verbrannt.

Natürlich bot das Berliner Pflaster Nannen außerdem viel mehr Gelegenheit, seine maskulinen Vorzüge gebührend zur Geltung zu bringen, als das an der Front oder in unmittelbarer Nähe der eigenen Familie der Fall war. Auch wenn er beim Exerzieren nicht so richtig mitkam und von hilfreichen Kameraden über die Eskaladierwand gehoben werden mußte, war er ausgesprochen gut drauf in diesen Berliner Tagen. Es ist sicherlich kein Zufall, daß er gerade damals Menschen kennenlernte, die in seinem Leben wichtige Rollen spielen sollten; daß er gerade damals, mit dreißig Jahren, wieder ein neues, ein anderes Leben anfing.

Der Lehrgangsteilnehmer, der in den doppelstöckigen Betten der Baracken-Unterkunft die Pritsche unter Nannen hatte, kam von dessen alter Kriegsberichter-Einheit Lw KBK (mot) 6, die unterdessen nach Catania, Sizilien, verlegt worden war, stammte aus Siebenbürgen und hieß Victor Schuller. Er war bereits verheiratet und hatte sich nicht zuletzt deshalb gern zu dem Lehrgang kommandieren lassen, weil seine Frau Thea in Berlin Innenarchitektur studierte. Auch insofern unterschied er sich deutlich von dem Kameraden im oberen Bett, der gern und oft über seine sexuellen Eskapaden berichtete und auch reichlich Anlaß dazu hatte. Was Schuller daran störte, war weniger Nannens Libertinage als vielmehr dessen Art, »auf Stube« darüber zu berichten, nämlich äußerst drastisch und bewegt und meist unter dröhnendem Gelächter, was zur Folge hatte, daß Schuller als dem Mann im unteren Bett die Wanzen aus Nannens Matratze auf den Kopf fielen. Die beiden wurden dennoch gute Freunde und sind es geblieben.

Der Frühling, genauer: die Spargel-Saison, war es auch, was Nannen auf die Idee brachte, der kärglichen Lehrgangsverpflegung mit einem großen Spargel-Essen aufzuhelfen. Dies unter den gegebenen Umständen zustande zu bringen, war ein erhebliches organisatorisches Problem, dessen Lösung Nannen mit Energie und Entschlossenheit anging. Es mußte nicht nur genug Spargel für zwei Dutzend Lehrgangsteilnehmer beschafft werden, man brauchte dafür auch die entsprechende Logistik und für das alles natürlich eine Genehmigung. Um diese zu bekommen, machten Nannen und Schuller sich auf den Weg nach Potsdam, wo die zuständigen Obrigkeiten saßen. Dort begründete Nannen das ungewöhnliche Vorhaben sehr eindrucksvoll damit, daß die Kameraden, die sich hier zusammengefunden hätten, ja nun bald wieder mit gänzlich unbekanntem Schicksal an die Front müßten und vorher noch einmal kameradschaftlich zusammensein wollten. An der richtigen Stelle bekam er feuchte Augen und am Ende natürlich die Genehmigung.

Auf dem Rückweg von Potsdam nutzte Schuller die Gelegenheit zu einem Besuch bei seiner Frau in der Knesebeckstraße 86a, zweiter Stock, wo er vorher angerufen und dabei mitgeteilt hatte, daß er in Begleitung eines gutaussehenden Freundes erscheinen werde. Da hatte Thea Schuller den folgenschweren Einfall, ihre Freundin Martha anzurufen und ihr vorzuschlagen, sie solle doch ebenfalls vorbeikommen. Martha Kimm war, wie Thea Schuller, eine Siebenbürger Sächsin aus Kronstadt; beide hatten bereits in den dreißiger Jahren die Karpaten in Richtung Deutschland verlassen und waren zunächst in Stuttgart zusammengetroffen, wo auch die Landsleute Victor und Thea Schuller einander begegnet waren. Martha studierte nun ebenfalls in Berlin, und zwar Kunstgeschichte, also Nannens Fach. Aber als die beiden an jenem Nachmittag in der Knesebeckstraße zusammentrafen, interessierten sie sich nicht für Kunstgeschichte, sondern nur noch füreinander. Das war allen Beteiligten sofort klar. Henri Nannen brachte Martha Kimm nach Hause, und die Schullers sahen betroffen, was sie angerichtet hatten.

Martha war damals 23 Jahre alt, zierlich und brünett wie Monika, aber ein durchaus anderer, geradezu exotischer Typ: dunkelhäutig, mit lebhaften Augen und manchmal fast lasziven Bewegungen – eine transsilvanische Schönheit. Man muß wohl davon ausgehen, daß der dunkelhaarige Siegfried mit dem filmreifen Gesicht und der verhalten emotionalen Ausstrahlung ihr einfach den Atem genommen hat. Nicht nur Victor, auch Thea Schuller gaben sich alle Mühe, die Freundin davon zu überzeugen, daß sie sich doch lieber nicht auf diesen – obendrein verheirateten – Frauenhelden einlassen sollte. Aber was vermag Vernunft gegen ein Naturereignis?

Die Rolle des Helden, nicht nur des Frauenhelden, gefiel Henri Nannen schon ganz gut. In der Beurteilung des Oberkommandos der Wehrmacht, die seine Eignung zum KOA (Kriegsoffiziersanwärter) »uneingeschränkt« bejaht hatte, war ihm ausdrücklich bescheinigt worden, er habe sich »im Einsatz durch Draufgängertum ausgezeichnet und als Rundfunkberichter gut bewährt«; von »Kaltstellung« keine Rede. Auch seine Orden und Auszeichnungen trug Nannen sehr sichtbar und zuweilen sogar dann, wenn sie nicht zur vorgeschriebenen Dienstkleidung gehörten – beispielsweise bei dem von ihm organisierten Spargel-Essen.

Zum Verwundetenabzeichen, dem Fliegerschützenabzeichen und dem EK II war, nach zwanzig Feindflügen, noch die Frontflugspange für Kampfflieger in Bronze gekommen. Von einem Einsatz bei den slowakischen Hilfstruppen des deutschen Heeres im Krieg gegen Rußland hatte Nannen die Silberne Verdienstmedaille zum slowakischen Balkenkreuz mitgebracht. Und zur Spange der Kroatischen Fliegerlegion, die ihm der Chef der kroatischen Jagdflieger auf der Krim, Oberstleutnant Džal, persönlich an die Brust geheftet hatte, trat am 6. November 1942 eine weitere kroatische Auszeichnung, das Kreuz der Krone des Königs Zvonimir, dritter Klasse, aber mit Schwertern. Verliehen wurde ihm dieser an das »Groß-Kroatische Reich« (1076 – 1089) des Königs Zvonimir erinnernde Orden von Dr. Ante Pavelić, dem Begründer eines unabhängigen Staates Kroatien von Mussolinis Gnaden und einem der übelsten Kollaborateure der Nazis. Das sah man dem Orden aber nicht an. Vielmehr erinnerte er, da am Hals zu tragen, bei flüchtiger Betrachtung an den *Pour le mérite*. Er machte sich gut bei jenem Spargel-Essen. Als aber die Zeiten schlechter wurden und Heldentum jeglicher Art nicht mehr gefragt war, eignete er sich wohl auch zum Tausch gegen lebensnotwendige Mangelware. Unter den Auszeichnungen, die Nannen in einem schönen alten Sekretär in Emden aufgehoben hat, ist er jedenfalls nicht zu finden.

Orden waren für Henri Nannen aber auch das, was für seinen Vater, den Emder Polizeikommissar, die Gneisenau-Pose war, ersatzweise der »Arbeitgeberhut« zum Zivilanzug. Immerhin war es der Umgang mit einem Orden, mit dem Ritterkreuz, was Nannen fast ein Vierteljahrhundert später im *stern* ausgerechnet den Mann angreifen ließ, dem er sich politisch und menschlich doch am nächsten fühlte. Willy Brandts Sohn Lars hatte 1966 in der Verfilmung des Romans *Katz und Maus* von Günter Grass mitgespielt und dabei, wie das Drehbuch es vorschrieb, beim Onanieren auch mit dem »Dingslamdei«, einem ausgedienten Ritterkreuz, manipuliert. Am 21. Februar 1967 schrieb Nannen dazu: »Eines vorweg: Daß der Vorsitzende der SPD und jetzige Bundesaußenminister seinem Sohn erlaubte, mit dem ›Dingslamdei‹ zu spielen und das jugendliche Laster der Selbstbefriedigung mit jener Kriegsauszeichnung zu dekorieren, halte ich schlicht für unbegreiflich.« Und dann kam der Cantus firmus aller Nannen-Kommentare zum Thema Nazi-Vergangenheit: »In dem Krieg, als dessen höchste Dekoration das Ritterkreuz verliehen wurde, sind Dinge geschehen, deren sich die Deutschen noch auf unabsehbare Zeit schämen werden. Dennoch haben in diesem Krieg Soldaten in der Überzeugung gekämpft, für ihr Vaterland und damit für eine gute Sache einzustehen. Diese Überzeugung mag falsch gewesen sein; sie ist nicht unehrenhaft.« Auch an Brandts Gesinnung sei zu keiner Zeit etwas Unehrenhaftes gewesen. »Er war ein deutscher Patriot auch in der Emigration.« Aber er hätte wissen sollen, »daß eine Verächtlichmachung des Ritterkreuzes niemanden überzeugt«, sondern nur dazu führt, »daß der Haß gesteigert und der Geifer zum Schäumen gebracht wird. Dieser Geifer schäumt nun in Hunderten von Briefen an den *stern*.«

Als der Offizierslehrgang in Berlin 1943 beendet war, wurden fast alle Teilnehmer in der Tat wieder zum Truppendienst an die Front kommandiert – Victor Schuller zum Beispiel mußte auf die Krim, wo freilich nur noch über den Rückzug zu berichten war, und dann auf den Balkan. Nannen konnte in Berlin bleiben – bei Martha. Wie er das hinbekommen hat und ob er dabei protegiert worden ist und von wem, ist nicht exakt zu rekonstruieren. Belegen läßt sich, daß der Feldwebel und Kriegsoffiziersanwärter Nannen gar nicht mehr zur herkömmlichen Kriegsberichterstattung zurückgekehrt, sondern gleich im Bereich der sogenannten Aktivpropaganda eingesetzt worden ist. Laut »Generalreferat Prop. Truppen« vom 8. Juli 1943 ist er kurz nach dem Ende des Lehrgangs, nämlich am 25. Juni 1943, zu einem »Lw Prop. Zug« versetzt worden. Der wiederum gehörte unter der Bezeichnung »Aktiv Propagandazug Potsdam« zu einer Luftwaffen-Kriegsberichter-Einsatzkompanie Lw KBEK (mot), Standort Berlin. Von dieser Einheit jedenfalls wurde der »Feldwebel KOA Fliegerschütze und Rundfunkberichter« Nannen am 16. September 1943 mit Befürwortung der Abteilung Wehrmachtpropaganda des OKW »zur Beförderung zum Kriegsoffizier (Leutnant)« vorgeschlagen. Zwei Wochen später, am 1. Oktober, wurde Henri Nannen Leutnant der Reserve.

Seine Tätigkeit bei dieser Einsatzkompanie hat er als »Truppendienst, Truppenausbildung, Wachdienst« angegeben. Dabei kann es aber, ganz abgesehen von seinem damals besonders aktiven Liebesleben, nicht geblieben sein. Gereist ist er nämlich auch – zwar in den Diensten seiner Einheit, aber in Wahrheit zur Erledigung von sehr persönlichen Angelegenheiten, von denen seine Entsender nichts wissen durften.

Vom 3. bis zum 17. November war er »als Soldat auf Dienstreise nach Saloniki zur Überbringung von Kurierpost«. Der eigentliche Grund aber war ein Zwischenstopp in Budapest, wo er einem Dr. Kovacs Briefe überbrachte, die »der Befreiung einer Jüdin aus dem Konzentrationslager Ravensbrück« dienen sollten. So steht es jedenfalls in einem 1947 in Hannover ausgefüllten Fragebogen des »Military Government of Germany«, Abteilung »Public Safety (Special Branch)«. Beigefügt ist die bereits im Mai 1946 abgegebene Erklärung eines jüdischen Bürgers aus Hannover namens Fritz Rose, der angibt, Henri Nannen bereits seit dem Jahr 1933 zu kennen, und ihm dann folgendes bescheinigt: »Im Jahre 1943, als es darum ging, eine ungarische Bekannte meiner Tochter (Jüdin) aus dem Konzentrationslager zu befreien, hat Herr Nannen seine Hilfe sofort zur Verfügung gestellt. Er hat als Luftwaffensoldat in voller Kenntnis der Gefährlichkeit seines Handelns die Verbindung zu einem Mittelsmann in Budapest aufgenommen und selber unter dem Deckmantel einer Dienstreise Nachrichten und Schriftstücke dorthin befördert.« Die näheren Umstände dieses Falles werden nicht ausgebreitet, statt dessen erklärt Fritz Rose, Nannen habe sich »auch nie gescheut, seine antinationalsozialistische Haltung nach außen hin durch die Tat zu beweisen. So haben Herr Nannen und seine Frau meiner Tochter wiederholt angeboten, daß sie bei ihnen in Oberfischbach unterschlüpfen könne, wenn die Gestapo sie verfolge.«

Die andere Reise führte Nannen nach München, zum Jahresende 1943. Vielleicht hatte er Urlaub bekommen, um Weihnachten mit der Familie in Oberfischbach zu verbringen (und vielleicht war ja auch Martha Kimm zu dieser Zeit gar nicht in Berlin, sondern bei ihrer Mutter in Kronstadt). Jedenfalls kreuzte der Herr Leutnant Nannen kurz vor Weihnachten bei einer Flakeinheit in der Nähe Münchens auf, wo sein Freund Dr. Wilhelm Rüdiger, im Zivilberuf Kunstexperte und Feuilletonist beim *Völkischen Beobachter*, damals im Rang eines Obergefreiten die Korridore und die Abtritte schrubben mußte. Rüdiger hatte nämlich in Wien eine Ausstellung »Junge Kunst im Deutschen Reich« organisiert, die ausweislich des Katalogs zwar keine »Entarteten« zeigte, aber doch eine Reihe von Bildern, die mit dem von Hitler befohlenen

Kunstbegriff nicht in die verordnete Übereinstimmung zu bringen waren. Und da der »Führer« von der Wiener Ausstellung Wind bekommen und sehr sauer darauf reagiert hatte, nützte es Rüdiger nichts, daß der als »Reichsjugendführer« abgelöste und als Gauleiter und Reichsstatthalter nach Wien weggelobte Baldur von Schirach von der Veranstaltung zunächst begeistert war. Auf Hitlers Befehl ließ Schirach die Ausstellung schließen. Er war auch nicht imstande, Wilhelm Rüdiger vor Repressalien zu bewahren. Der kam nur knapp an der »Frontbewährung« vorbei und landete schließlich als Mann fürs Grobe bei jener Flakeinheit.

Dort also stöberte Nannen ihn auf, redete aber nicht mit ihm, sondern sagte im Vorbeigehen nur leise: »Laß dich nicht verblüffen! Und verrat mich nicht!« Minuten später wurde der perplexe Rüdiger zu seinem Spieß gerufen, wo der Leutnant Nannen sich aufgebaut und die Beurlaubung des Obergefreiten Rüdiger für einige Tage verlangt hatte. Begründung: Rüdiger sei ihm als Kunstexperte bekannt und werde gebraucht, um Bilder, die er, Nannen, in Rußland »sichergestellt« habe, zu begutachten und zu taxieren. Dem Spieß war das nicht geheuer, und er schaltete einen vorgesetzten Offizier ein, der zunächst einmal den Leutnant sehen wollte, der da solche Ansprüche stellte, und da dieser Offizier selber etwas von Kunst verstand, ließ er anschließend Rüdiger kommen und stellte ihm sachkundige Fragen. Erst als Rüdiger diesen Test bestanden hatte, sagte der Vorgesetzte: »Na gut, Sie können gehen und dem Leutnant mit seinen Bildern helfen.«

In Berlin, wo Nannen noch bis zum 10. Januar 1944 stationiert war, luden britische Bomberverbände um den Jahreswechsel 1943/44 fast täglich mindestens tausend Tonnen Spreng- und Brandbomben ab, manchmal erheblich mehr. Was der Kriegsberichter und Bordschütze Nannen aus der Stuka-Perspektive und mit Sieger-Pathos beschrieben hatte, das erlebte er jetzt quasi als Opfer – als einer von denen, die in Kellern und Bunkern am Leben zu bleiben versuchten und die, wenn sie mal wieder überlebt hatten, allenfalls noch zu Galgenhumor fähig waren. Nannen hat gern eine Anekdote aus dieser Zeit erzählt, die ganz klar zu jenen Geschichten gehört, von denen er selber nicht mehr hätte sagen können, ob er sie nun bloß so erzählt oder auch genauso erlebt habe. Er hatte in diesem Winter zeitweilig ein Quartier, dessen Toilette nur auf einem relativ weiten Weg zu erreichen war, und den anzutreten hatte er in kalten Nächten ohne Fliegeralarm natürlich keine Lust. Also funktionierte er in Notfällen eine Blumenvase zum Nachttopf um und stellte sie anschließend aufs Fensterbrett, das von seinem Bett ausreichend weit entfernt war. Eines Morgens, als er es eilig hatte, zum Dienst zu kommen, vergaß er die Vase dort. An diesem Tag flog die Royal Air Force einen ihrer schweren Angriffe auf Berlin, und als Nannen abends vom Dienst zurückkam, gab es von dem Haus, in dem sein Quartier gewesen war, nur noch eine Wand. In einer Fensteröffnung dieser Wand aber stand, offenbar unbeschädigt, seine volle Vase.

Vielleicht war ihm gar nicht oder nur vage bewußt, daß der Leutnant Nannen in jenen Berliner Tagen Tatzeuge einer grundlegenden Reorganisation der Propagandatruppen und einer Neubestimmung ihrer Aufgabe war. An die Stelle der Kriegsberichterstattung trat die psychologische Kriegführung. Und den Vorantritt bei dieser Entwicklung übernahm die Waffen-SS. »Die aktive Verwendung der Propaganda als Kampfmittel in die feindliche Truppe hinein«, schreibt Hasso von Wedel, der langjährige Chef der Abteilung Wehrmacht-Propaganda im OKW, »ebenso wie die eigentliche Aktivpropaganda in die Bevölkerung der besetzten Gebiete entwickelte sich erst im Lauf des Krieges zu allmählich steigender Bedeutung.« Im Sommer 1943 wurden aus dieser Entwicklung die Konsequenzen gezogen. Aber die Initiative dazu kam eben nicht von der Wehrmacht, sondern von der Waffen-SS.

Zwar hatte die Waffen-SS später als Heer, Luftwaffe und Marine eigene Kriegsberichter-Einheiten gebildet, nämlich erst 1940, diese aber nahmen mit der Aufstellung neuer Frontdivisionen der Waffen-SS an Zahl und Bedeutung schnell zu. Im Sommer 1943 waren 27 Feldeinheiten der Kriegsberichter-Abteilung der Waffen-SS an den Fronten im Einsatz. Durch Erlaß Hitlers wurde diesen Einheiten der Name »Kurt Eggers« gegeben, und die KB-Abteilung erhielt den Status eines selbständigen Regimentsverbandes der Waffen-SS mit einem Stab in Berlin. Kommandeur wurde ein – auf seine Weise brillanter – Journalist, der bereits mit 25 Jahren die Chefredaktion der SS-Zeitung *Das schwarze Korps* innehatte: der damalige Untersturmführer Gunter d'Alquen. Das Ende der Monopolstellung der Wehrmacht-PK, besonders im Bereich der Aktivpropaganda, war gekommen.

Der Militärhistoriker Dr. Ortwin Buchbender, der diese Entwicklung in mehreren kenntnisreichen Publikationen beschrieben hat, erklärt sie so: »Nach der Niederlage von Stalingrad und den schweren Rückschlägen im Osten wurde mit steigender Intensität die Praxis der psychologischen Kampfführung der Propaganda-Kompanien des Heeres an der Front im Bereich der SS-Kriegsberichter diskutiert, die auf Grund ihrer vielfältigen Fronterlebnisse die überragende Bedeutung dieser ›neuen Waffe‹ erkannt hatten.« Einer dieser SS-Kriegsberichter war der damalige Untersturmführer Hans Weidemann.

»Es sollte dem Untersturmführer Hans Weidemann vorbehalten bleiben«, schreibt Ortwin Buchbender in seinem Buch *Das tönende Erz*, »als erster SS-Kriegsberichter durch eine Denkschrift den entscheidenden Denkanstoß für eine Beteiligung der Waffen-SS bei der Durchführung psychologischer Operationen gegen den Feind zu liefern.« Weidemann, ein begeisterter junger Nationalsozialist aus Essen, war eigentlich Maler; er hatte zehn Semester Malerei an den Düsseldorfer und Kölner Kunstakademien studiert, schwärmte für Emil Nolde und träumte von einer Akademie-Professur. Als Rundfunkberichter war er zum erstenmal im Winter 1941/42 mit der Praxis der Aktivpropaganda konfrontiert worden, fand sie ungenügend und organisierte eigene Lautsprechereinsätze mit dem Ziel, die gegenüberliegenden Russen zum Überlaufen zu bewegen. Anfang Juni 1943 – einen Monat bevor Henri Nannen vom Offizierslehrgang zu der Berliner Kriegsberichter-Einsatzkompanie der Luftwaffe kam – wurde Weidemann in die Zentrale der damaligen SS-Kriegsberichter-Abteilung nach Berlin-Zehlendorf kommandiert und übernahm die Gruppe Aktivpropaganda. Hier verfaßte er in den folgenden Wochen die Denkschrift »Vorschläge zur Einleitung einer Propagandaschlacht an allen Fronten« – ein leidenschaftliches Plädoyer für den offensiven Einsatz einer »Kampfpropaganda«, die viele Möglichkeiten bisher nicht genutzt habe, weil sie weitgehend konzeptionslos sei.

Die Denkschrift blieb nicht bei den großen Linien der psychologischen Kriegführung stehen, sondern ging auch in die Details. »Die auf der anderen Seite kämpfenden Ukrainer, Ruthener usw. möchten gerne wissen, wie es in ihrer Heimat aussieht«, schrieb Weidemann. »Ein Lied, von einer schönen Frauenstimme gesungen, inhaltlich auf das Heimweh, auf den sinnlosen Tod der Sowjetsoldaten und auf die friedliche Arbeit unter deutschem Schutz abgestellt, kann von großer Wirkung sein. Das Tagesfunkprogramm müßte mit diesem Lied beginnen und enden. Die Sowjetkommandeure und Politruks können ihren Soldaten das Lesen von Flugblättern verbieten. Einem Text aber, der ihnen hinübergesungen wird, stehen sie machtlos gegenüber... Dieses Lied, tagtäglich vom Eismeer bis zum Schwarzen Meer zur Sowjet-HKL hinübergesungen, wird bald zum musikalischen Repertoire des Sowjetsoldaten gehören.« Gunter d'Alquen, Weidemanns Boß, fand dieses Drehbuch beachtlich und zeigte es dem »Reichsführer SS« Heinrich Himmler, der davon so beeindruckt war, daß er spontan dem Plan der Standarte »Kurt Eggers« zustimmte, im Dezember 1943 am Oranienbaumer Kessel westlich Leningrad ein Kampfpropaganda-Unternehmen gegen die dortigen Verbände der Roten Armee sozusagen als Test zu starten. Deckname des Unternehmens: »Wintermärchen«.

Der Test zeitigte gewisse Anfangserfolge, und Gunter d'Alquen schickte darüber regelmäßig Berichte ins Führerhauptquartier, wo Himmler dafür sorgte, daß auch Hitler sie zu sehen bekam. Der soll gesagt haben, da könne man mal sehen, wie so etwas künftig gemacht werden müsse. Jedenfalls faßte er den einigermaßen überraschenden Entschluß, im Februar 1944 den größten Teil des Personals von »Wintermärchen« zu einem neuen Kampfpropaganda-Unternehmen an der Italienfront abzukommandieren, das laut einer Notiz vom 8. März 1944 »die Aufgabe hat, die an der Südfront auf anglo-amerikanischer Seite zum Einsatz gelangten polnischen Divisionen durch Kampfpropaganda so zu beeinflussen, zu zersetzen und zum Überlaufen zu bewegen, daß die polnischen Divisionen aus der Kampflinie herausgezogen werden müssen«.

Das Kommando übertrug Hitler dem Obersturmbannführer d'Alquen und wies »alle anderen militärischen Sektoren« an, dem Unternehmen jede erforderliche Unterstützung und alle technischen Hilfsmittel zu gewähren, zum Beispiel auch »Himmelsschreiber, 20 KW Rundfunksender, Propagandagranaten, Großlautsprecher, Flugblätter usw.«. Die Kampagne begann in der ersten Hälfte des März 1944 im Bereich der 10. Armee bei der Heeresgruppe C (Generalfeldmarschall Albert Kesselring) gegen die polnischen Divisionen unter dem Befehl von Generalleutnant Wladyslaw Anders. Bezeichnung des Unternehmens: »Südstern« – ein Name, der sowohl in Hans Weidemanns als auch in Henri Nannens Leben künftig keine geringe Rolle spielen sollte.

An jenem Spargel-Essen, das Nannen in Tempelhof organisierte, während Weidemann in Zehlendorf seinen Aufruf zur Propagandaschlacht schrieb, dürfte sich auch der Lehrgangsteilnehmer Walter Heyse delektiert haben, ein Graphiker, der schön zeichnen konnte, vor allem Mädchen für die Spindwand, die man später Pin-up-girls genannt hat. Dabei verstand er sekundäre weibliche Geschlechtsmerkmale besonders plastisch herauszuarbeiten, weshalb die Kameraden ihn respektvoll den Titten-Heyse nannten. Er wurde, als Leutnant, Propaganda-Abschnitts-Offizier in Italien (A I) und entfaltete als solcher eine aktive und dynamische Propagandatätigkeit besonders bei der Herstellung von Flugblättern, mit denen er auch das »Unternehmen Südstern« versorgte. Zu diesem Zweck wurde unter seinem Kommando ein mobiler Druckereizug eigens von Berlin nach Italien in Marsch gesetzt. Einige der dort produzierten Flugblätter trugen nicht nur seine Kodierung (A I), sondern auch seine zeichnerische Handschrift.

Ende Januar bekam der Leutnant der Reserve Henri Nannen sein neues Frontkommando: Zugführer des in Potsdam ausgebildeten »Aktivpropagandazuges« der Luftwaffe, Stabskompanie, AOK 10, Italienfront. Noch gab es keinen unmittelbaren Zusammenhang zwischen diesem Frontkommando und dem Unternehmen »Südstern«, zumindest keinen, der aus der Distanz von

55 Jahren noch zu erkennen oder gar zu belegen wäre. Auch Nannen dürfte damals nicht gewußt haben, was ihn erwartete.

Nur eines wußte er offenbar genau: daß er Martha Kimm nicht in Berlin zurücklassen und daß sie ihn nicht allein gehen lassen wollte. Auf die Idee, dann eben mit Martha in den Krieg zu ziehen, konnte wohl nur einer wie Nannen kommen, einer, der sich nie einfach damit abgefunden hat, wenn seine Träume und die Realitäten nicht zusammenpassen wollten. Er und Martha lebten in einer Art Ausnahmezustand, die Welt war aus den Fugen, eine Perspektive hatten sie sowieso nicht, und was gingen sie Konventionen an, wenn im Krieg doch jeder Tag der letzte sein konnte. Außerdem bedeutete der Plan, die Freundin mit an die Front zu nehmen, eine organisatorische Herausforderung, vor der Henri Nannen nicht in die Knie gehen würde.

Wie er sie gelöst hat, ist nicht genau zu beantworten. Die Menschen, die es wissen, leben nicht mehr, und in Dokumenten steht nur selten etwas über solche Aktionen am Rande der Legalität. Sicher ist nur: Henri und Martha waren zusammen an der Italienfront.

Südstern

oder: was in Italien 1944 wirklich passiert ist

Als Adolf Hitler im Juni 1934 seinen Antrittsbesuch bei Benito Mussolini machte, war dieser als faschistischer Diktator Italiens schon eine etablierte Figur, trug eine Uniform mit vielen Orden und soll den nervösen, von Putschgerüchten verunsicherten Aufsteiger aus Deutschland in seinem hellen Regenmantel mit einem herablassend gemurmelten »Ave Imitator!« empfangen haben. Das Treffen fand in Venedig statt, Hitler kam aus Berlin, Mussolini aus Rom, und während der »Führer« und der »Duce« sich auf den Weg machten, saß der Werkstudent Henri Nannen in aufsässiger Laune bei seinem Freund Wilhelm Rüdiger in der Münchner Redaktion des *Völkischen Beobachter* auf der Fensterbank und sagte lachend, das einfachste wäre wohl, wenn die beiden Flugzeuge zusammenstießen.

Es war leider viel komplizierter. Als der Reserveleutnant Nannen zehn Jahre später nach Italien kommandiert wurde, kam er in ein dreigeteiltes Land: im Süden das Königreich Vittorio Emmanuales III. mit einer konservativ-liberalen Militärregierung unter dem Schutz der alliierten Streitkräfte; in der Mitte und im Norden die Fassade einer faschistischen »Republik von Salò« (am Gardasee), in der die wahre Macht nicht von Mussolini, sondern vom Oberbefehlshaber Süd, Generalfeldmarschall Albert Kesselring, und von dem General der Waffen-SS und obersten Polizeichef für Italien, Karl Wolff, ausgeübt wurde; und neben diesen beiden demokratisch nicht legitimierten Regierungen das Italien der immer stärker sich regenden *Resistenza*, des antifaschistischen, freiheitlich-republikanischen Widerstands, der für die Deutschen immer mehr zu einem kaum lösbaren militärischen und auch logistischen Problem wurde.

Die »Achse Berlin – Rom« war längst zerbrochen. Ausgerufen hatte sie Mussolini, zum Dank für Hitlers Unterstützung im

Abessinien-Krieg 1936, auch als Symbol eines »Joint-venture« von Nazis und Faschisten (zum Beispiel beim gemeinsamen Eingreifen in den Spanischen Bürgerkrieg zugunsten des späteren Siegers, des Diktators Franco) und als eine Art Spieß, an dem Europa allmählich braun gebraten werden sollte. Aber an Hitlers Angriffskriegen beteiligte das Königreich Italien sich doch erst dann, als Frankreich schon so gut wie besiegt war (nämlich am 10. Juni 1940). Und bei seinen eigenen, letztlich erfolglosen Versuchen, das Mittelmeer durch Offensiven in Griechenland und Nordafrika zum »mare nostro« zu machen, war Mussolini dann wieder auf Hitlers Hilfe angewiesen – und geriet so immer mehr in dessen Abhängigkeit. Das kostete ihn schließlich die Gefolgschaft seiner ganz und gar nicht kriegslüsternen Landsleute, sogar der Faschisten. Als das Kriegsglück sich gegen Hitler wendete und die materielle Not in Italien immer größer wurde, als dann auch noch die Alliierten auf Sizilien landeten (am 10. Juli 1943), erhob sich der Faschistische Großrat gegen den diskreditierten »Duce«, und König Vittorio Emmanuele ließ ihn am 25. Juli festnehmen. Zum neuen Regierungschef ernannte er den ehemaligen Eroberer Abessiniens, Marschall Pietro Badoglio, der die »Achse« nun vollends zu Bruch gehen ließ.

Badoglio verhandelte zunächst geheim, jedenfalls ohne Kenntnis der Deutschen, mit den Alliierten über einen separaten Waffenstillstand. Der wurde am 3. September unterzeichnet. Fünf Tage später gab General Eisenhower namens der Alliierten die Kapitulation Italiens bekannt, und Badoglio sah sich gezwungen, mit einer eigenen Erklärung nachzuziehen. Am selben Tag noch landeten die britischen Truppen, die inzwischen ganz Sizilien beherrschten, an der kalabrischen Küste. In der Nacht vom 8. auf den 9. September setzten der König und Marschall Badoglio sich ab nach Brindisi – und die amerikanische 5. Armee ging mit sehr starken Kräften an der Küste des Golfs von Salerno an Land.

Die Deutschen schrien Verrat und teilten sofort die Gegenschläge aus, die sie seit Mussolinis Sturz vorbereitet hatten. Hitler tobte und wollte in Italien »tabula rasa« machen. Bereits am 10. September 1943 besetzten deutsche Truppen Rom. Italienische Soldaten in Mittel- und Norditalien (auch auf dem Balkan und in Südfrankreich) wurden entwaffnet, sofern sie sich nicht schon den Partisanen im Untergrund angeschlossen hatten. Am 12. September holten Fallschirmjäger unter dem Kommando des zum Haudegen hochstilisierten SS-Hauptsturmführers Otto Skorzeny den internierten Mussolini aus einem Berghotel auf dem Gran Sasso heraus und lieferten ihn bei Hitler ab. Der »Duce«, nur noch ein Schatten seiner selbst, wurde als nomineller Chef einer »Repubblica Sociale Italiana« mit dem Regierungssitz in Salò am Gardasee zur Marionette seiner deutschen Bewacher. Binnen zwei, drei Tagen nahmen die Deutschen Italien in den harten Griff militärischer Okkupation. Am 13. Oktober, vier Wochen nach der »Befreiung« Mussolinis, erklärte die mittlerweile in Bari unter alliiertem Schutz etablierte Regierung Badoglio Deutschland den Krieg. Um diese Zeit gelang es Kesselring, nördlich von Neapel eine quer über die italienische Halbinsel verlaufende Front aufzubauen. Diese sogenannte Gustav-Linie sollte eine Weile halten.

Das war, in groben Zügen, die Lage, die den Leutnant Nannen erwartete, als er mit seinem Luftwaffen-Propagandazug nach Italien aufbrach, und sie wurde zu Beginn des Jahres 1944 auch nicht besser, im Gegenteil. Die Italiener sahen die deutschen Okkupanten mitnichten als Freunde oder Verbündete, auch nicht im vermeintlich faschistischen Teil des Landes. Ihr Widerstand war vielerorts eine Volksbewegung, besonders im mittleren Italien, wo die Front den Menschen besonders nah war und wo die deutsche Wehrmacht ganz unmittelbar als vollziehende Gewalt auftrat. Zwar war es Kesselrings Truppen nicht gelungen, die bei Salerno gelandeten Amerikaner wieder ins Meer zu treiben, aber auch die Hoffnung der italienischen Bevölkerung, eine neue Offensive der Alliierten möge dem Schrecken ein Ende machen, ging Anfang 1944 nicht in Erfüllung. Der erhoffte schnelle Vorstoß auf Rom aus dem neuen Brückenkopf bei Anzio-Nettuno unterblieb. Wohl waren Briten und Amerikaner am 22. Januar dort, nur 50 Kilometer südlich von Rom und im Rücken der deutschen Front, an Land gegangen, aber die Deutschen hatten sie dort einschließen können. Und auch bei dem schwer umkämpften Cassino gelang es den Alliierten lange nicht, die deutsche Front zu durchbrechen. Von Mitte Januar bis Mitte Mai wurde dieser Ort zum Schauplatz dreier Schlachten, die zu den erbittertsten des Zweiten Weltkriegs zählen.

In dieser Situation sah die deutsche Kampfpropaganda eine Chance, vor allem aber die Notwendigkeit, die Moral des Gegners zu untergraben, dessen Angriffslust zu schwächen und möglichst viele Feindsoldaten zum Überlaufen zu bewegen. Das war auch der Auftrag des in Potsdam einschlägig trainierten Luftwaffen-Zuges, den Nannen führte. Wo er zuerst eingesetzt wurde, ist nicht mehr genau zu ermitteln, vermutlich gleich in der Nähe von Rom. Dort hielten sich zur fraglichen Zeit auch die dringend gebrauchten »Flugblattfabrikanten« auf, die Nannen zum Teil schon kannte, den zeichnerisch begabten Leutnant Walter Heyse mit seiner mobilen Druckerei zum Beispiel oder jenen Gefreiten Manfred Schmidt, der nach dem Krieg für die *stern*-Konkurrenz *Quick* tätig war.

Ein dem Abenteuer zugetaner Schriftsteller namens Edmund Theil, geboren in Mailand, aufgewachsen in Dresden und ansässig in Südtirol, der damals in der zuständigen Dienststelle des Stabsoffiziers für Propaganda (St.O. Prop., kurz Stoprop) tätig und für die vom Oberbefehlshaber Süd angeordneten Flugblatt-Einsätze zuständig gewesen sein will, schreibt in seinem Buch *Kampf um Italien*, er habe zu diesem Zweck mit dem im Raum Anzio-Nettuno operierenden »Kampfpropagandazug 614, der von Oberleutnant Ernst-Moritz Arndt geführt wurde«, kooperiert. »Am bequemsten erreichbar für uns und auch bereit zur Zusammenarbeit aber war der in der Umgebung von Rom untergebrachte Luftwaffen-Propagandazug, den der Luftwaffen-Leutnant d. R. Henri Nannen führte. Nannen ... gewährleistete eine erfolgreiche Durchführung der im Rahmen einer gezielten psychologischen Kriegführung ins Auge gefaßten Maßnahmen.«

Da Nannen nicht nur Zugführer war, sondern auch den Job eines Propaganda-Verbindungsoffiziers beim Armee-Oberkommando 10 hatte, mußte er Tätigkeitsberichte schreiben, und einen dieser Berichte, für die Zeit vom 27. März bis 9. April 1944, gibt es noch. Ihm ist zu entnehmen, was damals konkret unter »Kampfpropaganda in den Feind« zu verstehen war.

Unter der Rubrik »Flugblatt« meldete Nannen dem ihm vorgesetzten Ic beim AOK 10, also dem für Feindnachrichten und Abwehr zuständigen Generalstabsoffizier, zum Beispiel folgendes: »Zum Einsatz gegen die 88. amerik. Inf. Div. wurde das Flugblatt ›Buy an Apple‹ entworfen, in 110 000 Exemplaren gedruckt und an die 71. I.D. und 94. I.D. zum Verschuß geliefert. Das Flugblatt knüpft an die Verhältnisse nach dem Weltkrieg an, wo die amerikanischen Veteranen gezwungen waren, Hungermärsche zu inszenieren und auf den Straßen Äpfel zu verkaufen, um ihren Lebensunterhalt zu fristen.« Für sämtliche englisch sprechenden Feindverbände wurde unter dem Kennwort »Italy wants to see you« ein fünffarbiges Flugblatt »in Form eines Reiseprospektes für Italien entworfen. Die Innenseiten des Prospektes können für jeden anzusprechenden Verband eigens gestaltet werden. Als erste Ausgabe des in 300 000 Expl. gedruckten Prospektes wurde eine Auflage von 25 000 Expl. mit dem Text ›Illusions – only illusions‹ zum Einsatz gegen canadische Truppen fertiggestellt, in 250 Werfergranaten gefüllt und an die 305. Div. zum Verschuß geliefert.«

Die Hilfstruppen der Engländer und der Amerikaner waren bevorzugtes Ziel dieser Art von psychologischer Kriegführung, natürlich auch die jetzt auf alliierter Seite eingesetzten Italiener. Ein Beispiel aus Nannens Bericht: »Zum Einsatz gegen das 1. Raggruppamento motorisato (früher Division Legnano) wurde das Flugblatt ›Soldato italiano, anche la tua famiglia ti aspetta!‹ entworfen, in 70 000 Exemplaren gedruckt und an die 5. Geb. Div. in 184 Werfergranaten und 700 Gewehrgranaten zum Verschuß geliefert. Das Flugblatt stellt den auf der Feindseite ›kämpfenden‹ italienischen Soldaten, die größtenteils aus Norditalien stammen, im Falle des Überlaufens ein ruhiges und freies Leben in Norditalien in Aussicht.«

Zweite Zielgruppe der Kampfpropaganda war die Zivilbevölkerung, und für sie gab es Filme, eine Wochenzeitung namens »Messaggero«, über »Korück 594«, also über den zuständigen Kommandanten des rückwärtigen Armeegebietes, »in 17 000 Exemplaren in die Bevölkerung geleitet« – und natürlich Flugblätter. Eine ganze Serie sollte den Italienern ihre alliierten Befreier madig machen, Kennwort »Ecco i liberatori...«, und dabei kannte die

Propaganda, wie Nannens Bericht zu entnehmen ist, keinerlei Skrupel. »Das erste Flugblatt dieser Serie, das auf die anwachsende Zahl der in Süditalien von farbigen Soldaten begangenen Verbrechen, Vergewaltigungen usw. hinweist, wurde unter dem Zusatz ›… le donne meridionali li hanno conosciuti!‹ in 200 000 Exemplaren gedruckt und verteilt. Das zweite Flugblatt der Serie stellt eine Fotomontage von Köpfen farbiger Gefangener dar, um der Bevölkerung klarzumachen, welches Untermenschentum in der sogenannten ›Armee der Befreier‹ vertreten ist. Auflage ebenfalls 200 000.« Die Armee der Befreier steht in Anführungszeichen, das Untermenschentum nicht – ein starkes Stück, wenn man bedenkt, daß sich zur selben Zeit der Vorarbeiter der Waffen-SS-Propaganda, Gunter d'Alquen, bei seinem »Reichsführer« für einen Verzicht auf den Begriff »Untermenschen« starkgemacht hat, weil zumindest die Frontsoldaten ihre Gegner ganz anders einzuschätzen gelernt hätten.

Das dritte Thema der Kampfpropaganda hieß »Bandenbekämpfung« und meinte Partisanen und andere Untergrundkämpfer. Nannen meldete den Nachdruck eines bereits »in 400 000 Expl. an Korück 594 gelieferten Flugblatts gegen Bandenbegünstigung« und berichtete von einem jugoslawischen Kriegsgefangenen, der bestätigt habe, »daß sich unter den Banden viele ehemalige jugoslawische Kriegsgefangene befinden, die sich den Deutschen sofort stellen würden, wenn man sie in die Heimat schaffen läßt. Eine entsprechende Propaganda durch Flugblätter, Plakate und Mundparolen läuft an.«

Während dies alles von den beschriebenen Dienststellen und Abteilungen des Heeres und der Luftwaffe gemacht wurde, war die Waffen-SS bereits dabei, das Kommando an der Propagandafront Italien zu übernehmen. Seit März 1944 oblag der Standarte »Kurt Eggers« der Aufbau des neuen Kampfpropaganda-Unternehmens »Südstern«. Das »Wintermärchen« an der Ostfront, jenes von Hans Weidemanns Denkschrift ausgelöste Test-Unternehmen eines offensiven Propagandakrieges an allen Fronten, nahm ein vorzeitiges Ende – zur unangenehmen Überraschung seiner beiden Protagonisten Gunter d'Alquen und Hans Weidemann; aber der »Führer« selber hatte es nun mal befohlen.

Gunter d'Alquen, der im Mai 1998 im Alter von 87 Jahren gestorben ist, hat die damaligen Vorgänge in den fünfziger Jahren noch einmal Revue passieren lassen, in ausführlichen, protokollierten Gesprächen für die zeitgeschichtlichen Publikationen Jürgen Thorwalds. Er erzählt staccato und mit dem ungebrochenen Selbstwertgefühl eines Mannes, der sich seiner intellektuellen Überlegenheit, auch über seine Gesinnungsgenossen, sicher ist. »Ich war da oben [im Oranienbaumer Kessel bei Leningrad] noch nicht halbwegs fertig, als eines Tages ein Führerbefehl kam, der besagte, daß ich sofort mit meinen besten Leuten nach Italien solle. Was? Nach Italien? Ich wußte noch nicht genau, was los war. Befehl: Feindzersetzung. Spezialauftrag gegen die anrückenden polnischen Einheiten. 11. Armee ist verständigt. Keine Leute. Kein Gerät. Kesselring. Unternehmen ›Südstern‹. Ich hatte die Aufgabe, die anrückenden Polen, drei Divisionen in Italien, weitere im Anmarsch aus Nah-Ost, schwach zu machen. Argument auf der Hand.«

Offenbar war d'Alquen einer der wenigen, denen auf Anhieb einleuchtete, daß Hitler im Februar/März 1944 ein so aufwendiges Unternehmen gegen eine relativ bedeutungslose polnische Zielgruppe an der Italien-Front befahl, während die deutsche Kampfpropaganda an der Ostfront doch effektiver hätte eingesetzt werden können. Er glaubte wohl, daß die Polen relativ leicht zu demoralisieren seien, weil sie weder ihren sowjetischen noch ihren englischen Verbündeten wirklich trauten und zumindest ahnten, daß die alliierten Pläne für eine Neuordnung nach Kriegsende ihr Vaterland nicht eben begünstigten. Außerdem verstand es d'Alquen, kundige Leute für sich einzuspannen. Über den Abwehr-General Reinhard Gehlen, damals im Generalstab zuständig für »Fremde Heere Ost«, war d'Alquen des Lobes voll: »Gute Hilfe auch von Gehlen, der für mich einen Befehl erwirkte, daß alle Überläufer ohne Gefangenenlager direkt nach Hause geschickt werden.«

Eins war d'Alquen nach diesen Gesprächen über seine Zielgruppe klar: »Irgendwie polnisch muß ich sie ansprechen, von der polnischen Seite. Ich baue einen ›illegalen‹ Sender. Wo kann der stehen? Entweder in Polen oder hier unten beim Heiligen Stuhl.

Ich baute dann einen Sender mit Kurzwelle und Langwelle in einem riesigen Baum, und zwar nahe hinter dem Vatikan. Der Sender hieß ›Wanda‹, mit einem polnischen Mädchen als Ansagerin. Ich habe ihnen alles serviert, was sie brauchten, gegen die Deutschen, gegen die Russen.« Die erste Sendung war am 3. März 1944. Und es vergingen zu d'Alquens Freude ungefähr drei Wochen, bis die Polen merkten, daß es sich in Wahrheit um einen deutschen Sender handelte. Dem Fachmann Ortwin Buchbender hat d'Alquen 1985 noch erzählt, daß »Südstern« den polnischen Hörern dann auch einen optischen Eindruck von der inzwischen sehr populären »deutschen Wanda« vermitteln wollte und zu diesem Zweck Flugblätter mit einem Bild der Staatsschauspielerin Maria Wimmer herstellen ließ, weil die im Profil wesentlich attraktiver war als die echte »Wanda«-Sprecherin Maria Kalamacka.

»Aus der ›Südstern‹-Sache entwickelte sich eine Konstante«, so Gunter d'Alquen. »Ich fand außerordentliches Verständnis bei Kesselring. Er war ein sehr vernünftiger Mann. Er hat sich drei bis vier Stunden mit mir über meine Probleme unterhalten. Man könnte das weiter machen. Warum nur die Polen? Die anderen Sachen müßten doch auch zu machen sein. Wir schlucken den großen Sender in Rom dazu. Als erste Heeresgruppeneinheit mit allen Leuten, u. a. Nannen, von der Standarte in Zuständigkeit harmonisch übernommen.«

Von der Standarte in Zuständigkeit harmonisch übernommen... Diese frühe Spielart des »friendly takeover« war so ungewöhnlich nicht, seit die Waffen-SS die Initiative in der psychologischen Kriegführung an sich gerissen und für ihre Kampfpropaganda-Unternehmen ganze Einheiten der Heeres-PK und der Luftwaffen-Kriegsberichter schlicht vereinnahmt hatte. Keineswegs nur an der Italien-Front wurden PK-Einheiten der Wehrmacht von entsprechenden Einheiten der Waffen-SS »in Zuständigkeit« übernommen, sicherlich nicht immer »harmonisch«, erst recht nicht nach dem mißglückten Attentat auf Hitler am 20. Juli 1944. Aber der Vorgang, von dem d'Alquen spricht, wäre wahrscheinlich der Vergessenheit anheimgefallen, wenn er nicht ein Vierteljahrhundert später in Henri Nannens Lebenslauf eine gewaltige Dramatisierung erfahren hätte, als Nannen in den –

falschen – Verdacht gebracht wurde, an Partisanen-Erschießungen beteiligt gewesen zu sein. Da ging es dann vor großem Publikum um die Frage, wie denn zu erklären sei, daß der Luftwaffen-Leutnant Nannen »in Zuständigkeit« der SS-Standarte »Kurt Eggers« beziehungsweise des SS-Kommandos »Südstern« und in engen persönlichen Kontakt mit dem damaligen Obersturmführer der Waffen-SS, Hans Weidemann, geraten war.

Was Hans Weidemann angeht, so war auch er von dem »Unternehmen Wintermärchen« an der Narwa-Front, dessen Einsatzleiter Gunter d'Alquens Bruder Rolf war, Ende Februar 1944 zu dem neuen »Unternehmen Südstern« bei der Heeresgruppe Süd-West in Italien abkommandiert worden. Dort war er vom 1. April bis zum 1. Juni Zugführer des Kommandos »Südstern I« an der Cassino-Front, das bereits Mitte Juni wegen der alliierten Invasion im Westen dorthin abgezogen wurde und in dem Unternehmen »Skorpion West« aufging. Weidemann blieb in Italien und stellte dort am 1. Juli 1944 auf Anordnung des AOK 10 das Kampfpropaganda-Unternehmen »Südstern II« auf, das zunächst in Florenz und dann in Bevilacqua bei Verona stationiert wurde.

Es ist aber einigermaßen sicher, daß Henri Nannen und Hans Weidemann bereits in Rom miteinander zu tun hatten, bevor die Alliierten dort am 5. Juni einmarschierten. Der damalige Untersturmführer Robert Krötz – ebenfalls vom »Wintermärchen« zum »Südstern« abkommandiert und dort als Ia für operative Fragen zuständig – erinnert sich, daß der Leutnant Nannen vom »Monte Tedesco« gekommen sei, also von Kesselrings Hauptquartier, und zwar regulär abgeordnet als Verbindungsoffizier. Gemeinsam hatten die »Südstern«-Leute, woher sie auch kamen, den Hang zum Leben in Saus und Braus, zu luxuriösen Quartieren und heißen Affären mit einheimischen (womöglich adligen) Damen. Auch Martha Kimm war, nach Robert Krötz' Erinnerung, in Rom schon präsent, am Anfang noch als Mann getarnt, wobei die Uniform der indischen Freiwilligen (wegen des dazugehörigen Turbans) gute Dienste leistete.

Edmund Theil, der angebliche Stoprop-Mann, schreibt, er habe mit Nannen und Weidemann über Flugblätter zum Verschuß in den Nettuno-Brückenkopf verhandelt, was im März oder im April gewesen sein muß. Dabei habe ihn zunächst irritiert, daß zu den Besprechungen mit dem Luftwaffen-Leutnant Nannen auch der SS-Mann Weidemann erschienen sei, er habe aber nicht gefragt, warum. »Weidemann und Nannen führten ihre Propaganda-Arbeit, die den Namen ›Unternehmen Südstern‹ trug, gemeinsam durch. Und da unsere Zusammenarbeit reibungslos verlief, gab es für uns keinen triftigen Grund, feststellen zu wollen, ob die SS oder die Luftwaffe Hauptträger dieses Propaganda-Einsatzes war.« Die Nettuno-Flugblätter sollten potentielle Überläufer ermutigen, indem sie ihnen auf der einen Seite einen gefallenen Soldaten und auf der anderen eine wenig oder gar nicht bekleidete Frau zeigten, dazu die Frage: Was ist dir lieber – das oder das? Weil es aber keine geeigneten Bilder ausgezogener Mädchen gab, will Theil mit einer Fotoausrüstung sowie mit Nannen und Weidemann in ein römisches Bordell gegangen sein; »ich fotografierte, während meine Begleiter ihre mehr oder weniger anspornenden Kommentare zu dieser anstrengenden Tätigkeit verzapften«.

Wichtiger ist ohne Zweifel die Rolle, die Henri Nannen bei »Südstern« gespielt und in welchem Verhältnis er zu Hans Weidemann gestanden hat. Dazu sagt der ehemalige Unteroffizier Helmut Schlechtendahl, der im Juni 1944 zu »Südstern II« geschickt wurde: »Der Chef Hans Weidemann und Nannen kannten sich nicht. Aber zum Vergnügen von Weidemann übernahm Sir Henri, so hieß er damals schon, sofort das Kommando und machte mich zu seinem Schreiber, weil sonst niemand Steno und tippen konnte. Weidemann war der Chef des Kommandos – aber Sir Henri war der Boß.«

Es gibt nicht nur eine, es gibt sogar zwei Erklärungen dafür, daß es zu dieser ungewöhnlichen Konstellation gekommen ist. Beide sind ziemlich abenteuerlich. Und beide haben den Nachteil, nicht bewiesen und wohl auch nicht mehr beweisbar zu sein. Aber da sie beide spannend sind, sollen sie hier erzählt werden.

Gemeinsam ist diesen beiden Erklärungen die Prämisse, daß dem Leutnant Nannen ein Kriegsgerichtsverfahren drohte. Das hat er selber vor 20 Millionen Zuschauern in jenem berühmt gewordenen Fernsehduell mit dem Moderator Gerhard Löwenthal und dessen Adlatus Jürgen R. Meyer im Dezember 1970 gesagt, als es nämlich darum ging, eben jenen Hans Weidemann gegen Anschuldigungen des Zweiten Deutschen Fernsehens in Schutz zu nehmen. »Herr Meyer«, so Nannen in der Sendung, »mich hat dieser Mann vor einem Kriegsgerichtsverfahren gerettet, das werde ich ihm nicht vergessen... Dieser Mann hat nichts getan, keinen Andersdenkenden verfolgt, ist niemandem gegenüber unfair gewesen, dafür stehe ich ein, Herr Löwenthal. Ich kenne ihn seit 26 Jahren, er hat mir damals in dieser Scheißsituation geholfen, als ich vors Kriegsgericht kommen sollte.« Darauf sagt Löwenthal, dem der Tatbestand offenbar nicht neu ist: »Es gibt vielerlei Versionen darüber, Herr Nannen, weshalb Sie vors Kriegsgericht kommen sollten.« Worauf Nannen ihn anfährt: »Das ist eine Unterstellung, die lassen Sie mal! Sie sind ein Verleumder, nichts anderes sind Sie... Klagen Sie doch mal dagegen, daß ich Sie einen Verleumder genannt habe!«

Aber warum sollte Henri Nannen denn nun vors Kriegsgericht? In diesem Punkt unterscheiden sich die beiden Erklärungen dramatisch. Nannens eigene Darstellung, die er in mehreren Formen und Fassungen gegeben hat, ist am besten in der folgenden Aussage zusammengefaßt: »Ich habe im Jahr 1944, als die Front in Rußland zusammenbrach, an der italienischen Front ein Flugblatt gemacht mit der Überschrift ›Let the Russians do it‹ und ein weiteres mit der Überschrift ›Die Russen vor Berlin‹. Sinn der Sache war, den englischen und amerikanischen Soldaten zu sagen, macht halblang, fallt nicht noch im letzten Augenblick, damit ihr nicht noch dabei draufgeht. Als diese Flugblätter etwa drei oder vier Tage verschossen waren, wurde ich nach Berlin zum OKW/WPr befohlen. Der Chef war General Hasso von Wedel. Sein Stabschef war der Oberst i. G. Kratzer. Der ließ mich zu sich kommen, brüllte mich an und sagte, das sei Defaitismus, und er habe sowieso die ganze Humanitätsduselei satt, mit der ich Propaganda zu machen glaubte... Da wurde ich also nach Berlin befohlen, und dieser Oberst Kratzer brüllte mich an: ›Ich werde gegen Sie Tatbericht einreichen und ein Kriegsgerichtsverfahren einleiten.‹ Ich wurde nach Italien zurückversetzt, und mir wurde der SS-Obersturmführer Weidemann als ›Bewacher‹ sozusagen

154

vor die Nase gesetzt. Und dann haben die in Berlin noch mal versucht, aus der Sache was gegen mich zu machen, aber Weidemann hat immer seinen Buckel hingehalten, er hat alle Angriffe einfach abgeblockt. Da, im April 1944, habe ich Weidemann zum erstenmal kennengelernt.«

Es war, folgt man Nannens Darstellung, also nicht Weidemann, der das drohende Kriegsgerichtsverfahren abgewendet hat (wenn man denn unterstellen will, daß er dazu überhaupt in der Lage gewesen wäre). Und wer es wirklich war, das geht auch aus Nannens Aussagen nicht zweifelsfrei hervor. In einer Dokumentation für die Mitglieder des Fernsehrats beim ZDF vom 18. Dezember 1970 behauptet er, Weidemann sei im Juni 1944 »zu meiner Überwachung eingesetzt« worden, »nachdem mich der Chef des Stabes AOK 10, General Wenzel [sic], aus einem Kriegsgerichtsverfahren wegen ›Defaitismus‹ herausgepaukt hatte. Dieser Tatbestand kann unter Beweis gestellt werden.« Auch in einer Gegendarstellung, die Nannen im März 1962 der Wochenzeitung *Christ und Welt* geschickt hat, heißt es: »Auf Intervention des Chefs des Generalstabs der 10. Armee wurde das Verfahren niedergeschlagen. Jedoch wurde von diesem Zeitpunkt an die Arbeit meiner Einheit, die sich ausschließlich aus Heeres- und Luftwaffenangehörigen zusammensetzte, durch das SS-Kommando ›Südstern‹ überwacht, eben weil ich im Sinne der nationalsozialistischen Kriegsführung als unzuverlässig galt.« In seiner Gegendarstellung an das Bielefelder *Schüler Magazin* im Jahr 1978 nennt Nannen dann nicht mehr den Generalstabschef persönlich, sondern dessen Nachrichten- und Abwehroffizier als Retter: »Ein gegen mich beim OKW/WPr eingeleitetes Verfahren wegen ›Defaitismus‹ konnte mein mir wohlgesonnener Vorgesetzter Oberstleutnant i. G. von Köckritz nur abwenden, indem er zuließ, daß die Tätigkeit meiner Einheit von einem ebenfalls dem AOK 10 zugeteilten ›Kommando Südstern‹ der SS überwacht wurde.«

Nun läßt sich mit Hilfe von Dokumenten belegen, daß Chef des Generalstabs der 10. Armee zum fraglichen Zeitpunkt der damalige Generalmajor Fritz Wentzell war, Sohn eines Bierbrauers, Karrieresoldat. Auch den Oberst i. G. Rudolf Kratzer hat es gegeben, allerdings war er nicht Stabschef, sondern Gruppenleiter

OKW/WPr, ein aktiver Offizier mit Kriegsschulausbildung, der in seiner Personalakte als »guter Nationalsozialist, der seine Offiziere nationalsozialistisch beeinflußt und führt« charakterisiert wird. Und Nannens unmittelbarer Vorgesetzter war in der Tat Oberstleutnant Ludwig von Köckritz, Ic der 10. Armee. Leider ist von keinem dieser Offiziere ein nennenswerter Nachlaß in den Militärarchiven vorhanden. Einer der renommiertesten deutschen Militärhistoriker und ein Spezialist für die deutsch-italienischen Beziehungen im Zweiten Weltkrieg, Dr. Gerhard Schreiber, hat die noch existierenden Unterlagen der Abteilung Ic genau durchgesehen und nur belanglose Hinweise auf »Südstern« gefunden. Auch auf ein niedergeschlagenes Verfahren wegen Defätismus gibt es dort keinerlei Hinweise. »Erstaunlich ist für mich«, so Gerhard Schreiber, »daß der Casus, obwohl er von ernsthafter Natur gewesen sein soll, nirgendwo Spuren hinterließ.«

Das ist wirklich erstaunlich, denn wer im Frühsommer 1944 gewagt hätte, ein Flugblatt mit der Parole »Let the Russians do it« oder gar »Die Russen vor Berlin« zu machen, der müßte lebensmüde gewesen sein. Wohl herrschten bei den Propaganda-Einheiten andere Sitten und Gebräuche als anderswo in der Armee, und die Matadore der psychologischen Kriegführung nahmen sich allerhand Freiheiten heraus – aber diese Freiheiten waren nicht grenzenlos. Im Frühsommer 1944 standen die Russen mitnichten vor Berlin, sie hatten noch nicht einmal das Reichsgebiet erreicht. Die Ostfront wankte zwar, aber zusammengebrochen war sie noch nicht. Die offizielle Propaganda im »totalen Krieg«, den Goebbels nach der Katastrophe von Stalingrad ausgerufen hatte, versprach zum Beispiel »Wunderwaffen«, die helfen sollten, das Kriegsglück zu wenden, bis zum »Endsieg«. In dieser Situation den alliierten Truppen in Italien zu suggerieren, sie könnten die Waffen fallen lassen, weil die Russen Deutschland schon so gut wie besiegt hätten – das hätte ungestraft noch nicht mal die Waffen-SS riskieren dürfen, die sich mehr erlauben konnte als die Armee.

Es gab aber, wie man bei Ortwin Buchbender nachlesen kann, durchaus Flugblätter mit solchen Inhalten – auch von »Südstern«

an der Italien-Front und von »Skorpion West« an der Westfront. Eines dieser Flugblätter zeigt ein Grabkreuz mit der Inschrift »Killed on the last day of the war« und der Zeile »Do you want to be the last to die?« Ein anderes zeigt einen Soldaten, der von einem Kameraden daran gehindert wird, in ein offenes Grab zu stolpern, und darunter steht: »Stop, watch your step, it's five minutes to twelve!« Nur sind diese Flugblätter nicht 1944, sondern ein Jahr später, im Frühjahr 1945, eingesetzt worden. Auf der Rückseite des Fünf-Minuten-vor-zwölf-Flugblatts steht: »Luftwaffe down and out. German war industry smashed. Russians threatening Berlin... And so nobody wants to be killed in these last five minutes« – wozu Buchbender bemerkt, daß lediglich die Kampfpropaganda-Unternehmen der SS-Standarte »Kurt Eggers« Flugblätter mit dieser Tendenz hätten herausgeben können, aber auch »Kurt Eggers« nur in der allerletzten Phase des Krieges. Die Flugblätter jedenfalls, die Henri Nannen bereits im Frühsommer 1944 gemacht haben will, sind ebenso spurlos verschwunden wie alle Hinweise auf ein Kriegsgerichtsverfahren, das ihm ihretwegen gedroht haben soll.

Die zweite Version der Geschichte, wie Henri Nannen vor dem Kriegsgericht bewahrt wurde, ist noch spannender – und noch schwerer zu beweisen. Das heißt, die Dokumente, die sie beweisen könnten, sind mit dem »Privatarchiv« eines Mannes »verschollen«, der zu Henri Nannen in einer kuriosen Beziehung gestanden hat: Er hat ihn nämlich für den deutschen Geheimdienst observiert und ist, nach eigenem Bekunden, dennoch immer anständig von ihm behandelt worden. Es ist der ehemalige Kriegsberichter und Herausgeber der bereits erwähnten Nostalgie-Postille *Die Wildente,* Günther Heysing, der nach dem Krieg als Agent Nummer 12 619 für den Bundesnachrichtendienst unter der Präsidentschaft des Ex-Abwehr-Generals Reinhard Gehlen Material über deutsche Verleger, Schriftsteller und Journalisten zusammengetragen hat, auch über Henri Nannen.

Heysing war Wortberichter der »Berichterstaffel ObdH«, deren Angehörige stets bei den Oberbefehlshabern von Heeresgruppen oder bei den Generalstabschefs eingesetzt waren und folglich »Höhere Berichter« genannt wurden – unter ihnen

Schriftsteller wie Walter Kiaulehn und Journalisten wie Paul Sethe, Klaus Mehnert und Giselher Wirsing. Auch Heysing war im Zivilberuf Redakteur, »verantwortlich für Bild und Text« bei der im Eher-Verlag (dem Zentralverlag der NSDAP) in Berlin erscheinenden Zeitschrift *Volksfunk*, und hatte nach der Erinnerung von Zeitzeugen aus der »Berichterstaffel ObdH« 1943 auch gute Kontakte zu der Propaganda-Schule in Potsdam, in der zum Beispiel Nannens Luftwaffen-Zug auf den Italien-Einsatz vorbereitet wurde. Das »Privatarchiv« dieses Mannes also ist seit Heysings Tod im Jahr 1981 nicht mehr lokalisierbar. Gesehen hat es, noch zu Heysings Lebzeiten, der Historiker Ortwin Buchbender; jedenfalls kommt das »Privatarchiv Heysing« in den Quellenangaben seiner Bücher mehrfach vor. Daher also stammt die zweite Version der Geschichte, warum Nannen vors Kriegsgericht sollte.

Die Vorgeschichte dazu hat »Kurt-Eggers«-Chef Gunter d'Alquen interessierten Zeitgeschichtlern erzählt – so wie er sie von dem bei OKW/WPr in Berlin für Herstellung und Vertrieb von Flugblättern zuständigen Oberleutnant Eugen Dürksen gehört hatte. Demnach wurde Dürksen, als er im Juni 1944 von der Ostfront nach Berlin zurückkam, durch die geheimnisvolle Mitteilung beim OKW/WPr überrascht, daß Oberst Hans-Leo Martin nicht mehr da sei. Es stellte sich in internen Gesprächen heraus, daß dieser im Zusammenhang mit der sogenannten Graf-Monts-Affäre verhaftet worden war und sich in Untersuchungshaft befand. Graf Monts, ein loser Mitarbeiter des Propagandaministeriums beziehungsweise des Staatssekretärs Gutterer, hatte Verfügungsgewalt über große Mengen von Marketenderwaren und Sprit für die Truppe, besonders für die Truppe im Osten. Es handelte sich hier im wesentlichen um Bols-Liköre, die in Mengen zur Verfügung standen und offenbar aus Holland stammten. Monts war verhaftet worden, und Martin sollte ihn durch irgendein Schriftstück bewußt oder unbewußt gedeckt haben. Diese Affäre wirbelte eine Menge Staub auf.

Jener Oberst Martin kam vor Gericht, wurde aber begnadigt und an die Westfront geschickt, was er überlebte. Der Graf Monts wiederum war gar kein Graf, sondern hieß eigentlich Hans Paul Kreuzer und war ein durch Adoption geadelter Sohn eines Tele-

graphenarbeiters, der es auf verschlungenen Wegen zum Sturm-
bannführer gebracht und nach Ansicht seiner ehemaligen Sekretärin die Bevölkerung mehrerer Länder, vor allem Hollands,
nach Strich und Faden ausgeplündert hatte. Er wäre, im Unterschied zu seinen angeblich zahlreichen Komplizen, dem Todes-
urteil wohl nicht entgangen, kam aber dem Henker zuvor und er-
hängte sich am 26. oder 27. Mai 1944 im Gefängnis an seinem
Hosenträger.

Was Ortwin Buchbender in Heysings »Privatarchiv« über Nannens Rolle bei dieser Affäre gefunden hat, das hat er in seinen
Büchern nicht verraten. Wohl hat er versucht, den *stern*-Chef Anfang der siebziger Jahre mit seinem Fund zu konfrontieren, bekam aber keinen Termin und handelte sich statt eines Gesprächs
die Androhung juristischer Konsequenzen für den Fall ein, daß er
das Heysing-Material dennoch veröffentliche – was er dann un-
terließ. Erzählt aber hat er die Geschichte gelegentlich schon,
zum Beispiel dem Experten für deutsche und internationale Geheimdienste, Erich Schmidt-Eenboom, der sie in seinem 1998 erschienenen Buch über den BND und die deutschen Journalisten,
Undercover, auch veröffentlicht hat. Dort kann man über die Folgen der Graf-Monts-Affäre folgendes lesen:

»Beteiligt am Alkoholschmuggel waren insbesondere Kriegsberichter und unter ihnen Henri Nannen. Der hatte in diesem
Frühsommer 1944 anstelle von Infanteriemunition Liköre und
andere Luxusgüter in einem Bahnwaggon untergebracht. Der
Mißbrauch des Wehrmachtstransports kam ans Licht, und ihm
drohte angesichts der rigiden Militärgerichtsbarkeit im letzten
Kriegsjahr eine drakonische Strafe.

In dieser Situation intervenierten leitende SS-Propagandisten
für ihn: Gunter d'Alquen, der erste Leiter der SS-Standarte ›Kurt
Eggers‹, und sein Nachfolger Hans Weidemann, der wie Nannen
früher Rundfunkberichter war. Der Wehrmachtsgerichtsbarkeit
wurde er durch eine Versetzung nach Rom zum Unternehmen
›Südstern‹ entzogen, zwangsläufig mit Zustimmung des Reichs-
spropagandaministeriums, das jeden Einsatz in einer PK-Kompa-
nie absegnen mußte.

So stieß Nannen als leitender Redakteur für die Flugblattpropaganda zu dem SS-Unternehmen in Rom, das in der Villa Doria Pamphili auf dem Gianicolo in unmittelbarer Nachbarschaft zur Radiostation des Vatikan logierte. Zu dieser Zeit nahm die ›Südstern‹-Truppe gerade ein neues Propagandaziel ins Visier. Ab dem 1. Juli 1944 führte Hans Weidemann auf Befehl des Oberkommandos der 10. Armee mit dem Unternehmen ›Südstern II‹ den Kampf gegen die Köpfe der angelsächsischen Invasionstruppen, britische Korps mit indischen Verstärkungen, einige Portugiesen, aber vor allem US-Amerikaner.«

Diese letzte Feststellung ist nachweislich richtig, alles andere bleibt mindestens so lange unbeweisbar, bis das ominöse »Privatarchiv Heysing« – wer auch immer es sich aus welchen Gründen auch immer angeeignet haben mag – eines Tages auftaucht (falls es auftaucht). Wenn die dann daraus zu entnehmenden Beweise ungefähr so seriös sein sollten wie die nach dem Krieg bekanntgewordenen Berichte, die Heysing über Nannen und andere linksliberale Hamburger Journalisten an Reinhard Gehlens BND geschickt hat (»Nannen ist von einer rasenden Verschwendungssucht gepackt«, Meldung 502 vom 7. 5. 62), dann hätten sie freilich nur Unterhaltungswert. Wie denn überhaupt die Vorstellung, Henri Nannen habe – dem »Schokolade-Soldaten« Bluntschli aus George Bernard Shaws *Helden* vergleichbar – Schnaps und Leckereien statt Patronen und Granaten an die Front zu schaffen verstanden, durchaus ihre sympathischen Seiten hat.

Richtig ist auch, daß die betroffenen Militärs nicht amüsiert waren und daß die Militärgerichtsbarkeit, wäre »Transportmißbrauch« ruchbar geworden, massiv zugeschlagen hätte – worauf es in den Akten des Ic der 10. Armee und des OKW/WPr aber keine Hinweise gibt. Auch Robert Krötz, immerhin der Ia bei »Südstern«, hat damals weder von der Monts-Affäre noch von einem drohenden Verfahren gegen Nannen irgend etwas gehört. Gunter d'Alquen erwähnt in den von ihm überlieferten Aussagen mit keiner Silbe eine Intervention zugunsten Nannens. Und Hans Weidemann? Der hat 1970 als Reaktion auf die Angriffe des *ZDF-Magazins* zwei Ermittlungsverfahren gegen sich selbst beantragt und für seine Anwälte eine ebenso ausführliche wie detailgenaue Dokumentation verfaßt, in der auch von seinem Verhältnis zu

Henri Nannen die Rede ist – aber nicht davon, daß er ihn habe »überwachen« müssen.

Er hat das offensichtlich auch nicht getan. Der schon zitierte Helmut Schlechtendahl ist nämlich nicht der einzige Zeitzeuge, der damals den Eindruck gewonnen hat, Nannen sei der wahre »Boß« bei »Südstern« gewesen, und Weidemann habe das zumindest toleriert. Es gibt den Bericht eines deutschen Unteroffiziers (und Dr. phil.), der in Verona speziell mit der Rundfunk-Propaganda zu tun hatte und im Januar 1945 zu den Alliierten übergelaufen ist. Denen hat er dann auch über »Südstern« einiges zu Protokoll gegeben, zum Beispiel: »SS-Südstern steht unter Leitung von Lt. Nannen. Sein Mitarbeiterstab setzt sich aus Mannschaften und Unteroffizieren zusammen, die aus allen Waffengattungen genommen sind aufgrund ihrer Berufe und Spezialkenntnisse auf den Gebieten der Sprachen und der Werbung. Sitz des Stabes SS-Südstern ist Bevilacqua. Nebenstellen und Sonderstäbe in Castenaso, Búdrio und in Vercelli.«

Den Obersturmführer Hans Weidemann als den eigentlichen Chef von »Südstern II« in Bevilacqua scheint dieser Mann gar nicht wahrgenommen zu haben, was auch deshalb erstaunlich ist, weil er den dortigen Stand der Dinge im Oktober 1944 sonst recht genau schildert. »Zum Stab SS-Südstern gehören dann auch die einzelnen SS-Prop-Stoßtrupps, die mit schnellen, geländegängigen Wagen ausgerüstet und bewaffnet sind und die Propaganda in die Front fahren und von dort abschießen oder in die Linien des Gegners tragen. Die in diesen Stäben und vielfach bei Presse und Rundfunk eingesetzten Leute sind Angehörige der P.P.K. (Panzer-Propaganda-Kompanie) 699, die der 1. Fallsch.Jg. Div. unterstellt ist. Das sind alles Leute, die in Potsdam ausgebildet wurden.« Von daher schien der Überläufer diese Leute auch zu kennen.

»Südstern« in Bevilacqua muß ein sonderbar zusammengewürfelter Haufen gewesen sein. Nach der Erinnerung des Stabsschreibers Schlechtendahl waren nur etwa sechs Mann, Weidemann inklusive, von der SS, nur drei, Nannen inklusive, von der Luftwaffe und etwa zwei Dutzend von diversen (zum Teil nicht mehr bestehenden) Propaganda-Einheiten des Heeres. »Es waren aber auch in-

teressante Zivilisten darunter, die im letzten Moment noch eingezogen worden waren: nach meiner Erinnerung der Schriftsteller
Rudolf Hagelstange und der Humorist Werner Finck.«

Und zwei Frauen waren dabei. Die eine war Martha Kimm
und stand unter Nannens »persönlichem Schutz«, wie Schlechtendahl respektvoll formulierte. Die andere war Schlechtendahls
19 Jahre alte Frau, die er kurz zuvor in der Nähe von Aachen geheiratet hatte; auch sie kam auf Nannens Initiative nach Bevilacqua. Als nämlich gemeldet wurde, daß die Amerikaner bei Aachen die deutsche Grenze überschritten hätten und die SS die umliegenden Ortschaften zwangsevakuiere, setzte Nannen seinen
Schreiber in Marsch: »Er gab mir Sonderausweise, die ich selbst
ausstellen konnte, und befahl mir: Du versuchst, dich nach Aachen durchzuschlagen, suchst so lange, bis du deine Frau findest,
und bringst sie hierher! – Ich fand sie irgendwo in der Eifel und
trampte mit ihr in drei Wochen nach Bevilacqua. Nannen machte
sie zur Stabshelferin und zahlte ihr einen kleinen Sold, wahrscheinlich aus eigener Tasche. Er und auch das gesamte SS-Kommando nahmen es als selbstverständlich, daß meine Frau und ich
zusammenwohnten.«

So gesehen war »Südstern« wohl wirklich Nannens »Verein«,
auch wenn er nicht das Kommando hatte; zumindest haben seine
exorbitante Begabung, auch Unerlaubtes irgendwie zu organisieren, und sein legerer Umgang mit den militärischen Vorschriften
das tägliche Leben dieser Einheit entscheidend mitbestimmt. Die
absolute Urlaubssperre zum Beispiel, so erinnert sich Schlechtendahl, habe Nannen nicht daran gehindert, »die älteren Herren
dieser Einheit, die nie Soldaten waren, auf Dienstreise nach
Deutschland zu schicken. Ich schrieb diese Papiere aus und durfte
den Leuten sagen: Wenn es irgend möglich ist, kommt nicht
zurück. Wir werden euch nicht suchen lassen – dann wäre das
nämlich Fahnenflucht gewesen, und man hätte sie erschossen. Ich
weiß heute nicht mehr, wie viele es waren, die ich dann auch
nicht mehr wiedergesehen habe.« Die jungen Leute in der Einheit
duzte der Leutnant Nannen – ausgenommen jene, die er nicht leiden konnte.

Er verfaßte sowohl Texte für die Flugblätter der psychologischen Kriegführung als auch weiterhin Tätigkeitsberichte, und Schlechtendahl, der beides tippen mußte, wunderte sich manchmal, wie »furchtbar ironisch« er dabei zu Werke ging. Für die Flugblätter und für die Flüsterpropaganda in den eigenen Reihen versprach er, gemäß der von Berlin ausgegebenen Parole, den unmittelbar bevorstehenden Einsatz der »Wunderwaffe V 3«. Aber »in die Berichte an das Goebbels-Ministerium schrieb Sir Henri so oft ›bis zum Endsieg‹ hinein, daß ich Angst hatte, sie so zu tippen. Ich sagte ihm das auch – aber er lachte nur.«

Die Motive der Kampfpropaganda, die im Schloß Bevilacqua, der »Südstern«-Zentrale, ersonnen wurden, konnten es in puncto Perfidie durchaus mit vergleichbaren Produkten, auch der Kriegsgegner, aufnehmen. Keine der kriegführenden Parteien, so der Fachmann Ortwin Buchbender, hat »es unterlassen, auf diese Art und Weise nationale, soziale, rassische, weltanschauliche oder religiöse Ressentiments anzusprechen«. Vor allem aber bedient sich diese Art der Propaganda immer wieder der Konfrontation von Leben und Tod. Sie behandelt, so Buchbender, »in ausgiebiger Weise die Bedürfnisse, die unbewußt [verdrängt] sind, und nimmt im wesentlichen zwei Hauptmotive an: Liebe (Leben) und Aggression (Tod). Während die Werbung sich besonders der Intensivierung des Lebensgefühls, vor allem durch sexuelle Stimulierung, angenommen hat, versucht die Kampfpropaganda beide Pole miteinander zu verschmelzen: Die lang entbehrte oder unterdrückte Befriedigung der Sexualität wird der ständig drohenden Lebensgefahr auf dem Gefechtsfeld gegenübergestellt. Durch die Bewußtmachung und Intensivierung dieses Widerspruchs soll der Soldat in einen inneren Konfliktzustand versetzt und seine Kampfbereitschaft gelähmt werden.«

Da wurde dann also zum Beispiel in drastischen Darstellungen auf doppelseitig bedruckten Flugblättern oder sogenannten Transparentpostkarten dem im Dreck liegenden und unmittelbar vom Tod bedrohten Landser vorgeführt, wie sich zu Hause schmierige oder auch gelackte Drückeberger über seine schon ziemlich ausgezogene Frau oder Freundin hermachen. Etliche dieser Darstellungen mögen, was die Frauen betrifft, nach den damals geltenden Maßstäben als pornographisch gelten, und in den

Physiognomien einiger Verführer mag man die rassistischen Stereotype antisemitischer Karikaturen erkennen. Auf einem dem »Südstern« zugeschriebenen Flugblatt vom März 1945, »Rich man's war – poor man's fight«, ist ein amerikanischer Straßenkreuzer zu sehen, der mit einem feisten Zigarrenraucher und einer Blondine an Bord vor einer Schlachtenkulisse mit einem Jeep voller Verwundeter dahinbraust und an dessen Tür ein Judenstern mit einer Krone darüber aufgemalt ist. Bei seinen einschlägigen Recherchen will Ortwin Buchbender den ehemaligen Feldwebel eines Druckereizuges an der Italienfront getroffen haben, nach dessen Erinnerung Henri Nannen die Ideen für solche Flugblätter gehabt habe.

Nun hat Nannen selber in einem Interview für die Zeitschrift *Pardon* im Jahr 1975 über seine Mitwirkung an solcher Kampfpropaganda gesagt: »Da waren auch ein paar ›pornographische Flugblätter‹ (na, was Herr Heysing so nennt) dabei, zu denen ich mich übrigens mit großem Vergnügen bekenne...« Und das, obwohl besagter Heysing kurz zuvor dem *Spiegel* mitgeteilt hatte, er bewahre in seiner Asservatenkammer Unterlagen über Nannens Flugblatt-Aktivitäten auf, deren »aufsehenerregender Wert nicht im Sex-Akzent, sondern in der Beimischung antisemitischer Tendenzen« liege. Aber ein Beleg für diesen ziemlich absurden Versuch, aus Henri Nannen nun auch noch einen verkappten Antisemiten zu machen, ist nie aufgetaucht. Er ist, wenn er denn je existiert hat, mit Heysings »Privatarchiv« verschollen.

Es ist aus dem Abstand von gut fünfzig Jahren nicht leichter geworden, die pornographischen und rassistischen Elemente der psychologischen Kriegführung von damals mit dem gebührenden Abscheu zu betrachten – erst recht nicht, seit demokratisch gewählte Politiker des amerikanischen Kongresses die, zweifellos pornographischen, Details der Sexualpraktiken ihres gewählten Präsidenten ungestraft einer weltweiten elektronischen Verbreitung ausgeliefert haben. Aber auch die Empörung, die in den frühen siebziger Jahren (und dann noch einmal nach der Veröffentlichung der gefälschten Hitler-Tagebücher im *stern*) über Nannens Tätigkeit in der Kampfpropaganda von rechtskonservativen Publikationen geschürt wurde, war ja nicht moralisch motiviert, sondern eben politisch: Der *stern* als Befürworter der sozialliberalen Politik eines Ausgleichs mit Osteuropa und Nannen persönlich als der von Willy Brandt favorisierte Repräsentant des deutschen Journalismus sollten unglaubwürdig gemacht und um ihr publizistisches Potential gebracht werden. Es ging gar nicht wirklich um die Inhalte der »Südstern«-Propaganda, die Kampagne war ebenso heuchlerisch wie letztlich wirkungslos – was noch zu beschreiben sein wird.

Der ehemalige »Höhere Berichter« und spätere BND-Agent Günther Heysing hat dem *Spiegel* 1974 auch gesagt, er habe gegen Nannen noch »Munition«, die »für wichtigere Gelegenheiten bereit«liege. Diese Gelegenheiten sind offenbar nicht gekommen – oder Heysing hatte andere Gründe, sich aus jener politisch motivierten Kampagne herauszuhalten. Interessenten hat er mit der Begründung abblitzen lassen, Nannen sei immer fair zu ihm gewesen. Er und Nannen könnten sich theoretisch bereits 1943 in Berlin getroffen haben, als Heysing dort den *Volksfunk* redigierte. Bemerkenswert ist jedenfalls, daß Nannen in allen 28 Ausgaben der von Heysing nach dem Krieg herausgegebenen *Wildente* nur sehr spärlich vorkommt und gar nicht angegriffen wird, obwohl dieses Kameraden-Blättchen stramm rechts orientiert gewesen ist und sonst keine Gelegenheit ausgelassen hat, ehemalige PK-Leute, die es zu einiger Nachkriegs-Prominenz gebracht hatten, ausführlich zu würdigen. Der *stern* allerdings ist in der *Wildente* mit einer stattlichen Zahl von, meist doppelseitigen, Anzeigen präsent, im letzten Heft sogar mit einer Anzeige und einem werbenden Artikel über die *stern*-Aktion *Jugend forscht* (in dem freilich unerwähnt bleibt, daß der Organisator dieser Aktion ein gewisser Hans Weidemann war, den Nannen inzwischen engagiert hatte). Das alles akquirierte Heysing persönlich. Wenn er im Hamburger Pressehaus auftauchte, was er häufiger tat, bevor der BND ihn 1973 als Agenten »abschaltete«, und mit dem Chef reden wollte, dann war Nannen genervt: »Der schon wieder. Haltet mir den vom Leib!«

Ohne die politischen Grabenkriege der siebziger Jahre, vor allem ohne die erbitterten Kontroversen um Brandts Ostpolitik, wären die rechtskonservativen Zeitungen oder das *ZDF-Magazin* des Zweiten Deutschen Fernsehens wohl gar nicht auf die Idee gekommen, sich näher für Hans Weidemanns Vergangenheit und dessen Verhältnis zu Henri Nannen zu interessieren und dann waghalsige Vergleiche zwischen der Mischung von Sex und Politik im *stern* und den Methoden der Kampfpropaganda bei »Südstern« anzustellen. So aber versuchte das von Kurt Ziesel herausgegebene *Deutschland-Magazin* Nannen nicht nur zum alten Nazi, sondern auch noch zum Sympathisanten der italienischen Neofaschisten zu machen. Mussolinis Neffe und weiland Staatssekretär Graf Vanni Teodorani, nach dem Krieg prominenter Funktionär des neofaschistischen MSI, soll laut dem im *Deutschland-Magazin* zitierten Dienst NPA »vielsagend lächelnd« darauf hingewiesen haben, daß Bevilacqua kaum 100 Kilometer von Gargnano entfernt sei, »wo wir damals wohnten«; Nannen, den er aus der »Südstern«-Zeit kenne, sei »auch jetzt« (1980) sein Kontaktmann in Deutschland. Außerdem bot der Dienst NPA Zeitzeugen auf, den weiland SS-Unterscharführer Michael Eber zum Beispiel, der »nie eine defätistische Äußerung von Nannen gehört« haben will, oder den ehemaligen Luftwaffen-Unteroffizier Prof. Hans Reif: »Wir waren Weidemann ausgeliefert. Ein übler Kerl, Scharfmacher, sehr gefährlich«, der Defätisten »persönlich erledigen« wollte. Helmut Schlechtendahl hingegen sagt über Weidemann: »Er war ein absoluter Zivilist, der ›Guten Morgen‹ und nicht ›Heil Hitler‹ sagte. Das war damals sonst nicht üblich.« Ja, die Wahrheit ist ungenau.

Halten wir uns an die Historiker, jedenfalls was den weiteren Verlauf des Krieges angeht. Am 11. Mai 1944 begann, eingeleitet von Trommelfeuer und rollenden Bombardements, der Großangriff der 8. britischen und der 5. amerikanischen Armee auf die Einheiten der 10. deutschen Armee an der sogenannten Gustav-Linie, die nach 36 Stunden durchbrochen war. Polnische Verbände umgingen Montecassino, so daß die dort verschanzten deutschen Fallschirmjäger am 18. Mai den völlig verwüsteten Klosterberg räumen mußten. Die alliierten Divisionen aus dem Landekopf von Anzio-Nettuno brachen am 23. Mai durch, am 4. Juni besetzten die Alliierten Rom, der König dankte ab, und Marschall Badoglio trat zurück.

Der deutsche Rückzug begann. Am 7. Juni rief der britische General Alexander, Eisenhowers Nachfolger im alliierten Oberbefehl in Italien, Widerstandskämpfer und Partisanen zur Sabotage der Deutschen und zur Störung ihres Nachschubs auf, mit spürbarem Erfolg. Die »Bandentätigkeit«, so der Oberbefehlshaber Südwest Ende Juni, habe derart zugenommen, »daß Versorgung und Führung erschwert sind«. Gewalt und Gegengewalt eskalierten zusehends, allzuoft explodierten sie in gräßlichen Massakern. Die deutsche Front wurde weiter nach Norden zurückgedrängt.

Bei Bevilacqua wurde in der Nacht zum 19. Oktober 1944 von Partisanen eine Brücke über den Fluß Fratta gesprengt, die einzige, also strategisch wichtige Verbindungsbrücke im Verlauf der Hauptstraße Padua – Mantua. Beteiligt waren 13 desertierte Ukrainer und etwa sechs Italiener, die in derselben Nacht noch zwei weitere Brücken in San Salvaro und Borgo Frassine zerstört hatten. Zwei italienische Partisanen wurden gefaßt. Bereits am Morgen des 19. Oktober erschienen in Bevilacqua ein Sonderkommando in Luftwaffenuniform aus Este, außerdem Angehörige einer italienischen »Brigata Nera« und der »Guardia Nazionale Repubblicana« aus Padua und ein Faschistenführer aus Legnago. Das Sonderkommando rückte in einen Flügel des Castello Bevilacqua ein, in dem das Unternehmen »Südstern« untergebracht war, und verhörte dort ungefähr hundert im Schloßhof zusammengetriebene Menschen, darunter etwa zehn Frauen, wobei die Vernehmer auch vor der Folter nicht zurückschreckten. Seit dem 30. Juli gab es einen »Führerbefehl« zur »Bekämpfung von Terroristen und Saboteuren in den besetzten Gebieten«, dem zufolge auch der Schein eines rechtlichen Verfahrens nicht mehr gewahrt werden mußte. Die Tortur endete mit der Hinrichtung eines italienischen Partisanen.

Erst 26 Jahre später, auf dem Höhepunkt jener politisch motivierten Kampagne, durch die der *stern*-Chefredakteur Nannen mundtot gemacht werden sollte, ist der Verdacht laut geworden, der damalige SS-Obersturmführer Weidemann, der auch die Funktion eines Ortskommandanten von Bevilacqua innehatte, und der damalige Luftwaffen-Leutnant Nannen, der zwar nicht der Chef, aber der »Boß« bei »Südstern« war, hätten von diesen

Vorgängen nicht nur gewußt, sondern seien womöglich auch daran beteiligt gewesen. Und erst ein konkurrenzloses Aufgebot von Reportern und Rechercheuren des *stern* hat den Luftwaffen-Hauptmann Willi Lembcke, der die Hinrichtung befohlen hatte, und die Untergebenen, die sie ausgeführt hatten, aufspüren und so das *ZDF-Magazin* zu dem Eingeständnis zwingen können, daß »weder Weidemann noch ein Angehöriger seiner Einheit für Verhöre, Todesurteile und Hinrichtungen verantwortlich oder daran beteiligt waren«.

Historisch betrachtet, also im Rückblick auf den Krieg in Italien, war die Idee, die »Südstern«-Leute könnten mit der Partisanen-Erschießung in Bevilacqua zu tun gehabt haben, so abwegig nicht. Denn in der Tat sind bei der »Bandenbekämpfung« von Mai 1944 bis Mai 1945 Tausende von kriegsgefangenen Soldaten, Männer, Frauen und Kinder jeden Alters von Angehörigen der Wehrmacht, der SS und der Polizei zum Teil bestialisch umgebracht worden. Auch die Tatsache, daß Hans Weidemann nach dem Krieg von Nannen beim *stern* beschäftigt und mit den Aktionen *Jugend forscht* und *Jugend trainiert für Olympia* betraut worden war, mochte man merkwürdig finden.

Aber wer die beiden Personen, um die es hier vor allem ging, also Nannen und Weidemann, ein bißchen genauer betrachtet hätte, ihre Leidenschaft für die Malerei zum Beispiel und ihre Anfälligkeit für alles das, was man später »dolce vita« genannt hat, der hätte zumindest gezögert, sie für brüllende Brutalinskis oder verbohrte Vollstrecker zu halten. Es war wohl eher so, daß sie samt ihrer zusammengewürfelten Truppe froh waren, wenn die Partisanen sie unbehelligt ließen. Mit der zivilen Bevölkerung hatten sie offenbar keine Probleme. Jedenfalls haben Italien-Reisende schon ein paar Jahre nach Kriegsende mit einer Empfehlung vom »Tenente Nannen« dort, wo er stationiert gewesen war, freundliche Aufnahme gefunden. Nannen mochte die Italiener, seit er sie 1935 zum erstenmal kennengelernt hatte. Ihre ungehemmte Art zu kommunizieren imponierte ihm, ihre natürliche Eleganz, ihr angeborener Kunstsinn, ja sogar ihr Hang zum kreativen Chaos. Und er liebte die zum Bilde geformten Szenerien dieses Landes, wo die Zitronen blühen.

Daß es bei »Südstern« in Bevilacqua hoch hergegangen sei, wie zuvor in Rom, ist nicht überliefert. Es spricht auch wenig dafür. Die neue Verteidigungsstellung im Apennin konnte jederzeit ins Wanken geraten, Feldpost von zu Hause kam nicht mehr, und kein Mensch wußte, was ihm noch bevorstand. Angst ging um, zumindest im verborgenen. Aber offenbar gelang es Nannen damals, so etwas wie Zuversicht auszustrahlen und seinen »Verein« einigermaßen bei Laune zu halten. Einige Propaganda-Projekte, von der Flugblatt-Produktion mal abgesehen, ließen sich nicht mehr realisieren, zum Beispiel die Herstellung einer Zeitung für die Frontsoldaten. Eine Kampfpropaganda-Zeitung namens *The Low Down*, die es zwischen Januar und April immerhin auf sechs Ausgaben brachte, wurde vom Propaganda-Zug 614 des Oberleutnants Ernst-Moritz Arndt hergestellt, der in Cremona stationiert war. Von Fino Mornasco bei Como strahlte nun auch der »Südstern«-Sender »Wanda« seine Bemühungen aus, die polnischen Soldaten der Anders-Armee zu demoralisieren – wobei, wie Ortwin Buchbender bemerkt hat, »die eigentliche Trumpfkarte der deutschen Propaganda in der schlichten Tatsache [bestand], daß sie keine Propaganda war, sondern lediglich die Polen über die sich von Monat zu Monat verschlechternde politische Lage informierte«. Propaganda, das lehrte nicht nur dieses Beispiel, war dann am wirksamsten, wenn sie die Wahrheit sagen konnte. Es war eine verkehrte Welt.

Auf Schloß Fino, einem Château halbwegs zwischen Mailand und Como, trafen sich die multinationalen Akteure der deutschen Kampfpropaganda mit ihren Dienstherren zuweilen zum Tanz auf dem Vulkan. Ein Teilnehmer, der ehemalige PK-Mann Hans F. C. Ordemann, hat in der *Wildente* über »muntere Bälle auf höchst internationaler Ebene« berichtet: »Bälle, auf denen die charmante Italo-Amerikanerin Sally tanzte. Sally, die den boys in den foxholes ob des Timbres ihrer allabendlich auf 47,6 m- und 271,7 m-Band von dem Sender ›Jerry's Front Calling‹ übermittelten Gute-Nacht-Küßchen zur Personifizierung der Siegesgöttin geworden war, weil sie so lasziv ›A sweet kiss from Sally‹ flüstern konnte. Es war die erste Frage der wenigen Gefangenen, die wir machten: ›Gibt es Sally wirklich, kann man sie sehen?‹...«

Es gab sie – aber sie war ein Double der echten »Axis Sally«, die von Berlin aus für die Fronten in Italien und Afrika ihre Gute-Nacht-Küsse über den Äther schickte. Die echte Sally stammte aus Portland, Maine, hieß Mildred Gillars, hatte vergebens versucht, am Broadway Karriere zu machen, und war dann einem deutschen Radio-Produzenten nach Berlin gefolgt. Mildred Gillars soll sich mehrfach vergeblich über ihr italienisches Double beschwert haben. Die Amerikaner haben die Mitschnitte ihrer Sendungen nach Kriegsende in ihrem Berliner Keller gefunden und ihr wegen Landesverrats den Prozeß gemacht. Als sie das Gefängnis verlassen durfte, war sie sechzig und katholisch geworden. Sie starb mit 87 Jahren in Columbus, Ohio.

Daß im Schloß Bevilacqua der Teufel los gewesen sei, hat, wie gesagt, kein Chronist überliefert. Es gibt ein merkwürdiges Foto, das dort, laut Beschriftung, auf einer Weihnachtsfeier 1944 gemacht worden ist. Am Tisch sitzen nebeneinander Hans Weidemann, die SS-Runen am Kragenspiegel sind deutlich erkennbar, Henri Nannen mit dunkelbraunem Haar und in Luftwaffen-Uniform, die sehr jugendliche Martha Kimm mit Brille und ein weiterer, nicht identifizierter Uniformträger, dessen Haupthaar stark gelichtet ist. Auf dem Tisch stehen etliche Flaschen, offenbar noch verkorkt, eine davon mit einem Zierkorken, auf dem eine Amorette kokett die Arme breitet. Keiner der vier Tischgenossen blickt in die Kamera, keiner lächelt. Alle haben die Köpfe gesenkt und die Hände zwar nicht gefaltet, aber, bis auf Henri Nannen, so vor dem Mund ineinander gelegt, als nötige ihnen ein unsichtbarer Prediger ihnen eine Andacht ab, die zu empfinden sie sich redlich bemühten. Und Friede auf Erden? Und den Menschen ein Wohlgefallen?

Noch war der Krieg nicht vorbei. Einige der perfidesten Flugblätter, die von den Experten dem »Südstern« oder dem Propaganda-Abschnittsoffizier I zugeschrieben werden, sind in den Monaten März und April entstanden. »Wanda« strahlte ihre letzte Sendung am 26./27. April aus, zwölf Tage nachdem die 5. US Armee zum Angriff auf die letzten deutschen Stellungen in den Bergen des Apennin angetreten war. Am 17. April wurde die deutsche Front durchbrochen und konnte nicht mehr geschlossen werden. Die Bewegungen der 5. amerikanischen und der 8. britischen Armee bezweckten eine zangenförmige Umklammerung der deutschen Streitkräfte bei Bologna, was auch gelang. Die starren Durchhaltebefehle der obersten deutschen Heeresleitung hatten verhindert, daß die Front rechtzeitig zurückgenommen und sinnlose Verluste vermieden werden konnten. Die 14. deutsche Armee war total zerschlagen, nur bei der 10. Armee gelang es gelegentlich noch, so etwas wie Widerstand zu organisieren. Als das OKW am 24. April schließlich den Rückzug in die sogenannte Alpenfestung befahl, war es auch dafür zu spät.

Um dieselbe Zeit erreichten die 85. und die 88. US-Infanterie-Division den Raum Verona, also auch Bevilacqua. Die sogenannte Republik von Salò am Gardasee löste sich auf, Mussolini floh am 27. April mit seiner Geliebten Clara Petacci und wurde einen Tag später von Mitgliedern der *Resistenza* gestellt und brutal ermordet. Bereits am 25. April begannen Teile der *Resistenza* den offenen Aufstand und sperrten die Alpenpässe. Am 29. April kapitulierten in Caserta die deutschen Truppen in Italien.

Hans Weidemann hat nach dem Krieg ausgesagt, daß das Kommando »Südstern« Bevilacqua am 24. April verlassen habe. Offenbar war Henri Nannen aber nicht dabei, denn, so erinnert sich Helmut Schlechtendahl, »Nannen war in Berlin, als die gesamte Südfront plötzlich zusammenbrach«. Solche Reisen waren auch in den letzten Wochen des Krieges durchaus noch möglich, zumindest für Truppenführer. Warum Nannen damals nach Berlin mußte, hat er Schlechtendahl angeblich nicht gesagt. Daß er erst jetzt, also im Frühjahr 1945, wegen des Defätismus seiner Flugblatt-Texte vorgeladen worden wäre, ist zwar theoretisch nicht auszuschließen, praktisch aber schon deshalb sehr unwahrscheinlich, weil er längst unter der »Aufsicht« von Hans Weidemann stand, der solchen Defätismus ja unterbinden sollte. Aber als Nannen aus Berlin zurückkam, fand er Weidemann nicht mehr vor.

Daß er überhaupt zurückkommen werde, hatten seine Schutzbefohlenen nicht erwartet, als sie sich auf die Flucht machten, immer Richtung deutsche Grenze. Aus ihrer Sicht hatte er es ja geschafft, er war schon da, wohin sie wollten und wo es wenigstens keine Partisanen gab. Vor seiner Abreise hatte er Schlechtendahl besonders für die Sicherheit der beiden Frauen verantwortlich gemacht – für dessen Frau Hubertine, die Nannen »Huppelchen« nannte, und für Martha Kimm. Die war nun wirklich verzweifelt, nicht nur weil sie den Mann, dem sie in den Krieg gefolgt war, nicht mehr an ihrer Seite hatte, sondern weil sie auch nicht wußte, wohin sie sich wenden sollte, falls die Flucht gelang. Im rumänischen Kronstadt, wo ihre Mutter lebte, waren die Russen, und in Deutschland hatte sie nur Nannen.

Zu Beginn dieser regellosen Flucht, in der jeder sich am Ende selber überlassen war, »nahm Hans Weidemann seine fünf SS-Leute, verabschiedete sich von uns, um uns bei der Gefangennahme keine zusätzlichen Schwierigkeiten zu machen, und ließ uns einen kleinen Transporter für ein paar Wehrmachtsakten und unsere Habseligkeiten«, erinnert sich Schlechtendahl. So endete die Kampfpropaganda-Kooperation zwischen dem SS-Kommando »Südstern« und den PK-Leuten aus Wehrmacht und Luftwaffe.

»Wir marschierten los, niemand glaubte, daß wir Nannen je wiedersehen würden, und ich, gerade 24 Jahre alt, war auch noch für zwei junge Frauen verantwortlich. Dann plötzlich, nach zwei oder drei Tagen Fußmarsch, wurde unsere müde Truppe von einem ramponierten Militärfahrzeug überholt, das mit dem letzten Tropfen Sprit fuhr. Der Fahrer war Sir Henri.« Er hatte sich irgendwie Verkehrsmittel besorgt und auf die Suche nach seinen Leuten gemacht, wobei ihm der Umstand zu Hilfe kam, daß es in dem bergigen Gelände nur drei Straßen gab, auf denen der flüchtige Trupp sich bewegen konnte.

Ob er das nur Marthas oder auch seiner Leute wegen getan hat – wer weiß? Die Geschichte von Martha und Henri hat sich als Liebesgeschichte immer im roten Bereich bewegt, außerhalb nachvollziehbarer Normalität und bürgerlicher Konventionen; das ist im Grunde auch so geblieben, als es keine Liebesgeschichte mehr war. Und vollends damals – man lebte sozusagen im freien Fall, niemand hätte das Wort Zukunft auch nur buchstabieren mögen, und die einzige Gewißheit war, daß es keine gab. Es gab die animalische Nähe und das unglaublich gesteigerte Gefühl zu leben, zumindest bis morgen. Nach der ersten Nacht, die er wieder bei Martha und der Truppe war, in der Scheune eines oberitalienischen Gebirgsdorfs, verkündete Henri Nannen seinem ehemaligen Schreiber, er habe in dieser Nacht einen Sohn gezeugt. Er sagte das nicht im Scherz, sondern mit einem trotzigen Ernst, der Schlechtendahl verblüffte. Einige Zeit später bestätigte Martha ihrer Freundin Hubertine aufgrund sicherer Anzeichen diesen Sachverhalt. Auch sie dachte dabei nicht an eine Tochter.

Eines Tages war der verdreckte, verlorene Haufen aus einem Dutzend mutloser Männer, zwei jungen Frauen und einem Militärtransporter auf seinem Marsch durch einen Bergwald plötzlich von Partisanen umstellt, deren Anführer die bedingungslose Kapitulation verlangte – was immer er sich darunter vorgestellt haben mag. Während Nannen in passablem Italienisch mit ihm verhandelte, gelang es Schlechtendahl und einigen seiner Kameraden, aus jenem militärischen Transportfahrzeug die drei Flugblattwerfer herauszuholen, die überflüssigerweise darin mitgeführt worden waren, sich nun aber als nützlich erwiesen, weil sie Granatwerfern so ähnlich sahen. Nannen zeigte auf die harmlosen Dinger und drohte den Partisanen mit einem »Blutbad«, falls sie auf ihrer Forderung bestünden. Mundus vult decipi. Der Trupp konnte weiterziehen.

Eine andere Rückzugsgeschichte haben zwei Angehörige von Nannens Einheit, Werner Kastens und Rudolf Sukopp, nach dem Krieg (im Mai 1946) in Form eidesstattlicher Erklärungen erzählt. Demnach »führte Herr Nannen seinen Zug und eine große Anzahl zugelaufener Soldaten auf eigene Verantwortung und gegen den ausdrücklichen Befehl des Befehlshabers Adriatisches Küstenvorland, durch dessen Gebiet unser Weg führte und der einen Kampfeinsatz gegen die jugoslawischen Tito-Truppen vorsah, was bestimmt unnützes Blutvergießen bedeutet hätte, nach Nordwesten über die Tauern und stellte sich in Kufstein den amerikanischen Truppen«.

Das Datum, das Nannen für Kapitulation und Gefangenschaft in seinem Fragebogen genannt hat, ist der 4. Mai. Das Lager, in das er zuerst kam, war in der Nähe einer Örtlichkeit, die er genau zehn Jahre zuvor schon einmal als unfreiwilliger Italien-Rückkehrer passiert hatte: eben Kufstein; das Entlassungslager war in Bad Aibling. Die beiden Frauen, die nolens volens am Krieg teilgenommen hatten, aber keine Soldatinnen waren, kamen laut Helmut Schlechtendahl gemeinsam in ein etwa zehn Kilometer entferntes Internierungslager.

Auch Nannen und Schlechtendahl blieben beieinander, hatten zusammen eine Militärdecke, die sie entweder als Unterlage oder als Bettdecke benutzten, und einen Liegeplatz direkt am Stacheldrahtzaun. »Unsere tägliche Verpflegung«, erinnert sich Schlechtendahl, »bestand aus einigen Scheiben Brot, die wir brüderlich teilten. Morgens, wenn wir wach wurden, war es uns vor Hunger schwarz vor den Augen, und Henri sagte: ›Helmut, bewege dich nur ganz langsam, um so weniger Kraft verschwendest du.‹ Jeden Tag warteten wir sehnsüchtig auf die beiden Frauen. Manchmal brachten sie ein bißchen Brot und einmal ein Pfund Sauerkraut – das habe ich nie vergessen. Aber wenn die amerikanischen Wachsoldaten versuchten, unseren Mädchen auf den Po zu klopfen, dann war was los! Ich verstand die Schimpfworte nicht, die Henri den Soldaten an den Kopf warf, aber der Ton seiner Stimme konnte schon damals sehr gefährlich sein. Die Soldaten verdrückten sich sofort.«

Immerhin scheint Nannen die Gefangenschaft schlechter vertragen zu haben als sein Schicksalsgenosse – oder er hat es besser verstanden, sich ihr zu entziehen. Jedenfalls verzeichnen die spärlich erhaltenen Unterlagen über seine Militärzeit (Wehrpaß und Soldbuch gelten als verloren) einen Aufenthalt im Lazarett Rosenheim vom 26. Mai bis zum 22. Juni »wegen Erkrankung und Unfall [ohne nähere Diagnose]«. Vier Tage nach der Entlassung aus dem Lazarett endete auch seine Gefangenschaft, am 26. Juni 1945. Die von zwei amerikanischen Captains unterschriebene Entlassungsurkunde (Discharge Number 12 7504) nimmt es mit der Diagnose besagter Erkrankung auch nicht besonders genau. Sie verzeichnet unter »disability« sowohl »heart trouble«, also Herzbeschwerden, als auch »spinal fracture«. Demnach hätte sich Nannen in der Gefangenschaft oder unmittelbar davor das Kreuz gebrochen – eine Annahme, die allein schon durch den weiteren Verlauf der Ereignisse widerlegt wird.

Ob die schwangere Martha Kimm zur selben Zeit aus der Internierung entlassen wurde wie Nannen aus der Gefangenschaft, ist nicht mehr festzustellen. Sicher ist aber, daß die beiden keine getrennten Wege gingen. Henri Nannen hatte, gar nicht weit weg, so etwas wie ein Heim, dem er zustreben konnte: das »Austragshäusl« in Oberfischbach; dort lebten seine Ehefrau Monika und deren beide Kinder. Martha Kimm, von ihm schwanger, hatte nichts dergleichen. Also nahm er sie mit nach Hause.

Oberfischbach

oder: die Stunde Null, ein Kind und zwei Frauen

Würde sich heute jemand so eine Geschichte ausdenken, dann vielleicht als Stoff für eine Seifenoper, irgendwo zwischen *Dallas* und der *Lindenstraße*, oder als reziprokes Heimkehrerdrama mit einer Prise *Madame Butterfly*: Der Mann kommt aus dem Krieg zurück, findet seine Frau aber nicht in den Armen eines anderen, sondern er präsentiert der Getreuen seine neue Frau, eine Kriegsbraut sozusagen, bereits schwanger. Sollte so etwas Ähnliches heute passieren, und vermutlich kommt das vor, dann würde der ungetreue Ehemann die Neue doch erst mal in gehöriger Entfernung vom Wohnsitz der Familie unterbringen, bis er den Fall, so oder so, geregelt hat. Damals ging das nicht.

Niemand, der ein unzerstörtes Dach über dem Kopf hatte und die Aussicht, etwas zu essen zu bekommen, der zumindest wußte, wo er beides finden konnte, hätte darauf verzichtet, bloß weil er einer Peinlichkeit aus dem Weg gehen wollte. Der Krieg war vorbei, der Kampf ums Überleben nicht. Die Städte lagen in Trümmern, viele Millionen Menschen waren umgekommen, und die übriggebliebenen Verlierer suchten nach ihren Angehörigen, noch immer voller Angst, festgenommen oder vergewaltigt zu werden oder einfach zu verhungern. Man war noch am Leben und wollte es bleiben, auch wenn es eigentlich kein Leben war. Alle waren voller Hoffnung, aber nur die wenigsten hatten Grund dazu. Recht und Ordnung waren außer Kraft, und die bürgerlichen Konventionen lagen irgendwo unter dem Schutt, den die sogenannten Trümmerfrauen wegzuräumen begonnen hatten.

Wahrscheinlich gibt es in jeder Lebensgeschichte Situationen und Dialoge, die im Vergessen am besten aufgehoben sind. Nannens Heimkehr mit Martha nach Oberfischbach gehört gewiß dazu. Wer seine Phantasie (oder analoge Erlebnisse) bemühen will, eine solche Situation zu rekonstruieren, mag das tun. Berichte darüber existieren nicht. Die Akteure haben ihre Erinnerung mit ins Grab genommen, und die übrigen Beteiligten waren damals noch zu jung zum Begreifen.

Uwe Bischof, Monikas Sohn aus erster Ehe, ist der letzte lebende Beteiligte. Er erinnert sich an eine explosive Auseinandersetzung, die aus anderen Gründen berichtenswert ist. Schauplatz war der Eßtisch in der Wohnstube des Oberfischbacher Häuschens, um den die Familie versammelt war. Es gab Holundersuppe. Und es gab Streit. Jedenfalls nahm »der Peter«, also Nannen, plötzlich die Schüssel mit der Holundersuppe und donnerte sie gegen die Decke über dem Eßtisch, wo die Schüssel in Scherben ging und der Inhalt einen noch längere Zeit zu besichtigenden roten Fleck hinterließ. In Erinnerung geblieben ist Uwe Bischof diese Szene vor allem wegen der Reaktion seiner Mutter. Die nämlich stand relativ gelassen von dem versauten Tisch auf, nahm von irgendwoher einen Keramikteller, drückte ihn Nannen in die Hand und sagte: »Wenn du wieder mal was an die Wand schmeißen willst, nimm bitte das.«

Auf Urlaub in Oberfischbach war »der Peter« mehrmals, wie Familienfotos belegen, mal in Uniform und mal in Lederhosen, auch noch während der »Südstern«-Zeit von Italien aus. Uwe Bischof, damals zehn Jahre alt, erinnert sich, daß Nannen im Sommer 1944 mit einem Militärfahrzeug erschien, das »vielleicht hundert Paar Turnschuhe« an Bord hatte. Die wurden dann dort abgeladen. Woher sie stammten und zu welchem Zweck sie abgeladen wurden, war ihm nicht klar, es interessierte ihn auch nicht besonders; er war schließlich noch ein Kind. Aber daß der Transport einigen Ärger machte, weiß er, weil das Militärfahrzeug die damals noch nicht ausgebauten schmalen Feldwege ziemlich ramponiert hatte. So recht geheuer war der forsche Leutnant den oberbayerischen Bauern sowieso nicht.

Es gibt einen weiteren Zeugen für diese seltsame Geschichte: Wilhelm Rüdiger, der seit 1942 ebenfalls in Oberfischbach lebte, aber nicht in dem Austragshaus, sondern in einem benachbarten Bauernhof, in dem er sich mit seiner Frau eingemietet hatte. Auch er dürfte sich nicht allzu intensiv für die Herkunft der Turnschuhe interessiert haben; Nannen, das wußte er, »hatte solche Möglichkeiten«. Dafür war ihm klar, daß die Dinger, die man ohne Bezugsscheine ja nicht mehr kaufen konnte, als Tauschobjekte gegen andere Mangelware nützlich sein würden. Wo der Haufen Turnschuhe aufbewahrt worden ist, weiß auch Uwe Bischof nicht mehr genau; er vermutet, daß eine Art Verschlag für sie geschaffen wurde, und zwar in dem solide gemauerten Raum im Untergeschoß des Häuschens, den Nannen und Rüdiger um die gleiche Zeit ohnehin mit Stützbalken als behelfsmäßigen Luftschutzkeller ausbauten.

Daß »der Peter« bereits bei solchen Urlaubsbesuchen von Martha gesprochen oder sie gar mitgebracht hat, ist ihm nicht zuzutrauen. Allein schon sein Harmoniebedürfnis hätte das verhindert. Außerdem wußte er damals noch gar nicht, wohin das alles führen und in welch konkretem Dilemma es einmal enden würde. Mit zwei Frauen gleichzeitig verbunden zu sein, hat Henri Nannen nie in Gewissenskonflikte gestürzt, vor Oberfischbach nicht und auch nicht danach. Weil er sich selber stets im Mittelpunkt seiner Beziehungen zu Frauen sah, auch der zweigleisigen, hatte er da kein Unrechtsbewußtsein. Zum Problem wurden solche Konstellationen erst dann, wenn eine Entscheidung nicht vermieden oder wenigstens umgangen werden konnte. Das war hier zweifellos der Fall. Martha Kimm ist mit Henri Nannen in das kleine Bauernhaus gezogen, in dem seine Frau Monika mit den Kindern lebte, und zwar ohne Einschränkungen, auch ohne Verzögerung. Bemerkungen, die Monika in Briefen an ihre Mutter in Hannover gemacht hat, lassen daran kaum einen Zweifel.

Es ist nicht so, daß die Situation Nannen kalt gelassen hätte, schon deshalb nicht, weil eine Entscheidung unumgänglich war. Mit der Ehefrau einerseits und der Mutter seines Kindes andererseits auf Dauer in einem Haus mit zwei Zimmern zu wohnen, das war gewiß nicht seine Vorstellung von einem harmonischen Familienleben. Aber wie er sich entscheiden sollte, war ihm auch nicht sofort klar. Wilhelm Rüdiger hat ihn damals »heulend durch die Wälder laufen« sehen und hat immer wieder seinen verzweifelten Monologen zugehört, die stets auf dieselbe Frage hinausliefen: Was soll ich denn bloß machen? Rüdigers Antwort war auch stets dieselbe: Laß dich scheiden und heirate die Mutter deines Kindes, du kannst doch gar nichts anderes machen.

Dafür sprach nicht nur der gesunde Menschenverstand, sondern auch die spürbare Entfremdung zwischen Monika und dem Mann, den sie einmal schwärmerisch »ein Kind« genannt und Peter getauft hatte. Vielleicht war diese Beziehung in Wahrheit schon beendet, als sie zur Ehe wurde, war zumindest reduziert auf einen Beistandspakt, den die beiden auch erfüllten, wennschon in wechselseitig wachsendem Unverständnis. Nannen überschritt den Rubikon, als er Martha mit in den Krieg nahm. Für Monika war die Entfremdung wohl eher ein schleichender Prozeß. So wie sie erzogen worden war und bislang gelebt hatte, mußte ihr die Manier, in der ihr Mann den Krieg zu managen und den Mangel zu organisieren verstand, immer unheimlicher werden. Die »Operation Turnschuhe« zum Beispiel dürfte ihr den Atem genommen haben, auch wenn die Familie davon profitierte. Es ist anzunehmen, daß sie ihre Zweifel und ihren Abscheu nicht zu artikulieren gewagt hat – außer in Briefen an ihre Mutter, dort allerdings drastisch. Aber aus rosaroten Wolken gefallen ist sie bestimmt nicht mehr, als ihr Peter mit seiner neuen Frau erschien.

Wie fast immer, wenn er in einer Krise steckte und nicht wußte, wie es weitergehen sollte, nahm Nannen seine Zuflucht zum Handwerk. Er baute um. Das heißt, er zog in den zweistöckigen sogenannten Schulraum des Häuschens eine Decke ein und gewann so einen weiteren Wohnraum, ein drittes Zimmer, das ja wirklich dringend gebraucht wurde. Einen solchen Umbau im Spätsommer des Jahres 1945 zustande zu bringen, war eine normalerweise nicht zu bewältigende Aufgabe, sowohl physisch als auch logistisch. Nannen schaffte es irgendwie. Auch Wilhelm Rüdiger weiß nicht, wie er die Balken, die Bohlen und die anderen Materialien beschafft hat, ob im Tausch gegen Turnschuhe oder wie sonst. Rüdiger weiß nur, daß die Pferde, die er im Krieg gekauft hatte, beim Transport eingesetzt wurden, und daß er selber, mangels handwerklicher Fähigkeiten, wenig dabei helfen konnte. Einfach einen Bautrupp bestellen konnte Nannen damals nicht, höchstens ein paar Hilfswillige. Den größten Teil der Arbeit mußte er selber machen, und das wollte er auch. Dennoch war die ganze Aktion nach heutigen Maßstäben ziemlich unmöglich. Aber das gilt für so manches, was damals, in der sogenannten Stunde Null, durchaus gelang.

Etwas zu essen war auf dem Land leichter zu bekommen als in den zerstörten Städten, wo auch die Bezugsmarken für streng rationierte Lebensmittel keine Garantie dafür boten, daß es tatsächlich was zu kaufen gab. Es war die Zeit, in der man Stadtbewohner, die nicht ausgebombt waren, mit ihren feinsten Damasttischdecken und ihrem Tafelsilber durch die Dörfer ziehen und bei den Bauern katzbuckeln sehen konnte für ein paar Kartoffeln oder gar ein Stück Butter. Nun war Nannen im Umgang mit Mangelware ja sehr erfolgreich. Uwe Bischof erzählt, wenn es pro Nase eine Molkewurst als Sonderzuteilung gab, »dann kam der Peter mit zehn nach Hause«. Aber die Rückkehr in seinen zivilen Beruf als Kunstkritiker und Redakteur – die konnte ihm in Oberfischbach nicht gelingen. Zwar arbeitete er auch wieder beim Bauern, manchmal mit Rüdiger zusammen. Vor allem aber versuchte er, sobald das möglich war, in München Fuß zu fassen.

Bei seinem letzten zivilen Arbeitgeber, dem Bruckmann-Verlag, der selber erst seinen Weg in die Zukunft finden mußte, bekam Nannen gelegentlich Arbeit im Lektorat. Und natürlich suchte er Kontakt zu den Künstlern, besonders zu denen, die sich bei den Nazis nicht hatten sehen lassen dürfen. Mit der Idee, die im verborgenen entstandenen Bilder dieser Künstler zu finden und auszustellen, trug er sich schon früh. Während eines Besuches bei dem Impressionisten Carl Otto Müller, dem Präsidenten der »Neuen Münchner Künstlergenossenschaft«, mit dem er befreundet war, lernte er im Sommer 1945 einen energiegeladenen jungen Mann kennen, der aufgebrochen war, ein bedeutender Kunsthändler zu werden: Roman Norbert Ketterer. Mit dem kam er ins Gespräch, fand Gefallen an ihm und lud ihn nach Oberfischbach ein, weil Ketterer in München kein Quartier, aber ein Auto hatte. »In der Regel fuhr ich mit dem Zug nach Bad Tölz und marschierte von dort nach Oberfischbach«, so hat Nannen die Situation sehr viel später in einem Gespräch mit Ketterer resümiert, aber »Sie hatten das Auto, und ich hatte die Künstlerkontakte... Sie wollten möglichst bald Ausstellungen mit Werken von Münchner Künstlern veranstalten.«

Offenbar fand auch der Logiergast noch Platz in Nannens Mehrfamiliensitz. Und Ketterer war begeistert: »Es war eine sternklare Vollmondnacht, als wir in Oberfischbach diskutierend spazierengingen.« Nannen sekundierte: »Wir gingen einen Höhenweg entlang, der hinter Oberfischbach einen Hügel hinaufführte, auf dem eine große Buche stand mit einer Bank darunter. Mein kleiner Sohn pflegte [später] zu sagen: Ich gehe auf den Horizont.« Für Ketterer hatte dieser Spaziergang »eine Stimmung wie ein Gemälde von Caspar David Friedrich. Uns umgab eine wunderbare Voralpenlandschaft. Wir diskutierten nicht nur den ganzen Abend, sondern auch die halbe Nacht. Ich erinnere mich noch, wie Sie mich mit Kunst und Künstlern, die Sie kannten, vertraut machten«. Ketterer fragte, ob er Nannen als Mitarbeiter gewinnen könne, »aber Sie lehnten ab und erklärten, daß Sie anderweitige Pläne hätten. Sie wollten warten, bis der Bruckmann-Verlag wieder eine Lizenz bekäme.«

Tatsächlich faszinierte Nannen immer mehr der Gedanke, daß es nicht nur unveröffentlichte Manuskripte in den Schubladen der Schriftsteller, sondern auch unbekannte Bilder in den Ateliers der Maler geben müsse, und daraus wurde der Plan, eine große Ausstellung Münchner Maler nach Norddeutschland und eine Ausstellung norddeutscher Maler nach München zu bringen. »Das war aber sehr schwierig, weil es im Norden die britische und im Süden die amerikanische Besatzungszone gab, deren Grenzen man nicht ohne weiteres passieren konnte« – unter den gegebenen Bedingungen ein nahezu unlösbares organisatorisches Problem, also genau das, was Nannen besonders reizte. Er hatte auch bald herausgefunden, wie man zumindest das Teilproblem des interzonalen Transports lösen konnte. »Die Amerikaner hatten in Bremen und Bremerhaven eine Art Enklave innerhalb der britischen Zone für die Zufuhr von Gütern aus Amerika. So verkehrten täglich Transportzüge zwischen Bremen und München, das in der amerikanischen Zone lag.« Folglich interessierte Nannen »die Amerikaner« für seinen Plan, was auch gelang. Sie sagten ihm zu, den beabsichtigten Bildertransport auf dem beschriebenen Weg zu ermöglichen. Und »sie beauftragten mich, mit den zuständigen britischen Besatzungsbehörden darüber zu sprechen und sie von der Notwendigkeit dieser wechselseitigen Ausstellungen zu überzeugen. Wir wollten zeigen, daß es wieder eine deutsche Kunst gab.«

Chapeau! Ein Mandat der amerikanischen Besatzungsmacht im Dienste der deutschen Kunst, und das ein knappes halbes Jahr nach dem Ende des Hitler-Regimes – das sollte Nannen erst mal jemand nachmachen! Aber damit waren noch nicht alle Probleme gelöst, auch nicht alle praktischen. »Ausstellungsräume waren allerdings nicht vorhanden, denn die Großstädte waren ja fast alle zerbombt.« Also machte Nannen sich daran, auch dieses Problem irgendwie in den Griff zu kriegen. Das war nicht nur eine hinlänglich schwierige Aufgabe, sondern es verschaffte ihm außerdem die Möglichkeit, unterwegs zu sein – und nicht in Oberfischbach bei seinen beiden Frauen.

Aber solche Fluchtimpulse waren vorübergehend und situationsbedingt. In Wahrheit hat ihn das Oberfischbacher Idyll zeit seines Lebens geradezu magisch angezogen. Er ist immer wieder hingefahren, auch als er längst ein Haus in Italien und eine Motoryacht besaß und auf Reisen nur in den besten Hotels abstieg; er ist hingefahren, wenn er in München zu tun hatte oder am Tegernsee zur Kur war – zum letztenmal zwei Jahre vor seinem Tod. Er ist nicht hingefahren, um in dem Häuschen mit dem Plumpsklo zu wohnen. Es hatte eher den Anschein, als hoffte er dort etwas zu finden, das er früh verloren und nie wiedergefunden hat – wie »Citizen Kane« in dem berühmten Orson-Welles-Film den Rodelschlitten seiner Kindertage. Rosebud.

Dieses Haus in Oberfischbach wäre kein Topos in Nannens Biographie geworden ohne Monika. Es war immer ihr Haus und ist es geblieben. Sie hat ständig darin gewohnt bis 1972, als sie nach Bad Tölz ins Altersheim ging. In den fünfziger Jahren schon hat sie es auf ihren Namen und ihre Rechnung gemietet, und heute ist Uwe Bischof der Mieter. Aber nicht nur Nannen selber, sondern auch die ganze Familie scheint von diesem Haus magisch angezogen worden zu sein. Nicht nur Monikas eigene Kinder sind dort aufgewachsen, sondern auch Christian Nannen ist in den Ferien zwei- oder dreimal hingefahren. Selbst Martha ist später dort bei Monika gewesen; die Familienfotos bezeugen es. Einmal in den Ferien, erinnert sich Uwe Bischof, waren dort Kinder aus drei Ehen versammelt: seine Schwester und er, Christian Nannen und auch noch der Sohn aus der neuen Ehe von Monikas erstem Ehemann Heinz Bischof. Editha alias Monika war ihnen allen eine Mutter.

Für sie ist dieses oberbayerische Dorf mit dem »Austragshäusl« und dem Hügel, wo man »auf den Horizont« gehen konnte, offenbar zu einer Endstation geworden, die sie akzeptierte. Alle Versuche, sie aus einem Ambiente, das Nannen ein paar Jahre später, nicht übermäßig galant, »deine Fischbacher Versponnenheit« genannt hat, zurückzuholen in eine aktivere Existenz, sind erfolglos geblieben. Monika ist, obwohl nach Habitus und Sprache unzweifelhaft »a Preiß«, mit den Einheimischen von Anfang an gut zurechtgekommen, besser als Nannen; sie war ja keine »Evakuierte«, sondern schon in den dreißiger Jahren aus freien Stücken in diese Gegend gekommen. Immer war sie freundlich auf ihre stille Art und voller Mitgefühl. Im Krieg mußte sie einmal hundert Reichsmark ans Rote Kreuz bezahlen, weil ein Polizist beobachtet hatte, daß sie mit einem serbischen Zwangsarbeiter geredet und ihm ein paar Zigaretten zugesteckt hatte.

Geliebt hat sie den späten Theodor Fontane – auch er in jungen Jahren ein Journalist und Kriegsberichter mehrerer Feldzüge, zuletzt 1870/71. *Irrungen Wirrungen* – allein schon der Titel erschien ihr tief vertraut. Sie, die zweimal von ihren Männern verlassene Frau, die den lieben Gott in ihrem Tagebuch immer wieder klagend fragte, warum denn alles so schwer sein müsse, sie fand viel Verwandtes und wohl auch Trost in Fontanes Frauengestalten mit ihrem Anspruch auf Glück – und dem Verzicht darauf. *L'Adultera* und *Unwiederbringlich* und natürlich *Effi Briest* erzählten ihr von der Ehe und ihrem Scheitern und insbesondere vom traurigen Schicksal der Frauen in diesen Ehen, vom weiblichen Charakter als dem Urbild der Humanitas und dem Symbol der Hoffnung auf ein menschliches Miteinander.

Wir wissen nicht, was Monika und Martha, als sie sich in jenem Frühsommer 1945 in Oberfischbach gegenüberstanden, miteinander zu reden hatten, und wir sollten es auch nicht wissen wollen. Das Ergebnis ist klar genug: kein Bruch, auch nicht der Versuch, der prekären Konstellation irgendwie zu entkommen, sondern vielmehr eine Solidarisierung, vielleicht sogar ein Musterfall weiblicher Solidarität – und die ging vermutlich zu Lasten des Mannes, der diese Situation herbeigeführt hatte. Daß die damals 25 Jahre alte Martha Kimm in den letzten Monaten ihrer Schwangerschaft viel praktische und moralische Unterstützung von der fast zwanzig Jahre älteren Mutter Monika hatte, bedarf keines Beweises. Christian Nannen ist am 23. Januar 1946 als Christian Kimm in einem Tölzer Krankenhaus zur Welt gekommen.

Wann genau und unter welchen Umständen Henri Nannen zu dem Entschluß gekommen ist, die Ehe mit Monika zu beenden und Martha zu heiraten, wissen wir nicht. Es kann auch sein, daß die juristische Initiative gar nicht von ihm ausging. Fest steht, daß Monika am 25. September 1946 durch ihren Tölzer Anwalt Klage auf Ehescheidung hat erheben lassen, und zwar mit der Begründung, der beklagte Ehemann unterhalte »seit längerer Zeit bis zum heutigen Zeitpunkt ehewidrige Beziehungen zu einem Fräulein N. N., deren nähere Adresse nachgebracht wird«. Obwohl die Klägerin den Beklagten darauf hingewiesen habe, »daß sie diese Beziehungen nicht dulden könne, hat er die Beziehungen fortgesetzt«.

Das Fräulein N. N., Martha also, war zu diesem Zeitpunkt bereits bei Henri in Hannover und auf der Suche nach einer Wohnung; die Kopie der Klageschrift für Nannen ist an die Redaktionsadresse der *Hannoverschen Neuesten Nachrichten*, Goseriede 5 – 6, adressiert. »Seit April leben die Ehegatten getrennt«, heißt es darin. Die Bemerkung, der letzte eheliche Verkehr habe im März 1946 stattgefunden, »Beweis: Parteivernehmung«, mag eine juristisch bedingte Routine-Formulierung sein. Aber selbst wenn sie eine Tatsachenfeststellung sein sollte – am Lauf der Dinge hat sie nichts geändert. Monikas Anwalt bat das zuständige Landgericht München bereits in der Klageschrift darum, von einem Sühnetermin abzusehen, »da beide Streitteile die Ehe auf keinen Fall mehr fortsetzen wollen«. Geschieden wurde sie durch Urteil der

Zivilkammer des Landgerichts München II aus Verschulden des Beklagten am 4. Dezember 1946, 10.30 Uhr, rechtskräftig »infolge Rechtsmittelverzichts«.

Im Oktober 1946, das Scheidungsverfahren schwebte noch, war Henri Nannen auf seiner Suche nach einer neuen Existenz in Hannover angekommen und hatte sich dort bei seiner Noch-Schwiegermutter in der Ferdinand Wallbrecht-Straße 26b einquartiert – vor allem wohl deshalb, weil deren Wohnung noch einigermaßen intakt und eine andere Unterkunft in der zerstörten Stadt schwer zu finden war. Monika ärgerte dies so sehr, daß sie in den Briefen an ihre Mutter Else gelegentlich die Contenance verlor und in die idyllischen Schilderungen ihrer Aktivitäten im Oberfischbacher Kräutergarten Formulierungen einfließen ließ, die verraten, wie verletzt sie tatsächlich war. »Über die Angelegenheiten mit Peter sich zu unterhalten ist so unerfreulich und zwecklos, daß man es gar nicht mehr tun sollte. Er lügt, wenn er den Mund auftut... Ich wünsche Euch nur, daß er bald auszieht. Sowie er frech wird, mußt Du ihm drohen, daß Du einige Dinge weißt, die ihn sehr schnell zum Schweigen bringen könnten... damit er nicht zu übermütig wird.« Welche Dinge das seien, schrieb sie freilich nicht.

Kaum beeinträchtigt von solchen Aggressionsschüben war offenbar die Solidarität mit der Nachfolgerin. »Martha schrieb mir einen ziemlich niedergeschlagenen Brief; sie hat scheinbar sehr unter seiner schlechten Laune zu leiden. Warum es wohl wieder nichts ist mit der Wohnung? Sie hatten doch zwei Zimmer fest im Hochhaus? Wahrscheinlich hat er da auch irgendwelche Sachen gemacht.« Und auch an der guten Meinung des Noch-Schwiegervaters, sogar am freundlichen Umgang der Familien miteinander war Monika weiterhin gelegen: »Am 23. Oktober hat Vater Nannen Geburtstag; vielleicht willst Du ihm schreiben. Ich habe von der Sache mit Peter gar nichts geschrieben; warum soll ich ihm den Kummer machen; ich habe bloß geschrieben, daß ich mich freue, durch die Scheidung von einer Lage befreit zu sein, die für mich mehr als demütigend gewesen wäre.«

Bezeichnenderweise schien Monika ihre ernsten Zweifel zu haben, daß ihr Mann seinen Vater in Emden über die Oberfischbacher Konstellation überhaupt ins Bild gesetzt hatte. Aus welchem Grund hätte sie der Mutter sonst ans Herz gelegt, den Schwiegereltern doch bitte reinen Wein einzuschenken? »Ein klares Bild über die Sache sollen sie doch haben; z. B. scheint er ihnen gar nicht erzählt zu haben, daß Martha die ganze Zeit hier gewohnt hat. Wahrscheinlich hat er es so hingestellt, als ob M. erst hierher gezogen ist, nachdem Peter im April fortging; das also bitte sage ihnen auf alle Fälle und auch daß sie es beide selbstverständlich fanden, daß M. in jeder Beziehung die gleichen Rechte hatte wie ich; im Gegenteil, durch das Kind noch mehr!«

Der briefliche Dialog zwischen Peter und Monika ist erst geraume Zeit später, Anfang der fünfziger Jahre, wieder in Gang gekommen und war auch dann nicht eben störungsfrei. Meistens ging es ums Geld, wie bei anderen geschiedenen Paaren auch, um den Unterhalt, um besondere Belastungen – keine großen, für Monika aber lebenswichtige Beträge. Daß sie sich benachteiligt fühlte, verbarg sie nicht. Nannen bemühte sich nicht nur sehr um einen freundschaftlichen Umgangston, sondern zeitweilig auch darum, »durch Beteiligung an einem Unternehmen eine Arbeitsmöglichkeit für Dich zu schaffen«, weckte damit aber wenig Begeisterung und so gut wie keine Kooperation. Monika verweigerte sich. »Was ist in Dich gefahren«, schrieb »Peter« einmal beinah beleidigt, »daß Du nach Hamburg kommst und nicht einmal Martha anrufst? Martha und ich waren darüber ein bißchen erstaunt und ein bißchen traurig.« Wenig später bemühte Monika wegen einer Unterhaltszahlung von 300 Mark monatlich, die Nannen per Anwaltsbrief zugesagt hatte, ihrerseits einen Anwalt (und dieser das Amtsgericht Hamburg), worauf Nannen »die persönlichen Verbindungen zwischen uns als abgeschlossen betrachten« wollte.

Aber dabei blieb er natürlich nicht; wenige Jahre später klangen seine Briefe wieder eher so: »Überhaupt haben wir uns lange nicht gesehen, und ich wüßte gern, wie es Dir geht. Ich bin immer nur so kurz in München, und richtigen Urlaub werden wir in diesem Jahr wohl nicht machen, nachdem ich eineinhalb Monate in Mergentheim zur Kur war... Martha war zwei Wochen im Krankenhaus und muß jetzt noch vier Wochen zu Hause liegen.

Die Arme hat wieder einmal ein Magengeschwür... Wir alle denken an Dich sehr viel häufiger als wir Dir schreiben, und ich hoffe, daß Du uns auch noch nicht ganz aus Deinem Fischbacher Kreis verloren hast.« Das schrieb er zwölf Jahre nachdem er aus dem oberbayerischen Oberfischbach aufgebrochen war, um in Norddeutschland geeignete Räume für seine geplanten Ausstellungen und für sich selber eine neue Existenz zu finden.

Auf dieser Reise im Jahr 1946 machte er die merkwürdige, für ihn nicht unerfreuliche Erfahrung, daß man ihm zwar keine Ausstellungsräume anzubieten hatte, »aber dafür um so mehr Jobs«. In Hamburg hätte er beim Rundfunk Leiter der Abteilung Wort werden können, in Bremen sogar Kulturbeauftragter und in Hannover Generalsekretär einer »Notgemeinschaft der Deutschen Wissenschaft«. Das lag, wie er bald merkte, weniger an seiner Person als vielmehr daran, daß es damals nur wenige Bewerber gab, die als politisch nicht belastet galten, und daß diese Leute lieber in die amerikanische Zone gingen, weil dort die Lebensmittelrationen größer waren. Zwar lief Nannens Entnazifizierungsverfahren bei der Bad Tölzer Spruchkammer noch, aber da er mit Genehmigung der Besatzungsmacht unterwegs war, galt er wohl als unbelastet.

Daß er auf diese Weise auch die Möglichkeit bekommen konnte, eine Zeitung zu machen, was im Erfolgsfall einer Lizenz zum Gelddrucken gleichkam – das erfuhr er im Juni 1946 in Hannover.

Hannover

oder: Lizenzträger und andere Deutsche

Damals in Hannover war Henri Nannen zwar auf der Suche nach Öffentlichkeit, nach Ausstellungsräumen nämlich, aber vom Zeitungmachen war noch nicht die Rede. Als er dann mit den Bemühungen, deutsche Zeitungen unter alliierter Kontrolle zu lizenzieren, konfrontiert war, wurde ihm schnell klar, daß er es dabei mit den »Kollegen von der anderen Seite« zu tun hatte – mit den Leuten nämlich, die für die Alliierten genau das betrieben hatten, was er in deutschen Diensten gemacht hatte: psychologische Kriegführung.

Die Idee, nazifeindliche deutsche Zeitungen herauszugeben, war schon während des Krieges ein wichtiger Aspekt der alliierten Propaganda, denn damals glaubte man noch, die subversive Unterstützung deutscher Antinazis könnte zur Kapitulation Hitler-Deutschlands beitragen. Die »Psychological Warfare Division« (PWD) war eine spezielle Stabseinheit des »Alliierten Obersten Hauptquartiers« (SHAEF, Supreme Headquarters of the Allied Expeditionary Forces), ein von Amerikanern und Engländern gemeinsam betriebenes Unternehmen mit ziemlich viel Freiraum innerhalb der militärischen Befehlsstruktur. Während an der Front noch gekämpft wurde, betrieb die PWD nicht nur Propaganda für die deutschen Soldaten und für die Zivilisten in den Kampfgebieten, sie machte auch schon Pläne für die Organisation der deutschen Nachrichtenmedien der Nachkriegszeit. Die PWD war der direkte Vorläufer der diversen »Information-Control«-Einheiten, die als Teile der alliierten Militärregierungen für Aufbau und Kontrolle der deutschen Nachrichtenagenturen, Zeitungen und Zeitschriften verantwortlich wurden. Sie operierten, ähnlich wie manche deutschen Propaganda-Einheiten, in einer eher zivilen, auch intellektuellen Atmosphäre. Viele amerikanische und britische Mitarbeiter der PWD waren Liberale oder

Linke. Es gab dort auch zahlreiche deutsche und österreichische Emigranten, und das nicht nur, weil bei den ausführenden Organen perfekte Deutschkenntnisse wichtig waren; die meisten dieser Emigranten hatten früher bei bürgerlichen oder der Arbeiterbewegung nahestehenden Zeitungen gearbeitet.

Die Aufgabe, vor die sie sich gestellt sahen, war wirklich nicht einfach – zu schweigen davon, daß die vier Siegermächte sich über die Lösung dieser Aufgabe keineswegs einig waren. Hatte man es bei den Deutschen nicht mit einem Volk zu tun, das einem größenwahnsinnigen Diktator mehrheitlich auf seinem Weg in die Zerstörung Europas gefolgt war? Und was wollte man eigentlich erreichen? Eine Wiederherstellung der Demokratie? Eine Veränderung des deutschen Volkscharakters? Es gab einflußreiche Leute im Lager der Alliierten, die das für unmöglich hielten, den amerikanischen Finanzminister Henry Morgenthau jr. zum Beispiel: »Welcher Erzieher würde ohne Einschränkung behaupten wollen, daß die Erziehung eines 60-Millionen-Volkes [sic] durch Ausländer Erfolg haben könnte?« Mit der Ächtung des Nazismus würde man diesen nur in den Untergrund treiben, meinte Morgenthau, und eine zwangsweise verordnete Demokratie würde mit der Niederlage identifiziert werden, ergo unpopulär sein. Da Morgenthau also positive Maßnahmen zur Neuorientierung für nutzlos hielt, gab es nach seiner Meinung nur eine einzige realistische Möglichkeit: einen Zustand herzustellen, der es den Deutschen für viele Jahre unmöglich machen sollte, die übrige Welt noch einmal in Schwierigkeiten zu bringen. Die deutsche Wirtschaft sollte drastisch reduziert, das Ruhrgebiet und die Wasserwege sollten internationalisiert, und alle Kommunikation sollte unterbrochen werden. Blackout.

Dazu kam es nicht. Präsident Roosevelt zog seine Zustimmung zum Morgenthau-Plan im Oktober 1944 erschrocken zurück, und so konnte es, was die deutschen Zeitungen angeht, bei dem Drei-Stufen-Plan bleiben, auf den man sich im Alliierten Oberkommando SHAEF schon im Sommer 1944 verständigt hatte. In der ersten Stufe sollten alle bestehenden deutschen Informationsmedien in den besetzten Gebieten, wie von Morgenthau gewünscht, ausnahmslos stillgelegt werden. In der zweiten

Stufe sollten offizielle, also von den Besatzungsmächten selbst herausgegebene Mitteilungsblätter das Vakuum füllen. Und erst in der dritten Phase sollten dann von Deutschen hergestellte und geleitete Nachrichtenmedien unter alliierter Kontrolle, die später so genannten Lizenzzeitungen, erscheinen dürfen.

Auch dieser Plan wurde nur modifiziert verwirklicht. Phase eins fand ihren Ausdruck im SHAEF-Gesetz Nr. 1919 vom November 1944, das nicht nur die Herstellung von Drucksachen und Filmen, sondern auch das Aufführen von Musik, das Betreiben von Theatern und Radiosendern verbot. Es wurde für die drei westlichen Besatzungszonen als Militärregierungsgesetz Nr. 191 in geänderter Form am 12. Mai 1945 übernommen. Am selben Tag aber trat die Kontrollvorschrift Nr. 1 in Kraft, durch die alle im Gesetz 191 verbotenen Aktivitäten wieder gestattet wurden – unter der Voraussetzung, daß die Militärregierung schriftliche Zulassungen dafür ausstellte. Für diese »licenses« setzte sich dann auch im deutschen Sprachgebrauch die Bezeichnung Lizenz durch, und der Zulassungsinhaber wurde, vielleicht weil das hoheitlicher klang, zum Lizenzträger.

Tatsächlich aber war schon vor der Verkündung des Gesetzes Nr. 191 ein Blatt namens *Frontpost* erschienen, eine alliierte Zeitung für deutsche Soldaten, die auch an die Zivilbevölkerung der besetzten Gebiete verteilt worden war. Und am 27. November 1944, nur drei Tage nach Verkündung des Gesetzes Nr. 191, erschien eine Zeitung »für die deutsche Zivilbevölkerung« namens *Die Mitteilungen*. Beide Blätter entstammten dem »Publicity and Psychological Warfare Department« in General Omar Bradleys 12. Armeegruppe, einer Abteilung, die von einem jungen, in Budapest geborenen, in Wien erzogenen, perfekt deutsch sprechenden Hauptmann geleitet wurde. Dieser junge Mann sollte nicht allein beim Aufbau der deutschen Lizenzpresse noch eine ziemlich kontroverse Rolle spielen. Sein Name war Hans Habe. Damals wußten Hans Habe und Henri Nannen noch nichts voneinander. Aber ihre Wege sollten sich schon bald kreuzen.

Nach dem ursprünglichen Konzept der alliierten Kontrolleure hatten die deutschen Lizenzträger von anderen Personen und Gruppen, besonders aber von finanziellen Interessen unabhängig zu sein. Im Sommer 1945 wurde deshalb verfügt, daß alle Einnahmen, die nach Abzug der Kosten für Miete, Nachrichtenbeschaffung et cetera übrigblieben, in das persönliche Eigentum der Lizenzträger übergingen. Diese wurden selbständige Unternehmer, allerdings mit der nicht unerheblichen Einschränkung, daß die Lizenz laut § 3 der Zulassungsurkunde ohne Kündigungsfrist und ohne Untersuchung der Gründe rückgängig gemacht werden konnte: »Diese Zulassung wird für keine bestimmte Zeitfrist erteilt und stellt kein Eigentumsrecht dar.« Das heißt, die Lizenz war eine Art Wertpapier, das im Konfliktfall gar nichts, andernfalls aber Millionen wert sein konnte, da die Lizenzträger bei Aufhebung des Lizenzzwanges im Sommer 1949 zu freien Anteilseignern wurden.

Daß Henri Nannen die Chance erkannt hatte, auf diese Weise Millionär zu werden, ist schon möglich. Seine Begabung, solche Ausnahmesituationen (wie auch die kriegsbedingte Abwesenheit von Recht und Ordnung) in persönliche Vorteile zu verwandeln, war ja erprobt. Aber es existieren keine Belege dafür, daß er sich aus eigenem Antrieb um eine Lizenz beworben hätte; geschweige denn schwebte ihm damals schon so etwas wie der *stern* vor. Daß es dann ganz anders kam (und vor allem wie), das freilich ist zu einer seiner Lieblingsgeschichten geworden.

»Lassen Sie mich's erzählen, wie es wirklich war: Ich saß auf dem Klo, und weil es damals noch nicht den Luxus von Samu-Samtweich, Kleenex und Hakle feucht gab, sondern nur zu Kalenderblattgröße zusammengeschnittenes Zeitungspapier, las ich das Fragment einer Kritik, die ein gewisser Gerd Schulte im *Neuen Kurier* geschrieben hatte, der einzigen – von der britischen Militärregierung herausgegebenen – Zeitung in Hannover... Gerd Schulte – war das am Ende mein alter Kriegskamerad? Er war es.«

Das Nachrichtenblatt der alliierten Militärregierung, in dem Gerd Schulte Theaterkritiken schrieb, hieß mit vollem Namen *Neuer Hannoverscher Kurier* und war nicht die einzige, sondern die zweite »Besatzerzeitung« neben dem *Hannoverschen Nachrichtenblatt*, das ebenfalls Ende Mai 1945 erschienen war. Aber jener Gerd Schulte war in der Tat ein ehemaliger Luftwaffen-Kriegsberichter, mit dem Nannen in den ersten Kriegsjahren zusammengetroffen war. Und was er auf dem Klo gelesen hat, war entweder eine Ende Mai 1946 erschienene Calderón-Besprechung oder die Kritik einer *Emilia-Galotti*-Aufführung, die am 18. Juni in der letzten Ausgabe des *Kurier* erschien, an dessen Stelle dann die sozialdemokratische Lizenzzeitung *Hannoversche Presse* trat, herausgegeben von Fritz Heine und Egon Franke.

»Noch am selben Abend«, so Nannen, »besuchte ich ihn [Gerd Schulte] in der *Kurier*-Redaktion in der Georgstraße, und während wir unser Wiedersehen mit einem Glas Rübenschnaps feierten, kam ein englischer Staff Sergeant namens Henry Louis Ormond herein. Gegen Ende unseres Small talks sagte Gerd Schulte auf einmal: ›Mr. Ormond, Sie suchen doch einen Lizenzträger für die neue Tageszeitung, wie wär's mit meinem Freund Henri Nannen‹ Drei Wochen später, am 7. August 1946, war ich Lizenzträger der ersten deutschen Tageszeitung in Hannover, der *Hannoverschen Neuesten Nachrichten*.«

Lizenziert worden ist diese Zeitung freilich schon am 3. Juli, noch vor der *Hannoverschen Presse*, und bei der Lizenzfeier am 2. Juli war Nannen auch bereits dabei. Das bezeugt ein Foto, das ihm – 42 Jahre später – von der Frau jenes inzwischen verstorbenen Henry Ormond zugeschickt worden ist und an dem ihm besonders Ormonds Beschriftung auf der Rückseite gefallen hat: »from left to right: Henri Nannen, our glamour boy...«. Ilse Ormond, die damals Sekretärin des »Leiters der politischen Abteilung«, des Captain Walter C. Cohn, war und die 1956 Henry Ormond (der sich in Deutschland als Rechtsanwalt niederließ) geheiratet hat, schrieb dazu: »Ich erinnere mich nur zu gut, wie Sie an jenem Abend – aus München kommend – ausgehungert und verschüchtert (!!) im Schlepptau von Gerd Schulte in der Georgstraße 33, im damaligen ›Kurierhaus‹, in den Räumen der dort untergebrachten ›No. 30 Information Control Unit‹ auftauchten und in meinem Büro auf meiner Schreibmaschine den 131 Fragen umfassenden ›politischen Fragebogen‹ ausfüllten. Nur habe ich – soweit meine Erinnerung reicht – vom Rübenschnaps nichts abbekommen.«

Die *Hannoverschen Neuesten Nachrichten* waren ein den drei sogenannten bürgerlichen Parteien CDU, FDP und NLP (Niedersächsische Landespartei) nahestehendes, oder besser: zugeordnetes, Blatt. Die Erlaubnis, politische Parteien zu gründen, gab es in der britischen Besatzungszone bereits seit dem 14. September 1945 (in der amerikanischen Zone etwas früher, in der französischen etwas später), »um die Entfaltung eines demokratischen Geistes in Deutschland zu fördern und die spätere Abhaltung von Wahlen vorzubereiten«, so Feldmarschall Montgomery. Die Engländer vertraten, anders als die Amerikaner, die These, daß es einem demokratischen Diskurs in Deutschland am förderlichsten sei, wenn im Prinzip jede Partei ein eigenes Publikationsorgan habe. Die Auflagen dieser Blätter wurden regional festgelegt, und zwar nach dem Schema: fünf Personen ein Exemplar, und der Anteil der Parteien an der Gesamtauflage wurde ins Verhältnis zu ihrer – zunächst geschätzten, später durch Wahlen bestimmten – Stärke gesetzt.

Aber wie paßte der Lizenzträger Nannen in diese kuriose Arithmetik? Das wußte er, wenn es ihn denn interessierte, selber nicht so genau. Für ihn war eine Lizenz »die von der Besatzungsmacht gewährte Erlaubnis, einen deutschen Verlag zu gründen und in diesem Verlag eine Tageszeitung herauszugeben«, allerdings nicht allein. »Meine Mitlizenzträger bei den *Hannoverschen Neuesten Nachrichten* waren für die FDP Will Rinne, ehemals Chefredakteur einer Zeitung aus Varel, die den schönen Titel *Der Gemeinnützige* trug, für die CDU kam ein in der Wolle gefärbter Zentrums-Mann namens Joseph Maria Hasler und für die NLP Wolfgang Kwieczinski. Er besorgte das Lokale und Regionale. Ich war parteilos und leitete das Feuilleton.« Das tat er aber nicht von Anfang an; der Vertrag zwischen ihm und den Gesellschaftern Hasler und Kwieczinski wurde erst am 15. November 1946 geschlossen.

Wenn er seine Lizenz tatsächlich mit Verspätung bekommen haben sollte, nämlich am 7. August (in einem Brief an die Bad Tölzer Spruchkammer nennt er noch ein anderes Datum: den 15. Juli), dann mag das mit der Tätigkeit jenes Walter C. Cohn zusammengehangen haben, für den die spätere Ilse Ormond damals arbeitete. Cohn war für die politische Überprüfung der Lizenzbewerber zuständig, die Ormond ausgekundschaftet hatte, oder die – das war der Regelfall – bei Information Control vorstellig wurden. Diese Institution hieß mit vollem Namen »Public Relations and Information Services Control PR/ISC«, hatte ihr Hauptquartier in Bünde und örtliche Vertreter in diversen Städten. Die Zweigstelle Hannover hörte damals auf das Kommando des 22 Jahre alten Majors John Chaloner, der einer Journalistenfamilie entstammte und selber immerhin zwei Jahre in der legendären Londoner Fleet Street gearbeitet hatte, bevor er sich freiwillig an die Front meldete. Chaloner konnte Nannen nicht leiden, er traute ihm nicht über den Weg. Dieser Mann sei, sagt Chaloner auch heute noch, in seinen Augen ein Geschäftemacher gewesen, den man sich sehr genau ansehen mußte und den man keinen Moment aus den Augen lassen durfte.

Wann immer er von den hannoverschen Ereignissen erzählte, hat Sir Henri Wert darauf gelegt, daß er nicht versucht habe, seine »Nazi-Artikel« zu verheimlichen. »Als ich von den Engländern eine Zeitungslizenz angeboten bekam, da bin ich natürlich nicht so dumm gewesen, das zu verschweigen, sondern ich habe das als allererstes auf den Tisch gelegt. Denn: Die Zeitungslizenz zu bekommen, und dann nach drei Monaten oder einem halben Jahr kriegen die das raus, und man fliegt in hohem Bogen – dazu war ich, das hat nichts mit Moral zu tun, dazu war ich ein bißchen zu intelligent.« Tatsächlich hätten die Engländer »meine ganze politische Vergangenheit sozusagen gescreent. Ich kam ins sogenannte War Crime Assessment Centre nach Bad Oeynhausen.«

Dort war 1946 das Hauptquartier der »21. Army Group«, hernach Rheinarmee geheißen, unter dem Befehl Feldmarschall Montgomerys. Ein »War Crime Assessment Centre« gab es dort aber nicht. Das behauptet nicht nur John Chaloner, der später als Public Relations Officer bei Montgomery Dienst getan hat; auch in den Archiven, den englischen wie den deutschen, und in kompetenten Publikationen über die damalige Zeit kommt ein solches Centre nicht vor. Es gab einen »United Nations War Criminal Court«, der sich aber bestimmt nicht mit Henri Nannen befaßt hat. Und es gab ein »Screening Centre« in Bad Orb, also in der amerikanischen Zone, das später dem Hauptquartier der Informationskontrolle in Bad Homburg angeschlossen wurde. Das

könnte Nannen gemeint haben, wenn er in seiner Auseinandersetzung mit der Tölzer Spruchkammer schreibt: »Vor Erteilung
der Lizenzen hat eine genaue politische Überprüfung stattgefunden, bei der sowohl die Amerikanische Militärregierung wie das
Documentation Centre [sic] in Berlin befragt wurden. Außerdem
wurde ich im Assesment Centre [sic] des Britischen Hauptquartiers einer eingehenden politischen Überprüfung unterzogen.«
Die aber besorgte der bereits erwähnte Walter C. Cohn.

Daß Henri Nannen sich, Jahrzehnte später, durch eine simple
Namensverwechslung (oder wodurch auch immer) selber in den
falschen Verdacht gebracht hat, für eine Untersuchung wegen
Kriegsverbrechens in Betracht gekommen zu sein, ist merkwürdig genug. Man muß auch John Chaloners Meinung nicht teilen,
Nannen habe das »War Crime Assessment Centre« bloß erfunden, weil er sich wichtiger machen wollte, als er damals war. Hinter seinen ständig wiederkehrenden Beschwörungen der Nazi-
Vergangenheit – solche Fehlleistungen eingeschlossen – steckt
nicht der große Zampano. »Auf uns lastete die Scham über das,
was wir, meine Generation, angerichtet oder hatten geschehen
lassen«, schreibt er 1988, zum 40. *stern*-Geburtstag, über jene
Tage des Anfangs: »sechs Millionen ermordete Juden, ein zer-
störtes Europa und als Folge davon ein in vier Besatzungszonen
zerrissenes Deutschland.« Er fand es schwer, »die Stimmung zu
schildern, aus der wir damals an die Arbeit gingen... Wir hatten
nicht nur den Krieg mutwillig begonnen, wir wußten diesmal
auch ganz genau, daß wir ihn – ohne Rückgriffsmöglichkeit auf
eine Dolchstoßlegende wie 1918 nach dem Motte ›Im Felde un-
besiegt‹ – verloren hatten und daß wir dafür würden bezahlen
müssen.«

Ob Nannen das damals schon so gesagt und ob er wirklich
seine »heftig NS-angehauchten« Artikel vorgelegt hat, steht dahin. Die Alliierten hatten bei der Auswahl der Lizenzträger – vom
Zeitungsherausgeber bis zum Zirkusdirektor – ohnehin ihre eigenen Programme. Und sie hatten sich mehr vorgenommen als
nur »Entnazifizierung«. Sie wollten wirklich »Re-education«, also
Umerziehung, eine »Änderung der deutschen Psychologie«, wie
der Chef des Screening Center in Bad Orb, der New Yorker Psy-

choanalytiker David M. Levy, das formulierte. »Das einzige und beste Werkzeug, um noch im gegenwärtigen Geschlecht in Deutschland die Demokratie zu erreichen, ist die Erziehung.«

Der Stab des Screening Center bestand aus einem Spezialisten für den Nationalsozialismus, einem Psychologen und einem Psychiater. Der »politische« Spezialist ließ die Lizenzkandidaten zwei Aufsätze mit den Themen »Meine Gefühle und Gedanken unter dem Hitler-Regime« und »Die Kollektivschuld Deutschlands« verfassen, und außerdem mußten sie 40 halbe Sätze vollenden, zum Beispiel: »Die Revolte des jungen Mannes gegen seinen Vater zeigt...« Wir wissen leider nicht, ob und wie Nannen diesen Halbsatz zu Ende gebracht hat und in welche der sieben Kategorien von »außerordentlich demokratisch« über »unverbindlich« bis zu »außerordentlich undemokratisch« er dann eingestuft worden ist. Aber wir wissen aus Erzählungen, daß er beim Screening einmal gefragt worden ist, was er mit »Blut« assoziiere, und daß er darauf »Wurst« geantwortet hat, zur Verblüffung, aber offenbar auch zur Zufriedenheit seiner Befrager.

Leicht ins Bockshorn zu jagen war er nicht, schon gar nicht von den Methoden der Kampfpropagandisten der anderen Seite. Hans Habe hat 1965 in einer Artikelserie über die »deutsche Presse im Jahre Null« als Beispiel für diese »außerordentlich fortschrittlichen Methoden« einen Test beschrieben, der seinem Mitarbeiter Paul Moeller eingefallen ist: »Dem Kandidaten wurde eine Reihe von Zeichnungen vorgelegt, auf der je eine Abart der von den Nationalsozialisten begangenen Scheußlichkeiten dargestellt war, beispielsweise: Tortur von Juden, Erschießung von Kriegsgefangenen, Verschleppung von Fremdarbeitern, Hinrichtung von Geiseln. Der Kandidat wurde dann aufgefordert, die Karten so zu legen, daß die Abbildung der ihm am verdammungswürdigsten erscheinenden Tat obenauf lag, und so weiter...« Die »Nazis« seien regelmäßig daran zu erkennen gewesen, daß sie die »jüdische Karte« obenauf gelegt hätten; denn da sie in den Juden ihre eigentlichen Kriegsgegner sahen, hätten sie diese nun als Sieger betrachtet und geglaubt, daß vom Prüfling vor allem eine totale Abkehr vom Antisemitismus erwartet wurde. – Vielleicht hätte Nannen, wäre er diesem Test unterzogen worden, tatsächlich die

»jüdische Karte« obenauf gelegt, nicht nur weil er den Erwartungen der Sieger entsprechen wollte, sondern weil er auch wirklich so empfand. Aber hätte ihn das als Nazi entlarvt?

Es bleibt festzuhalten, auch wenn es nicht sonderlich überraschend ist, daß weder ein solches Screening noch die sogenannte Entnazifizierung Henri Nannens Nachkriegskarriere als Zeitungsmann in irgendeiner Weise behindert haben. Als er seine erste Unbedenklichkeitsbescheinigung bekam, war er de facto schon Lizenzträger. Am 12. Juni 1947 nämlich bescheinigte die »PR/ISC Group« bei der »Control Commission for Germany (British Element)« dem »newspaper license holder« Nannen, »von der Britischen Nachrichtenkontrolle überprüft und registriert« zu sein. »Dieser Dienststelle sind keine Gründe gegen seine aktive Betätigung im Kulturleben Deutschlands bekannt.« Das Papier war zusätzlich versehen mit einem Stempel »cleared by functional panel« und unterschrieben von dem »Senior PR/ISC Officer« im militärischen Rang eines Staff Sergeant Henry Ormond. Eine nahezu identische Bescheinigung, wieder von Ormond unterschrieben, erhielt Nannen noch einmal unter dem Datum des 4. August 1948, und zwischendurch, am 30. August 1947, übersandte ihm Ormond einen »Sonderausweis für Kulturschaffende« mit der vorgedruckten Anmerkung, »daß Ihnen hierdurch lediglich die politische Unbedenklichkeit, nicht aber die fachliche Eignung bescheinigt wird«. Wie viele andere Lizenzträger hatte Nannen noch nie eine Tageszeitung gemacht.

Entnazifiziert worden ist er offenbar doppelt – einmal in Oberfischbach beziehungsweise Bad Tölz und dann noch einmal in Hannover. Dieser Versuch einer flächendeckenden politischen Säuberung, genannt Entnazifizierung, ging ja einher mit einer Zwangsregistrierung der gesamten erwachsenen Bevölkerung per Fragebogen, festgelegt in einem »Gesetz zur Befreiung von Nationalsozialismus und Militarismus«, das die Ministerpräsidenten der amerikanischen Besatzungszone im März 1946 unterschrieben hatten und das über den Kontrollrat der Alliierten auch in den übrigen Zonen so oder so ähnlich angewandt wurde. Die Registrierten wurden aufgrund ihrer Angaben in den Fragebogen in fünf Kategorien aufgeteilt: Hauptschuldige, Belastete, geringer

Belastete, Mitläufer und Entlastete; die Strafen reichten von Zwangsarbeit und Vermögensverlust für Hauptschuldige bis zu Bußgeldzahlungen für Mitläufer. Das gigantische Unternehmen war natürlich nur unter deutscher Mitwirkung möglich. Allein in der amerikanischen Zone waren zeitweise 545 sogenannte Spruchkammern mit etwa 22000 Angestellten tätig; Ergebnis: drei Millionen Belastete und 930000 Verurteilungen.

Dieses ganze Verfahren ging davon aus, daß die Mitglieder der NSDAP und ihrer Gliederungen eine relativ kleine, gut unterscheidbare Gruppe von Menschen seien, deren Entfernung aus der Öffentlichkeit das politische Leben des Landes demokratisieren werde. Das heißt, sowohl programmatisch als auch organisatorisch konnte diese schematische Säuberung nur ein Fehlschlag werden.

Im Juli 1946 füllte Nannen auch in Hannover den »Fragebogen für die Erfassung aller Männer und Frauen im Alter von 14 – 65 Jahren« aus, nämlich am 19. Juli. Ziemlich genau ein Jahr später, am 31. Juli 1947, bekam er sein »Entlastungszeugnis«, unterschrieben vom »Vorgesetzten der Denazifizierungskammer«, also einem Angehörigen des »Military Government, Special Branch«, worin ihm mitgeteilt wurde, daß er unter den Bestimmungen der Verordnung Nr. 79 der Militärregierung entlastet worden sei. Bei den Briten war so etwas offenbar möglich. Nicht bei den Amerikanern – und Oberfischbach lag in der amerikanischen Zone. Jedenfalls schickte der Vorsitzende der Spruchkammer für den Landkreis Bad Tölz, Kißkalt, dem Kunsthistoriker Henri Nannen, Oberfischbach, Haus 47a, unter dem 17. Dezember 1947 einen Sühnebescheid über 50 Reichsmark, weil er durch seine nominelle Mitgliedschaft im NSFK (dem Nationalsozialistischen Fliegerkorps) und in der DAF (der Deutschen Arbeitsfront) »die nationalsozialistische Gewaltherrschaft aktiv unterstützt« habe und demgemäß in die Gruppe der Mitläufer einzureihen sei.

Nun hätte Nannen die 50 Reichsmark – den Gegenwert von fünf oder sechs »aktiven« Zigaretten auf dem schwarzen Markt – bezahlen und im übrigen darauf vertrauen können, daß die Einstufung als Mitläufer seine Lizenzträger-Karriere nicht beschädigen werde. Das tat er aber nicht. Sondern er drehte den Spieß um und verfaßte jene (schon wiederholt zitierte) zornbebende Replik, in der er sich ganz entschieden dagegen verwahrte, »daß ich durch diese Mitgliedschaften ›die nationalsozialistische Gewaltherrschaft aktiv unterstützt‹ hätte«. Die Tölzer Spruchkammer zeigte Wirkung. Am 23. Februar 1948 nahm sie ihren Sühnebescheid zurück. »Henri Nannen ist vom Befreiungsgesetz nicht betroffen. Das Verfahren wird daher eingestellt. Die Kosten desselben gehen zu Lasten der Staatskasse.«

Es hieße Nannens Begabung im Umgang mit den jeweiligen Obrigkeiten unterschätzen, wollte man glauben, er sei auf solche Auftritte nicht vorbereitet gewesen. Schon im Frühjahr 1946, als er sich den Amerikanern als Organisator von Kunstausstellungen zu empfehlen suchte, hatte er sich ein halbes Dutzend Beurteilungen besorgt, die im Jargon der Zeit ein bißchen abschätzig »Persilscheine« genannt wurden: unverdächtige Zeugen bestätigten ihm, kein Nazi, sondern vielmehr mit den Nazis über Kreuz gewesen zu sein. Der neue Emder Oberbürgermeister Frickenstein zum Beispiel bestätigte, Nannen habe sich »in den letzten Jahren seines Hierseins... durch seinen Verkehr in jüdischen Familien die heftigste Feindschaft der Nazis« zugezogen. Und der Schriftsteller Manfred Hausmann, den Nannen schon in München als Redner zu gewinnen versucht hatte und der nun Feuilletonredakteur am bereits lizenzierten *Weserkurier* war, schrieb: »Aus allen künstlerischen Veröffentlichungen von Henri Nannen, soweit sie mir zu Gesicht gekommen sind, spricht ein Geist, der frei von allen nationalsozialistischen Beeinflussungen ist. Ich glaube, daß man Herrn Nannen unbesorgt mit wichtigen kulturpolitischen Aufgaben betrauen darf.« Jene »Nazi-Artikel«, die ihrem Verfasser später soviel Ärger gemacht haben, werden Hausmann wohl nicht »zu Gesicht gekommen« sein.

Ein Name fehlt unter denen, die für Nannen gutgesagt haben: Cilly Windmüller. Auch er selber hat sie offenbar nicht als Zeugin seiner Probleme mit den Nazis benannt; es existiert darüber nichts Schriftliches von ihr in seinem Nachlaß und in den Archiven auch kein Vermerk über eine Aussage während der Screening-Prozeduren. Nur Cillys Cousin Yizchak Windmüller, von dem auch die prophetische Bemerkung stammt, wenn der Hitler nicht gekommen wäre, hätten Cilly und Henri geheiratet, hat Besuchern aus Emden 1984 in Israel erzählt, als Nannen, »um an die Zeitung zu kommen«, nachweisen mußte, daß er aus der NS-Zeit nicht belastet war, »da hat sie für ihn ausgesagt«. Cillys Tochter Yael, die sowohl ihrer Mutter als auch Henri Nannen wesentlich näher war als der Cousin Yizchak, weiß nichts von einer solchen Aussage, hält sie für ganz unwahrscheinlich. Es ist noch nicht einmal sicher, ob Nannen im Frühjahr 1946, als er Oberfischbach verließ, schon wußte, was aus Cilly in Israel geworden war, wo genau sie lebte (und mit wem) und wie er sie hätte erreichen können.

Das alles fand ja nicht in geordneten Verhältnissen statt, sondern auf einem Trümmerhaufen. Die Lebensumstände in Deutschland während der ersten beiden Nachkriegsjahre hatten viel Ähnlichkeit mit dem heute gebräuchlichen Klischee von der »humanitären Katastrophe«. 1947 gab es in Hannover mehrere Todesfälle durch Erfrieren, und im Januar 1948 meldeten die Zeitungen, daß »infolge anhaltender Stürme und wechselnder Wetterlagen« acht Menschen von einstürzenden Ruinen erschlagen worden seien. Der Winter 1946, des Jahres also, in dem Henri Nannen Lizenzträger der *Hannoverschen Neuesten Nachrichten* wurde, war ein besonders schlimmer Hunger-Winter. Die Wochenration für den sogenannten Normalverbraucher bestand aus einem Kilo Brot, 20 Gramm Margarine, 500 Gramm Nährmitteln (meistens Teigwaren), 125 Gramm Salzheringen, 100 Gramm Marmelade, einem halben Liter entrahmter Milch, 25 Gramm Sauermilchkäse und 400 Gramm Kartoffeln. »Das war zum Leben zuwenig und zum Sterben manchmal nicht zuviel«, so Nannen.

Auf dem schwarzen Markt gab es erheblich mehr, aber ein Pfund Zucker kostete dort 400 Reichsmark, ein dreipfündiges Brot 120 Mark, ein Pfund Butter 420 Mark. Es galt die Zigaretten-Währung: eine englische oder amerikanische Zigarette gleich acht Mark. Auch Textilien und dergleichen konnten eigentlich nur auf dem schwarzen Markt besorgt werden, denn die Zuteilungsfristen der frei zu kaufenden Klamotten waren abenteuerlich: für einen Herren-Wintermantel zum Beispiel 375 Monate. Wer also was zu schieben hatte, der schob; und wer wußte, wo er etwas Überlebenswichtiges klauen konnte, der versuchte das wenigstens. Sogar der Kölner Kirchenfürst Josef Kardinal Frings wurde zum St. Kohlenklau, weil er in einer Predigt gesagt hatte, wer sich von den Waggons aus dem Ruhrgebiet was zu brennen besorge, um nicht erfrieren zu müssen, der begehe keine Sünde. Es war der Winter, in dem die Menschen »fringsen« gingen. »In diesem Winter habe ich in Hannover geheiratet.«

Nannen schildert diesen Versuch, wenigstens in seinem Privatleben für geordnete Verhältnisse zu sorgen, wie eine Groteske, und es war wohl auch eine, zumindest äußerlich. Während der Zeremonie im Standesamt an der Eilenriede herrschte Dauerfrost. »Der Standesbeamte trug gestrickte Wollhandschuhe. Als wir aufgerufen wurden und in das kaum geheizte Amtszimmer kamen, sah ich, daß an einer Wand von der Decke bis auf halbe Zimmerhöhe ein vereistes Dreieck heruntergelaufen war, von dessen Spitze ein Rinnsal über den Fußboden lief. Der Standesbeamte bemerkte meinen Blick und erklärte uns: ›Ja, da oben ist die Leitung vom Lokus kaputtgefroren. Seit einer Woche läuft das jetzt hier herunter.‹ Pause. Und dann mit feierlicher Stimme: ›Wir schreiten jetzt zur Eheschließung.‹ Unser Hochzeitsessen waren je zwei Bratheringe im Hauptbahnhof-Restaurant. Dazu gab es Molke-Bier.«

Eine richtige Wohnung hatten die Eheleute auch noch nicht. Martha freilich wollte, trotz ihres relativ entspannten Verhältnisses zur Vorgängerin, doch wenigstens zeitweise beim Ehemann sein, vollends seit dieser damit begonnen hatte, in Hannover eine neue Existenz zu gründen. Aber auch noch die neue Frau bei der Ex-Schwiegermutter unterzubringen, das erschien selbst als Notlösung nicht vertretbar. Also fand Martha, wenn sie in Hannover war, Obdach erst mal nur in Nannens wenige Quadratmeter messendem und mit einem defekten Luftschutzbett ausgestattetem Büro im stadtberühmten Anzeiger-Hochhaus mit der Planetariumskuppel obendrauf, das nahezu als einziges Gebäude in der zu 85 Prozent zerstörten Innenstadt einigermaßen unbeschädigt geblieben war.

Wenig spricht dafür, daß die Umerziehungsphilosophie der Alliierten den Lizenzträger Nannen ernsthaft interessiert hat – nicht weil er in Wahrheit doch ein Nazi gewesen wäre, sondern weil er so abstrakt nicht denken mochte. Er war schließlich Journalist und kein Pädagoge. Kaum hatte er das Feuilleton der *Hannoverschen Neuesten Nachrichten* übernommen, konzentrierte er sich auf kontroverse Themen und zettelte den damals so genannten »Hannoverschen Kulturkampf« an. Es ging dabei um die Oper der Stadt, die schon am 11. Juli 1945 im Herrenhauser Galeriegebäude als Behelfsquartier wieder eine Aufführung der *Cavalleria rusticana* und des *Bajazzo* veranstaltet hatte und von dem Heldentenor Reiner Minten geleitet wurde. Auf einer Sonderseite unter der Überschrift »Überwindung des Provinziellen« wurde in den *Nachrichten* die Frage aufgeworfen, ob Minten als Intendant überhaupt geeignet sei und ob die Stadt nicht einen kunstverständigen Kulturdezernenten statt des amtierenden Mehrzweck-Kommunalpolitikers namens Wilhelm Lindemann brauche. Dieser wies in seiner Erwiderung darauf hin, daß der aus Frankfurt nach Hannover berufene Operndirektor Franz Konwitschny, der in der Nazi-Zeit internationale Aufmerksamkeit erregt hatte, seit einem Jahr Dirigierverbot habe. Minten wiederum beschwerte sich auf dem Dienstweg bei seiner vorgesetzten Behörde über die Attacke der Zeitung. Und Nannen druckte das alles unentwegt ab und spitzte es mit redaktionellen Bemerkungen noch zu, so daß der damalige SPD-Oberbürgermeister Wilhelm Weber schließlich von »übler Nachrede« sprach und in offener Ratssitzung gegen die »unfaire und zersetzende Kritik« vom Leder zog – was Nannen prompt als dem »braundeutschen Wörterbuch« entstammend charakterisierte.

Es gab noch mehr Kulturkampf. Eine negative Rezension des damals noch volontierenden Musikkritikers Klaus Wagner, dem Nannen im Zorn mal einen Radioapparat nachwarf, erboste den Dirigenten Professor Rudolf Krasselt, der mit der Stadt Hannover einen Vertrag auf Lebenszeit hatte, so sehr, daß die Städtischen Bühnen per Handzettel verbreiten ließen, er wolle in Hannover nicht mehr dirigieren. Dies veranlaßte Nannens Freund Gerd Schulte, in der *Hannoverschen Presse* mit einem Brief an Reiner

Minten ebenfalls in die Kontroverse einzusteigen. Die ganze Rangelei hatte immerhin den Effekt, daß Konwitschny zu Neujahr 1947 die Dirigiererlaubnis zurückerhielt.

Ob solche Kontroversen für die *Nachrichten* besonders förderlich waren, ist zweifelhaft, aber auch irrelevant, denn die Höhe der Auflage hing ohnehin von der Papierzuteilung ab, und die meisten Leute kauften die Zeitungen vor allem des Papieres wegen. Außerdem beendeten die Engländer, die damals noch jeder Partei ein eigenes Blatt zuordnen wollten, alsbald das Experiment der Drei-Parteien-Zeitung. Den Titel *Hannoversche Neueste Nachrichten* schlugen sie der CDU zu; die FDP stieg aus und sollte nun auch eine eigene Zeitung bekommen. Natürlich interessierte Nannen sich für das liberale Blatt und bekam unter der Nummer 114 am 6. Februar 1947 mit dem FDP-Politiker Dr. Otto Heinrich Greve eine Lizenz für die Zeitung *Abendpost*. Die Lizenz Nummer 71 für die *Nachrichten* gab er am 5. Februar zurück.

Die damit verbundene Annäherung an die FDP war für Nannen erst mal eine Begleiterscheinung, bestenfalls ein wechselseitiges Zweckbündnis: Er wollte die Lizenz haben, und die FDP brauchte noch einen politisch entlasteten, schon »zeitungserfahrenen« Lizenzträger. Dieses Zweckbündnis verwandelte sich binnen eines Jahres in sein Gegenteil, nämlich in den Versuch, Nannen die Lizenz wegen parteischädigenden Verhaltens wieder zu entziehen. Das passierte nicht von heute auf morgen, bahnte sich aber an, als O. H. Greve, der politisch eher links einzuordnen war, in Konflikt mit dem Rechtsdrall der FDP in Niedersachsen geriet, die er »ein Behelfsheim der Reaktion« nannte und im Frühjahr 1948 verließ, um Sozialdemokrat zu werden. Aus dem Impressum der *Abendpost* verschwand er schon am 29. Mai 1947 als Lizenzträger und wurde in der nächsten Ausgabe durch einen der FDP nahestehenden Rechtsanwalt namens Johannes Siemann ersetzt.

Aber auch die Lizenzgeber, die Briten, waren um diese Zeit nicht eben glücklich mit ihren Bemühungen um die neue deutsche Presse. In den höheren Etagen von PR/ISC registrierte man, daß die Haltung der Bevölkerung gegenüber der Besatzungsmacht unfreundlicher geworden war und daß in den Zeitungen immer mehr Kritik laut wurde. Man führte das unter anderem auf mangelnden Kontakt der Lizenznehmer mit kompetenten britischen Gesprächspartnern zurück. »Director of Information Services« war damals Michael Balfour, ein sehr gescheiter Offizier, der später als Historiker Karriere gemacht hat, und »Assistant Director Press Services« war der Major Nick Huysman, der mit Balfour nicht eben harmonisch zusammenarbeitete und auch bei den Deutschen, mit denen er zu tun hatte, durchaus unbeliebt war. Diese beiden Herren entsandten die sogenannten Presseverbindungs-Offiziere, die als »Wanderprediger« bei den Lizenzträgern nach dem Rechten sehen sollten. Einer davon war Michael Thomas, der in Berlin als Sohn des jüdischen Schriftstellers Felix Hollaender aufgewachsen war, drei Tage vor Kriegsausbruch »mehr oder weniger zufällig« nach London kam, dort interniert wurde, sich dann zur Armee meldete und 1945 als britischer Generalstäbler nach Deutschland zurückkam. Ihm wurde aufgetragen, sich um etwa zehn Zeitungen zu kümmern, darunter *Der Spiegel, Die Zeit* und die *Abendpost*. Diese drei Blätter waren Huysman besonders zuwider, und er versuchte gelegentlich, ihnen durch gekürzte Papierzuteilung Ärger zu machen. Nannen nahm er gar nicht ernst.

Als Michael Thomas, von Huysman entsprechend vorgewarnt, bei Nannen anlangte, war er angenehm überrascht. »Der große, damals sehr schlanke, gutaussehende 33jährige Mann sprudelte vor Ideen; sein Redefluß war unaufhaltsam, ohne eine Minute langweilig zu sein«, so Thomas in seinen Erinnerungen. »Dabei wirkte er auf liebenswerte Weise unseriös: eine Mischung von Charmeur und Hans Dampf in allen Gassen; ich konnte verstehen, daß Nick Huysman die Nase rümpfte. Aber Nannen hatte etwas Genialisches, und die *Abendpost* war eine recht gut gemachte Zeitung, um die sich das Publikum riß. Für Nannens Ambitionen war sie allerdings nicht die geeignete Plattform, und so ging er mit der Idee einer illustrierten Zeitschrift um. Schon bei unserem ersten Treffen zeigte er mir ein Dummy des Blattes, von dem er träumte.« Der *stern* war das freilich noch nicht – und es sollte auch noch geraume Zeit dauern, bis aus Nannens Traum so etwas wie Realität wurde.

Henri Nannen war bei der *Abendpost* zwar eine Weile »verantwortlich für die Redaktion«, aber nicht Chefredakteur (das war Ernst Hafer); gleichwohl verhielt er sich so. Er kümmerte sich ums journalistische Handwerk und versuchte, gute Leute zu engagieren. Einen PR/ISC- Kollegen von Henry Ormond, den bereits nach London zurückgekehrten Staff Sergeant Harry Bohrer, gewann er für ein Honorar von zunächst dreißig Reichsmark pro Schreibmaschinenseite als Korrespondenten. »Aber vergessen Sie nicht, Sie alter Sozialist, daß Sie hier sine ira et studio berichten müssen.« Bohrers ersten Bericht fand er dann nicht druckbar. »Der Londoner Korrespondentenbericht muß ein farbiger und interessant geschriebener Stimmungsbericht sein, der sich weniger mit Meldungen abgibt als mit Meinungen.« Charakteristisch sind auch die Argumente, mit denen Nannen eine dem Blatt angebotene Konzertkritik zurückschickte, die »aus lauter allgemeinen Weisheiten und einer Aneinanderreihung von Klischeeausdrücken« bestehe: »Wenn noch dazu ein Lied ›Kolorit und Farbe‹ hat, ›Dirigent und Orchester zu einer Einheit verschmelzen‹ und mit ›feiner Abschattierung‹ spielen, dann ist das Maß des Schmonzes wirklich zum Überlaufen voll.«

Nicht untypisch dürfte auch die erste Begegnung zwischen Nannen und einem Mann gewesen sein, der ihm später bei Gruner + Jahr in Hamburg als eine Art Vorgesetzter, nämlich als das für die Zeitschriften des Hauses zuständige Vorstandsmitglied, wiederbegegnet ist: Rolf Poppe. Damals wollte der angehende Journalist Poppe sich um ein Volontariat bei der *Abendpost* bewerben. Als er im Anzeiger-Hochhaus auf der Suche nach dem Chef durch die Gänge irrte, riß jemand jäh eine Tür auf, eine Frau stürzte heraus, eine Schreibmaschine flog hinterher, und dann erschien ein brüllender Nannen, erblickte den ungebetenen Gast und fragte ihn, was er da zu suchen habe. Einen Job, sagte Poppe, merklich eingeschüchtert. Und da er aus Oldenburg stammte, engagierte Nannen ihn als Korrespondenten für Ostfriesland. Von Dauer war das nicht, da die Zeitung für solche Extravaganzen kein Geld hatte.

Gewisse Charakteristika der Nannenschen Selbstdarstellung in der Chef-Rolle sind offenbar schon damals deutlich geworden.

In einer »Bierzeitung« der *Abendpost*-Redaktion aus dem Jahr 1947 finden sich unter »Bekanntmachungen« auch diese: »Wenn ich von den Angestellten schon jemand versehentlich gegrüßt haben sollte, so bitte ich, mir das zu verzeihen. Henri.« Ferner: »Relativsätze – ihre Stellung und ihre Bedeutung im Satzganzen. Kostenlose Anweisungen erteilt H. N.« Und in dem »Steckbrief«, den die *Abendpost*-Redakteure dichteten, hätten, von aktuellen Anspielungen abgesehen, später auch *stern*-Redakteure ihren Chef wiedererkennen können:

»Wer ist der Mann, der bisweilen brüllt,
daß der Kitt aus den Fensterscheiben quillt?
Wer erschüttert die Wände, den Redakteur,
Die Maternpresse und den Metteur?
Der nicht nur beim Umbruch alles ›umbricht‹?
Der Mann, der auf jedem Parteitag spricht?
Wer zwang mit dämonischer Demagogie
die Landtagswähler zu Lingen ins Knie?
Wer ist kräftig von Haarwuchs, lang wie ein Baum,
der Männer Neid und der Frauen Traum?
Wer hat sich mit seinem Hauswirt verkracht
und Kellertüren zu Kleinholz gemacht?
Wer ist der gewaltige Journalist,
der auch im Privatleben ›schlagfertig‹ ist?
Wer macht sich aus Niemand und Nichts etwas draus?
Wer ruft auf der Messe selbst Zeitungen aus?
Der alles mitmacht und grault sich vor nix?
Wer trägt eine graugrüne Landserbüx?
Und wer geht im Sommer lederbehost?
Nur Henri, der Motor der ›*Abendpost*‹!«

Die Anspielung auf den Parteitagsredner hat mit Nannens kurzem Gastspiel als Kandidat der FDP zu tun, und der Hinweis auf seinen Krach mit dem Hauswirt ist wohl eher ein Understatement. Der Wohnraum, der in den zerstörten Städten brauchbar geblieben war, wurde zwangsweise bewirtschaftet; das heißt, wer über ausreichenden Wohnraum verfügte, mußte Untermieter aufnehmen, die das vom Ansturm der Wohnungsuchenden völlig überforderte Wohnungsamt ihm zuwies. Diesem Umstand verdankte das Ehepaar Nannen nach dem nervtötenden Interim in den Büroräumen des Anzeiger-Hochhauses und auf jenem Luftschutzbett, dessen gebrochener Holm durch einen untergeschobenen Koffer ersetzt werden mußte, schließlich die Einweisung zur Untermiete ins Dachgeschoß eines unzerstört gebliebenen Einfamilienhauses im feinen Stadtteil Waldhausen, Bozener Straße 10. Das Haus gehörte dem Fabrikanten Fritz Stute, der dort mit seiner Familie wohnte und die Einquartierung vergeblich zu verhindern versucht hatte. »Sie sind mir vom Wohnungsamt aufgezwungen worden«, soll er bei Nannens Erscheinen zu diesem gesagt haben, »ich werde alles tun, um Sie wieder loszuwerden.« Und das tat er dann auch.

Die Vorkommnisse aus jenen Tagen, die den wenigen Überlebenden im Gedächtnis geblieben sind, haben eine Slapstick-Qualität, die den Verdacht nahelegt, sie seien erfunden. Einmal, so wird erzählt, baute Stute hinter der Haustür eine Pyramide aus leeren Konservendosen, die mit Getöse umstürzte, als Nannen spätabends aus der Redaktion kam – was der Hausherr dann zum Anlaß nahm, seinen Untermieter wegen ruhestörenden Lärms bei der Polizei namhaft zu machen. Nannen revanchierte sich, indem er die englischen Pressekontrolleure anstiftete, einen Militärlastwagen mit einigen hundert leeren Konservendosen anfahren und diese in Stutes Garten kippen zu lassen. Von einem Steinwurf (Nannens) durch ein geschlossenes Fenster (Stutes) wird erzählt, von Handgreiflichkeiten im Gefolge eines Streits um die Nutzung des (einzigen) Badezimmers, die mit einem Biß in Stutes Zeigefinger geendet haben sollen, von eingetretenen Türen, fliegenden Flaschen und Rangeleien zwischen den Söhnen von Mieter und Vermieter, in deren Verlauf Christian Nannens Spielzeug zu Bruch ging.

Besonders belastet wurde dieses kaputte Mietverhältnis, wenn die Nannens Gäste bei sich aufgenommen hatten, vor allem Logiergäste, was relativ oft vorkam. Aber selbst wenn ehrenwerte freidemokratische Politiker wie der spätere Bundespräsident Theodor Heuss oder der spätere Präsident des Bundesverfas sungsgerichts, Hermann Höpker-Aschoff, zum Essen kamen, reagierten die Stutes genervt. »Sigi«, soll Frau Stute ihrem Sohn in einem solchen Fall einmal zugerufen haben, »häng die Mäntel weg, Nannen hat Gäste!«

Relativ häufiger Gast war ein Kollege namens Rudolf Augstein, der im Anzeiger-Hochhaus eine Etage unter der *Abendpost*-Redaktion als Lizenzträger und Chefredakteur des Magazins *Der Spiegel* fungierte. Das Anzeiger-Hochhaus war dem gebürtigen Hannoveraner Augstein vertraut, denn er hatte dort während des Krieges beim *Hannoverschen Anzeiger* schon einmal sieben Monate volontiert. Den *Spiegel* wiederum hatte der bereits erwähnte John Chaloner mit seinen Leuten, Ormond und Bohrer zum Beispiel, und mit Augsteins journalistischer Hilfe am 16. November 1946 als *Diese Woche* erscheinen lassen, wobei Chaloner seine Kompetenzen so deutlich überschritten hatte, daß seine Vorgesetzten bei Information Control ihn zurückpfiffen und das Blatt alsbald in deutsche Hände gaben, in Augsteins Hände vor allem, der es im Januar 1947 dann *Der Spiegel* nannte.

Da Henri Nannen im Hochhaus einige Zeit nicht nur arbeitete, sondern auch kampierte, müßte er Augstein eigentlich dort getroffen haben. Der aber hat immer wieder erzählt, er sei Nannen vor dem Ballhof, dem Notquartier des zerstörten hannoverschen Schauspielhauses, in der Pause einer Aufführung von Thornton Wilders *Wir sind noch einmal davongekommen* begegnet, und dort sei er ihm nicht nur wegen seiner äußerst stattlichen Erscheinung, sondern auch wegen seiner affektierten Fußhaltung aufgefallen. Offenbar hatte Nannen damals schon die Angewohnheit, den rechten Fuß gelegentlich auszustellen: Absatz auf den Boden, Spitze in die Höh'.

»Man kam sich näher«, hat Augstein in seinem Nachruf auf Nannen den Beginn einer Beziehung beschrieben, die mit Sicherheit sehr viel differenzierter war, als die Begriffe vermuten lassen, auf die sie meistens gebracht wird: Freundschaft oder Kumpanei. Am meisten verwundert darüber, daß zwei so grundverschiedene Menschen überhaupt miteinander befreundet sein konnten, waren Augstein und Nannen selber. »Der Hang, andere Menschen zu bewundern, ist bei mir nicht sehr ausgeprägt. Aber der mir zugeschriebene Hang, alle und jeden herunterzuziehen, muß vor deiner Statur und Natur haltgemacht haben«, hat Augstein zu Nannens 75. Geburtstag gesagt. »Hätte ich mich mit dir nicht verstanden, so hätte ich an mir selbst zweifeln müssen.« Das war wohl der Kern dieser Beziehung, die es ausschließlich der Gnade ihrer frühen Geburt verdankt, nicht auch noch mit der albernen Modebezeichnung Männerfreundschaft behelligt zu werden.

Von der Rivalität zwischen den beiden, die später eine Rolle gespielt hat, war in Hannover nichts zu spüren, im Gegenteil. Die Sorge ums tägliche Brot und ums Papier für den Zeitungsdruck einte die Lizenzträger. »Wir haben, Henri, zusammen aus einem Napf gegessen«, so Augstein ein halbes Jahrhundert später in seiner Trauerrede. »Denn als du endlich eine Wohnung hattest, brachte ich eine Zeitlang zum Essen die Getränke mit.« Augstein hatte im Krieg so gut wie nichts verloren, Nannen so gut wie alles. Einige der Bilder, die er gleichwohl besaß, hingen im Hinblick auf die Aggressionen der Familie Stute nicht in der Wohnung, sondern sicherheitshalber im Büro. Nannen war sehr stolz darauf. Der Frau eines leitenden Mannes beim Drucker Madsack sagte er einmal, er habe schon eine ganze Menge Bilder.

Man behalf sich und man half einander, privat wie beruflich. »In Hannover erhielten wir beide die ersten Lektionen«, so Augstein. »Zur Eröffnung der Hannover-Messe schritten wir mit dem Generalmusikdirektor Franz Konwitschny Seite an Seite zur Eröffnung. Wir beide hatten aber keine Einlaßkarten. Da sagte der Dirigent: ›Aber meine Herren, so was macht man anders. Sie gucken jeden strafend an, der nach der Karte fragt, und reden angeregt auf mich ein.‹ So taten wir es, und so funktionierte es. Und in dieser Richtung haben wir beide des öfteren allein oder zusammengearbeitet.«

Politisch galt das damals noch nicht – wenn es denn je gegolten hat. Nannens und Augsteins politische Engagements waren, sowohl in ihrer Motivation wie in ihrer Artikulation, auch später so different, daß der Begriff Kumpanei auf sie allenfalls von ihren politischen Widersachern zeitweise zu Recht angewendet werden konnte. In Hannover war Nannen wegen der *Abendpost*-Lizenz der FDP verpflichtet, aber sein Umgang mit dieser Verpflichtung läßt Zweifel an der Ernsthaftigkeit seines Engagements durchaus zu. Daß er der Partei als Mitglied angehört habe, hat er später in etlichen Interviews bestritten. Tatsächlich war er es nur ein knappes Jahr, von Juni 1947 bis Mai 1948, also noch nicht einmal bis zu seinem Ausscheiden aus der *Abendpost* im Oktober 1948. Und auch sein Antritt als Kandidat der FDP bei der ersten Landtagswahl in Niedersachsen am 20. April 1947 hatte mehr Ähnlichkeit mit einem Hasardspiel oder einer Protestaktion als mit politischem Engagement. Offensichtlich wollte er etwas beweisen – aber was und wem, ist nicht ganz klar. »Ich hörte dann, wie diese Politiker alle versuchten, glänzende Listenplätze oder sonst was zu kriegen, und ich war gar nicht drin. Da sagte ich: Nun paßt mal auf, ich trete bei euch ein, und dann gebt ihr mir einen ganz miserablen Wahlkreis. Wir wollen mal sehen, was da passiert. Und dann kriegte ich den Wahlkreis Lingen an der Ems.«

Die von Nannen stets hinzugefügte Bemerkung, das sei weiland der Wahlkreis des ehemaligen Reichskanzlers Heinrich Brüning gewesen, ist ein bißchen geschönt; Brüning hat bei der Reichstagswahl im Juli 1932 lediglich auf Platz 1 der Landesliste der Zentrumspartei im Emsland gestanden. Aber chancenlos war ein unbekannter Freidemokrat in einem Wahlkreis wie Lingen allemal, und Nannen wußte das. »Ganz katholisch, ganz schwarz. Nie hatte da ein Liberaler auch nur einen Fuß auf den Boden setzen können. Und dann hab ich mir einen Opel P4 genommen und einen Bekannten, der noch einen umgefärbten Wehrmachtsmantel anhatte, und meine Frau und einen Kleisterpott und Plakate, und dann haben wir ganz Lingen vollgeklebt. Es stand überall an den Wänden: Henri Nannen kommt. Kein Mensch wußte, wer das ist.« Aber das war ein Teil des Kalküls: »Die Leute sollten denken: Wenn du das nicht weißt, dann bist du auch nicht informiert.« Am 14. April ging Nannen auf Wahlreise und hatte reichlich Zuhörer. Auch beim Wahlergebnis hat er nicht schlecht abgeschnitten, bedenkt man die Ausgangslage. Natürlich siegte mit weitem Abstand der Kandidat des Zentrums. Aber Nannen holte in Lingen knapp zehn Prozent der Stimmen für die FDP (in

Aschendorf-Hümmlingen zum Beispiel waren es nur 1,8 Prozent). 2750 Menschen im Wahlkreis Lingen wählten Nannen, davon 1099 in der Stadt Lingen; der siegreiche Zentrumsmann bekam dort 1944 Stimmen, der Mann von der CDU/NLP 1368, der Sozialdemokrat 1763.

Nannen hat das rückblickend »einen gewissen Achtungserfolg« genannt. Der blieb politisch völlig folgenlos, nicht aber psychologisch. Denn der Kandidat will bei seinen Wahlkampfauftritten die gefährliche Wirkung der Rhetorik, genauer gesagt: der Demagogie, entdeckt und dabei das Fürchten gelernt haben. »Ich merkte plötzlich, was man sagen muß, um die Leute zur Weißglut zu bringen, um sie vor Begeisterung brüllen zu lassen. Da habe ich vor mir selbst solche Angst bekommen, daß ich gesagt habe: Das mache ich nie wieder!« Die Episode gehört zu den wenigen Geschichten, die Nannen immer wieder gleich, ohne wesentliche Varianten, erzählt hat. »Ich stand da und sah die Gesichter, und plötzlich hatte ich das Gefühl: ›Du hast sie gepackt.‹ Da habe ich gedacht, um Gottes willen! Ich habe hinterher zu meiner Frau gesagt: ›Nie in die Politik! Das ist ja eine teuflische Verführungskunst, wenn man einigermaßen reden kann.‹«

Ein Populist erschrickt vor dem Populismus? Ein Magier der Massenwirkung (und das war Nannen zumindest von der Intention her damals schon) zuckt zusammen, wenn er merkt, wie's gemacht wird? Das kann es nicht gewesen sein. »Das Geheimnis des Agitators ist es, sich so dumm zu machen, wie seine Zuhörer sind, damit diese glauben, sie seien so gescheit wie er« – diesen Satz von Karl Kraus hätte Nannen wohl unterschrieben. Es war gewiß weniger seine Wirkung, die ihn erschreckt hat, denn an der mußte ihm doch gelegen sein, sondern eher die Erkenntnis, daß der direkte, sozusagen lebfrische Umgang mit der Masse Mensch seine Sache nicht sei; daß er dort seine Wirkung nicht mehr unter Kontrolle habe. Die Erfahrung, daß er sich am wohlsten fühlte, wenn wenigstens anderthalb Meter Distanz zwischen ihm und einem Gesprächspartner lagen, hatte er längst gemacht; auch der Verdacht, im Grunde ein kontaktschwacher Mensch zu sein, war ihm vertraut. Was er im Lingener Wahlkampf zu begreifen begann, war wohl, daß er sich auf eine unmittelbare Massenwirkung besser nicht einlassen sollte; daß er im Umgang mit Menschen der Vermittlung bedurfte – der einerseits distanzierenden, andererseits verstärkenden Vermittlung eines Mediums.

Außerdem kann der Redner Nannen allzu heftig doch nicht erschrocken gewesen sein, denn sonst hätte er sich nicht wenig später darum beworben, auf dem sogenannten Zonen-Parteitag, dem gemeinsamen Parteitag aller Freidemokraten der britischen Besatzungszone vom 5. bis 8. Juni 1947 in Bielefeld, ein Grundsatzreferat zum Thema »Kultur und Politik« zu halten. Und der für Nannen ziemlich unerträgliche Vorsitzende der Zonen-FDP, der »eitle und stieselige, aber sehr kluge ›Buchhalter‹ Franz Blücher« (wie Michael Thomas ihn beschrieben hat), hätte dem jungen Zeitungsmann diese Chance nicht gegeben, wenn er geahnt hätte, was der daraus machen würde: eine tiefe Verbeugung vor dem pazifistischen Zeitgeist und die Aufforderung, im Namen der Humanität den Dienst mit der Waffe per Gesetz abzuschaffen.

Der Auftritt schlug solche Wellen, daß auch *Der Spiegel* den Fall aufgriff: »Der Parteitag selbst stand ganz im Zeichen heftiger Debatten, die sich an dem pazifistischen Referat des temperamentvoll-jugendlichen Leutnants a. D. Henri Nannen von der hannoverschen *Abendpost* entzündeten. Er forderte eine neue Humanitas und ein Gesetz, das jeglichen Kriegsdienst verbietet. In der Diskussion gingen die Meinungen darüber sehr auseinander. Hessens sportlicher LDP-Vorsitzender August-Martin Euler zitierte Kant und sagte mit Blick nach Osten, man müsse sich gegebenenfalls gegen eine Bedrohung demokratischer Lebensformen zur Wehr setzen. Der studierende Ritterkreuzträger und Ex-Major Erich Mende aus Opladen unterstützte diese Ansicht, ein Parteifreund von der Friedensgesellschaft war dagegen. Sie alle ernteten stürmischen Beifall. Franz Blücher war das Ganze offensichtlich peinlich. Das seien nicht die amtlichen Ansichten der FDP, rief er.«

Es war nicht der letzte Eklat, den Nannen auf einem Parteitag der FDP verursachen sollte, aber der erste Zusammenstoß, den er dabei mit Erich Mende hatte – und also der Beginn einer höchst widersprüchlichen Beziehung. Mende hat den Bielefelder Vorfall in seinen 1984 erschienenen Memoiren so vermerkt: »In einem Referat über ›Weg und Ziel des neuen Liberalismus‹ trat auch Henri Nannen, der später als Chefredakteur der Illustrierten *stern* häufiger für Unruhe im politischen Leben sorgen sollte, ans Rednerpult. Sein Habitus, seine Art zu sprechen und der Inhalt seiner Ausführungen erregten allgemeines Aufsehen. Als er für das Programm der FDP als liberalen Grundsatz das Kriegsdienstverweigerungsrecht forderte, traten ihm August-Martin Euler, der Landesvorsitzende aus Hessen, und ich entschieden entgegen.«

Mende fühlte sich politisch attackiert, und obwohl er über Nannens Vergangenheit offenbar nur nebulös informiert war, schlug er zurück: »Daß ausgerechnet Nannen diesen Vorschlag einbrachte, war eine Sensation. Denn im Krieg hatte er als Leutnant der Luftwaffe bei einer Propaganda-Kompanie auf dem Balkan für den ›Südstern‹, ein Propagandablatt, gearbeitet und war durch besonders stramme und gekonnte Reportagen und Aufsätze für den Führer, seinen Reichsmarschall und den Nationalsozialismus aufgefallen. Nun wollte er der Demokratie verweigern, was er vorher für die Diktatur so intensiv propagiert hatte: das Notwehrrecht, sich gegen einen rechtswidrigen Angriff zur Wehr zu setzen.«

Korrekt ist, daß Nannens Vorschlag in Bielefeld abgelehnt wurde. Auch der Abdruck seines Referats in einer FDP-Broschüre wurde später per Vorstandsbeschluß »zurückgestellt«. Das war aber irrelevant, denn Nannen druckte Auszüge daraus in der *Abendpost*, allerdings ohne die Aufforderung, den Kriegsdienst zu verbieten. »Das Ideal unserer Zeit kann nach allem, was geschehen ist, nur in einer neuen Humanitas liegen. Die Normen des Rechts, der Wahrheit, der Gerechtigkeit und der Tugend sind heute so gültig wie ehedem. Und wir dürfen uns nicht mehr darüber täuschen, daß die Wertsetzungen sich hier nicht zwischen den verwaschenen und für jeden Standpunkt verschiedenen Begriffen *nützlich* und *schädlich* (›Gut ist, was dem Volke nützt‹) oder *angenehm* und *widerstrebend*, sondern nur zwischen den Polen absolut *GUT* und absolut *SCHLECHT* vollziehen. Und diese sittlichen Normen gelten für jeden Menschen ohne Ansehen der Person und ohne Betracht, zu welcher Gemeinschaft er sich zählt.

Daraus ergibt sich folgerichtig, daß es uns nicht um das Ideal e i n e s Staates, e i n e s Volkes, e i n e r Rasse oder e i n e r Klasse zu tun sein kann. Die Menschheit muß sich heute auf die Menschheit besinnen, oder sie wird morgen verloren sein.«

Der Nannen, der in der *Abendpost* schrieb (und solche Reden hielt) war nicht der Nannen, der dem »lieben *Stern*leser« Geschichten erzählt hat, noch nicht. Seine Prosa war weitschweifig, moralisierend, hemmungslos pathetisch, überflutet von Adjektiven – auf weite Strecken ein Musterbeispiel für das, was er später den *stern*-Autoren als vorgetäuschten Tiefgang um die Ohren gehauen hat. Unter seinen beherzten Schritten in die demokratische Zukunft knirschte zuweilen noch die Schlacke seiner Kunstbetrachtungen aus dem »tausendjährigen Reich« – nicht inhaltlich natürlich, aber stilistisch. In *Die Kunst im Dritten Reich* (Folge 7/8, Juli/August 1937) hatte er sich zu dem Thema Kunst und Politik einmal so geäußert: Kunst sei nichts als »formgewordene Weltanschauung. Weltanschauung aber ist nicht leidenschaftslose Anschauung der Welt, Feststellung des Daseienden und resigniertes Gutheißen – Weltanschauung ist Stellungnahme, Partei, Auseinandersetzung mit dem Bestehenden, Sehnsucht nach Neuem. Alle Umwelt ist Zumutung, denn wir können uns ihr nicht entziehen. Aber in unserem Wollen können wir sie bejahen, verneinen oder umwandeln. Und nirgends findet dieser – im weitesten Sinne des Wortes – politische Wille stärkeren Ausdruck als in der Kunst.« Die Anklänge zumindest im »Sound« sind nicht zu überhören.

Das kommt davon, könnte man sagen, wenn geborene Erzähler sich als Essayisten versuchen oder die Rolle des Leitartiklers spielen (obwohl sie zumindest ahnen, daß sie da fehlbesetzt sind). Aber das war in den Jahren der sogenannten Umerziehung nahezu unvermeidlich. Der Nachholbedarf an Bewältigung – nicht nur der Vergangenheit, auch der gänzlich ungewissen Zukunft – war einfach zu groß, und öffentliche Moral war den Menschen ein echtes, ein ungeheucheltes Bedürfnis. Bemerkenswert an Nannens Artikulation in der Phase der Re-education war allenfalls, daß er überhaupt kein Verhältnis zu jenen Hemingway-Epigonen entwickelte, die sich für die neue »verlorene Generation« hielten und davon durchdrungen waren, daß man alle großen Worte (Vaterland zum Beispiel) nicht mehr in den Mund nehmen oder gar aufschreiben dürfe, weil sie so gräßlich mißbraucht worden waren. Solche Scheu kannte Nannen nicht. Ohne Zweifel war er auch damals dem Zeitgeist näher als der Literatur und deren Derivaten. Und der Zeitgeist tendierte eher zu der allmählich erwachenden Landser-Nostalgie eines Romans wie *Null-acht fünfzehn* als zur Destruktion der Helden in *Fiesta* oder *Wem die Stunde schlägt*.

Der Kontroverse aber wich Nannen nicht aus, er suchte sie sogar. Er stritt mit dem niedersächsischen Kultusminister Adolf Grimme, las Leuten die demokratischen Leviten, die den *Jud-Süß*-Regisseur Veit Harlan zum Verlassen einer Kino-Premiere gezwungen hatten, wetterte gegen die Demontage-Politik der Siegermächte und gegen die sinkende Qualität handwerklich gefertigter Produkte in Deutschland, er schrieb nicht enden wollende Leitartikel zum Thema Antisemitismus und zur drohenden Teilung Deutschlands. Und er ärgerte sich über »Die Wandlungen des Ernst Wiechert«, allerdings nicht ohne erst mal elegisch zu werden: »Ich weiß es noch, als wäre es gestern gewesen, daß wir im Auditorium maximum der Münchner Universität zu seinen Füßen saßen. Und während draußen das Jahr 1935 seine dunklen Schatten über die Erde warf, hob Ernst Wiechert den Blick und sah uns alle an mit einem kühlen, fernen und ganz stillen Gesicht. Was uns bewegte, was in uns brannte und was uns auf eine schmerzliche Weise beunruhigte, in ihm war dies alles schon gewesen, ausgefochten und durchgekämpft, gereinigt und verklärt. Er hatte das Licht gedämpft und die Traurigkeit. Und unter allen lauten Liedern und Worten des Tages brach er das Brot für die Hungrigen und bestreute es mit dem Salz der Erde.« Felix Timmermans' *Pallieter* läßt grüßen.

Aber seine allzeit bereite Sentimentalität hat Henri Nannen doch nie daran gehindert, dort draufzuhauen, wo ihm das angebracht erschien. Angebracht erschien ihm offenbar, in seiner der FDP nahestehenden Zeitung just mit der FDP Krach anzufangen. Den Anlaß dazu bot der immer deutlicher erkennbar werdende Rechtsdrall im niedersächsischen Landesverband – der nämliche

Trend also, die FDP im konservativ-reaktionären Bürgertum anzusiedeln, der schon den Lizenzträger Greve zum Parteiaustritt bewogen hatte. Am 17. November 1947 schrieb Nannen einen Leitartikel unter dem Titel »Liberalismus ›rechts‹ verstanden«, der den Bruch mit der niedersächsischen FDP förmlich provozierte.

Der Artikel begann mit einem Rundschlag – und der war nun wirklich ein »echter« Nannen: »Wer an das Alleinseligmachende einer politischen Doktrin glaubt, wer der Automatik des Dogmas verfallen ist, kann nicht gut liberal genannt werden. Dieser für den freiheitlich gesinnten Menschen klar in Erscheinung tretende Vorzug der liberalen Idee ist zugleich auch ihr politisches Verhängnis. Es scheint nämlich, als sei mit der Freiheit und der Vernunft auf dem Markte der Meinungen kein rechter Staat zu machen; nicht zufällig läuft das Volk vornehmlich jenen Propheten zu, die das gültige Rezept für eine neue Welt oder ein besseres Jahrtausend jeweils in der Tasche zu haben behaupten. Und das Wort, nach dem Verstand stets bei wenigen nur gewesen sei, ist ein schlechter Trost für die Initiatoren einer politischen Partei, selbst wenn es sich dabei um eine liberale Partei handelt, und zumal wenn diese Führer weniger liberal als ehrgeizig sind.«

Das ging gegen eine »Nationale Sammlungsbewegung«, die sich ehemaligen Nationalsozialisten gegenüber tolerant zeigte und unter Vorantritt von Artur Stegner (der 1948 auf einem Parteitag in Oldenburg dann auch zum neuen Landesvorsitzenden gewählt wurde) in die Führung der Partei drängte. »Der in zahllosen innerparteilichen Positionskämpfen geführte und bisher zu keiner Klärung fortgeschrittene Kampf um diese Richtung« habe, so schrieb Nannen, »zu einer latenten Krise in der FDP geführt... um so bedenklicher ist es, wenn sich jetzt, begünstigt durch die jeder Konkretisierung ihrer politischen Vorstellung geflissentlich ausweichende Parteiführung eine Kräftegruppe in den Vordergrund zu schieben droht, die zwar über alle Anzeichen einer zugkräftigen Formierung verfügt, aber nichts weniger als liberal genannt zu werden verdient.«

Die Parteiführung verwahrte sich – nicht zum erstenmal. Streitereien um den eher linksliberalen Kurs der *Abendpost* und Nannens Rechtsdrall-Vorwürfe hatte es schon früher gegeben, im Juli 1947 sogar einen Untersuchungsausschuß des Landesverbands, der zwischen Partei und Zeitung zu vermitteln suchte. Der Leitartikel vom 17. November aber war der Casus belli – nicht zuletzt deshalb, weil er sich angeblich auf einen internen Briefwechsel zwischen dem stellvertretenden Vorsitzenden des nordrhein-westfälischen FDP-Landesverbandes, Albrecht von Rechenberg, und dem Zonen-Vorsitzenden Franz Blücher stützte. Zwar schrieb Nannen endlose Briefe an Blücher, am 27. Dezember zum Beispiel neun engzeilig getippte Seiten, in denen er sich unter anderem gegen den Vorwurf verwahrte, ein »manischer, von Größen- und Verfolgungswahn geplagter Mensch« zu sein. Aber vergebens. Der Parteivorstand verwarnte Nannen und die *Abendpost* im Januar 1948 wegen »rechthaberischer Zuspitzung von Gegensätzen oder Anprangerung von gelegentlichen Irrtümern Einzelner« und bedauerte »die Behandlung innerparteilicher Angelegenheiten von vertraulichem Charakter in Veröffentlichungen der Partei nahestehender Zeitungen, insbesondere in dem Aufsatz ›Liberalismus rechts verstanden‹ in der *Abendpost*«.

Eine abermalige »Aussprache« mit den *Abendpost*-Leuten unter Blüchers Beteiligung war offenbar kontraproduktiv. Jedenfalls beantragte der Landesvorsitzende der FDP am 3. Februar 1948 beim niedersächsischen Ministerpräsidenten den »Entzug der Lizenz für die *Abendpost* des Herrn Nannen«, und zwar wegen »gröblicher Verletzung der Pflichten und Aufgaben eines für eine als Organ einer demokratischen Partei lizenzierten Tageszeitung bestellten Lizenzträgers«; dessen Leitartikel über den Rechtsdrall erfülle den Tatbestand »schwersten parteischädigenden Verhaltens«. Jeder weitere Einigungsversuch sei zwecklos, denn »das schon oft umstrittene Verhältnis des Herrn Nannen zur Partei... schließt einen Vergleich aus... Es wird weiter unbestritten sein, daß sich nicht die eine Vielzahl von Menschen vertretenden Parteien der journalistischen Willkür eines Einzelnen aussetzen können.« Das hat Nannen noch oft zu hören bekommen – das erste Mal aber von den Liberalen.

Nun hatten zwar die Briten die Zuständigkeit für die Lizenzen durch Verordnung Nr. 108 der Militärregierung kurz zuvor auf die deutschen Ministerpräsidenten und einen »Beratenden Ausschuß für das Pressewesen« übertragen. Aber der Sozialdemokrat Hinrich Wilhelm Kopf hatte begreiflicherweise wenig Lust, sich mit diesem Fall herumzuschlagen, zumal der Nachfolger von John Chaloner als Press Chief, Mr. Deneke, gesprächsweise erklärt hatte, er könne sich nicht vorstellen, daß die Briten eine durch sie erteilte Lizenz von den Deutschen einfach kassieren ließen. Die Sache zog sich hin, bis Henri Nannen ihr am 3. Oktober 1948 selber ein Ende machte. Er gab die Lizenz zurück.

Das tat er aber weniger wegen des Ärgers mit der FDP, sondern weil die *Abendpost* auf dem besten Weg in die Pleite war – und das mit erhöhter Geschwindigkeit seit der Währungsreform am 21. Juni 1948. Nannen hatte von Anfang an bemängelt, daß die Zeitung einer kleinen Partei wie der FDP bei der Papierzuteilung viel zu knapp gehalten werde, um Erfolg haben zu können. Aber auch intern stand längst nicht mehr alles zum besten, besonders nicht zwischen Johannes Siemann, Ernst Hafer und Nannen als Gesellschaftern der Hannoverschen Verlagsgesellschaft m.b.H., in der die *Abendpost* dreimal die Woche erschien. In einem Protokoll des Betriebsrats der Gesellschaft, verfaßt drei Wochen nach Nannens Ausscheiden, ist sogar von einem »bevorstehenden betrügerischen Bankrott« die Rede, von zu spät bezahlten Gehältern und gar nicht bezahlten Honoraren, von angeblichen Unterschlagungen und vom Mißbrauch des Fuhrparks durch die Geschäftsführung, vom sinkenden Niveau der Zeitung und wachsendem Desinteresse des Chefredakteurs Hafer. Die FDP wiederum ging vollends auf Crash-Kurs: Der Landesverband stellte Antrag, nun auch Siemann wegen Schädigung des Ansehens der Partei die Lizenz zu entziehen, widrigenfalls die *Abendpost* mit allen Mitteln bekämpft werden solle. Im Falle des Abgangs von Siemann und Hafer aber werde die Partei 100 000 bis 150 000 Mark besorgen, um die Zeitung wieder flottzumachen. Vorsorglich wurde darum gebeten, den Herren Blücher und Stegner die Lizenzen zu übertragen.

Aus alledem wurde nichts. Am 3. März 1949 mußte die *Abendpost* ihr Erscheinen einstellen. Sielmann und Hafer beschwerten sich in einem bitterbösen Abschiedsartikel über den – sozialdemokratisch dominierten – deutschen Presseausschuß des Landes Niedersachsen, der »kurzerhand abgelehnt« habe, das Blatt durch eine Verbindung mit dem Drucker Madsack, dem »Altverleger« des von den Nazis geschlossenen *Hannoverschen Anzeigers*, zu sanieren. Das sei »eine Niederlage des demokratischen Gedankens« und vor allem »des nichtsozialistischen Bürgertums«. Letzte Aufmacher-Meldung der *Abendpost*: »Orkan über ganz Europa«. Auch die Luftbrücke in das von den Sowjets blockierte Berlin mußte vorübergehend eingestellt werden, »da die Flugzeuge wegen der heftigen Sturmböen nicht landen konnten«.

Henri Nannen hatte mit dem Blatt schon des längeren nicht mehr viel im Sinn, und er hatte überhaupt keine Lust mehr auf diese Art parteigebundenen Tagesjournalismus. Also hatte er längst andere Pläne. Am 4. Oktober 1948 teilte Ernst Hafer den *Abendpost*-Lesern mit, daß Nannen beabsichtige, »sich fortan mit ganzer Kraft für die Zeitschrift *Der Stern* sowie für die Entwicklung des Buchverlages einzusetzen, deren Lizenzen ihm vor einiger Zeit übertragen wurden«. Und gewiß werde er »an seinem neuen, selbstgewählten Ort der deutschen Publizistik die Beweise seines Könnens nicht schuldig bleiben«.

Das war nicht so nett gemeint, wie es klang. Aber es stimmte.

Umwege

oder: per aspera ad astra, sozusagen

Daß der »Blattmacher« Henri Nannen von Anfang an den *stern* und nichts als den *stern* im Sinn gehabt habe, ist eine Legende. Die erste »Illustrierte«, die Nannen gemacht hat, war eine überwiegend aus Fotos bestehende Beilage der *Abendpost* zur ersten »Export-Messe« in Hannover am 18. August 1947. Das durfte er eigentlich nicht, aber gemacht hat er es trotzdem. »Die Verhältnisse waren gerade in den letzten beiden Wochen so«, schrieb er seinem Londoner Korrespondenten Harry Bohrer am 11. September, »daß ich nicht einmal dazu gekommen bin, mich abends ins Bett zu legen. Wir haben im letzten Augenblick die uns genehmigte Wirtschaftsbeilage in eine kleine Illustrierte von der Messe umgewandelt. Der Pressechef war zuerst nicht damit einverstanden und hat etwas getobt, aber es gelang dann doch, ihm klarzumachen, daß es sich bei der Messe um eine wirtschaftliche Angelegenheit handelte, über die man sowohl im Bild wie auch im Wort berichten könnte.«

Nannen war durchaus stolz auf die relativ anspruchsvoll gemachte *Abendpost*, und deshalb wollte er auch einen Buchhändler in Celle kennenlernen, der regelmäßig 600 Exemplare verkaufte, mehr als andere Händler. Er fuhr auf dem Weg nach Hamburg mit seinem alten Opel Super 6 über Celle, fand die Buchhandlung, und da »wurde mir schlagartig klar, worauf der sensationelle Erfolg beruhte: Nur wenige Meter entfernt lag auf der anderen Straßenseite ein Fischgeschäft. Da brauchte man Papier, um die Zuteilung an Salzheringen einzuwickeln.«

Ob das nun die Wahrheit ist oder bloß eine schöne Geschichte – daß es Nannen bei der *Abendpost* zu eng wurde, einmal wegen der Bindung an eine Partei, vor allem aber wegen der beschränkten journalistischen Möglichkeiten, war nicht zu übersehen. Die Geschichte mit der Messe-Illustrierten hatte ihn neugierig gemacht. »Insgeheim bereiteten wir eine Illustrierte vor«, in der *Abendpost*-Redaktion nämlich. »Ob wir dafür allerdings je eine Lizenz bekommen würden, war höchst zweifelhaft.« Dennoch gingen die Vorbereitungen weiter. »An Titeln hatten wir keinen Mangel: ›*Jedermann*‹, ›*Unsereiner*‹, ›*Der I-Punkt*‹, ja sogar ›*Der weiße Rabe*‹ standen zur Debatte. Und auch ›*Stern*‹ fiel mir damals schon ein.« Wirklich geheim waren diese Vorbereitungen auch nicht.

Daraus wurde dann der Versuch, eine »politische illustrierte Zeitschrift für Jedermann« namens *Unsereiner* zu machen. Die Lizenz für ein Blatt dieses Namens beantragte Nannen im Dezember 1947, gemeinsam mit Oskar Dieling, einem ehedem schriftstellernden Handelskammer-Referenten des Jahrgangs 1898, der wenig später Verlagsleiter der Hannoverschen Verlagsgesellschaft wurde. Das eingereichte redaktionelle Programm, unterschrieben von Dieling, aber auch von Nannen, war politisch erstaunlich rechtslastig. Es enthielt Sentenzen, die mit Nannens Angriffen auf den »rechts« verstandenen Liberalismus der niedersächsischen FDP nur schwer, wenn überhaupt, in Einklang zu bringen waren. Die Demokratie, hieß es da, sei für große Teile des Volkes notwendig »vaterlandslos«, sie sei »international«, also »anti-national«, und darin liege das Problem. »Der Nationalismus muß durch die Demokratie erobert werden.«

Und das sollte *Unsereiner* nun zuwege bringen. »Dieser Zeitschriftenplan verdankt seine Entstehung... einer ernsten politischen Sorge, die den gekennzeichneten Weg einer Synthese zwischen national und demokratisch als einzig erfolgversprechenden sieht.« Die zusammengeklebte Nullnummer der Zeitschrift, das Dummy, enthielt unter anderem einen Beitrag »wider die politische Ausquartierung des Soldaten, der seine Pflicht getan hat« unter dem Titel »Heimkehr zum Vaterland« und eine Glosse gegen die langen Haare der jungen Leute. Wenn Henri Nannen von einer solchen Zeitschrift wirklich geträumt haben sollte, dann ist ihm wenigstens die Erfüllung dieses Traums erspart geblieben. Das Blatt ist im Juli 1949 schließlich herausgekommen, aber ohne Nannen, mit modifiziertem Titel und weniger rechtslastig.

Die *Unsereiner*-Geschichte ist, wie viele Geschichten aus dieser Gründerzeit, voller Ungereimtheiten. Am 1. Oktober 1948 nahm Nannen seinen Lizenzantrag für *Unsereiner* zurück und ließ den Beratenden Presseausschuß zugleich wissen, er habe nichts dagegen, daß Herr Karl Höpfner sowohl in seinen Lizenzantrag als auch in seinen GmbH-Anteil an dem (noch nicht im Handelsregister eingetragenen) Verlag gleichen Namens einsteige – was dieser auch wollte. Karl Höpfner, freier Journalist, später Vorsitzender des Journalistenverbandes, wurde 1948 stellvertretender Vorsitzender des »Entnazifizierungs-Hauptausschusses für Kulturschaffende« in Niedersachsen. Zeitgenossen erinnern sich, daß es zwischen Nannen und Höpfner im Anzeiger-Hochhaus einmal zu einer lautstarken tätlichen Auseinandersetzung gekommen sei – aber offenbar nicht wegen politischer, sondern eher wegen amouröser Differenzen. Nannen soll interimistisch Quartier bei einer jungen Dame bezogen haben, die zu Höpfner nicht nur beruflich in Beziehung stand.

Das war aber nicht der Grund dafür, daß Nannen sich aus dem Projekt *Unsereiner* zugunsten Höpfners zurückzog. An einem Samstag im Mai 1948 hatte ihn der amtierende britische Pressechef namens Deneke angerufen und gefragt, ob er die Lizenz für eine in Bad Pyrmont bereits erscheinende Jugendzeitschrift übernehmen wolle; das Blatt habe Probleme. Nannen wollte eigentlich nicht. »Ich hatte zu einer Jugendzeitschrift keine Lust. Da verliert man zwangsläufig dauernd Leser. Wer will denn, nachdem er Abitur gemacht hat, noch eine Jugendzeitschrift lesen?« Aber dann kam ihm die Idee, daß man daraus »früher oder später mit etwas List und Tücke« ein illustriertes Magazin für Erwachsene würde machen können, also das, was er ohnehin vorhatte. »Ich nahm die Lizenz.«

Bereits die Vorgeschichte dieser Jugendzeitschrift illustriert, daß »List und Tücke« in den Gründerjahren quasi zum Handwerkzeug gehörten. Miterlebt hat diese Geschichte Günter Dahl, Jahrgang 1923, später *stern*-Redakteur der ersten Stunde, damals auf Jobsuche. Dahl traf einen der potentiellen Macher der Zeitschrift, die sich zuerst *Jugend und Welt* nennen wollte, im Frühjahr 1947 in der Eisenbahn, und da er eine Schreibmaschine besaß, was an ein Wunder grenzte, konnte er trotz seiner kriegsbedingten Behinderung beim Gehen und beim Sprechen die geneigte Aufmerksamkeit des jungen Herrn erregen. »Der Mitarbeiterstab war noch nicht voll besetzt. Überhaupt hatte man vom Gesicht der neuen Zeitschrift recht unklare Vorstellungen. Dafür hatten die Herren auf Vorschuß ein Auto angeschafft, das Herr Ritter aber bereits zwischen Hameln und Hannover gegen einen Baum gefahren hatte.« Gerhard Ritter war einer der Lizenzträger. Den anderen, Franz Otterpohl, lernte Dahl dann in Pyrmont kennen. »Durch Umstände, die vermutlich immer ungeklärt bleiben werden, wurde er von den Engländern zum Jugendpfleger des Kreises Hameln-Pyrmont bestimmt und bekam als solcher ein Auto«, das er dann allerdings verpumpte, weswegen er wieder entlassen wurde. Aber die Lizenz bekam er doch. Und Dahl bekam einen Job.

Im Juni 1947 war es soweit. Das neue Blatt sollte alle zwei Wochen donnerstags erscheinen und *Ping-Pong* heißen. Just als Otterpohl dies vor deutschen und englischen Gästen feierlich verkünden wollte, drückte ihm jemand ein Telegramm in die Hand: In Bayern gab es schon ein *Ping-Pong*. »Otterpohl wurde der Kragen zu eng«, erzählt Dahl. »Dann nahm er das Glas, lächelte und gab dem Blatt den Namen *Zick-Zack*. Es war eine Intuition, wie er später strahlend erklärte.« Niemand erhob Einwände, und die Lizenzfeier wurde noch sehr gemütlich.

Die Redaktion hatte sich im »Felsenkeller«, einem Gasthaus am Rande Bad Pyrmonts, etabliert. Die Kaffeetische mit den Marmorplatten wurden zusammengeschoben, und abends mußten alle Manuskripte und Fotos in die Schlafstube der Kellnerin gebracht werden, denn zweimal die Woche war ab 19 Uhr Tanz bei Dünnbier und Klaviermusik, die der Vertriebsleiter von *Zick-Zack* machte, ein Herr, dessen Hosenträger aus Ordensbändern des EK II gefertigt waren. Zur Redaktion gehörten alsbald auch der Architekt und Bauführer Eberhard Seeliger, weiland Amateurknipser und später *stern*-Fotograf, und der Redakteur Kurt Bacmeister, Mitbegründer von *Zick-Zack* und dann beim *stern* der Mann für die Rätselecke.

Bereits die erste Nummer von *Zick-Zack* enthielt laut Günter Dahl »lauter geklaute Beiträge aus alten deutschen und neueren ausländischen Zeitschriften«, dazu ein bißchen Erotik, ein Quentchen Film und auf der letzten Seite »was Gehobenes« unter dem Titel »Verluste der Kunst«, also zum Beispiel die ausgebrannte Berliner Gedächtniskirche. Aber die von den Engländern genehmigte Auflage von 30 000 Stück war im Nu verkauft. Für jede Ausgabe verfaßte Gerhard Ritter eine Art Leitartikel, für Nummer 4 unter dem Titel »Das Zeitgespenst«, den er Kurt Bacmeister zur stilistischen Überarbeitung gab. »Er erwähnte mir gegenüber nicht, daß er einen Artikel von Herrn Vigilans aus der Zeitung *Die Zeit* als Grundlage für seine eigenen Ausführungen benutzt hatte«, so Bacmeister später in einer eidesstattlichen Erklärung, erst recht nicht, daß er »große Teile wörtlich abgeschrieben hatte.«

Der Fall Vigilans ließ sich mit 150 Reichsmark Schmerzensgeld beilegen. Die große Krise aber war nicht mehr aufzuhalten. Dahl erinnert sich: »Geldschwierigkeiten, englische Einmischungen, Krieg zwischen den Lizenzträgern – so fing es an... Es kam zum offenen Bruch zwischen den Lizenzträgern, die ihre schmutzige Wäsche vor den Engländern wuschen. Die Herren fuhren alle paar Tage nach Hannover. Dort kam es einmal zu einer wüsten Szene. Ritter spielte den Wahnsinnigen und wollte vom Balkon springen. Leider hielt man ihn zurück.« Schließlich wurde es den Engländern zu bunt. Sie suspendierten Ritter von der Lizenz und ließen Otterpohl eine Weile allein weitermachen; aber der versuchte sogleich, Ritter aus dem Verlag »Jugend und Welt GmbH« (Stammkapital bei der Gründung: 40 000 Reichsmark) herauszuklagen. Am 28. April 1948 entzogen die Engländer beiden die Lizenz.

Nannen übernahm sie ohne Entschädigung, und *Zick-Zack* wurde nun ein Objekt der Hannoverschen Verlagsgesellschaft m.b.H, in der auch die *Abendpost* erschien. Otterpohl hat Ende 1948, als *Zick-Zack* schon der *stern* geworden war, versucht, den niedersächsischen Presseausschuß zu einer Erneuerung der *Zick-Zack*-Lizenz zu bewegen, aus Gründen der Wiedergutmachung finanziellen Schadens, aber auch weil »die alte Zeitschrift ein Gewinn für den Leser und den Herausgeber [war], während beim *stern* der Gewinn wohl nur beim Herausgeber liegen dürfte«. Aber auch der Presseausschuß sah keinen Bedarf mehr für »eine weitere sogenannte Jugendzeitschrift«.

Nannens Übernahme hatte, zumindest aus der Sicht von Otterpohls Anwalt, handstreichartigen Charakter. Die *Abendpost*, so schrieb er dem Presseausschuß, habe »unverzüglich die bisher von der Firma ›Jugend und Welt GmbH‹ benutzten und in Bad Pyrmont, Brunnenstraße 37, befindlichen Geschäftsräume mit dem vollen Inventar in Besitz [genommen]. Man verweigerte sogar Herrn Otterpohl jeglichen Zutritt zu seinen Geschäftsräumen und damit auch zu seinem Eigentum.« Otterpohl erwirkte eine einstweilige Verfügung gegen dieses Vorgehen. »Eine halbe Stunde vor der Zustellung dieses Beschlusses hatte die *Abendpost* aber bereits auf einem LKW fast sämtliche Korrespondenzen usw. verladen und abfahren lassen.«

Günter Dahl sah den neuen Boß Nannen eher als den »strahlenden Zeitungsmann aus Hannover. Er trug Luftwaffenoffiziers-Reithosen und entsprechend elegante Stiefel.« Aber als Einmarsch empfand er diesen Auftritt nicht. »Nannen meinte, durch das Geschäftsgebaren der Pyrmonter Firma könne er nicht durchblicken, kündigte bestehende Verträge und ordnete den Umzug von Bad Pyrmont nach Hannover Anfang 1948 an. Mich nahm er mit.« Die Schreibmaschine, der Dahl seinen Job verdankte, wurde nun nicht mehr gebraucht – so wenig wie der Titel *Zick-Zack*.

Henri Nannen hat später keinen Hehl daraus gemacht, daß er die Engländer mit der Übernahme von *Zick-Zack* insofern hinters Licht geführt habe, als er gar nicht wirklich die Absicht hatte, dieses Blatt zu machen, sondern bloß eine Startrampe wollte für das Magazin, das er längst im Kopf und in der Schublade hatte, eben für den *stern*. Es gab damals in der amerikanischen Zone schon die *Quick* und die *Revue,* in der französischen Zone *Das Ufer* (später *Bunte Illustrierte)* und in Köln *Die Neue Illustrierte*. In dieser Illustrierten-Liga wollte er mitspielen. Die Geschichte, wie er das erreichte, hat er besonders gern erzählt, in nahezu identischen Versionen.

Er wartete, bis der amtierende Pressechef Mr. Deneke, der Nachfolger John Chaloners, zu einem längeren Urlaub nach England abgereist war. Dessen Vertretung war ein Wing Commander Baker, ein Lehrer aus Bedford, »ein sehr jugendbewegter Mann in einer blauen Uniform«, der von der britischen Pressepolitik nicht allzuviel Ahnung hatte. »Das war eine Gelegenheit, die es zu ergreifen galt. Ich meldete mich bei Baker, machte ihm klar, daß das vierzehntägliche Erscheinen von *Zick-Zack* eine dumme Sache sei, weil der Leser nie wisse, ob nun an diesem Donnerstag oder erst am nächsten die neue Nummer erscheine, außerdem sei das Format der Zeitschrift zu klein, statt dessen solle man den Umfang lieber von 32 auf 16 Seiten eindampfen und zu wöchentlichem Erscheinen übergehen. Und schließlich fragte ich ihn, ob er wisse, daß *Zick-Zack* eigentlich ein Nazi-Titel sei, mit einem Anklang an ›zackig‹ und an den Hitler-Jugend-Kampfruf ›Zickezacke-zicke-zacke-hoi-hoi-hoi‹. Das passe ja wohl schlecht zum Konzept der demokratischen Umerziehung. Dies leuchtete dem Briten Baker ein. Aber wie solle man das Blatt denn bloß nennen?«

Auf dieses Stichwort hatte Nannen gewartet. Er faßte sich ans Kinn und gab vor, laut zu denken. »Die abgerissenen Landser auf dem Bahnhofsplatz oder vor dem Pressehaus, das waren doch noch Kinder, als man sie zum Militär und schließlich zu den Werwölfen einzog, und heute sind sie zwischen 16 und 25. Das sind doch die Leser, die wir umerziehen wollen. Denen kann man doch keine Kinderzeitung vorsetzen, denen sollte man eher so etwas wie den Stern einer neuen Hoffnung zeigen – warten Sie, Commander: *stern*, wäre das nicht ein guter Titel? Was heißt schließlich *Quick*? Ein Schnellrestaurant? Ein Schlüsseldienst? Ist *Revue* ein Blatt fürs Schautheater? *stern* – das ist's. Einsilbig, deklinierbar und positiv besetzt. Sterne leuchten. ›Geben Sie mir den *stern*‹, das kann man am Kiosk knapp und präzise sagen. Lassen Sie uns das Blatt *stern* nennen!« Baker ging auf den Leim, er fand den »spontanen« Einfall großartig. »Seine Sekretärin Barbara ließ sich von mir die Veränderungen an der Jugendzeitschrift *Zick-Zack* diktieren, und schon am nächsten Tag zogen wir unsere Probenummer aus der Schublade, die natürlich längst den Titel *stern* hatte, 16 Seiten zählte und auf dem Titelblatt die junge Hildegard Knef im Heu zeigte.«

Die Erfindung des *stern* – ein Täuschungsmanöver. Nannens Erzählung jedenfalls klingt so. Aber vielleicht ist ja auch sie nur eine von seinen schönen Geschichten. Diese hier hat übrigens noch eine dramatische Fortsetzung: Irgendwann nämlich sei Mr. Deneke aus dem Urlaub zurückgekommen, habe sich sehr gewundert über den *stern* und habe namens seines Berliner Vorgesetzten Nick Huysman angeordnet, das Blatt wieder in *Zick-Zack* zurückzutaufen. Was Nannen natürlich verweigerte. »Sie können den *stern* ja verbieten«, habe er gesagt. Das taten die Engländer zwar nicht, aber Deneke »schmiß mich raus, und zwei Wochen später erfuhr ich, daß die Papierzuteilung gestrichen war. Da bin ich zu Axel Springer gefahren, der machte die *Nordwestdeutschen Hefte*, und der lieh mir für eine Nummer Papier und noch für eine halbe.« Not kennt kein Gebot und auch keine ideologischen Schranken.

War es wirklich so? Am 1. Oktober 1948 las man's noch anders. Da heißt es in einer »Kurzen Lizenzgeschichte des *stern*«, unterschrieben von Henri Nannen und gerichtet an den Presserat für die Britische Besatzungszone, Nannen habe »in zwei grundlegenden Besprechungen mit dem Herrn Press Chief Mr. Deneke über die Aufgaben und die Formung der Zeitschrift« die notwendigen Veränderungen der übernommenen Zeitschrift *Zick-Zack* »in beiderseitigem Einvernehmen klargestellt«. Auch den Antrag, die Auflage erhöhen und das Format ändern zu dürfen, richtete »der Lizenzträger am 1. Juni 1948 an den Herrn Press Chief Mr. Deneke«. Und am 2. Juni 1948 »wurde an die gleiche Dienststelle das Gesuch um Änderung des Titels der Zeitschrift *Zick-Zack* in *Der Stern* gerichtet.« Der Wing Commander Baker in seiner schönen blauen Uniform kommt hier gar nicht vor. Vielmehr wurde »die erbetene Genehmigung zur Namens- und Formatänderung [erteilt] mit Schreiben der Press Section ISD Regional Staff Land Niedersachsen [folgt die Referenznummer] vom 6. Juli 1948«, also ganz regulär auf dem Dienstweg. Obendrein habe der Vorsitzende des Zonenpresserats, Emil Gross, dem Lizenzträger Nannen am 10. Juli telefonisch erklärt, auch er habe keine Einwände: »Für den Verleger gelte es jetzt, seine Zeitschrift in Stil und Erscheinungsweise so zu gestalten, daß sie auch nach der Währungsreform eine gesunde verlegerische und geschäftliche Entwicklung gewährleiste.«

Darum ging es in der Tat. Wohl war die Lizenz eine stattliche materielle Vorgabe, aber wer sie unter Konkurrenzbedingungen journalistisch und ökonomisch nicht zu wahren verstand, der war bald weg vom Fenster. Die Menschen, die am 21. Juni 1948 mit erst mal vierzig Deutschen Mark »Kopfgeld« und im Verhältnis zehn zu eins abgewerteten Reichsmarksparguthaben augenreibend vor den Läden standen, in denen es plötzlich wieder alles zu kaufen gab, wußten ja nicht, daß dies der Beginn eines Wirtschaftswunders war. Sie kauften sich endlich genug zu essen und ein paar Sachen, die sie am dringendsten brauchten. Zeitungen und Zeitschriften gehörten erst mal nicht dazu, und zum Einwickeln der zugeteilten Ration Heringe brauchte man sie bald auch nicht mehr.

Aber Zeitungspapier war und blieb noch eine ganze Weile knapp. Es trotzdem zu beschaffen war eine – womöglich willkommene – Herausforderung an Nannens bewährte Fähigkeiten im Umgang mit Mangelware. »Da bin ich Holzkaufmann geworden.« Das heißt, er zog los, den Rohstoff der Papierherstellung aufzutreiben, das Holz. »Und da bin ich ein absoluter Fachmann: ob das kernstreifig oder rotfaul ist. Wir haben das Holz gekauft für 58 Mark den Festmeter und haben es verkauft für 37 Mark, aber 37 Mark in Papier. Und dann mußte man versuchen, auf dem schwarzen Markt Papier zu kriegen.« Oder im Tauschhandel. Als Nannen hörte, daß beim Papierhersteller »Feldmühle« Schreibmaschinen gebraucht wurden, fuhr er nach Dresden zu Seidel & Naumann, wo es welche gab, und kaufte zehn Stück. Sie von dort zur »Feldmühle« zu kriegen, war schon schwieriger, für einen Deutschen fast unmöglich. Also bat Nannen den ihm wohlgesonnenen Presse-Offizier Michael Thomas, die Ware in seinem Jeep mitzunehmen. Thomas fand das riskant, machte es aber und hat es auch nicht bereut. Denn als im Jahr 1966 seine Firma von einem rumänischen Hochstapler erpreßt wurde, der mit seinem angeblich brisanten Material zum *stern* gegangen war, rief er Nannen an, und der sagte: »Mein lieber Michael Thomas, Sie haben soviel für mich getan. Wenn nicht das Wohl der Bundesrepublik auf dem Spiel steht, wird die Geschichte nicht gebracht.« Thomas war begeistert – zumal er den Risiko-Transport der Schreibmaschinen längst vergessen hatte.

Eine andere Papierfabrik in Altburg wollte im Tausch für Papier einen Lastwagen mit Anhänger haben. Einen Lastwagen! »Da fiel mir ein: Mein Spieß während des Krieges, Rudi Sukopp, war inzwischen bei Büssing in Braunschweig Personalchef oder so was.« Also fuhr Nannen zu den Büssing-Werken und wollte einen LKW kaufen, wurde aber ausgelacht, denn es wurden damals nur vier Stück pro Monat hergestellt. Da nahm Nannen seine Frau mit »zum alten Büssing, und meine Frau hat geweint, und dann hat der alte Büssing uns einen Dreitonner mit Anhänger für 70 000 Mark verkauft. Dann bin ich mit dem Ding ohne gültigen Führerschein nach Altburg gefahren und habe dafür Papier bekommen. So haben wir uns durchgehangelt.«

Am 3. Juni 1948 bekam der »Holzkaufmann« Nannen auch seinen eigenen Verlag. Dem Presseausschuß schrieb er, daß die völlig ungeklärten Verhältnisse des *Zick-Zack*-Verlags »Jugend und Welt« die Gründung einer neuen Verlagsgesellschaft nötig gemacht hätten. Die Anteile hielten zur Hälfte Nannen und zur anderen Hälfte die Hannoversche Verlagsgesellschaft m.b.H. (an der wiederum Nannen beteiligt war).

In diesem neuen Verlag erschienen ein paar Monate lang auch *Die Bunten Hefte*, eine Reihe anspruchsvoller Abenteuer- und Entdeckergeschichten für 30 bis 40 Pfennig pro Heft, »in jedem ein Kapitel aus der Weltgeschichte des echten Heldentums«, wie die *Abendpost* werbend bemerkte. In einer Zeit knappen Geldes und knappen Papiers sei es »so etwas wie das Ei des Kolumbus, was der Verlag Henri Nannen zustande gebracht hat«, eben dieser preiswerte Griff in die Literatur des Außerordentlichen. Stefan Zweigs Erzählung von Kapitän Scotts »Kampf um den Südpol« eröffnete die Reihe; Kolumbus, Gandhi und Rudolf Diesel waren unter den Beschriebenen, Manfred Hausmann, Frank Thieß, Kasimir Edschmid und Eugen Roth waren unter den Autoren. Ein Erfolg war die Reihe aber nicht. Und Bücher konnte Nannen erst später verlegen.

Zunächst war dies der Verlag, in dem aus *Zick-Zack* der *stern* wurde. Um rentabel arbeiten zu können, hatte man auf eine eigene Verlagsorganisation verzichtet. Herstellung, Vertrieb und Anzeigengeschäft wurden per Leistungsvertrag durch die Hannoversche Verlagsgesellschaft besorgt, der Gewinn entfiel zu 70 Prozent auf diese Gesellschaft und zu 30 Prozent auf Nannen – sofern Gewinn gemacht wurde. Daß dies bei *Zick-Zack* nicht der Fall sein würde, zeichnete sich schnell ab. Schon am 29. Mai teilte die Druckerei W. Girardet mit, daß »ihre Betriebsverhältnisse es ihr nicht mehr gestatten würden, ein auch für sie infolge der geringen Auflage so unwirtschaftliches Objekt weiterhin zu drucken«.

Dies war der Moment, die Umwandlung in den *stern* endgültig durchzuziehen. Am 1. August 1948, sechs Wochen nach der Währungsreform, erschien die erste Nummer der veränderten Zeitschrift unter Zulassung Nr. 109, also der *Zick-Zack*-Lizenz, aber mit dem neuem Namen *Der Stern*, in einer Auflage von 130735 Exemplaren. Die Remission lag bei etwa 20 Prozent. Von Nummer zu Nummer stieg nun die Auflage um 10000 Exemplare, bei Remissionen zwischen drei und fünf Prozent. Die Druckauflage erreichte kurzfristig 207000 Exemplare und blieb dann bei durchschnittlich 190000 bis Mitte 1949 stabil.

Aber damit waren die Probleme nicht gelöst, sie fingen erst richtig an. Die Hannoversche Verlagsgesellschaft geriet in finanzielle Schwierigkeiten, nicht zuletzt wegen des Auflagenschwunds der *Abendpost* nach der Währungsreform, und hatte Mühe, ihren Verpflichtungen aus dem Leistungsvertrag mit dem *stern* nachzukommen. Laut Nannen hatte sie im September 1948 »noch keine Druckrechnung des *stern* bezahlt und war auch mit Honoraren und Gehältern so weit im Rückstand, daß ernstliche Gefahr für die Weiterführung der Zeitschrift bestand«. Der expandierende *stern* brauchte Kapital, und das gab es nicht in Hannover. Nannen wurde klar, daß er das sinkende Schiff *Abendpost* verlassen und sein neues Blatt aus dem Hannoveraner Verlag lösen mußte.

»Um eine Gefährdung des *stern* zu vermeiden«, so Nannen an den Presserat, wurde die Ablösung des fünfzigprozentigen Anteils der Hannoverschen Verlagsgesellschaft am *stern* »durch einen zusätzlichen Lizenzträger und Kapitalgeber vereinbart«. Nannen verpflichtete sich, seinen Anteil an der Verlagsgesellschaft und seine Lizenz für die *Abendpost* zurückzugeben. Das war der leichtere Teil der Übung. Der schwierigere war, den oder die Kapitalgeber zu finden, denen die Hannoveraner ihren 50-Prozent-Anteil am Henri Nannen Verlag verkaufen konnten. Gefunden wurden sie, laut Nannen »mit Unterstützung des Zonenpresserats«, in Duisburg, und zwar in Gestalt des Elektrogroßhändlers und Grossisten Walter Heise und der »Grundstücksgesellschaft Duisburg mbH«, einer Tochter der National-Bank AG Essen, vertreten durch deren Vorstandsmitglied Dr. Willy Wohlrabe. Heise sollte Lizenzträger und kaufmännisch verantwortlicher Geschäftsführer werden, Wohlrabe wollte sich aus der Leitung des Verlags heraushalten; beide wurden Teilhaber am Verlag Henri Nannen GmbH (Stammkapital 20000 DM) mit 37,5 beziehungsweise 25 Prozent. Die Transaktion wurde im Herbst 1948 unter der Voraussetzung vereinbart, daß die National-Bank Essen das erheblich höher geschätzte Betriebskapital, 120000 DM, als Kredit zur Verfügung stellte. Die Hannoversche Verlagsgesellschaft ging wenig später in Konkurs.

Wenn die rheinischen Branchenfremdlinge das *stern*-Engagement in der Erwartung eingegangen sein sollten, mit der neuen Zeitschrift relativ schnell viel Geld zu machen, dann muß ihnen bald klargeworden sein, daß sie sich geirrt hatten. Die gestiegene Auflage bedeutete zunächst auch eine erhebliche Steigerung der Kosten. Der Investitionsbedarf war erheblich, und schnell zurückverdienen ließ sich das Geld auch nicht. Es gab ja bereits eine starke Konkurrenz. Die *Quick* vor allem hatte zum Zeitpunkt der Währungsreform schon eine Auflage von 500000 Exemplaren wöchentlich – für einen Newcomer auf dem Markt eine beinah uneinnehmbare Festung.

Wahrscheinlich war niemand so recht glücklich in der Duisburger Phase des aufgehenden *stern*. Die Redaktion hatte die Adresse Am Buchenbaum 4, was Nannens Sohn Christian aber nicht wußte, als er sich eines Tages entschloß, den Vater im Büro zu besuchen, und mit dem Dreirad durch die Stadt fuhr; er konnte gerettet werden. Gedruckt wurde der *stern* damals bei W. Girardet in Essen. Was die Lebensqualität angeht, so erinnert sich Wilhelm Rüdiger, gelegentlich mit Eberhard Seeliger und Nannen in dem zerstörten Duisburger Bahnhof Fußball gespielt zu haben.

Nannen hatte Rüdiger aus Stuttgart, wo er für den Galeristen Ketterer tätig war, zur *Abendpost* geholt und dann zum *stern* mitgenommen.

Aber das »Programm« des *stern*, das Wunschbild seiner journalistischen Unverwechselbarkeit, das stand eben schon 1948 fest, aufgeschrieben im Gesuch um Zulassung unter dem neuem Namen und formuliert von Henri Nannen: Der *stern* »ist seiner Bestimmung gemäß eine Zeitschrift für junge Menschen mit einer ganz klaren politisch-sozialpädagogischen Tendenz. Aber er wird seine Aufgabe um so besser erfüllen, je weniger diese Tendenz sich nach außen aufdrängt und je mehr man den *stern* für eine reine Unterhaltungs-Illustrierte hält... Auch die Erziehung zur menschlichen und politischen Toleranz ist viel wirksamer zu gestalten, wenn sie statt mit tönenden Worten und belehrenden Redensarten in einer anregenden und interessanten und unaufdringlich unterhaltenden Form erfolgt.«

Das klang nun wirklich nicht wie die Bewerbung um das Kapitänspatent auf einem Musikdampfer und war auch nicht so gemeint. Nannen hatte sich schon damals etwas vorgenommen, was er erst viele Jahre später realisieren konnte: »Am Anfang eines jeden Heftes aber erscheint ein grundsätzlicher politischer Leitartikel, in dem versucht werden soll, an die Vernunft in der Politik zu appellieren ... und an die Stelle von Dogma, Doktrin und anderen Engstirnigkeiten den gesunden Menschenverstand zu setzen.« Eine »echte Illustrierte«, fügte Nannen 1949 hinzu, bedeute für ihn »Verzicht auf jede Lenkung und Beeinflussung des Lesers durch irgendeine Idee oder Weltanschauung...«

Das war Nannens Credo und ist es geblieben. Dabei fungierte er in dieser Startphase noch gar nicht als Chefredakteur des *stern*. Nomineller Chefredakteur war damals Gerd Klaass aus Bemerode bei Hannover, Jahrgang 1913, ein gelernter Journalist, der 1935 mit seiner jüdischen Frau nach Holland emigriert war – was die deutsche Wehrmacht nicht hinderte, ihn von 1942 bis 1945 noch in den Krieg zu schicken. Nach Klaass' Abgang stand Nannen in der Duisburger Zeit als »Herausgeber und für den Inhalt verantwortlich« im Impressum. Dann, Anfang 1949, übernahm der aus amerikanischer Emigration zurückgekehrte Schriftsteller

Heinrich Hauser eine Weile die Chefredaktion, bis schließlich Nannen selber Mitte 1949, gegen Ende der Duisburger Phase, als »Lizenzträger und Chefredakteur« in Erscheinung trat. Zu dieser Zeit bestand die Textredaktion, jedenfalls laut Impressum, aus drei Leuten: Günter Dahl, Eberhard Seeliger, Kurt Bacmeister.

Zu den Geburtshelfern des *stern* gehörten aber auf jeden Fall der Bildredakteur Karl Beckmeier aus Einbeck, Jahrgang 1909, der bei Ullstein gelernt und in Berlin gearbeitet hatte, und der Zeichner Günter Radtke aus Insterburg, Jahrgang 1920, der in Uetze bei Hannover lebte. Beckmeier, vermutlich wegen einer Facialis-Lähmung von einigen Kollegen auch »der mit dem schiefen Mund« genannt, hatte eine Frau, die Ursula hieß, aber »Püppi« genannt wurde und ebenfalls gelegentlich in der Redaktion arbeitete. Von ihr stammten die unterschiedlich langen Zacken des Sterns im Logo der Zeitschrift, mit der Schere zurechtgeschnitten in Hannover auf dem Schreibtisch von Günter Radtke. Die Beckmeiers trennten sich Ende der fünfziger Jahre von Nannen und dem *stern*, Günter Radtke und seine Frau Dorothea hingegen blieben lebenslang mit beiden verbunden. Der Pressezeichner Radtke war, wie Nannen, PK-Mann gewesen, bei den »Höheren Berichtern« des ObdH, doch zusammengetroffen sind die beiden erst 1948 in Hannover. Nannen wollte eines seiner *Bunten Hefte* über den Untergang der »Titanic« machen, wußte aber nicht, wie er den Text illustrieren sollte, und war beeindruckt, als Radtke ihm über Nacht zwei ebenso visionär wie realistisch gezeichnete Darstellungen der Katastrophe auf den Tisch legte.

Nicht von Anfang an mit im Boot war Victor Schuller, der alte Freund aus den Tagen des Berliner Offizierslehrgangs, den Nannen dringlich nach Hannover zitiert hatte, sobald er selber dort mit dem Zeitungmachen angefangen und Schuller in seiner siebenbürgischen Heimat aufgespürt hatte. Der Grund für Schullers verspäteten Antritt beim *stern* war wiederum eine in Schwierigkeiten geratene Zeitschrift namens *die straße*, deren Macher Arthur A. Zell 1947 zur neu erstehenden Export-Messe abwanderte. Nannen, der das Blatt wohl hätte übernehmen können, vermittelte statt dessen seinen Freund Schuller dorthin, und zwar als Chefredakteur.

Die *straße* verfügte aber nur über eine vorläufige Lizenz, die sich ein gewisser Erik-Uwe Mueller-Schwanek, der eigentlich Erich Heinrich Mueller hieß, bei den Briten besorgt hatte – freilich ohne zu erwähnen, daß er SS-Bewerber und Mitarbeiter des Sicherheitsdienstes (SD) gewesen war. Schuller hatte nicht viel zu lachen bei dem Blatt. Ärger machten ihm zum Beispiel die aus einer Schweizer Quelle nachgedruckten Aufzeichnungen des Goebbels-Paladins Hans Fritzsche über »Die letzten Tage von Berlin« – jenes Hans Fritzsche, der weiland im Propagandaministerium angeordnet hatte, auf den Rundfunkberichter Henri Nannen sei zu verzichten. Richtig kritisch wurde die Situation aber erst, als im Juni 1949 Mueller-Schwaneks wahre Vergangenheit bekannt wurde und die Engländer ihre vorläufige Lizenz für *die straße* annullierten. Da machte sich Schuller zur Rettung des Blattes und seiner Redakteure auf den Weg nach Hamburg, um dort einen Mann für die Übernahme der *straße* zu gewinnen, der vier Wochen zuvor mit Henri Nannen darüber einig geworden war, in dessen Verlag einzusteigen und den die *stern*-Leute in Duisburg seither staunend Schmidt di Millioni nannten.

Der Mann hieß Ewald Schmidt, verwendete nach dem Krieg, den er als Korvettenkapitän überstanden hatte, einige Mühe darauf, sich Schmidt di Simoni nennen zu können, war Verlagskaufmann von Beruf, einer von vier Herausgebern der bereits seit dem Februar 1946 lizenzierten Hamburger Wochenzeitung *Die Zeit* und Verlagsleiter der »Zeit-Verlag E. Schmidt & Co., oHG«, in dem die *Zeit* erschien. Für das Geld – genauer: für die Beschaffung von Krediten – war aber eher einer seiner Partner zuständig, der Altonaer Anwalt Dr. Gerd Bucerius. Es war auch nicht Schmidt, sondern Bucerius, der damals die Meinung vertrat, daß ein Blatt wie die *Zeit* in der sich dramatisch verändernden Presselandschaft auf die Dauer allein nicht überleben könne. Der *Zeit*-Chronist Karl-Heinz Janßen zitiert ihn mit dem Satz, daß »ein so kostbares Blatt wie die *Zeit* eine Brot-Zeitung brauche, um seine intellektuellen Vorstellungen ohne Existenzangst verbreiten zu können«. Was er haben wollte, war eine Milchkuh, eine Cash-Cow, bei der es weniger auf das journalistische Niveau als vielmehr auf die Marktgängigkeit ankam.

Die Landschaft veränderte sich in der Tat dramatisch, nicht nur die Presselandschaft. Es war das Jahr, in dem Mao Tse-tung über Tschiang Kai-schek siegte und die Volksrepublik China ausrief, auch das Jahr, in dem die Luftbrücke, mit der die Amerikaner das von den Russen blockierte West-Berlin am Leben erhalten hatten, mit Erfolg zu Ende ging und in dem zehn westeuropäische Staaten mit den USA und Kanada den Nordatlantikpakt (Nato) schlossen. Es war das Jahr, in dem die Fundamente gelegt wurden für die Bundesrepublik Deutschland. Mit der Währungsreform war die deutsche Teilung praktisch besiegelt, im Westen wie im Osten des Landes entstanden eigene Staaten. Der Staat im Westen gab sich im Mai 1949 eine Verfassung, die Grundgesetz genannt wurde, weil sie ein Provisorium sein sollte bis zur Wiedervereinigung; darin wurde auch die Pressefreiheit garantiert. Drei Monate später waren die ersten Wahlen, und im Herbst konstituierten sich Bundestag und Bundesrat. Theodor Heuss wurde zum Bundespräsidenten und Konrad Adenauer zum Bundeskanzler gewählt. In Köln versammelten sich 800000 Menschen zum ersten Rosenmontagszug seit zehn Jahren, und auf dem Genfer Automobil-Salon wurde erstmals ein Porsche präsentiert, mit 35 PS.

Die Vergabe von Lizenzen durch die Alliierten endete im Sommer dieses Jahres. Eine große Zahl lizenzfreier Zeitungen drängte auf den Markt, darunter auch gut gemachte Blätter wie die *Frankfurter Allgemeine Zeitung*, die an die liberale Tradition der alten *Frankfurter Zeitung* anknüpfte. Bei den Wochenzeitungen kamen Blätter wie der *Rheinische Merkur* oder *Christ und Welt* hinzu. Für die *Zeit* wurde es zusehends schwerer, sich zu behaupten.

Der Umzug des *stern* von Hannover nach Duisburg dürfte dazu beigetragen haben, den *Zeit*-Verlagsleiter Schmidt di Simoni auf die Idee zu bringen, hier sei ein zukunftsträchtiges Objekt in akuten Schwierigkeiten und könne preisgünstig erworben werden. Jedenfalls machte er Bucerius auf diese Möglichkeit aufmerksam. Nun war, wie Bucerius richtig erkannt hatte, im Blick auf die Zukunft eher die *Zeit* in Schwierigkeiten, während Nannens Verlag (wie ein Beauftragter des Zeit-Verlags in einer Zwischenbilanz auf den 30. Juni 1949 feststellte) selbst in der Duisburger Phase mit Gewinn hätte arbeiten können, wenn er das Geld nicht für den Umzug und ähnliche Kosten hätte verpulvern müssen. Auf die Dauer jedenfalls, so das Kalkül, konnte die *Zeit* nur profitieren, wenn sie im Nannen-Verlag die Mehrheit übernahm und den *stern* nach Hamburg holte. Also borgte sich Bucerius bei einem seiner Geldgeber das erforderliche Geld, und Schmidt di Simoni, ein silberhaariger, seriös wirkender, seinem Partner Bucerius in puncto Verschlagenheit aber kaum nachstehender Mann, führte mit Nannen die Übernahmeverhandlungen.

Dieser günstigen Ausgangslage war es wohl zu danken, daß Victor Schuller die Hamburger Herren dazu bewegen konnte, auch *die straße* unter ihre Fittiche zu nehmen. Während der Verhandlungen mit Schmidt di Simoni war Bucerius, nach Schullers Erinnerung, zwar anwesend, aber nicht so recht bei der Sache; »er stand meistens am Fenster und machte so komische Atemübungen«.

Für Henri Nannen und seine *stern*-Crew war die abermalige Veränderung der Besitzverhältnisse erst mal eine gute Nachricht – nicht zuletzt deshalb, weil der Umzug nach Hamburg die Chance eröffnete, daß der *stern* wieder von einem richtigen Verlagshaus professionell gemanagt wurde.

Daß Nannen selber, was das Kaufmännische anging, dabei vom Regen in die Traufe geraten würde – das hat er damals wohl nicht geahnt.

Partner, Kombattanten

oder: eine unmögliche, aber erfolgreiche Allianz

Die Idee, mit seinem Plan von einem illustrierten Magazin für das breite Publikum zu den feinen Leuten von der intellektuellen *Zeit* nach Hamburg zu gehen, war für Henri Nannen nicht neu. Er hatte genau das, als er die Hannoversche Verlagsgesellschaft dem Konkurs zutreiben sah, in der Reichsmark-Ära schon einmal versucht. Allerdings war er weder zu Schmidt di Simoni noch zu Bucerius gegangen, sondern zu deren Kompagnon Lovis H. Lorenz, bei dem er das meiste Verständnis zu finden hoffte, denn Lorenz war nicht nur promovierter Kunsthistoriker, sondern auch Chefredakteur der Berliner Scherl-Illustrierten *Die Woche* gewesen, bis Goebbels das Blatt 1944 einstellte. Dennoch erwies er sich als der falsche Gesprächspartner. »Herr Nannen«, soll er gesagt haben, »es gibt in Deutschland drei Leute, die eine Illustrierte machen können. Sie gehören nicht dazu.«

So jedenfalls hat Gerd Bucerius, der sich 1950 im Streit von Lorenz trennte, die Geschichte erzählt – nicht ohne hinzuzufügen, man habe bei der *Zeit* die Abfuhr für Nannen »bald sehr bedauert«. Aber ob er selber sich anders verhalten hätte, wenn Nannen damals zu ihm gekommen wäre, ist doch zweifelhaft.

Es hat nach dem Zweiten Weltkrieg in den Verlagen und den Redaktionen der deutschen Presse, zumal in den Lizenz-Zeitungen, manche absurde Personalie gegeben, aber noch nie – und dann auch nie wieder – eine so abenteuerliche und am Ende so erfolgreiche Konstellation wie den Verleger Gerd Bucerius und den Chefredakteur Henri Nannen. Zwei derart unvereinbare Charaktere als Kontrahenten zusammenzuspannen, das hätte einem Komödienschreiber einfallen können, der auf fetzige Dialoge und gelegentlichen Klamauk angewiesen ist; und vermutlich wäre das, was er dann auf die Bühne gebracht hätte, hinter den Auftritten noch zurückgeblieben, die Bucerius und Nannen in

Wirklichkeit vorgeführt haben. Als Geschäftspartner aber waren die beiden vollends unmöglich – es sei denn, man hätte als Unternehmensziel eine Katastrophe angesteuert und nicht das Happy-End, das diese Allianz dann tatsächlich gehabt hat, auch was die wechselseitige Einschätzung dreißig oder vierzig Jahre später angeht. »Ich bin geniert, wenn ich mich erinnere, wie ich damals mit Henri Nannen umgegangen bin«, hat Bucerius gesagt, aber ein Ungeheuer hat er ihn auch dann noch genannt. »Ein Ungeheuer also. Es ist nicht leicht, ein Ungeheuer zu sein (und nicht leicht, mit ihm zu leben).« Nannen wiederum hat gesagt, die Bezeichnung Haßliebe für beider Verhältnis zueinander sei »nicht so falsch«. Aber »ich habe mich in meinem Leben mit niemandem so gerne gestritten wie mit Bucerius«.

Gewiß hat die absolute Gegensätzlichkeit der beiden auch eine Art Anziehung bedeutet, damals schon. Bucerius war ausschließlich vom Intellekt gesteuert, nur Kopf und kein Bauch, jedenfalls war er außerstande, wie Nannen »aus dem Bauch« zu entscheiden, und er besaß auch nicht dessen physische Präsenz, hätte aber wohl gern etwas davon gehabt und beneidete Nannen insgeheim darum. Der dagegen war neidisch auf Bucerius' Brillanz, auf dessen intellektuellen Habitus und natürlich auf dessen Bildung, im Zweifel auch auf die Gerissenheit, mit der Bucerius als Advokat zu agieren verstand. Vermutlich ahnte Nannen (schon bevor er es dann am eigenen Leib erfahren mußte), daß dieser Kompagnon ihm kaufmännisch haushoch überlegen war – auch wenn viele der kaufmännischen Aktionen von Bucerius angstbedingt waren. Die Erkenntnis, daß Nannens Überlegenheit als Blattmacher durch dessen Rechte als Gesellschafter noch verstärkt wurden, hat diese Ängste gewiß nicht gemindert. Bucerius wußte wohl, daß er einen Tiger reiten würde, und er hatte Angst, daß der Tiger ihn eines Tages abwerfen und auffressen könnte. Er wußte, daß der Macher des *stern*, von dem die *Zeit* sich finanziell abhängig machte, keinerlei Verhältnis zum Geld hatte. Und das erst recht machte ihm angst.

Nein, der cholerische »Bauchmensch« Nannen hatte in der Verbindung mit dem zur Hysterie neigenden Advokaten Bucerius zumindest kaufmännisch keine Chance. Er hätte dessen Winkelzügen nicht folgen können, selbst wenn er es gewollt hätte. Hans Detlev Becker, damals Chefredakteur des *Spiegel* und dann als dessen Verlagsgeschäftsführer im Umgang mit dem Teilhaber Bucerius sehr erfahren, hat in einer Art Nachruf bei dessen Rückzug als *Zeit*-Verleger 1977 beschrieben, warum es so schwierig war, Bucerius' Partner zu sein. »Das Gebälk der wirtschaftlichen Abstützung ist so rätselhaft wie sein Baumeister Bucerius.« Auch der Fachmann tappe da im dunkeln, »denn man kennt ja nicht die Verträge im einzelnen, und der eigentliche Inhalt von Bucerius-Verträgen steckt in verwundenen Nebenbestimmungen, in Begleitschreiben und in Auslegungen von langer Hand. Die generöse Verleger-Attitüde hat den Advokaten, der er vor allem ist, nie wirksam tarnen können, in jähem Bekennerdrang hat er sieben Millionen Fernsehzuschauern auch selbst verraten, daß schon seine Mutter mit seinem ›Mangel an Aufrichtigkeit‹ Kummer hatte.«

Dabei war die Allianz, die den *stern* nach Hamburg brachte und durch die der Zeit-Verlag 50 Prozent Anteile am Verlag Henri Nannen erwarb, relativ klar und überschaubar. Nannen blieb mit einem Anteil von 37,5 Prozent dabei, und die restlichen 12,5 Prozent behielt, zunächst jedenfalls, der Duisburger Grossist Heise. Am 14. Mai 1949 war der Handel perfekt. Die Tücke steckte, wie sich bald herausstellen sollte, in einer Zusatzvereinbarung, einem sogenannten Agenturvertrag, in dem festgelegt wurde, daß der Nannen-Verlag vom August 1949 an sein gesamtes Vertriebs- und Anzeigengeschäft durch den Verlag der *Zeit* besorgen ließ. Für diese Dienstleistung kassierte der Zeit-Verlag eine in ihrer Höhe zwischen den Parteien umstrittene Provision von vier beziehungsweise sechs Prozent des (stetig steigenden) *stern*-Umsatzes. Außerdem hatte der *stern* nicht nur das Vertriebs- und Anzeigen-Managament auf den Zeit-Verlag übertragen, sondern auch die gesamte Verwaltung, also die Führung der Bücher und den Zahlungsverkehr; es wurde über die Kassen beider Verlage gemeinsam für beider Zwecke verfügt. Mit anderen Worten: Der *stern* spielte die ihm zugedachte Rolle der Milchkuh von Anfang an.

Die *Zeit* hatte das damals aber auch nötig. Die verkaufte Auflage, in den Jahren 1949/1950 noch über 80 000, sackte ab, Woche für Woche um 200 Exemplare. Bucerius zerstritt sich nicht nur mit Lovis H. Lorenz, sondern auch mit einem seiner profiliertesten Leitartikler, Ernst Friedländer. Im November 1950 brach eine akute Finanzkrise aus, die Hausbank Brinckmann, Wirtz & Co. wurde unruhig, der Drucker Broschek verlangte Sicherheiten. Ein Wirtschaftsberater rechnete bereits mit einem »knalligen Konkurs«. Und als im Juni 1950 in Korea die Kanonen losgingen, spielten auf dem Weltmarkt auch noch die Papierpreise verrückt. »Die Krise verschlimmert sich«, so der *Zeit*-Chronist Karl-Heinz Janßen. »Anfang 1951 drohen mehrere Wechsel zu platzen. Und zum erstenmal kann der Verlag seine Gehälter nur noch in Raten zahlen... In diesem Frühjahr geht es wirklich um Sein oder Nichtsein der Wochenzeitung. Beim *stern* wird man nervös, fürchtet, die Illustrierte könnte mit ins Verderben gezogen werden.«

Zuerst freilich erwischte es *die straße*, deren Auflage ebenfalls rückläufig war, und noch ein defizitäres Blatt des Zeit-Verlags, den *Europa-Kurier*. Am 1. März 1951 stellte Schmidt di Simoni beide Blätter auf eigene Faust ein. Seinem widerstrebenden Kompagnon Bucerius, der noch versucht haben soll, *die straße* mit dem ebenfalls kränkelnden Münchner *Echo der Woche* zu fusionieren, erklärte er Ende März rundheraus, entweder Bucerius treibe genug Geld auf, oder die *Zeit* müsse verkauft werden.

Für Victor Schuller, der mit seiner Redaktion noch vor dem *stern* in Hamburg angekommen war, bedeutete das Ende der *straße* keine Katastrophe. Er fand einen Platz an der Seite seines Freundes Nannen, und auch andere Redakteure der *straße* kamen anstandslos beim *stern* unter. Zu tun gab es dort genug, und auch der Erfolg des Blattes beim Publikum war enorm. Beim Umzug nach Hamburg druckte der *stern* (Nummer 31/49) 248 000 Exemplare, Ende des Jahres 1949 (Nummer 52) waren es schon 402 000, und im Jahr 1950 stieg die Auflage weiter: bis zur Nummer 31 am 30. Juli 1950 auf 498 000 Exemplare. Der Wirtschaftsprüfer Dr. Schubert bescheinigte dem Nannen-Verlag im Oktober 1950, diese Ergebnisse zeigten, »daß das Verlagsobjekt *Der Stern* lebensfähig und rentabel ist und bei normaler Wirtschaftsführung nennenswerte Gewinne abwerfen könnte. Trotz dieser Verhältnisse ist die Gesellschaft nicht liquide, da in steigendem Maße eine Verschuldung des Zeit-Verlags gegenüber dem Nannen-Verlag eingetreten ist.« Der Konflikt zwischen dem *stern* und dessen neuem Verleger war programmiert.

Aber Nannen fand in Hamburg alsbald auch einen neuen Freund – Richard Gruner. Der *stern* wurde jetzt von der Tiefdruckanstalt Gruner & Sohn in Itzehoe/Holstein gedruckt, und dort fiel dem Sohn Gruner im Sommer 1949 beim Blick aus seinem Bürofenster ein schöner Mann auf, der aber wie ein zu groß geratener Pimpf aussah, weil er in kurzen Hosen herumlief. Das sei, erfuhr er auf Anfrage, der Chefredakteur des *stern*. Ein paar Tage später traf er diesen Mann, nun untadelig gekleidet, in der »Insel« wieder, einer schicken Bar an der Außenalster, die damals zu den Orten gehörte, an denen das neu erwachte Lebensgefühl der gutsituierten Davongekommenen sich darzustellen pflegte. Die beiden Männer fanden Gefallen aneinander. Schon bald darauf reisten sie gemeinsam nach Sylt, Nannen mit Frau und Gruner mit Freundin, und wohnten, noch sehr bescheiden, im Kampener »Rungholt«. Am Sylter Weststrand begannen sie sich zu duzen, auf Nannens Initiative.

Richard Gruner ist, wie Henri Nannen, am 25. Dezember zur Welt gekommen, aber dreizehn Jahre später, 1926. Seinen Vater, der in Itzehoe, nicht weit von Hamburg, die Druckerei aufgebaut hatte, verlor er bald nach Kriegsende durch ein schreckliches Unglück. Aus dem ererbten Sieben-Mann-Betrieb machte Richard Gruner in den Nachkriegsjahren ein Großunternehmen mit eindrucksvollen Kapazitäten. Sicherlich haben in seiner Freundschaft mit Nannen auch Gegensätze eine Rolle gespielt, jedenfalls Rivalitäten. Gruner, rothaarig, gut erzogen, zurückhaltend bis zur Menschenscheu, bewunderte Nannens brachiale Vitalität und vor allem die kaum zu bändigende Kreativität des Journalisten. Gewiß wollte er selber lieber Verleger sein und nicht immer bloß »der Drucker«. Nannen wiederum imponierte Gruners Sicherheit im Umgang mit Geld und dessen Attributen, und da er keine Chance hatte, es ihm darin gleichzutun, versuchte er wenigstens, davon zu profitieren. Er zeigte den reichen Freund und dessen hübsche Freundin Marion Stinze, die damals bei der *straße* für Victor Schuller arbeitete, auch gern vor, nahm beide zum Beispiel mit nach Emden zu seinem Vater, der aber selbst bei solchen Gelegenheiten seine Handikaps nur mit stocksteifer Korrektheit zu kompensieren wußte.

Die erste Auslandsreise nach dem Krieg, im Mai 1950, unternahmen Henri und Martha Nannen nach Italien. Für beide war es bewußt eine Reise in die Vergangenheit, auf der Route ihres Rückzugs vor fünf Jahren, nun aber in der anderen Richtung, eine Wiederbegegnung mit ihren ganz persönlichen Kriegsschauplätzen, Bevilacqua eingeschlossen. Damals hatte noch niemand Nannen unterstellt, er könnte Grund haben, solche Orte zu meiden, und so war denn auch niemand besonders verwundert über das freundliche Wiedersehen, das die Leute in Bevilacqua mit dem Ehepaar Nannen feierten. Und die Postkarte an Nannens damaligen Schreiber und dessen Frau war bestimmt nicht mit dem Hintergedanken verfaßt, zwanzig Jahre später zu Nannens Entlastung beigezogen zu werden: »Liebe Schlechtendahls! Ihr hättet erleben müssen, wie Martha und ich heute bei unserer Italienfahrt (Route wie damals) in Bevilacqua erkannt und gefeiert wurden. Vom Doktor bis zum Friseur, von Olga bis Irrrmaaa lassen alle herzlichst grüßen. Im Castell waren wir auch. Herzlichst Euer Henri Nannen.« Postskriptum: »Wir schwelgen in Erinnerungen und genießen das schöne Italien. Herzliche Grüße Eure Martha.«

Nannen schrieb nicht nur Postkarten, er schrieb auch für den *stern* über »das ein wenig herzbeklemmende Wiedersehen mit den schicksalhaft vertrauten Stätten«, aber bloß am Rande über persönliche Geschichten wie zum Beispiel den Besuch bei der weiland »Quartierswirtin von Tagliacozzo in den Abruzzen, die mich wie ihren heimgekehrten Sohn umarmte«. Die Reise ging nämlich weiter nach Süden, über San Gimignano in der Toskana bis nach Positano, und dabei suchte Nannen immer wieder auch nach den Gräbern der Gefallenen. »Ich will nicht im einzelnen erzählen, wo überall ich stundenlang überhaupt vergeblich nach den Ruhestätten deutscher Soldaten suchte – aber sogar in Cassino war dieses Suchen umsonst.« Am Golf von Salerno schließlich, wo die alliierten Invasionstruppen gelandet waren (in ihren Reihen auch ein gewisser Hans Habe), fand er, nicht weit von dem bestens gepflegten »Salerno Beachhead Cemetery« der Engländer, auch einen versteckten, verfallenden deutschen Soldatenfriedhof, der ihn aber eher an einen Schindanger erinnerte. Und so entstand die erste *stern*-Aktion (»Beginnen wir also den Bau eines schlichten, würdigen Soldatenfriedhofs bei Salerno, und lassen Sie uns – Leser und Mitarbeiter des *stern* – den Anfang machen«), aufgehängt natürlich an einer hochemotionalen Geschichte, erzählt und in diesem Fall auch fotografiert von Henri Nannen.

Die Helden dieser Geschichte waren ein italienisches Bauernmädchen namens Mafalda aus dem Ort Battipaglia und der deutsche Gefreite Alfred H. Sie hatten sich geliebt, »bis an jenem schicksalsdunklen Septembermorgen des Jahres 1943 unter dem Bersten der Schiffsgranaten und dem Krachen der Bomben die Hölle des Krieges auch hier losbrach. Das Haus, in dem Mafalda mit ihren Eltern lebte und in dem auch der deutsche Gefreite einige Monate im Quartier gelegen hatte, wurde durch Artilleriebeschuß zerstört. Erst nach Tagen gelang es ihr und ihrem Vater, die tote Mutter aus den Trümmern zu bergen. Und fast ein Jahr später fand sie auf diesem Kreuz den Namen des deutschen Gefreiten, der an jenem Morgen mit seiner Kompanie in den Kampf geworfen wurde.« Seitdem ging Mafalda zweimal die Woche anderthalb Stunden zu Fuß zu dem von Gras und Disteln überwucherten Friedhof und hielt wenigstens das Grab des toten Geliebten in Ordnung.

Als sie bei einem solchen Besuch in Nannen einen Deutschen erkannte, sah sie ihn »mit einem traurig erstaunten Blick [an], als sei sie der Anwalt nicht nur dieses einen, sondern all der vergessenen Toten von Salerno gegenüber einem Volk, in dem Ehrfurcht und Dankbarkeit wohl ausgestorben sein mußten«. Gesagt hat sie das sicher nicht, aber Nannen hat die Botschaft empfangen und, zusammen mit der Nummer des Sonderkontos Soldatenfriedhof Salerno, auch übermittelt: »Hier geht es um eine Sache, die uns alle angeht, wenn nicht ein ganzes Volk sich von einem einfachen Bauernmädchen beschämen lassen soll.«

Die Geschichte ist ein frühes, aber typisches Beispiel dafür, wie Nannen Themen für den *stern* gefunden und wie er sie dann dem Leser »verkauft« hat: Er entdeckt ein Ereignis oder ein Problem, das ihn persönlich beschäftigt oder empört, kleidet es in eine dazugehörige, womöglich gefühlsbetonte Erzählung und fordert den Leser damit zur Stellungnahme, im Idealfall sogar zur Mitwirkung heraus. Und immer weht der Zeitgeist die Themen herbei, immer hält Nannen seinen Zeigefinger in diesen Wind und weiß dann nicht nur, woher er weht, sondern auch wohin. Er erkennt den Trend lange bevor in den frühen fünfziger Jahren die Woge der Landser-Nostalgie und der sogenannten Tatsachenberichte aufschäumt, die der damals sehr populäre Reporter Egon Jameson in der von Hans Habe redigierten *Neuen Zeitung* einmal auf die Formel »Ich war Hitlers Zahnbürste« gebracht hat. Der *stern* konnte so was auch, sogar besser, beispielsweise mit der 1956 gedruckten »abenteuerlichen Geschichte des deutschen Fliegers Franz von Werra, deren Veröffentlichung sowohl vom OKW als auch von der englischen Zensur verboten wurde« und die ein Jahr später mit Hardy Krüger sehr erfolgreich verfilmt wurde: »Einer kam durch«.

Der Auftakt der restaurativen fünfziger Jahre war eine Zeit wild wuchernder Widersprüche. In den zuweilen ziemlich schrillen Hurra-wir-leben-noch-Feiern der Kriegsgeneration lauerte die Angst, es könnte bald wieder losgehen, aus dem Kalten Krieg à la Berliner Blockade könnte in Korea ein Weltkrieg mit Atomwaffen werden und aus Europa wieder ein Kriegsschauplatz. Die Freßwelle brach herein, und man redete über Schlankheitspillen. Die Damen trugen wieder Pelze, die Herren gingen im Frack auf den Filmball und redeten beim Nightcap über Länder, in die man auswandern könnte. Die Wirtschaftswunderkinder, besonders natürlich die erfolgreichen, überboten sich darin, ihren ständig steigenden Lebensstandard mit Statussymbolen zu dekorieren, und je größer ihre Angst war, dies alles wieder zu verlieren, desto eifriger steigerten sie das Bruttosozialprodukt.

Auch dabei aber kam es zu Kampfhandlungen. Als Henri Nannen, dessen Instinkt im kaufmännischen Bereich nicht so gut funktionierte, schließlich begriff, welche Rolle sein *stern* in der Allianz mit dem Zeit-Verlag zu spielen hatte, versuchte er, sich zu wehren. Der *stern* machte munter Auflage, während die *Zeit* verlor. Bereits im September 1949 war der finanzielle Saldo für den Nannen-Verlag positiv, und im August 1950 erreichte er eine halbe Million. »Die Verschuldung des Zeit-Verlags gegenüber dem Nannen-Verlag«, so der Wirtschaftsprüfer Dr. Schubert, »rührt im wesentlichen daher, daß der Zeit-Verlag die Gelder, die er für Rechnung der Verlag Henri Nannen GmbH eingezogen hat, in bedeutendem Umfang nicht an den Verlag des *stern* abführte. Die Folge davon ist, daß der Verlag des *stern* über keine flüssigen Mittel verfügt... Die Ursachen dürften in einer Illiquidität des Zeit-Verlags liegen.«

Es ist wohl nicht übertrieben zu sagen, daß Nannen diese Entwicklung als einen Betrug empfand – nicht nur weil er generell zu emotionalen Reaktionen neigte, sondern vor allem weil er dem *stern* gegenüber Vatergefühle hegte, die rebellierten, sobald jemand sich diesem Objekt quasi unsittlich (also rein kaufmännisch) zu nähern versuchte. Jedenfalls schrieb er am 15. August 1950 dem in Bad Gastein kurenden Bucerius einen Brief, in dem er kategorisch verlangte, die überhöhte Provision für Vertrieb und Anzeigenverwaltung auf die vertragsgemäßen vier Prozent zu reduzieren. Schließlich kündigte er den Dienstleistungsvertrag, aus dessen hohem Erlös die *Zeit* bislang ihre Verluste abgedeckt hatte, zum 30. September 1950. Diese Kündigung war für die *Zeit* existenzgefährdend und konnte von Bucerius nicht hingenommen werden – das hätte Nannen klar sein müssen. Es dauerte auch nicht lange, bis Bucerius zurückschlug. Er hatte entdeckt, daß dem neuen DM-Bilanzgesetz zufolge alle Gesellschaften, die nicht bis zum 31. Dezember 1950 ihre Kapitalverhältnisse neu festgesetzt, also eine DM-Eröffnungsbilanz vorgelegt hatten, mit diesem Tag als aufgelöst zu gelten hatten. Angeblich soll Bucerius nach dieser Entdeckung händereibend bei Schmidt di Simoni erschienen sein: »Wir haben ihn! Wir unterschreiben einfach die Eröffnungsbilanz nicht.«

Man darf sich den Akteur Bucerius in solchen Situationen wohl so vorstellen, wie der bereits zitierte Hans Detlev Becker ihn beschrieben hat: »Rache und Ärger als leibliches Bedürfnis nach dem ›Schuß‹ (Adrenalin), satyrhaftes Genießen der eigenen Verschlagenheit, Arbeit als Sublimation unfreiwilligen Verzichts

– reicht das als Erklärung einer Hypermotorik, die sich bis in den seltsam ataktischen Gang, die stumme Sprache abrupter Rumpfbewegungen, das viel imitierte Händereiben und den triebhaften Griff in das Glas mit den Veilchenpastillen fortsetzt?« Rudolf Augstein hat Bucerius (in der *Zeit*) einmal so beschrieben: »Ein Elektroschock fuhr in seinen Körper. Er sprang auf und tanzte wie der, für den ich ihn immer gehalten habe – wie ein Derwisch.«

Bucerius war seit 1949 Bundestagsabgeordneter der CDU, nur noch selten in Hamburg, aber wenn er beim *stern* auftauchte, dann »zum Beispiel, um Nannen fristlos zu entlassen«, wie Richard Gruner sich erinnert. Gruner riet in Sachen Dienstleistungsvertrag zur Einigung, mit geringem Erfolg. Nannen lehnte jeden Kompromiß zugunsten der *Zeit* und auf Kosten des *stern* ab. Bei einem der vielen Gespräche in Gruners Büro im fünften Stock des Pressehauses, in dem es mal wieder um Leben und Tod der *Zeit* ging, schrie Bucerius plötzlich auf, klatschte in die Hände, sprang hin und her und rief: »Ein Papagei, ein Papagei!« Nannen, der wie Gruner mit dem Rücken zum Fenster saß, stieß diesen an und sagte: »Glaubst du jetzt endlich, daß er verrückt ist? Keinen Vertrag mit Bucerius!« Aber Gruner drehte sich um und sah, daß vor dem Fenster tatsächlich ein Papagei saß – ein großer blau-gelber Ara, der irgendwo entflogen war.

Die Kampfhandlungen gingen weiter, monatelang. Bucerius hat das später in den nüchternen Satz gefaßt: »Die Parteien mußten auseinander.« Bucerius wollte die Einnahmen vom *stern* behalten, Nannen als Teilhaber aber loswerden. Zuerst ließ er ihn, wie beiläufig, wissen, er müsse sich als Gesellschafter auf eine Ausschlußklage »aus wichtigem Grund« gefaßt machen – was Nannen dazu bewog, seine 37,5 Prozent sozusagen in Sicherheit zu bringen, indem er sie auf Frau Martha übertrug. Dann machte Bucerius ihm ein Angebot, von dem er freilich wissen mußte, daß Nannen es beim besten Willen nicht annehmen konnte. Dieser solle, so das Angebot, den 50-Prozent-Anteil von Bucerius am Nannen-Verlag übernehmen. Könne oder wolle er das nicht, dann solle er seine (beziehungsweise Frau Marthas) 37,5 Prozent an Bucerius verkaufen und als Gesellschafter ausscheiden.

Unterstützung erfuhr Nannen in dieser kritischen Phase von

seinem damals 23 Jahre alten Freund Richard Gruner. Der nämlich erwarb am 10. Oktober 1950 den 12,5-Prozent-Anteil des Duisburgers Heise am Nannen-Verlag für 85 000 D-Mark, wurde so auch zum Gesellschafter und schloß mit Nannen einen sogenannten Pool-Vertrag: »Nannen stimmte für mich in allen Fragen der Führung des Verlags, und ich hielt ihm den Rücken frei bei redaktionellen Entscheidungen.« Als im Frühjahr 1951 der von Existenzängsten gepeinigte gemeinsame Betriebsrat von Nannen-Verlag und Zeit-Verlag die Einstellung des defizitären Wochenblatts verlangte, traten Gruner und Nannen sogar zusammen mit einer rettenden Kauf-Offerte auf. Aber Bucerius wollte die *Zeit* um jeden Preis selber behalten. Lieber ging er wieder Geld pumpen, und diesmal gleich so viel, daß er auch das Problem Nannen damit in seinem Sinne lösen konnte: Er beschaffte mit Hilfe des Kölner Bankiers und Adenauer-Intimus Robert Pferdmenges, mit dem Bucerius im Bundestag das Arbeitszimmer und die Sekretärin teilte, einen weiteren großen Kredit: 450 000 Mark.

Nannen wurde allmählich mürbe. Außerdem wollte er endlich Geld sehen. Immerhin war er der Chefredakteur einer erfolgreichen, mehr und mehr Aufsehen erregenden Illustrierten, die im ersten Quartal 1951 eine halbe Million Auflage erreichte. Und obwohl der von vielen Titelbildern erweckte Eindruck falsch war, Film und Frau seien die beherrschenden Themen dieser Zeitschrift, war sie doch auch ein Journal des Luxus und der Moden, zuständig nicht zuletzt für Soraya und den Schah von Persien, für die Anfänge der plastischen Chirurgie und natürlich für die beginnende Versessenheit der Deutschen auf das Auto. Da mochte man es als wenig angemessen empfinden, daß der Chef einer solchen Veranstaltung immer noch in einer Mietwohnung in der Hamburger Cäcilienstraße 7 hauste – zwar in der Nähe der teuren Villen am Rondeelteich, aber doch weit davon entfernt, das zu haben, was man in Hamburg eine Adresse nennt – und daß er an der Alster nur mit einem (damals freilich seltenen) VW-Cabrio auffiel. Ein Haus in vorzeigbarer Lage und ein Porsche 356 hätten es schon sein dürfen.

Aber trotz aller Erfolge war Nannen dem Advokaten Bucerius nicht gewachsen. Am 30. Juni 1951 schrieb er seiner geschiedenen Frau Monika, er sei »nun doch entschlossen, meine Anteile am *stern* zu verkaufen, weil es so wie bisher nicht weitergeht. Ich habe mir in den letzten Monaten ziemlich weiße Schläfen geholt und halte das Hin und Her nicht mehr lange aus.« Kein Wunder. Zu Beginn der Allianz mit Schmidt und Bucerius hatte Nannen beim Bankhaus Brinckmann, Wirtz & Co. für Betriebsmittelkredite in Höhe von 300 000 Mark bürgen müssen, die dann aber nur vom Zeit-Verlag genutzt worden waren. Mit der Ablösung dieser Bürgschaft ließen Schmidt und Bucerius ihn hängen. Als Schmidt di Simoni ihm, sozusagen kompensatorisch, eine Gehaltserhöhung anbot, kündigte Nannen empört seinen Anstellungsvertrag als Chefredakteur – zwar in der Absicht, bessere Bedingungen zu bekommen, aber taktisch höchst ungeschickt. Bucerius nahm die Kündigung sofort an. Nun hatte er Nannen vollends in der Hand.

Im Oktober 1951 verkaufte Henri Nannen seine Anteile an Bucerius und wurde aus der Bürgschaft für den Betriebsmittelkredit entlassen. Vielleicht hat ihn damals die Differenz zwischen dem Nennwert dieser Anteile, 7500 Mark, und dem von Bucerius bezahlten Preis, 540 000 Mark (nach Steuern 375 000), noch so beeindruckt, daß er sich weitere Wertsteigerungen schwer vorstellen konnte. Aber bereits zwei Jahre später standen die von Bucerius dann gehaltenen 87,5 Prozent *stern*-Anteile im Zeit-Verlag mit einer halben Million zu Buch, und hundert Prozent *stern*-Anteile wurden auf runde zweieinhalb Millionen geschätzt, Tendenz steil steigend.

Es hat dann viele Jahre gedauert, bis Henri Nannen wieder einigermaßen entspannt über den Anteilsverkauf reden konnte, dessen Ergebnis Bucerius später in den oft zitierten Satz gefaßt hat: »Ich wurde dank Nannen doch recht wohlhabend und konnte die Defizite der *Zeit* bezahlen.« Dafür sollen, bis das Blatt 1975 endlich aus den roten Zahlen war, laut Karl-Heinz Janßen 25 Millionen Mark aus den Gewinnen des *stern* draufgegangen sein. Es gibt wohl kaum einen engeren Mitarbeiter oder Weggefährten, dem Nannen nicht irgendwann mal im Zorn gesagt hat, er sei damals betrogen, mindestens aber übel ausgetrickst worden. Und dabei ist er lange geblieben, auch wenn er sich materiell immer wieder mal schadlos gehalten hat. Erst in seinem Nachruf auf Bucerius hat er schwarz auf weiß bekannt: »Ich habe dabei verloren und gewonnen. Und Bucerius war der gewieftere Kaufmann, aber mir ließ er die journalistische Freiheit. Er nannte es die ›innere Freiheit‹, und am Ende haben wir beide davon profitiert.«

Das heißt, Nannen hat beim Verkauf seiner Anteile im Oktober 1951 mit Gruners Unterstützung einen neuen Vertrag als Chefredakteur bekommen, der ihm in der Führung der Redaktion ein hohes Maß an Unabhängigkeit garantierte. Allerdings stand auch drin: »Damit der *stern* in jeder Familie gelesen werden kann, sollen die Veröffentlichungen vom moralischen Standpunkt aus einwandfrei sein.« So legendär, wie die Branchen-Fama ihn oft gemacht hat (»unkündbar«, »auf Lebenszeit«), war der Vertrag denn doch nicht. Beigetragen zu dieser Legende hat gewiß auch Nannen selber, weil er wiederholt erzählt hat, er habe Bucerius damals in jähe Panik versetzt mit der Frage: »Und wer macht in Zukunft die Chefredaktion? Ich? Da sollten Sie aber nicht so sicher sein.« In dem Brief an Monika vom 30. Juni liest sich die Geschichte weit weniger dramatisch: »Übrigens, was ich vergaß, ich werde natürlich die Chefredaktion des *stern* beibehalten, mit einem fünfjährigen Vertrag.« Bucerius hat zuweilen von zehn Jahren gesprochen. Es wurden dann mehr als dreißig Jahre.

Auch der fällige Umzug an eine bessere Adresse hatte inzwischen stattgefunden. »Wir wohnen nun in unserem neuen Haus, einer Klinkervilla in Wellingsbüttel mit einem 2500 Quadratmeter großen Garten. Raum ist also, wenn Ihr [Monika und Sohn Uwe] uns besucht, genügend vorhanden«, schrieb Nannen seiner Ex-Frau.

Eigentlich ein Happy-End: Die *Zeit* mußte nicht eingestellt werden, der *stern* wurde zur zeitweise größten Illustrierten der Welt, Bucerius wurde »doch recht wohlhabend« und Nannen alles andere als arm. Aber das ist die historische Betrachtungsweise. Als Henri Nannen im Lauf der Jahre sah, zu welchen Wertsteigerungen seine verkauften Anteile noch imstande waren, packte ihn immer wieder die Wut – diese, gemessen an den tatsächlichen Verhältnissen, völlig irrationale, allenfalls biographisch zu erklärende Empörung der Habenichtse über die Reichen, der Minderbemittelten über die Privilegierten, die ihn auch als Blattmacher nie ganz verlassen hat. Doch schon damals, als der Deal zustande kam, mochte er dem Frieden nicht trauen.

Die Überlegung, es könnte besser sein, das Land zu verlassen, weil der Dritte Weltkrieg drohe, war ihm, bei allem Streben nach dem größtmöglichen Erfolg in Deutschland, nicht fremd. Der Krieg um die Einflußsphären der westlichen Welt auf der einen und der Sowjetunion auf der anderen Seite, der sich in Korea am 38. Breitengrad festzubeißen begann, hatte nichts von seiner Bedrohlichkeit verloren. Als Amerikas Warlord in Fernost, General MacArthur, im Frühjahr 1951 eine Ausweitung des Krieges auf das Gebiet der Volksrepublik China vorschlug, Atomschlag-Risiko inklusive, berief ihn Präsident Truman zwar von seinem Posten ab, aber der Schock, den er ausgelöst hatte, saß tief. »Ay, ay, ay, Korea, der Krieg kommt imma näha«, war noch immer so etwas wie ein Gassenhauer.

Henri Nannen war im Sommer 1951 relativ viel auf der anderen Seite des Atlantiks unterwegs – aus beruflichen Gründen, aber auch privat, immer jedenfalls mit den Möglichkeiten des Chefredakteurs einer großen Illustrierten. Im Juli war er in New York, und den ganzen September über bereiste er auf dem lateinamerikanischen Kontinent die Länder Kolumbien, Ecuador und Peru. Und wenn Nannen in dem privaten Kreis, in dem er nicht Sir Henri, sondern immer noch »der Peter« war, von seinen Erlebnissen erzählte, dann so, als habe er erkunden wollen, wie man dort drüben wohl leben könnte, wenn man dort leben müßte. Victor und Thea Schuller fragte er einmal, ob sie denn mitkommen würden, und den Zeichner Günter Radtke animierte er mit der Eröffnung, er habe in ganz Chile noch keine einzige Litfaßsäule gesehen. Welche Chance für Plakatmaler!

Aber man blieb. Nicht weil die Gefahr vorüber gewesen wäre. In Korea gab es 1953 wenigstens Waffenstillstand, doch nun rollten russische Panzer in Ost-Berlin, als dort der Volksaufstand vom 17. Juni die Fundamente des ostdeutschen Teilstaates ins Wanken brachte. Der *stern* zeigte das alles, aber er zeigte es in einer so noch nicht dagewesenen Kombination: mit einer Serie über »Liebesromanzen am Nil« zum Beispiel, mit »Tatsachenberichten« über Heimkehrer-Schicksale, farbige Besatzungskinder und der vom *stern* veranstalteten Suche nach der »schönsten Frau Deutschlands«; die Siegestrophäe überreichte der Chefredakteur persönlich. Die Auflage stieg und stieg und stieg. Nannen besaß zwar keine Anteile mehr an seinem Verlag, aber er war ganz offensichtlich im Besitz eines Erfolgsgeheimnisses. An die Internationalisierung eines solchen Erfolges mochte damals noch niemand denken, schon der Sprachbarriere wegen. Nannen hatte Gefallen an Südamerika gefunden, aber er sprach kein Spanisch.

Übrigens hat auch Richard Gruner 1952 ein Bilderblatt auf den Markt gebracht, »eine Billigzeitung als Maschinenfutter«, das war die Absicht, denn wegen des sehr aktuell gedruckten *stern* hatte seine Itzehoer Druckerei einige Tage Leerzeiten. *Post* hieß die Zeitschrift und im Untertitel *Die bunte Illustrierte*; Chefredakteur war der spätere Lokalchef und Chefreporter des *Hamburger Abendblatts*, Erik Verg (und im Impressum stand als Redakteurin auch Marion Stinze). Das Blatt druckte viel Farbe, manchmal zum Verdruß des *stern*, der erst 1954 damit begann, ab und zu farbige Titelbilder zu drucken. Aber die *Post*-Redakteure entwickelten auch inhaltlichen Ehrgeiz. Im dritten Jahr ihres Erscheinens legte sich das Blatt in einer Serie unter dem Titel »Die seltsame Karriere des Dr. Klett« mit dem damaligen Stuttgarter Oberbürgermeister Arnulf Klett an (der Anfang 1954 in 56 verschiedenen Vorständen, Aufsichtsräten, Kuratorien, Präsidien und sonstigen Gremien saß). Klett bekam Wind von der Sache und schaffte es kurz nach Weihnachten 1953, die Einziehung der gesamten Auflage der *Post* zu erreichen. Die nachfolgenden Rechtsstreitigkeiten waren ein bißchen viel Ärger für die relativ kleine Zeitschrift. Außerdem lastete die steigende *stern*-Auflage Gruners Druckerei inzwischen aus.

Mit der Nummer 4/54 stellte die *Post* ihr Erscheinen ein. Die fällige Mitteilung an die Leser schrieben Erik Verg und Henri Nannen aus gegebenem Anlaß gemeinsam: »Die Aufgabe, gegen jedes Unrecht zu Felde zu ziehen und für die Würde jedes Menschen einzutreten, ist auch das Anliegen des *stern*. Auch er ließ sich nie hindern, gegen das Unrecht und gegen die Selbstherrlichkeit der Ämter und Behörden zu Felde zu ziehen. Wir werden das künftig gemeinsam mit der gleichen Unerschrockenheit tun, die man dem *stern* seit 1948 nachsagt, getreu dem Wort, das ein Leser einmal in die Worte gekleidet hat: Der *stern* ist das Reichsgericht des kleinen Mannes.«

Da ist ein Stichwort gefallen, das den Expansionskurs des *stern* in den kommenden Jahren auf weite Strecken bestimmen wird: das Reichsgericht des kleinen Mannes. Der Kapitän auf der Brücke gibt zu verstehen, daß beileibe nicht nur die Gala-Uniform im Schrank hängt. Wenn er schon den Habitus eines Filmhelden hat, irgendwo auf halbem Wege zwischen Errol Flynn und Gary Cooper, dann kann er auch den Robin Hood spielen.

Spätestens seit Gary Cooper 1952 als der Sheriff in *High Noon* »am heißen Mittag durch die gespenstisch verlassene Stadt im Wilden Westen« ging, war er auch für Nannen so etwas wie ein geheimes Vorbild – »ein Kerl, der den Kampf der Männer nicht scheute und nicht die Liebe der Frauen«, so hat er ihn einmal beschrieben. »Der Gary Cooper hat niemals den ›Hamlet‹ gespielt, gewiß. Aber war er nicht einer, der drei Jahrzehnte hindurch Millionen Menschen die Möglichkeit gab, ein paar Abendstunden aus ihrem armseligen oder gleichförmigen Leben herauszutreten in ein anderes, kühneres, wilderes Leben?«

Der Mann vom *stern* wurde selber ein Star. Und er suchte seinesgleichen.

Paare, Passionen

oder: noch eine Romanze in Moll

Als Henri Nannen die Schauspielerin Hildegard Knef auf den Titel der ersten *stern*-Nummer setzte, kannte er sie nur aus dem Kino. Das Foto entstammte dem *Film ohne Titel*, nach Knefs Meinung ihrem »besten Film überhaupt«. Sie selbst saß um diese Zeit schon in Hollywood und wartete, vergebens, auf die versprochenen Rollen. Den *stern* gab es dort noch nicht zu kaufen. Schließlich hatte Nannen in Hannover gerade erst *Zick-Zack* gekapert und einen richtigen Stern daraus gemacht.

Begegnet sind die beiden sich erst zwei oder drei Jahre später, wahrscheinlich 1953 in Hamburg, bei einer Gesellschaft in Richard Gruners Haus in Lokstedt; die Erinnerungen der Beteiligten verschwimmen in diesem Punkt ein bißchen. Nur daß es »gefunkt« hat, war wohl nicht zu übersehen. »Wir haben gelacht, gealbert«, so erinnert sich Hildegard Knef, »und ich mochte ihn – ich mochte ihn sehr.« Das fiel auf, nicht nur Martha Nannen.

Die Knef, in Berlin längst ein Bühnen-Star, aber in Amerika noch ohne Erfolg, kam 1950 zurück, um in den Ateliers der »Jungen Filmunion« in Bendestorf bei Hamburg unter der Regie von Willi Forst *Die Sünderin* zu drehen – jenes Rührstück des Autors Gerhard Menzel (mit der passenden Musik von Theo Mackeben), das dann Skandal gemacht hat, weil die Knef als Dirne Marina und Modell des erblindenden Malers, den sie aufopfernd liebt und mit dem sie schließlich in den Tod geht, ein paar Sekunden lang in einer Halbtotale nackt zu sehen war. Ausgerechnet in Henri Nannens einstigem Wahlkreis Lingen wurde der Film polizeilich verboten (weil er den Selbstmord verherrliche und das religiöse Empfinden der Bevölkerung verletze), was erst durch das Bundesverwaltungsgericht 1954 rechtsverbindlich korrigiert wurde.

Hildegard Knef, zwölf Jahre und drei Tage nach Henri Nannen

zur Welt gekommen, hatte das Kriegsende in Berlin nicht ohne traumatische Erlebnisse überstanden: Flucht, Hunger, Gefangenenlager; der Schauspieler Viktor de Kowa rettete ihr das Leben. Dann hatte sie 1947 den jungen amerikanischen Filmoffizier Kurt Hirsch geheiratet und war ihm, zu früh und ziemlich ahnungslos, nach Amerika gefolgt. Als sie zurückkam, besaß sie zwar eine amerikanische Einbürgerungsurkunde und den Namen Hildegarde Neff, aber ihre Ehe war abgedriftet ins Beiläufige und wurde 1952 geschieden.

Nach Bendestorf kam sie wiederholt zum Drehen oder zum Synchronisieren und wohnte dann in Hamburg, 1953 zum Beispiel, als sie Carl Zuckmayers *Liebesgeschichte* drehte, einen Film, den sie eigentlich lieber vergessen möchte. Damals hatte sie sich ein Haus an der Oberalster, in Poppenbüttel, gemietet, am Kritenbarg 38c, dessen weiland Verwalter Lindner kolportiert hat, Hilde Knef habe dort abends immer Besuch von einem Herrn bekommen, »nicht vom Film, aus Wirtschaftskreisen«, den sie freudig erwartet habe. Das sei nicht Henri Nannen gewesen, sagt Hilde Knef. Aber bald nach der ersten Begegnung der beiden bekam sie eine Blinddarmentzündung, mußte operiert werden und ging zur Rekonvaleszenz nach Travemünde. Dorthin sei Henri dann manchmal gekommen, und das sei immer sehr lustig gewesen. »Wir haben viel gelacht.« Nein, »keine große Love Affair«, aber eine »große Adoration füreinander«, eine wechselseitige Faszination.

Nannen war zweifellos fasziniert – nicht nur, weil die Knef, bei allen Anfangsschwierigkeiten, ein Star war; für Stars war er, der Illustrierten-Boß, ohnehin zuständig. Auch Sex war ihm geläufig, ebenso die ständige Präsenz, wenn nicht sogar Verfügbarkeit, attraktiver Frauen (unter vierzig). Diese Frau aber hatte etwas, so hat er das in einem seiner späten Interviews ausgedrückt, was er noch bei keiner anderen Frau gefunden habe: »intellektuellen Sex« und eine schmerzliche Schönheit, die ihn tief berührte. Hilde Knef hatte in Los Angeles deutsche Emigranten getroffen, vor allem Ludwig Marcuse, hatte von ihnen gelernt und verstand das zu vermitteln. Sehr viel später hat Henri Nannen seiner Studienfreundin Ilse gestanden, er habe nur ein einziges Mal ernsthaft darüber nachgedacht, sich von Martha scheiden zu lassen, nämlich damals – Hildes wegen.

Hildegard Knef faszinierte an Henri Nannen, daß er »auf so eine merkwürdig schüchterne Weise herausfordernd« war. Weit mehr als die (ihr geläufige) Allüre des blendend aussehenden Medien-Menschen interessierte sie diese eigenartige Schüchternheit, die Unsicherheit hinter dem aggressiven Auftritt; pure Angeber oder auch Machos hätten sie gelangweilt oder gar abgestoßen. Offenbar spürte sie sofort Nannens essentielle Widersprüchlichkeit – und »mochte« sie. Es waren eher die Ungereimtheiten, um nicht zu sagen die Brüche, die beide aneinander faszinierten. Und hinter denen steckten, mehr oder weniger deutlich erkannt, die längst nicht verwundenen Traumata des Kriegserlebnisses – auch das hatten sie gemeinsam. Sie erkannten einander, irgendwann wohl auch im biblischen Sinne, wenngleich Hilde Knef sagt, es sei »keine Leidenschaft« im Spiel gewesen. Sie erkannten einander als Protagonisten einer Ausnahmesituation.

Es war dies gewiß eine Ausnahmebeziehung, für beide, mithin eine »richtige« Liebesgeschichte, obschon eine nicht ausgelebte, eine nicht realisierbare Liebesgeschichte, ohne vorstellbares oder gar erreichbares Happy-End, eine Geschichte ohne Titel sozusagen, mit einem Hauch von Hamsun und einem bei Hemingway entlehnten »Wär' schön gewesen« am Ende – Romanze in Moll. Das hatte es, jedenfalls in Henri Nannens Leben, schon einmal gegeben, damals in Emden, mit Cilly Windmüller: eine Menge Potential, aber keine Perspektive. Nur daß die höhere Gewalt, die damals alles vereitelt hatte, mörderisch war. Jetzt war eher der Erfolg im Wege, oder doch das Drängen danach. Kaum hat man begriffen, was da passiert ist oder passieren könnte, da ist es schon vorbeigerauscht: Man hat sich ja allerhand vorgenommen, die anvisierten beruflichen Ziele sind noch weit, man lebt schnell und aneinander vorbei. So war es vielleicht eher eine Liebesgeschichte im nachhinein, eine Affäre der »second thoughts«.

Hildegard Knef will, wenn sie zurückblickt, nicht ausschließen, daß sie Henris Zuneigung unterschätzt, zumindest nicht immer sensibel genug darauf reagiert habe. Auch falscher Stolz mag da eine Rolle gespielt haben. Zum Beispiel habe sie »eben nicht angerufen und erzählt, wie mies es mir ging«, wenn das mal wieder der Fall war. Oder sie hat, als er sie später in New York besuchte, einfach ignoriert, wie angefaßt er reagierte, wenn Verehrer mit Wagenladungen von Blumen auftauchten. Außerdem ist ihr immer sehr bewußt gewesen, daß der Mann nicht nur verheiratet war, sondern auch ein Kind hatte (was sie noch mehr respektierte). Von Scheidung ist damals jedenfalls nicht die Rede gewesen. Wohl aber hat Nannen in einem der spärlichen Standort-Gespräche, die es eben doch gab, mal einen Satz gesagt, der Hilde Knef im Gedächtnis geblieben ist: »Bring mir meine Deckchen nicht durcheinander.« Allzu schwer zu entschlüsseln ist der Satz nicht. »Aber da fragt man sich dann schon, wo der seine Deckchen wohl liegen hat – und vor allem, wer sie ihm gehäkelt hat.«

Die Sünderin lief, nach einigem Hin und Her, im August 1953 auch in England an, und Hildegard Knef fuhr zur Premiere. Mittags meldete sich Henri Nannen telefonisch bei ihr im »Savoy« in London. »Rat mal, wo ich bin.« Er war in der Halle, unangemeldet, aber entschlossen: »Du brauchst heute abend einen Begleiter.« Die beiden erschienen also gemeinsam im Premieren-Kino, ohne Zweifel ein schönes Paar, das die Blicke auf sich zog, aber am nächsten Tag stand in einer Londoner Boulevardzeitung, die Hauptdarstellerin »and her SS-bodyguard« seien dort aufgetreten. Hilde Knef war entgeistert, aber als sie Nannen die Meldung vorlas, gab der sich gelassen, was sie ihm freilich nicht abnahm. Es ist eher unwahrscheinlich, daß die Meldung eine Anspielung auf Nannens »Südstern«-Zeit war, inspiriert etwa gar von ehemaligen englischen Kampfpropagandisten; es war wohl nur die geläufige pauschale Nazi-Anmache der britischen Boulevardiers. Aber das reichte, diesen beiden Deutschen wieder einmal klarzumachen, daß ihre größte Gemeinsamkeit die »unbewältigte Vergangenheit« war.

Die geisterte auch dann noch durch beider Beziehung, als Hilde Knef 1954 mit Erfolg versuchte, den alten Streit zwischen den feindlichen Amtsbrüdern Henri Nannen und Hans Habe zu schlichten – einen Streit, der seine Wurzeln doch wohl im Krieg

Sir Henri: der Mann, der Macher, der Mäzen. *stern*-Chefredakteur Henri Nannen bei der Eröffnung der Weltausstellung der Fotografie im Museum des 20. Jahrhunderts in Wien 1975.

In der ersten Reihe: Henri Nannen mit Bundeskanzler Konrad Adenauer, Parteichef Chruschtschow und Ministerpräsident Bulganin im Kreml. Moskau, Oktober 1955.

Auf dem Schreibtisch: Henri Nannen beim Kreml-Herrscher Leonid Breschnew, mit Dolmetscher und den *stern*-Redakteuren Manfred Bissinger und Peter Koch. Moskau, März 1973.

Die Eltern: Polizeisergeant Klaas
Nannen, Mutter Elise mit Sohn
Henri, Emden, Juli 1914.

Die Großmutter: Hinderika Buitenduif, Hebamme vom Emder Apfelmarkt, mit Enkel Henri, Juli 1914.

Henris Heimat der frühen Jahre: die Judenstraße in Emden um 1900 (heute
Webergildestraße).

Motorrad-Ausflug mit dem Vater: Henri und Klaas Nannen, etwa 1937 an der Mosel.

Besuch im Garten des Sohnes: Vater Nannen (mit »Arbeitgeberhut«), etwa 1952 in Hamburg.

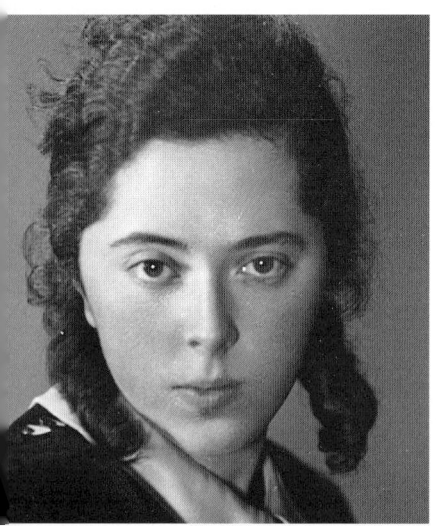

Eine Jugendliebe in Emden: Henri Nannens jüdische Freundin Cilly Windmüller.

Allein in der Menge: Schüler Henri, Freundin Cilly, vermutlich 1932.

Schöner Traum der wiedergefundenen Jugendliebe: Yael Schwartz, Tochter von
Cilly Schwartz, geborene Windmüller, 1965 in Tel Aviv (in Uniform).

Eine Studienfreundschaft, die gedauert hat: Kunststudent Henri Nannen, Graphikerin Käte W., 1937 in München.

»Monika und Peter«: Henri Nannen mit seiner ersten Frau Editha, die er Monika und die ihn Peter nannte, etwa 1939 in München.

Monikas Haus, Zuflucht der Familie: das »Austragshäusl« in Oberfischbach bei Bad Tölz.

Auszeichnung: Unteroffizier Nannen mit EK II und Frontflugabzeichen im Juli 1941.

Rechts:
Besinnlich in Bevilacqua: Obersturmführer Hans Weidemann, Luftwaffen-Leutnant Nannen, Begleiterin Martha Kimm, Weihnachten 1944.

Bruchlandung: Kriegsberichter Nannen (2. v. l.) mit der Besatzung einer von russischen Jägern abgeschossenen He 111 im Juni 1941 bei Bielsk-Podlaski.

Vorwärts, Kameraden, wir müssen zurück: Nannens Leute auf dem Rückzug aus Oberitalien, Mai 1945. Links Martha Kimm, am Steuer des Autos Nannen.

Henri und Martha: Nannen mit seiner
zweiten Frau Martha, geborene
Kimm, in den sechziger Jahren.

Vater und Sohn: Christian und Henri
Nannen bei einem Fototermin für den
stern, 1951 in Hamburg.

Chef und Mitarbeiter: Lizenzträger Henri Nannen (rechts) in der Redaktion der
Abendpost, Hannover 1947.

Romanze in Moll: Hildegard Knef (Mitte) während ihres Broadway-Engagements in New York 1955 mit deutschen Gästen. Rechts Henri Nannen, neben ihm Rudolf Augstein.

Der Macher: Nannen bei der Bildauswahl im Layout des *stern*. Hinter ihm Graphiker Erwin Ehret, rechts neben ihm »Oberauge« Rolf Gillhausen.

Die Verleger: John Jahr sen., Gerd Bucerius und Richard Gruner (v. l. n. r.) in den sechziger Jahren.

Der Boß: *stern*-Chefredakteur Henri Nannen bei der Konferenz in seinem Büro, Januar 1967. Links neben Nannen (stehend) Auslandchef Egon Vacek, rechts (stehend) Chef vom Dienst Wolf Schneider.

Das Schiff: Nannens Yacht »Positano III« im Sommer 1974 auf der Reise von Kopenhagen nach Gdingen. An Bord, neben dem Eigner, die Reisegefährtinnen Maggi Wolgast (Hand über den Augen) und Traute Fischer.

Links:
Das Domizil: Nannens Urlaubsort Positano am Golf von Salerno. Oben rechts an der Steilküste sein Haus (während einer der vielen Umbauten).

Kampf um eine neue Ostpolitik: Nannen tippt auf dem FDP-Parteitag 1967 für Rudolf Augstein eine Rede, die dann nicht gehalten werden durfte.

Rechts:
Zwei Freunde für einen Machtwechsel: Nannen und (sitzend) Augstein in Opposition zur Parteispitze, ebenfalls auf dem FDP-Parteitag 1967 in Hannover. Rechts neben Nannen *stern*-Redakteur Manfred Bissinger.

Galant: Nannen stellt Kanzler Kurt Georg Kiesinger auf einem Bonner Presseball *stern*-Kolumnistin Sibylle (Anneliese Friedmann) vor.

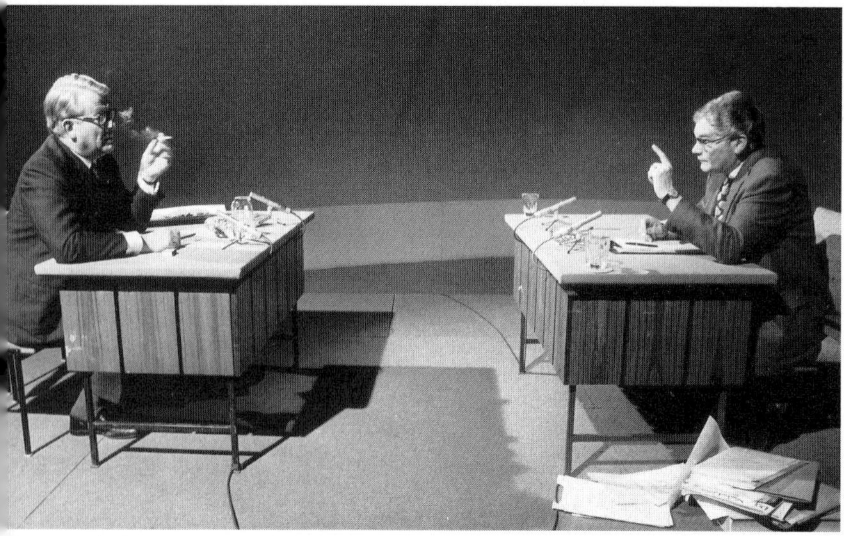

Feindselig: Nannen und *ZDF*-Moderator Gerhard Löwenthal im TV-Streitgespräch über – falsche – Vorwürfe einer Beteiligung Nannens und Weidemanns an Kriegsverbrechen.

Freundschaftlich: Kanzler Willy Brandt und Nannen amüsieren sich auf dem Flug zu einem Amerika-Besuch 1973 über den *stern*-Titel »Steht Brandt das durch?«.

Abschluß: Nannen (mit Uschi Hintz) bei seinem Abschied als *stern*-Chefredakteur, Januar 1981.

Eröffnung: Traute Levy (vormals Fischer) nach der Vernissage einer Ausstellung 1982 im Hause Levy.

Wiedersehen: *art*-Chefredakteur Axel Hecht, Eske Ebert, Nannen, Traute Levy bei einer Party im Hause Schulte-Hillen, Juni 1986. Stehend: Thomas Levy (links) und Claus Jacobi.

Erinnerungen: Der ehemalige Chefredakteur Henri Nannen disputiert mit seinem ehemaligen Verleger Gerd Bucerius.

Späte Begegnung: der Stifter Nannen zu Besuch bei dem Maler Marc Chagall im Sommer 1984.

Ein Bund fürs dritte Leben: Nannen und seine dritte Frau Eske, die er im Oktober 1990 geheiratet hat.

Altersmühen: Henri Nannen bei der Handarbeit vor seiner Kunsthalle im Sommer 1995 ...

... und ein Jahr später während einer Englandreise mit den Enkelkindern Oliver und Stephanie.

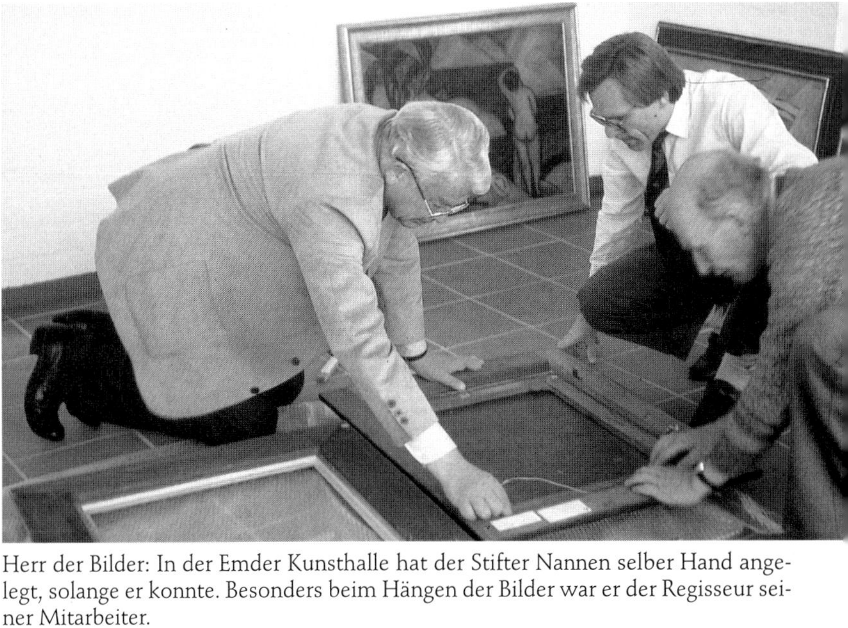

Herr der Bilder: In der Emder Kunsthalle hat der Stifter Nannen selber Hand angelegt, solange er konnte. Besonders beim Hängen der Bilder war er der Regisseur seiner Mitarbeiter.

Das letzte Porträt: Henri Nannen, fotografiert am 22. September 1996 in Emden, zwei Tage vor der Fahrt nach Hannover ins Krankenhaus zur Krebsoperation.

hatte. Sowohl Habe als auch Nannen hatten damals ja Kampf-propaganda gemacht, der eine für die Alliierten, der andere für die Deutschen. Und dann war Habe als Umerzieher in Deutschland erschienen, zuständig vor allem für den Aufbau der Lizenzpresse. Hans Habe war sozusagen mit Druckerschwärze großgezogen worden. Er hieß eigentlich Janos Békessy und war der Sohn des galizischen Zeitungsmannes Imre Békessy, der in den frühen zwanziger Jahren in Wien einen besonders bedenkenlosen Revolver-Journalismus etabliert hatte. »Hans Habe alias Janos Békessy, galizischer Immigrant, österreichischer Heimwehr-Journalist, Sergeant der französischen Armee, amerikanischer Propagandamajor und schließlich ›deutscher‹ Chefredakteur einer ›unabhängigen deutschen Wochenzeitung‹, hat nach sieben Jahren Aufgeblasenheit plötzlich die Luft auslassen müssen.« So stand es am 1. Juni 1952 im *stern*, Autor: Henri Nannen.

Der Artikel, der sich auf Habes Scheitern mit dem *Echo der Woche* bezog, war von schwer zu überbietender Bösartigkeit. Die Überschrift »Hinaus aus Deutschland mit dem Schuft!« variierte eine Schlagzeile, mit der weiland in Wien Karl Kraus in der *Fackel* dem verhaßten Imre Békessy die Tür gewiesen hatte: »Hinaus aus Wien mit dem Schuft!« Gestützt auf das ihm zugespielte Material einer der sechs Ehefrauen Habes, der Schauspielerin Ali Ghito, zieh Nannen den Begründer der amerikanischen *Neuen Zeitung* und späteren Chefredakteur der *Münchner Illustrierten* und des *Echo der Woche* der »Hochstapelei, Bigamie, Erpressung und Unterschlagung«, und das in bewußt beleidigender Wortwahl: »Es war nichts als galliger Speichel, der aus diesem Maule troff.« Habe konstruiere eine neue deutsche Weltgefahr von rechts und »begeifere« das Vorleben jedes Menschen, »der im Dritten Reich irgendwo einmal einen Türsteherposten bekleidet hat«. Der Attackierte versuchte vergebens, die Verbreitung des Artikels zu verhindern; immerhin wurden dem *stern* die Verfahrenskosten aufgebrummt. Und dann revanchierte sich Habe, auch nicht zimperlich, in seinem 1953 in Amerika erschienenen Buch *Our Love Affair with Germany* mit der ebenso undifferenzierten wie unbelegten Behauptung, Nannen sei eben doch ein alter Nazi. Die nächsten Rechtsstreitigkeiten standen ins Haus.

Hilde Knef fand das alles furchtbar. Sie hatte Habe während ihrer Wartezeit in Hollywood kennengelernt und ganz anders erlebt, hatte Nannen nach dem *stern*-Artikel auch gesagt: »Da hast du was gemacht, das deiner nicht würdig ist.« Jedenfalls beschloß sie, bei nächster Gelegenheit einzugreifen. Die bot sich im März 1954 in Hamburg. Hilde Knef wohnte im Hotel »Atlantik«, und da Habe in erreichbarer Nähe war, bat sie ihn ohne Angabe von Gründen, dorthin zu kommen, und rief dann auch Nannen an. Der jedenfalls war bei ihr, als plötzlich Habe in der Tür stand. An dieser Stelle verließ Hilde Knef das Zimmer mit dem Satz: »Nun redet endlich mal vernünftig miteinander.« Der Coup gelang und führte zu dem, was Nannen dann den »kleinen Atlantik-Pakt« genannt hat: Habe erklärte, er freue sich, den ihm vorgelegten Unterlagen entnehmen zu können, daß die von ihm »gegen Herrn Nannen erhobenen Behauptungen nicht den Tatsachen entsprechen«; und Nannen freute sich, »aus den mir vorgelegten Unterlagen festgestellt zu haben, daß die seinerzeit von mir gegen Herrn Habe erhobenen Vorwürfe einer tatsächlichen Grundlage entbehren«. Auf den Austausch formeller Entschuldigungen wurde verzichtet.

Es waren dies die Jahre, in denen der Chefredakteur des *stern* auf Konferenzen oder bei der Manöverkritik immer wieder mal sagte: »Also, Hilde meint, Hilde hat gesagt...«, so oft immerhin, daß manche seiner Redakteure diese Bemerkungen schon mit einem verstohlenen Blick zur Zimmerdecke begleiteten. Es war die Zeit, in der Hildegard Knef mindestens einmal im Jahr auf dem *stern*-Titel erschien, in Konkurrenz – oder besser: im Kontrast – zu sogenannten Kurvenstars wie Brigitte Bardot oder der just von Carlo Ponti entdeckten Sophia Loren. Hildegard Knef war sozusagen das intellektuelle Sahnehäubchen auf dem deutschen Fräuleinwunder, das dem Wirtschaftswunder und der 1954 in Bern errungenen Fußball-Weltmeisterschaft an Popularität kaum nachstand. 1955 zeigte der *stern*-Titel sie in freundschaftlicher Umarmung mit Marlene Dietrich am New Yorker Broadway. Dort hatte sie endlich ihren »Durchbruch«: in der Garbo-Rolle der Ninotschka, die zur zentralen Figur eines Cole-Porter-Musicals namens *Silk Stockings* geworden war.

Die Show lief zwei Jahre lang, 675 Vorstellungen, eine Sensation, auch weil der Star eine »kraut« war. Als 1955 Herbert von Karajan sein erstes Konzert mit den Berliner Philharmonikern in New York gab und via deutsches Konsulat Karten für das Musical haben wollte, verbot Cy Feuer, Produzent und Regisseur der Show, seiner Hauptdarstellerin jeden Kontakt mit den Gästen, wegen der Proteste, die es im Vorfeld des Konzerts gegen den ehemaligen Parteigenossen Karajan gegeben hatte.

Gegenüber den Ehrengästen des Eröffnungsfluges der im nämlichen Jahr wiederauferstandenen Deutschen Lufthansa nach New York hegte Feuer solche Bedenken nicht. Die Herrschaften kamen im Juni. Mit von der Partie waren zum Beispiel Prinz Konstantin von Bayern, der ein für Hilde Knef eigenhändig verfaßtes Drehbuch mitbrachte, der Chef des »Bayerischen Hofs« in München, Falk Volkhardt, einige Star-Mannequins, der Society-Reporter Hannes Obermaier alias »Hunter« und natürlich die Magazin-Chefs Rudolf Augstein und Henri Nannen. Hilde Knef hat dieses Wiedersehen in ihrem Lebensbericht *Der geschenkte Gaul* später nur knapp kommentiert: »Nannen: aussehend wie Pilot, der Passagieren Vertrauen einflößt, wie Chefredakteur in Hollywoodfilm, wie jemand, der immer gewinnt, auch bei ›Mensch ärgere dich nicht‹; ich freute mich, ihn wiederzusehen.« Aber das war nicht alles.

Obwohl Nannen in New York über Mangel an weiblicher Begleitung nicht zu leiden gehabt hätte, denn die dortige *stern*-Korrespondentin Yvonne Spiegelberg war ihm sehr zugetan, erschien er praktisch zu jeder Vorstellung von *Silk Stockings*, um die Hauptdarstellerin anschließend abzuholen. Rudolf Augstein nannte ihn deshalb »Hildes Stage-door-Johnny«, was diese zwar unverschämt fand, aber schwer bestreiten konnte. Sie hatte auf Henris Bitte dem Bühnenpförtner gesagt, Nannen sei ein Freund und solle hereingelassen werden. Sie war aber nicht darauf gefaßt, daß er während der minutiös getimten Show ständig hinter der Bühne herumstand, wo er natürlich überall im Wege war und von den Bühnenarbeitern rüde beschimpft wurde, »get the hell out of my way«, aber dennoch anderntags wiederkam. »Nur Don Ameche mochte ihn«, der Partner der Knef, ein Star auch er. Aber sie fragte sich damals durchaus: Warum tut der Henri sich das alles an?

Nannen war in solchen Situationen fast hilflos, »weil er die Sprache nicht richtig konnte«; er habe förmlich Angst davor gehabt, sich in einer Sprache ausdrücken zu müssen, die er nicht beherrschte. Einmal während der New-York-Visite in diesem heißen Juni befiel ihn eine ungewohnte Heiserkeit, und er bat Hilde erschrocken um die Vermittlung eines medizinischen Spezialisten, ging aber doch nicht hin, weil der nur englisch sprach.

Hilde Knef gab eine Party für die deutschen VIPs und ein paar amerikanische Freunde in ihrer Wohnung, dem Penthouse des Hotels »Grosvenor«, zu nächtlicher Stunde, da sie selbst ja erst nach der Vorstellung, also nicht vor Mitternacht, erscheinen konnte. Ihre Mutter Auguste, die auch in New York war, hatte in der 86. Straße bei »deutschen« Bäckern und Metzgern für ein »deutsches« Buffet eingekauft. Manfred George von der in Amerika erscheinenden deutschsprachigen Wochenzeitung *Aufbau* war da, und der legendäre William Faulkner schlief nach einiger Zeit seinen habituellen Vollrausch in einer der beiden Hängematten auf Hildes Terrasse aus. Es war wohl überhaupt eine legendäre Veranstaltung.

Nicht mehr zweifelsfrei aufzuklären ist, wer von den Teilnehmern des Lufthansa-Eröffnungsfluges nach New York auf die Idee kam, Rudolf Augstein einen Streich zu spielen (Nannen war es wohl nicht allein): Jedenfalls wurde dem *Spiegel*-Herausgeber diskret mitgeteilt, die Knef sei ganz außerordentlich interessiert an ihm und würde gern mal mit ihm allein sein. Als Augstein eine solche Gelegenheit schließlich mit einiger Raffinesse herbeiführen konnte, hatte Hilde Knef das kaum zu lösende Problem, den Irrtum halbwegs schonend aufzuklären – was ihr auch nicht hundertprozentig gelang. Jedenfalls fand sie es auffällig, daß sie dann zwei Jahre lang im *Spiegel* so gut wie gar nicht mehr vorkam.

Auf dem Flug nach New York saßen Augstein und Nannen nebeneinander und wollten sich, so hat Augstein wiederholt erzählt, in den siebzehn Stunden, die das damals dauerte, endlich mal in Ruhe ihre Lebensgeschichten erzählen. »Als wir ankamen, kannte ich seine.« Aber das war gar nicht der Punkt. »Auf dieser

Reise«, hat Augstein später hinzugefügt, »erzählte mir Henri von seinen Plänen, aus dem *stern* eine große politische Illustrierte zu machen. Ich riet ihm guten Glaubens davon ab.« Bei anderer Gelegenheit hat er statt »guten Glaubens« treffender »hoffentlich reinen Herzens« gesagt. Wie auch immer: Gefallen konnte ihm in seiner Eigenschaft als Herausgeber des politischen Magazins *Der Spiegel* Nannens Absicht nicht. Noch im nämlichen Jahr flog Nannen mit Adenauer nach Moskau und stand im Kreml neben ihm, Chruschtschow und Bulganin in der ersten Reihe. War wohlmeinendes Abraten unter diesen Umständen wirklich genug? Mußte Augstein nicht vielmehr versuchen, Nannens Pläne, wenn er sie denn ernst nahm, zu durchkreuzen, indem er den potentiellen Konkurrenten auf seine Seite brachte?

Hildegard Knef erinnert sich, daß Henri Nannen sie auf ihrer Party einigermaßen aufgeregt gefragt habe, ob sie den von ihr favorisierten Astrologen Carroll Righter in Los Angeles wohl in einer außerordentlich wichtigen Angelegenheit um Rat fragen könne, und das bitte sofort. Der Einwand, es sei früh am Morgen und auch in L. A. schon nach Mitternacht, beeindruckte Nannen nicht, so dringend war ihm die Sache. Und als Hilde Knef fragte, was um Himmels willen denn so dringend sei, sagte er nach ihrer Erinnerung, er habe die Möglichkeit, sich mit einem großen Magazin zusammenzutun, sei sich aber überhaupt nicht sicher, ob das eine gute Idee wäre. War es nun die Nebenwirkung einer heißen New Yorker Sommernacht, war es der Alkohol oder die hochromantische Grundstimmung – Hilde wollte ihm den seltsamen Wunsch erfüllen. Aber dazu brauchte sie ein Datum für den Astrologen. Das brachte Henri momentan in Verlegenheit, aber dann gab er ihr die Daten eines im Sternzeichen des Skorpion Geborenen, 5. November 1923. Sie komplimentierte Nannen in die freie Hängematte neben dem schlafenden Faulkner und zog sich zurück, um mit Righter zu telefonieren. Dessen Votum kam noch in der Nacht. Es war eine dringende Warnung vor jeder Art von Fusion oder was immer sonst mit Zusammentun gemeint sei. Hilde Knef teilte Nannen das mit, und der schien sich bestätigt zu fühlen. Später erst erfuhr sie, daß er ihr in dieser Nacht die Geburtsdaten von Rudolf Augstein gegeben hatte.

Augstein sagt heute, er habe davon nichts gewußt, halte die Geschichte aber für möglich. Den Plan, *Spiegel* und *stern* zu fusionieren, habe er freilich nie gehabt. Henri Nannen hätte die Idee, beide Magazine zumindest verlegerisch zusammenzuführen, nach seinen Erfahrungen mit Bucerius gewiß eingeleuchtet, auch oder gerade weil er selber keine Anteile am *stern* mehr besaß. Fünf Jahre später hat Augstein dies in erweiterter Form zu realisieren versucht. »Der nächste Schritt sollte sein«, heißt es in einem Brief an Richard Gruner vom 21. November 1960, »daß wir uns Gedanken darüber machen, wie wir *stern*, *Zeit* und *Spiegel* über einen längeren Zeitraum in einem einzigen Verlag vereinen...« Doch auch daraus wurde nichts.

Mehr als über Nannens Karriere verrät die New Yorker Episode über sein Verhältnis zu Frauen. Sie zeigt, daß er gar nicht der Schwerenöter, der strahlende Eroberer war, als der er so häufig in Erscheinung trat. Sondern er brauchte Frauen, er brauchte sie so dringend, daß er auch eine Ausnahme-Beziehung wie die zu Hildegard Knef bedenkenlos instrumentalisierte, sobald ihm dies notwendig erschien.

»Ich bin ein Chauvi«, hat er (im Alter von 67 Jahren) dem *Playboy* gestanden, eher sachlich als selbstkritisch. Ein Casanova war er jedenfalls nicht, kein Liebhaber-Typ, auch wenn er aussah wie die deutsche Antwort auf Clark Gable. Die Bewunderung der Damen für seine attraktive Physis hat er gern entgegengenommen, vor allem weil sie ihm die üblichen Balztänze ersparte; auch daß es »die Frauen« waren, »die mich Peter getauft haben«, hat er gelassen festgestellt; was kann der Peter denn dafür, daß er so schön ist. »Ich habe nie Riesenpartys gegeben«, hat er dem *Playboy* gesagt, »ich bin kein Kaviarfresser, ich habe keine Mädchen ausgehalten und keine Diademe verschenkt.« Wohl wahr. Selbst seine besten Freundinnen und Freunde sagen, aber sie sagen es ohne Vorwurf: Im Grunde hat er immer nur sich selber geliebt. Das hat Affären, auch solche mit großen Emotionen, nicht ausgeschlossen, im Gegenteil. Aber auch die waren eigentlich Reflexe, wennschon lebensnotwendige.

»Es gab zwei Kategorien von Frauen für Nannen«, so die Journalistin Carola Heldt, der er beim *stern* jahrelang die Zuständigkeit für Frauen-Themen übertragen hat, »solche, vor denen er kniete, und solche, die er auf die Knie zog.« Gebraucht hat er beide, auch beide ernst genommen. Sein enormer Menschenverschleiß, besonders im beruflichen Bereich, hat vor Frauen keineswegs haltgemacht. Was er von ihnen wollte, war eine Mischung aus Selbstbestätigung und Antriebshilfe. Einer wie er, der alles Entscheidende »aus dem Bauch« gemacht hat, mußte schließlich sein Gefühlspotential präsent halten, seine emotionalen Reflexe trainieren. Bloß bewundert zu werden reichte dafür nicht. Die Damen mußten schon auch nützlich sein – und verfügbar. Nicht zuletzt deshalb kamen eigentlich alle aus dem beruflichen Umfeld. Nannen war ohnehin außerstande, Beruf und Privatleben säuberlich zu trennen. Auch darum wohl hat er jahrzehntelang parallele Beziehungen zu mehr als einer Frau gehabt, ohne daß er dies als außerordentlich empfunden hätte und ohne daß es seiner Anhänglichkeit an diese Frauen Abbruch getan hätte. Henri Nannen war, wenn nicht der Erfinder, so doch ein Protagonist der subjektiv monogamen Mehrweiberei.

Die Frage, was er an Frauen am meisten schätze, hat er konsequent mit »Herzlichkeit ohne viel Getue« beantwortet. Und dem Schweizer Interviewer Guido Baumann hat er auf die Frage »Was ist eine Frau für Sie?« zunächst mit der umwegigen Eröffnung geantwortet, er sei »ja eigentlich ein etwas kontaktgestörter Mensch. Ich habe wenig Freunde... Und neulich hat mal jemand gesagt, ich gehörte zu den Leuten, die eigentlich am liebsten immer zwei Meter Abstand haben möchten. Ich möchte ihn aber gar nicht haben.« Und da konnten, da mußten dann meistens die Frauen helfen – als Kontaktpersonen und Wärmespender. »Ein gewisses Bedürfnis nach Wärme habe ich. Und die habe ich in meinem Leben bei den Frauen immer am ehesten gefunden.«

Gefunden meint im Grunde: geschenkt bekommen; denn ausgestrahlt hat er solche Wärme nicht. »Nannen hatte so eine Aura, die es nicht zuließ, mit ihm warm zu werden«, erinnert sich Heinrich Jaenecke, viele Jahre lang einer der politischen Köpfe der stern-Redaktion. Es war »dieselbe innere Menschenscheu, die Willy Brandt hatte«. Nannen kannte seine Handikaps nur zu gut, aber das hat ihm nicht geholfen, es hat ihn eher dazu gebracht, sie desto heftiger zu kompensieren. Er wußte, daß er »durchaus kein ungebrochenes Selbstbewußtsein« hatte, wußte auch, »daß es mit meiner Menschenkenntnis nicht weit her ist«. Der psychische Cordon sanitaire, der ihn umgab, war nicht nur für Außenstehende schwer zu überwinden, auch für ihn selbst. Er war angewiesen auf Vermittlung.

»Hier ist Martha Nannen, guten Tag, Herr Sowieso... mein Mann würde gern mit Ihnen sprechen.« Das war eine geläufige Form der Kontaktnahme, wenn Nannen im Urlaub war und das Vorzimmer nicht zur Verfügung stand oder eine andere geeignete Kontaktperson, die er hätte vorschicken können, und wenn der oder die Angerufene ihm noch nicht persönlich bekannt war, wenn er also ihre Reaktionen nicht einschätzen konnte. Bestimmt stand er wartend neben dem Telefon, aber er war einfach außerstande, selber anzurufen, sich dem Gesprächspartner vorzustellen und dabei das Risiko zu laufen, daß der womöglich irritiert oder gar ablehnend reagierte. Damit hätte er nicht umgehen können. Er hatte einfach Angst davor.

Der Mann, dessen Gebrüll die Wände wackeln ließ, der schwache Schreiber und faule Redakteure fix und fertig machen konnte, der angeben konnte wie eine ganze Loge voll Neureicher auf dem Wiener Opernball, war eigentlich scheu. »Er war der schüchternste Exhibitionist, den ich je erlebt habe«, sagt Ernst Artur Albaum, der ihm zwei Jahrzehnte, zuletzt als Chef vom Dienst, beim *stern* nützlich war – ein im Grunde gehemmter Despot. Der »Tonangeber«, der er schon in seiner Schulclique und dann bei den Soldaten durchaus sein konnte, war er nicht a priori, sondern immer nur innerhalb eines bestimmten Milieus, eines »Reviers«, das er als das seine markiert hatte. Erst in einem Umfeld, das zu seinem Herrschaftsbereich geworden war, funktionierte die Macher-Magie, die Alle-mal-herhören-Attitüde. Außerhalb dieses »Reviers« war er eher unbeholfen, fast ängstlich, jedenfalls angewiesen auf einen oder mehrere Türöffner, die Kontakte herstellten, ihm die Präliminarien abnahmen und die Wege wiesen. Nach Sylt zum Beispiel ist er erst Ende der siebziger Jahre, nach einer schweren Bronchitis, wieder mal gefahren,

»weil ich diese Schickeria, die da immer herumläuft, nicht riechen kann« – weil er nicht mit ihr umgehen konnte. Wenn Gesellschaften, die er besuchen mußte, zu groß waren, wenn er also die meisten Leute dort nicht kannte, dann lief er auf der Party herum wie Falschgeld; dann wollte er nur noch weg. Unvermittelter Körperkontakt war ihm sowieso nicht geheuer. »Ich mag nicht gern angefaßt werden. Ich fasse auch nicht gern jemanden an« (Frauen unter vierzig eventuell ausgenommen).

Er war nicht in der Lage, auf Menschen einfach zuzugehen, obwohl er das gern getan hätte, denn er wußte ja, daß er sie faszinieren, sogar manipulieren konnte, wenn der Kontakt einmal hergestellt war. Seine Wirkung, von der er durchaus überzeugt war, stand ihm nicht unvermittelt zur Verfügung. Er konnte sie erst dann wirklich entfalten, wenn er Menschen als Vermittler und das Medium, in dem er zu Hause war, als Verstärker einsetzen konnte. Das hatte er gemeinsam mit jenen Sängern, deren Stimmen ohne Mikrofon nur ein Säuseln sind, und mit jenen Filmstars, deren Glamour erst sichtbar wird, wenn man sie durch das Auge der Kamera betrachtet. Begegnet man solchen Menschen außerhalb ihres Mediums, ist man oft erstaunt über ihre Dürftigkeit.

Das »Revier« schlechthin war für Henri Nannen natürlich der *stern*. Für ihn war der *stern*, was die Berliner Philharmoniker für Herbert von Karajan waren – auch der ein Medien-Despot, der es sowohl in puncto Menschenscheu und Mangel an Menschenkenntnis als auch in puncto Allüre mit Nannen durchaus aufnehmen konnte. Aber selbst beim *stern*, wo Nannen unangefochten der Platzhirsch war, konnte es geschehen, daß er zum Beispiel von Redaktionsfesten, die ihm zu voll, zu laut, zu alkoholisiert waren, gleich wieder wegging; daß er sogar im Kreise seiner Entourage manchmal seltsam verloren wirkte – es sei denn, er führte gerade das große Wort. Dann allerdings hatte niemand eine Chance, nicht mal ein Freund, ihn zu unterbrechen oder gar selber das große Wort führen zu wollen. Das duldete der Platzhirsch nicht.

»Wenn ich herausgefordert werde, dann überspiele ich meine Hemmungen«, hat er einmal gesagt. Keine Spur dann mehr von Schüchternheit. Wenn Nannen herausgefordert wurde, schlug seine Scheu um in einen Furor, der so manchen Herausforderer erschreckt haben mag. In der Abwehr von Attacken auf seine Person oder gar seine Position war er völlig ungehemmt, um nicht zu sagen hemmungslos. Und das hat er nicht nur gewußt, das hat er auch gewollt. Einer seiner Standardsätze war: »Ich bin am besten, wenn ich angegriffen werde.«

Woher dieser Wandel? Was läßt einen im Grunde schüchternen Menschen plötzlich zum Berserker werden? Was bringt einen gemachten Mann, der gesteigerten Wert auf Vorzeigbarkeit legt, dazu, sich manchmal zu benehmen wie der Surabaya-Johnny, der die Pfeife nicht aus dem Maul nimmt? Was läßt einen etablierten Wohlstandsbürger wie einen Querulanten zum Kadi laufen und gegen alles Unrecht dieser Welt anrennen, als wäre er ein militärisch aufgerüsteter Michael Kohlhaas? Das kann viele Gründe haben. Aber es ist allemal der verzweifelte Versuch, damit fertig zu werden, daß das Leben nicht so ist, wie man es sich vorgestellt hat; daß die erträumten Zustände nicht erreichbar sind, seien es nun die Leidenschaften einer *amour fou* oder Heim und Herd und Weib und Kind. Es ist allemal der ohnmächtige und eben darum gewaltsam sich gebärdende Zorn über die obsiegenden Realitäten, über die unvermeidlichen Niederlagen unserer Träume. Sentimentalität und Brutalität sind nicht weit auseinander. Henri Nannen hat sich ja schon als Kind erfolgreich geweigert, seine Träume und Phantasien den Realitäten der Erwachsenenwelt anzupassen. Und er hat nie aufgehört sich zu weigern – auch dann nicht, als er selber erwachsen war. Sogar seine Allüre ist Ausdruck dieser Verweigerung.

Bella figura: Was für seinen Vater der Degen, die weißen Handschuhe und der »Arbeitgeberhut« waren, das waren für ihn zum Beispiel seine Autos, meistens die neuesten, schnellsten, teuersten: eine Demonstration an die Adresse der »oberen Zehntausend«, nur lustvoller, provokanter – immer noch eins drauf auf die Attribute der Mächtigen. Eine ziemlich alberne Konkurrenz der Statussymbole, gewiß, üblich selbst unter Freunden; hatte Richard Gruner einen jener Cadillacs mit den brutalen Heckflossen, hatte Henri Nannen bald auch einen. Wer angibt, hat's nötig – auch klar. Aber es ist in diesem Fall nicht ganz leicht, Angabe und

Auflehnung zu trennen. Der gemeinsame Nenner war wohl die Aggression. Und die richtete sich keineswegs nur gegen die Mächtigen, sondern auch gegen Quertreiber, Besserwisser, Rechthaber, gegen alle jedenfalls, die Nannen irgendwie im Wege waren. Als er seinen ersten oder zweiten Porsche hatte, und ein Normalverbraucher versperrte ihm wieder mal die Überholspur, fuhr er gegen dessen hintere Stoßstange und schob, bis der Genötigte panisch Platz machte.

Aber soviel Brutalität war nicht immer. Als Anneliese Friedmann, die junge Frau des damaligen Chefredakteurs der *Süddeutschen Zeitung*, Werner Friedmann, und unter dem Pseudonym Sibylle Kolumnistin der von Friedmann gegründeten *Abendzeitung*, Ende der fünfziger Jahre Henri Nannen zum erstenmal sah, entstieg er »wie Zeus den Wolken« den Flügeltüren eines silbergrauen Mercedes 300 SL – oder wie Lohengrin dem Schwan, nur daß dieser Ritter eben nicht aus Glanz und Wonne herkam, sondern wie ein selbsternannter Verteidiger der Erniedrigten und Beleidigten. Anneliese Friedmanns Aha-Erlebnis schlug denn auch bald in Abneigung um, da Nannen auf der Münchner Party, die beide zusammengeführt hatte, niemanden mehr zu Wort kommen ließ, nicht mal die Gastgeberin. Das war eine seiner Methoden, die eigene Hemmschwelle zu überwinden, und er hat es in dieser Kunst des Dauerredens zu solcher Meisterschaft gebracht, daß ihn niemand mehr unterbrechen konnte. Wenn er, um die Stimme fit zu halten, wirklich mal einen Schluck trinken mußte, streckte er potentiellen Unterbrechern die freie Hand wie ein Stoppschild entgegen, und redete, kaum daß er geschluckt hatte, sofort weiter. Das einzige, was Anneliese Friedmann damals mit diesem Großkotz versöhnte, war die Tatsache, daß seine Suada offenbar auch eine Art Balzverhalten war, das (unbeschadet der Anwesenheit der jeweiligen Ehepartner) ihr galt.

Zweimal kam Nannen eigens nach München, um Anneliese Friedmann in ihrer Eigenschaft als Sibylle für den *stern* zu gewinnen, vergebens, denn Werner Friedmann dachte gar nicht daran, auf seine Frau als Kolumnistin der *Abendzeitung* zu verzichten. Das änderte sich umständehalber am 10. Mai 1960, als Friedmann an seinem Schreibtisch unter dem Verdacht der Unzucht mit einer minderjährigen Abhängigen festgenommen wurde. Von diesem Verdacht wurde er dann zwar aus Mangel an Beweisen freigesprochen. Aber der »Fall Friedmann«, nicht völlig frei von politischen Hintergründen, war für die junge Journalistin, deren Ehe »ein bißchen ein Vater-Tochter-Verhältnis« gewesen war, auch insofern ein Wendepunkt, als sie »endlich erwachsen und selbständig« wurde. Sie ließ sich zwar nicht scheiden, aber verbieten ließ sie sich auch nichts mehr. Zwei Wochen nach Werner Friedmanns Verhaftung erschien Hans Habe, der mit diesem bereits bei der Wiener *Sonntagspost* zusammengearbeitet hatte, zu einem Ermunterungsbesuch und teilte beiläufig mit, daß er für den Abend mit Henri Nannen – man vertrug sich ja wieder – verabredet sei. Und er wollte ihm auch gern erzählen, daß Anneliese die Sache mit der *stern*-Kolumne nun anders sehe.

Am nächsten Morgen rief Nannen bei ihr an, beschimpfte sie, weil sie sich verstecke, und nötigte sie, ihn am selben Abend zu dem Münchner Konzert von Marlene Dietrich im Deutschen Theater zu begleiten. So kam es zu einem demonstrativen Auftritt, der Balsam war für Anneliese Friedmanns verletztes Ego und ein Fressen für die Boulevardzeitungen: Nach dem dritten Klingelzeichen schritt der hochgewachsene *stern*-Chef mit der zierlich schönen Frau Friedmann am Arm ganz langsam durch den Mittelgang nach vorn, und im Deutschen Theater wurde es sekundenlang so still, daß man die sprichwörtliche Stecknadel hätte fallen hören. Hans Habe fand den Auftritt ein bißchen übertrieben, wie er Anneliese Friedmann wissen ließ: »Nicht die Dietrich war der Star, ihr wart es!« Aber Nannen bekam, was er wollte. Noch am Abend des Konzerts vereinbarte er mit Sibylle den Beginn ihrer *stern*-Kolumne für den Herbst 1960. Der Anwalt Werner Friedmanns wollte dagegen vorgehen, dieser selbst aber hielt ihn zurück. Und Nannen nahm dem Raub der schönen Sibylle dadurch die Spitze, daß er das *stern*-Engagement mit dem Abdruck einer Sibylle-Serie zum Thema »Charme läßt sich lernen« beginnen ließ, die schon mal gedruckt worden war.

Fortan aber schrieb Anneliese Friedmann im *stern* nicht nur eine hinreißend ironische Gesellschaftskolumne, sie war auch Nannens Begleitschutz, wenn der im einschlägigen Milieu *bella fi-*

gura zu demonstrieren hatte – beim Wiener Opernball 1963 zum Beispiel. Sie hatte ihren Platz in der Loge von Martha und Henri Nannen, der auf ihre außerordentlich schmückende, blickfängerische Präsenz großen Wert legte. Was er nicht verhindern konnte, waren die Augenflirts, die Herren vom Parkett aus mit seiner Kolumnistin pflegten, auch nicht die daraus resultierenden Aufforderungen zum Tanz. »Linkswalzer. Ein Anthony Perkins aus Hernals fordert mich auf, läßt Hinweise auf längst vergessene Tanzstundenkünste nicht gelten, sondern führt mit festem Baumwollhandschuh in die Richtung, die bei uns zulande als so gefährlich gilt: links, links und wieder links... Später gerate ich noch in den Linksdrall eines Botschaftsattachés und eines Strickwarenexporteurs. Lauter Romantiker.« So las sich das in ihrer Kolumne. In der Realität verlor Henri Nannen unter diesen Umständen – und wohl auch sonst – schnell die Lust am Opernball, kriegte »furchtbare Halsschmerzen« und befahl seinen Damen den Rückzug ins Hotel. Was frühmorgens auf diesem Ball der Bälle angesagt war, wußte auch Sibylles Kolumne nur vom Hörensagen zu berichten.

Oder nehmen wir die festliche Eröffnung der neuen Metropolitan Opera im New Yorker Lincoln Center 1966, ein Anlaß, den auch die Vanderbilts, die Rockefellers, die Annenbergs, die Kennedys (ohne Jacqueline), die Whitneys und Barbara Hutton und alle die anderen Geld-Aristokraten Amerikas nicht ignorieren mochten; die weiland Präsidentengattin Lady Bird Johnson brachte den weiland Diktator der Philippinen Ferdinand Marcos samt Gattin mit. Sibylle flog voraus, um logistische Probleme zu erkunden, Nannen kam mit Martha in derselben Lufthansa-Maschine wie Erich Mende und Frau Margot nach – man vertrug sich ja wieder, und außerdem war Erich Mende damals Vizekanzler und offizieller Repräsentant der Bundesregierung, die immerhin zehn Millionen Mark für den Neubau der Met gespendet hatte. Man gab eine »maßgetönte« (Sibylle) Oper des landeseigenen Komponisten Samuel Barber, *Antony and Cleopatra* nach Shakespeare, die Franco Zeffirelli mit mehreren hundert Statisten wie einen Bibelfilm inszeniert hatte. »Aber ein Herr neben mir schlief trotzdem sanft ein«, notierte Sibylle. Nannen natürlich.

Doch auch sonst kam der *stern*-Chef nicht auf seine Kosten, abgesehen vielleicht von Sibylles exorbitantem Dekolleté, das die allgemeine sexuelle Liberalisierung sozusagen vorwegnahm. In dem glitzernden Gedränge auf den Freitreppen der Foyers kannte den deutschen Medien-Tycoon, obwohl er einherschritt, als wäre der Frack für ihn erfunden worden, so gut wie niemand. Der Vizekanzler Mende konnte mit der Situation weit besser umgehen. »Margot, stell dich in Positur«, wies er die hochgeschlossene Gattin an, wenn reichlich Fotografen antraten. Nannen aber fand einfach keinen Boden für einen Auftritt, nicht im Foyer und auch nicht auf dem anschließenden Empfang von Frau Johnson. Deshalb gab er seinen Damen sehr bald, und wiederum ohne Rücksicht auf Sibylles Recherchenpflichten, das Kommando: »Und jetzt ein kühles Bier!« Getrunken wurde es dann im Hotel.

Mit Mende hat Nannen wenig später gehörige Schwierigkeiten bekommen, weil der dem *stern* politisch nicht folgen wollte. Aber meistens wurde pariert, jedenfalls von den eigenen Leuten. Das zum Beispiel war es, was Ewald Schmidt di Simoni damals hat sagen lassen, das sei keine Redaktion beim *stern* – das sei ein Freikorps Nannen.

Freikorps Nannen

oder: Robin Hood auf der Glitzertreppe

Was macht eine Redaktion zum Freikorps? Gerd Bucerius, der Verleger, hat die Antwort, boshaft wie immer, so gegeben: »Man hat sich zu einer Weltanschauung entschlossen; irgendeiner. Man hat seine Persönlichkeit dem Mann an der Spitze ausgehändigt und braucht nur zu folgen. Mühe und Bitternis der selbständigen Entscheidung entfallen – fast.« Und so war es auch – fast.

Korpsgeist geht vom Anführer aus, das ist richtig, aber Furcht und Schrecken und totale Unterwerfung allein schaffen noch keinen Korpsgeist. »Wir hatten ein Gemeinschaftsgefühl und waren uns einig: Wir machen was Besonderes«, so Günter Dahl. Dieses Gefühl konnte Nannen erzeugen. Die Redaktion war für ihn Hofstaat und Gesamtkunstwerk in einem, und er war für die Redaktion ein (fast) nie versagender Motivator. »Er war nie ein Verhinderer, immer ein Ermöglicher«, so Axel Hecht, im *stern* viele Jahre für die Kultur zuständig. »Er hatte diesen Urinstinkt, wie man eine Geschichte erzählt, er konnte einem immer sagen, wie man's machen muß, wie eine Geschichte laufen muß.«

Eines Tages lieferte einer seiner Redakteure einen ziemlich langen Artikel über ein medizinisches Thema ab, den Nannen sogleich zu lesen begann. Der Mann war kaum zur Tür hinaus, da rief Nannen ihn zurück: Die Geschichte tauge nichts. Aber, sagte der Autor perplex, Nannen könne sie doch unmöglich schon gelesen haben. Nein, sagte der, aber beim dritten Absatz sei er eingeschlafen. Da erklärte der Autor umständlich, warum er im dritten Absatz einen relativ komplizierten Tatbestand so habe beschreiben müssen, wie er das getan habe. »Aha«, sagte Nannen, »aber nun erklären Sie das mal den elf Millionen *stern*-Lesern.«

Die entscheidende Zutat zur Motivation und damit zum Korpsgeist war die Emotionalisierung, und auch die ging von Nannen aus. Er hat die Redaktion erst mal emotional aufgemischt, bevor er mit ihr gearbeitet hat – wohl auch weil er selber nur in einem emotionalisierten Klima richtig funktionieren konnte. Und wenn anders kein Leben in die Bude zu bringen war, dann hat er es mit persönlichen Angriffen auf einen oder mehrere seiner Landsknechte versucht, was dann mit Sicherheit Empörung oder auch Verletzungen, also Emotionen, auslöste.

Natürlich war Unterwerfung gefordert, aber das verstand sich am Rande, bedurfte keines despotischen Nachdrucks, denn Nannens Leute schrieben, fotografierten und redigierten ohnehin für *ihn* – für ein rauhkehliges »Fabelhaft, Kinder!«, aber auch in ständiger Furcht vor der Verachtung, die er für alles hatte, was er schlecht oder halbherzig fand. Einsatz bis an die Grenze der Selbstaufgabe war für Nannen eine Selbstverständlichkeit, auch weil er selber nichts anderes kannte. Ein Workaholic war er nicht, aber für ihn gab es eben nur den *stern*, und das 24 Stunden täglich. Günter Dahl: »Ein Mann, der vom Aufstehen bis zum Schlafengehen unter Hochspannung steht, der seine Haut als Journalist auf jeden Markt trägt – ein solcher Mann kann für seine Gefolgsleute eine ganz schöne Zumutung sein. Er hat uns nie geschont, viele fühlten sich geschuriegelt, manche sogar gedemütigt.«

Viele andere fanden das einfach furchtbar, besonders wenn sie nicht von Anfang an dabei waren, wie zum Beispiel der von der *Süddeutschen Zeitung* mit erheblichem Aufwand abgeworbene Reporter Jörg Andrees Elten (der später eine Weile als Swami Satyananda zu den Jüngern des Bhagwan im indischen Poona zählte): »Vor allem entsetzte mich, daß Nannen diese Redaktion wie einen Haufen von Sklaven mit Peitschenknall und wüsten Beschimpfungen mehr antrieb als leitete. Nach meiner ersten Redaktionskonferenz besuchte ich Nannen in seinem Büro, zog die Tür hinter mir zu und sagte ihm, daß ich an Konferenzen dieser Art in Zukunft nicht mehr teilnehmen könne. Nannen schaute mich groß an – so war ihm noch keiner gekommen! Ich hatte das Gefühl, daß er meine Arroganz attraktiv und zugleich unerträglich fand. ›Das ist nun mal die Kehrseite meines Charmes!‹, sagte er und lächelte diabolisch.« So war es tatsächlich, das bestritt auch Elten nicht: »Sein Charme konnte unwiderstehlich sein.

Viele begabte und intelligente Menschen waren ihm geradezu hörig.« Andere entwickelten einen regelrechten Nannen-Komplex. Fee Zschocke, eine seiner Autorinnen, die sich sowohl ihrer Weiblichkeit als auch ihres journalistischen Wertes durchaus bewußt war, hat einmal vom »Kaninchen-vor-der-Schlange-Syndrom« gesprochen, von jener »verteufelten Mischung aus Furcht, Faszination und Verstörung, die seine Präsenz hervorzurufen pflegte«.

Was die Verstörung hervorrief, das waren gewiß nicht nur die 187 Zentimeter und 120 Kilo Mannsbild (Schuhgröße 45), die einen Raum zu füllen vermochten, selbst wenn sonst kaum jemand drin war; auch nicht allein die Unberechenbarkeit des sanguinischen Temperaments. Es war die Unbedingtheit, um nicht zu sagen Gnadenlosigkeit, des Anspruchs, mit dem dieser Mann seinen Beruf ausübte und mit dem er seine Mitstreiter und sich selber konfrontierte. Einer seiner wenigen Vertrauten, einer, der besser als die meisten anderen gewußt hat, wovon er redet, Victor Schuller, hat das am offenen Grab des Freundes so gesagt: »Du hast allen, die dir nahestanden oder mit dir arbeiteten, viel zugemutet – manchmal bis an die Grenze des Erträglichen. Du konntest auch richtig weh tun, verletzen, gezielt, mit einem sicheren Gespür für empfindliche Stellen. Aber wenn dann so ein Opfer deines Zorns aufjaulte oder gar aufmuckte, oder wenn du merktest, daß du zu weit gegangen warst, dann brauchtest du nur eine Prise von deinem Charme zu versprühen – und alles war wieder gut. Vergeben und vergessen bis zum nächsten Mal.« Und das nächste Mal kam bestimmt.

Es gibt viele Möglichkeiten, ein Redaktionsklima zu verderben. In manchen Magazinen sind die Textseiten sozusagen gesprenkelt mit den Hervorbringungen der Angst und nicht der Lust ihrer Autoren – Angst vor den hauseigenen Intriganten und vor einem immer ausgeschlafenen, durchtrainierten Chef, der dem übernächtigten Autor auf dem Flur nur mal schnell den gesenkten Daumen zeigt: »Na, mein Lieber, Ihre Geschichte – war wohl nichts«, und dann geschwinden Schrittes in die nächste »Objektkonferenz« enteilt. So einer war Nannen nicht. Er konnte gemein sein, aber nicht cool.

Alles, was er tat, war auch Rollenspiel, in allem steckte eine gehörige (manchmal ungehörige) Portion Selbstdarstellung, sogar in seinem Jähzorn. Zum Sekretariat seines Chefbüros im Anbau des Pressehauses am Hamburger Speersort gehörte auch eine kleine Pantry mit Nirosta-Spüle, und wenn die nicht blankgeputzt war oder gar zugestellt mit nicht abgewaschenem Geschirr, was Nannen sich ausdrücklich verbeten hatte, dann konnte er handgreiflich werden. Einmal nahm er ein Tablett voll schmutziger Teller und Tassen, schmiß es aber nicht einfach auf den Boden, sondern trug es an den erschrockenen Sekretärinnen vorbei ins Treppenhaus, wo kein Teppichboden mehr lag, plazierte es dort genau zwischen die Treppengeländer und ließ es dann vier Stockwerke in die Tiefe rauschen.

Die humoristische Variante solcher Schmeißereien waren schon früher die sogenannten Wasserbomben: Plastiksäckchen aus dem Labor, die mit Wasser gefüllt und dann schleunigst aus dem vierten Stock vor die Füße von Passanten auf der Curienstraße zwischen dem Pressehaus und dem nachmaligen Haus am Domplatz geworfen wurden. Nannen beteiligte sich begeistert an dieser Lustbarkeit seiner Kanoniere und befahl erst dann die Einstellung des Bombardements, als eine solche Wasserbombe danebengegangen und auf dem Dach eines parkenden Autos gelandet war und dieses erheblich beschädigt hatte. Es war Günter Radtkes Auto.

Die Redaktion war, par ordre de Mufti, mit einer Bibliothek aus-gestattet worden, und zwar hatte Nannen detailliert angeordnet, daß die Bücherschränke mit verglasten Türen zu versehen seien. Als er eines Sonntags den Stand der Einbauten besichtigen kam, stellte er fest, daß die Türen statt mit Scheiben mit Drahtgittern ausgestattet worden waren. Da riß er die »falschen« Türen von den bereits aufgestellten Schränken und trampelte brüllend darauf herum. Ein Redakteur, der zufällig Zeuge dieses Auftritts wurde, zog sich entsetzt zurück. Frau Martha, die ebenfalls dabei war, wartete gottergeben, bis der Anfall vorüber war.

In den frühen fünfziger Jahren gingen Nannen, Günter Radtke und manchmal auch Richard Gruner, bevor sie in die Redaktion fuhren, im Kellinghusen-Bad schwimmen, meistens mit ihren

Frauen, und trieben dabei allerhand Allotria, bei welcher Gelegenheit Radtke einmal buchstäblich und krankenhausreif auf die Nase fiel. Wenn sie dann aber auf dem Weg ins Büro waren, zum Beispiel in Nannens neuem 300er Mercedes Cabrio, verwandelte sich dieser erkennbar in den Chefredakteur – »fast wie ein Schauspieler in der Garderobe vor dem Auftritt«, so hat Radtke das gesehen. Nicht nur sein Gesichtsausdruck veränderte sich, auch die Körperhaltung, er gewann sozusagen noch mehr Statur. Wenn das Auto dann in den Hof des Pressehauses einbog, war die Verwandlung perfekt. Nannen war auch äußerlich der Boß. Und benahm sich entsprechend.

Arroganz kompensiert oft genug Unsicherheit, und Aggression hilft die Angst zu vertreiben, gerade die Angst vor anderen Menschen. Es ist leichter, einen Menschen niederzumachen, als sich auf ihn einzulassen. Wenn der andere dann in die Knie geht, kann er jedenfalls nicht mehr gefährlich werden; bleibt er aber aufrecht, dann entsteht Kontakt. Insofern war Nannens Brutalität im Umgang mit anderen manchmal auch eine Krücke – das Gleitmittel des Kontaktgestörten. Neue Leute unterzog er fast regelmäßig einer Art Härtetest, als wollte er herausfinden: Ist das ein Steher oder zieht er den Schwanz ein? Wenn der so Getestete Paroli bot, hatte er Chancen. Aber wenn er sich nicht wehren konnte, dann allerdings lief er Gefahr, ein Opfer zu werden, Nannens Opfer.

Widerspruch war also möglich, unter Umständen erwünscht, schon im Interesse der Emotionalisierung. Nannen »hatte einen natürlichen Respekt vor den schöpferischen Energien anderer Menschen«, hat selbst Andy Elten eingeräumt. »Er liebte Streit, er brüllte und tobte, aber wenn man Argumente furchtlos und witzig vortrug, konnte man ihn auch umstimmen.« Es kam entscheidend darauf an, *wie* einer sich zur Wehr setzte. Als Nannen während einer Konferenz in seinem englisch möblierten Chefzimmer plötzlich losbrüllte: »Bin ich denn von lauter Idioten umgeben?«, ging Gert von Paczensky, der allerdings nur sehr kurz sein Stellvertreter war, wortlos zur Tür, und als Nannen ihm nachrief, wo er denn hinwolle, sagte er: »Ich möchte nicht zu Ihren Idioten gehören.« Und wenn der Auslands-Ressortchef

Egon Vacek in einer der sogenannten Strukturkonferenzen wieder mal heftig, aber vergebens für eine Geschichte aus seinem Ressort gestritten hatte und schließlich mit dem Ruf »Ihr seid für mich alle Arschlöcher!« aus dem Zimmer rannte – dann war Nannen eher amüsiert: »Na schön, er hat gut gekämpft. Nehmt die Geschichte rein.« Und als der Boß beim eigenhändigen Tippen eines neuen Vorspanns für eine weitere Folge der unendlichen Geschichte von Henry Kolarz über die englischen Postgeldräuber *Das Superding* in Anwesenheit des Autors und ohne aufzublicken fragte, ob man Kolarz denn nun eigentlich mit einem oder mit zwei l schreibe, schlug der Apostrophierte zurück: »Det is mir völlich ejal, Herr Nannen, solange Se Henry nicht mit i schreiben.«

So etwas steckte Nannen mit einem Grinsen weg. Auch nachtragend war er nicht. Eine massive Auseinandersetzung am Abend schloß Freundlichkeit am nächsten Morgen nicht aus. Margret Wolgast, die mehr als zehn Jahre in seinem Sekretariat trotz der dort geforderten Dauerpräsenz überlebt hat, kann das bezeugen. Als sie nach einer solchen Beschimpfung mal die Contenance verlor, Schranktüren zuknallte, entnervt nach Hause ging und dort auf den fälligen Rausschmiß wartete, rief Nannen an und entschuldigte sich für seine Schroffheit. Ein andermal, als sie während eines Telefonats mit dem Boß seiner Zumutungen wegen kurz »ausgerastet« war, sagte er, als er ins Büro kam: »Maggi, das war wohl nicht ganz der richtige Ton.« Worauf sie sich für den Ton entschuldigte, »aber nicht für das, was ich gesagt habe«. Das nahm er hin.

Er wäre auch nicht auf die Idee gekommen, disziplinarische Maßnahmen zu ergreifen, als er eines späten Abends auf der Suche nach einem Zitat selber in die Bibliothek ging und dort zwei junge Leute, die beide der Redaktion, aber nicht demselben Geschlecht angehörten, in einem fortgeschrittenen Stadium des Petting antraf. Da zog er mit einer gemurmelten Entschuldigung die Tür wieder zu und entfernte sich ohne das Zitat, aber mit Vergnügen.

Die Zahl seiner Rausschmisse ist Legion. Sie waren Affekthandlungen und endeten in der Regel mit der fristlosen Wiedereinstellung. Zum Beispiel feuerte er im Jahr 1950 Kurt Bacmeister, weil der beim Entwurf eines Kreuzworträtsels übersehen hatte, daß seine Rätselfigur eindeutig die Form eines Hakenkreuzes hatte. Der Kasus machte gehörigen Ärger und traf Nannen an einer besonders empfindlichen Stelle. Aber Bacmeister war auch 1973 noch unter denen, die einen Tausender abbekamen von einer Jubiläumsprämie des Verlags für den Chefredakteur (300 000 Mark), die dieser sehr freigebig (ohne Konsultation des Betriebsrats und zum Ärger der Verlagsangestellten) mit einem Anschreiben auf Privatbriefbogen unter Redakteuren und Sekretärinnen verteilte: »In diesem Monat sind es fünfundzwanzig Jahre her, daß ich den *stern* gezeugt habe...«

Es war bestimmt nicht leicht, im Ensemble eines Hauptdarstellers zu reüssieren, der »bei jeder Hochzeit der Bräutigam und bei jeder Beerdigung die Leiche sein« will, wie ein Kollege von der *Zeit*, Haug von Kuenheim, zitiert hat. »Ein fröhliches Schlachtfest« sei es gewesen, was der *stern*-Chef an seinem Mahagoni-Schreibtisch mit der Lederplatte oder auf seiner englischen Ledercouch veranstaltet habe, meint Wolf Schneider, den Nannen seiner spitzen Feder, aber wohl auch seiner scharfen Zunge wegen von der *Süddeutschen* zum *stern* geholt hatte, erst als Chef vom Dienst, dann als Verlagsleiter, und er meint das positiv. Sachkenntnis, Schlagfertigkeit und schneller Witz waren gefragt auf den Konferenzen. Es soll Redakteure gegeben haben, die tagelang an einer Formulierung gebastelt haben, bis sie ihr Bonmot endlich losgeworden sind. Aber ein Schlachtfest war es allemal. Und Nannens Grausamkeiten trafen seine Mitspieler vor allem dann, wenn er fand, daß ihre handwerklichen Fähigkeiten zu gering seien und daß ihr intellektueller oder auch ihr äußerer Habitus in keinem Verhältnis zu ihrer Leistungsbereitschaft stehe. »Nun, Herr Vacek, haben Sie schon was unternommen, oder warten Sie, bis die Lufthansa an Sie herantritt?« Dann konnte Nannen Sätze sagen, die wie Hinrichtungen waren: »Als stolzer Adler flog er aus, als gerupftes Suppenhuhn kehrt er heim.«

Keinen Kompromiß kannte der Chefredakteur Nannen bei der Heftmischung. Er bestimmte, welche Geschichten zusammenpaßten, was ins Blatt kam und was nicht. Und dabei dachte er weder an die Kosten noch an die Autoren und auch nicht an die Arbeit der Redakteure. Es ist vorgekommen, daß Fotografen und Reporter mit Müh und Not noch rechtzeitig am Schlußtag die Redaktion erreichten, dort stolz eine exklusive Geschichte präsentierten – und daß Nannen sie einfach vom Tisch wischte, weil sie ihm nicht in die Mischung paßte. Auch wenn die Autoren Kopf und Kragen riskiert hatten für eine Geschichte, die eine Woche später womöglich überholt war, ließ er sich nicht umstimmen.

Nannens Tadel war wie eine Degradierung. So jedenfalls empfand Klaus Liedtke das, später einer von Nannens zahlreichen Nachfolgern, damals aber ein junger Mann aus der Lokalredaktion der *Westfälischen Rundschau*, der sich beim *stern* mit Erfolg beworben hatte und ganz stolz war auf eine Reportage über einen ehemaligen KZ-Aufseher, der nun wie ein geachteter Bürger in seiner Gemeinde lebte. Als Nannen das Stück im Layout »abfahren« wollte, fand er keine Bilder aus der KZ-Zeit des Beschriebenen, denn Liedtke hatte keine aufgetrieben, und brüllte los: »Wo sind wir denn hier? In einer Journalistenschule?« Liedtke war so geschockt, daß er kreidebleich den Raum verließ und sich schwor: So was darf dir nie wieder passieren! Er raste an den Ort der Recherche zurück, baute dabei einen ziemlich schweren Autounfall, fand aber die gesuchten Bilder und hatte nichts anderes im Sinn als in Hamburg anzurufen und Vollzug zu melden. Die Schande war getilgt. Der Unfall war Nebensache.

Das also war des Korpsgeists Kern – einerseits das »Bewußtsein, an einem Unternehmen beteiligt zu sein, das in Deutschland neue Maßstäbe setzen würde, und die Möglichkeit zu haben, praktisch jedes journalistische Vorhaben rund um den Globus ohne Rücksicht auf die Kosten verwirklichen zu können« (Andy Elten); andererseits die permanent lauernde Gefahr, vom Chef persönlich exekutiert zu werden, wenn man seine Erwartungen nicht erfüllte oder nach seinen Maßstäben versagt hatte. Nannen polarisierte die Redaktion, er wurde geliebt und gehaßt, er war Einpeitscher und Vaterfigur, war mal brutal, mal sentimental. Und vermutlich wäre niemand für ihn durchs Feuer gegangen, wenn nicht alle gewußt hätten: Dieser Mann liebt sein Blatt, und wenn's brenzlig wird, ist er bei seinen Leuten und haut sie raus wie ein richtiger Räuberhauptmann.

Oder wie ein Vater. Daß Nannen seine Redaktion habituell mit »Also, Kinder…« angeredet hat, war nicht bloß eine Floskel. Wenn einer (oder eine), die er mochte, Trauer hatte oder in Schwierigkeiten geraten war, dann kannten seine Fürsorglichkeit und seine Hilfsbereitschaft keine Grenzen. Wenn er nicht Härte demonstrieren zu müssen glaubte, war er auch gern sentimental. Feuchte Augen bekam er ganz schnell. Und seine Vorliebe für Küchenlieder war notorisch. Von »Mariechen saß weinend im Garten« kannte er mehr als nur eine Strophe.

Macht man so eine erfolgreiche Illustrierte? Nannen hat sie so gemacht, aber ein System steckte nicht dahinter; er hat auch nie versucht, sein Erfolgsrezept verbindlich zu definieren, allenfalls parodiert hat er es: »Nehmen Sie die Hand von meinem Knie, Herr Abbé, sagte die Gräfin, sonst knallt's – da ist sozusagen alles drin. Aber diese Rezepte nützen nichts.« Natürlich werde er gefragt, wie macht man eine erfolgreiche Illustrierte? Aber »ich weiß es eigentlich nicht. Es gibt kein Rezept«, hat er 1964 in einer Fernsehsendung gesagt. »Man versucht, ein interessantes Blatt zu machen, manchmal glückt's. Wir sind eigentlich sehr oft unzufrieden.« Viel mehr als Allgemeinplätze hat er zu diesem Thema auch sonst nicht verbreitet.

Dem Autor Ulrich Greiwe, der Grundsätzliches von ihm wissen wollte, schrieb er 1974: »Lebensphilosophie hat Henri Nannen nicht, und von Medienkonzeption hält er auch nicht viel, er macht das so unter sich weg. Mit viel Leibschmerzen und einiger Besessenheit.« Er hat sich nicht um Konzepte gekümmert, er ist seinen Instinkten gefolgt. Die Themen, die in den *stern* gehörten, hatte er »drauf«, und er fand, das müsse auch so sein, »weil es ja schließlich zu unserem Beruf gehört, die Interessen unserer Leser zu kennen, weil wir eine Nase haben sollten für das, was der Leser wissen will«. Es wäre ihm nicht in den Sinn gekommen, die Marktforscher danach zu fragen, die es zu seiner Zeit schon gab, auch wenn sie damals noch nicht zu bestimmen hatten, welche Zielgruppen mit welchen Inhalten bedient werden müßten. Nannen hat ihnen überhaupt nicht zugehört. »Ich muß Ihnen sagen, mich interessiert das nicht. Wenn ich das bedenken würde, dann würde das meine Unmittelbarkeit trüben.«

Nannen ist »auf die Themen gesprungen wie der Teufel aus dem Kasten«, weiß Victor Schuller. Seine Reaktionen waren fast immer spontan und oft auch von Zufälligkeiten bestimmt. Ein Brainstorming als Methode der Themenfindung hätte er wohl als artfremd empfunden. Wohl hat es auch beim *stern* gelegentlich Klausuren gegeben, aber die haben ihn gelangweilt. Die Kunst, auf Konferenzen zu schlafen, hat er nicht erst im Alter beherrscht. Später, im Vorstand, schlief er besonders gern, wenn dort von Zahlen geredet wurde, und verbarg das auch nicht. Er konnte sogar in einem Zweiergespräch einschlafen. Es ist vorgekommen, daß eine seiner Sekretärinnen ihn schlafend neben einem verstörten Besucher in seinem Büro fand. Wenn man ihn dann mit einem Klopfen auf die Tischplatte weckte, setzte er das Gespräch genau an der Stelle fort, an der er eingeschlafen war.

Wenn Gruppendynamik nicht von ihm selber in Gang gebracht war, hat er wenig Gewinn daraus gezogen. Er wußte ohnehin, was er machen würde: »Ich mache das, was ich selbst interessant finde, was mich bewegt, und wenn ich Glück habe, bewegt es dann auch den Leser.«

Solche Sätze sind es, die der Legende Vorschub geleistet haben, Nannen habe sich selber einmal Lieschen Müller genannt, und zwar in einem Flur-Dialog mit dem Chefredakteur der *Zeit*, Richard Tüngel, als dieser den heftigen Richtungskämpfen an der Spitze des Nobelblattes noch nicht zum Opfer gefallen war. Nannen hat dem zwar nicht direkt widersprochen, aber er hat die legendäre Episode im Gespräch mit Klaus Harpprecht doch ein wenig anders dargestellt. »Eines Tages begegnete mir Tüngel und sagte, er habe dieses Vorurteil [das Überlegenheitsgefühl der *Zeit*-Leute gegenüber dem *stern*, d.A.] eigentlich nicht. ›Ich finde, die *Zeit* und die *Frankfurter Allgemeine*, das können wir beide machen, Sie und ich, das ist unsere Welt. Aber mit Intellekt ein Blatt für Lieschen Müller zu machen, das finde ich eine fabelhafte Sache.‹ Ich habe damals zu Tüngel gesagt, es ist sehr rührend, dieses Kompliment, nur es ist falsch. Es gibt nämlich dieses Lieschen

Müller nicht. Aber es gibt dieses Lieschen oder diesen Otto Müller in uns selber.« Ein Lieschen Müller »von innen« also.

Nein, Henri Nannen war nicht Lieschen Müller. »Er war ihr Bruder und Sohn, Vater, Liebhaber und Frauenarzt zugleich.« Das hat Claus Jacobi, lange Zeit erfolgreicher Chefredakteur des *Spiegel* und dann, bevor er zu Springer ging, beinah einmal Nannens Nachfolger, ganz richtig interpretiert. »Er machte nicht öffentliche Meinung. Er spürte sie voraus und gab sie wieder, ehe sie sich anderswo artikulieren konnte. So setzte er sich wieder und wieder an die Spitze der Nation und führte die Deutschen dorthin, wo sie ohne ihn ohnehin angekommen wären.«

Völlig unbestritten ist, daß es Henri Nannen war, der die Schwiegermutter in den deutschen Journalismus eingeführt hat – seine Schwiegermutter natürlich, aber auch die Schwiegermutter als Prinzip. Es ist schon ungewöhnlich genug, daß Nannen die Mutter seiner Frau, Elsa Kimm, geboren 1896 in Marienburg bei Kronstadt, damals also noch keine sechzig Jahre alt, aus Siebenbürgen nachkommen ließ, sobald die Familie in das Wellingsbütteler Haus gezogen war und genügend Platz hatte. Noch erstaunlicher ist die Rolle, die sie alsbald im *stern* gespielt hat, zum Schrecken so mancher Autoren. Andy Elten hat das erfahren, als er eine Bhagwan-Geschichte unterzubringen versuchte. Die positive Tendenz störte Nannen erst mal nicht, aber: »Sie schreiben hier von spirituellen Meistern. Was ist denn das? Und was ist Mystik? Und Psychotherapie? Und Meditation? Und Yoga? Meine Schwiegermutter versteht das nicht.« Woraus Elten den zutreffenden Schluß zog: »Nannens Schwiegermutter hatte einen bedeutenden Einfluß auf den *stern*, obwohl nur wenige Mitarbeiter sie je zu Gesicht bekommen hatten. Ihr Geist wehte beständig durch die Redaktionsräume, denn Nannen hatte die Angewohnheit, Manuskripte mit nach Hause zu nehmen, um sie seiner Schwiegermutter vorzulegen. Wenn sie nicht verstand, wovon die Rede war, wußte Nannen, daß die Mehrheit der *stern*-Leser es auch nicht verstehen würde, und er bestand darauf, daß der Bericht umgeschrieben wurde.«

Nun war dies keineswegs Nannens einzige Methode, die Allgemeinverständlichkeit der *stern*-Beiträge zu testen. In den ersten

Jahren, wissen die Veteranen, ist so gut wie alles in der Redaktion vorgelesen worden, und wenn nicht mindestens eine Sekretärin geheult hat, kam die Geschichte nicht ins Blatt. Auch war Frau Martha, die Nannen in seinen Briefen an den Leser nicht von ungefähr zur Kronzeugin seiner Ansichten und Erlebnisse gemacht hat, gewiß die schärfere, für ihn selber auch wichtigere Kritikerin. Aber eben drum ertrug er ihre Kritik viel schwerer als die schlichten, herzlichen, immer intelligenten Nachfragen der Schwiegermutter Else, die, wegen ihrer fundamentalen Bedeutung für das Blatt, im *stern*-Jargon auch Frau Dr. Elisabeth von Müller tituliert wurde.

Und außerdem wußte er es selber ja doch am besten. Gefürchtet in der Redaktion waren die Ausrisse aus Zeitungen und Zeitschriften, mit denen er, meist nach einem ausführlichen Toiletten-Aufenthalt, auf den Konferenzen erschien und die er mal aus der Hemdentasche, mal aus der Brusttasche seines Sakkos zutage förderte und den versammelten Redakteuren vorhielt. »Das ist doch interessant! Das will der *stern*-Leser doch wissen!« Punktum. Dabei war interessant keineswegs immer deckungsgleich mit populär. Zum Beispiel schob Nannen Fotos, auf denen, und sei es auch nur im Hintergrund, Alphörner, Blaskapellen oder Trachtengruppen zu sehen waren, verärgert vom Tisch: »Lore Folk will ich im Blatt nicht sehen!« Andererseits: Als die versammelten Redakteure mal eine groß aufgemachte Story der Konkurrenz über das Drama von Mayerling, die Nannen ihnen vorhielt, als alten Hut weit von sich wiesen, handelten sie sich einen Rüffel ein: »Merkt euch: Nichts ist so erfolgreich wie das, was die Leute schon kennen. Jedesmal hoffen sie, daß sie nun endlich ganz genau erfahren, was passiert ist.«

Oder was nicht passiert ist. Wie zum Beispiel die Geschichte von der armen Laborantin Amely Reynolds, die zu erblinden drohte. Die Geschichte stammte von Günter Dahl, ihr Verursacher aber war Nannen, den ein Foto des illuminierten Chicago so fasziniert hatte, daß er es unbedingt im Heft haben wollte. »Da ließ ich Dahl eine rührende Bildunterschrift für das Mädchen und Chicago bei Nacht schreiben: Das Mädchen wisse, daß es in ein paar Tagen blind sein werde, ihr Arzt aber sei ein Freund des Bürgermeisters von Chicago. Die Bürger hätten für das Mädchen ein Flugticket gespendet, und der Bürgermeister habe extra alle Lampen und Lichter angeschaltet, damit sie noch einmal Chicago bei Nacht sehen konnte. So ging die Geschichte ins Blatt.« Dahl schrieb: »Nur einmal noch brennen für Amely die Lichter.« Daß die Idee schon mal ein anderer gehabt hatte, nämlich der Starreporter Wally Cook in einer Persiflage über die Sensationspresse in dem Hollywood-Film *Nothing Sacred* aus dem Jahr 1937, kam Nannen entweder nicht in den Sinn, oder es störte ihn nicht. Die Geschichte war jedenfalls ein Hit, also ließ man die arme Amely zwei Jahre später ihr Augenlicht wiedergewinnen (zu einem Foto von Chicago bei Tag). Der *stern* hat dieses »Märchen« im Jahresheft 1955 der Sonderausgaben »Das Beste vom *stern*«, zur Feier seines fünfzigjährigen Bestehens, tapfer nacherzählt – erweitert um den sinnigen Satz: »Es war eben noch nicht die Zeit der Fakten.« Lieschen Müller verlangte nach Rührung.

Natürlich war Nannen Populist, das gehörte zu seiner Qualifikation, und in dieser Eigenschaft agierte er zuweilen auch unter seinem Niveau. Wenn er zum Beispiel in einem Kommentar zur Biennale moderner Kunst in Venedig 1958 über die angeblich herrschende »Diktatur der Abstrakten«, über »eine Zukunftsvision von verbogenen Eisenträgern und Metallgerippen« und ähnliche »Verirrungen« herzog, oder wenn er, aus Wut über intellektuelle Illustrierten-Verächter, die »Hohenpriester der ›Nachtprogramme‹ bei den Rundfunkstationen« niedermachte, deren »gepflegte Langeweile dem Hörer bei Tage nicht angeboten werden kann« – dann beherrschte er den Luftraum über den deutschen Stammtischen. Das hat ihn aber nicht davon abgehalten, die Memoiren der schmerzensreichen Soraya Esfandiary der Konkurrenz zu überlassen – nachdem der *stern* sich jahrelang daran beteiligt hatte, den Hunger der Deutschen nach Neuigkeiten über fürstliche Affären und über das Schicksal der deutschstämmigen, aber kinderlos gebliebenen Soraya zu stillen.

Gerd Bucerius hat diese Geschichte in seinem Buch *Der angeklagte Verleger* quasi kopfschüttelnd erzählt. Eines Tages habe Nannen den Geschäftsführern des Verlages die Soraya-Memoiren präsentiert mit der Bemerkung: »Hier liegen 200 000 zusätzliche *stern-*

Leser.« Die Reaktionen waren unterschiedlich: »Richard Gruner, der Drucker des *stern*, dachte an seine Maschinen und fand das Projekt großartig. Verlagsleiter Robert Streitberger dachte an sein Anzeigengeschäft und leckte sich die Lippen. Ich sagte: ›Mit der ... (folgte ein unfreundlicher Ausdruck für Soraya) kann man doch keinen Hund mehr hinter dem Ofen vorlocken.‹ Nannen: ›Da irren Sie sich. Erfolg allerdings hat die Sache nur, wenn das Blatt sich hinter die Frau und ihre Geschichte stellt. Ich kann das nicht, der *stern* kann das nicht.‹ Seufzend ... nahmen wir von dem Projekt Abstand.« Die *Quick* druckte die Memoiren 1963 und hat, laut Bucerius, »damals 300 000 neue Leser gewonnen und 100 000 der etwas intelligenteren und wohlhabenderen alten Leser verloren«.

Der *stern* aber war es, der bereits im Jahr 1958, als der Schah sich von Soraya scheiden ließ, erstmals eine Million Auflage erreichte. Und der *stern* war es, der die sogenannte Lex Soraya auslöste, eine Gesetzesvorlage des Bundesjustizministers über den »verstärkten Ehrenschutz für ausländische Staatsoberhäupter« – freilich nicht durch intime Enthüllungen aus dem persischen Kaiserhaus, sondern durch eine Reportage über »die wirkliche Krise in Persien«, über Verwaltungsmisere und politische Korruption, unter dem Titel »Tausend und eine Macht«, verfaßt von Hans Wehrle und Gerd Heidemann, welch letzterer sich damals bei seinem Chefredakteur den Ruf eines »Detektivs«, einer geborenen Spürnase, erwarb. Nannen eröffnete eine neue Front und attackierte in einem seiner ersten Briefe an den »lieben *Stern*leser« sowohl den Justizminister Fritz Schäffer als auch den Außenminister Heinrich von Brentano, der »sich dienstfertig zum Büttel eines politisch ebenso haltlosen wie verrotteten Systems« habe machen lassen. »Herr von Brentano kennt Teheran – im Gegensatz zu den Verfassern unserer Reportage – nur vom Hörensagen.« Und dem biederen Bayern Fritz Schäffer rief er, per Leserbrief in der *FAZ*, nach: »Hätte der Justizminister Schäffer aber um gut hundert Jahre früher gelebt, so wäre die Revolution in seiner Heimatstadt München wohl unterblieben – denn wer hätte sich trauen dürfen, etwas über die Affäre des Königs Ludwig I. mit der Tänzerin Lola Montez verlauten zu lassen.« Die Lex Soraya jedenfalls blieb Entwurf.

Henri Nannen studierte eine neue Rolle ein: Saubermann der Nation, Ombudsmann der *stern*-Leser – eine Doppelrolle, mindestens. Wenn er sich erst einmal zum Auftritt entschlossen hatte, dann war er wie Zettel im *Sommernachtstraum* (ein Handwerker, der als Schauspieler dilettiert): »Laßt mich den Löwen auch noch spielen!« Dann war er Richter, Staatsanwalt und Angeklagter in einer Person. Ein Star, der auf einer Benefiz-Gala rebellische Reden hält. Ein Champion, der auf dem Siegerpodest die Faust ballt. Robin Hood auf der Glitzertreppe.

Henri Nannen hat nie Probleme damit gehabt, seine Meinung zu ändern oder sich selber zu widersprechen. »Nur die Dummen denken fünfundzwanzig Jahre lang immer das gleiche«, hat er im Vorwort zum Sammelband seiner *Stern*leserbriefe geschrieben. Aber das ist nicht die ganze Wahrheit. Henri Nannen war fest davon überzeugt, daß der Mensch nicht gut ist und daß die Macht böse macht.

Diese beiden Überzeugungen werden in dem, was er gesagt und geschrieben hat, sichtbar wie Leuchtfeuer in den Nebelschwaden des Zeitgeists. »Die Annahme, daß der Mensch gut sei und daß man ihn nur gewähren lassen müsse, um ›das größte Glück der größten Zahl‹ zu erreichen, hat sich längst widerlegt. Der Mensch ist egoistisch auf Kosten seines Nebenmenschen, er ist rücksichtslos im Durchsetzen der eigenen Interessen.« Nannen, der Populist, hatte keine Illusionen über sein Publikum. »Nein, Volkesstimme ist nicht Gottesstimme. Sie ist nicht einmal die Stimme der Vernunft.«

Vor allem aber: »Daß Macht böse macht, daß sie zur Willkür und Unterdrückung verführt, ist eine Binsenweisheit.« Das hat er zum Beispiel 1972 geschrieben, obwohl sein Wunschkanzler Willy Brandt an der Macht war. Und er hat es, mitten im »heißen Herbst« 1977, wiederholt: »Denn Macht macht böse. Wer sie einmal hat, will sie nicht mehr abgeben. Um sie zu behalten, wird er im äußersten Fall zur Diktatur greifen. Und ob es die Diktatur eines faschistischen ›Führers‹ oder die ›Diktatur des Proletariats‹, das heißt die Diktatur von Funktionären, wäre, das macht nur einen graduellen Unterschied. Und auch wenn die Macht denen zufiele, die allein zu wissen glauben, was dem Volke nützt – am

Ende stünde immer die Einkerkerung und Vernichtung derer, die dann als ›Volksfeinde‹ gelten, nur weil sie eine andere Vorstellung vom Wohl des Volkes haben.«

Dieses essentielle Mißtrauen gegenüber den Mächtigen ist Nannens Rechtfertigung, aus dem *stern* das Reichsgericht des kleinen Mannes zu machen – ein Anspruch, der den Advokaten Bucerius »oft bis zum Wahnsinn getrieben« hat. Es hat eine emotionale Qualität, deren Ursprung man in Nannens Vita weit zurückverfolgen kann, vielleicht bis in die Gene. Es treibt ihm die Zornesröte ins Gesicht und das Adrenalin in die Feder. Das ist so geblieben, auch wenn es ab und zu Mächtige gegeben hat, die Nannens Sympathie zu wecken verstanden, deren charakterliche Kostümierung ihm gefiel und von denen er sich dann – als Gleicher unter Gleichen – auch so manches einblasen ließ. Aber von Dauer war das nicht. Und seinen grundsätzlichen Argwohn gegenüber den Mächtigen und die Lust, sich mit ihnen anzulegen, hat Nannen nie verloren. Anlässe dazu fand er reichlich.

Zum Beispiel am Jahresende 1958 in Zimmer 205 des Hotels »Mainzer Hof« in Mainz, das er gemietet hatte, weil es nun mal das beste Zimmer des Hauses war. Aus demselben Grund wollte ihn der Hotelmanager bereits in aller Herrgottsfrühe zum Räumen dieses Zimmers auffordern, weil sich der Bundesaußenminister von Brentano überraschend für neun Uhr dreißig angesagt habe, und vielleicht wolle der Herr Minister »sich vorher ja noch ein bißchen frisch machen«. Das hätte der Mann nicht sagen sollen. »Da habe ich gesagt«, so Nannen zum *Playboy*, »›scheren Sie sich zum Teufel, ich werde in diesem Zimmer so lange bleiben, wie ich dieses Zimmer bestellt und bezahlt habe.‹ Und habe dem Kerl die Tür vor der Nase zugeschlagen.«

Man kann verstehen, daß Nannen nicht daran dachte, ausgerechnet für diesen Brentano, den er schon vor drei Jahren auf der Kreml-Treppe überholt hatte, sein Zimmer zu räumen. Noch typischer ist, daß er diese Geschichte zu einem der ersten Paradestücke seiner im März 1958 beginnenden Briefe an den »lieben *Stern*leser« gemacht hat, hübsch ausgesponnen wie ein Dramolett mit parodierenden Dialogen und einem etwas anderen Schluß (»Da habe ich meinen Koffer in die Hand genommen und bin still hinausgegangen«), aber eben als ein Lehrstück über die elende Katzbuckelei der Deutschen vor den Mächtigen. Der Erfolg beim Leser war überwältigend.

Diese »Leserbriefe« habe nicht er erfunden, hat Nannen gesagt, sondern sie seien von Rudolf Augsteins Briefen an den *Spiegel*-Leser abgeguckt. Außerdem habe Rolf Gillhausen, der Autor sensationeller Foto-Reportagen vom Ungarn-Aufstand 1956 und aus China, eines Tages zu ihm gesagt, der *stern*-Chefredakteur »sitzt nicht auf dem Stuhl hinterm Schreibtisch und zieht Striche«, sondern »der muß in die Öffentlichkeit«. Journalismus aber war für den kontaktgestörten Nannen nicht identisch mit Öffentlichkeit, sondern »Journalismus ist eine einsame Sache: Man sitzt vor einem weißen Blatt Papier und unterhält sich mit einem einzigen Leser.« Die Briefe, die er mit grünem Filzstift auf seinen Din-A-2-Schreibtischblock gekritzelt hat, sind eine Art Kompromiß zwischen diesem einsamen Dialog und der erstrebten Öffentlichkeit.

Wenn man Nannens journalistisches Agens richtig verstehen will, muß man sich die Themen seiner Briefe an die Leser genau anschauen. Diese Themen müssen ihn aufregen. Ohne den emotionalen Zündfunken springt der Autor Nannen nicht an. Was ihn aufregt, ist fast immer der Einzelfall, und der ist aus dem Leben gegriffen – aus dem Leben des kleinen Mannes. Er ist total auf diesen Fall fixiert. Zusammenhänge interessieren ihn nur, sofern sie für ebendiesen Fall relevant sind, genauer: für die Geschichte, die Nannen erzählen will. Die Realität ist meistens komplexer. Aber würde er sie so schildern, dann ginge das auf Kosten der Wirkung. Ein auch nur im Ansatz ideologisches Grundmuster gibt es nicht. Der Begriff Weltanschauung ist wörtlich zu nehmen, also optisch – ein Begriff aus der Perspektive des Betrachters. Und das ist meistens keine optimistische Perspektive. Auf die Tränendrüsen muß er nicht drücken, die Tränen der Empörung kommen ihm von selber – und das läßt er den Leser spüren. Er hat jederzeit Zugriff auf das Pathos des Predigers oder des Moralisten, obwohl er beides nicht ist. Sondern er wütet mit völlig ungespielter Empörung wider den Übermut der Ämter, die Arroganz der Macht und gegen das, was er als Heuchelei empfindet.

Gewiß hätte Nannen ein buntes Magazin wie den *stern* nicht

dreißig Jahre lang auf diesen aggressiven Ansatz einschwören können, wenn er nicht zeit seines Lebens die Anpassung seines Weltbilds an die offiziell verkündeten Realitäten – oder an die Spielregeln der Etablierten, auch als er selber zu ihnen gehörte – verweigert hätte. Noch bei seinem Abgang 1983 hat er, zornig zurückblickend, dem *stern* ins Stammbuch geschrieben: »Wo immer der Übermut der Ämter und Behörden, die Arroganz der Etablierten, die Willkür der Herrschenden oder die Macht der Besitzenden ihr Spiel zu machen versuchten, da haben wir uns zuständig gefühlt, solchem Spiel Einhalt zu gebieten. Wir haben Feuer unter Ministersesseln angezündet, wenn die Ärsche allzu selbstsicher darauf saßen, und wir haben der öffentlichen Hand auf die Finger gehauen, wenn diese Finger lediglich mit der Selbstbefriedigung von Amtsträgern befaßt waren. Wir haben die Dinge beim Namen genannt, Korruption Korruption, Heuchelei Heuchelei und einen Lumpen einen Lumpen. Sooo soll es sein, hätte Wolf Biermann gesungen, und so müßte es bleiben, wenn der *stern* nicht sein will wie die *Bunte*.«

Angefangen hat der *stern* damit schon 1950. Damals bekam Nannen von dem später geschmähten Fritz Schäffer (da war er noch Finanzminister) »ein paar Zahlen über die Requirierung deutschen Eigentums« und vom Staatssekretär des Bundesfinanzministeriums präzise Zahlen über die Kosten des Umbaus von Schloß Waldhausen bei Mainz als Residenz des französischen Militärgouverneurs General Pierre Koenig (3,8 Millionen DM). Der General hatte sich zum Beispiel einen mit sechs Elektromotoren bestückten Schreibtisch aus Rosenholz für 85 000 DM und seiner Frau ein Bett aus weißem koreanischem Ziegenleder machen lassen – zu bezahlen aus dem Haushaltstitel Besatzungskosten. Die nötigen Bilder beschaffte sich der *stern* in Abwesenheit Koenigs unter Vorspiegelung falscher Tatsachen. »Eines Tages erschienen bei dem deutschen Hausmeister zwei Herren«, so Nannen, und erklärten ihm, »daß die Generalresidenz demnächst aufgegeben werden solle und daß man vorhabe, das Schloß zu mieten, um dort Filme zu drehen. Dazu sei es aber erforderlich, die Räume zu besichtigen und sie auf ihre Eignung als Filmkulisse zu prüfen.« Und dann erschien im *stern* Nr. 53/1950 eine Geschichte unter dem Titel »Hoppla, wir leben! (auf Besatzungskosten)«, und »die Leute staunten, in welchem Luxus die Alliierten auf Kosten der notleidenden Deutschen lebten«. Die Besatzungsmächte reagierten mit einem zweiwöchigen Verbot des *stern*, und das wäre mit Sicherheit sein Ende gewesen, wenn nicht ein gutwilliger Engländer, Lance Pope, das Verbot auf eine Woche hätte verkürzen können.

Im Jahr 1955 feuerte der *stern* seine erste Breitseite gegen ein Mitglied der Bundesregierung, den Verkehrsminister Dr. Hans Christoph Seebohm. Auslöser war der Zusammenstoß eines Eisenbahnzugs mit einem vollbesetzten Omnibus, der sich am 5. November an einem unbeschrankten Bahnübergang bei Hollenstedt in Niedersachsen ereignet hatte. Die Reportage erschien unter dem Titel: »Das ist fahrlässige Tötung, Herr Dr. Seebohm! Wie lange noch will der Bundesminister für Verkehr dem Mord an unbeschrankten Bahnübergängen tatenlos zusehen?« Seebohm habe es versäumt, für die Beachtung der entsprechenden Vorschriften des Bundesbahngesetzes zu sorgen. Der Angegriffene verklagte Nannen wegen Beleidigung und übler Nachrede, worauf Nannen Anzeige wegen fahrlässiger Tötung und fahrlässiger Körperverletzung gegen den Minister erstattete. Seebohm obsiegte anderthalb Jahre später, und Nannen wurde zu 3000 Mark Geldstrafe wegen Beleidigung verurteilt, denn im *stern* war eine gezeichnete Rekonstruktion des gräßlichen Unfalls mit einem Foto des vergnügt lachenden Seebohm kombiniert worden – ein von ihm so nicht beabsichtigtes und auch nicht gebilligtes Malheur, wie Nannen erklärte. Aber das Thema unbeschrankte Bahnübergänge blieb auf der Tagesordnung.

Im Frühjahr 1958 sollte im *stern* eine mehrseitige Reportage erscheinen über das in England ausgestrahlte TV-Drama *Mr. Dysons Jüngster Tag* von J. B. Priestley, in dem die Schrecken eines Atomkriegs grell auf den Bildschirm gemalt wurden. Die Veröffentlichung zielte offenkundig auf eine Bundestagsdebatte, in der Verteidigungsminister Franz Josef Strauß für die Ausrüstung der Bundeswehr mit Atomwaffen zu plädieren gedachte. So sah es jedenfalls der CDU-Abgeordnete Bucerius, der als kritischer Kopf – und Verleger kritischer Blätter wie *Zeit* und *stern* – in seiner Fraktion schon reichlich Ärger hatte, und ließ, als er die Andrucke bekam, die Druckmaschinen anhalten und die Reportage herausnehmen. Nannen, der ahnungslos auf der Bühlerhöhe gekurt hatte, erschien alsbald auf den Barrikaden, die von den Redakteuren schon erklommen worden waren, setzte einen anderen, ebenso kritischen Artikel in die nächste Ausgabe und machte dem Verleger klar, daß er zu weit gegangen sei. Bucerius versprach, so was nicht wieder zu tun. »Dr. Bucerius hat mir als dem verantwortlichen Chefredakteur des *stern* inzwischen die Erklärung abgegeben«, schrieb Nannen an den *Spiegel*, »daß er sich in Zukunft wie in der Vergangenheit jeder redaktionellen Weisung gegenüber dem *stern* enthalten wird.« Die Redaktion feierte diese Wendung der Dinge als »Independence Day«. Zu früh.

Im Februar 1959 druckte der *stern* eine Enthüllungsgeschichte über die Praktiken der Verfassungsschützer, die er sich 1954 schon einmal vorgeknöpft hatte, diesmal aus der Feder seines neuen Bonner Korrespondenten Mainhardt Graf von Nayhauß, aber wieder unter dem Titel »Wer schützt uns vor dem Verfassungsschutz?« Nayhauß hatte eine ganze Menge in petto über eine als Lockvogel mißbrauchte Sekretärin und einen britischen Agenten beim Verfassungsschutz und ließ auch den Präsidenten des Amtes, Hubert Schrübbers, nicht ungeschoren. Die ersten Andrucke dieser Geschichte wurden, wie immer, Nannen und Bucerius zugestellt. Dieser erholte sich im schweizerischen Lenzerheide, erschrak aber derart über die Geschichte, daß er in hektischen Telefonaten mit den hauseigenen Juristen, aber auch mit dem Generalbundesanwalt Max Güde, zu klären versuchte, ob die Bemerkung über den britischen Agenten im Verfassungsschutz nicht Landesverrat sei. Keiner der Befragten wollte sich festlegen, aber Güde informierte das Innenministerium seines Parteifreunds Gerhard Schröder, und so erfuhr man dort, was aus Hamburg drohte. Sogleich reiste Schrübbers mit einer Vollmacht des Innenministers Schröder und dem Anwalt Renatus Weber nach Hamburg und erwirkte dort bei einer am Samstag vom Landgerichtspräsidenten persönlich konstituierten Zivilkammer 3 eine einstweilige Verfügung, die dem *stern* die Verbreitung besagten Artikels verbot.

Da die Verleger Gerd Bucerius und Richard Gruner nicht erreichbar waren, versuchte der Gerichtsvollzieher, die Verfügung dem Chefredakteur zuzustellen. Auch das mißlang. »Nannen und ich, der Autor des Artikels«, erzählt Graf Nayhauß, »versteckten uns in der Hamburger Privatwohnung der Bucerius-Sekretärin. Mit einer abgedunkelten Nachttischlampe auf dem Fußboden hockend. 800 000 Mark [Anzeigeneinnahmen] standen auf dem Spiel. Wir fürchteten aber auch das plötzliche Aufkreuzen des Geliebten der Sekretärin – des Bundestagsvizepräsidenten Carlo Schmid [SPD]. Nach Mitternacht stahlen wir uns aus dem Haus, wissend, die Auflage war ausgeliefert.«

Nannen verkündete die Unwirksamkeit der gerichtlichen Maßnahme im *Stern*leserbrief der nächsten Ausgabe, wieder zu früh. Denn Schröder und Schrübbers verklagten Nannen nun (auf Grund von sieben kommentierenden Formulierungen und einer einzigen Tatsachenbehauptung) wegen Beleidigung, und im Zuge dieses Strafverfahrens wurde die inkriminierte Nummer 8/1959 (die schon größtenteils versandt war) beschlagnahmt. Nannens Empörung war nur allzu berechtigt. Aber es war ihm ein gravierender Fehler unterlaufen: Er hatte in seinem Kommentar den Innenminister Schröder beschuldigt, der Spionage verdächtigte, aber noch nicht überführte Personen öffentlich als »Spione des sowjetischen Nachrichtendienstes« bezeichnet zu haben – was in Wahrheit Schröders Vorgänger Robert Lehr begangen hatte. Nannen revozierte im nächsten Heft – sehr knapp und ziemlich kleinlaut.

»Ich glaube, daß wir uns diesen Chefredakteur zu diesen Bedingungen nicht länger leisten können, ohne immer Kopf, Kragen und Ehre zu riskieren«, schrieb Bucerius im Februar 1959 an seinen Partner Gruner. In der Bonner Kulisse kursierte damals eine »Hintergrundinformation«, Schrübbers und Schröder hätten die Munition für ihren Verbotsantrag gegen den *stern* von Bucerius selber bekommen, in Form von Andrucken. Bucerius sei über die Geschichte empört gewesen und habe laut klagend auf seine langjährige Freundschaft mit Innenminister Schröder hingewiesen. Als Schröder dann in Nannens *Stern*leserbrief auch noch falsch beschuldigt wurde, rastete Bucerius aus. Er feuerte seinen Chefredakteur »aus wichtigem Grund«.

Ob er sich nun wirklich von ihm trennen wollte oder nicht – Bucerius wird gewußt haben, daß Nannen in solchen Situationen von einer völlig irrationalen Existenzangst heimgesucht wurde. Andy Elten hat ihn einmal in schweren Depressionen vorgefunden, nur weil die fällige Verlängerung seines Chefredakteursvertrags eine Woche überfällig war. Diesmal war es Graf Nayhauß, der den großen Anwalt des kleinen Mannes kampfunfähig erlebte. »Tief deprimiert lag Nannen in seinem Zimmer, bei zugezogenen Vorhängen, auf einem schwarzen, mit Goldfäden durchwirkten Sofa. ›Was soll aus mir werden? Kein anderer Verleger nimmt mich.‹ – ›Zehn Prozent, und ich vermittle Sie sofort‹, entgegnete ich keck. Aber ehe ich aktiv werden konnte und für den Rest meines Lebens nicht mehr hätte arbeiten müssen, nahm der Verleger die Kündigung zurück.«

Die Show konnte, die Show mußte weitergehen.

Ultra posse

oder: Sachen gibt's, die gibt's gar nicht

In der Nacht vom 6. auf den 7. August 1962 wurde aus der einsam gelegenen Wallfahrtskirche von Volkach in Franken ein Spätwerk des großen Würzburger Meisters Tilman Riemenschneider (1460 – 1531) gestohlen, die 2,80 Meter hohe und 1,90 Meter breite »Madonna im Rosenkranz« – ein sinnloser Kunstraub, denn man hätte dieses Meisterwerk spätgotischer Bildschnitzerei niemandem verkaufen und, da es nicht versichert war, auch niemanden damit erpressen können. Nannen sprang sofort auf diese Geschichte. Die geraubte Muttergottesfigur sollte gerettet werden, und zwar auf eine Weise, die der Polizei nicht zu Gebote stand: durch Rückkauf. Er bot den Dieben im *stern* und in hundert Zeitungsanzeigen 100 000 Mark und die Möglichkeit an, »ins Dunkel der Anonymität zurückzutreten... Die Kirchenräuber von Volkach haben mein Wort, daß wir sie der Polizei nicht verraten werden.«

Selbst wenn der Krimi, der da inszeniert wurde, kein Happy-End gehabt hätte – als PR für den *stern* war die Geschichte geradezu genial. Nannen hat das auch zugegeben. »In Volkach soll keiner deswegen Dankeschön sagen. Neben ideellen Gründen ist das eine reine Public-Relations-Sache für mich, steuerlich absetzbar.« Daß er wegen Begünstigung und Hehlerei belangt werden würde, war ihm ebenfalls klar. »Diese Bombenreklame wäre ja gar nicht zu bezahlen, wenn ich allwöchentlich aus dem Kittchen an die *Stern*leser schriebe.« Aber Nannen kam nicht ins Kittchen, sondern die Madonna kam zurück nach Volkach.

Genial war der Coup vor allem deswegen, weil der *stern* wenige Monate zuvor mit einem Artikel zum Zweiten Vatikanischen Konzil unter dem Titel »Brennt in der Hölle wirklich ein Feuer?« nicht nur den Bruch seines Verlegers Gerd Bucerius mit der CDU provoziert hatte, sondern auch Abscheu und Empörung unter den Katholiken, denen in dem Artikel bescheinigt worden war, sie seien in der Partei mit dem christlichen Namen völlig unter die Fuchtel der Protestanten geraten. Nun aber nötigte die Aktion für das Muttergottesbild den katholischen Klerus dazu, »ausgerechnet jenes Magazin, das sich mit dem Höllenartikel so viel Sympathien unter den Katholiken verdorben hat«, wie das *Würzburger Katholische Sonntagsblatt* zähneknirschend schrieb, in seine Dankgebete einzuschließen. »Wir danken dem Herrgott, der die Fäden durch den Chefredakteur Nannen vom *stern* spinnen ließ«, betete zum Beispiel der Volkacher Stadtpfarrer, Geistlicher Rat Simon Himmel. Und Ehrenbürger von Volkach wurde Nannen dann auch.

Die Kontakte mit den Dieben und die eigentliche Lösegeldaktion dauerten Wochen und hätten genug Stoff für einen ausgewachsenen *Tatort*-Krimi hergegeben. Manche Details wurden erst fünf Jahre später vor Gericht bekannt, nachdem die Täter sich der Polizei durch dumme Prahlereien quasi selber ausgeliefert hatten. Nannen berichtete unter Eid, daß er auch nach dem – nicht ungefährlichen, weil völlig ungesicherten – Austausch von Geld und Madonna am 4. November hinter einer Krautmiete auf einem Acker bei Groß-Gründelbach den Kontakt zu einem der Räuber, Lothar Geheb alias Leininger, nicht habe abreißen lassen. »Bei mir erwachte der Journalist«, will sagen: Der Kerl interessierte ihn. Außerdem wollte dieser, gegen 10 000 Mark Honorar, die Einzelheiten des Raubzuges erzählen. Die Madonna blieb derweil in Nannens Gewahrsam. Vier Tage nach der Übergabe kam es in der Blankeneser Wohnung des damaligen Nannen-Stellvertreters Reinhart Hoffmeister alias Holl, der die ganze Aktion mitgemacht hatte, zu einem Treffen mit Geheb. Das Gespräch, an dem vorsichtshalber auch die Frauen der Journalisten teilnahmen, dauerte zwar von 22 Uhr bis zum frühen Morgen, »wir sind mehrmals eingeschlafen«, so Nannen, brachte aber nicht die erhoffte Geschichte, sondern nur wirres Zeug hervor. Schließlich packte Nannen die Wut. »Verschwinden Sie!« brüllte er in bewährter Chef-Manier den mit einer Pistole bewaffneten Geheb an – und der Räuber trollte sich.

Der Dialog zwischen den Dieben und den *stern*-Leuten war Ende Oktober mehrere Tage abgerissen, weil unversehens die

Realitäten der Republik in dieses Räuber-und-Journalisten-Drama eingebrochen waren. Reinhart Hoffmeister hatte von den Räubern drei kleinere Beweisstücke zugespielt bekommen und deponierte in der folgenden Nacht vereinbarungsgemäß die erste Rate von 50000 Mark an einer Straßenwalze vor dem Büro des Hamburger CDU-Chefs Erik Blumenfeld, einen Steinwurf vom Speersort entfernt.

Es war die Nacht vom 26. auf den 27. Oktober, die Nacht, in der die Polizei das Pressehaus stürmte. Die Räuber dachten zunächst, der Bullen-Auftrieb am Speersort gelte der Aufklärung des Madonnen-Diebstahls und ihrer Ergreifung. Er galt aber dem *Spiegel* und sollte Beweise dafür beibringen, daß das Magazin Landesverrat begangen habe. Es war der Beginn jener *Spiegel*-Affäre, die schließlich zum Ende der Regierung Adenauer führte. In Gang gesetzt hatte sie Franz Josef Strauß, damals Verteidigungsminister, den der *Spiegel* später beschuldigte, auf dem Höhepunkt der Kuba-Krise, als Chruschtschow und Kennedy die Welt an den Rand eines Atomkriegs gepokert hatten, seiner Sinne nicht mehr mächtig, vulgo volltrunken, gewesen zu sein.

Natürlich solidarisierte sich Nannen mit dem *Spiegel*, fortissimo: »Einen solchen Mann [wie Franz Josef Strauß] hätte eine gesunde Demokratie einfach abgestoßen, wie ein gesunder Körper einen verfaulten Blinddarm abstößt.« Daß er solche Sätze auch im Fernsehen sagte, war sogar hilfreich bei der Wiederherstellung des Kontakts zu den Kunsträubern. Denn als »Leininger« sich wieder meldete, sagte er zu Reinhart Hoffmeister am Telefon, seine Frau habe gesehen, wie Nannen im Fernsehen den Strauß fertiggemacht habe, und sei hingerissen. »Der Nannen«, habe sie gesagt, »das ist ein Mann fürs Leben.« Die Aktion Volkacher Madonna ging also weiter, gleichfalls fortissimo: »Wir werden es zu verhindern wissen, daß die Polizei sich ... einschaltet. Ich weiß, man wird mir vorhalten, daß damit ein Verbrechen belohnt werde. Aber ich wiederhole es: Moralische Vorhaltungen bringen die unersetzlichen Kunstwerke nicht wieder zum Vorschein.«

Der Kasus ist deshalb so bemerkenswert, weil der *stern* hier zum erstenmal in einer spektakulären Aktion die Chronistenrolle verläßt, das Gesetz des Handelns bestimmt und die Kompetenz des Problemlösers für sich reklamiert. Da wird ein Selbstverständnis erkennbar, das im Denken und Handeln des Freikorps Nannen in den drei Jahrzehnten seiner Amtszeit den ersten Platz eingenommen hat: Wir tun ein übriges. Wir tun es, auch wenn es eigentlich nicht geht. Sachen gibt's, die gibt's gar nicht – außer wir machen sie.

Ohne Zweifel war Nannen der Urheber dieses Selbstverständnisses, auch wenn er es so nicht formuliert hat. Man muß da differenzieren. Der Wahn der unbegrenzten Möglichkeiten, der ungehemmte Einsatz aller Ressourcen der »größten Illustrierten der Welt«, war für ihn gewiß auch eine Kompensation seiner ständigen Unzufriedenheit mit dem Produkt *stern*, also die Kehrseite seines Perfektionismus. Aber materielle und organisatorische Mittel, die nicht seine eigenen waren, einzusetzen für Ziele, die durchaus seine eigenen waren – das ist eine Konstante seiner Biographie und eine seiner größten Begabungen. Deren Wurzeln muß man in seiner Kindheit suchen, auch in seinem Verhältnis zum Vater: die damals erworbene Erkenntnis nämlich, gesteckte Grenzen immer wieder überschreiten zu müssen, besonders die eigenen, wenn man wirklich was werden wollte.

»Ultra posse« heißt das im römischen Recht: mehr tun, als man kann. Aber der auch heute noch gültige Rechtssatz des Publius Juventius Celsus geht weiter: »Ultra posse nemo obligatur« – niemand ist verpflichtet, mehr zu leisten, als er kann; kein Mensch ist gezwungen (oder darf gezwungen werden), ein übriges zu tun. Nannen hatte Latein gelernt, der Satz hätte ihm geläufig sein müssen, nicht nur die erste Hälfte. Wenn es einen tragischen Aspekt gibt in seiner Lebensgeschichte, dann diesen: daß er das »nemo obligatur« nicht erkennen konnte als eine Quintessenz der Humanität. Von einem Menschen mehr zu verlangen, als er leisten kann, ist unmenschlich. Henri Nannen hat dies nicht erkannt, jedenfalls nicht gelten lassen, weil er selber unter dem inneren Zwang lebte, mehr vorweisen zu müssen, als ihm mitgegeben worden war.

In der Redaktion des *stern* aber gab es so gut wie niemanden, der unter demselben inneren Zwang lebte wie Nannen. Für viele dort, auch in den oberen Etagen der Hierarchie, gehörte das Postulat, ein übriges zu tun, eher zum Korpsgeist, mindestens zum professionellen Lebensstil – von den exorbitanten Spesen bis zu dem allmählich entstehenden Irrglauben, die Knüller würden dem *stern* ohnehin ins Haus getragen, oder er könne sie jederzeit kaufen. Es war eine »maßlose Selbstüberschätzung«, wie Heinrich Jaenecke sagt, die sich breitmachte, und die stammte »schon aus der puren Größe« des Magazins und dem verschwenderischen Einsatz seiner Mittel. Die Auflage war in den fünfziger Jahren steil gestiegen, und das Blatt »lief im Grunde seinem eigenen Erfolg hinterher, innerlich« und »absolut konzeptlos«.

Gewiß gehört zum Selbstverständnis der Grenzüberschreiter die Bereitschaft, notfalls Kopf und Kragen zu riskieren. Leute, die dazu bereit sind, hat es – keineswegs nur beim *stern* – immer gegeben: wagemutige Fotografen vor allem, und einige haben ihren Wagemut mit dem Leben bezahlt. Aber niemand ist gedrängt worden, sein Leben aufs Spiel zu setzen. Es hätte dessen auch nicht bedurft. Wer sich in Lebensgefahr begeben hat, und das ist oft genug vorgekommen, hat es vielleicht in der Hoffnung auf ein Lob des Chefredakteurs getan, hätte sich im Falle des Scheiterns aber nicht auf ihn berufen können.

Als der Reporter Jörg Andrees Elten, kein Apporteur, sondern eine »Edelfeder«, in Israel einmal irrtümlich als Opfer einer syrischen Rakete totgesagt wurde, hatte er Nannen im Verdacht, bereits über die passende Schlagzeile nachzudenken. Denn: »Er fühlte sich nur wohl, wenn die Sensationen über seinem weißgelockten, mächtigen Schädel zusammenschlugen. Zwischen Sensationsgier und Sentimentalität gab es bei ihm keine Grenze – und während seine Tränen flossen, verlor er den journalistischen Effekt keine Sekunde lang aus den Augen.« Als Klaus Liedtke am Ende des Vietnam-Krieges beim Wechsel der Fronten und dem Versuch, mit den Panzern des Vietcong nach Saigon zu rollen, gescheitert und eine Weile verschollen war, mußte er sich von Kollegen in Hamburg den Vorwurf machen lassen, sein Leben riskiert und keine Geschichte für den *stern* beigebracht zu haben, doch Nannen nahm ihn in Schutz: »Wenn Sie schlechter wären, als Sie sind (ich meine journalistisch), wären wir vielleicht nicht ganz so nervös geworden.«

Es hat aber immer auch andere Grenzüberschreiter gegeben: die Spürnasen, die Anschaffer, wie Gerd Heidemann einer gewesen ist (nicht der einzige): schlitzohrige Apporteure, die über Hintergründe, vollends über moralische, nicht nachdenken, weil die ohnehin in die Kompetenz der Chefredaktion fallen; die mit der Nase auf der Spur bleiben, auf die man sie gesetzt hat; man heißt sie suchen, und sie finden, das ist ihr Berufsethos, und je schwieriger der Auftrag, desto größer das Prestige

Das Blaue vom Himmel hätten sie alle gern heruntergeholt; das war nicht das Problem. Aber Nannen muß frühzeitig gespürt haben, daß dieses »heroische« Wir-Gefühl, das den *stern* gewissermaßen in den Mittelpunkt der Welt rückte, sich in den sechziger Jahren allmählich zu verwandeln begann in einen quasi politischen Anspruch, die Welt mit Hilfe des *stern* zu verändern – einen Anspruch, den er nicht im Sinn gehabt hatte. Nannens Impetus, Grenzen zu überschreiten, zielte auf verbesserte Chancen, nicht auf eine Veränderung des Systems.

An der Schwelle und zu Beginn der sechziger Jahre aber waren es die Verleger und nicht die Journalisten, die für Veränderung sorgten. Hatte es 1954 noch 255 selbständige Redaktionen in der Bundesrepublik gegeben, so waren es Ende 1967 nur noch 156, was die Bundesregierung sogar veranlaßte, eine Kommission zur Untersuchung der »Konzentration im Pressewesen und ihre Folgen für die Meinungsfreiheit« (Günther-Kommission) einzusetzen. Die »innere Pressefreiheit«, bemerkte Gerd Bucerius, Mitglied der Kommission, »war damals noch nicht einmal ein Wort«. Pressefreiheit bedeutete, eine Zeitung oder Zeitschrift herausgeben zu können, ohne jemanden um Erlaubnis fragen zu müssen. Und die Verleger suchten nun nach jenen Unternehmensformen, die ihnen bei der Besetzung des Marktes am ehesten dienlich sein konnten. Umgründungen, Neugründungsversuche, rasch wechselnde Konkurrenzverhältnisse, Fusionen, Hin-und-her-Verkäufe von Zeitungen und Zeitschriften waren an der Tagesordnung. Die Verhaltensmuster waren vielfältig und manchmal auch widersprüchlich.

Für Bewegung sorgten Mitte der fünfziger Jahre außerdem Adenauers Unzufriedenheit mit dem öffentlich-rechtlichen Fernsehen und der daraus resultierende Plan, privatwirtschaftlich finanziertes Fernsehen zu ermöglichen, an dem sich auch »die Presse« beteiligen konnte. Aus dem »Adenauer-Fernsehen« wurde zwar nichts, aber etliche Verleger blieben am Privatfernsehen stark interessiert – zum Beispiel John Jahr sen., der gemeinsam mit Axel Springer die Frauenzeitschrift *Constanze* gegründet hatte, seit 1950 aber auch 50-Prozent-Teilhaber und Verlagsmanager Rudolf Augsteins beim *Spiegel* war. Jahrs Interesse am Privatfernsehen, ferner verlegerische Pläne Augsteins, die Jahr nicht gefielen, führten am Beginn der sechziger Jahre zu einer freundschaftlichen Auseinandersetzung. Jahrs Anteile beim *Spiegel* übernahm der Drucker Richard Gruner.

Gerd Bucerius ging im Herbst 1959 mit dem Plan eines Anti-*Spiegel* unter dem Titel *Moment* um, dabei beraten von dem rechtslastigen Emigranten William S. Schlamm, der dann aber nicht mit Hand anlegen wollte, weil er fand, das wäre, »als sollte die Callas mit dem Winterhuder Kirchenchor singen«. Rudolf Augstein wiederum wollte dem *Spiegel* um dieselbe Zeit ein politisches Wochenblatt mit dem traditionsreichen Namen *Deutsche Allgemeine Zeitung* hinzufügen, hatte auch schon ein paar renommierte Journalisten und als deren Chef Paul Sethe angeworben, den ehemaligen Herausgeber und Adenauer-kritischen Leitartikler der *FAZ*, von dem seine Kollegen sich unter dem Druck der Gesellschafter 1955 getrennt hatten und der auch als politischer Ressortchef bei Axel Springers *Welt* nicht glücklich geworden war. Dieses Projekt scheiterte angeblich daran, daß dem Spiegel-Verlag die Nutzung des alten Zeitungstitels gerichtlich verboten wurde.

Dann verfolgte Augstein den kühnen Plan, die liberalen Blätter *Spiegel*, *stern* und *Zeit* unter einem gemeinsamen Dach der Verleger John Jahr sen., Richard Gruner, Gerd Bucerius und Augstein zu vereinen – eine Allianz gegen den mächtig gewachsenen Springer-Verlag, die den (politisch motivierten, polemisch gemeinten) Titel »Hamburger Kumpanei« verdient hätte, wenn sie denn zustande gekommen wäre. »Wir repräsentieren persönlich und quantitativ ein Verlagspotential«, schrieb Augstein im November 1960 an Gruner, »das sich sehen lassen kann, sogar verglichen mit dem Springers, dessen schöpferisches Ingenium uns allerdings allen abgeht. Wir sind verrückt, wenn wir nicht alles tun, um den Konzern auf die Beine zu bringen.« Der Plan scheiterte an Bucerius' Weigerung, Augstein als Gesellschafter der *Zeit* zu akzeptieren. Bucerius konnte oder wollte nicht verstehen, daß der Magazin-Macher Augstein sich – bezogen auf den *Spiegel* und völlig zutreffend – als den »Gefangenen meines Systems« bezeichnete, »das mich zwingt, das Handwerk über die Politik und die Meinung zu stellen«.

Augstein bezog sich dabei auch auf Nannen, der als Macher des *stern* ganz ähnliche Probleme habe – was Bucerius brüsk zurückwies: »Sie tun Nannen Unrecht. Seine Sache hat hier nichts zu suchen, weil ich mit ihm nicht die *Zeit* machen will. Außerdem: er ist ehrlich, streitet (oft zu Unrecht) für seine Meinung – nie für sein ›Handwerk‹. Er wäre außer sich, wenn ich ihn und den *stern* mit Ihren Maßstäben messen würde... Wo er Politik macht (in den letzten Jahren mehr als früher), quält er sich nicht weniger als ich.« Worauf Augstein erwiderte: »Wie Sie darauf kommen konnten, ich täte Henri Nannen Unrecht, ist mir ganz unerfindlich. Vermutlich weiß ich seine Leistungen mehr als Sie zu schätzen, der Sie sich niemals in verantwortlicher Redakteursposition befunden haben. Henri Nannens große Leistungen sind die Kehrseite der Widrigkeiten und Niedrigkeiten, denen er wie ich sich unterziehen muß. Sie gehören zu seinem ›Handwerk‹.« Bestimmt hätte Nannen in diesem Streit dem Kollegen Augstein und nicht dem Verleger recht gegeben. Aber er wurde nicht gefragt. Er hatte in dem Pokerspiel der Verleger buchstäblich keine Karten mehr. Er war darin Objekt, nicht Subjekt. Das mag erklären, weshalb die Wut über den Verkauf seiner Anteile gerade damals so oft in ihm hochgekocht ist.

Objekt waren Nannen und sein *stern* auch bei der Gründung des Konzerns, der dann tatsächlich zustande kam – nun aber ohne Augstein, auch ohne dessen Billigung. Am 30. Juni 1965, einem sommerlich warmen Mittwoch, unterschrieben Richard Gruner, Gerd Bucerius und John Jahr sen. ein hundert Seiten starkes Vertragswerk und gründeten damit das Druck- und Verlagshaus Gruner + Jahr GmbH & Co. Der jüngste Partner war der damals

39jährige Gruner mit seiner Druckerei (39,5 Prozent), die übrigen Teilhaber waren die Constanze-Verlag John Jahr KG mit 32,25 Prozent und über den Tempus-Verlag (später wieder Zeit-Verlag) Gerd Bucerius mit 28,25 Prozent. Der brachte mit dem Nannen-Verlag den *stern* in die Fusion ein; seine *Zeit* verpachtete er zunächst für zwei Jahre an Gruner + Jahr; sein Name blieb (angeblich weil er kinderlos war) ganz draußen. Als Mitglied der sogenannten Günther-Kommission erklärte Bucerius, die »Gigantomanie des Hauses Springer« (zu dem er gleichwohl freundschaftliche Kontakte unterhielt) habe ihn zur Aufgabe seiner Selbständigkeit gezwungen. Unerwähnt ließ er, daß bei Gruner + Jahr nun die meisten Objekte im eigenen Haus gedruckt wurden, was etwa vier Millionen Umsatzsteuern jährlich sparte.

Die neue Firma wurde von zwölf Verlagsdirektoren geführt, in deren erlauchten Kreis Nannen aufgenommen worden war. Als er daraufhin in der *stern*-Konferenz mokant gefragt wurde, ob er nun mit »Direktor« angeredet werden wolle, sagte er: »Da wir hier nicht bei der Waffen-SS, sondern bei der Wehrmacht sind – wenn schon, dann ›Herr‹ Direktor.«

Die Feindseligkeiten zwischen den großen Verlagshäusern waren noch nicht wirklich eröffnet; der erste Generalangriff auf den »mächtigsten Verleger des europäischen Kontinents«, Axel Springer, erschien im *stern* 1967 (aus der Feder einer Neuerwerbung namens Manfred Bissinger). Aber das Haus Springer war nicht nur groß, es war auch politisch ein Machtfaktor. In der Silvesternacht 1957 hatte Axel Cäsar Springer beschlossen, Deutschland wiederzuvereinigen, war zu diesem Behufe mit seinem politischen Spiritus rector und *Welt*-Chefredakteur Hans Zehrer nach Moskau gereist und hatte sich dort bei Nikita Chruschtschow eine blutige Nase geholt. Seither war er ein militanter Antikommunist; ein Herold des Kalten Krieges und ein rotes Tuch für die »außerparlamentarische Opposition«, die der Bundesrepublik zu Zeiten der großen Koalition in Bonn beschert worden war. Im innenpolitischen Krisenjahr 1968 begann Springer, nach eigener Einschätzung »der meistangegriffene Mann der Bundesrepublik«, zu resignieren und Teile seines Imperiums zu verkaufen – zum Beispiel *Das Neue Blatt* an den Konkurrenten

Bauer und den Kindler & Schiermeyer Verlag, mit den Blättern *Bravo, Eltern, Jasmin* und *twen*, an den Großdrucker Hans Weitpert, der dem offenkundig nicht gewachsen war und *Bravo* alsbald an Bauer weiterverkaufte.

Bucerius hatte in der Günther-Kommission vorgeschlagen, niemand sollte mehr als fünf Prozent Anteil am Zeitungs- und Zeitschriftenmarkt haben. Das war, zum Glück für ihn (aber auch für Springer), abgelehnt worden. Nun spielte Bucerius beherzt nach den alten Regeln: »Im Geschäft tat ich das Gegenteil von dem, was ich in der Kommission empfohlen hatte: Ich konzentrierte weiterhin. Als der Kindler & Schiermeyer Verlag (Inhaber Weitpert) auf den Markt kam und Bauer ihn kaufen wollte, schnappten wir ihm [mit Hilfe des ehemaligen Springer-Managers Ernst Naumann, d. A.] den Verlag vor der Nase weg. Bauer hätte sonst 23,2 Prozent am Illustriertenmarkt, Gruner + Jahr nur 7,9 Prozent gehabt. Die Schwäche konnten wir, meinte ich, uns nicht leisten.« Dabei kannte er offenbar die Stimmung, die solche Karussell-Verkäufe bei den Journalisten in den betroffenen Redaktionen, aber auch im *stern*, hinterließen: »Man muß wirklich nicht Herbert Marcuse oder SDS-Funktionär sein«, schrieb er 1968, »um diese monströsen Vorgänge als Beweis für die Beherrschung der Presse durch das anonyme, nur dem eigenen Gewinn verantwortliche Kapital zu deuten.«

Richard Gruners Beteiligung als Mehrheitsgesellschafter bei der Fusion von Gruner + Jahr ohne Augstein hatte das geschäftliche, aber auch das persönliche Einvernehmen mit diesem zerstört. Die angestrebte Auseinandersetzung war langwierig, heftig und teuer; aber Augstein mochte Gruner als Geschäftsführer und Gesellschafter im eigenen Hause nicht mehr ertragen. Der komplizierte Rechtsstreit endete 1969 mit einem Vergleich und einem finanziellen Kraftakt: Augstein bezahlte runde 40 Millionen für Gruners Anteile und wurde (vorübergehend) Alleingesellschafter.

Paul Sethe, einer der Gestrandeten von Augsteins nicht realisierter *Deutscher Allgemeiner Zeitung*, kam bei *stern* und *Zeit* unter, obwohl Bucerius sich (zu Augsteins Verdruß) nicht eben um ihn gerissen hatte. Nannen, dem der ehemalige »Höhere Berichter«

durchaus willkommen war, hat Sethe, nach dessen jähem Tod im Sommer 1967, einen Mentor der *stern*-Redaktion genannt, für die der Ex-*FAZ*-Herausgeber historische Serien, politische Kommentare und mahnende Hausmitteilungen schrieb. Daß Sethe das neu gegründete Haus Gruner + Jahr als »eine der letzten Oasen journalistischer Freiheit« bezeichnete, lag nicht zuletzt an der Bewegungsfreiheit, die der üppig ausgestattete *stern* ihm verschaffte. »Pressefreiheit«, schrieb Sethe 1965 in einem Leserbrief an den *Spiegel*, »ist die Freiheit von zweihundert reichen Leuten, ihre Meinung zu verbreiten. Journalisten, die diese Meinung teilen, finden sich immer.«

Nannen hat dieses Diktum, allerdings ohne den letzten Satz, häufig zitiert. Er gehörte nicht zu den zweihundert reichen Leuten, aber er war wild entschlossen, seine Meinung zu verbreiten, und zwar mindestens so effektvoll wie diese. Daß er dabei von seinem Verleger materiell abhängig blieb, hat ihn manchmal zur Verzweiflung getrieben, so wie er diesen Verleger mit seinen Meinungsäußerungen oft zur Verzweiflung getrieben hat. Nannens von Bucerius als »scherzhaft« bezeichnetes Zitat: »Die Redaktion ist diejenige Abteilung des Hauses, welche die von der Anzeigenabteilung freigelassenen Seiten zu den von der Herstellung bestimmten Terminen mit einem Stoff füllen muß, den der Vertrieb verkaufen kann«, war in Wahrheit der blanke Sarkasmus. Im Sommer 1959 lief ein Branchengerücht um, die ständigen Auseinandersetzungen mit Bucerius hätten Nannen dazu gebracht, mit dem Münchner Verleger Kindler über den Chefredakteursposten bei der Illustrierten *Revue*, als Nachfolger von Peter Boenisch, zu verhandeln. Da Branchengerüchte nie ganz richtig, aber nur selten frei erfunden sind, wird wohl was dran gewesen sein. Aber natürlich hätte Nannen den *stern*, also auch Bucerius, nicht verlassen können.

Ein gutes Beispiel für die Achterbahnfahrten zwischen Himmelblau und Höllenfeuer, die Verleger und Chefredakteur immer wieder veranstaltet haben, ist in der Tat die Geschichte des Redakteurs Jürgen von Kornatzki im *stern* vom 14. Januar 1962, »Brennt in der Hölle wirklich ein Feuer?«, samt deren Folgewirkungen. Kornatzki fehlte es nicht an Courage. Am Lagerfeuer der

»Hamburger Kumpanei«, in »Fiete« Melzers Journalistenkneipe am Schopenstehl zu Füßen des Pressehauses, hatte er unter dem Einfluß von Alkohol einmal verkündet, dieser Nannen habe ihm überhaupt nichts zu sagen – was Nannen dazu veranlaßte, den Renommisten von der Polizei zu dessen Sicherheit sistieren zu lassen, als er ihn mal wieder über die Straße schlingern sah. Aber böse gemeint war das nicht.

Entweder hatte Nannen Kornatzkis Stück gar nicht oder nicht gründlich genug gelesen, sonst hätte dem reformierten Protestanten, der als Kind eher Pastor als Lokomotivführer werden wollte, wohl auffallen müssen, daß der Autor sozusagen mit gezogener Pistole auf die Sakristei der katholischen Konkurrenz losgegangen war. Es gehe auf dem Konzil gar nicht ernsthaft um die Einheit der Christen, behauptete Kornatzki, 34 Jahre alt, evangelisch, sondern um Probleme wie den abstrusen Streit zwischen Jesuiten und Dominikanern, ob in der Hölle nun buchstäblich ein Feuer brenne. Und während Rom unter dem Pontifikat Johannes' XXIII. die Illusion der beginnenden Einheit nähre, bearbeite der deutsche Klerus Mischehen im Stil der Gegenreformation. Die Erschwerung der Scheidung, just vom Bundestag beschlossen, bezeichnete Kornatzki als »Katholisierung der Protestanten« und Schritt zurück ins Mittelalter.

In der CDU wurden die Messer gewetzt. Adenauers Abschied von der Macht hatte mit dem Verlust der absoluten Mehrheit in der September-Wahl 1961 begonnen, und Bucerius hatte seine Partei in der *Zeit* aufgefordert, den Alten nicht mehr zum Kanzler zu wählen. Das Konto des »Rebellen« in der Fraktion war endgültig überzogen, und der Höllenfeuer-Artikel kam denen in der CDU zupaß, die den unbequemen Mann loswerden wollten. Der Parteivorstand forderte, ohne Bucerius angehört zu haben, der Hamburger Landesverband und die Bundestagsfraktion sollten klären, ob »das Verhalten des Abgeordneten Bucerius als Verleger des *stern* mit seiner Zugehörigkeit zur CDU ... zu vereinbaren ist«. Adenauer selber spielte den Fall vordergründig herunter: »So wichtich ist der Herr Bucerjus doch jar nich.« Aber im Pressetext der Vorstandssitzung stand dann ein Satz, der gar nicht beschlossen worden war: Die *stern*-Veröffentlichung sei »als eine

Verletzung christlicher Empfindungen schärfstens mißbilligt«
worden. Das nahm Bucerius nicht hin. Am 8. Februar 1962 legte
er sein Bundestagsmandat nieder und trat nach fünfzehn Jahren
»harter und treuer Arbeit« aus der CDU aus.

Der *stern*-Verleger und sein Chefredakteur aber solidarisierten
sich. »Der Artikel stand im *stern*, also fühlen sich die Verleger und
der Chefredakteur dafür uneingeschränkt verantwortlich.« Nannen erklärte, daß er zumindest »den ein wenig respektlosen Ton
meines Mitarbeiters bedauere«, und bot an, auch die Meinung der
»Gegenseite« im *stern* zu veröffentlichen. Nach dem Beschluß des
CDU-Vorstands versuchte Nannen über die Nachrichtenagenturen einen Entlastungsangriff: »Die Redaktion des *stern* sieht sich
nach dem Beschluß des CDU-Bundesvorstands ... nicht länger in
der Lage, die kameradschaftliche Loyalität des Verlegers gegenüber seinen Redakteuren in Anspruch zu nehmen. Dr. Bucerius
hat von dem *stern*-Artikel ›Brennt in der Hölle wirklich ein Feuer?‹
vor der Veröffentlichung nichts gewußt. Er hat das ausgedruckte
Heft am Krankenbett seiner Frau zum erstenmal gesehen und den
Artikel in der nächsten Redaktionsbesprechung ausdrücklich
mißbilligt.« Und dann legte Nannen nach: »Wir sind erschreckt
über die Leichtfertigkeit, mit der der Bundesvorstand einer
großen Partei dem Verleger einer Zeitung jeden Artikel eines seiner Redakteure persönlich anlastet. Und wir sind bestürzt über
die Demontage der Demokratie, die in Deutschland schon einmal
mit der Gleichschaltung der Presse begonnen hat.«

Aber das half nun auch nichts mehr. Bucerius verließ die Partei – des *stern*-Artikels wegen. In einer *Panorama*-Sendung zwei
Wochen später machten Verleger und Chefredakteur gemeinsam
Front gegen den Hamburger CDU-Vorsitzenden Erik Blumenfeld,
einen Duzfreund von Bucerius. »Ich bin mit Nannen nicht immer
einig gewesen«, sagte der Verleger in der Sendung, »und ich
werde es auch in Zukunft nicht immer sein. Wir haben oft miteinander bitter gekämpft, und sehr oft hat er mir – und habe ich
ihm – gesagt: Einer muß ausscheiden. Genau dasselbe gilt natürlich auch zwischen der Partei und dem Abgeordneten.«

Und es galt in der Tat weiter im Verhältnis zwischen Verleger
und Chefredakteur. Nannen lag Bucerius »wie eine Brechstange

im Magen«; die bange Erwartung, was diese Woche wohl im *stern* stehen werde, verließ ihn nie. Am 9. August 1963 setzte die »Bundesprüfstelle für jugendgefährdende Schriften« Nr. 32 des *stern* unter Umgehung der sogenannten Selbstkontrolle der Illustrierten (SdI) durch einstweilige Anordnung auf den Index, weil darin pikante Aussagen des berühmten Playgirls Christine Keeler im Prozeß ihres »Beschützers«, des Arztes Stephen Ward, zitiert worden waren. Bucerius unterbrach seinen Urlaub in Bad Ragaz, stieß zu der angereisten *stern*-Truppe und trug der Vollversammlung der Bundesprüfstelle am 6. September vor, daß große Teile der »Ward-Protokolle« bereits in Tageszeitungen erschienen seien. Vergebens: Die einstweilige Anordnung (die für den Kiosk-Verkauf des *stern* freilich zu spät gekommen war) wurde nicht aufgehoben, Nannen und seine Redakteure verließen unter Protest die Versammlung, und Bucerius kehrte nach Bad Ragaz zurück. Von dort aus bot er am 21. September Axel Springer den *stern* handschriftlich zum Kauf an – ohne daß Nannen davon wußte.

Nun hat Bucerius, vor der Gründung von Gruner + Jahr, mehr als einmal daran gedacht, seinen 87,5-Prozent-Anteil am Verlag Henri Nannen GmbH zu verkaufen und sich so vom *stern* zu befreien, und gewiß hätte er das auch getan, wenn er dadurch nicht der *Zeit* die Existenzgrundlage entzogen hätte; das Blatt hatte 1960 eine Auflage von 66 000, war also weit davon entfernt, seinen Unterhalt zu verdienen. Aber daß Bucerius einen Verkauf an den »gigantomanen« Springer ohne das Einverständnis Nannens für möglich hielt, war skandalträchtig.

Der Brief an Springer vom 21. September begann denn auch mit einer äußerst zweifelhaften Feststellung: »Lieber Axel, theoretisch – d. h. nach unserem Vertrage – kann ich Nannen jede Veröffentlichung verbieten. Aber verbieten Sie mal, wenn Eure Leute a) wenn Nannen etwas nach ihrer Meinung Schlechtes tut, ihn oder den *stern* laut und mit Namen schilt [sic], dagegen b) wenn er etwas Gutes macht, gar nicht berichten.« Dann erst kam der Anbieter zur Sache: »Warum verkaufen? Stellen Sie sich den Arm eines Athleten vor! Schön, kraftvoll, geradezu muskelstrotzend, einen Arm, wie er nicht schöner sein könnte. Leider sitzt er am

Körper eines braven Bürgers, der besieht den Arm immer, bestaunt ihn, bewundert ihn und erschrickt. Das große Geschäft braucht einen großen Hintergrund. Ich muß zu vorsichtig operieren, kann die ganz große Chance nicht wahrnehmen, muß immer Reserven halten.« Aber für Springer wären Bucerius' Nannen-Anteile ein guter Kauf, denn: »Der *stern* erlöst für Anzeigen fast so viel wie *Hör zu*. Wir haben mehr Anzeigen-Seiten als *Life* (USA-Ausgabe). Der *stern* verdiente 1962 DM 14 Mio. Wir drucken von Heft 39: 1673000, Tendenz steigend, Remission: 9 v. H.«

Bucerius verband seine Initiative »mit der freiwilligen Übergabe der Bilanzen und Preisgabe anderer kaufmännischer Details«, so Springers damaliger Generalbevollmächtigter Christian Kracht. Als Kaufpreis wurde eine Summe von 40 Millionen genannt. Schwierigster Punkt der Transaktion, notierte man bei Springer, seien die Rechte des Minderheitsgesellschafters Gruner, weshalb die Verhandlungen 1964 auch »nur auf kleiner Flamme« weitergeführt wurden. 1965 machte Bucerius noch einmal Druck, ließ mitteilen, er habe ein neues Kaufangebot (52,5 Millionen), hinter dem eine Großbank stehe, und er verhandle alternativ mit Gruner und Jahr sen. über eine Fusion. Springer reagierte mit einem detaillierten notariellen Kaufangebot, das über eine Bank gemacht wurde. Aber das Geschäft kam nicht zustande. Denn: »Herr Gruner erklärte sich nicht bereit, von seinem Vorkaufsrecht zurückzutreten.«

Es war Henri Nannens Freund Richard Gruner, der damals den Verkauf des *stern* an Springer verhinderte. Daß er selber den Handel nicht hätte verhindern können, war Nannen wohl bewußt, und es ließ ihn die Faust in der Tasche ballen. Niemand außer ihm selber sollte über den *stern* bestimmen. Und die Mächtigen sollten sich noch wundern über ihn.

Politik, Positano

oder: Sir Henri mit der Peitsche im Scheinwerferlicht

Die sechziger Jahre waren Henri Nannens Jahre und waren es auch wieder nicht. Sein Erfolg als Blattmacher war ungebrochen, der *stern* erreichte im ersten Quartal 1967 mit fast zwei Millionen seine höchste Auflage überhaupt. Aber Nannens Kompaß, der Zeitgeist, zeigte in der zweiten Hälfte des Jahrzehnts hektische Ausschläge, Mißweisungen, denen er nicht zu folgen vermochte. Der Bewegungsdrang der Dekade, der Aufbruch aus der Behäbigkeit einer zu Ende gehenden Nachkriegszeit, der weltweit sich abzeichnende Generationenwechsel mit der Symbolfigur Kennedy – das kam ihm gelegen, damit konnte er was anfangen. Aber als diese optimistische Grundstimmung in der Mitte der sechziger Jahre umschlug in eine neue »politische Romantik«, die sich an den ideologischen Entwürfen des neunzehnten Jahrhunderts berauschte, als aus der Unruhe allmählich wilder Aktionismus wurde, da kam er in Schwierigkeiten. Vor allem der Einbruch eines neuen Theoriebewußtseins ins Denken und Handeln der kritischen Jugend, erst recht die kuriose Marxismus-Renaissance der Studentenbewegung, koppelte den ideologieflüchtigen Macher Nannen vom Zeitgeist ab. Zum erstenmal seit langer Zeit hatte er die Witterung verloren, führte er den Trend nicht an, sondern ließ sich selber die Wege weisen.

Nannen war nicht von Haus aus ein politischer Mensch, geschweige denn ein »political animal«. Politik gehörte für ihn zum Leben und mithin in den *stern* – mehr Theorie brauchte er nicht, um die »Politisierung« des Blattes zu begründen. »Gehört nicht beides zu dieser Welt? Gehört der Popo der Bardot, den ich auch ganz gern ansehe, nicht genauso dazu wie die Frage, ob Schröders Außenpolitik richtig oder falsch ist?« Außerdem interessierten sich die Leser in den Sechzigern eben für Politik. »Anfang der sechziger Jahre telegrafierte ihm sein Bauch, das politische Klima der

Bundesrepublik habe sich derart verändert, daß sein Blatt ins Minus rutschen würde, wenn es weiterhin der Musikdampfer bliebe, als der es so erfolgreich gewesen war«, heißt es im Nannen-Nachruf von Erich Kuby, dem systemkritischen Viel- und Schnellschreiber, der beim *stern* sechzehn Jahre lang eine vergoldete »Edelfeder« war und zugleich gern der Leithammel der Linken gewesen wäre. »Für eine ganze Weile gefiel es Nannen sogar, daß der *stern* zu Rudi Dutschkes Zeiten fast ein Hausblatt der Achtundsechziger geworden ist.« Fast. Und eben auch nur für eine Weile.

Denn Henri Nannen war von Haus aus auch kein Linker; er war überhaupt außerstande, sich auf eine »Linie« festlegen zu lassen. »Ich will Tabus brechen und über die Dinge sprechen, über die ›man‹ sonst nicht redet. Und ich will überall ein bißchen wider den Stachel löcken, auch wenn es weh tut, weil ich an die heilsame Kraft des Schmerzes glaube.« Das heißt, *stern*-Politik war prinzipiell nonkonformistisch, und »vorgetragen wurde sie doch immer mit dem Tschingderassabum der Manege, Henri mit der Peitsche im Scheinwerferlicht«, so der »im Zweifel linke« *Spiegel*. Nannen mißtraute den Mächtigen, aber auch der verändernden Macht der Presse. »Mir scheint, die oft zitierte Macht der Presse erschöpft sich darin, daß es Politiker gibt, die daran glauben; und wir sollten sie dann auch bei diesem Glauben lassen.« Für den politisch enttäuschten Kuby war Nannen ein Opportunist, »der erst mit dem *stern* gemerkt hat, daß man als Journalist auch mit Opposition zu Ansehen und Geld kommen kann«. Daran ist zumindest so viel richtig, daß der »politisierte« *stern* für Nannen mehr und mehr zu einem Instrument wurde, das ihm Zugang zu den Entscheidern und einen gewissen Einfluß auf sie verschaffte. Ein in der Politik mitmischender *stern* machte Nannen zu einer von den Politikern beachteten Figur. Er kam an die Großen der Welt heran, und zwar dank seiner Impertinenz viel dichter als die meisten anderen Journalisten. Das war ihm mit Sicherheit wichtiger als jedes politische Programm.

Mehr oder weniger ernstzunehmende politische Meinungen brachte Nannen dadurch ins Blatt, daß er sich »unter den politisch engagierten, wirkungsfähiger Schreibe teilhaftigen Journalisten« (Kuby) sowie unter prominenten Buch-Autoren umsah und sie einkaufte – vom militanten Kommunistenfresser William S. Schlamm (*Die Grenzen des Wunders*) bis eben zu Kuby (*Das Mädchen Rosemarie*) oder dem aus der DDR geflohenen Gerhard Zwerenz, der 1961 im *stern* das Leben Walter Ulbrichts beschrieb; vom erzliberalen Sebastian Haffner (*Anmerkungen zu Hitler*) bis zum *FAZ*-Vertriebenen Paul Sethe (*Geschichte der Deutschen*), der in dieser seltsamen Phalanx den rechten Flügel stark machte. Eine Richtung war in alledem nicht zu erkennen, eher der Spaß an der Provokation. Das wurde besonders deutlich, als Nannen 1964 den vom *stern* oft heftig befehdeten und für gefährlich erklärten Franz Josef Strauß als Kolumnisten engagierte, um ihn 1965 (wegen des Verdachts, eine Intrige gegen Außenminister Schröder, den *stern*-»Mann des Jahres 1963«, gesponnen zu haben) spektakulär wieder zu »entlassen«.

Politische Kolumnisten hatten die Konkurrenten *Quick* und *Revue* auch, aber im *stern* waren sie origineller und prominenter. Und der *stern* wurde, dank Nannens großzügiger Personalpolitik, in den sechziger Jahren auch ein Refugium politisch engagierter Journalisten, die zum Beispiel Springers *Welt* den Rücken kehrten, weil sie sich von ihrem Verleger nicht in den Kalten Krieg schicken lassen wollten. Nicht nur Paul Sethe und Sebastian Haffner kamen so schließlich zum *stern*, auch Gerhard Gründler oder Gert von Paczensky. Es gab dort deutlich höhere Gehälter, der Verleger war jedenfalls kein politischer Kreuzritter, und der Chefredakteur war keiner Partei verpflichtet, außer vielleicht der von ihm selbst erfundenen »Partei deutscher Pragmatiker«, die er als »Forum für erwachsene und durchdachte Meinungen« verstanden wissen wollte. Nicht alle, die Nannen gern gehabt hätte, bekam er auch. Egon Bahr zum Beispiel, den er 1959 zu »unglaublich hinreißenden Konditionen« (Bahr) als stellvertretenden Chefredakteur engagieren wollte, wurde sehr nachdenklich, als Nannen ihm beiläufig die Geschichte von dem Linksfahrer erzählte, den er mit seinem Porsche von der Überholspur gedrängt hatte, und ging dann doch lieber als Pressesprecher zum Berliner Regierenden Bürgermeister Willy Brandt.

Der Jurist Gründler fand seinen neuen Chef auch nicht besonders fortschrittlich. Versuche, ihn bereits in den frühen sechziger

Jahren für eine Strafrechtsreform, etwa im Sinne einer Straffreiheit für Schwule, zu gewinnen, blieben erfolglos; Gründler hatte den Eindruck, Nannen finde, daß Schwule im Grunde Strafe verdient hätten. Nach einer Reportage über den Landtagswahlkampf an der Saar 1965 bekam Gründler eine Hausmitteilung von Bucerius zu Gesicht, in der Nannen gebeten wurde, den Autor darauf hinzuweisen, daß der *stern* nicht zu einem SPD-Blatt werden dürfe. Und auch die berühmte Frage, wo denn das Positive bleibe, wurde gestellt. Im November 1965 – die Auflage hatte eine Delle – verkündete der Chefredakteur der Konferenz als Fazit seiner Urlaubsüberlegungen und einiger Gespräche in Bonn: »Wir dürfen nicht immer nur nein sagen. So mies, wie im *stern* dargeboten, kann die Welt gar nicht sein, denkt der Leser, und das haben wir ja zu spüren bekommen.« Selbst ein politisch gemeintes Mahnschreiben von Kuby nutzte Nannen als Stütze für seine These, daß endlich der »hämische Ton« aus dem *stern* verschwinden müsse, daß man vor allem aus Bonn keine Enthüllungsgeschichten mehr brauche, sondern »positive Sachen«.

Nannens politische Aktionen und Kommentare der frühen sechziger Jahre haben prima vista bestimmt niemanden auf die Idee gebracht, der Verfasser könnte eines nicht allzu fernen Tages zu den journalistischen Galionsfiguren der sozialliberalen Ära gehören. Mit geradezu Springerschem Berlin-Pathos lud er 1961 rund vierzig afrikanische und asiatische Chefredakteure zum Anschauungsunterricht über Freiheit und Unfreiheit in die vermauerte Stadt ein. »Man trägt ja zur Zeit Entspannung in Westeuropa«, stichelte er im Juli 1960, und man preise den Charme von Chruschtschows Frau Nina. »Nun, diese ehrenwerte Dame ist immerhin die Ehefrau eines vielfachen Mörders.« Was Nannen so »aufgeregt hat, das ist die widerwärtige Verlogenheit, mit der Nikita Chruschtschow und seine Spießgesellen den Fortschritt, die ›gerechte Sache‹ und die Zukunft für sich in Anspruch nehmen«. Zu den Spießgesellen rechnete er zum Beispiel den »Kongo-Neger Patrice Lumumba«, einen Menschenfresser sozusagen: »Von mir aus möge dann Lumumba Chruschtschows Gehirn oder Chruschtschow Lumumbas Gehirn oder sollen beide zusammen das Gehirn von Fidel Castro verspeisen.«

Mit Walter Ulbricht und dem anderen deutschen Staat ging Nannen im August 1961 nicht viel besser um: »Hätten wir die Macht, den Ulbricht und sein Gesindel mit der Peitsche aus unserem Lande zu treiben – ich wäre der erste, der zu dieser Peitsche griffe.« Sozialismus? Nein, danke. Im »Kabinett unserer Wahl«, das der *stern* 1961 veröffentlichte, hieß der Verteidigungsminister Franz Josef Strauß (CSU), der Bundeskanzler Eugen Gerstenmaier (CDU). Außenminister durfte Willy Brandt werden, aber als Kanzlerkandidaten der SPD hielt Nannen ihn damals für eine krasse Fehlbesetzung (und lag damit im Trend). Auch noch 1963, als Brandt einen Besuch bei dem in Ost-Berlin weilenden Chruschtschow erst angesagt und dann (wegen der Proteste seines Koalitionspartners CDU) wieder abgesagt hatte, bestritt Nannen ihm die Chance, mal die Nummer eins zu werden: »...für den Posten des Bundeskanzlers dürfte sich der voreilige Zauderer Brandt nun disqualifiziert haben. Er gehört offenbar zu den Leuten, die zu viel Luft und zu wenig Atem haben.«

Und doch wird in diesem schrillen Getön so etwas wie ein Generalbaß hörbar, der die cholerischen Spitzen in Nannens Kommentierung verläßlich grundiert: der permanente Angriff auf das »Als-ob« in der Politik, der fast körperlich empfundene Widerwille des Autors gegen den Illusionismus, gegen die mehr oder weniger frommen Lügen in den Entwürfen der Politiker. Es ist dieser Abscheu vor dem »Als-ob«, der Nannen gegen die Postulate der Vertriebenenfunktionäre anrennen und zum Vorkämpfer einer Anerkennung der Oder-Neiße-Grenze werden läßt. Und wie alles, was Nannen nachhaltig motiviert, hat auch dieser Impuls seinen Ursprung in der Kindheit.

Er sei nach der Methode Coué erzogen worden, hat er dem Interviewer Günter Gaus (als der noch bei der *Süddeutschen Zeitung* war) gestanden – nach dem Rezept des französischen Apothekers und Heilpraktikers Emile Coué, der den Patienten beibrachte, Beschwerden und Probleme, die sich anders nicht therapieren ließen, durch Autosuggestion zu beseitigen, sprich: wegzuleugnen. Genau das hat der Sohn eines Emder Polizeikommissars mit verkorkster Karriere und prinzipientreuer Gattin ein paarmal zu oft hören müssen, wenn ihm etwas nicht richtig, ergo änderungsbedürftig erschien: Da kann man nichts machen, das ist so, also vergiß es einfach. »Nach derselben Methode wird heute Politik gemacht«, hat er 1963 zu Gaus gesagt. »Rotchina wird nicht anerkannt, und Ulbricht kann man wegzaubern, wenn man nicht mit ihm redet.« Und dabei werde Henri Nannen, werde der *stern* nicht mitmachen.

Wenn es überhaupt eine Programmatik gibt in Nannens journalistischer Vita, so diese: aufzustehen gegen politische Illusionen. Das vor allem gehört, nach seiner immer wieder bekundeten Überzeugung, zu den Aufgaben eines Journalisten: Illusionen abzubauen. Und auch dieser Impuls hat mit Nannens Vergangenheit zu tun. Jedenfalls klingt der Cantus firmus seiner Kommentare über die unbewältigte Vergangenheit auch in seinen Streitschriften wider den Illusionismus an: »Es gibt kaum ein nationales Unglück der Deutschen in diesem Jahrhundert, das nicht aus solchem Illusionismus entstanden wäre. Und immer haben es die ausbaden müssen, die nicht rechtzeitig dagegen aufgestanden sind, weil sie sich ›für Politik nicht interessieren‹!«

Die Grenzen unseres Staates »sind gegeben«, schreibt er zum Beispiel im Juni 1961, »und wir selbst haben einiges dazu getan, daß sie heute so eng sind. Wozu also Illusionen über eine Rückkehr der Vertriebenen in die ostpreußische, schlesische oder sudetendeutsche Heimat? Ohne Krieg werden weder die Sowjets noch ihre Satelliten diese Gebiete freigeben... Es könnte unsere Aufgabe und unsere Chance sein, durch Einsicht in die unabwendbaren Tatsachen und durch realpolitisches Verhalten zur Entspannung zwischen Ost und West beizutragen.«

Daß Nannen seinen Feldzug gegen den Illusionismus mit der Regelmäßigkeit eines Refrains ostpolitisch formuliert hat (und nur am Rande mal gegen »die Doppelzüngigkeit, mit der unsere Parteistrategen den Bauern höhere und den Verbrauchern niedrigere Preise versprechen«, wettert), das hängt ohne Zweifel mit seinen Kriegserlebnissen im Osten zusammen – damit, daß er deutsche Kriegsverbrechen mit eigenen Augen gesehen, von der Judenvernichtung zumindest gewußt und dennoch seine martialisch dröhnenden PK-Berichte geschrieben hat. Er brauchte zu seinem ostpolitischen Engagement weder den Kompaß des Zeitgeists noch einen politischen Vordenker, auch seinen »Bauch« nicht – nur sein Gewissen. »Diesen Krieg haben wir begonnen. Nun ruft uns das Schicksal zur Kasse, und es ist an uns, die lange aufgeschobenen Schulden mit Anstand und Würde zu begleichen.«

Nannens journalistische Kampagne für eine neue Ostpolitik begann im Grunde mit der großen Rußland-Reise, die er 1957, zwei Jahre nach dem Adenauer-Auftritt in Moskau, unternahm, weil er den *stern*-Lesern zeigen wollte, daß hinter dem Eisernen Vorhang auch ganz normale Menschen leben – ein in mehrfacher Hinsicht spektakuläres Unternehmen. Der *stern* bekam die Genehmigung, mit zwei Autos durchs Land zu fahren, über Moskau bis zur Krim, also dorthin, wo auch der Kriegsberichter Nannen gewesen war. Er selber fuhr mit einem bei Daimler-Benz in Stuttgart geliehenen feuerroten Mercedes 190 SL Cabrio und dem Dolmetscher Wjatscheslaw Iljin, genannt Slawa, voraus, der Fotograf Eberhard Seeliger und der Reporter Joachim Heldt folgten mit dem Fahrer Richard Gaack – angeblich damit sie ohne die Kontrolle des russischen Begleiters fotografieren und recherchieren konnten. Natürlich war der 190 SL (der in der Bundesrepublik dann durch die Wirtschaftswunder-Kokotte Rosemarie Nitribitt eine spezielle Popularität erlangt hat) in Rußland ebenso sensationell wie unangebracht, auf jeden Fall ungeeignet für dortige Landstraßen. Eines späten Abends kurz vor Tula brach in einem tiefen Schlagloch denn auch die Ölwanne. Ende einer Dienstfahrt?

Was Nannen in dieser Situation mit dem Improvisationstalent der Russen einerseits, mit der bürokratischen Ineffektivität des Systems andererseits erlebt hat, das hat er nicht nur den *stern*-Lesern, sondern später auch dem für West-Kontakte zuständigen Mann im Zentralkomitee der KPdSU, Wadim Sagladin, erzählt, als dieser ihn verdächtigte, ein militanter Antikommunist zu sein. Denn die Pointe der langen Geschichte von der frustrierenden Suche nach dem jeweils zuständigen Natschalnik war die erfolgreiche Reparatur der gebrochenen Ölwanne durch den russischen Vorarbeiter der Moskauer Mercedes-Werkstatt, deren Chef den Fall für irreparabel erklärt hatte. Das Nitribitt-Auto ließ sich problemlos nach Hamburg zurückfahren, von wo Daimler-Benz es per Transporter nach Stuttgart holte, weil man dort unbedingt wissen wollte, wie der Russe die Speziallegierung der Ölwanne geschweißt habe: »Wir können das nämlich nicht.«

Im selben Jahr noch schrieb Nannen einen Brief an Walter Ulbricht, in dem er vorschlug, man solle *stern*-Reportern Gelegenheit geben, die »Errungenschaften« der DDR zu fotografieren. Als das abgelehnt wurde, bot Nannen an, zwei Monate lang einem Redaktionskollegium der DDR vier Seiten in jedem *stern* für die unredigierte Darstellung ihrer »demokratischen Errungenschaften« einzuräumen, wenn zugleich *stern*-Reporter frei aus Mitteldeutschland berichten könnten; wieder ergebnislos. 1963 offerierte Nannen dem Leiter des Presseamts beim DDR-Ministerpräsidenten, Kurt Blecha, sogar »für eine bestimmte Zeit in jeder Nummer acht Seiten« im Austausch gegen freie Berichterstattung, was dieser nicht akzeptieren wollte, solange der *stern* seine »grundsätzlich negative Einstellung« zur DDR nicht revidiere. »Da habe ich Herrn Blecha etwas gehustet.«

Mehr Erfolg hatte Nannen in Polen – in jenem Teil Polens, der einmal deutsch war. Wie das zustande kam, hat er dem Siemens-Vorstand (der eigentlich von ihm wissen wollte, ob Journalisten nun Merker oder Täter sein sollten) in späteren Jahren so erklärt: »Ich war davon überzeugt, daß wir mit unseren Nachbarn im Osten Frieden machen mußten... Unsere Pflicht war, den Lesern klarzumachen, was hinter solchen Worten wie ›Recht auf Heimat‹ an Möglichkeiten wirklich steckte.« Und das Mittel dazu war die Reportage. Der *stern*-Reporter Egon Vacek und der Fotograf Max Scheler suchten sich in Niederschlesien einen Ort aus, der ehedem Oels hieß und nun Oleśnica heißt, besorgten sich alte Fotos von Oelser Häusern, fanden heraus, wer dort gewohnt hatte und wo diese vertriebenen Deutschen nun lebten. Sie fanden, verstreut über die ganze Bundesrepublik, Lehrer, Kaufleute, Ärzte, Handwerker, die zwar Flüchtlinge, aber auch gleichberechtigte, weitgehend integrierte Mitbürger waren. Dann besorgten sich die Reporter bei der polnischen Mission in Ost-Berlin Visa und fuhren nach Oleśnica, fotografierten dieselben Häuser, besuchten die Menschen, die nun dort lebten, und fanden Lehrer, Beamte, Postarbeiter – Flüchtlinge auch sie, zumeist aus den Gebieten, die den Polen von den Sowjets weggenommen worden waren. »Und dann haben wir die Geschichte im *stern* erzählt«, so Nannen, »haben die Fotos gezeigt, haben die Gespräche mit den Menschen wiedergegeben und haben begreifbar gemacht, was hinter diesem Wort ›Recht auf Heimat‹ an politischer Wirklichkeit steckte.«

Weil er wissen wollte, ob die Botschaft angekommen war, schickte Nannen die Demoskopen los. Das Ergebnis der Umfrage unter heimatvertriebenen Deutschen bestätigte ihn. Nur 18 Prozent waren bereit, in die alte Heimat zurückzugehen. Und auf die Frage, ob die Polen, »die in Ihrer alten Heimatstadt geboren worden sind, dort nun auch ein Recht auf Heimat haben«, antworteten 61 Prozent der unmittelbar Betroffenen mit Ja.

Natürlich hat Nannen versucht, diese Botschaft auch den Regierenden nahezubringen, als er für sie ein Gesprächspartner geworden war, und die Geschichte seiner Bemühungen bei drei deutschen Bundeskanzlern hat stets einen prominenten Platz im Repertoire seiner Erzählungen eingenommen. Adenauer, der sich von Nannen und dessen beiden Reisegefährten über die Autotour durch Rußland hatte berichten lassen (der Alte las gerade Louis M. Fischers Buch über die Sowjetunion und hatte etliche Nachfragen), sagte bloß: »Wissen Sie, junger Mann, wat mit Illusionen schon für Jeschichte jemacht worden ist? Da haben Sie jar keine Vorstellung.« Ludwig Erhard quittierte den Appell zur Anerkennung der Oder-Neiße-Grenze mit der Frage: »Meinen Sie, daß ich da lebend wieder rauskommen würde?« Und Kurt Georg Kiesinger »hob die Hände zum Himmel, als ob er die Wolken verschieben wollte«, und sagte: »Aber warum sollten wir denn unseren Rechtsstandpunkt aufgeben? Wer weiß, was in zehn Jahren sein wird?« Erst Willy Brandt war bereit, mehr Realismus in der Deutschland-Politik zu wagen.

Henri Nannens biographisch begründeter, ostpolitisch sich artikulierender Anti-Coué war eine Konstante, aber er war nicht »die Politisierung« des *stern*. Die war diffuser, wohl auch zufälliger, jedenfalls bis zum Ende der sechziger Jahre, immer abhängig von den Ideen-Lieferanten. 1964 hatte der Fotograf Stefan Moses zum Beispiel den Einfall, Bonner Spitzenpolitiker dadurch zu »verfremden«, daß er sie (unter dem Kalauer-Titel »Es muß endlich gehantelt werden«) Holzhanteln stemmend ablichtete. Nannen, wiewohl skeptisch, ob die Politiker mitspielen würden, ließ Moses machen und befand hernach, daß in den Fotos der Herrschaften »auf einmal das Eigene und Unverwechselbare der Person, die Individualität ihres Wesens deutlicher hervortritt«.

Außerdem gab es in den Sechzigern viele Trends, die in einem Blatt wie dem *stern* prominent vorkommen mußten, aber mit Politik nur indirekt oder gar nichts zu tun hatten. Bandscheibenschäden, die Beatles, der Bikini und das Ende der tradierten Sexualmoral beschäftigten das breite Publikum. Im westlichen Teil Deutschlands folgten auf die Freßwelle die Einrichtungswelle und die Reisewelle. Wohnen im eigenen Heim wurde zu einem populären Etappenziel. Und das Auto wurde als Statussymbol immer unentbehrlicher.

In den Jahren 1963 und 1964 bediente Nannen sowohl den Traum vom Eigenheim als auch den vom Statusmobil mit zwei neuen Demonstrationen der Entschlossenheit, vermittels seiner Zeitschrift das Unwahrscheinliche Ereignis werden zu lassen. In Quickborn, einem Städtchen nördlich von Hamburg, erstellten Fertigbau-Firmen im Auftrag des *stern* binnen 80 Tagen eine Mustersiedlung von 48 preiswerten Häusern unterschiedlichen Typs aus vorgefertigten Bauteilen: die erste Fertighaus-Ausstellung Deutschlands, damals eine Sensation, denn vielen Eigenheim-Träumern liefen die Termine und die Preise des konventionell arbeitenden Baugewerbes davon. Der *stern* berichtete Woche für Woche über das Entstehen der Fertighaus-Siedlung, stellte Vergleiche zu den Bungalows der Hollywood-Stars an (»Wohnen wie Doris Day«), und Nannen empfing die Prominenz, zum Beispiel Rut und Willy Brandt, als Gäste beim Drink auf der Terrasse des Komfort-Bungalows »Arizona«.

Im Herbst 1964 veranstaltete der *stern* mit dem ADAC, Firmen der Automobilindustrie und der Kurverwaltung von Baden-Baden »Die schönste Auto-Parade der Welt«, eine Art Schönheitswettbewerb der Luxusschlitten, komplett mit einer prominenten Jury und zahlreichen, vom Veranstalter verliehenen Preisen

(»Goldener *Stern*«) und einem »Internationalen Automobilball« im Kurhaus. Die dort agierenden Stars – Josephine Baker, Zsa Zsa Gabor und Vico Torriani zum Beispiel – dürften die Werbekosten-Etats der beteiligten Firmen nicht unerheblich belastet haben. »Der *stern* aber«, schrieb Nannen mit atemberaubendem Understatement, »will nichts als ein bißchen dazu beitragen, daß die Straßen und die auf ihnen rollenden Gefährte immer schöner werden.«

Der Mann, der beide Events (wie man heute sagen würde) für den *stern* organisatorisch betreut hatte, verstand ganz offensichtlich etwas von PR; manche seiner Weggefährten aus früheren Tagen meinten sogar, er sei auf diesem Gebiet ein Genie. Es war der ehemalige Obersturmführer Hans Weidemann, Henri Nannens Kompagnon und formaler Vorgesetzter beim Kommando »Südstern«. Er war bei Kriegsende »untergetaucht« wie so manche höhere SS-Charge, das heißt, er hatte in seiner »Wahlheimat Friesland« (Weidemann), in dem Dorf Carolinensiel, unter dem Namen seiner Mutter als Maler Hans Wallraff gelebt. Erst 1950 war er in Hamburg unter seinem richtigen Namen entnazifiziert und, dank namhafter Fürsprecher wie Emil Nolde und Werner Finck, in die Mitläufer-Gruppe IV eingestuft worden. Danach betätigte er sich als »selbständiger Werbeberater« für Hamburger Firmen, vor allem aber für die Strumpffabrik »Opal«. Dort wurde er Pressechef und organisierte bis 1960 mit großer Effizienz die Wahlen zur »Miß Germany« (Endrunde in Baden-Baden). Dann malte er wieder zwei Jahre – bis Nannen ihn 1963 mit der Organisation der beiden *stern*-Spektakel beauftragte.

Und dabei hatte Weidemann dann »eine starke Idee« (wie es später im *stern* hieß): eine »Olympiade der jungen Forscher«, jene Aktion also, die unter dem Namen *Jugend forscht* zum größten Wettbewerb für den naturwissenschaftlichen Nachwuchs in Europa und lange Zeit auch zu einem Markenzeichen für den Veranstalter *stern* geworden ist. Weidemanns organisatorischer Erfolg vor allem bei der Fertighaus-Ausstellung verschaffte ihm nicht nur Nannens Unterstützung, sondern auch die Zustimmung des Verlegers Bucerius. 1964 wurde er beim *stern* fest angestellt und kam als Bundeswettbewerbsleiter von *Jugend forscht* und der nachfolgenden Aktion *Jugend trainiert für Olympia* ins Impressum.

Vermutlich hat Nannen die Risiken erwogen, die für den *stern* mit dem Vorzeigen Weidemanns (wennschon nicht bei der Vorstellung der Aktionen, so doch im Impressum) verbunden waren, und hat ihn trotzdem engagiert. Von Weggefährten der beiden ist die Meinung zu hören, Nannen habe gar keine andere Wahl gehabt, als Weidemann zu holen, nachdem dieser wieder aufgetaucht war, denn der habe einfach zuviel gewußt über die gemeinsame Zeit in Italien – was nichts mit Kriegsverbrechen, eher mit Beschaffungsartistik zu tun hatte. Nannen und Weidemann hatten gewisse Ähnlichkeiten, nicht nur physisch: Einfallsreichtum, cholerisches Temperament, barocke Sinnenfreude, Liebe zur Malerei. Nachweislich richtig ist, daß Nannen zu wiederholten Malen gesagt hat, er verdanke diesem Mann viel, und *Jugend forscht* sei »eine Meisterleistung meines Mitarbeiters Weidemann«. Vielleicht hat er auch nicht wahrnehmen wollen, wie in den sechziger Jahren die Schatten des Dritten Reiches immer länger wurden, wie die Erkenntnis des Einmaligen, Unfaßbaren der Nazi-Untaten sich allmählich bei den Jüngeren ausbreitete und sie auf die Suche gehen ließ nach den Spuren der Wegbereiter und Mitmacher im Lager der bürgerlich Etablierten. Jedenfalls hat er, wenn die Spurensucher des *stern* in solchen Fällen fündig geworden waren, erst mal eine Beißhemmung überwinden müssen, ehe er sein Plazet zum Zuschlagen gab.

Bestimmt hat eine andere, aber verwandte Tendenz der sechziger Jahre Nannens Zeitgeist-Kompaß stärker ausschlagen lassen: das Bedürfnis der bürgerlichen Mehrheit, ihre von den Nazi-Verbrechen zerrüttete Identität zu kompensieren durch wirtschaftliche Erfolge, durch eine international vorbildliche Ökonomie. Wohlstand für alle und soziale Sicherheit rückten an die Stelle von Nationalstolz und Vaterlandsliebe. Nicht daß Nannen dieser Entwicklung unkritisch gefolgt wäre. Aber bedeutungslos war der Besitz der Insignien erfolgreichen, statusbildenden Wirtschaftens für ihn wahrhaftig nicht. Er hat dafür zeitweilig mehr Geld ausgegeben, als er hatte.

Einen angemessenen Wohnsitz mit vorzeigbarer Adresse in

Hamburg besaß er schon; in den Sechzigern kam ein Sommerhaus in Italien dazu. Daß er es am Golf von Salerno fand, an jenem Kriegsschauplatz, dem er 1950 einen würdigen deutschen Soldatenfriedhof verschaffen wollte, lag einfach daran, daß für ihn, auch für Frau Martha, das Fischerdorf Positano beizeiten zum »schönsten Fleck der Erde« avanciert war – den steilen Kletterpfaden und dem kieselsteinigen Stück Strand zum Trotz. Martha wäre im Urlaub gern auch mal Skilaufen gegangen, aber Henri konnte, spätestens seit seinen Erfahrungen im Rußland-Feldzug, keinen Winter mehr riechen, und so fuhr man im Sommer nach Italien und wohnte in Positano zunächst in der »Casa Maresca«. Sobald er es ermöglichen konnte, kaufte Nannen dort eines der in den hohen Felsen gebauten Häuser, die von fern ein bißchen an Vogelnester erinnern und ihren Bewohnern einen fabelhaften Blick übers Meer eröffnen. Martha Nannen schickte sich drein, schließlich auch in die maritimen Ambitionen des Gatten.

Wahrscheinlich hat der Ostfriese Nannen schon als Kind davon geträumt, einmal Schiffseigner zu sein, aber beschrieben hat er seinen Weg zum Yacht-Besitzer anders. Demnach begann alles damit, daß man zum Wasserskilaufen unbedingt ein Boot brauchte, in diesem Fall einen kleinen Mahagoni-Flitzer, in Positano beheimatet. Ihm folgte, gegen den ermattenden Widerstand von Martha, ein »Coronet-Explorer«, mit dem Nannen auf der Lübecker Bucht kreuzte, den er aber »Positano« nannte. Dann verliebte er sich in Genua in eine elegante »Giglio«, gebaut von Picchiottio in Viareggio, 36 Fuß lang mit zwei Dieseln von je 150 PS, »ein Traumboot im Mittelmeer, auf der Ostsee ein exotischer Vogel«, mit dem er »nach Schweden hinüberdonnerte«: die »Positano II«.

Im Januar 1964 schließlich erfuhr er durch einen Mitarbeiter von einem Vermessungsschiff namens »Drakkar«, 80 Fuß lang und ebenfalls mit zweimal 150 PS motorisiert, das im Auftrag des französischen Marineministeriums vor der algerischen Küste Ozeanographie betrieben, aber samt dem Eigner den Laufpaß bekommen hatte, nachdem Algerien unabhängig geworden war. Danach hatte der Eigner, der dem Hersteller Schless in Wesel noch 120 000 Mark schuldete, es wohl mit Zigarettenschmuggel

versucht, war jedenfalls oft bei mehr als acht Windstärken aus-
gelaufen, wenn die Zollkreuzer im Hafen blieben, wurde eines
Tages in Gibraltar erwischt und von einem englischen Gericht an
die Kette gelegt. Als Nannen das Schiff in Gibraltar liegen sah,
»war es die große Liebe auf den ersten Blick«. Dabei war die
»Drakkar« ziemlich heruntergekommen. »Mir gefiel sie, wie Eliza
Doolittle dem Professor Higgins gefallen haben mag – nach einer
Stunde hatte ich sie in Gedanken schon umgebaut.«

Das war das Problem bei Nannens Erwerbungen – bei den
Häusern nicht anders als bei den Schiffen: Der Aufwand endete
nicht mit dem Erwerb, sondern da fing er erst richtig an. Was
Nannen für den eigenen Gebrauch angeschafft hatte, das mußte
er umbauen, optimieren, neu stylen, besser machen, auch sein
Haus in Positano. Dabei verbündete sich sein starker handwerklicher Eros mit seinem Perfektionismus, und Nannen wurde zum
Triebtäter. Er fand heraus, welches das für seinen Zweck derzeit
beste Bauteil und wo es zu bekommen sei, und dann kaufte er es
ohne Rücksicht auf die Kosten, auch wenn er es sich nicht leisten
konnte. Sein ohnehin nicht sehr hoch entwickeltes Verhältnis
zum Geld reduzierte sich in solchen Situationen auf die Überzeugung, die das Pump-Genie Richard Wagner weiland so formuliert hat: »Die Welt ist mir schuldig, was ich brauche.« War
Henri Nannen etwa nicht der erfolgreichste Illustrierten-Macher
Europas? Daß bei Aktionen wie den Positano-Umbauten der Apparat des *stern* für Recherche und Beschaffung voll eingesetzt
wurde (also beispielsweise Günter Radtke als Designer für die
»Positano III« oder der Korrespondent Jürgen Vordemann für die
Beschaffung von Genehmigungen und Materialien in Italien), das
fand er wohl selbstverständlich. War es nicht sein *stern*?

Nannen reiste zu den Bootsausstellungen in London, New
York, Amsterdam, Genua und Miami und kaufte auch anderswo
nur das Beste. »In Mailand fand ich Fensterrahmen aus poliertem
Nirosta«, bei der Coast Guard an Amerikas Ostküste »den hand-
lichen Arma-Brown-Kreiselkompaß«. Die »Drakkar« wurde bis
auf den blanken Stahl gesandstrahlt« (was nicht nötig gewesen
wäre), wurde völlig ausgeweidet und verwandelte sich als »Positano III« in die wahrscheinlich eleganteste, bestimmt aber funk-

technisch bestausgerüstete deutsche Yacht. Der vordem nur mit dem Nötigsten versehene Ruderstand war nun »eine Lehrschau für Navigationsgerät«, inklusive Echolot mit Tiefenschreiber, 48-Meilen-Radar, Peilfunk und Telefonanlage.

Billig zu unterhalten war dieses Traumschiff auch nicht. Es brauchte zum Beispiel ständig zwei Mann Besatzung, einen Kapitän und einen Maschinisten. Den Maschinisten hat später Gruner + Jahr auf die Lohnliste genommen, als Ausgleich dafür, daß Vorstandsmitglied Nannen auf den ihm zustehenden Chauffeur verzichtete. Aber auch sonst wäre der Aufwand für die »Positano III« vom Chefredakteur des *stern* ohne »a little help from my friends« nicht zu leisten gewesen; die »Mindestlöhne« in solchen Positionen lagen damals noch nicht bei einer Million im Jahr. Als eine neue Maschine für die »Positano III« fällig wurde, Kaufpreis etwa 150 000 Mark, fragte Nannen den damaligen *stern*-Verlagsleiter, Klaus May, ob das Haus denn nicht so gute Beziehungen zum Hersteller habe, daß man die Maschine über ein Anzeigen-Gegengeschäft beschaffen könne. Der Verlagsleiter fand das so problematisch, daß er den Fall dem Verleger Bucerius vortrug. Der fragte aber nur, ob May eine Alternative zu Nannen wisse, und als dieser verneinte, sagte Bucerius: Dann besorgen Sie mal lieber die Maschine.

Die »Positano III« hat in Henri Nannens Lebensgeschichte eine Hauptrolle gespielt, das ist sicher. Wenn er an Bord war, hörte der *stern* auf, Mittelpunkt seiner Existenz zu sein, und soviel Eskapismus brauchte er schon. Kundige Zeitgenossen meinen, auch ein wesentlicher Teil von Nannens außerehelichem Liebesleben habe sich auf dem Schiff abgespielt. Mag sein. Aber selbst in solchen Fällen hatte das Seemännische Vorrang. Jene Art von Highlife, die Leser der Yellow Press, vielleicht auch manche *stern*-Leser, mit einer Millionärsyacht verbinden, hat es auf der »Positano III« nicht gegeben, trotz exquisiter Ausstattungsdetails wie zum Beispiel spezialgefertigter gelbseidener Bettwäsche für die Eignerkabine (genannt »Elternschlafzimmer«). Typischer für Nannen war wohl, daß er einen alten Stich seiner Vaterstadt Emden vergrößern und in der Kabine anbringen ließ. Heinz Simoneit, der von 1968 bis zum Verkauf des Schiffs 1980 als Kapitän auf der

»Positano III« gefahren ist, hatte in seinem Vertrag mit Nannen eine Klausel, die ihn zum Schweigen verpflichtete über alles, was er an Bord sah und hörte. Er hat aber nichts gehört und gesehen, das unbedingt hätte verschwiegen werden müssen; die Amouren waren ohnehin bekannt. Das Delikateste, was auf dem Schiff abgehandelt wurde, waren personelle Veränderungen beim *stern* und ab und zu etwas Politik, wenn Prominenz an Bord kam.

Aber Nannen hatte nicht so gern »Fremde« an Bord, lieber Freunde (und Freundinnen natürlich). Günter und Dörte Radtke zum Beispiel haben das Ehepaar Nannen im Mai 1966 auf einer Reise von Lissabon ins Mittelmeer begleitet, die aber laut Logbuch-Eintragungen und Dörte Radtkes Aufzeichnungen alles andere als eine lustige Seefahrt war. Mit den Radtkes kam, in Richard Gruners Privatflugzeug, ein neuer Kapitän in Lissabon an, der zwar eine schöne weiße Uniform dabeihatte, aber trotzdem seekrank wurde. Das Auslaufen verzögerte sich, weil Nannen lebhaftes Interesse an der Besatzung des neben der »Positano III« festgemachten Schiffes zeigte, besonders an der Frau des Schiffseigners, und eine Einladung auf das Nachbarschiff gern annahm. Dann gab es eine Sturmwarnung, und am übernächsten Tag ging es schließlich los, nachdem Nannen auf dem Markt frischen Spargel und einen für alle Kochtöpfe viel zu großen Hummer gekauft hatte.

Gegessen wurde er sowieso nicht, denn offenbar lief die »Positano III« dem Sturmtief hinterher, und alle wurden seekrank. Statt Gibraltar wurde Cádiz angesteuert, bei Windstärke 9. »Wir tanzten auf den Wellen«, notierte Dörte Radtke, »wurden wie von Geisterhand in höchste Höhen getragen und fielen dann viele Meter tief in einen Abgrund. Wir schienen wirklich in der Luft zu schweben, man hatte das Gefühl von Schwerelosigkeit, bevor es wieder nach unten ging.« Radtke und der Maschinist hatten die »Hundswache« von Mitternacht bis vier Uhr morgens und weckten irgendwann den Kapitän, »weil sie das Gefühl hatten, fast unter Wasser zu fahren«. Der Kapitän drosselte erschrocken die Geschwindigkeit. Trotz der teuren Navigationsgeräte wurde die Annäherung eines Supertankers erst dann bemerkt, als sich eine riesige schwarze Stahlwand ein paar Meter vor der »Positano III«

vorbeischob und ein Scheinwerferstrahl sie erfaßte. »Auch Henri und Martha hatte die Seekrankheit erwischt. Er erzählte uns später, daß er in seiner Kabine auf den Knien gelegen und gebetet habe.«

Am Pfingstmontag schien in Gibraltar die Sonne, man unternahm einen Ausflug mit den Fahrrädern; nur Martha blieb, wie fast immer, an Bord. Dort »fing Henri an, die gesamte Küche zu reinigen, was bedeutete, daß er sie in ihre Einzelteile zerlegte und wirklich jede Schraube putzte... Der Kapitän war immer noch krank, ich glaube, es lag an seinen Nerven«, so Dörte Radtke. Zwischen Alicante und Ibiza gab es in der Nacht trotz ruhigen Wetters noch eine »Beinah-Katastrophe«. Der Autopilot steuerte das Schiff, die Radtkes hatten Wache und sahen die Lichter der Küste zwei Stunden früher als angekündigt auftauchen. Der eilends geweckte Kapitän wurde noch ein bißchen blasser und korrigierte den Kurs. »Er war falsch eingestellt, wir wären auf die Felsen vor der Küste gelaufen. Außerdem befanden wir uns mitten in einer Fangflotte kleiner Boote.«

Die Reise endete im Hafen von Palma de Mallorca, jedenfalls für die Radtkes, die ihren Urlaub nicht (wie der Chefredakteur) nach Gutdünken verlängern konnten. Sie flogen nach Hause. Das Schiff hatte Maschinenschaden. »Henri war damit beschäftigt, einen Stander fertigzustellen, der mit dem alten Wappen von Positano geschmückt war, gezeichnet von Professor Scielzo. Die Stoff-Farben mußten laut Anweisung eingebügelt werden, aber höchstens zehn Minuten. Henri bügelte geschlagene zwei Stunden. Danach war unser ›Jockel‹, das Stromaggregat, kaputt. Außerdem mußte der Wellengenerator repariert werden.« Eintragung im Logbuch: »Herr Radtke und Frau am 11. Juni 66 von Bord. Wellengenerator und Kühlwasserpumpe für den Hilfsdiesel an Land repariert.«

So dramatisch war das Leben auf der »Positano III« natürlich nicht immer. Einer der »politischen« Einsätze des Schiffes, ein knappes Jahr zuvor auf der Ostsee, war sogar ausgesprochen harmonisch und völlig sturmfrei verlaufen. Passagiere auf diesem Törn waren Erich Mende und Familie. Der freidemokratische Parteichef, obwohl nicht Nannens Verbündeter in dem Richtungsstreit zwischen der niedersächsischen FDP und dem *Abend-post*-Chef damals in Hannover, fühlte sich nun, gegen Ende der stagnierenden CDU/FDP-Regierung Ludwig Erhards, vom *stern* verstanden. »Am Sonnabend, dem 7. August«, heißt es in seinen Erinnerungen, »hatte er [Nannen] meine in Grömitz Urlaub machende Familie zu einer Ausfahrt auf seiner Yacht von Heiligenhafen über die Ostsee eingeladen. In seiner Illustrierten bekannte er sich offen als FDP-Wähler für diese Wahl und nannte mich den erfolgreichsten Minister für Gesamtdeutsche Fragen seit 1949.«

Mende war offensichtlich beeindruckt und roch den Braten zunächst nicht, als Henri Nannen und Rudolf Augstein sich vier Tage später beim engeren FDP-Vorstand, der in Hamburg eine Wahlkampfsitzung hatte, zum Mittagessen ansagten und die öffentliche Erklärung verlangten, daß die FDP in eine Regierung, der Franz Josef Strauß angehöre, keinesfalls eintreten werde. Der »Umfaller« Mende, der schon 1961 die FDP-Festlegung »Mit der CDU, aber ohne Adenauer« nicht durchgehalten hatte, warnte; aber der übrige Bundesvorstand folgte der Forderung Augsteins und Nannens. Und die ließen nicht davon ab, der FDP einen Kurswechsel zu verordnen. Der »aktiv tätige Journalist« Augstein mit seiner »passiven Parteimitgliedschaft« und das ehemalige FDP-Mitglied Nannen sahen die Liberalen in der Pflicht, die deutschen Realitäten, also auch den Verlust der Gebiete jenseits von Oder und Neiße, anzuerkennen und politisch zu vertreten. Es gab durchaus aktive Freidemokraten, die das auch wollten. Wolfgang Schollwer, Chefredakteur der *Freien Demokratischen Korrespondenz*, und der Industrie-Manager von der Ruhr Hans Wolfgang Rubin, Schatzmeister der FDP, trugen den Angriff auf die bislang gültigen Tabus der Deutschland-Politik innerhalb der zweifellos reformbedürftigen Partei selber vor. Daß der Oberschlesier Mende, ehedem aktiver Offizier und Ritterkreuzträger, diese Wende als Parteivorsitzender nicht mitmachen würde, war den Beteiligten wohl klar. Aber erst nachdem am 1. Dezember 1966 in Bonn die große Koalition aus CDU/CSU und SPD gebildet worden und die kleine FDP zur einzigen parlamentarischen Opposition geworden war, wurde er offen attackiert. Als Oppositionsführer fühlte sich der Ex-Vizekanzler, der eigentlich eine politische Professur erstrebte, selbst nicht richtig plaziert.

Im Januar und im Februar 1967 bekam Mende in seinem Bad Godesberger Haus zweimal Besuch von Henri Nannen. In ihren schriftlichen Aufzeichnungen haben Mende und Nannen diese Besuche sehr verschieden dargestellt; nicht einmal an deren Reihenfolge erinnern sie sich identisch. Mende beschwert sich darüber, daß Nannen beim zweiten Besuch den ebenfalls anwesenden sowjetischen Botschafter Semjon Zarapkin mit dem Petitum genervt habe, einen Besuch des Kosmonauten Juri Gagarin in der *stern*-Redaktion zu arrangieren. Schon beim ersten Besuch aber habe Nannen ihn, den Gastgeber, erpreßt: Entweder Mende vollziehe den deutschlandpolitischen Kurswechsel der FDP, dann werde er jede Woche ein millionenfaches publizistisches Echo in *stern*, *Spiegel*, *Frankfurter Rundschau*, *Süddeutscher Zeitung* und im ARD-Fernsehen haben, oder er tue das nicht – dann sei er als Parteivorsitzender weg vom Fenster.

Nannen hingegen: »Dem ausgezeichneten Militär Mende mangelte es an Zivilcourage. Zweimal habe ich ihn in seiner Wohnung besucht, das erste Mal lud er mich zu einem Abendessen mit dem sowjetischen Botschafter Zarapkin ein. Ich war ein aufmerksamer Zuhörer. Mendes bemerkenswert aufgeschlossene Haltung gegenüber seinem sowjetischen Gesprächspartner gab mir zu denken. So suchte ich ihn ein zweites Mal auf. Ich wollte wissen, warum er nicht wagte, sich zu seinen Einsichten zu bekennen. Da sprach Mende seinen Schlüsselsatz: ›Ich fürchte, daß ich das politisch nicht überleben würde.‹« Nannens angebliche Drohung »war in Wirklichkeit eine Tröstung. Ich... versuchte [Mende] klarzumachen, daß außer dem *stern* eine ganze Reihe ernstzunehmender Zeitungen ihm helfen würden, wenn er politischen Illusionen absagen, die Realität des Unvermeidlichen einsehen und Politik als die Kunst des Möglichen begreifen würde. Von Drohung keine Spur.«

Drohung oder Tröstung – die Frage erübrigte sich spätestens nach dem Bundesparteitag der FDP vom 3. bis 5. April 1967 in Hannover, der zu einer Art Happening wurde. Mende hat ihn später »ein Meisterstück der Hintergrundregie von Henri Nannen mit seinen Truppen aus Hamburg und von Rudolf Augstein« genannt. Die »Truppen« waren die Jungdemokraten, die sich, freilich nicht nur in Hamburg, vorgenommen hatten, den Parteitag zur Entscheidungsschlacht für einen deutschlandpolitischen Kurswechsel der FDP zu machen. Nannen erschien, unter Vorantritt von Rudolf Augstein, der sich immerhin zum Gastdelegierten hatte nominieren lassen, mit einer von seinem Freikorps erstellten, rot eingebundenen Dokumentation zu den Thesen von Schollwer und Rubin unter dem Titel »Die Stunde der Wahrheit«, die an den Eingängen verteilt (und dort von Mende zurückgewiesen) wurde. Im Plenum stellten die Jungdemokraten Antrag auf Rederecht für die Gastdelegierten, also auch für Augstein, von dem sie sich eine rhetorische Kanonade zur Vorbereitung des Sturms auf das Establishment der Partei erhofften. Als der Vorstand dies ablehnte, beantragten die Jungdemokraten eine Änderung der Geschäftsordnung, worüber abgestimmt werden mußte.

Eine erste Abstimmung per Handzeichen lieferte keine klare Mehrheit. »Verzählen Sie sich nicht, Herr Zoglmann!« brüllte Nannen den FDP-Rechtsaußen am Vorstandstisch von der Pressetribüne herab an. Die Auszählung ging im Tumult unter, Handgreiflichkeiten schienen in der Luft zu liegen, es kam zu Störaktionen jüngerer Delegierter, »die sogar mit Handsirenen erschienen waren, die sie an Preßluftflaschen anschlossen« (Mende). Die Aufmerksamkeit des Fernsehens konzentrierte sich völlig auf den Hamburger Delegierten-Tisch, an dem Augstein Posten gefaßt hatte und wo dann auch Nannen auftauchte. Die Abstimmung mußte schriftlich wiederholt werden und ergab mit 128 gegen 118 Stimmen eine sehr knappe Ablehnung des Antrags der Jungdemokraten. »Von der Pressetribüne trompete indessen der *stern*-Herausgeber Nannen, der sich im Kampf gegen Mende mit Augstein einig ist, dies sei das Ende der liberalen Partei«, hieß es im Parteitagsbericht der *Neuen Zürcher Zeitung*.

Die verhinderte Augstein-Kanonade konnte man dann im Parteitagsdienst der Jungdemokraten nachlesen (ein oft gedrucktes Foto zeigt, wie Augstein diesen Text Henri Nannen in die Maschine diktiert): Es fehle in Partei- und Fraktionsvorsitz an Personen, »die den Willen zu kompromißloser Opposition haben«.

Die »Parteiführung schielt rückwärts zur CDU hin«. Mende trat in Sachen Deutschland-Politik zum Gegenangriff an und gewann die Schlacht, aber nicht den Krieg. Eine taktisch ausgetüftelte Kompromißformel, die der Fraktionsgeschäftsführer Hans-Dietrich Genscher von seinem Krankenlager aus telefonisch beigesteuert hatte, verhinderte auf dem Hannoveraner Parteitag eine Spaltung der FDP, blieb in der Sache aber weit hinter den Ideen der Reformer zurück.

Mende konnte seine trotzige Jetzt-erst-recht-Pose so wenig durchhalten wie ehedem seine Festlegung gegen Adenauer. Dem Gegendruck, dem die Parteirebellen, aber auch *Spiegel* und *stern* ihn aussetzten, hielt er auf Dauer nicht stand. Professor wurde er auch nicht, sondern Deutschland-Manager des Finanzjongleurs Bernie Cornfeld und dessen IOS (»Investors Overseas Services«), die mit einer katastrophalen Pleite endete. Er verlor 1967 den Parteivorsitz, trat nach dem Zustandekommen der sozialliberalen Regierung zur CDU über, und Nannen nannte Mende im *stern* einen »Polit-Defraudanten«, der viele ahnungslose Sparer um ihr Vermögen gebracht habe und mit dem umzugehen »weniger ein politisches Problem als eine Frage der Hygiene« sei.

Wer das damals zu harsch fand, der ahnte nicht, was noch kommen würde. Die wahre Politisierung der Gazetten hatte gerade erst begonnen. Die Ära der »Kampfpresse« stand unmittelbar bevor.

Heinrich, Henri und Yael

oder: warum man Vergangenheit nicht wegzaubern kann

Heinrich Lübke war als Bundespräsident eine Verlegenheit in beinah jeder Beziehung. Schon seine erste Wahl als Nachfolger von Theodor Heuss 1959 war eine parteitaktische Verabredung, erst recht seine Wiederwahl 1964, bei der ihm sogar Herbert Wehner beisprang, der seiner SPD den Weg in die große Koalition mit der CDU ebnen wollte. Lübke, weißhaarig und katholisch, wurzelte tief in der Scholle des Sauerlandes – ein Dickschädel von außerordentlich schlichter Denkungsart, der als Rhetoriker damals ungefähr die Rolle innehatte, die im deutschen Sprachraum heute der italienische Fußball-Coach Trapattoni spielt. Lübkes spezielles Englisch (»Equal goes it loose«) war zwar großenteils eine Erfindung von Bonner Boulevard-Journalisten, wurde aber zu einer Art Etikett seiner zweiten, von vielen Fehlleistungen gezeichneten Amtsperiode. Zur Krise wurde die Lachnummer aber erst, als der Bundespräsident und seine falschen Berater versuchten, Lübkes Aktivitäten in der Nazi-Vergangenheit durch pauschales Abstreiten vorhandener Beweise ungeschehen zu machen. Genau an dieser Stelle begegneten sich Heinrich Lübkes und Henri Nannens Lebenswege.

Lübke wurde, nicht gänzlich grundlos, in den sechziger Jahren zum Kalten-Kriegs-Opfer, nämlich zur Zielscheibe von Ostberliner Enthüllungen, die ihm unter anderem die Mitarbeit an der Herstellung von Baracken für KZ-Häftlinge zur Last legten. Zwei Tage vor Lübkes Wiederwahl veranstaltete der »Nationalrat der Nationalen Front« der DDR seine erste einschlägige Pressekonferenz – ein Schauspiel, das später noch zweimal wiederholt wurde. Albert Norden, Chefpropagandist der Einheitspartei, behauptete, gestützt auf entsprechende Dokumente, unter anderem, Lübke habe während der Bauarbeiten im V-Waffen-Zentrum Peenemünde zu den Vertrauensleuten der Gestapo gehört und habe als stellvertretender Leiter der sogenannten Baugruppe Schlempp Lager für KZ-Häftlinge und Zwangsarbeiter gebaut – Behauptungen, deren Effekt durch die voreilige Bonner Abqualifizierung als »Märchen von drüben« eher noch verstärkt wurde. Denn Norden konnte immer wieder nachlegen.

Der »Fall Lübke« in all seiner Erbärmlichkeit muß hier nicht noch einmal rekapituliert werden. Er ist zur Genüge dokumentiert worden, einschließlich aller Anstrengungen, die Echtheit der vorgelegten Dokumente zu prüfen. Auch der *stern* hat 1968, im Unterschied zu den Verleugnern in Bonn, weder Kosten noch Mühen gescheut, die Unterschriften und Paraphen Lübkes auf den in Ost-Berlin beschafften Originalen der Baracken-Baupläne von dem amerikanischen Schriftexperten J. Howard Haring unter die Lupe nehmen zu lassen, und hat die einschlägigen Prozesse gewonnen. Als dann während der Nachbeben des Hitler-Tagebücher-Skandals 1985 abermals die Behauptung auftauchte (beispielsweise in der *Welt*), der *stern* habe, »gestützt auf gefälschte Papiere des Ostberliner Staatssicherheitsdienstes«, Lübke damals als »KZ-Baumeister« diffamiert, ging Gruner + Jahr wieder vor Gericht, ließ zugleich den Sachverständigen Professor Dr. Lothar Michel von der Uni Mannheim anhand eines »breiteren Spektrums von Vergleichsunterschriften« in Ost-Berlin die Echtheit der Lübke-Autogramme noch einmal überprüfen und obsiegte sowohl vor dem Landgericht als auch im Berufungsverfahren vor dem Oberlandesgericht Hamburg. Und die ehemaligen Stasi-Desinformanten Herbert Brehmer und Günter Bohnsack haben in ihrer 1992 erschienenen Selbstbezichtigung *Auftrag Irreführung* auch nur von gefälschten Deckblättern der Lübke-Akten gesprochen, die im *stern* gar nicht veröffentlicht worden sind.

Henri Nannen hat den »Fall Lübke« im *stern* ziemlich lang nicht angefaßt. Im *Spiegel* ist dieser Bundespräsident schon 1964 heftig attackiert worden (von Augstein vor allem wegen seiner CDU-orientierten Amtsführung). War Nannen der Kasus unbehaglich? Als er im Februar 1967, drei Jahre nach der ersten Ost-Berliner Enthüllung, schließlich einstieg, ging es ihm nicht um Lübkes Vergangenheit, sondern um die aktuelle Verlogenheit, die Täter und

Opfer dieser Staatsaffäre gemeinsam hatten und die genau der Grund des studentischen Aufbegehrens gegen die Gesellschaftsordnung des gebrochenen Rückgrats war. Lübkes Unterschriften auf den Bauplänen interessierten ihn nicht. »Es ist dem Mitläufer wie du und ich Heinrich Lübke daraus in diesem Blatt nie ein Vorwurf gemacht worden.« Und das wiederholte er ein Jahr später, »denn wer aus dieser Generation war nicht auf irgendeine Weise in die Machenschaften des Unrechtsstaates verstrickt«. Und »noch einmal: es geht mir nicht darum, daß dieser Bundespräsident an Baracken mitgebaut hat, die KZ-Häftlingen als Unterkunft dienten. Es geht darum, daß er nicht den Mut fand, zu dieser Tatsache zu stehen.« Und noch einmal: »Der *stern* hat den Bundespräsidenten nicht wegen seiner Vergangenheit im Dritten Reich angegriffen.« Die Lächerlichkeit, der Lübke allenthalben (auch von Nannen) preisgegeben wurde, sollte wohl »das Unbehagen vertreiben, es könne hinter diesem bieder glanzlosen Mann am Ende doch etwas von der Erbärmlichkeit jener Zeit verborgen sein, in der wir alle keine Helden waren...«

Aber als klarwurde, was für ein Renner der »Fall Lübke« war, lockerte sich Nannens Beißhemmung, und da er Lübke nicht wegen seiner Vergangenheit angreifen wollte, vergriff er sich an seinen Schwächen, seinen »trottelhaften Reden« (und vergriff sich dabei auch im Ton): »Nein, Herr Heinrich Lübke, Sie sind deswegen weder ein ›KZ-Baumeister‹ noch ein ›Dokumentenfälscher‹... Sie sind ganz einfach kleinkariert.«

Das verschaffte ihm in den Medien ironischerweise die Rolle eines Chefanklägers in Sachen Lübke, und als Werner Höfer seine Fernseh-Frühschoppen-Runde am 3. März 1968 dem Thema »Über den publizistischen Umgang mit Staatsoberhäuptern« widmete, lud er Nannen natürlich ein. Die Ankündigung dieses Auftritts löste Pressionen auf Höfer und den Intendanten des ausstrahlenden Senders WDR, Klaus von Bismarck, aus, die mit der panischen Bonner Ratlosigkeit wegen der Studentenunruhen allenfalls zu erklären, aber nicht zu entschuldigen sind. Der stellvertretende Regierungssprecher und ehemalige *Spiegel*-Redakteur Conrad Ahlers nannte Nannens Einladung in der *Welt am Sonntag* ein »unmögliches Verfahren« und bekniete Höfer am Telefon, den Lübke-Beleidiger wieder auszuladen. Nach diesem Telefonat gab es für Höfer keinen »Fall Lübke« mehr, sondern »nur noch die Tragödie Conrad Ahlers«. Den Intendanten von Bismarck nahm der westfälische CDU-Boß und WDR-Verwaltungsratsvorsitzende Josef Hermann Dufhues ins Gebet, ohne Erfolg. Bismarck und Höfer hielten stand, wennschon mit erheblichem Fracksausen und der aberwitzigen Kompromiß-Order, es dürfe in der Sendung nicht über Lübke geredet werden, widrigenfalls sie abgebrochen werde. Nannens telefonisches Angebot zwei Stunden vor der Sendung: »Das Beste wird wohl sein, ich komme gar nicht«, lehnte Höfer ab, legte aber nahe, der umstrittene Gast möge sich »nach ein paar einleitenden Worten auf Ihre Heiserkeit zurückziehen«.

Nannen tat genau das Gegenteil. Nachdem Höfer zu Beginn eine »akademische Schulstunde« angekündigt hatte, sagte er: »Ich glaube, Herr Höfer, wir sind es unseren Zuschauern schuldig, daß wir ihnen die Spielregeln dieser Stunde erklären ... Wir wissen, daß Sie und Ihr Intendant unter ganz massivem Druck der Bundesregierung stehen, weil Sie mich zu dieser Schulstunde eingeladen haben.« Nun war er in seinem Element, zumal er auch noch von einem Teilnehmer der Runde wegen der »rüpelhaften, flegelhaften, rowdyhaften« Wortwahl seiner Lübke-Kommentare angegriffen wurde – von Dr. Herbert Kremp, damals noch Chefredakteur der CDU-nahen *Rheinischen Post*, in der er Nannen kurz zuvor einen »alternden Playboy« genannt hatte.

Kremp: »Aber Sie haben von seinen trottelhaften Reden gesprochen.«

Nannen: »Eine Sekunde. Es geschieht, daß er im Überseeclub in Hamburg von einer Reise berichtet und sagt: Die Leute waschen sich jetzt wenigstens...«

Höfer: »Herr Nannen, ich muß Sie bitten, bekannte Zitate, die bei Ihnen und andernorts nachzulesen waren, wegen des Duktus des Gesprächs zu unterlassen.«

Nannen: »Ist das Zensur, Herr Höfer?«

Höfer: »Nein, das ist ein kollegiales Ersuchen.«

Nannen: »Ich möchte wissen, ob Sie abschalten, wenn ich weiterfahre.«

Höfer: »Nein, nein, ich schalte überhaupt nicht ab, wenn Sie auf den Vorwurf von Herrn Kremp antworten.«

Zweimal im Verlauf der Sendung hätte Höfer (so sah es jedenfalls der *Spiegel*) beinah abgeschaltet, aber einmal ging es gar nicht um Lübke, sondern im Grunde um Nannen. »Der Parteigenosse Kiesinger und ich, der ich kein Parteigenosse war«, sagte er da, »wir haben unsere politische Vergangenheit ja nie abgestritten.« Das war eine Replik auf die Erwähnung seiner »Nazi-Artikel«, die hier zum erstenmal vor einem Millionen-Publikum ins Spiel gebracht wurden. Ein paar Tage vor der Sendung hatte in der katholischen Zeitschrift *Echo der Zeit* der offene Brief einer »Studiengesellschaft für staatspolitische Öffentlichkeitsarbeit« gestanden, in dem Nannens Elogen auf den »Führer« publik gemacht wurden; *Bild*, die *Welt am Sonntag* und nun auch Kremp brauchten bloß zu zitieren.

Seit der Lübke-Affäre wurde zurückgeschossen von der konservativen Presse, das dürfte Nannen bei dieser Gelegenheit klargeworden sein, und es wurde auf den Mann gezielt. »Beim *stern* hat Henri Nannen einen Vertrag, der ihm fast alle Freiheiten einräumt«, monierte das CSU-Organ *Bayernkurier* nach der Frühschoppen-Sendung. »Trotzdem mutet es eigenartig an, daß die Verlagsinhaber John Jahr, Richard Gruner und Dr. Gerd Bucerius sich in diesem Fall nicht von dem Verantwortlichen distanziert haben.« Das war deutlich.

Gewiß waren die Attacken auf Lübke politisch motiviert; gewiß wollten *Spiegel* und *stern* bei der Bundestagswahl 1969 eine sozialliberale Mehrheit und damit den Machtwechsel zustande kommen sehen. Aber daß »der arme Heinrich Lübke« nicht wegen dessen (schließlich vage zugegebener) Handlungen in der Nazi-Zeit zu verurteilen sei, das hat Nannen mit solcher Ausdauer gesagt, daß man argwöhnen mußte, er rede von sich selber. Auch hat er in der Höfer-Sendung durchaus auf Kremps Vorwürfe geantwortet: Er hat sich entschuldigt. »Es tut mir leid, daß ich diesen Mann so hart angefaßt habe.« Die Formulierungen »kleinkariert« und »trottelhaft« wolle er mit Bedauern zurücknehmen, wenn der Eindruck entstanden sei, daß »der Mensch Heinrich Lübke« dadurch getroffen worden sei.

Keiner seiner Widersacher, auch kein politischer Beobachter der Kontroverse konnte wissen, daß Henri Nannen sich damals so inständig wie nie zuvor in seinem Leben wünschte, die Nazi-Vergangenheit vergessen zu machen, und es konnte auch keiner wissen, warum. Es war nicht die Politik, die diesen Wunsch wachgerufen hatte, auch nicht das Bedürfnis nach Rechtfertigung. Nannens Motiv war überwältigend privat. Er war seiner eigenen Vergangenheit begegnet, und das auf eine Weise, die selbst er sich nicht hätte träumen lassen.

Anderthalb Jahre vor dem Ausbruch des Sechs-Tage-Kriegs zwischen Israel und Ägypten waren der *stern*-Reporter Carl Schmidt-Polex und der Fotograf Michael Friedel wochenlang in beiden Ländern unterwegs und brachten – als Teil einer sehr erfolgreichen Serie über junge Menschen in vielen Ländern der Welt – eine Reportage über die jungen Leute in Israel mit. »Wir merkten sofort«, erinnert sich Schmidt-Polex, »daß Nannen an Israel kein überbordendes Interesse hatte. Mir schien, er befürchtete, die Leute in Israel sähen so aus, wie viele Deutsche damals Juden vor Augen hatten: gebückt, schwarze Kleidung, Bärte.« Die gewaltigen militärischen Erfolge in jenem »Blitzkrieg« und der Image-Wandel Israels, den sie gerade bei der Kriegsgeneration in Deutschland auslösten, waren noch fern. »Erst als es uns gelang, ein paar Fotos zu zeigen, wurde Nannen neugierig. Natürlich haben wir die Bikinis ganz nach oben gelegt.« Aber dessen hätte es nicht bedurft, denn auch angezogen und besonders in Uniform strahlten die Mädchen, die Friedel fotografiert hatte, eine fetzige Freude am Leben und eine provozierende Erotik aus. »Das ist ja eine tolle Story«, sagte Nannen, machte aus der Reportage zwei Folgen (die 1965 erschienen) und sagte immer wieder: »Unglaublich, unglaublich!«

Ein Foto, entstanden in einem Straßencafé auf dem Dizengoff-Boulevard in Tel Aviv, schien Nannen besonders zu faszinieren. Das Mädchen in Uniform, das dort neben anderen zu sehen war, so berichteten die Reporter (die natürlich nicht verschwiegen hatten, daß sie Deutsche seien und für den *stern* arbeiteten), habe ihnen erzählt, ihre Mutter spreche zuweilen von einem Herrn Nannen aus Emden, der nun beim *stern* sei. »Wir wollten natürlich sofort Besuch machen«, so Schmidt-Polex, was aber erst beim dritten Anlauf gelang, denn die junge Dame in Uniform hatte Bedenken, den Kontakt herzustellen. »Beim dritten Mal nahm sie uns mit. Die Mutter erschien mir zu sehr Lady, um uns spüren zu lassen, daß unser Besuch unwillkommen sei. Sie fragte, sehr geschäftsmäßig, was wir eigentlich im Lande suchten und sehen wollten, und ob irgend jemand in Deutschland wirklich Interesse habe an Israel. Ich erinnere mich nicht daran, daß sie uns Grüße an Nannen aufgetragen hat.« Fotografiert werden wollte sie auch nicht. Der Besuch der Deutschen nahm sie offensichtlich mit, »sie konnte diese Invasion nicht aushalten«, hat ihre Tochter später gesagt.

Aber es war Cilly Windmüller – seit langem verheiratet mit einem Israeli namens Schwartz, Mutter zweier Kinder im wehrfähigen Alter, des Sohnes Yaron und der Tochter Yael, die eben Offizier geworden war. Bis zum Besuch der *stern*-Leute »hatten wir von Henri nichts gehört«, so Yael, »und meine Mutter hätte nicht mal im Traum daran gedacht, sich mit ihm zu treffen... Der Mann war ein Deutscher, und das hat sie beunruhigt bis an ihr Lebensende.«

Henri Nannen hat diese Wiederkehr seiner Jugendliebe völlig anders erlebt. Das Foto von Yael in dem Café auf der Dizengoff habe ihn getroffen wie ein Blitz, hat er gesagt, so frappant sei die Ähnlichkeit mit Cilly gewesen. Er mag das so gesehen haben. Für einen fremden Betrachter, der nur Fotos der beiden Frauen kennt, springt die Ähnlichkeit nicht ins Auge, und Yael bestreitet vehement, ihrer Mutter damals überhaupt ähnlich gewesen zu sein. Sicher ist, daß Nannen sich alsbald aufgemacht hat, Cilly wiederzusehen, und sicher ist auch, daß dieses Wiedersehen nach zwanzig Jahren ein Schock gewesen ist, vielleicht für beide, bestimmt für ihn. Wenn er davon erzählt hat, dann unter Tränen. »Eine alte Frau« habe er gefunden, mit faltenreicher, fast schon schrumpeliger Haut, gelblich gefärbt von einer Krankheit, die sie sich bei der Arbeit im Kibbuz geholt hatte, nikotinabhängig, ausgelaugt. Es muß eine schwere, tränenreiche Begegnung gewesen sein. Wo und wann genau sie stattgefunden hat, ist nicht mehr zweifelsfrei zu klären.

Es hat danach noch mehrere Begegnungen gegeben, und einmal ist Nannen von Cilly Schwartz auch um ein Treffen gebeten worden, nämlich als sie nach dem Sechs-Tage-Krieg 1967 »mental aus dem Leim« ging, wie Yael sagt, an einem Magengeschwür und an Depressionen litt und das dringende Bedürfnis nach Tapetenwechsel hatte. Nannen traf sie in Zürich und reiste mit ihr eine Woche nach Italien – mit Wissen und Billigung von Cillys Mann, dem der Jugendfreund seiner Frau ausgesprochen gut gefiel. Um Hilfe gebeten hat Cilly ihn auch, als ihr Sohn Yaron am Vorabend des Yom-Kippur- Kriegs 1973 bei einem ägyptischen Überraschungsangriff auf die sogenannte Bar-Lev-Linie am Westufer des Suez-Kanals vermißt gemeldet wurde. Nannen schickte einen Reporter nach Ägypten, dem es unter erheblichen Schwierigkeiten gelang, ein Foto von kriegsgefangenen Israelis zu beschaffen, auf dem Cilly dann ihren Sohn erkannte: Er war also am Leben.

Mindestens zweimal, zwischen 1967 und 1969, hat Nannen Haifa besucht, wo die Familie Schwartz damals lebte. Dort aber traf er nicht nur Cilly, er traf auch Yael – und war hingerissen. Yael war nicht nur jung und schön und gescheit, sie hatte auch die selbstbewußte, beinah bedenkenlose Leichtlebigkeit, die in ihrer Generation der im Lande Geborenen sehr verbreitet war. Der Umgang mit Deutschen, jedenfalls mit jungen Deutschen, war für ein Mädchen wie Yael kein Problem (und was das Erscheinungsbild und die materiellen Möglichkeiten angeht, war Nannen damals attraktiver als die meisten jüngeren Männer). Cilly hielt es für nötig, ihrer Familie immer wieder klarzumachen, daß ihre Treffen mit Henri nicht bedeuteten, sie habe ihn und die deutsche Vergangenheit nun akzeptiert. Yael hatte kein solches Problem. Sie kannte die Nazi-Vergangenheit nur aus Berichten, und wie viele junge Israelis hatte sie Schwierigkeiten, zu begreifen, warum die Eltern-Generation der Verfolgung nicht entschlossener widerstanden hatte. Sie ließ sich mit Vergnügen in Nannens gemietetem Cadillac-Cabrio von ihm chauffieren und genoß es, ein bißchen mit dem Feuer zu spielen.

Solche Situationen waren Henri Nannen geläufig, aber diese hier war neu, unvergleichlich, phantastisch. Der Cadillac wurde zur Zeitmaschine und spulte den Film zurück auf Anfang. Die Vergangenheit war verschwunden, und alles konnte von vorn beginnen. Eine Fiktion, gewiß, aber was für eine! Da saß er, Henri Nannen, ein Mann über fünfzig, in einer hochromantischen Aufwallung der Gefühle wieder bei seiner alten Liebe, die so jung war wie ehedem, und alles, was sie und ihn damals getrennt hatte, gab es nicht mehr. Ein Traum! Aber hatte er nicht immer schon seinen Träumen mehr getraut als den Realitäten der anderen?

Yael verstand das. Sie hatte nichts gegen Träume. Und sie fand diesen Mann farbig, romantisch, spannend. »Er hat mir Vergnügen gemacht, und ich hatte endlich die Chance, eine richtige deutsche Liebesgeschichte zu erleben, von der ich immer nur gehört hatte, wie gefährlich und phantastisch sie sei, ganz anders als das, was ich in unserer israelischen Kultur kennengelernt hatte.« Sie hat die Chance nicht sofort ergriffen, nicht in Israel. Aber sie ließ den Kontakt zu Henri nicht abreißen, und als sie 1969 mit einem Stipendium nach England ging, ließ sie ihn das wissen. Die beiden trafen sich in London und, bevor Yael 1972 nach Israel zurückkehrte, auch in Deutschland.

Beiden war klar, daß ihre Geschichte eine Fiktion war, daß sie sich in einem Roman bewegten. Yael, die spätere Literatur-Dozentin an der Universität Tel Aviv, hat »Henri gleich zu Beginn gesagt, daß unsere Affäre Max Frischs *Homo faber* variiert«, die Geschichte eines Mannes und einer jungen Frau, die miteinander schlafen, ohne zu wissen, daß sie Vater und Tochter sind; »und Henri hat nie geleugnet, daß er mich für eine andere nimmt«. Yael störte das nicht, im Gegenteil, »er war mein Ödipus – wenn ich meine Mutter war, dann war er mein Vater«. Sie war genauso groß wie ihre Mutter, und einmal, als Nannen im Gehen den Arm um sie gelegt hatte, »da hätte er beinah Cilly zu mir gesagt«. Yael wußte auch, »daß es Henris Traum war, durch diese Affäre die Vergangenheit verschwinden zu lassen«, und sie akzeptierte das als menschlich. »Wer hat solche Träume nicht?« Was sie nicht bemerkte, das waren die emotionalen Verwerfungen in der Psyche eines Mannes über fünfzig, der mit der dreißig Jahre jüngeren Tochter seiner Jugendliebe ein Verhältnis anfängt. Die bemerkte nur seine Münchner Studienfreundin Käte, der er die Geschichte mit Yael erzählte und die ihn noch nie so aufgewühlt erlebt hatte.

Komplizierte Gespräche können Yael und Henri nicht miteinander geführt haben, dafür reichten sein Englisch und ihr Deutsch nicht; »aber wir schafften es, einander zu verstehen«. Briefe von ihm hat Yael auch nicht, nur drei maschinengeschriebene Mitteilungen. »Henri hätte sich um keinen Preis mit einem Brief in fehlerhaftem Englisch erwischen lassen.« Aber eine goldene Omega-Armbanduhr hat er ihr geschenkt und dazu gesagt, daß diese Uhr sie wie ein Talisman beschützen solle. Sie fand das, wie manches andere in dieser Affäre, »sweet«.

Als Yael in Deutschland war, wollte Henri Nannen unbedingt mit ihr nach Emden. Sie hätte die Stadt auch gern gesehen, aber da sie wußte, warum er mit ihr nach Emden wollte, lehnte sie entschieden ab. »Ein Auftritt als Cilly Nummer zwei, jung und schön und immer noch an Henris Seite« – das war zuviel Fiktion. Es hätte den schönen Traum getötet. So endete die Affäre an einem romantischen Abend in Lübeck, nach dem Besuch des Thomas-Mann-Hauses, bei einem schönen Essen und sehr gutem Wein. Da sagte sie ihm, daß sie in Israel heiraten werde.

Cilly hat von alledem erst später erfahren. Yael hat es ihr gesagt. »Meine Mutter war überhaupt nicht erfreut, also hörten wir auf, über Henri zu reden.« Aber eins wollte Cilly doch noch wissen: »Und du bist mit ihm nach Emden gegangen?« Natürlich nicht, sagte Yael, »glaub mir bitte«. Cilly glaubte ihr. Sie hat auch den Talisman angenommen, die goldene Uhr, die Yael ihr gab, »und die hat sie lang getragen, bis das Armband ihr zu weit war, so dünn ist sie geworden«.

Noch einmal, viele Jahre später, glaubte Henri Nannen, seine Jugendliebe in einem Bild wiedergefunden zu haben: in dem Aquarell »Margarete T.« von Emil Nolde, das er 1981 im Seebüller Nolde-Museum sah, wohin es zu einer Echtheits-Expertise geschickt worden war. Die Dame in Rot mit der Perlenkette erinnerte ihn stark an Cilly. Nannen ließ sich die Adresse des Frankfurter Galeristen geben, der das Bild geschickt hatte, und wurde mißtrauisch, als es ihm mühelos gelang, den Preis von 75000 Mark auf 60000 Mark herunterzuhandeln. Er begann zu recherchieren und bekam beim Bundeskriminalamt heraus, daß das Bild vor sieben Jahren dem Hamburger Kaufmann Hubertus Wald aus dessen Haus an der Schönen Aussicht gestohlen worden war. Nannen verabredete mit der Polizei, den Galeristen zu einem Gespräch auf dem Hamburger Flughafen zu bestellen, und ließ dort die Festnahme des vermeintlichen Hehlers von *stern*-Leuten fotografieren. Der Galerist bestritt, von dem Diebstahl gewußt zu haben, und wurde vom Amtsgericht Hamburg freigesprochen. Das Bild wurde Hubertus Wald zurückerstattet. Aber da Nannen es unbedingt haben wollte, bekam er es auch, im Tausch gegen ein Bild von Picabia, das Wald zwar nicht besonders mochte, aber doch nahm, weil Nannen das Nolde-Bild ja doch »wiedergefunden« hatte.

Die Geschichte von Yael und Henri hat kein Happy-End. Yael hatte gar nicht wirklich die Chance, eine »richtige deutsche Liebesgeschichte« zu erleben, und Henri Nannens Traum, mit »Cilly Nummer zwei« in Emden die Vergangenheit verschwinden zu lassen, war sowieso unerfüllbar. Wahrscheinlich hat er die große Emotion, die er Yael verdankte, irgendwie verbunden mit den mannigfachen Emotionen, die seine Arbeit befeuerten und die sich damals messen mußten mit dem Aufruhr, der die Bundesrepublik Deutschland ergriffen hatte. »Die jungen Leute auf den Straßen leiden an der Verlogenheit dieses Staates«, schrieb Nannen im März 1968. »Sie tragen die Bilder von ›Che‹ Guevara und Ho Tschi-minh vor sich her. Sollten wir ihnen mit dem Bildnis Heinrich Lübkes entgegentreten?«

Am 7. November 1968 tauchte auf dem Berliner CDU-Parteitag hinter dem Kanzler Kiesinger am Vorstandstisch plötzlich eine junge Frau auf, schrie »Kiesinger, Nazi!« und ohrfeigte ihn: Beate Klarsfeld, 1960 als Au-pair-Mädchen nach Paris gegangen, verheiratet mit einem französischen Juden, dessen Vater in Auschwitz ermordet worden war, und bitter enttäuscht von deutschen Linken wie Rudi Dutschke und Fritz Teufel, die lieber das System abschaffen als Nazis entlarven wollten. In dem Brief, den Nannen dem Geohrfeigten im *stern* schrieb, stand: »Beate Klarsfeld hält Sie für einen Nazi – sie würde gewiß auch mich dafür halten –, und sie meint, dieses Deutschland könne nicht gesund werden, solange Leute wie wir am Ruder sind.« Das sei ihr gutes Recht. »Unser Recht ist es, den politischen Irrtum, die allzu menschliche Feigheit oder die Notlüge für uns in Anspruch zu nehmen und zu meinen, ein Volk könne auch dann nicht gesunden, wenn es denen, die gefehlt haben, für immer die Gnade des Vergessens versagt.«

Nachdem Yael Schwartz heimgekehrt war, lehrte sie an der Universität Tel Aviv, heiratete, wurde geschieden, erkrankte an multipler Sklerose. Cilly Schwartz geborene Windmüller wurde von der Familie schließlich ins Krankenhaus gebracht, weil sie intensive Pflege brauchte. Sobald Nannen, nun selber ein alter Mann, davon erfuhr, rief er regelmäßig bei Yael an und erkundigte sich nach beider Befinden. Als Yael ihm mitteilte, daß Cilly gestorben sei, sagte er: »Ich komme.« Yael fand, das sei eine schöne Geste, lehnte aber ab. »Unsere Familie ist sehr fürsorglich, wir kommen allein zurecht – zu schweigen davon, daß du selber nicht mehr gesund bist.«

Das war 1995, ein Jahr vor Henri Nannens Tod.

Der Elefant und die Achtundsechziger

oder: »Verstand ist stets bei wen'gen nur gewesen«

Henri Nannens Verhältnis zu den Achtundsechzigern hat eine gewisse Ähnlichkeit mit dem Verhältnis von Mann und Frau bei Loriot: Sie haben was miteinander, aber »sie passen einfach nicht zusammen«. Die Studentenrevolte ging ihm entschieden zu weit, ihre linke Ideologie-Fixierung war ihm wesensfremd bis widerwärtig, aber die Motive des Aufbegehrens fand er richtig, jedenfalls solange sie sich auf seine Formel vom Als-ob, von der »großen Verlogenheit, unter der dieses Land leidet« bringen ließen. Natürlich wollte er, der die Trends erschnüffelte wie das Schwein die Trüffeln, den Aufstand der jungen Leute journalistisch in den Griff kriegen, mit den Aufsässigen kommunizieren, ihnen bis zu einem gewissen Grad auch sein Magazin öffnen. Daß umgekehrt die Achtundsechziger den *stern* voll in den Griff kriegen wollten, versteht sich am Rande. Aber es war bald klar, daß daraus keine Allianz werden konnte – lange bevor die Systemveränderer Henri Nannen in ihrem Vereinsblatt *konkret* als einen von jenen schmähten, »die das große Geld klein gekriegt hat«.

Daß ein Mensch aufschreit, mit harten Gegenständen wirft, zuschlägt aus Wut und Verzweiflung darüber, daß die Welt nicht so ist und die Menschen nicht so handeln, wie er es gern hätte, das konnte Nannen sehr gut verstehen. »Ist es ein Wunder, wenn Rudi Dutschke meint, an einer solchen Gesellschaft könne man nichts mehr reformieren, man müsse sie umstoßen?« Kein Wunder, in der Tat. Aber daß zwischen dem Tobsuchtsanfall eines Cholerikers und der Ausrufung einer Revolution mehr als nur ein kleiner Unterschied ist, das war Nannen durchaus bewußt. »Der Aufstand der Studenten und die Tumulte Jugendlicher auf den Straßen haben das für unseren Staat erträgliche Maß überschritten«, schrieb er bereits am 4. Februar 1968 an den »lieben *Stern*leser«. »Aus dem berechtigten Verlangen nach der Hochschulreform ist auf breiter Front ein Angriff gegen unsere Gesellschaftsordnung geworden.« Und daran sollte der *stern* sich nicht beteiligen. Nannen war ein Systemkritiker, aber kein Systemveränderer im Sinne der Achtundsechziger. »Ich bin durchaus ein Systembewahrer, ich möchte das bestehende System nur besser, menschlicher, gerechter machen. Und um das zu erreichen, wollten wir nie nur unterhalten und auch nie nur belehren, sondern unterhaltend belehren.«

Kein Rezept für Revolutionäre. Gewiß hat Nannen auch in den Jahren des Aufruhrs den Zeitgeist wahrgenommen, aber er hat ihn nicht aus der Flasche gelassen. Offenbar hielt er die protestierenden Studenten selber für verlogen: »Studenten greifen diesen Staat an, der ihnen zum erstenmal die Freiheit gibt, ohne Gefahr an Leib, Leben oder Fortkommen ›dagegen‹ zu sein. Die jugendlichen Demonstranten tragen die Embleme eines Regimes vor sich her, das ihnen keine Sekunde erlauben würde, in seinem Machtbereich Opposition zu üben.« Im *stern* hat, zu Nannens Zeiten, allenfalls »radical chic« eine Chance gehabt, nicht die radikale Linke. Nannen hat linke Intellektuelle engagiert, später auch Leute, die zu Zeiten der sozialliberalen Regierung »in« waren. Aber er hat, anders als Rudolf Augstein im *Spiegel*, nie den Ehrgeiz gehabt, mit seinem Blatt von den rebellischen Studenten als Autorität anerkannt zu werden. Der *stern* als Zentralorgan der Achtundsechziger ist immer eine Fata Morgana gewesen. Und Nannen ist erst dann auf die Idee gekommen, sich selber an die Spitze der neuen Bewegung zu setzen, als sein Blatt – und vor allem er – davon handfeste Vorteile hatten.

Auch das freilich machte ihn noch nicht zum Verbündeten der Systemveränderer und deren Vorstellung von redaktioneller Mitbestimmung via Mehrheitsbeschluß. Marxist war er nur in einem einzigen Punkt: Er teilte Marxens Meinung, daß »in einem Zeitungsbureau Diktatur, nicht allgemeines Stimmrecht herrschen« müsse. Ungezählte Male hat Nannen Schillers Diktum (aus dem *Demetrius*) zitiert: »Verstand ist stets bei wen'gen nur gewesen.« Obwohl er den Satz später auch schon mal falsch zugeordnet hat (»Das stammt zwar nicht von Henri Nannen, sondern von Gotthold Ephraim Lessing, ist aber trotzdem richtig«), hatte er das

Schiller-Zitat wortwörtlich verinnerlicht: »Was ist Mehrheit? Mehrheit ist der Unsinn; Verstand ist stets bei wen'gen nur gewesen.« Mit einem solchen Mann war keine Revolution zu machen.

Den Achtundsechzigern im *stern* war das wohl klar – denen jedenfalls, die es nicht nötig hatten, mangelnde journalistische Brillanz durch Versammlungsreden, Resolutionsentwürfe und Alkoholkonsum zu kompensieren. Jene Leute an der Spitze der Bewegung, die nicht in Birkenstock-Sandalen herumliefen, sondern Paul Ankas Edelschnulze *My way* (gesungen von dem Macht-Freak Frank Sinatra) zu ihrer Erkennungsmelodie machten, haben schon damals ihre Entschlossenheit bekundet, auch am Ende des langen Marschs durch die Institutionen noch an der Spitze zu sein (was in den meisten Fällen funktioniert hat, allerdings minus Sozialismus, dafür um so effektiver). Aber es gab ja nicht nur die Vordenker. »Auf einmal liefen überall diese Leute rum, auch viele Frauen, und wollten bei allem mitreden«, erinnert sich Heinrich Jaenecke, der das *stern*-Statut mit ausgehandelt hat und Redaktionsbeirat der ersten Stunde war. »Subversive Aktivitäten« habe es durchaus gegeben, wobei die Industriegewerkschaft Druck und Papier gelegentlich instrumentalisiert worden sei. Aber eine ernste Gefahr für Nannen war das alles nicht. Wohl tauchte in den Planspielen der Machtstrategen manchmal, halb im Scherz, die Frage auf: »Und was machen wir mit Nannen?« Doch die Antwort war immer versöhnlich: Da werde man schon was Geeignetes finden. Den *stern* ganz ohne Nannen konnten sich nicht mal die Revolutionäre vorstellen. Und auch seine Kritiker haben ihm zugestanden, daß er der Entwicklung nicht in den Arm gefallen ist, sondern die damals »richtigen« Leute versammelt hat.

Allerdings hat der *stern* auch in den Jahren des Aufbegehrens seine Musikdampfer-Passagiere immer bestens bedient. Er hat die »Wut auf die Väter« ebenso thematisiert wie »Die Playboys«, die Bürgerkriegsstimmung im Lande (»Ist die Revolution noch zu stoppen?«) ebenso wie die bange Frage: »Ist der deutsche Mann eine Null?«. Und immer Sex satt: »Die Äpfel der Venus« (im internen Sprachgebrauch »Titten«), »Der nackte Affe«, »Die nackte Generation« sowie die überhaupt nicht bange Frage »Wohin führt uns der enthemmte Sex?« gehörten auch in jenen Jahren zur Grundversorgung der *stern*-Leser, wobei die Optik verschärfend hinzukam. *Der stern* hatte auch gar keine andere Wahl, wenn er seine starke Stellung am Illustrierten-Markt halten wollte, denn im Jahr 1966 waren die Po-und-Busen-Blätter *Quick, Neue Illustrierte* und *Revue* unter dem gemeinsamen Dach des Bauer-Verlags untergekommen. »Deutschlands Sex in einer Hand«, spottete Richard Gruner. Aber zum Lachen war niemandem bei Gruner + Jahr zumute. Bauer schickte sich an, mit einer vereinigten *Neuen Revue* dem *stern* seinen Spitzenplatz streitig zu machen.

Daß dies auf Dauer mißlang, ist weniger den diversen Systemveränderern in der *stern*-Redaktion als vielmehr dem Systembewahrer Nannen und dessen Instinkt für die bestverkäufliche Themenmischung zu danken, auch dessen kategorischem Imperativ, der *stern* habe unter allen Umständen »unterhaltend zu belehren«. Statt einer Definition dieser vieldeutigen Order hat Nannen bei jeder sich bietenden Gelegenheit eine ethnisch maskierte Parodie angeboten, die er mal irgendwo aufgeschnappt und für seine Zwecke adaptiert hatte: »Ich erzähle gelegentlich die Geschichte in meiner Redaktion von den Angehörigen der verschiedenen Völker, die einen Aufsatz über die Elefanten schreiben sollen. Da schreibt der Franzose unter dem Titel ›L'éléphant et l'amour‹, der Österreicher schreibt unter dem Titel ›Erinnerungen eines uralten Elefanten an das Wiener Burgtheater‹, der Engländer unter dem Titel ›The elephant and the football‹, der Amerikaner schreibt ›How to breed bigger and better elephants in less time for less money‹, und der Deutsche schreibt: ›Wesen und Grundlage der Psychologie des Elefanten, Band 1, Volumen A – der burmesische Arbeitselefant in seiner Beziehung zum Menschen‹. Bei uns sind Langeweile und Seriosität eben synonym. Ich bin aber der Meinung, man sollte unter dem Titel ›L'éléfant et l'amour‹ eine unterhaltsame Geschichte schreiben, und in der müßte alles enthalten sein, was man eben über Wesen und Grundlage des Elefanten zu wissen hat.«

Da muß man dann so manches zusammenwachsen lassen, was nicht zusammengehört. Und das konnte Nannen. Die studentischen Proteste gegen den Vietnam-Krieg zum Beispiel haben ihn nicht davon abgehalten, den amerikanischen Präsidenten Lyndon B. Johnson im Sommer 1967 auf dessen Ranch in Texas zu besuchen und darüber eine zwanzigseitige Titelgeschichte zu verfassen. Fotografiert hat die idyllische Home-Story der *stern*-Mann Robert Lebeck, Nannens Begleiter aber war in diesem speziellen Fall der Chefredakteur der *Zeit*, Theo Sommer, der die Johnson-Sprüche für Nannen übersetzte und sie auf dem Flug nach New York (wo Nannen die Geschichte in den Waldorf Towers bei abgeschalteter Klimaanlage nackt in seine Reiseschreibmaschine tippte) vorsichtshalber nochmals aufschrieb. Im Jahr darauf, als das Debakel der Amerikaner in Vietnam auf die Katastrophe zutrieb, pries Nannen seinen Gastgeber Johnson für dessen Entschluß, auf eine Wiederwahl ins Präsidentenamt zu verzichten, weil Johnson dies offen mit dem Eingeständnis des Scheiterns seiner Vietnam-Politik begründet hatte.

Dennoch kam die Umrüstung des *stern* »von einem Musikdampfer auf ein Schlachtschiff«, wie Nannen selber das genannt hat, in den späten sechziger Jahren gut voran. Allein mit dem Stichwort Politisierung aber wäre dieser Vorgang nicht richtig beschrieben. Treffender ist die Feststellung des österreichischen *stern*-Deuters Harald Irnberger, das Blatt habe seinen guten Ruf »vor allem in den späten sechziger und frühen siebziger Jahren [erworben], als die Redaktion ... zu einer einzigartigen formalen und inhaltlichen Blattlinie fand: handwerklich perfektionierter Illustriertenjournalismus, verflochten mit einem unorthodoxen kritischen Magazinjournalismus«. Das wäre nicht gegangen ohne die »richtigen Leute«, und einer davon war Manfred Bissinger. Der *Welt*-Flüchtling und Sozialdemokrat Gerhard Gründler hatte ihn 1967, als Bissinger das Fernsehmagazin *Panorama* unter Protest gegen die Ablösung des (durchaus nicht linken) Redaktionsleiters Joachim Fest bereits verlassen hatte und frei arbeitete, zum *stern* geholt, zunächst als Leserbriefredakteur im Ressort Deutsche Politik. Aber das blieb er nicht lange.

Daß der damals 27jährige Bissinger, ursprünglich Redakteur der Deutschen Presse-Agentur, alsbald zu einer Schlüsselfigur im *stern* und zum Favoriten des Chefredakteurs wurde, verdankte er, außer seinem Ehrgeiz, vor allem seiner starken Begabung für den

Magazinjournalismus. Er begriff schnell, daß es bei einem Blatt wie dem *stern* zuerst auf die perfekte »Mischung aus Exotik, Traum und Volkshochschule« ankam, und er konnte das auch umsetzen. Bissinger war für Nannen, sogar noch Jahre nach der Trennung der beiden, »der begabteste Blattmacher, den wir je hatten«, mithin auch der einzig mögliche Nachfolger, der »Kronprinz« – sofern Nannen sich überhaupt vorstellen konnte, jemals einen Nachfolger zu haben. Wie fast alle Gründerväter der deutschen Nachkriegspresse mochte er, ohne das zu artikulieren, nicht glauben, daß sein Produkt ihn überleben könnte.

Manfred Bissinger war der Leitwolf der Achtundsechziger im *stern*, er hat, wie *konkret* ihm bescheinigte, »kritikfähige Redakteure« herangezogen und andere, eher konservativ geprägte dazu animiert, »in ihre ideologische Heimat abzuwandern«. Aber er war kein dogmatischer Linker, auch damals nicht – sonst hätte er mit Nannen nicht umgehen können, ohne sich permanent zu verstellen. Der war zwar ein miserabler Menschenkenner, aber seine instinktive Abwehr aller Ideologien hat gerade damals verläßlich funktioniert. Manche Weggefährten Bissingers meinen, dessen Agieren mit den Achtundsechzigern sei hauptsächlich taktisch motiviert, sei Hausmachtpolitik gewesen. Davon hat er zweifellos eine Menge verstanden. Gerade seine damaligen Gefolgsleute erinnern sich, daß er sehr dicht an Leute herangegangen ist, auch im privaten Bereich, daß er ihnen das Gefühl gegeben hat, Vertraute zu sein, auch Mitwisser, und daß er dafür dann Treue eingefordert hat. Zu dieser Machtstrategie gehörten aber auch die Lust am Lostreten von Konflikten, selbst innerhalb der Redaktion, und eine hohe Flexibilität bei der Interpretation von Tatbeständen. Dazu gehörte ebenso, daß Bissinger die Dogmatiker unter seinen Getreuen, die Anstoß an seinem Umgang mit dem Chefredakteur oder den Verlegern nahmen, eisern auf Distanz hielt: »Davon verstehst du nichts, das erkläre ich dir später.«

Die Politisierung des *stern* hat nicht mit Bissinger begonnen, aber sie hat durch ihn eine andere Qualität angenommen; das Blatt gehörte seither deutlicher als zuvor zu den Zeitschriften, die der Regierungssprecher Conrad Ahlers dann auf den ungenauen Nenner »Kampfpresse« gebracht hat. Bissinger war durchaus im-

stande, in die vagabundierenden Impulse des »politisch bewußten Teils der Redaktion«, wie man damals gern sagte, so etwas
wie eine Linie zu bringen – und die war unter den gegebenen Bedingungen auf weite Strecken identisch mit der Linie der Sozialdemokraten. Es kam vor, daß Bissingers Leute im Ressort Deutsche Politik, das er seit 1968 leitete, von ihm zu hören bekamen,
es gehe beim *stern* schließlich nicht um Feld-Wald-und-Wiesen-
Journalismus, sondern um die Durchsetzung linker Politik, und
das müsse in den Geschichten deutlich werden. Auch die Tonlage
der politischen Berichterstattung verschärfte sich.

Aber noch wichtiger für die politische Aufrüstung des *stern*
war Bissingers Beziehung zu Nannen – besonders seine Begabung, die Adrenalinstöße des Chefredakteurs auf bestimmte politische Ziele zu konzentrieren und ihnen so eine erkennbare
Richtung zu geben. Manfred Bissinger wurde genau das, was
Henri Nannen brauchte: sein Kontaktmann zur Politik und vor allem zu den Politikern. Er wurde Ideenlieferant, Stichwortgeber
und Türöffner in einer Person. Das machte ihn unentbehrlich,
und so wurde er zum »Kronprinzen«.

Im November 1967 ging der *stern* mit einer politischen Titelgeschichte gegen Axel Springer in Stellung, in der dem Verleger
gründlich die Leviten gelesen wurden: Marktmonopol, Mei-
nungsmonopol, Machtmißbrauch, Verhetzung, Einflußnahme
auf die Redaktionen – Autor dieser »Axel-Springer-Story«: Manfred Bissinger. Die Zeitungen »des Papier-Kriegers aus Hamburg«,
die zu Beginn der sechziger Jahre noch zu Zehntausenden über
die Zonengrenze in die DDR kamen, »heizten dort die Stimmung
gefährlich an und förderten die Massenflucht«, so der Autor, und
das »führte schließlich zu dem stillschweigenden Einverständnis
zwischen Moskau und Washington über den Bau der Mauer«.

Vordergründig war es nur ein einziger, obendrein in Klammern
gesetzter, Satz über Springers Privatsphäre (»bisher vier Frauen,
Privathäuser in Hamburg, London, Berlin, Kampen und Klo-
sters«), der bei den *stern*-Verlegern für Aufregung sorgte, weil
Springers weiland Generalbevollmächtigter Christian Kracht bei
John Jahr sen. angerufen und ziemlich vage mit Revanche in Form
von Veröffentlichungen über die Besitztümer der Gruner + Jahr-

Potentaten gedroht hatte. In Wahrheit aber ging die Beunruhigung über den politischen Kurs, den der Steuermann Bissinger, offenbar doch mit Billigung des Kapitäns Nannen, angelegt hatte, bereits tiefer.

Das Ende der Gemütlichkeit im Verlagsgeschäft war gekommen, der dilettantische Charme der Aufbaujahre hatte knallharten Positionskämpfen Platz gemacht. Der Illustriertenmarkt war zum Schlachtfeld geworden. Von den rund dreißig illustrierten Zeitschriften, die nach dem Krieg aufgetaucht waren, gab es Ende der sechziger Jahre noch vier, die übrigen waren eingestellt, aufgekauft oder mit anderen fusioniert worden. Der Senator Burda aus Offenburg hatte mit dem Zusammenlegen in großem Stil 1960 angefangen (indem er seiner *Bunten* erst die *Münchner* und später die *Frankfurter Illustrierte* einverleibte). Dann kam im Juni 1965 die Fusion der Unternehmen von Bucerius, Gruner und Jahr zu Gruner + Jahr, und 1966 folgte der Großeinkauf des Bauer-Verlags, der *Quick* und *Revue* unter seine verlegerische Kontrolle brachte. Richtig heiß wurde dieser Stellungskrieg dann aber durch Axel Springers (von den Studentenprotesten einerseits und der sogenannten Günther-Kommission andererseits ausgelöste) Frontbegradigung, also durch seinen Verkauf des Verlags Kindler & Schiermeyer und das daraus folgende Hin und Her.

Daß Blätter wie *Jasmin* und *Eltern* schließlich bei Gruner + Jahr landeten, machte das Zusammenwirken der drei dort vereinigten Verleger noch schwieriger, als es ohnehin schon war. Und die nun beim *stern* sich abzeichnende Entwicklung tat ein übriges – vor allem als die Auflage im Jahr 1967 nach einem steilen Anstieg in die Nähe der Zwei-Millionen-Marke ebenso steil wieder abfiel und 1968 abermals hunderttausend verkaufte Exemplare verlor. Drohte der »politisch bewußte Teil der Redaktion« das Geschäft zu verderben? Am deutlichsten formulierte, wie meistens, der Senior Jahr solche Zweifel, indem er offen von der Gefahr sprach, »daß junge, akademisch gebildete Radikale mehrheitlich in die politischen Redaktionen eindringen« könnten und daß Nannen »allein für die Zukunft auch nur begrenzte Sicherheit« gegen solche Entwicklungen biete. Gerd Bucerius sah den Auflagenschwund »eindeutig in der starken Politisierung« begründet, »und das muß ein bißchen korrigiert werden«; der Leser sei eben »noch nicht so weit, wie Nannen geglaubt hat«. Richard Gruner wiederum beschloß, etwas zu unternehmen, wenn nicht im Auftrag, so doch im Sinne seiner Partner. Er versuchte, das Problem unter Freunden zu lösen.

Die alte Freundschaft, die Gruner mit Claus Jacobi verband, gründete weniger im journalistischen Handwerk als im gesellschaftlichen Umgang. Um so besser wußte Gruner, daß »Jaco« kein Linker, sondern ein deutscher Tory war, ein Konservativer mit manifesten Sympathien für den Hochadel, der mit den Achtundsechzigern nichts im Sinn und mit den politischen Ambitionen seines Herausgebers Rudolf Augstein immer größere Probleme hatte. Jacobi hatte »das deutsche Nachrichtenmagazin« nach den Konvulsionen der *Spiegel*-Affäre, gemeinsam mit dem Co-Chefredakteur Johannes K. Engel, durch häufig brillanten, aber eher unpolitischen Magazin-Journalismus nach angelsächsischem Muster zu hoher Akzeptanz beim Publikum, doch auch zu schwindendem Ansehen bei den Systemveränderern verholfen. Das Verhältnis zwischen Herausgeber und Chefredakteur wurde spätestens dann kritisch, als die rebellischen Studenten bei ihren »Teach-ins«, beispielsweise in der Hamburger Universität, nach Rudi riefen, aber Dutschke meinten und nicht Augstein, dem sie statt dessen ein Transparent *»Spiegel – Bild am Montag«* entgegenhielten. Jacobi war weder bereit noch in der Lage, Augsteins Drang nach einer systemkritischen Repolitisierung des *Spiegel* nachzugeben. Die Trennung kündigte sich an. Gruner wußte das. Und er wollte Jacobi beim *stern* haben.

»Jacos« Trennung vom *Spiegel* war, zum Erstaunen vieler Beobachter, ganz undramatisch. Während eines Mittagessens im traditionsreichen Restaurant »Jacob« an der Elbchaussee, bei dem Augstein sein Unbehagen über den Kurs des *Spiegel* artikulierte, fragte Jacobi, ob der Herausgeber also den erst vor kurzem erneuerten Vertrag mit ihm nicht mehr machen würde, und als Augstein sagte: So wohl nicht mehr, bot Jacobi sofort seinen Abschied an. »Ich hatte zwar mit Augstein keinen Streit. Aber wir beide wußten, daß wir auf Kollisionskurs lagen«, sagte Jacobi damals. »Ein Kampfblatt zu machen, daran bin ich nicht interessiert.« Den Konkurrenten *stern* hingegen hatte »Jaco« nie verbissen gesehen, eher als eine andere journalistische Möglichkeit, wohl auch für sich selber. Und mit Henri Nannen verband ihn, außer gewissen Attributen des Savoir vivre, der Spaß am journalistischen Handwerk. Schon als er noch für ein paar hundert Mark bei der *Zeit* arbeitete, verdiente Jacobi sich ein Zubrot mit dem Erfinden von Titeln und frechen Bildunterschriften für den *stern*; die Bezeichnung »Lüg ins Land« für das Türmchen am damaligen Kanzleramt Palais Schaumburg zum Beispiel stammte von ihm. Nannen hatte seine Freude an derlei Blödeleien und ließ auch später den Draht zu Jacobi nicht abreißen. Lästermäuler sahen die beiden sogar in einem heimlichen Wettbewerb um den »schönsten Chefredakteur Deutschlands«. Man duzte sich jedenfalls.

Claus Jacobi für den *stern* zu gewinnen war also die leichtere Übung in dem Programm, das Gruner absolvierte. Ungleich schwerer war es, Nannen und dann auch noch die *stern*-Redaktion davon zu überzeugen, daß Jacobi (nach der vom *Spiegel* ausbedungenen einjährigen Karenzfrist) zum 1. Januar 1970 Chefredakteur unter einem Herausgeber Nannen werden sollte. Niemand dachte ernstlich daran, den Mann, dessen Name mit seinem Blatt synonym war, nach zwanzig *stern*-Jahren im 55. Lebensjahr und mit einem noch mehrere Jahre laufenden Vertrag aufs Altenteil zu schicken. Aber was, wenn Nannen nun nicht weichen wollte? Und was, wenn Bissingers linke Boys dem rechten Jacobi den Gehorsam verweigerten? Amtsmüde war Nannen damals noch nicht, und auch wenn er – durch die Begegnung mit Yael – zumindest zeitweise in einem emotionalen Ausnahmezustand lebte, war er doch weit davon entfernt, in einem verspäteten Anfall von Midlife-crisis das Erreichte verleugnen und neuen Ufern zustreben zu wollen. Daran hat er auch Jacobi gegenüber keinen Zweifel gelassen: »Ich eigne mich nicht zum Ehrenvorsitzenden und Altenteiler. Solange ich die Finger drin habe, will ich bestimmen.« Jacobi akzeptierte das »in der Gewißheit, daß Auseinandersetzungen mit Nannen professionelle Auseinandersetzungen sein würden, die unter Profis zu bewältigen sind«.

Also abgemacht. Die Verträge kamen 1968 zustande. Erst flog

Jacobi mit Gruners Flugzeug zu diesem nach Ascona (übrigens in Begleitung von Wolf Schneider, der wegen seines ausbleibenden Avancements zum stellvertretenden Chefredakteur gekündigt hatte und nun als Verlagsleiter zurückgewonnen wurde), dann flogen Gruner, Jacobi und dessen spätere zweite Frau Heike Mitte Juli nach Kreta und gingen dort an Bord der »Positano III«, mit der Nannen schon seit Wochen durchs Mittelmeer schipperte. Die Stimmung an Bord war sonnig wie das Wetter. Im kühlen Hamburg beschied derweil Bucerius alle Neugierigen, die Entscheidung liege allein bei Nannen. Der sagte, irgendwo zwischen Kreta und Rhodos, schließlich ja.

Ob er das getan hat, weil die wegsackende Auflage des *stern* seine Position geschwächt hatte oder weil er darauf vertraute, daß seine Leute, verstärkt durch die jungen Linken, einen echten Machtwechsel auf jeden Fall verhindern würden, kann man nur vermuten. Die Art und Weise, wie er nach seiner Rückkehr Anfang August der Redaktion das Engagement Jacobis verkaufte, war merkwürdig. Zunächst versicherte er: »Das ist meine Entscheidung, und zwar ganz allein meine Entscheidung«, und an der »Führung« des *stern* durch ihn werde sich nichts ändern. Dann unterschied er zwischen journalistischen und administrativen Aufgaben der Redaktionsführung; weder er selber noch sein Stellvertreter Schuller seien sonderlich interessiert am Administrativen und erhofften sich von Jacobi Entlastung. »Nannen spürte wohl«, notierte ein Teilnehmer, »daß er damit spitze Ohren bewirkt hatte, und setzte eilends hinzu, daß Claus Jacobi doch ein vorzüglicher Journalist sei, ›der das gut machen wird‹.« Sehr überzeugend war das alles nicht. Wenig später verbreiteten Medienbeobachter der einschlägigen Informationsdienste unterderhand, in der *stern*-Redaktion herrsche große Unsicherheit, denn Nannen sei physisch und psychisch am Ende wegen der bevorstehenden Ablösung durch Jacobi und treffe unverständliche Entscheidungen.

Ob das alte Freikorps Nannen samt seinem erstarkten linken Flügel einen Chefredakteur Jacobi wirklich akzeptiert hätte, darüber gehen die Meinungen der Zeitgenossen auseinander. Aber Jacobi trat gar nicht an. Vom anderen Ende der Welt, die er in seinem Karenzjahr bereiste, um die Übervölkerung des Planeten in einem Buch zu beschreiben, genauer: aus Pago Pago auf Samoa, rief er im Frühsommer 1969 bei Bucerius an und bat um Entlassung aus dem *stern*-Vertrag, den »Buc« (trotz der seiner Meinung nach exorbitanten Höhe des Salärs) gern unterschrieben hatte. Die Geschäftsgrundlage war, jedenfalls für Jacobi, entfallen: Richard Gruner, der Mann, der ihn zum *stern* gelotst hatte und der ihm dort den Rücken freihalten sollte, war von Bord gegangen.

Das heißt, Gruner wollte seine Anteile verkaufen und hatte dafür angeblich ein Angebot des Bauer-Verlags, dem Gruner + Jahr erst kurz zuvor die Münchner Firma Kindler & Schiermeyer weggeschnappt hatte. Ob Gruner mit diesem Angebot nur pokerte oder ob Bauer tatsächlich 150 Millionen für die 39,5 Prozent des Mehrheitsgesellschafters geboten hatte, ist nicht eindeutig zu beantworten. »Die Klärung der Kriegsschuldfrage von 1914 ist dagegen ein Kinderspiel«, schrieb damals der kundige *Zeit*-Kollege Haug von Kuenheim. Sicher ist, daß der Turboprop-Pilot und Ferrari-Fan Gruner plötzlich davonzog. »Die Fischmarkt-Manieren der preistreibenden Konkurrenz und die Landsknechts-Sitten der Münchner Blattmacher mußten einem Mann wie Gruner mißfallen, der sein privates Vermögen gern durch kühle Spekulationen an den internationalen Börsenplätzen vermehrt«, schrieb der *Spiegel* über seinen ehemaligen Teilhaber. Gruner selber sagt: »Ich war nicht einverstanden mit dem Kauf von *Jasmin* (von Bucerius vorher als Pornopaarungspostille bezeichnet) mit der Zahlung von ›Handgeld‹ in Millionenhöhe an zu übernehmende Redakteure und mit anderen, mir falsch erscheinenden verlegerischen Überlegungen meiner Partner. Ich wollte nicht angeschlagene, überteuerte Objekte kaufen, sondern im eigenen Verlag zusätzlich ein wöchentliches Wirtschaftsmagazin herausbringen... Um dies durchzusetzen und klare Positionen zu schaffen, bot ich an, 51 Prozent der Anteile zu übernehmen. Sonst zu verkaufen. Die Partner hatten Vorkaufsrecht.«

Das hatten sie wohl, aber nach dem Zukauf des Münchner Verlags (für 63 Millionen) keine 150 Millionen mehr. Außerdem schockierte sie die Drohung mit Bauer. Dessen »Schnulzenfabrik« (*FAZ*) wäre durch den Erwerb der 39,5 Gruner-Prozente der größte deutsche Pressekonzern geworden, aber Gruner + Jahr hätte diese De-facto-Fusion mit Bauer schwerlich als eine »Oase der Freiheit« überstanden. Auch schien Gruner zu unterschätzen, daß die Journalisten, die bei solchen Geschäften wie Inventar behandelt wurden, Verstärkung angefordert und sich Richtung Barrikaden auf den Weg gemacht hatten. Also schrieb Gerd Bucerius, der das nicht unterschätzt hatte, unter dem 6. März 1969 dem »lieben Richard« an dessen Hamburger Privatadresse an der Schönen Aussicht: »Die Öffentlichkeit würde sich eine solche Zusammenballung verlegerischer Macht nicht gefallen lassen.« Und die *stern*-Redaktion schon gar nicht.

Als die Redakteure des *stern* vom Streit ihrer Verleger erfuhren und als dann auch noch das Bauer-Gerücht umging, beschlossen sie zu handeln, und zwar keineswegs nur die Linken. Es gab auch Konservative, die bei Bauer gewesen waren und dort ganz bestimmt nicht noch mal hinwollten. Also bevollmächtigten 132 *stern*-Redakeure ihren Chefredakteur, den Verlegern folgendes mitzuteilen: »Wir sind nicht bereit, unsere Arbeit unter einer Verlagskonstruktion fortzusetzen, in der die journalistische und finanzielle Unabhängigkeit des Blattes nicht mehr gewährleistet ist. Wir werden die Arbeit niederlegen, wenn diese Unabhängigkeit gefährdet erscheint.« Die Drohung wirkte. Darüber, wann und wie Henri Nannen den Adressaten die Botschaft überbrachte, breiteten die Beteiligten den Mantel der Nachrichtensperre. In einer Verlagsmitteilung stand lediglich, Nannen sei es in einem drei Stunden dauernden »analysierenden Gespräch« gelungen, die drei Verleger zu überreden, »durch Neuverteilung der Anteile untereinander die Zusammenarbeit der Gesellschafter zu erleichtern«. Im Effekt bedeutete das: Bauer blieb draußen; Gruner verkaufte von seinen Anteilen zunächst 14,5 Prozent für 50 Millionen Mark an seine beiden Partner. Es bedeutete aber auch: Richard Gruner würde unter diesen Umständen seine übrigen 25 Prozent mitnichten behalten wollen. Das war den *stern*-Redakteuren durchaus klar, zumindest den »politisch bewußten«. Und so machten sie sich daran, ein Statut zu entwerfen, das sie in die Lage versetzen sollte, eine mögliche Wiederholung derartiger Vorkommnisse nicht mehr als »lebendes Inventar« hinnehmen zu müssen.

Natürlich war das *stern*-Statut auch ein Kind des Zeitgeists, der allenthalben nach Demokratisierung verlangte und rein kapitalistische Vorgaben für die Zeitungsbranche nicht mehr gelten lassen wollte. Selbst Bucerius fand: »Die Zeit war gekommen, beim *stern* die Mitbestimmung zu versuchen.« Auch ging das *stern*-Statut inhaltlich über die wenigen bereits existierenden Redaktionsstatute (etwa bei der *Neuen Ruhr Zeitung*) ebenso hinaus wie über die Vorstellungen, die beim Journalistenverband und bei der Gewerkschaft Druck und Papier diskutiert wurden.

Aber eine Revolution war es nicht, was die Redaktionsversammlung des *stern* am 10. April 1969 zwischen 12 Uhr und 15.30 Uhr in Henri Nannens Anwesenheit von ihren Verlegern zu verlangen beschloß. Die Redakteure legten vielmehr Wert auf die Feststellung, daß sie nicht den gegenwärtigen Zustand verändern, sondern vor einer überraschenden Veränderung der Besitzverhältnisse sicher sein wollten. Knackpunkt des Entwurfs war Punkt vier: »Die Redaktion hat den ideellen und damit auch den materiellen Wert des *stern* entscheidend mitgeschaffen. Vor einer Veränderung der Besitzverhältnisse muß der Redaktionsbeirat informiert und gehört werden.« Von einem Veto war nicht mehr die Rede – wohl weil man inzwischen die Erfahrung gemacht hatte, daß die Abschreckung eines unerwünschten Käufers durch Streik oder kollektive Kündigung genauso wirksam sein konnte. In einem ersten Anlauf war sogar vorgesehen, daß die Redakteure zwanzig Millionen Mark durch private Verschuldung aufbringen und damit Anteile an der Gruner + Jahr GmbH erwerben sollten. Wenigstens Gerd Bucerius honorierte den evolutionären Ansatz dieser Statuten-Debatte in der TV-Sendung *Panorama*: »Die wilde Verkauferei von Zeitungen und Zeitschriften in den letzten zwei Jahren muß einem intelligenten Redakteur Anlaß geben, darüber nachzudenken, wie seine Position ist. Er kann nicht ertragen, daß er heute nicht weiß, wem er morgen gehört.«

Für die Verhandlungen mit den Verlegern hatte die Vollversammlung Vertreter gewählt, die später dann auch der erste Redaktionsbeirat werden sollten – was insofern ungewöhnlich war, als es sich dabei um das geballte Establishment der Redaktion handelte: Henri Nannen, sein Stellvertreter Schuller, das »Oberauge« Rolf Gillhausen, die politischen Vordenker Gerhard Gründler und Manfred Bissinger sowie die Starreporter Winfried Maaß und Heinrich Jaenecke, »eine ausgezeichnete Besetzung« auch nach Bucerius' Meinung: »Mit diesen Leuten ließ sich verhandeln, mit ihnen hat der Verlag das Statut abgeschlossen.« Die Initiatoren des Statuts waren sich nicht sicher, ob die Chefs in den Beirat gehörten, aber es obsiegte die Meinung, daß es zunächst einmal gelte, den Verlegern eine imposante Gegenmacht zu präsentieren. Nicht alle sahen das so. Der Starreporter Elten zum Beispiel, dem die »psychischen Katharsen der Wichtigtuer« in den »schweißtreibenden Vollversammlungen« auf die Nerven gingen, »wurde den Verdacht nicht los, daß wir vor allem dafür kämpften, daß die uneingeschränkte Macht des Chefredakteurs Nannen erhalten blieb... Als das Redaktionsstatut endlich ratifiziert wurde, stand ›Lord Henri‹ als der eigentliche Sieger auf dem Podium: Praktisch unkündbar, beherrschte er die Redaktion, und die Verleger konnten es nicht wagen, seine Macht anzutasten.«

Natürlich hatte Henri Nannen sofort begriffen, welche Chance ihm diese Entwicklung bot. Nicht nur konnte er sich wieder mal an die Spitze der Bewegung setzen – die *stern*-Redaktion sicherte in Zukunft seine Position. Denn in Punkt fünf des *stern*-Statuts wurde festgeschrieben: »Der Verlag wird einen Chefredakteur nicht berufen oder abberufen, wenn der Redaktionsbeirat mit zwei Dritteln seiner Stimmen widerspricht. Er muß seine Stellungnahme begründen.« Den Beirat aber beherrschte nun Nannen, gewählt mit 84 Prozent auf Platz eins. Nannen wußte, daß er allein den Verkauf an Bauer nicht hätte verhindern können, auch nicht mit einer Rücktrittsdrohung, und die Verleger wußten das ebenfalls. »Der kann doch gar nicht aufhören«, sagte Bucerius unter vier Augen zu Gerhard Gründler, »der hat doch nichts. Ein Schiff hat er – und das kostet.« Jetzt aber hatte der Skipper schriftlich, daß er gegen eine Zweidrittelmehrheit der Redaktion nicht abberufen werden konnte. Und von einem Herausgeber, auf dessen Stuhl man ihn hätte komplimentieren können, stand im Statut überhaupt nichts. Was Wunder, daß Nannen diesem Statut einen Jubelartikel widmete, den er mit dem kämpferischen

Heuss-Zitat überschrieb: »Das Recht wird uns nicht ins Haus geliefert wie frische Brötchen.«

»Es war ein Statut durch Nannen, mit Nannen und für Nannen«, so der spätere Betriebsratsvorsitzende Ortwin Fink, der das Papier, wie andere überzeugte Linke in der Redaktion auch, für eine Sammlung goldener Worte ohne nennenswerte juristische Bedeutung (vor allem ohne Sanktionen für den Fall der Nichtbefolgung) hielt, also frei nach Ernst Thälmann für ein totgeborenes Kind, das sich im Sande verlaufen würde. Als Prognose war das nicht so falsch. Für den Augenblick aber wirkte das Statut wie Stacheldraht zur Abwehr Claus Jacobis, des Mannes, der Nannen eines Tages aus dem Amt hätte drängen können. Henri Nannen war der Triumphator.

Festreden bei der Unterzeichnung wurden nicht gehalten. John Jahr sen. hatte das Statut ohnehin nur widerwillig unterschrieben, Richard Gruner überhaupt nicht. Erich Kuby, die linke Edelfeder, beschränkte sich beim improvisierten Umtrunk auf ein Bonmot, das er auch schon seinem früheren Chef Werner Friedmann serviert hatte: »Wir trinken Ihren Sekt ohne schlechtes Gewissen. Sie schlürfen Ihren Champagner aus unseren Hirnschalen.«

Als »Peter« Nannen seinem Freund Richard Gruner den Entwurf des Statuts geschickt und Erläuterungen angeboten hatte, da hatte Gruner sofort heftig abgewinkt. »Ich sagte Nannen, daß ich nicht bereit sei, überhaupt darüber zu sprechen, riet ihm aber, das Wort Verleger im Statut durch ›Papierhändler‹ zu ersetzen.« Brieflich und »streng vertraulich« wurde er noch deutlicher: »Lieber Buc, lieber John, lieber Peter... Ein solches Statut schafft die erste westdeutsche Redaktions-Kommune. Der Verleger kann den Chefredakteur nicht mehr bestimmen. Hart ausgedrückt: Er ist nur noch Kassenwart eines Verlages. Nahezu alle Paragraphen des ›Redaktionsstatuts‹ laden unzufriedene Redakteure geradezu ein, eine permanente Machtprobe zu suchen und herbeizuführen. Der Beirat allein definiert, was eine fortschrittlich-liberale Politik ist, denn er ist zum Sachwalter des Statuts ernannt. Dann aber bestimmt er und nicht länger Verlag oder Chefredaktion den Kurs des Blattes... Die Beiratsmitglieder schaffen sich eine Unkündbarkeit...«·

Diese Analyse verhinderte zwar das Statut nicht, aber sie wurde zum Epilog auf die Freundschaft zwischen dem zusehends angewiderteren Jungverleger Gruner und dem »unkündbar« gewordenen Henri Nannen. Der bereits 1968 – ohne deutsche Steuerschulden – nach Liechtenstein umgezogene Gruner konnte weder verstehen noch verzeihen, daß der (an seinem raschen Reichtum nicht ganz unschuldige) »Peter« Sicherheit in einem Bündnis mit linksverdächtigen Redakteuren suchte und nicht mit ihm – so wie Jacobi zum Beispiel, mit dem Gruner 1971 noch ein rechtsliberales, quasi spiegelverkehrtes Nachrichtenmagazin entwarf, aber nicht herausbrachte, bevor »Jaco« dann endgültig zu Springer ging und Gruner größter Einzelaktionär bei American Airlines wurde.

Der Verkauf der restlichen 25 Prozent Anteile Richard Gruners an Gruner + Jahr für abermals 80 Millionen ging im Mai 1969 schnell und erstaunlich reibungslos, auch ohne viel öffentliches Aufsehen über die Bühne, obwohl der neue »dritte Mann« ein großer Medienkonzern war – nicht Bauer, sondern Bertelsmann. Zwar übernahmen zunächst die vorkaufsberechtigten Partner (mit Hilfe von »Bucis« Banker-Freunden) Gruners Anteile, aber es war von vornherein klar, daß sie die Last nicht allein tragen, sondern einen Partner brauchen würden, und da war ihnen Bertelsmann, damals vertreten durch den Generalbevollmächtigten und späteren Heilpraktiker Manfred Köhnlechner, doch lieber als etwa ein englischer Presselord wie Roy Thomson oder Rupert Murdoch. Kaufpreis: »80 Millionen und ein paar Zerquetschte« (Jahr sen.). Die *stern*-Redakteure hielten diesmal still, weil Bertelsmann ihr nagelneues Statut samt Mitspracherecht bei der Berufung des Chefredakteurs und der leitenden Redakteure akzeptierte und ausdrücklich erklärte, man habe nicht die Absicht, verlegerisch oder gar redaktionell auf die Blätter des Hamburger Hauses Einfluß zu nehmen, sondern werde sich auf die (in Grenzen bereits praktizierte) technische Zusammenarbeit beschränken.

Daß Henri Nannen bei seinem kurzen, aber zielsicheren Marsch an der Spitze der Statuten-Bewegung auch von Revanchegelüsten geleitet gewesen sein könnte, war Richard Gruner offenbar nicht in den Sinn gekommen, wohl aber Gerd Bucerius. Der erinnerte sich an eine furiose Auseinandersetzung im Herbst 1968 über einen *stern*-Artikel zu dem ominösen Thema »psychologische Kampfführung«, in dem dargetan wurde, die Bundeswehr habe während des sowjetischen Überfalls auf die Tschechoslowakei im August 1968 den Überfallenen ihre streng geheimen LF-Kompanien (»Lautsprecher und Flugblätter«) sowie einen mobilen Propagandasender zur Verfügung gestellt. Als Bucerius, der viele Freunde in der Tschechoslowakei hatte, den Andruck sah, rastete er aus. Er trommelte mit den Fäusten gegen die Wand, rief trotz der mitternächtlichen Stunde im Verteidigungsministerium und im Presseamt an und heischte Aufklärung oder ein Dementi, schickte ein wütendes Protesttelegramm an Nannen (der auf einem schwedischen Schiff durch die Ostsee fuhr), nahm Schlaftabletten und ging ins Bett. Als Nannen aufgeschreckt von Bord anrief, war der von Barbituraten benommene Bucerius zu keiner ruhigen Erörterung mehr in der Lage und knallte den Hörer auf die Gabel. Nannen war zumindest so wütend wie Bucerius, brach die Reise ab, und als er in Hamburg ankam, krachte es gehörig zwischen den beiden.

Die *stern*-Geschichte beruhte angeblich auf einer »mißverständlichen Auskunft eines Beamten des Verteidigungsministeriums«, in Wahrheit eher auf der völlig unzureichenden Recherche des Verfassers – »eine sehr unangenehme Panne« (Nannen), die sich mit einem dem *stern*-Heft vorauseilenden Dementi des Chefredakteurs auch nicht so ganz aus der Welt schaffen ließ. Aber wenigstens der Verleger war nun besänftigt. »Es war nicht unser erster Streit«, so Bucerius. »Jeder hatte gut geendet, obwohl es bei dramatischen Auseinandersetzungen die Regel war, daß der eine dem anderen den Krempel vor die Füße warf.« Aber damals sei »doch bei Nannen ein Stachel zurückgeblieben« – und das habe sich gezeigt, als er für das Statut kämpfte, das es sonst vielleicht gar nicht gegeben hätte.

Ach nein, Nannen hatte bessere Gründe. Es war das Jahr des Machtwechsels, das Jahr (wie die *Welt am Sonntag* süffisant anmerkte), »als die SPD sich anschickte, das moderne Deutschland zu bauen«. Bei der Bundestagswahl am 28. September bekamen

Willy Brandts Sozialdemokraten 42,7 Prozent der Stimmen, die Freien Demokraten bekamen nur noch 5,8 Prozent, aber das reichte Walter Scheel, seine Partei in die sozialliberale Koalition mit der SPD zu führen. Die Ära Brandt brach an, und Henri Nannen wurde ihr journalistischer Herold, mit allen Vorzügen, die das bedeutete. Und mit allen Risiken.

Das kaputte Superding

oder: Narziß und Trommelbube

Axel Cäsar Springer war für Henri Nannen »ein wirklich großer Verleger« und ein »außerordentlich charmanter, sehr gebildeter Mann«. Es gab durchaus Verbindendes zwischen den beiden, im äußeren Habitus beispielsweise oder im Verhältnis zu Frauen, sogar im gemeinsamen »Leiden an Deutschland«, und vielleicht hätten sie befreundet sein können, wären da nicht Springers ideologische Fixierung und sein Messianismus gewesen. So aber wurden sie zu Gegnern, politisch und oft genug auch juristisch. Dennoch hätte Nannen dem Kontrahenten während einer eskalierenden Auseinandersetzung schwerlich seine Aufwartung gemacht, wenn er den Mann nicht sympathisch gefunden hätte. Das war am 7. März 1970, einen Tag nachdem Herbert Kremp in der *Welt* Nannen einen »gealterten Trommelbuben« genannt hatte, zwei Tage nachdem Nannen im *stern* Springer als einen »Narziß« dargestellt hatte, der (frei nach einem Gedicht Baldur von Schirachs) »die Fahne wankend und allein« zu tragen wähne.

In Springers Grunewald-Villa, Bernadottestraße 7, führte Butler Heinz in gestreifter Weste den Gast über den Korridor, vorbei an einer friderizianischen Standuhr, in den Salon, wo der Hausherr wartete. Seinen Mittelsmann, den Finanzmakler Walter Blüchert, schickte Springer alsbald vor die Tür und plauderte dann mit Nannen, den er mal mit »mein Guter«, mal mit Henri Nannen, auch mal nur mit Henri anredete, inmitten dänischer und schleswig-holsteinischer Barockmöbel über ebendiese, über Nannens Probleme mit seiner Yacht und beinah beiläufig auch über einen Versuch, den drohenden Prozeß durch einen außergerichtlichen Vergleich beizulegen. In diesem Punkt blieb das Gespräch ergebnislos. Dennoch dauerte es fünf Stunden, endete in gutem Einvernehmen und war, wie Nannen anerkennend wissen ließ, »keine Minute langweilig«.

Nun ging es bei besagtem Rechtsstreit mitnichten um Beiläufiges, sondern um ein Objekt, dessen Wert Springer selber auf eine Milliarde beziffert hatte: um sein Imperium. Der »meistangegriffene Mann der Bundesrepublik« wollte dem Undank des Vaterlands trotzen, indem er seinen Laden verkaufte – und wollte es auch wieder nicht. Solche Anwandlungen hatte Springer seit den Studentenunruhen 1967 wiederholt gehabt. Jedesmal hatte er den Verkauf bis zur Unterschriftsreife aushandeln lassen und war dann zurückgezuckt. Diesmal war das alles noch schwieriger. Zum einen war der Springer-Konzern in offenen Konflikt mit der Regierung geraten, zum anderen war es ausgerechnet der Bertelsmann-Konzern, der sich bei Springer einkaufen wollte. Und drittens war der *stern*, sekundiert vom *Spiegel*, auf dem besten Wege, den Handel durch dessen Veröffentlichung kaputtzumachen.

Der Konflikt mit der Regierung war programmiert, als im September 1969 Willy Brandts SPD und Walter Scheels FDP ans Ruder kamen. Springers Blätter schossen sich auf die neuen Herren und besonders auf deren Ostpolitik ein. Die Kriegserklärung reichte dann Regierungssprecher Conrad Ahlers nach (als Reaktion auf eine *Bild*-Collage kritischer *Spiegel*-Aperçus über Brandt): »Die Springer-Zeitungen ... sind heute das, was man Kampfpresse nennt. Es ist eine Presse, die Nachrichten verfälscht« und die eine Polemik betreibe, die mit Meinungsfreiheit nicht mehr zu vereinbaren sei. Ahlers setzte hinzu, daß der studentische Protest gegen Springer, den er vor zwei Jahren nicht gut gefunden habe, »heute gerechtfertigt wird durch das Verhalten des Springer-Konzerns«. Vor seiner *Spiegel*-Zeit hatte Ahlers bei der *Welt* für Springer gearbeitet und meinte daher zu wissen, daß dieser autoritätsgläubige Mann, da er schon die Proteste der machtlosen Studenten nicht ausgehalten hatte, auf die Dauer nicht in Urfehde mit der etablierten Macht würde leben können. In der Tat versuchte Springer, durch einen Besuch bei Brandt im Februar 1970 so etwas wie einen Waffenstillstand zu erreichen. Er sehe kommen, sagte er dem Kanzler mit werbendem Unterton, daß man noch einmal Schulter an Schulter gegen die studierten Neo-Marxisten stehen werde. »Alles sehr wolkig«, fand Brandt. Springer habe »die Wolken von Island bis Cape Kennedy« geschoben. Ein Waffenstillstand wurde nicht vereinbart.

Der Handel wiederum, den der *stern* öffentlich gemacht hatte, war kompliziert eingefädelt und konnte auch in den gerichtlichen Auseinandersetzungen, die ihm folgten, nicht in allen Details aufgeklärt werden. Aber er ist am Ende rückgängig gemacht worden. Insofern war die Veröffentlichung des *stern* ein Volltreffer – allerdings einer, der auch bei Bertelsmann einschlug.

In Heft 10 vom 1. März 1970 schrieben Manfred Bissinger und sein Kollege Peter Neuhauser, ein überdurchschnittlich begabtes österreichisches Schlitzohr, unter dem Titel »Ausverkauf bei Springer – Der Hamburger Pressezar trennte sich bereits von einem Drittel seines Imperiums«: Der damals 57 Jahre alte Axel Springer habe soeben nicht nur ein Drittel seines Verlages an Bertelsmann verkauft, sondern wolle sich im Lauf der Zeit auch von 74 Prozent seines Konzerns trennen und nur eine Sperrminorität von 26 Prozent behalten. Der Artikel zitierte Ludwig Poullain, den Chef der Westdeutschen Landesbank, der den Bertelsmännern bei der Beschaffung der 313 Millionen für das erste Springer-Drittel behilflich war: »Das Geschäft läuft in Etappen, und die restlichen Anteile, die Springer noch hält, sollen in absehbarer Zeit auch den Besitzer wechseln. Bei Springer ist nichts undenkbar.« Also, folgerten die Autoren des *stern*-Artikels, trete »der größte deutsche Meinungsmacher« ab.

Genau das hatten die Geschäftspartner Springer und Bertelsmann verhindern wollen und hatten deshalb bei Vertragsabschluß am 17. Februar im Hamburger Hotel »Vier Jahreszeiten« strenge Diskretion bis zum 60. Geburtstag Axel Springers 1972 vereinbart. Als der Handel dann doch öffentlich wurde, gab das Haus Springer den Drittel-Verkauf zögernd zu, ließ dem *stern* aber per einstweiliger Verfügung die Behauptung verbieten, Springer wolle die Mehrheit abgeben. Der Konzernherr und sein generalbevollmächtigter Unterhändler Christian Kracht versicherten eidesstattlich, eine Übertragung weiterer Anteile an Bertelsmann oder andere sei »weder vereinbart noch beabsichtigt«. Das war falsch, und der *stern* teilte dies im nächsten Heft unter »Ausverkauf II: Springer läßt grüßen« auch mit. Vereinbart, beabsichtigt und bereits ausgehandelt war die Übertragung weiterer 17 Prozent Springer-Aktien an Bertelsmann für den Fall von Springers Ableben. Damit wäre die Aktienmehrheit dann an Bertelsmann gegangen.

Aber mehr noch als der unvermeidlich gewordene Rechtsstreit darüber, wer in dieser Sache wann und warum die Unwahrheit gesagt habe, beschäftigte den *stern* die drohende nordwestdeutsche Totalverflechtung zwischen Springer, Bertelsmann und Gruner + Jahr, in welches Haus der expandierende Gütersloher Konzern ja erst vor einem Jahr mit 25 Prozent eingestiegen war. Das »Superding«, wie die *Zeit* die angebahnte Konzentration nannte, amüsierte auch die Hamburger Verleger nicht besonders. Bucerius allerdings wußte im vorhinein von der Transaktion. John Jahr sen. versuchte, den Bertelsmann-Emissär Manfred Fischer zur Rückgabe des 25-Prozent-Anteils an Gruner + Jahr zu bewegen – ohne Erfolg. Der neugeschaffene Redaktionsbeirat des *stern* ging noch einen Schritt weiter und ließ die bereits erprobte Bereitschaft der Journalisten, sich zu verweigern, durchblicken. »Die Sternredaktion hält eine wie immer geartete Kapitalverflechtung der Axel Springer AG mit dem Verlag des *stern* für untragbar. Die Sternredakteure fordern die Auflösung dieser Verbindung. Sie werden das Ihre tun, um die Unabhängigkeit der Journalisten gegenüber der fortschreitenden Pressekonzentration zu sichern.«

Kein Wunder, daß die unübersichtlichen Fakten einerseits und die Verhärtung der Fronten andererseits Vermittler mobilisierten, die eine Schlammschlacht vor Gericht verhindern wollten. »So ein Prozeß schadet dem Ansehen der Branche«, befand der ehemalige Springer-Manager Ernst Naumann, nun designierter Geschäftsführer bei Gruner + Jahr, aber noch für ein paar Monate in Konkurrenz-Quarantäne bei Kindler & Schiermeyer in München. Er rief Christian Kracht an, und beide bemühten sich um einen Vergleich, hatten aber keinen Erfolg. Naumann kooperierte durchaus mit den Enthüllern Bissinger und Neuhauser, weil ihm als Vermittler daran lag, daß ihre Geschichten »wasserdicht«, aber nicht beleidigend waren. Einmal schickte er ihnen symbolisch Zigarren, weil er fand, daß sie Springer verbal zu hart angefaßt hatten. Darauf schickten die Gerügten ihm ein Foto: Bissinger und Neuhauser stützen, zigarrenrauchend, jeder einen Ellbogen auf die Schultern ihres in der Mitte stehenden Anwalts Dr. Heinrich Senfft und ballen die Fäuste (Neuhauser die linke, Bissinger die rechte). »Die Rote Zelle Manipulation grüßt«, steht darunter und: »Herrn Naumann mit Dank für die Zigarren«.

Der nächste Versuch, einen Vergleich zustande zu bringen, kam von Springer selber – indem er seinen Finanzmakler und Mittelsmann Walter Blüchert zu Nannen schickte und zum Gespräch bitten ließ. Dem fünfstündigen Geplauder in der Bernadottestraße am 7. März folgte später ein Telefonat, Dauer: eine Stunde. In dessen Verlauf verlangte Springer, die *stern*-Leute sollten den Vorwurf zurücknehmen, seine und Krachts eidesstattlichen Erklärungen seien ergänzungsbedürftig, was Nannen ablehnte; Nannen verlangte den Abdruck der Resolution des *stern*-Beirats in den Zeitungen Springers, was dieser ablehnte.

Anfang Mai – der Prozeß war noch im Gange – hatte der *stern* das ganze Hotel »Maritim« am Timmendorfer Strand gemietet und veranstaltete dort eine drei Tage dauernde Riesenfete für Anzeigenkunden, Werbeleute, Stars, Politiker. Die Regierung war mit Helmut Schmidt und Alex Möller vertreten. Tagsüber kreuzten Promis mit der »Positano III« so ausgiebig auf der ziemlich rauhen Ostsee, daß Nannens neuer Kapitän Heinz Simoneit abends beim *stern*-Ball vor Erschöpfung einschlief. Die *Hamburger Morgenpost* meldete »Rummel an der Ostsee« und einen »Höllenlärm um Mitternacht« (was sich auf ein gigantisches Feuerwerk bezog). Ella Fitzgerald war eigens aus London gekommen, Udo Jürgens und Katja Ebstein sangen ebenfalls, und Rudolf Augstein tanzte mit der »Schätzchen«-Darstellerin Uschi Glas und versprach ihr bei dieser Gelegenheit, Texte für ihre geplante Plattenproduktion zu schreiben. Auch an spannendem Gesprächsstoff herrschte kein Mangel. »Die Gerüchteküche hätte einen Stern im Michelin verdient«, notierte Heinrich Senfft.

Selbst im zivilrechtlichen Hauptverfahren, auf dessen schneller Eröffnung Senfft bestanden hatte, weil er sich davon eine Beweiserhebung zugunsten des *stern* versprach, drängte die Gegenseite »trotz der für Springer überwiegend günstigen Aussagen vor der Staatsanwaltschaft« (Senfft) zum Vergleich. Der kam Ende Mai mit der mageren Begründung zustande, es bestehe aufgrund der inzwischen gewonnenen Erkenntnisse an der Fortführung der gerichtlichen Verfahren kein Interesse mehr. Springer hatte den Rückzug angetreten.

Die Elefantenehe zwischen Springer und Bertelsmann hat nicht lange gehalten. Der Verkauf wurde rückgängig gemacht. Springer bekam sein Drittel zurück und Bertelsmann seine 313 Millionen, mit Zinsen. Auch die Tage der beiden Generalbevollmächtigten, die das Geschäft ausgehandelt hatten, waren gezählt. Manfred Köhnlechner mußte Bertelsmann, Christian Kracht mußte Springer verlassen.

Der Krieg zwischen Springers Zeitungen und der Regierung samt deren Sympathisanten ging weiter. Henri Nannen hat sich später erinnert, an jenem 7. März im Grunewald zu Axel Springer gesagt zu haben, er könne sich doch gar nicht mit ihm vergleichen, weil das so aussehen würde, als wollte er sich durch solches Einlenken selber aus der Schußlinie nehmen. Er wisse ja doch, daß Springer-Rechercheure damit begonnen hätten, sich für seine militärische Vergangenheit in Italien zu interessieren.

Das hatten sie wirklich.

Der Knüppel und der Sack

oder: Folgen eines Fernseh-Spektakels

Daß in den Stellvertreterkriegen der Medien – Springer gegen die
»Hamburger Kumpanei« – auch der Zweite Weltkrieg wieder
ausgebrochen war, das wußte Henri Nannen, seit sein ehemaliger Schreiber in Bevilacqua, Helmut Schlechtendahl, zu Jahres-
beginn 1970 Besuch von dem *Welt*-Mann Manfred R. Beer bekommen hatte. Beer recherchierte für eine Serie über PK-Kom-
panien und Kampfpropaganda und erkundigte sich dabei besonders angelegentlich nach der Operation »Südstern«, nach Hans
Weidemann und nach dessen Verhältnis zu Nannen. Schlechtendahl ließ seinen alten Vorgesetzten dies wissen.

Eine Woche nach dem Treffen mit Springer im Grunewald
schrieb Nannen dem *Welt*-Chef Kremp einen Brief: Er habe er-
fahren, daß Kremps Rechercheure versuchten, »meine militärische Vergangenheit aufzuklären«. Dabei gehe es vor allem um die
Erschießung eines englischen Soldaten in Bevilacqua und um »die
Erhängung eines italienischen Widerstandskämpfers, der eine
Brücke über die Fratta gesprengt haben sollte«. Nannen bot, »um
Ihren Herren unnötige Mühe zu ersparen«, ein Aktenzeichen der
Staatsanwaltschaft beim Landgericht Stade an, die den ersten Fall
(aufgrund einer Selbstanzeige von Hans Weidemann) bereits un-
tersucht hatte. »Die Namenslisten der Angehörigen meiner Luft-
waffeneinheit und des mir unterstellten Heeres-Zuges sowie die
Namenslisten des dem ehemaligen SS-Obersturmführer Weidemann unterstellten Kommandos ›Südstern‹ hat Herr Günter Heysing.« Nannen teilte dessen Adresse mit und daß er ihn gebeten
habe, »diese Namenslisten zur Verfügung zu stellen«, aber auch
selber bereit sei, »die mir noch erinnerlichen Namen für Sie zusammenzustellen«.

Bei dem vormaligen *Wildente*-Herausgeber Heysing, der dann
General Gehlens BND mit Geheimberichten über die »Hambur-

ger Kumpanei« belieferte, erschien aber nicht Beer, sondern, am 12. Januar, der Chefredakteur des »Axel-Springer-Inlanddienstes« (ASD), Johannes Otto, und bekam dort nicht nur Adressen, sondern auch Einsicht in Heysings ominöses Privatarchiv. Johannes Otto gehörte zu den Leuten, die bei Axel Springer ab und zu Lagevorträge halten durften, vornehmlich über den bösen Feind auf der Linken. Ottos ASD-Artikel mochte Kremp in der *Welt* manchmal nicht drucken, weil sie ihm zu pamphletistisch waren. Aber daß damals eine Art Seilschaft, ein Spürhunde-Gespann, auf der Fährte Henri Nannens unterwegs war, ist evident.

Nicht so klar ist, zu welchem Zweck die apportierten Erkenntnisse dem Hause Springer dienen sollten. Der ASD-Redakteur Karl Heinz Luther hat dem *Spiegel* damals zugegeben, er wisse in Sachen Bevilacqua gar nicht, »wie das bei uns laufen sollte«. *Welt*-Mann Beer hat seinem Informanten Schlechtendahl, bei abgeschaltetem Tonband, gesagt, »der Alte« wolle dem Nannen ja nicht den Job streitig machen, er wolle nur, daß der endlich seine freche Schnauze halte. Und die *Süddeutsche Zeitung* hat unwidersprochen berichtet, »des Großverlegers Spürhunde« hätten ihrem Herrn die Ergebnisse ihrer Ermittlungen zwar aufgeschrieben, der aber habe Weisung gegeben, sie nicht zu veröffentlichen – vielleicht eine zwischenmenschliche Nachwirkung des Geplauders im Grunewald.

Manfred Beer meldete sich am 13. April in Kremps Auftrag dann auch bei Hans Weidemann zu einem Gespräch an, in dessen Verlauf er ihn mit einer Äußerung Schlechtendahls konfrontierte (von der dieser später abrückte): Es seien von den Flugblattherstellern in Bevilacqua italienische Dirnen engagiert, spärlich bekleidet auf eine Couch gelegt, mit »typisch jüdisch aussehenden« Statisten fotografiert und mit folgender Botschaft versehen worden: Seht her, GIs, ihr liegt hier im Dreck, und zu Hause vergnügen sich eure Mädchen. Flugblätter solchen Inhalts hat es nachweislich gegeben, allerdings gezeichnete. Weidemann bestritt denn auch die Foto-Story entschieden und ließ Beer einen strafandrohenden Anwaltsbrief nachschicken. Dennoch tauchte die Geschichte in einer *Welt*-Glosse von Kremp auf und führte zu einer Gegendarstellungs- und Leserbrief-Prügelei zwischen Nannen und Kremp, die vom Landgericht Hamburg per Vergleich beendet werden mußte. Manfred Beer verwendete die Geschichte nicht. Seine Kriegspropaganda-Serie erschien vom 2. bis 9. Mai 1970 in der *Welt*, und Bevilacqua kam darin überhaupt nicht vor.

Aber völlig vergeblich war die Mühe der Springer-Rechercheure dennoch nicht. Die Nieder-mit-Nannen-Seilschaft mag bei Springer aufgestellt worden sein, aber sie blieb nicht auf Springer beschränkt. Kontakte zwischen dem Verleger und Gesinnungsfreunden wie dem *ZDF-Magazin*-Moderator Gerhard Löwenthal gab es ohnehin, auch geeignete Mittelsmänner. Jedenfalls fiel der Gegenseite, also der Nannen-Truppe, »schließlich ein 70seitiges Manuskript in die Hände, das vor etwa 18 Monaten von einem Springer-Redakteur verfertigt worden war«, so die *Süddeutsche* am 28. Oktober 1971: »Der Text, den Löwenthals Mitarbeiter Jürgen R. Meyer in Bevilacqua vor der Kamera sprach und der (im Dezember 1970) vom *ZDF-Magazin* gesendet wurde, stimmte in längeren Passagen wörtlich mit dem von Springer verworfenen Nannen-Dossier überein.«

In die Hände gefallen war dieses Dossier Nannens Leuten freilich nicht, sondern es wurde übergeben, und zwar von jenem Jürgen R. Meyer selber. Aber das blieb jahrelang geheim. Erst am 9. August 1978 lüftete Norbert Sakowski, Chef der *stern*-Nachrichtenredaktion, in einer Hausmitteilung an Nannen das Geheimnis. Jürgen Meyer war im Juli an Leberkrebs gestorben, und Sakowski fühlte sich »nun nicht mehr an das Versprechen gebunden, das ich Meyer vor Jahren gab. Also: Meyer hat mir damals, während der Kontroverse, das Springersche ›Drehbuch‹, das von Herrn Otto vom Springer-Inlandsdienst erstellt worden war, gegeben. Er hat mir gegenüber das Zusammenspiel Springer-Verlag/Löwenthal aufgedeckt und uns während des Streits laufend wertvolle Hinweise gegeben.« Denn Löwenthal habe Meyer in die Bevilacqua-Recherche wie in eine Falle laufen lassen. Meyer habe obendrein schlecht recherchiert und später nicht den Mut gehabt, sich zu seinen Fehlern zu bekennen und »darzulegen, daß er sich sogar gegen eine Ausstrahlung ausgesprochen hatte«.

Das übernahm dann Nannen, in einem Leserbrief an den *Playboy* im Februar 1979: »Am Abend vor der Sendung rief ZDF-Reporter Meyer seinen Chef Gerhard Löwenthal aus Hamburg an und bat ihn dringend, den Bevilacqua-Film abzusetzen. Meyer hatte inzwischen den Beweis, daß die Vorgänge in Bevilacqua sich so nicht abgespielt haben konnten, wie das von einem Herrn Otto aus dem Hause Springer gelieferte Drehbuch sie schilderte. Mehr noch: Meyer machte Löwenthal darauf aufmerksam, daß Axel Springer selbst das Material als höchst dubios erkannt und die Verwendung in den Blättern seines Hauses untersagt hatte.« Aber Löwenthal habe gesagt, der Film müsse jetzt (am 2. Dezember 1970) gesendet werden, und Meyer habe auch gewußt, warum: »In der Woche darauf wollte Willy Brandt in Warschau die Polen-Verträge unterzeichnen, und er hatte mich eingeladen, mitzufahren.«

Der Zusammenhang ist nicht zu übersehen. Am 2. Dezember lief die erste Sendung des *ZDF-Magazins*, in der Weidemann als Chef von »Südstern« und Ortskommandant von Bevilacqua mit den Folterungen und dem Erhängen von Partisanen nach der Brückensprengung im Oktober 1944 in Verbindung gebracht und Nannen der Mitwisserschaft verdächtigt wurde. Tags darauf forderte der Bundestagsabgeordnete der CDU, Gerhard Reddemann, den *stern*-Chef öffentlich auf, Brandt nicht nach Warschau zu begleiten, weil die polnische Bevölkerung Anstoß nehmen könnte an einem Mann, »der in der NS-Zeit braune Lyrik verfaßte« und einen früheren Vize-Gauleiter (Weidemann) zum Freund habe.

Am 7. Dezember kniete Willy Brandt vor dem Mahnmal im alten Warschauer Ghetto nieder – eine Schuld bekennend, an der er selber nicht zu tragen hatte, und um eine Vergebung bittend, deren er selber nicht bedurfte. Henri Nannen stand ein paar Schritte hinter ihm, sprachlos wie alle, die dabei waren. Über Nannens Aktivitäten als deutsches Delegationsmitglied während eines Empfangs bei Gomulka und Cyrankiewicz schrieb der ehemalige Kriegsberichter Walter Henkels in der *Frankfurter Allgemeinen Zeitung*, der »Hamburger Illustriertenmacher« habe kurz davor gestanden, »mit [Parteichef] Gomulka Bruderschaft zu trinken. Ministerpräsident Cyrankiewicz zum Bonner SPD-Sprecher Jochen Schulz, freudig bewegt: ›Gomulka spricht mit N.‹ Schulz replizierte sofort: ›Aber nein, Herr Ministerpräsident, Herr N. spricht mit Gomulka.‹«

Am 9. Dezember griff das *ZDF-Magazin* Nannen und Weidemann abermals an, diesmal mit Flankenschutz von der auflagenstarken katholischen Zeitung *Domenica del Corriere*, die behauptete, Weidemann sei Augenzeuge eines Folter-Verhörs gewesen. Nannen, so erklärte Moderator Löwenthal, sei eingeladen, in der Sendung Beweise für seinen Vorwurf der »vorsätzlichen Nachrichtenfälschung zum Zwecke der politischen Diffamierung« zu erbringen, er befinde sich aber noch in Polen und habe zugesagt, am 16. Dezember im *ZDF-Magazin* aufzutreten.

Dem Fernsehpublikum hat Löwenthal erzählt, man sei auf Weidemanns Rolle durch eine Anfrage des Bundestagsabgeordneten Franz Weigl (CSU) vom 5. November 1970 aufmerksam geworden, die der damalige Innenminister Hans-Dietrich Genscher nur sehr unbefriedigend beantwortet habe. Weigl hatte wissen wollen, ob die Regierung eine finanzielle Unterstützung der Aktion *Jugend trainiert für Olympia* empfohlen habe, obwohl der Leiter dieser Aktion, Hans Weidemann, als Träger des goldenen Parteiabzeichens der NSDAP, stellvertretender Gauleiter von Essen und Obersturmführer der Waffen-SS ungeeignet sei, die deutsche Jugend im olympischen Geiste zu erziehen. Wenn das wirklich der Anlaß war, dann hätte Löwenthal sich besser an Weigls Fragestellung gehalten. Aber er ließ sich, ermutigt vielleicht von jenem »Drehbuch« aus dem Hause Springer, dazu hinreißen, Weidemann und Nannen durch seine Schilderung der Vorgänge in Bevilacqua mit den Partisanen-Erschießungen in Verbindung zu bringen. Das war der Fehltritt, der das *ZDF-Magazin* schließlich zum Widerruf zwang und die Seilschaft abstürzen ließ. Den (nicht von Löwenthal selbst verlesenen, sondern von Nachrichtensprecher Wrobel aufgezeichneten) Widerruf konnten sich Sakowski und *stern*-Anwalt Senfft vor der Sendung beim ZDF in Mainz zur Kontrolle vorspielen lassen.

Erst recht nicht hätte es der Bevilacqua-Schilderungen bedurft, so das Landgericht Hamburg in seiner Urteilsbegründung vom 30. Dezember 1970, »um das von Dr. Löwenthal erklärte Ziel der Sendungen zu erreichen, nämlich Weidemann als eine für öffentliche Jugendarbeit ungeeignete Person zu qualifizieren, die Antragsteller [Gruner + Jahr und Nannen] der Inkonsequenz zu überführen und [Nannen] die Rolle eines ›selbsternannten Kämpfers für politische Sauberkeit‹, ›Sittenrichters der Nation‹ und ›politischen Tugendwächters‹ streitig zu machen. Dafür hätte – jedenfalls wenn man an Weidemann dieselben Maßstäbe anlegt, mit welchen die Antragsteller bisher andere gemessen haben – eine Dokumentation seines politischen Werdegangs von 1928 bis 1945 vollauf genügt.« Dies habe sogar der Verleger Gerd Bucerius in der mündlichen Verhandlung vom 28. Dezember »durch Worte des Bedauerns und die Andeutung von daraus möglicherweise zu ziehenden Konsequenzen mehr oder weniger selbst eingeräumt«.

Löwenthal hat gesagt, es gehe ja nicht »um einen kleinen PG, hier haben wir einen Aktivisten vor uns, dessen heutige Tätigkeit mit seiner derart belasteten Vergangenheit nicht in Einklang zu bringen ist«. Der Meinung konnte man sein, das räumte auch Nannen ein, obwohl er diesen Weidemann, ungeachtet seiner frühen Nazi-Begeisterung, als »einen begabten, warmherzigen und persönlich absolut integren Mann« kannte – obendrein als einen sanguinischen Charmebolzen und Kontakt-Artisten, der unter jedem Regime PR-Karriere gemacht hätte.

Erst der durchschaubare Versuch, mit diesem Mann als Knüppel den Sack Nannen zu schlagen und den Esel Brandt zu meinen, mobilisierte die Gegenwehr des »Illustriertenmachers« und setzte einen Recherchenaufwand in Gang, der so geballt noch für keine *stern*-Geschichte getrieben worden ist. Anders wäre die Mattscheiben-Attacke nicht abzuschmettern gewesen, das war Nannen klar: »Wenn ich ein Josef Müller gewesen wäre und hätte keine Redaktion gehabt und keine Menschen, die recherchieren können, dann wäre ich erledigt gewesen.«

Neben der siebenköpfigen Nachrichtenredaktion, deren Arbeitstage während der Bevilacqua-Aktion 18 bis 20 Stunden dauerten, war ein Dutzend Korrespondenten, Rechercheure, Fotografen und Dolmetscher, mobilisiert von Produktionschef Jochen von Lang, in der Bundesrepublik und in Italien ausschließlich auf den Fall Bevilacqua angesetzt. Sie waren verdonnert, per Tonband festgehaltene Gespräche mit Zeugen oder Informanten sofort auch schriftlich zu fixieren und diese Dokumente bei einem Notar zu hinterlegen. Alle technischen Hilfsmittel, bis hin zum Firmenjet, standen ohne Rücksicht auf die Kosten zur Verfügung. Rund 200 000 Mark soll die Abwehrschlacht verschlungen haben – zweifellos eine konservative Schätzung.

Während der Rechtsstreit über die ZDF-Sendungen bereits in vollem Gange war (zeitweise beschäftigten sieben einstweilige Verfügungen, fünf Strafanträge und ein Hauptsacheverfahren die Gerichte), suchten die *stern*-Rechercheure, vorneweg Sepp Ebelseder, weiterhin nach Beweisen für die Unschuld der Angegriffenen. Und sie fanden, außer dem für die Partisanen-Ermordung verantwortlichen Luftwaffen-Hauptmann Willi Lembcke (der Anfang Dezember 1970 einen Herzinfarkt erlitt), auch noch die beiden Soldaten, die den Partisanen Giulio Biscazzo in Bevilacqua aufgehängt hatten. Beide lebten als angesehene Bürger in der Bundesrepublik, der eine als Importeur, der andere als Chef einer Behörde in Bayern. Juristisch hatten sie nach 27 Jahren nichts mehr zu befürchten. Die eidesstattlichen Versicherungen aber, die sie sich abringen ließen, waren genau der »Blattschuß« für Löwenthal, den Nannen sich gewünscht hatte, als er Ebelseder noch mal losschickte.

Verglichen damit hatte das große Fernsehduell der Protagonisten am 16. Dezember eher Unterhaltungswert. Der allerdings war beträchtlich. Rund 20 Millionen Menschen sahen die Sendung, die Nannen später mal die erste richtige Talk-show im deutschen Fernsehen genannt hat, und weil damals exhibitionistische Entladungen auf dem Bildschirm noch die Ausnahme waren, wurde dieser Schlagabtausch zur TV-Sensation. Nannen hatte sich tagelang darauf vorbereitet, nicht immer in der besten Verfassung. Er brütete über den von Sakowskis Leuten vorbereiteten Dossiers und übte so lange, bis er seine Version des Hergangs in neun bis elf Minuten allgemeinverständlich aufsagen konnte. Auch ließ er sich regelrecht trainieren von »Sparringspartnern« wie Sakowski, dem über einschlägige Vorkenntnisse verfügenden Jochen von Lang sowie von Manfred Bissinger, die abwechselnd Löwenthals Part übernehmen mußten. Ins Schleudern kam Nannen nur einmal, als von Lang hinterlistig fragte, ob er damals SS-Uniform getragen habe. »Was soll denn der Blödsinn, Jochen«, schnauzte Nannen.

Die Geschichte, der solchermaßen durchtrainierte Nannen habe sich auch noch zwei Zettel in die Tasche gesteckt, auf denen »Halten Sie den Mund« und »Sie sind dumm« stand, hat er selbst in die Welt gesetzt. Wahr ist, daß während der Sparringsrunden erwogen (und wieder verworfen) wurde, Löwenthal vor laufenden Kameras Ohrfeigen anzubieten. Wahr ist auch, daß Nannen in der Sendung zu Löwenthal »Halten Sie den Mund jetzt« gesagt hat und daß unmittelbar danach in München und Umgebung die Bildschirme sieben Minuten lang dunkel wurden – »wegen eines technischen Defekts an der Bildendstufe« am Ausstrahlungsort Olympiaturm, so die Bundespost.

Zu der Live-Sendung im Wiesbadener ZDF-Studio 2 Unter den Eichen trug Nannen am Revers seines blauen Anzugs, von Löwenthal ignoriert, das Komturkreuz des Ordens »Commendatore al Mèrito della Repubblica Italiana«, den er vor einem halben Jahr bekommen hatte. In seiner Begleitung war, neben Jochen von Lang, sein Bonner Statthalter Peter Koch, den er 1966 aus dem Bonner *Spiegel*-Büro abgeworben hatte, spontan auf einer Journalisten-Party und für ein Anfangsgehalt von 6000 Mark. Koch hatte schnell Nannens Vertrauen und vor allem dessen persönliche Sympathie gewonnen. In Wiesbaden überwachte er im Regieraum die Einblendung der mitgebrachten Bevilacqua-Dokumente und die Kameraführung des Regisseurs Dieter Riwola, an der er aber nichts auszusetzen fand.

Das »größte Magazin-Spektakel in der Geschichte des westdeutschen Fernsehens, halb Groteske, halb Politikum« (*Der Spiegel*), dauerte 47 Minuten, deutlich länger als geplant. Und je länger, desto mehr riß Nannen die Show an sich. Er lud den Dialog fortissimo mit Emotionen auf, und dem hatte Löwenthal nicht viel entgegenzusetzen. Noch in die Abmoderation hinein brüllte Nannen, nicht mehr im Bild und nur noch schwer zu verstehen: »Das also ist das neutrale Forum!« und »Das ist ein Fall Löwenthal!«

Genauso emotional waren die meisten Reaktionen auf den elektronischen Gladiatoren-Kampf. Nannens erster Gratulant im

Studio war ein Student, der dabei seinen Job als Kabelträger aufs Spiel setzte. Die Telegramme, die Nannen beim *stern* erwarteten, feierten ihn mit Zweidrittelmehrheit als Sieger. Die »Lili-Marleen«-Interpretin Lale Andersen gratulierte »im Namen aller weiblichen Zuschauer« zum »größten Erfolg als Mann und Journalist«. Auch sonst gab es reichlich Beifall von der falschen Seite. »Mit Genugtuung habe ich Ihrem gestrigen Streitgespräch entnommen, daß sich in Bevilacqua ein mutiger Offizier gefunden hat, zwei Italiener aufzuhängen«, schrieb ein deutscher Mann aus Verden an der Aller. Und ein anderer, »mit kameradschaftlichem Gruß«, aus Tübingen: »Großartig! Diese Diktion! Man erkennt doch gleich die Schule! Auch ich bin ein Freund alter Kämpfer und habe mitgeholfen, das Volk im Krieg zu führen... Lieber Herr Nannen, ich glaube, wir verstehen uns.«

Nannens wahre Verbündete waren überhaupt nicht begeistert. Bezeichnend für die Reaktionen im engeren Umfeld des Kombattanten dürfte die Stimmung im Hause Bucerius am Hamburger Leinpfad während der Sendung gewesen sein. Der Verleger gab an diesem Abend eine Abschiedsparty für die *stern*-Personalchefin Freifrau von Rechenberg. Auch Martha Nannen war da, lief aufgeregt herum und suchte Schutz bei einem der Jahr-Söhne. Das Streitgespräch wurde auf vier (zum Teil farbigen) Bildschirmen verfolgt, meist wortlos, allenfalls raunend. Die Gefühlsausbrüche des *stern*-Chefs ließen hier keine Freude aufkommen. Bucerius wirkte angespannt und war offensichtlich in Sorge um Nannens Nerven. Ihn und John Jahr sen. will ein Party-Gast nach der Sendung »kalkweiß« gesehen haben.

Nein, Henri Nannen ist, trotz aller rhetorischen Dominanz, nicht als unbestrittener Sieger heimgekehrt. »Er war ja angeschlagen«, bemerkte selbst Jochen von Lang. Angeschlagen war auch das Vertrauen eines nicht geringen Teils der Redaktion, vor allem der jungen Linken, in den Chefredakteur und Beiratsmogul. Daß Nannen im *stern* einen alten Nazi beschäftigen und dies im Blatt auch noch in aller Breite rechtfertigen würde, hätten die kritischen jungen Leute einfach nicht für möglich gehalten. Nun, da das Unmögliche geschehen war, weckte es bei ihnen den (bislang nicht ernstlich erwogenen) Verdacht, »der Alte« sei womöglich selber ein Nazi gewesen. Als latentes Mißtrauen gegenüber Nannens Rolle in der Nazi-Zeit ist dieser Verdacht nach der Bevilacqua-Affäre in der Redaktion stets spürbar geblieben. Und ausgerechnet in der *Zeit* wurde er damals artikuliert. Dort beschrieb Dieter E. Zimmer das TV-Duell Löwenthal-Nannen als »ungewöhnliche Verschränkung von Doppelrollen: der Konservative, der Antifaschist war, gegen den Liberalen, der Nazi war« – was so viel Aufsehen machte, daß Haug von Kuenheim den *stern*-Chef in der übernächsten *Zeit* ausdrücklich absolvieren mußte: »Er war es nicht.«

Stern-intern wurde das, was Nannen auf insgesamt zwanzig Heftseiten (Leserbriefseiten nicht mitgezählt) als »Fall Löwenthal« vorführen ließ, »der Fall Weidemann« genannt. Und der löste eine Menge Ärger aus. Dieser artikulierte sich zum Beispiel in einem Zirkel linker *stern*-Leute, dem »Ramelsloher Kreis«, so genannt nach dem Wohnort des Wortführers Günther Schwarberg, in dessen Haus man ungehemmt Frust ablassen und sogar laut darüber nachdenken konnte, ob Nannen nicht ablösungsreif sei.

Hans Weidemann suspendierte sich selbst – honorig, aber nicht ohne Groll. Schon am Tag nach der ersten Löwenthal-Sendung, also am 3. Dezember, schrieb er dem *stern*-Beirat: »Ich möchte nicht, daß die *stern*-Redaktion durch diese Angelegenheit in irgendeiner Weise belastet wird. Deshalb werde ich bis zur Entkräftung dieser Vorwürfe die Leitung der Aktionen ›*Jugend forscht*‹ und ›*Jugend trainiert für Olympia*‹ abgeben.« In einer Darlegung »meiner politischen Vergangenheit« findet sich der Satz, das Löwenthal-Spektakel laufe doch darauf hinaus, »mich von meiner Arbeit zu trennen«, weshalb nun zu entscheiden sei, »ob ich die von mir eingebrachten und inzwischen verwirklichten Ideen weiter betreuen soll oder nicht«. Die Entscheidung wäre bei Nannen gewesen, aber der akzeptierte Weidemanns Rückzug. Dem Beirat wiederum bot dieser Rückzug die Möglichkeit, von einer vorsorglich erörterten Stellungnahme zu der ganzen Angelegenheit abzusehen – womit er sich freilich Vorwürfe und sogar Mißtrauensbekundungen verärgerter Redakteure einhandelte.

Offensichtlich wirkte die Behandlung des Falles Weidemann im *stern* wie ein Zündfunke, der eine Reihe von redaktionsinternen Verpuffungen auslöste. Besonders Nannens Flügeladjutanten bekamen das zu spüren. Im Ressort Deutsche Politik entlud sich der aufgestaute Unmut am 7. Dezember 1970 in einer kollektiven Kündigungsdrohung, die freilich nur Gerhard Gründler realisierte (er wurde dann Chefredakteur des *Vorwärts*): Das Verhältnis zum Ressortleiter Manfred Bissinger sei »erschüttert. Sein gestörtes Verhältnis zur Wahrheit und sein Hang zu Ausflüchten« machten eine loyale Zusammenarbeit unmöglich. Seit September monopolisiere er die Kontakte zum Chefredakteur ebenso wie die Kontakte zu Politikern und berate sich allenfalls noch mit Peter Koch in Bonn. »Dem Ressortleiter fehlt es an kritischer Distanz zum Chefredakteur. Das unpolitische und an den Interessen des Chefredakteurs orientierte Verhalten des Ressortleiters in der Affäre Weidemann hat das Ansehen des Ressorts schwer geschädigt.« Methodisch erinnerte das an Löwenthals Attacke: Man schlägt den Sack und meint den Esel. »Wir waren – wie auch andere Kollegen in der Redaktion – überzeugt, daß der Ressortleiter im Fall Weidemann das richtige politische Bewußtsein zeigen würde. Er hat sich angepaßt verhalten, einseitig die Position des Chefredakteurs vertreten...« Unterschrieben hatte neben Gerhard Gründler und dem Liberalen Heiner Bremer auch Peter Neuhauser, Bissingers Co-Autor in der Springer-Kampagne.

»Nach Rückkehr aus Warschau«, am 14. Dezember, revanchierte sich der Angegriffene in einer geharnischten Hausmitteilung zunächst damit, daß er wegen des deutlich gewordenen Mißtrauens »mit sofortiger Wirkung als Beiratsmitglied« zurücktrat (was er dann doch nicht tat). »In den schriftlichen Mißtrauenserklärungen«, beschied Bissinger sein rebellisches Ressort, »war die Rede vom ›politisch bewußten‹ Teil der Redaktion. Ich habe mich immer zu diesem Teil gerechnet. Auch mit meiner Stellungnahme zur Angelegenheit Weidemann, an der ich bis heute festhalte.« Daß die Redaktion ausgerechnet jetzt ihren Chef im Stich ließ – das, fand Bissinger, hätte gerade noch gefehlt.

Denn seit dem zweiten Quartal 1970 zeigte die Auflagenkurve steil nach unten (auch noch im ersten Quartal 1971, bis in die Nähe der 1,5-Millionen-Marke). In den Umfragen und Gruppendiskussionen unter *stern*-Lesern, die der Verlag in solchen Fällen zwecks Ursachenforschung in Auftrag gab, tauchte diesmal häufig das Wort vom Linksruck auf und von der allzu großen Regierungstreue des *stern*. Auch die Bevilacqua-Debatte hatte dem Blatt keine Sympathien verschafft, im Gegenteil, und erst recht nicht dem Chefredakteur. Nannen bekam ziemlich schlechte Noten. Wie ein Sieger sah er offensichtlich auch in den Augen seiner »lieben *Stern*leser« nach der Löwenthal-Show nicht aus. Vielen war er einfach zu polemisch.

In der Redaktion addierten sich die Sorgen wegen der sackenden Auflage und der Ärger über die totale Instrumentalisierung des Blattes im Fall Weidemann zur Wendewut: So soll's nie wieder sein! Das führte zu einer Art Generaldebatte mit dem Thema: Was machen wir falsch, was müssen wir ändern – vor allem im Umgang mit der Politik im *stern* und im Umgang miteinander? Am 12. Februar 1971 beschloß die Ressortleiter-Konferenz einen Katalog von 28 Fragen, die von jedem Redaktionsmitglied, das dazu Lust hatte, schriftlich beantwortet und mit Änderungsvorschlägen angereichert werden sollte. Was 73 *stern*-Redakteure daraufhin zusammentrugen, ließ keinen Zweifel daran, daß die Redaktion über den politischen Kurs des Blattes tief gespalten und mit der Führung und der Planung des Blattes durchaus unzufrieden war.

Die Chefredaktion sollte sich nicht »durch gemeinsame Diners stundenlang unerreichbar machen«, hieß es da zum Beispiel, sondern sie sollte »durch umschichtige Präsenz für pausenlose Entscheidungs-möglichkeit sorgen«. Auch die »chaotische Arbeitsweise der Layout-Abteilung«, die manchmal nach ausgiebigem Mittagessen erst spätnachmittags richtig antrat und dann bis in die Nacht »turnte«, sei »gesundheitsschädigend für die von ihr abhängigen Redakteure«. Von der Meinung, daß die innerredaktionelle Kommunikation miserabel sei, gab es keine einzige Ausnahme. Ein »gesellschaftliches Wertsystem und ein Planungsteam« müßten her, so Erich Kuby: »Die Löwenthal-Affäre hat gezeigt, wie sehr dem *stern* ein Planungsteam fehlt, das sich notfalls auch loyal gegen den Chefredakteur stemmt.«

Vor dem Fall Weidemann hätte Henri Nannen eine solche Debatte vermutlich verhindert. Nun beteiligte er sich daran – aber nicht an der Spitze der Bewegung, sondern eher wie ein Mitläufer, mit mäßigenden, vernünftigen, im Kern konservativen Bemerkungen: »Den Leser als Erwachsenen behandeln. Er will informiert und nicht bevormundet werden. Wohl ist der *stern* fortschrittlicher als der Leser; aber er darf nicht gegen den Leser argumentieren, sondern er muß erklären, wieso solcher Fortschritt im richtig verstandenen Interesse des Lesers liegt. Das verbietet Arroganz, Häme und Besserwisserei.« Was ihm selber fehlte im *stern*, hatte mit der Kritik der jungen Wilden nichts mehr gemein: »Es ist zu wenig vom Glück die Rede und von dem, was Gott sei Dank noch in Ordnung ist... Im *stern* gibt es keine guten Menschen, keine glücklichen Familien, keine wirklichen Abenteuer und keine Stille.«

War das der alte Nannen? Wollte der Löwe nicht mehr brüllen oder konnte er nicht mehr? War sein Kampfgeist verbraucht? Nicht wirklich. Natürlich war ihm klar, daß die vorgetragenen Ideen zur Verbesserung der Führungsstruktur seine Macht beschränken wollten, daß er in einem dieser kritischen Vorschläge, die Wolf Schneider in einer synoptischen Darstellung zusammengefaßt hatte, sogar schon als »Herausgeber« geführt wurde.

Schneider hatte unterdessen als Verlagsleiter gekündigt, wurde in der Redaktion aber als möglicher dritter Stellvertreter Nannens (neben Schuller und Gillhausen) hoch gehandelt. Doch als Schneider auf einer Redaktionsversammlung bei der Wahl eines Ausschusses zur Erarbeitung einer neuen Redaktionsstruktur die meisten Stimmen bekam, eine mehr als Nannen, da zeigte sich, daß Nannens Reflexe noch funktionierten. Schneider wurde nicht stellvertretender Chefredakteur. Er unterschrieb Ende März einen Vertrag bei Springer, wo er ein Nachrichtenmagazin entwickeln sollte (eine Idee, die Springer später fallenließ).

Die Auflage des *stern* erholte sich. Neue Strukturen wurden erprobt, Nannen blieb. Aber sein Freikorps war die Redaktion nicht mehr. Und noch längst waren nicht alle Schlachten geschlagen.

»Der lügende Holländer«

oder: von Doppelagenten und Dreiecksverhältnissen

Zu den Publikationen, die der damalige Regierungssprecher (und vormalige Fallschirmjäger) Conrad Ahlers als »Kampfpresse« bezeichnet hatte, gehörten im Kalten Krieg nicht nur Springer-Zeitungen, sondern in vorderster Front auch die *Quick* aus dem Bauer-Verlag, der härteste Konkurrent des *stern*. Dort erschienen zu Beginn der siebziger Jahre immer wieder geheime Aufzeichnungen, wie zum Beispiel die sogenannten Bahr-Papiere aus der Phase der Bonner Vertragsverhandlungen mit Moskau, in der offenkundigen Absicht, die neue Ostpolitik der sozialliberalen Regierung Willy Brandts zu torpedieren, zumindest zu behindern. Das verschärfte die Gegnerschaft nicht nur zu dieser Regierung, sondern auch zum Konkurrenten *stern*, der den Versuch einer realistischen Annäherung an die Nachbarn im Osten ja noch früher als die Regierung begonnen hatte.

Und so geriet der *stern* in die Verlegenheit, zur Eingreifreserve der Bundesregierung in Sachen Kampfpropaganda zu werden – eine Verlegenheit zumindest dann, wenn man den politischen Ort eines solchen Magazins in der Opposition sah, und das taten die meisten *stern*-Redakteure, keineswegs nur die linken. Der *stern* sollte sich schämen, je mit einer Regierung befreundet zu sein, hatten führende Leute wie Victor Schuller und Wolf Schneider bei jener Standortsuche per Fragebogen 1971 zu Protokoll gegeben. Wirklich geschämt hat sich damals wohl niemand, bestimmt nicht Henri Nannen. Grund zum Nachdenken über das Problematische einer solchen Freundschaft hatte der *stern* im nun angebrochenen Jahrzehnt aber reichlich. Und der Fall Nouhuys war nur ein (wennschon ein besonders abstruses) Beispiel dafür.

Angefangen hat die Geschichte, wie die Ex-Staatssicherheits-Offiziere Herbert Brehmer und Günter Bohnsack nach dem Ende der DDR im *Spiegel* und dann in ihrem Buch *Auftrag Irreführung* erzählt haben, mit den »erheblichen Irritationen in Moskau, Warschau und bei uns in der DDR« über die »gezielten Indiskretionen« der *Quick*. »Wir überlegten daraufhin, wie wir künftig solche Entspannungstorpedos verhindern könnten. Die Generalität kam auf eine Idee, die sonst bei Geheimdiensten verpönt ist. Der damalige *Quick*-Redaktionsdirektor Heinz van Nouhuys hatte in den fünfziger Jahren für das MfS (Ministerium für Staatssicherheit) gearbeitet. Bei uns hieß er ›Nante‹. Seine Akten wurden aus dem Archiv geholt. Es handelte sich um viele Bände mit Treffberichten und Informationen, die Nouhuys im Westen abgeschöpft hatte. Über den Wert seiner Informationen konnte man natürlich streiten. Wir beschlossen, ›Nante‹ zu enttarnen.«

Während dieser »Entlarvungsaktion«, so die Stasi-Offiziere, »stellte sich heraus, daß Nouhuys beim Pullacher Bundesnachrichtendienst (BND) unter dem Decknamen ›Handwerker‹ geführt wurde«. Aha, ein Doppelagent? Das hätte publizistisch nicht schaden können. »Für die Enttarnungsaktion wählten wir das *Quick*-Konkurrenzblatt *stern*, weil das politisch eine andere Richtung vertrat.« In der Tat: »Für den *stern*«, hat Manfred Bissinger später ausgesagt, »bestand ein besonderes Interesse daran, herauszufinden, wie es möglich war, daß Indiskretionen über die Ostverhandlungen beziehungsweise Ostverträge an die Öffentlichkeit gelangten«, und er sei deshalb »allen Geschichten nachgegangen über diejenigen«, die für solche Indiskretionen in Betracht kamen. Die Stasi-Offiziere wußten das offenbar. Jedenfalls stellten sie »einen Kontakt zum *stern* her – Codename ›Pegasus‹«.

Wer immer dieses Flügelroß geritten haben mag – beim *stern* kam der »Kontakt« in Form von Tips befreundeter Bundestagsabgeordneter an. Manfred Bissinger hat am 6. Februar 1980 dem 21. Zivilsenat des Oberlandesgerichts München erklärt, besagte Indiskretionen seien »ständig Gegenstand von Gesprächen mit Politikern oder hohen Beamten« gewesen. »Auf diese Weise ist der *stern* auch auf den Chefredakteur von *Quick* aufmerksam geworden.« Und zwar sei ihm im Frühsommer 1973 »von einem sehr hohen Beamten«, dessen Namen Bissinger natürlich nicht nannte, »ein relativ schmaler Akt gezeigt [worden], es handelte sich um eine Art Schnellhefter« mit Auszügen aus BND-Akten.

»Insgesamt enthielt die Akte über Herrn van Nouhuys und dessen Geheimdiensttätigkeiten so viele Einzelheiten, daß ich geradezu aufgeschreckt worden bin.«

Bissinger schickte den »Detektiv« des *stern*, Gerd Heidemann, zu Nouhuys, »um ein paar Details nachzuprüfen« – in Heidemanns Version eher deshalb, weil er ein Interview mit dem CDU-Bundestagsabgeordneten Julius Steiner haben wollte, der bei der *Quick* unter Vertrag war und dort exklusiv erzählt hatte, er habe gegen eine Zahlung von 50 000 Mark (nicht von Wehners Wienand, sondern von der Stasi der DDR, wie man heute weiß) beim konstruktiven Mißtrauensvotum der CDU 1972 gegen Kanzler Brandt nicht mit seiner Partei gestimmt und so die Regierung gerettet. Ein solches Interview (das im *stern* nie gedruckt wurde) hat Heidemann angeblich mitgebracht; aber Nouhuys auszufragen – einen alten Duzfreund und ehemaligen *stern*-Kollegen – will er nicht übers Herz gebracht haben.

Dieser Heinz Losecaat van Nouhuys, von den Lästermäulern in der Branche auch »lying Dutchman« genannt, war mal hier, mal da, Mitte der fünfziger Jahre auch beim *stern*. Zuvor also sollte er, damals ein flotter Twen, als freier Journalist nebenbei auch für die Stasi gearbeitet und damit die (unwahrscheinliche) Summe von 200 000 Westmark verdient haben. Das war längst vorbei, als er bei der *Quick* Karriere machte. Für die dortige Veröffentlichung der Bahr-Papiere im April 1970 kann er übrigens nicht verantwortlich gewesen sein, denn damals war er noch stellvertretender Chefredakteur von *Jasmin*, in welcher Eigenschaft er 1969 auch Wahlwerbung getextet haben will – für die SPD. An seiner Vielseitigkeit war jedenfalls nicht zu zweifeln.

Mit der Nouhuys-Recherche wurde nun der bewährte *stern*-Rechercheur Sepp Ebelseder betraut, aus naheliegenden Gründen. »Für mich«, so Ebelseder vor dem Oberlandesgericht München 1979, »begann die Geschichte meiner Erinnerung nach im Herbst 1972, spätestens Frühjahr 1973, als mir nämlich in Bonn ein Bundestagsabgeordneter erzählte, Herr van Nouhuys habe zumindest in den fünfziger Jahren für den Geheimdienst der DDR gearbeitet. Der betreffende Bundestagsabgeordnete berichtete weiterhin, Herr van Nouhuys sei auch für den Bundesnachrichtendienst, seinerzeit noch die Organisation Gehlen, tätig gewesen.« Der Abgeordnete sagte, er habe diese Information schon in den sechziger Jahren von dem führenden SPD-Politiker Fritz Erler erhalten, der dem sogenannten Vertrauensmännergremium des Bundestags, also den Kontrolleuren der Geheimdienste, angehört habe.

Einige Zeit später sagte ein anderer Bonner Politiker dem *stern*-Korrespondenten Horst Knape, sein Blatt solle doch mal die Todesursache des 1972 in der Nähe von Gotha tödlich verunglückten Interzonenhändlers Horst Bosse genau recherchieren (die *Quick* hatte diesen Unfalltod als mysteriös bezeichnet), und wenn die Reporter sich beim Presseamt in Ost-Berlin anmeldeten, würden sie dort wahrscheinlich auch auf Herrn van Nouhuys angesprochen werden. Aber dem *stern*-Team wurde die vom zuständigen Ressortchef Peter Koch fernschriftlich beantragte Einreise im ersten Anlauf verweigert.

Da sprach, wieder einige Zeit später, ein Bundestagsabgeordneter Sepp Ebelseder an und fragte, warum der *stern* denn noch nichts über den Fall Bosse gebracht habe. Als er von der verweigerten Einreise hörte, zeigte er sich überrascht und empfahl dringend einen neuen Versuch. Und der gelang sofort. Sepp Ebelseder und der Fotograf Fred Ihrt recherchierten in Begleitung ihres Betreuers vom DDR-Außenministerium in Gotha und wurden auf dem Rückweg in Ost-Berlin von einem Mitarbeiter des »Bereichs Presse und Information im Ministerium für Auswärtige Angelegenheiten« mit einem Offizier des Staatssicherheitsdienstes zusammengebracht. Der nannte sich Buchner. Es war Herbert Brehmer.

Im Ostberliner »Johannishof« zeigte er Ebelseder am 22. September 1973 zunächst Material über den Bonner Bürochef der *Quick*, Paul Limbach, und ließ dann erst Fotokopien von angeblichen Nouhuys-Berichten und von Quittungen sehen, die der Holländer (mit Klarnamen) unterschrieben habe. Erst bei zwei weiteren Treffen mit »Buchner«, die der ersten *stern*-Geschichte über den »Doppelagenten« Nouhuys in Heft 44/1973 vorangingen, konnte Ebelseder die Fotokopien dann auch mitnehmen. Brehmer hat viele Jahre später (am 14. Januar 1992) der Generalstaatsanwaltschaft beim Bundesgerichtshof erklärt: »Das Material war überwiegend echt; Desinformation war lediglich, daß es Filme von nachrichtendienstlichen Treffs mit Nouhuys gebe.« Aber durfte man ihm das damals glauben?

Henri Nannen hat in solchen Fällen gern gesagt, es sei in Ordnung, auch beim Teufel persönlich zu recherchieren, entscheidend sei, ob das stimme, was er sage. »Wer einem Verdächtigen auf der Spur ist, der darf keine Scheu haben, sich auch in der Unterwelt zu bewegen, das gilt für Journalisten wie für Kriminalisten.« Und beim Umgang mit Geheimdienstleuten, die eine Geschichte zu »pflanzen« versuchten, gebe es für den Journalisten »nur eine Frage, nämlich: Ist die Nachricht wahr? Interessiert sie meinen Leser? Widerspricht sie den guten Sitten? Schadet sie meinem Land?« Auch Menschenleben dürfe eine Veröffentlichung nicht gefährden. Alles andere aber hielt Henri Nannen für »fit to print« im Sinne dieses Mottos der *New York Times*. Andere Gründe, eine Nachricht nicht zu drucken, ließ er nicht gelten. »Ich halte kein Verbot ein, wenn ich es nicht einsehe«, hat er 1982 der *tageszeitung* gesagt. Lieber hat er sich verklagen, schlimmstenfalls auch verurteilen lassen.

Ob das, was die Stasi 1973 über Heinz Losecaat »gepflanzt« hatte, der Wahrheit entsprach, das versuchte der *stern* bei der Bundesregierung zu erfahren. Schließlich war der Tip, man solle sich doch mal um den »lügenden Holländer« kümmern, von namhaften Bonner Politikern gekommen. Also gaben sich die *stern*-Leute auch bei der Verifikation nicht mit der zweiten Garnitur zufrieden. Auf dem dritten Punkt des Dreiecks Stasi/*stern*/Bundesregierung amteten: Staatssekretär Horst Grabert, Chef des Bundeskanzleramts, Dieter Blötz, Vizepräsident des BND (er war der Mann mit dem Schnellhefter) und Herbert Rieck, Abteilungsleiter in der Pullacher BND-Zentrale (sämtlich Sozialdemokraten). »Es handelte sich«, wie Horst Grabert später den Münchner Richtern erklärte, »um ein Zusammenwirken im Interesse der Bundesrepublik und des Publikationsorgans.«

Manfred Bissinger hat es in seiner Vernehmung vor dem OLG München am 6. Februar 1980 so gesagt: »Alles, was Herr Ebelseder mitbrachte, wurde an den Bundesnachrichtendienst beziehungsweise das Bundeskanzleramt weitergegeben, weil wir interessiert daran waren, daß alle in Frage kommenden Stellen auch entsprechend informiert würden und Gelegenheit hätten, das Material zu prüfen.« Es hätte sich ja um Fälschungen handeln können. »Ich erinnere mich genau«, so Bissinger, »daß hierüber mit Herrn Grabert mehrmals gesprochen worden ist. Auf die Frage ist uns immer wieder gesagt worden, daß die Prüfung des Materials im Bundesnachrichtendienst keinerlei Anhaltspunkte für eine Fälschung ergeben habe.«

Es gab zahlreiche Zusammenkünfte der *stern*-Leute mit den SPD-Leuten Grabert, Blötz und Rieck in Sachen Losecaat – in Berlin, im Bonner *stern*-Büro und in der Hamburger Redaktion. Dort gingen Blötz und Rieck beide Nouhuys-Geschichten des *stern* (die zweite erschien in Heft 46/1973) Punkt für Punkt durch, bevor sie gedruckt wurden, und veranlaßten nach Telefonaten mit Pullach und mit Grabert auch ein paar Änderungen. Dabei führte, laut Ebelseder, »Herr Blötz insbesondere auch mit Herrn Nannen ein langes Gespräch über diese Angelegenheit«. Dem Abteilungsleiter Rieck fiel vor allem die »hektische Atmosphäre« in der *stern*-Redaktion auf: »Ab und zu schwebte auch Herr Nannen herein und schwebte wieder hinaus.« Grabert hingegen erinnerte sich »zum Beispiel an ein Gespräch, das in einem Restaurant in Godesberg stattfand, bei dem ... auch Herr Nannen anwesend war«. Der Bonner *stern*-Mann Knape notierte sich sechs Gespräche mit Grabert in dieser Sache; am 21. Oktober 1973 brachte er das Manuskript des zweiten Nouhuys-Artikels gegen 23 Uhr zu Grabert in dessen Privathaus in Vinxel und bekam es nach einer Stunde mit einem »Okay« zurück.

Was Losecaat und den BND anging, so erhielten die *stern*-Leute sogar Einsicht in Pullacher Originalakten. »Daß Nouhuys auch für den BND tätig gewesen ist«, versicherte Ebelseder eidesstattlich, »und dabei besonders für die Gruppe, die später den ostpolitischen Kurs der Regierung Brandt/Scheel bekämpfte, weiß ich von Zeugen, über deren Kompetenz ich mich in einer jeden Zweifel ausschließenden Weise vergewissert habe, und aus Dokumenten, die mir diese Zeugen zugänglich gemacht haben.« Was wollten die *stern*-Leute mehr? Manfred Bissinger hat vor Gericht gleich zweimal gesagt, wenn alle *stern*-Artikel so gründlich recherchiert gewesen wären wie die Nouhuys-Geschichten, dann hätte er als geschäftsführender Redakteur weniger Ärger gehabt.

Und doch ist das »Interesse des Publikationsorgans«, von dem Grabert gesprochen hatte, am Ende auf der Strecke geblieben. Denn während die *stern*-Leute stets davon ausgegangen waren, daß die freigiebig gewährte Unterstützung der Bonner Genossen dem Ziel gedient habe, die Richtigkeit der gewonnenen Erkenntnisse über Heinz Losecaat van Nouhuys festzustellen, wurde genau dies von den Herren aus dem Kanzleramt und dem Nachrichtendienst später vor Gericht bestritten. Dieter Blötz gab dem OLG München am 15. Mai 1979 zu Protokoll, »daß unser Auftrag sich auf die Überprüfung unter sicherheitsrelevanten Aspekten bezog... Es ging nicht um ein inhaltliches Billigen oder Genehmigen der Artikel.« Und Herbert Rieck erinnerte sich, gesagt zu haben, »daß ich nur den Sicherheitsaspekt vertreten könne, aber nicht verantwortlich sei für die Richtigkeit des Artikels«. Außerdem hatten die Beamten, anders als erwartet, nur eine eingeschränkte Aussagegenehmigung erhalten.

Als Graberts Nachfolger im Kanzleramt, Staatssekretär Manfred Schüler, dem zuständigen Gericht 1975 auf Anfrage knapp mitteilte, daß sich Agententätigkeit, Decknamen und Bezahlung des Herrn van Nouhuys weder für West- noch für Ostkontakte belegen ließen, beschrieb Henri Nannen das Verhältnis des *stern* zu der befreundeten Regierung so: »Hier sind wir hängengelassen worden, wie es schlimmer nicht geht.« Wer sollte sich dieser Freundschaft denn nun schämen? Der *stern*?

Die diversen Prozesse in der Sache *stern* gegen Heinz van Nouhuys wurden über 14 Jahre quer durch die Instanzen geführt und endeten 1989 mit einer Art Patt. Weder hatte der *stern* den Richtern zu beweisen vermocht, daß Nouhuys Doppelagent war (bekam seine Behauptungen aber auch nicht verboten), noch Nouhuys, daß er keiner war. Die Rechtsstreitigkeiten versandeten. Der endgültige Schlußpunkt, ein formalrechtlicher Beschluß des Bundesgerichtshofs, war dem *stern* nicht einmal mehr eine Notiz wert.

Heinz Losecaat van Nouhuys scheint den Streit schon viel

früher nicht mehr so schrecklich ernst genommen zu haben. Jedenfalls war Sepp Ebelseder nicht schlecht erstaunt, als ihm – noch auf dem Höhepunkt der journalistischen wie der juristischen Raufereien – in München von der anderen Straßenseite her jemand ein munteres »He, Sepp!« zurief. Es war Nouhuys, mit dem Ebelseder vordem noch nie persönlich zusammengetroffen war. Man ging gemeinsam auf einen Drink in Schumanns Bar, und wann immer der Losecaat den Ebelseder künftig dort traf, holte er ihn an seinen Tisch und sagte zu seinen Begleitern: »Der macht mich zwar zur Sau, aber er ist der beste Reporter, den der *stern* hat.«

Der emsigste Selbstdarsteller unter den Geheimdienstlern der untergegangenen DDR, Markus Wolf, schreibt in seinen 1997 erschienenen Erinnerungen: Daß ausgerechnet dieser Nouhuys nach der Wiedervereinigung »in den eigens für die neuen Bundesländer erfundenen Boulevardpostillen« als Experte über die Stasi das große Wort geführt habe, »kann man nur als Witz am Rande dieses finsteren Gewerbes auffassen«.

Ob er damit Henri Nannens Gewerbe gemeint hat oder sein eigenes, das bleibt, wie das meiste in diesen Geheimdienst-Geschichten, der Phantasie des Lesers überlassen.

Die Bertelsmänner kommen

oder: der erste Streit um Nannens Nachfolge

»Als Bertelsmann seinerzeit die Anteile an Gruner + Jahr übernahm, da gab es, glaube ich, wenig Leute, die skeptischer waren,
als ich es war«, hat Henri Nannen am Ende seiner *stern*-Zeit
gesagt. »Natürlich, der Verlag war in einer ziemlich desolaten
Situation, und der *stern* hat seine Erfolge nicht mit dem Verlag,
sondern er hat sie gegen den Verlag gemacht. Und da mußte unbedingt etwas getan werden. Aber das mußte ja nun nicht unbedingt Bertelsmann sein.«

Daß es doch Bertelsmann sein mußte, der Lesering-Riese, das
lag an Gerd Bucerius. Dem war sein Engagement bei Gruner +
Jahr zu Beginn der siebziger Jahre immer unbehaglicher geworden. Er befürchtete, daß die geltenden Besitzverhältnisse den Dimensionen des Unternehmens und der Vorsorge für die Zukunft
nicht mehr gerecht wurden, daß der Rahmen eines Familienun-
ternehmens längst gesprengt (oder besser: zu seinen Lasten und
zugunsten der Jahr-Familie verbogen) sei. Jedenfalls wollte er sein
Geld nun auf andere Art anlegen.

Bucerius, sowohl an der geschäftsführenden GmbH als auch
an der Kommanditgesellschaft G+J gleichermaßen mit 35 Prozent
beteiligt, übertrug zunächst die gewinnbezugsberechtigten KG-
Anteile auf die Bertelsmann AG, das heißt: Er tauschte sie wohl-
tuend steuerfrei gegen ein wertentsprechendes Paket Bertels-
mann-Aktien (nämlich 11,5 Prozent im Wert von rund 100 Millionen). Gesellschafter der GmbH aber wollte er bleiben und sein
Stimmrecht »auf Lebenszeit« behalten. Allerdings wurde diese
Führungsgesellschaft zu Beginn des Jahres 1973 in eine Aktien-
gesellschaft umgewandelt. Und wenig später war zu erfahren,
Bucerius habe seine Anteile an der Gruner + Jahr AG ebenfalls an
Bertelsmann verkauft. Unklar blieb den mit Bucerius' Finten nicht
vertrauten Beobachtern, zu welchem Zeitpunkt diese Übertra-

gungen von Anteilen und Rechten tatsächlich wirksam wurden. Klar war nur: Die Bertelsmann AG hatte nun die Mehrheit bei Gruner + Jahr.

Nannen verstand den Deal nicht, geschweige denn gefiel er ihm. Daß sein Widerpart Bucerius mittlerweile Aufsichtsratsvorsitzender der Bertelsmann AG geworden war, während der neue Mehrheitsgesellschafter Reinhard Mohn aus Gütersloh in das Kuratorium der von Bucerius geschaffenen Zeit-Stiftung eingezogen war, machte die Sache für Nannen nicht sympathischer. Und eins wußte er sowieso: Sein *stern* paßte zu Bertelsmann wie die Faust aufs Auge – allerdings abgesehen davon, daß der Anteil des *stern* am Umsatz von Gruner + Jahr 35 Prozent betrug (am Gewinn noch deutlich mehr) und daß der Mehrheitsgesellschafter davon nun mehr als die Hälfte kassieren konnte.

»Ich kann mich erinnern, als Reinhard Mohn das erste Gespräch mit mir führte, da fragte er mich, was denn nun die Redakteure von dem neuen Partner Bertelsmann hielten. Und da habe ich ihm unumwunden geantwortet: Die befürchten natürlich den Einbruch der Provinz in unser Haus. Die Antwort ist sicher nicht ganz falsch gewesen.« Aber als er das sagte, im Sommer 1981, war Henri Nannen längst anderer Meinung über Bertelsmann, und außerdem war er sozusagen auf dem Rückweg nach Emden. »Inzwischen hat das Wort Provinz für mich einen ganz anderen Sinn bekommen.«

Nannen war nicht der einzige *stern*-Mann, der das Interesse der Gütersloher an Gruner + Jahr damals falsch einschätzte. Zum einen waren sie ja gerufen worden – fast wie die Feuerwehr. John Jahr sen. hat es den Führungskräften des Hauses G+J zu Weihnachten 1972 schriftlich gegeben: »Eine Neuordnung der Gesellschafteranteile war zwingend, weil Meinungsverschiedenheiten aufgetreten waren, die sonst nur im Prozeßwege hätten entschieden werden können. Das aber wollten alle Gesellschafter nach Möglichkeit vermeiden.« Außerdem stellte sich die Übernahme für die Bertelsmänner, vor allem für Mohns Statthalter Dr. Manfred Fischer (der das aber erst viel später so formuliert hat), fast als Sanierungsfall dar: »Wenn man einen Bereich übernimmt, der so ein bißchen marode ist, noch nicht ganz tot ist, aber scheintot ist, und wenn das dann Gruner + Jahr ist, so wie 1972 oder 1973, dann ist das wirklich toll.« Fischer erinnerte sich noch lebhaft daran, »daß Herr Mohn und ich, im Jahre 1972 war es, glaube ich, bei der Deutschen Bank sozusagen zum Rapport bestellt wurden, und wir mußten denen dann erklären, wie Gruner + Jahr seine Schulden von damals 100 Millionen irgendwann mal zurückzahlen könnte«.

Zum anderen ging es den Bertelsmännern vor allem darum, den eigenen Konzern vollends aus der Phase der (ehedem zeitgemäß erschienenen) Diversifizierung heraus- und in eine eindeutige Kompetenz als Medienkonzern hineinzuführen. Diesem Zweck hätte auch schon der (vom *stern* dann vereitelte) Einkauf bei Springer dienen sollen. Nun war Gruner + Jahr der Partner, und die wirtschaftlichen Probleme dieses relativ jungen Verlags standen für Bertelsmann eindeutig im Vordergrund des Interesses: keine vernünftige Struktur, keine effiziente Führung, und richtig Geld verdient wurde auch nicht, außer eben vom *stern*, und deshalb mußte man dieses Blatt und den Mann, der seinen Erfolg garantierte, pfleglich behandeln. Viel kritischer als das Verhältnis zu den Bilderblatt-Exoten war für die Gütersloher der Umgang mit Primadonnen und Hysterikern, sofern und solange diese Anteile besaßen. Dieses Problem erschien durch das Tauschgeschäft mit Bucerius im wesentlichen gelöst (zum 1. Januar 1975 übernahm Bertelsmann auch noch 9,9 Prozent Anteile von Jahr und zunächst 1,25 Prozent von Ernst Naumann).

»Ganz besondere Kraft«, schrieb Reinhard Mohn seinem Vorarbeiter Manfred Fischer zu Weihnachten 1972, »hat uns in diesem Jahr die Arbeit an der Firma Gruner + Jahr abverlangt. Es ist vor allem Ihr Verdienst, daß es uns gelungen ist, die Krise zwischen Gesellschaftern und Management zu lösen und dabei eine für das Haus Bertelsmann vorteilhafte Konstruktion zu erreichen.«

Natürlich wußten die Bertelsmänner, daß ihnen der *stern* wesensfremd war, aber für die Unternehmensstrategie spielte das keine entscheidende Rolle; schon gar nicht stand die innere Verfassung des Blattes im Zentrum der Gütersloher Überlegungen.

Man machte sich auch nicht die Mühe, inhaltlich zu intervenieren; die Reorganisation des Managements an der Spitze des Verlags war viel wichtiger. Wie denn überhaupt die Veröffentlichungen des *stern* in Gütersloh grundsätzlich weniger wichtig genommen wurden als in Hamburg oder anderswo. Ohne Frage fanden die Bertelsmänner auch Henri Nannen exotisch. Aber man bot ihm erst mal wenig Fläche, das kontrovers auszuleben – bot ihm also weder die raunzigen Attacken von Jahr sen. noch die verzickten Anmerkungen von Bucerius. Mohn blieb cool – hart, aber sachlich im ökonomischen Bereich und liberal, aber kritisch im inhaltlichen Diskurs. Wenn Nannen doch mal einen großen Auftritt inszenierte, so nahm man das gelassen; man hielt diesen Mann, bei aller Unentbehrlichkeit als Blattmacher, auch für einen großen Schauspieler. Die eigentliche Problemfigur in den Augen der Bertelsmänner war nicht Nannen, sondern von Anfang an Bissinger. Seine Rolle bei der geplatzten Springer-Beteiligung war unvergessen. Aber daß seine linke Hausmacht ihn eines Tages bis an die Spitze des Blattes bringen könnte, das hielt man im Hause Bertelsmann noch nicht für eine ernstzunehmende Gefahr.

So ist zu erklären, daß der Antritt von Bertelsmann als Mehrheitsgesellschafter im inneren Gefüge von Gruner + Jahr keine neuen Aufstände auslöste, sondern – zumindest im mittleren Management – eher Erleichterung. Verlagsleiter zum Beispiel, die eines Tages entdeckten, daß irgendwo im Hause ein paar Zentner Bonbons und Produkte der Berliner Porzellanmanufaktur lagerten, angeschafft auf Geheiß von Bucerius' Ehefrau »Ebelin« und ihrer dreiköpfigen Abteilung für »Kundenbetreuung«, hegten nun die begründete Hoffnung, daß so was nicht mehr passieren werde. Aber das allein war es ja nicht. Die Zeit der Verleger alten Typs, die von ihren Kriegserfahrungen geprägt, von ihrer historischen Passion beherrscht und von ihrem Wert als unternehmende Eigentümer durchdrungen waren, ging offenkundig zu Ende.

Der Redaktionsbeirat des *stern*, der laut Statut bei einer Veränderung der Besitzverhältnisse gehört werden mußte, erhob keine Bedenken gegen den neuen Mehrheitsgesellschafter. Das tat er vor allem deshalb nicht, weil Reinhard Mohn selber sich den *stern*-Redakteuren gestellt und zweimal ausführlich mit ihnen diskutiert hatte (dann noch einmal mit den Chefredakteuren der G+J-Blätter). Dabei hatte er offensichtlich Eindruck gemacht mit seiner These, »daß Unternehmen, insbesondere Großunternehmen, nicht mehr wie ein privates Eigentum im Sinne der freien Verfügbarkeit angesehen werden können« und daß er »Gewinnmaximierung nicht als primäre Motivation« sehe. Das gefiel sogar den Linken. Im Beisein von Bucerius, Jahr und Naumann erklärte Mohn, ein Haus wie Gruner + Jahr könne nur liberal und mit viel Toleranz gegenüber unterschiedlichen politischen Meinungen geführt werden. Er selber hätte zwar eine Betriebsverfassung für die bessere Sicherung der politischen Ziele des *stern* gehalten, stehe aber zu dem Statut und habe nicht die Absicht, es aufzukündigen: »Ich identifiziere mich voll mit den inhaltlichen Zielen des *stern*-Statuts.«

Gewöhnungsbedürftig war die neue Partnerschaft aber doch, und das war sie erst recht, nachdem Ernst Naumann Ende 1973 aus familiären Gründen den Vorstandsvorsitz an den Mohn-Mann Fischer abgegeben hatte. Nicht nur hatte Naumann bei G+J die Fraktionskämpfe der Verleger und ihres jeweiligen Anhangs tapfer und mit einigem Erfolg bekämpft, er hatte auch ein Herz für Journalisten und ein »Händchen« im Umgang mit deren Neurosen. Fischer hingegen, der sich offen zu seiner »Gütersloher Berufsplanung« bekannte, war den Hamburger Herren schon als Mohns Vertreter im Aufsichtsrat von G+J als »der junge Mann mit der dicken Zigarre von der grünen Wiese« aufgefallen. Kaum im Amt, karambolierte Fischer lautstark mit dem vom *Spiegel* zu G+J gekommenen Zeitschriften-Vorstand Rolf Poppe, dem er Gütersloher Lehren für Hamburger Magazine erteilen wollte. Und John Jahr sen. schrieb an Reinhard Mohn, der möge »mir diesen forschen jungen Mann doch vom Halse halten«.

Manfred Fischer aus Finnentrop im Sauerland, 179 Zentimeter groß und genau 79 Kilo schwer, war damals gerade vierzig Jahre alt, und seine Umgangsformen waren, laut Gerd Bucerius, »sauerländisch; manchmal ballt man die Fäuste«. Sein Verhältnis zu Nannen war anfangs gleich Null; nicht nur stimmte die »Chemie« nicht, es gab gar keine. Der Friese Nannen, »189 Zentimeter groß, sein Gewicht pendelt mit fünf Kilo Differenz heftig um zwei

Zentner« (Bucerius), hegte damals ein mit landsmannschaftlichen Differenzen nicht zu erklärendes Mißtrauen gegenüber den Westfalen von Bertelsmann. Zu Ernst Naumann sagte er schon zu Beginn der siebziger Jahre einmal: »Wenn Sie nicht mehr da sind, schmeißen die mich doch sowieso raus.« Worauf Naumann erwiderte: »Ach wo, dazu sind die viel zu geldgierig.« Nach einem halben Jahr mit dem Vorsitzenden Fischer war Nannen immer noch der Meinung: »Das stehe ich nicht durch!« Aber das änderte sich dann: »Er war ein Mann mit einem fast erotischen Verhältnis zur Macht. Ich habe sehr schnell gemerkt, daß er außerdem über eine große Portion Intelligenz verfügt. Er brachte den Verlag in Ordnung und erwies sich als erstklassiger Unternehmensführer.« Was Nannen vor allem überzeugte: Fischer »benahm sich nicht wie ein Filialleiter von Bertelsmann in Hamburg, sondern er benahm sich wie der König von Gruner + Jahr«.

Als solcher stand er buchstäblich zwischen den Exoten vom *stern* und jenen Bertelsmännern, die Nannen auf *stern*-Konferenzen anfangs gern die »Stiere von der Gütersloher Weide« nannte, denen man im Blatt ruhig ein bißchen Ärger machen könne. Bestimmt bedeutete der Umgang mit einem solchen Magazin für Manfred Fischer einen immensen Lernprozeß. Und er bewältigte ihn weit besser, als seiner »Gütersloher Berufsplanung« zuträglich war. Sein später Spruch, er ärgere sich jede Woche über den *stern*, aber er habe inzwischen begriffen, daß dies auch so sein müsse, wenn der *stern* Erfolg haben solle, beweist das. Als er 1981 nach Gütersloh zurückkehrte, um die Nachfolge von Reinhard Mohn anzutreten, der in den Aufsichtsrat wechselte, sahen Fischers Hamburger Partner ihn ungern ziehen. Die Harmonie mit Reinhard Mohn hingegen war schon nach einem Jahr dahin. Fischer verließ Bertelsmann.

Aber gedauert hat es schon, bis Henri Nannen und Manfred Fischer Freunde werden konnten. Als »dienstältester und erfolgreichster Chefredakteur der BRD, was das Reichmachen von Verlegern angeht« (*konkret*), verlangte Nannen vom Verlag vor allem, ihm den Zirkus aufzubauen und zu betreiben, in dem er dann als Dompteur einer gemischten Raubtiergruppe auftreten konnte. Dieses Selbstverständnis kennzeichnete auch sein Verhalten im

Vorstand. Berufen in die Geschäftsführung der alten GmbH und dann übernommen in den Vorstand der Gruner + Jahr AG hatte ihn Ernst Naumann, der »bei Springer gelernt« hatte, »daß in einem solchen Haus ein Journalist in der Führung sein muß«. Manfred Fischer konnte und wollte das auch gar nicht ändern.

Nannen hingegen hatte zumindest gezögert, Vorstandsmitglied zu werden – also das, wofür manche, wenn nicht viele *stern*-Leute ihn nun hielten, nämlich für einen Mann auf der anderen Seite der Barriere, für einen Mann des Verlags und nicht mehr der Redaktion. Das zu werden aber wäre er schon deshalb nicht imstande gewesen, weil ihm die kaufmännische Begabung fehlte. Naumann fand zwar, daß Nannen »auch unternehmerisch kreativ« sein konnte, allerdings eher im personellen oder taktischen als im finanziellen Bereich. Ob es denn wirklich sein müsse, daß in Vorstandssitzungen »diese ganzen Finanzgeschichten« vorgetragen werden, hat er gelegentlich gefragt (oder hat derweil ein Nickerchen gemacht). Die journalistischen Aktivitäten des Hauses aber interessierten ihn durchaus, zum Beispiel die Einführung neuer Zeitschriften wie *P.M.* (»Peter Moosleitners interessantes Magazin«) oder *GEO*, weniger die Frauenzeitschriften, denn die hatte er »nicht im Gefühl«. Daß ihn im Vorstand der *stern* und nichts als der *stern* interessiert habe, ist höchstens die halbe Wahrheit. Sein Generalthema war und blieb die redaktionelle Unabhängigkeit von den Anteilseignern (besonders von Bucerius, solange der noch Anteile hatte). Mehr »gepoltert« als andere Vorstände, erinnert sich John Jahr jun., habe Nannen auch. Einer seiner Schlüsselsätze war: »Ihr wißt doch gar nicht, wie die Leute denken.« Daß er dies wußte, jedenfalls »im Bauch« hatte, das war seine Trumpfkarte auch im Vorstand.

Es war nicht so, daß Geld für Henri Nannen kein Thema gewesen wäre, er hatte es bloß »nicht im Gefühl«. Bedarf war da immer, und der wurde auch befriedigt – wenn es um den *stern* ging sowieso, das nahm der Vorstand zähneknirschend hin, aber auch wenn Nannen selber welches brauchte. Er verdiente ja nicht schlecht, dürfte vielmehr zu den ersten deutschen Chefredakteuren gehört haben, die mehr als eine Million Jahressalär hatten, aber er gab auch gehörig Geld aus – für eine hübsche Immobilie und immer wieder für sein Schiff. Solchen Bedarf pflegte er mit dem Ceterum censeo zu garnieren, er wäre ja längst ein steinreicher Mann, wenn Bucerius ihn 1951 nicht über den Tisch gezogen hätte. Fehlte mal wieder ein größerer Betrag, bedingt zum Beispiel durch Nannens Perfektionismus bei der Ausgestaltung der »Positano III«, dann bekam er den auch, als kommodes Darlehen oder gleich als Sonderzahlung.

Manfred Fischer war es, der gegen Ende seiner Hamburger Amtszeit fand, daß es billig und gerecht sei, Nannens alten Groll wegen des Verkaufs seiner *stern*-Anteile an Bucerius durch einen Geldbetrag aus der Welt zu schaffen, dessen schiere Höhe als eine Art Wiedergutmachung wirken werde oder als Prämie für ein Lebenswerk – zu bezahlen etwa bei Nannens Eintritt ins sogenannte Rentenalter. Es gelang Fischer, dafür in Gütersloh nicht nur Verständnis zu finden, sondern auch mehrere Millionen lockerzumachen. Und der Effekt, den er sich davon versprochen hatte, blieb nicht aus. Jedenfalls war Henri Nannen, als er seiner Familie von dem warmen Platzregen erzählte, der da auf ihn niederging, voll des Lobes über Reinhard Mohns unverhoffte Großzügigkeit.

Was beim Mehrheitsgesellschafter Bertelsmann viel mehr Kopfzerbrechen machte, war Nannens ungeregelte Nachfolge. Für einen Mann wie Reinhard Mohn, der in Gütersloh dekretiert hatte, daß Vorstandsmitglieder mit sechzig ihre Plätze zu räumen hätten, muß der Umstand, daß über einen Nachfolger für Nannen in Hamburg noch nicht einmal offen geredet wurde, ein Alptraum gewesen sein. Aber gelöst werden mußte das Problem von Gruner + Jahr. Bei Bertelsmann stand nur eines fest: Bissinger sollte der Nachfolger nicht heißen. Als dann Nannen 1975 darauf bestand, Manfred Bissinger zu einem seiner Stellvertreter zu machen, war der Konflikt da.

Die Zeitzeugen sind sich auch ein Vierteljahrhundert danach nicht einig, ob Nannen in Bissinger wirklich den »Kronprinzen« gesehen hat. Unbestritten ist, daß der als Blattmacher, Kontaktperson und Ideenbringer unentbehrlich war. Ob Nannen ihm auch vertraut hat, ist zweifelhaft – schon deshalb, weil er natürlich wußte, daß Bissinger ihn beerben wollte, je eher desto lieber.

Victor Schuller, der den Stellvertreter-Sessel bald räumen und für die *stern*-Bücher zuständig werden wollte, war sogar der Meinung, daß Nannen nur deshalb so engagiert für Bissinger als neuen Stellvertreter gefochten habe, weil er sicher sein durfte, daß Mohn und Fischer diesen Mann als Nachfolger keinesfalls akzeptieren würden.

Widerstände gegen Bissinger gab es auch in der Redaktion. Wohl hielt die *stern*-Mannschaft mehrheitlich zu ihm, aber es meldeten sich durchaus Redakteure zu Wort, die ihn für einen skrupellosen Karrieristen hielten. Der vom *Spiegel* abgeworbene Felix Schmidt verließ aus Protest gegen Bissingers angekündigte Ernennung zum Stellvertreter das Haus, weil er die Geschäftsgrundlage seines eigenen Engagements verletzt sah: Nannen hatte beide zu geschäftsführenden Redakteuren gemacht und dabei vereinbart, daß zwischen ihnen stets Parität herrschen solle.

Als politisches Risiko galt Bissinger aber vor allem in Gütersloh und im Aufsichtsrat von Gruner + Jahr. Der alte Jahr soll ihn sogar für einen heimlichen Kommunisten gehalten haben. Jedenfalls schlug er zu Zeiten der sogenannten Stellvertreter-Krise vor, Bissinger eine Million Abfindung anzubieten, wenn er freiwillig ausscheide. Nannen, der als Vorstand an dem Treffen in Jahrs Büro teilnahm, sagte sofort: Das nimmt der nicht an. Reinhard Mohn, der Aufsichtsratsvorsitzende, verließ die Sitzung und überbrachte Bissinger das Angebot persönlich: eine Million steuerfrei, er könne selber kündigen und sofort anderswo anfangen; eine Stunde Bedenkzeit. Nach der Mittagspause kam Mohn wieder, und Bissinger sagte, das sei gewiß ein verlockendes Angebot, für das er sich bedanke, aber er arbeite sehr gern beim *stern* und wolle das auch weiterhin tun. Als Mohn seinen Kollegen diese Botschaft überbrachte, sagte der Aufsichtsrat Dr. Robert Ehret, Vorstandsmitglied der Deutschen Bank, der mit Tendenz und Niveau der Wirtschaftsberichterstattung im *stern* ohnehin unzufrieden war: Wenn dieser junge Mann ein solches Angebot ablehne, dann müsse der viel Geld von anderswoher kriegen, »dann ist der fremdgesteuert«. So jedenfalls hat Nannen seinem angeblichen »Kronprinzen« die Geschichte nach besagter Sitzung erzählt.

Aber protestiert gegen den Versuch, Bissinger aus dem *stern* hinauszukaufen, hatte er nicht.

Fremdgesteuert? Von den Kommunisten vielleicht? Von den »Sympathisanten« der Terroristen? Der Aufsichtsrat Gerd Bucerius, sonst für jede Aufregung gut und keineswegs frei von Zweifeln an Nannens Favoriten, sah das viel gelassener. Bissinger einen »qualifizierten Journalisten sozial-liberaler Prägung« zu nennen, wie die *Süddeutsche* es getan hatte, sei »in jeder Beziehung eine Untertreibung«. Bucerius in der *Zeit*: »Bissingers redaktioneller Output ist groß, da reicht keiner seiner Kollegen an ihn heran. Mit ›sozial-liberal‹ sind seine Neigungen und Reichweiten zu eng beschrieben. Daß er dem Verlag ›zu links‹ gewesen sei, ist Unsinn; er ist es nicht.«

Auch Manfred Fischers Beziehung zu Bissinger war – gemessen an dessen Donnerhall-Ruf in Gütersloh – eher entspannt. Er lud ihn gelegentlich zu Gesellschaften ein, spielte sogar Skat mit ihm und fragte auch mal nach seiner fachlichen Einschätzung – zum Beispiel bei der Einführung der neuen Zeitschrift *GEO* in den USA. Bissinger riet ab (und lag damit am Ende richtig). Übelgenommen habe Fischer diesem Bissinger nur, das war jedenfalls Nannens These, daß sich der Skatbruder bei einem Besuch in Fischers Haus auf dessen blankpolierten Konzertflügel gestützt und die Patschhand-Spuren nicht ordentlich beseitigt habe.

Aber als Nannen die Nachfolge Schullers durch die Ernennung Bissingers zu einem seiner drei Stellvertreter (neben dem »Oberauge« Rolf Gillhausen und dem Reporter Rolf Winter) regeln wollte, legte Fischer sich quer. »Gleichgültig, wie sich Herr Schuller entscheidet«, schrieb er am 8. September 1975 an Nannen, »ich kann meine Zustimmung zur Ernennung von Herrn Bissinger nicht geben... Ausgerechnet derjenige, den alle Welt, gleichgültig ob zu Recht oder zu Unrecht, für den Initiator und Hauptschuldigen von *stern*-Skandalen und -Eskapaden hält, wird befördert. Bei Gruner + Jahr gibt es wohl keinen Verlag mehr – nur noch eine *stern*-Redaktion.« Auch sehe er in der Ernennung eben doch einen Karriere-Automatismus, »den ich zur Zeit nicht möchte. Ich halte Herrn B. als Stellvertreter für fachlich ausreichend befähigt, auf die fachliche Qualifikation allein kommt es aber nicht an«.

Nannen interpretierte das als Eingriff in seine Personalhoheit, Fischer dagegen sah Nannen in einem Konflikt zwischen seinen Rechten als Chefredakteur und seinen Pflichten als Vorstandsmitglied. Beide Kontrahenten ließen sich Rechtsgutachten erstellen, die dem jeweiligen Auftraggeber recht gaben. Nannens Gutachten berief sich auf das *stern*-Statut, wonach der Chefredakteur die Stellvertreter beruft, und auf den neuen Chefredakteurs- und Vorstandsvertrag Nannens vom Februar 1975, wonach er Redakteure mit Bezügen bis zu 10 000 Mark allein einstellen konnte (ein stellvertretender Chefredakteur bezog allerdings mehr). Fischers Gutachten kam zu dem Ergebnis, das *stern*-Statut befreie Nannen als Vorstandsmitglied keineswegs von den aktienrechtlichen Vorschriften, also auch nicht vom Widerspruchsrecht der übrigen Vorstandsmitglieder. Im August 1976 wurde der Kasus kritisch.

Fischer schaltete Reinhard Mohn ein, den Aufsichtsratsvorsitzenden, und stimmte mit ihm einen Kompromiß ab, der darauf hinauslief, Bissinger zwar zum Stellvertreter zu machen, ihm aber zugleich den Marschallstab aus dem Tornister zu nehmen, indem man ihn verpflichtete, auf Wunsch des Verlages »als stellvertretender Chefredakteur zurückzutreten, wenn die Nachfolgefrage geregelt werden soll«. Nannen wollte das nicht akzeptieren, er schwankte zwischen Empörung und Depression. In einer Zusammenkunft mit Mohn, an der auch der mitbetroffene Victor Schuller teilnahm, sagte er mit annähernd bühnenreifem Tremolo in der Stimme, daß hier sein Lebenswerk in Gefahr gebracht werde, und hatte an der richtigen Stelle auch Tränen in den Augen. Mohn, so schien es Schuller, war beeindruckt. Fischer aber fragte bloß: »Können wir jetzt zur Sache kommen?«

Da wollte Henri Nannen, »des Streites an einem dunklen Tage müde« (Bucerius), mal wieder alles hinschmeißen und forderte Fischer auf, ihm Vorschläge für die Auflösung seines (bis Ende 1980 laufenden) Vertrages zu machen. Womit er nicht gerechnet hatte, war, daß Fischer darauf eingehen würde. Nannen selber hat das (bei Fischers Abschied aus Hamburg 1981) so geschildert: »Es ist einmal dazu gekommen, daß ich meinen Rücktritt sozusagen angeboten habe. Und da sagte Fischer ziemlich kühl zu mir: ›Das tut mir leid, daß ich Ihnen diesen Abgang bereiten muß.‹ Ich war starr. Ich dachte, mein Gott, wer ist dieser Mann, daß er nicht weiß, welche unsterblichen Verdienste du um den *stern* und um dieses Haus hast! Aber vielleicht war diese nüchterne Antwort doch gar nicht so schlecht. Sie brachte mich auf den Teppich zurück.«

Die *stern*-Redaktion hingegen reagierte auf Nannens Rücktrittsdrohung so, wie sie es geübt hatte: Sie machte sich auf den Weg in Richtung Barrikaden. Bucerius hat das mit charakteristischem Krisen- und Kostenbewußtsein beschrieben: »Der Beirat berief zunächst eine, dann eine weitere Redaktionsvollversammlung ein. In dramatischem Aufbau wurden zur ersten Versammlung alle Außenmitarbeiter in Deutschland, zur zweiten die Mitarbeiter aus aller Welt eingeflogen. Weniger skeptisch als der bedacht taktierende Beirat donnerte die Vollversammlung der Redakteure Nannen ihren Beifall entgegen.« Hinzu kam, daß der Bundeskanzler, damals Helmut Schmidt, aus dem Urlaub am Brahmsee Nannen ein Durchhalte-Telegramm schickte: »Es ist wichtig, daß Sie aushalten.« Fischer tobte und telegraphierte zurück: »Was hat Herr Nannen zu erleiden, daß Sie ihn auffordern ›auszuhalten‹? Ich bitte Sie, uns mitzuteilen, was Sie zu dieser Parteinahme veranlaßt.«

Mehr Effekt hatte eine Art Bummelstreik der Redaktion, dem sich auch die Technik anschloß. Die Fertigstellung eines Heftes verzögerte sich. Außerdem hatten die drei amtierenden Stellvertreter Nannens bekundet, ebenfalls zurücktreten zu wollen, wenn er nicht bleibe. Und die Vollversammlung hatte allen vieren mit 117 Stimmen das »uneingeschränkte Vertrauen« ausgesprochen. Genug Druck, um den fälligen Kompromiß zustande zu bringen: Manfred Bissinger bekam einen Stellvertreter-Vertrag mit zweieinhalbjähriger Laufzeit und einem Drittel weniger Gehalt als seine beiden Amtsbrüder Winter und Gillhausen (aber einer garantierten Abfindung von einer halben Million bei Nichtzustandekommen eines Anschlußvertrags). Allen Stellvertretern wurde deutlich gemacht, daß sie aus ihrer Berufung nicht ableiten könnten, irgendwann auch Chefredakteure des *stern* zu werden.

War da wirklich ein »Kronprinz« gekürt worden? Doch wohl

nicht. Die Achtundsechziger-Postille *konkret*, deren Chefredakteur Bissinger 1981 wurde, prophezeite damals, daß das *stern*-Statut Ende 1977 zur Kündigung anstehe und daß Fischer davon auch Gebrauch machen werde. »Bissinger wird dann als erster über die Klinge springen.«

Weit weniger Beachtung fand derweil eine Personalie, die Nannen im Zusammenhang mit Bissingers Beförderung auf den Weg gebracht hatte. Peter Koch, Ressortleiter Deutsche Politik seit 1971 und vorher Bonner Bürochef, sollte den Status eines Sonderkorrespondenten bekommen und in dieser Eigenschaft Quasi-Mitglied der Chefredaktion werden. Das gefiel zwar weder den Ressortleitern noch den übrigen Reportern, aber Nannen ließ sich davon nicht beeindrucken.

Manfred Bissinger und Peter Koch waren längst Rivalen – nicht nur um die Gunst Henri Nannens. Und zumindest Insider wußten, daß Peter Koch dem Chefredakteur in Wahrheit näher stand als dessen sogenannter Kronprinz.

Weibergeschichten

*oder: »Kamerad Frau« und der Krach
mit den Feministinnen*

»Thema Nummer eins«, wie die Ausübung des Geschlechtsverkehrs von der Kriegsgeneration gern genannt wurde, war die Sexualität für den *stern* zwar nicht, aber einen Ruch von »4711« hatte das Thema durchaus: »immer dabei«. Daß es zwischen Ausgezogenheit und Auflage einen direkten Zusammenhang gab, haben alle Bilderblätter erfahren und sich entsprechend verhalten. Das Problem der Nannen-Mannschaft lag eher darin, bei der Präsentation des Themas jenen für den *stern* charakteristischen Schritt zu weit zu gehen, ohne dabei allzu geschmacklos oder gar pornographisch zu werden – was nicht immer gelang.

Mit dem Zeitgeist hatte das ausnahmsweise nichts zu tun, jedenfalls für Nannen. Er, ein Angehöriger der Kriegsgeneration, hatte bindungsfreie, ungehemmte Sexualität als ständige Begleiterin der Todesnähe an der Front kennengelernt, auch noch in der ersten Nachkriegszeit: Wenn Redakteur und Sekretärin wegen der nächtlichen Ausgangssperre nicht mehr nach Hause konnten, dann blieben sie eben zusammen. Aber die weltanschaulich intonierte »Befreiung« der Sexualität in den sechziger und siebziger Jahren ging ihm gegen den Strich, schon wegen ihrer ideologischen Überhöhung, die er als Erniedrigung empfand – und zwar sowohl die »offenen« Kreuz-und-Quer-Beziehungen der Kommunarden als auch die verbiestert männerfeindlichen Attacken der Feministinnen. »Die sexuelle Befreiung der Frau habe auch ich mir anders vorgestellt als diese Zwangsfixierung aufs Objektsein.«

Einer, für den Frauen so lebenswichtig waren wie für Henri Nannen, kommt gar nicht auf die Idee, eine Frau, mit der er zu tun hat, als Objekt zu sehen – auch wenn nicht nur die »freudlosen Grauröcke um die Feministin Alice Schwarzer« ihm das unterstellt haben. Nannen war ein Gefühlsmensch, er konnte sich heftig – und häufig – verlieben, er kannte die Euphorie einer neuen Liebe genauso wie die schwarze Melancholie des Verlassenen, er konnte völlig aus der Fassung geraten, auch handgreiflich werden, gemein sein. »Ich verliebte mich in meinem Leben so häufig, daß ich dachte, die oder keine und für ewig; aber können Sie es verhindern? Die Liebe ist eine Sache, die kommt wie ein Regen.« So Henri Nannen. Der »arme B. B.«, auch einer, dem man vorwirft, Frauen wie Objekte behandelt zu haben, hat es in der *Dreigroschenoper* auf den Punkt gebracht: »Die Liebe dauert oder dauert nicht, an dem oder jenem Ort.« Ende der Durchsage. Aber Objektbeziehungen?

»Wie jämmerlich muß es um das Selbstbewußtsein der emanzipierten Klageweiber bestellt sein, daß offenbar keine auf den Gedanken kommt, sie könnte auch einmal Subjekt und nicht nur Objekt der Lust sein. Muß ausgerechnet ein Mann ihnen dazu Mut machen? Ach ja, er muß es wohl.« Das war Nannens – typische – Reaktion auf eine Klage, mit der 1978 zehn Frauen, darunter die Schauspielerinnen Inge Meysel und Erika Pluhar, die Psychoanalytikerin Margarete Mitscherlich und natürlich Alice Schwarzer, dem *stern* verbieten lassen wollten, daß auf seinen Titelseiten »Frauen als bloßes Sexualobjekt dargestellt werden und dadurch beim männlichen Betrachter der Eindruck erweckt wird, der Mann könne über die Frau beliebig verfügen und sie beherrschen«.

Der unmittelbare Auslöser dieser Klage war ein Titelbild, das auch Nannen »so wenig geschmackvoll fand, daß ich es, von einer Dienstfahrt zurückgekehrt, mitten im Druck wechselte«: eine derb gezeichnete Kopulationsszene auf dem Plakat eines St.-Pauli-Striptease-Schuppens, das als Plakat aber nicht hinlänglich erkennbar war. Die Druckmaschinen anhalten ließ allerdings nicht Nannen, sondern der Vorstandsvorsitzende Manfred Fischer, als er den Andruck sah. Dann erst erreichte er Nannen, der für den Rest der Auflage zwei nackte Mädchen vom »Chérie« auf den Cover nahm, ohne Widerrede, aber unter der Bedingung, Fischer dürfe nie sagen, daß er die Maschinen angehalten habe. »Ich war das! Ich vertrete die Intervention.« Kostenpunkt: 20 000 Mark.

Nun war (und blieb) öffentliches Ärgernis ob seiner Sex-Geschichten für den *stern* quasi ein Dauerbrenner. Das hatte 1959 mit einer Mißbilligung der »Selbstkontrolle der Illustrierten« (SdI) wegen der Serie »Deutschland, deine Sternchen« begonnen, in der Will Tremper alias Petronius, dieser Dinosaurier der Hintertreppe, mit großem Erfolg die Erlebnisse junger Schauspielerinnen auf den Besetzungscouchen des deutschen Nachkriegsfilms kolportierte – laut SdI-Beirat ein »jugendgefährdendes Machwerk«. Als später die *stern*-Abbildung der Tänzerin Lydia Nova mit zwei Margueriten auf der Brust und ein bißchen Flitter um die Hüften als jugendgefährdend angeprangert werden sollte, erklärte Nannen laut Sitzungsprotokoll, er lehne es ab, »sich von Vertretern eines berufsmäßigen Muckertums weitere Vorhaltungen machen zu lassen«, und verließ die Veranstaltung.

Daß er nach diesem SdI-Auszug mit der eher noch sittenstrengeren »Bundesprüfstelle für jugendgefährdende Schriften« konfrontiert war, mag zu Nannens Bestreben beigetragen haben, aus dem *stern* eine politische Zeitschrift zu machen; denn eine solche zu indizieren verbot § 7 des Gesetzes über die Verbreitung jugendgefährdender Schriften. Das leuchtete dann sogar dem Verleger Bucerius ein, der »aus Angst, im Wettbewerb zu unterliegen« die enthüllten *stern*-Bilder, auch wenn er sie in Wahrheit für pornographisch hielt, klaglos hinnahm und auch Trempers »Sternchen«-Serie verteidigte. Wenn diese Form von »Emanzipation« denn ein Fortschritt gewesen sei, schrieb Bucerius zu Nannens 60. Geburtstag, dann habe der *stern* dabei eine Rolle gespielt. »Als vor einiger Zeit die *Frankfurter Allgemeine Zeitung* mit dem ganzen Ernst dieses Blattes die Etymologie des derben Worts ›vögeln‹ abhandelte«, hätte sie »für das Vergnügen, das sie damit ihren Lesern bereitete... Henri Nannen einen dankbaren Seitenblick gönnen« sollen.

Niemand anders als Alice Schwarzer hatte dem *stern* im Jahr des Aufbruchs 1971 zu dem spektakulären Bekenner-Titel »Wir haben abgetrieben!« verholfen, in dem 374 Frauen (unter ihnen Romy Schneider, Senta Berger, Veruschka von Lehndorff) sich unter Angabe ihrer Personalien dazu bekannten, gegen den Paragraphen 218 verstoßen zu haben. Die junge Journalistin

Schwarzer hatte in Paris erfahren, daß *Jasmin*, die deutsche »Zeitschrift für das Leben zu zweit«, eine ähnliche Aktion von *Le nouvel Observateur* nachahmen wollte, und verständigte den *stern*, besorgte ihm dann auch die Testimonials der Frauen. »Wir benutzten uns gegenseitig. Er hatte die Auflage, und wir hatten das Aufsehen.«

Das war dann wohl auch das wahre Motiv der Klage, mit der Alice Schwarzer und ihre Mitstreiterinnen sieben Jahre später gegen die mehr oder weniger nackten Mädchen auf den *stern*-Titeln zu Felde zogen. »Mit Juristerei hatte die Klage nichts zu tun«, so Heinrich Senfft, der das Magazin vertrat. »Sie benutzte das Forum des Gerichts für einen Effekt – vielleicht in der Erkenntnis, daß sich nur dadurch das Interesse der Öffentlichkeit an Titelbildern von Magazinen und Illustrierten für die Frauenfrage insgesamt sofort mobilisieren lasse. Das Echo der Klage war allerdings sensationell.« Vor Gericht vertreten wurde sie von Gisela Wild, einer Anwältin, die jahrelang die angeblich sexualaufklärerischen *St. Pauli Nachrichten* gegen die Indizierung durch besagte Bundesprüfstelle verteidigt hatte. Sie ließ es zu, daß in der Klageschrift die deutschen Frauen »vergleichbar mit den im Nationalsozialismus verfolgten Juden, die jetzt in Deutschland leben, durch ein gemeinsames Schicksal der Diskriminierung zu einer Einheit verbunden« wurden.

In die Klagebeantwortung hatte Nannen eigenhändig eingefügt, daß es ja auch Frauen gebe, die nicht beleidigt seien, wenn sie von Männern begehrt würden – worüber Alice Schwarzer sich besonders aufregte, weil sie die Lesben geschmäht wähnte. In der Verhandlung traktierte Nannen Inge Meysel, die »Mutter der Nation«, mit einem Handkuß. »Ich wußte genau: Das fotografiert jeder. Ich bin ja nicht so dumm, daß ich nicht weiß, wie das wirkt.« Größeren Eindruck aber machte wohl doch das Argument, daß die sexuelle Freiheit der Frau mit ihrer intellektuellen, wirtschaftlichen und finanziellen Befreiung zu beginnen habe: mit gleichen Bildungschancen, gleichem Lohn für gleiche Arbeit, Gleichberechtigung in der Ehe, auch mit der Beseitigung des diskriminierenden Paragraphen 218 – allesamt Forderungen, für die der *stern* eintrat. Die juristisch unsinnige, ja unzulässige Klage wurde rechtens abgewiesen, die Kosten wurden den Klägerinnen aufgebrummt.

Aber ein bißchen erschrocken war man schon beim *stern*, obwohl von den 53 Titeln des Jahres 1977 gerade mal fünf mit unbekleideten Frauen dekoriert waren. Die Neigung, stramme Mädchenhintern auf Fahrradsättel oder zielgenau in den Sand zu setzen und sie dann a tergo abzulichten, ließ eine Weile deutlich nach. Und selbst Nannen, der noch mit polternden Scherzen in den Feministinnen-Streit gezogen war, verließ die Arena »schon sehr nachdenklich«. Gewiß hatte er gelesen, was ihm Heide Simonis, damals Bundestagsabgeordnete der SPD, im *Vorwärts* geschrieben hatte: »Lieber Henri Nannen, Sie sollten vielleicht doch noch einmal ein bißchen tiefer in die Lagen Ihrer Seele hinuntersteigen, unter Umständen findet sich da in der einen oder anderen Ecke neben geschicktem Verkaufsmanagement noch eine Menge sexistischen Urgesteins.«

Schon möglich. Unmöglich aber war, Henri Nannens Liebesleben getrennt von seinem Berufsleben zu betrachten; es gab bei ihm diese Grenze zwischen dem Job und dem Privaten einfach nicht. Bis zu einem gewissen Grad galt das für die ganze Gründergeneration in der Zeitungsbranche (und vielleicht nicht nur da). Das Leben dieser Leute, Liebesleben eingeschlossen, war ihre Arbeit. In den fünfziger Jahren hat der amerikanische Journalist Charles Wertenbaker das in seinem Buch *Die Herren der öffentlichen Meinung*, einem Schlüsselroman über Henry Luce und das von diesem begründete Magazin *Time*, eindrucksvoll beschrieben. Die Redakteure von *Beacon* (so heißt das Magazin im Roman) arbeiten, streiten, trinken zusammen, sie lieben sogar dieselben Frauen. Skrupel haben sie nicht, weil sie ihre ganze Moral im Beruf verbrauchen. Die Frauen versuchen, sich darauf einzustellen, und so kommt es, daß eine von ihnen durch die Umarmungen von fünf *Beacon*-Leuten geht. »Sein Verlangen nach sexueller Aktivität war fast ausschließlich intellektuell«, schreibt Wertenbaker über seine Hauptfigur Bob Berkeley: Er wollte bloß den Kopf frei haben, damit er wieder klar denken konnte.

So war Nannen nicht, im Gegenteil. Nie hätte er dem Intellekt zuliebe seine Gefühle verdrängt. Bei ihm war alles Gefühlssache, auch der Beruf. Und da zu diesem Beruf, also zum *stern*, Frauen gehörten, hatte er zu ihnen und mit ihnen immer wieder Gefühlsbeziehungen, vulgo Affären. Das war allgemein bekannt, denn er verbarg es nicht. Einen klaren Kopf zu behalten war auch nicht sein Problem, eher schon, was er damit machen sollte. »Selbst einer wie ich muß seinen Kopf mal in einen Schoß legen können«, hat er zu Ernst Naumann gesagt, als er versuchte, diesem eine seiner persönlichen *stern*-Affären verständlich zu machen.

Diese Affären hatten aber nicht das Flair von romantischen Liebesgeschichten, jedenfalls nicht dort, wo sie vor allem stattfanden, nämlich im *stern*. Alle wußten, wer Nannens Favoritin war, aber niemand empfand deren Präsenz als aufregend oder gar als peinlich, denn sie gehörte ja zur Redaktion, und Nannens Umgang mit ihr unterschied sich nicht nennenswert von seinem Umgang mit den anderen. Es gab keinen erkennbar erotischen Kontakt, auch nicht mit Blicken oder Gebärden oder gar mit Turteleien. Nannens jeweilige Freundin war für ihn ja nicht die Sexgöttin, die erotische Animatrice, wie sie auf dem *stern*-Titel erstrahlte – das war eine Berufskollegin und als solche auch eine Lebensgefährtin. Das war »Kamerad Frau«.

In den Erinnerungen der Zeitzeuginnen jedenfalls tritt Henri Nannen nicht als Frauenheld in Erscheinung, auch wenn er so aussah, nicht als unermüdlich werbender, umwerfender Liebhaber. Dazu war er erstens zu egozentrisch und zweitens zu ängstlich, einen Korb zu bekommen. Schon als junger Mann hat er, nach eigenem Bekunden, nie ein zweites Mal um ein Rendezvous gebeten, wenn das Mädchen beim ersten Mal auch nur gezögert hatte. Später, in seiner *stern*-Zeit zumal, passierte ihm so was wohl nicht mehr. Da war die Aura des Machers, des Mächtigen, das Erotische an ihm: eine Aura, die sein Äußeres und seine Accessoires perfekt visualisierten. Macht, hat Henry Kissinger einmal gesagt, »ist das größte Aphrodisiakum«.

Zum Casanova aber fehlte Nannen die Leichtigkeit. Oberflächlich war er nicht, auch nicht unstet. Seine längste Liaison hat immerhin zwei Jahrzehnte gedauert. Das war nicht einfach ein »Verhältnis«, das waren viele Beziehungen in einer. Ursel

(»Uschi«) Hintz war achtzehn, als sie zum *stern* kam, erst zum *sternchen* (der Kinder-Illustrierten, die dem *stern* etliche Jahre lang beigelegen hat), dann in die Telefonzentrale, und sah absolut verführerisch aus. Nannen war zunächst einmal ihr Pygmalion, dann aber auch ein Mann, der ständige Begleitung als Lebenshilfe brauchte, sei es nun in der Redaktion oder auf der »Positano III«. Uschi Hintz wurde im Lauf der Jahre eine Art Direktrice im Vorfeld der Chefredaktion, eingeweiht in Personalpolitik, Spesenkonten und dergleichen heikle Dinge, immer im Bilde, immer diskret. Von den vielen Erscheinungsformen des Verhältnisses mit Nannen war ihr selber »das Kumpelhafte« am wichtigsten, was man aber nicht mit einer gleichgewichtigen Partner-Beziehung verwechseln darf. Uschi Hintz hat Henri Nannen in der Öffentlichkeit lange nicht geduzt. Sobald auch nur eine andere Person dabei war, auch eine eingeweihte, war er für sie »Herr Nannen«, anfangs sogar auf dessen Schiff und selbst dann, wenn es sich bei der anderen Person um Martha Nannen handelte (die natürlich längst »eingeweiht« war).

Augenzeugen wissen, daß nicht einmal ein Hauch von Skandal in der Luft lag, wenn Nannen zwei »seiner« Frauen gleichzeitig um sich hatte, egal ob das nun in der Öffentlichkeit stattfand oder nur in einem kleinen Kreis von Vertrauten. Das lag vor allem daran, daß er seine Begleiterinnen ganz unterschiedlich »funktionalisiert«, ihnen Rollen zugeschrieben hatte, die zumindest für ihn selber eine Kollision ausschlossen; und dieses oktroyierte Rollenspiel hat er seiner Umgebung lange Zeit bedenkenlos zugemutet.

Daß es schändlich war, dies auch seiner Ehefrau zuzumuten, hat er erst als alter Mann eingesehen. Dem Schweizer Kollegen Markus Ronner hat er 1987 in Emden gesagt, daß er sich dessen, »was ich meiner Frau angetan habe«, zutiefst schäme, und auf Ronners Einwand, seine Frau wisse doch längst, daß er sie betrogen habe, sagte Nannen: »Aber sie hat es nicht verdient, daß dies auch noch an die große Glocke gehängt wird. In sexueller Beziehung bin ich immer ein Hallodri gewesen.«

Martha Nannens wahre Rolle im Leben ihres Mannes war viel zu essentiell, als daß die Rollenspiele mit seinen Freundinnen sie hätten ersetzen können. Nannen wußte das natürlich, meistens ärgerte es ihn, und er setzte seine erprobte Dominanz dagegen. »Meine Frau hat oft gesagt: ›Man kann eigentlich mit dir nicht leben. Wenn du da bist, ist das Zimmer voll.‹ Und sie hat mir mal geschrieben: ›Man verliert auf die Dauer seine Identität in Deiner Gegenwart.‹ Das ist etwas, worunter ich sehr leide. Ich kann nicht begreifen, woran das liegt.« Wollte er es denn begreifen?

Im *stern* war Martha Nannen viele Jahre lang eine »feste Größe«, wie der Veteran Günter Dahl bezeugt, den sie »Günterchen« nannte. Zu Anfang der *stern*-Zeit hat sie dort im Labor gearbeitet – bis der spätere Fotograf Kurt Will für zunächst 105 Mark im Monat diesen Job machte (und einen gelernten Elektriker namens Gerd Heidemann als Urlaubsvertretung engagierte). Später gab Martha Nannen im *stern* Gastrollen, tauchte manchmal bei Redaktionsfesten auf und feierte mit – damenhaft, aber nicht spielverderberisch, fast ein bißchen exotisch mit ihrem Siebenbürger Akzent und ihrem dunklen Teint, nicht kumpelhaft, aber auch nicht spitz gegenüber mutmaßlichen Favoritinnen ihres Mannes. Für den war sie, den *stern* betreffend, »eine kritische Leserin, die mir nichts durchgehen läßt«. Schwiegermutters Meinung war der Lackmus-Test für Verständlichkeit, Martha aber war eine kritische Kontrollinstanz. »Sie ist gebildeter als ich, aber sie liest ›mit der unbelichteten Seelenplatte‹«, was er von seinen Redakteuren meist vergebens verlangt hat. Wirklich gewürdigt hat er auch das erst viel später, in einem Interview 1986 zum Beispiel: »Meine Frau war immer meine beste Kritikerin. Ich gab fast alle meine Leitartikel meiner Frau zum Lesen. Sie konnte ein sehr gutes Urteil abgeben. Oft sagte sie: ›Das ist ein bißchen überzogen.‹ Oder: ›Du redest zuviel von dir.‹« Noch deutlicher werden konnte sie allerdings auch.

Die Ehe mit Martha war die entscheidende Bindung in Henri Nannens an Frauen reichem Leben, schon wegen der gemeinsamen »Fronterfahrung« und der gemeinsamen Anstrengung beim Aufbau einer Existenz nach dem Krieg. »Das ist etwas, das man nicht wegschieben kann«, hat er 1986 der Interviewerin Holde Heuer gesagt. »Wir bleiben verbunden für immer.« Aber selbst eine solche Bindung verändert sich mit ihren Voraussetzungen, sie verhindert nicht, daß die Partner sich auseinanderentwickeln, daß sie eines Tages nicht mehr miteinander leben können, jedenfalls nicht ohne daß einer von beiden zu leiden hat. Das war in diesem Fall Martha. Sie bekam massive Probleme mit ihrer Gesundheit, auch mit dem Alkohol, und kaum ein Mensch, der sie gut gekannt hat, zweifelt daran, daß diese Probleme psychogen waren: ein Hilferuf nach Aufmerksamkeit und Zuwendung.

Eingebildet hat Martha Nannen sich ihre Krankheiten nicht, eher schon vor sich hergetragen wie einen Schutzschild. Sie ist mehrfach, vielleicht zu oft, operiert worden. Eines Tages erzählte sie dem (im *stern* für Medizin zuständigen) »Günterchen«, daß sie sich, laut Diagnose ihres Urologen, eine Niere entfernen lassen müsse, und wollte wissen, ob es stimme, daß sie danach noch lebensfähig sei. Dahl bestätigte das, riet aber dazu, vorher einen zweiten Arzt, den er ihr nannte, zu konsultieren. Der stellte dann fest, daß die Niere nicht entfernt werden mußte. Martha hatte, wieder mal, ein Magengeschwür.

Als Bitte um Zuwendung war das, war vor allem der Griff zur Flasche wirkungslos, wenn nicht kontraproduktiv. Wie die meisten Menschen, die vom Saufen keinen Lustgewinn haben, konnte Henri Nannen Betrunkene nur schwer ertragen – und überhaupt nicht, wenn es sich um seine eigene Frau handelte. Die Handgreiflichkeiten, die er sich ihr gegenüber zuschulden kommen ließ, waren nicht immer, aber oft so zu erklären, und es gab dafür allzu viele Zeugen, denn Nannen konnte kein Gefühl, also auch nicht seinen Jähzorn, verbergen. Im Oktober 1969 war ein solcher Vorfall *Bild am Sonntag* sogar eine Meldung wert. Mehrere Taxifahrer hatten an einem Samstagmorgen um 10.20 Uhr »einen mehr schlagkräftigen denn schlagfertigen Streit zwischen Mann und Frau« in einem Mercedes 300 mit Nannens Nummer beobachtet. »Vielleicht«, fügte die *BamS* scheinheilig hinzu, »ist der Wagen am Abend vorher gestohlen worden.«

Es gab aber auch ehrlich besorgte Beobachter, darunter Freundinnen, die der Meinung waren, daß diese Ehe nicht so dramatisch aus dem Leim gegangen wäre, wenn Martha sich nicht gesträubt hätte, noch ein oder zwei Kinder zu haben, solange sie dazu in der Lage war. »Zwei Nannens reichen mir«, soll sie gesagt haben. Henri hatte sich als junger Mann viele Sprößlinge gewünscht und war besonders von zwei oder drei Jahre alten Mädchen absolut hingerissen. Während er den *stern* machte, fehlte ihm der Kindersegen wohl weniger. Der Erkenntnis, daß er nicht nur ein miserabler Ehemann, sondern auch ein problematischer Vater war, ist er erst nach seiner *stern*-Zeit nicht länger ausgewichen. Als Großvater war er, wie die Enkel Stephanie und Oliver erlebt haben, seinem alten Traum von einer großen, funktionierenden Familie endlich ein Stück näher gekommen.

An seiner Fürsorglichkeit in materiellen Dingen war nie zu zweifeln. Auch Monika, seine erste Frau, hat er bis an deren Lebensende versorgt, jedenfalls finanziell und auch mit Einrichtungsstücken für ihren Platz in einem Tölzer Altenheim, in das sie 1972 zog. Erst als Henri Nannen »Rentner« wurde, 1983, ist ihm überhaupt bewußt geworden, wieviel Geld ihn diese Fürsorge monatlich kostete. In jenem Tölzer Altenheim hat er Monika auch zum letztenmal gesehen. An dem Pflegeheim, in das sie 1979 wegen fortschreitender Altersdemenz gekommen war, ist er einmal vorbeigefahren, aber nicht hineingegangen, er war einfach nicht imstande dazu. Einer, der schon zu Gesunden schwer Kontakt findet und den Betrunkene wütend machen, kann mit einem hilflosen Menschen überhaupt nicht umgehen; allein schon der Gedanke an eine solche Begegnung versetzt ihn in Panik. Einen zweiten Versuch hat Nannen nicht unternommen. »Heute würde sie Dich nicht mehr erkennen«, schrieb ihm Monikas Sohn Uwe 1984, kurz vor ihrem Tod. Auch zur Beerdigung ist Nannen nicht erschienen.

In der zweiten Hälfte der siebziger Jahre kamen Henri und Martha Nannen überein, daß eine räumliche Trennung ihr Eheleben vielleicht erträglicher gestalten könnte, zumindest zeitweilig. Martha nahm einen zweiten Wohnsitz in München und lebte dort, mit Unterbrechungen, mehrere Jahre. Glücklich war sie dabei wohl nicht, auch kaum interessiert an der Münchner Gesellschaft; Anneliese Friedmann, die von Nannen gebeten worden war, sich ein bißchen um sie zu kümmern, konnte wenig für sie tun. Aber gelegentliche Besuche in Hamburg machten den Ehepartnern nicht viel Mut zu einer dauerhaften Wiederaufnahme der häuslichen Gemeinschaft. Die beiden telefonierten fast täglich und auch sehr intensiv miteinander. Doch wenn sie dann wieder zusammen waren, sehnte sich zumindest Henri nach diesen Telefonaten zurück. Nur halb im Scherz hat er damals von seiner »hervorragenden Telefon-Ehe« gesprochen. Der Status war ihm nicht unangenehm. Denn bei aller Entschlossenheit, sich auch aus materiellen Gründen nicht scheiden zu lassen (Gütertrennung hatte das Ehepaar Nannen nicht vereinbart), blieb er keineswegs allein. Der Ruf »Nannen hat eine neue Freundin« belebte nicht nur den Branchenklatsch und den »Flurfunk« im *stern*, sondern vor allem ihn selber.

Henri Nannens siebtes Lebensjahrzehnt war bereits angebrochen, als er sich, nicht völlig unerwartet, aber plötzlich und vor allem heftig, in die gut dreißig Jahre jüngere, bereits verheiratete Traute Fischer verliebte. Sie war Hans Weidemanns Sekretärin bei *Jugend forscht* gewesen, bevor sie zu Maggi Wolgast in Nannens Vorzimmer kam und dort ihren lebhaften Liebreiz entfaltete. Was sich daraus entwickelte, war eine richtige Liebesgeschichte – romantisch, vergänglich und für einen Mann in Nannens Alter auch ein wenig nostalgisch. Wohl war er dem populären Klischee vom »interessanten Mann« mit den grauen Schläfen nun sehr nah, aber er hatte seine Träume nicht verraten an die schnöde, phantasielose Realität bürgerlicher Konventionen. In seinem »Reich«, also im *stern* und erst recht auf seinem Schiff, galten solche Konventionen nicht.

Es war das Jahr, in dem Willy Brandt enttäuscht und entnervt als Bundeskanzler zurücktrat – nach der Enttarnung des äußerlich so umgänglichen, ja biederen DDR-Spions Günther Guillaume, der auch über Brandts sogenannte Weibergeschichten Bescheid gewußt haben soll. Wie tief dieser Sturz Brandts dessen Weggefährten Nannen getroffen hat, verrät dessen *Stern*leserbrief vom 16. Mai 1974. Helmut Schmidt war nun Kanzler. »Aber ich kann mir nicht helfen, mich beschäftigt das Schicksal des alten Kanzlers immer noch mehr.« Niemand habe ihn erpreßt, niemand bedroht, auch die Opposition nicht. »Aber vor einem war Willy Brandt wohl nicht gefeit – vor seinem eigenen Ekel über die Verlogenheit unserer Gesellschaft, in der die Moral seines politischen Handelns mit Bettgeschichten in Frage gestellt werden kann.« Wer habe nicht alles Mätressen gehabt, von allerkatholischsten Majestäten bis zu Kennedy und Pompidou. »Aber bei uns mokieren sich gerade diejenigen, die den ›Heiligenschein‹ des Kanzlers dauernd verhöhnt haben, darüber, daß er ihn nachts gelegentlich ablegte.« Danach schrieb Nannen vier Monate lang keinen *Stern*leserbrief mehr. Er floh ins Private.

In diesem Sommer 1974 nahm Nannen seine beiden Vorzimmer-Damen Maggi Wolgast und Traute Fischer mit auf einen Törn zur Windjammerfahrt von Kopenhagen nach Gdingen, die zu begleiten Nannens »Positano III« vom Präsidenten des gastgebenden polnischen Seglerverbandes, Kapitän zur See Rogalla, eingeladen worden war. Auf dieser Reise (die beiden Damen bewohnten die Gästekabine) hat es dann wohl »gefunkt«. Jedenfalls hat Nannens Kapitän Heinz Simoneit das so gesehen, als nämlich Henri und Traute einmal »vom Haarewaschen« aus der Kabine kamen und »auf einmal ganz andere Augen« hatten – füreinander zumindest.

In Gdingen, wo die »Positano III« wegen Hilfeleistung für einen in Seenot geratenen dänischen Segler mit Verspätung ankam, gingen die beiden Frauen von Bord. Nannen schipperte weiter nach Memel, Heinz Simoneits Geburtsort, und diese Reise endete einigermaßen dramatisch. Die »Positano III« wurde von einem sowjetischen Schnellboot aufgebracht, denn so was hatten die Russen noch nicht erlebt: daß ein privates westliches Schiff einfach Memel anlief, obendrein ohne Lotsen (da die Crew nicht wußte, wo sie einen hätte finden können). Nannen hatte zwar eine Zusage eingeholt, in sowjetisches Territorium einreisen zu dürfen, besaß aber kein amtliches Papier darüber. Vorsichtshalber hatte man den *stern* mit dem Bild von Nannen auf Breschnews Schreibtisch im Salon aufgeschlagen hingelegt (eine Ausnahme, denn eigentlich war der *stern* an Bord nicht erlaubt), was seine Wirkung nicht verfehlte. Und nach intensiven Telefonkontakten mit der deutschen Botschaft und dem *stern*-Korrespondenten in Moskau durfte die »Positano«-Crew an Land gehen.

Später einmal hat Henri Nannen von einer Moskau-Reise zwei Katzen für Traute mitgebracht. Er habe das Gefühl gehabt, so hat er die Geschichte dem *Playboy* erzählt, seine Freundin kümmere sich mehr um ihre Katze als um ihn, »und ich dachte, man müßte dieser Katze eine Gespielin besorgen«. Nannen kaufte auf dem Moskauer Tiermarkt, für 15 Deutsche Mark, gleich zwei sibirische Blaukatzen, die nacheinander aus dem Brusttuch eines alten Mütterchens krochen und die zu trennen er nicht übers Herz brachte. Er nannte sie »Iwan« und »Blini« (nicht »Marx« und »Engels«, wie im *stern* gemunkelt wurde). Aber Trautes Katze und vor allem diese selbst wollten die beiden nicht haben, und so kamen sie nach Wellingsbüttel zu Nannens Airedale »Nuck«, der sie freundlich aufnahm. Es war der erste Korb, den Nannen von Traute Fischer bekam, aber nicht der letzte.

Henri Nannens Traum von einem funktionierenden familiären Zuhause erwachte aufs neue, wenn Traute ihre Freunde oder auch ihre Familie in dem Wellingsbütteler Haus versammelte. Es müsse wieder Leben in die Bude, sagte er dann, und freute sich offenbar über den Zulauf. Von Heimlichkeit auch diesmal keine Spur – wenngleich nicht er es war, sondern Traute, die darauf bestand, Martha den Stand der Dinge im Hause Nannen mitzuteilen, bevor der Tratsch das erledigte. Sie selber rief in München an, und Martha honorierte solche Offenheit mit Haltung. Aus Nannens Vorzimmer aber verabschiedete Frau Fischer sich und ging zurück zu *Jugend forscht*, inzwischen eine Stiftung öffentlichen Rechts. Das »Verhältnis vom Chef« wollte sie so nicht sein.

Daß sie nicht auf Dauer mit ihm leben, sondern nur noch eine gute Freundin sein wolle, sagte sie ihm wohl 1978; eine eigene Wohnung hatte sie schon im Mai 1977 bezogen. Es ging dabei erst mal gar nicht um einen anderen Mann, sondern eher um Sir Henris egozentrische Dominanz – was dieser natürlich nicht verstand. Am Abend der schockierenden Eröffnung bat Nannen eine hübsche junge Blondine mit hüftlangen Haaren, Angela, die Frau seines wahren Favoriten Peter Koch, ihr Ohr seiner Klage zu leihen. »Es war mir zum erstenmal in meinem Leben passiert, daß eine Frau mich hatte sitzenlassen«, gestand er ein paar Jahre später dem *Playboy*. »Bis dahin habe ich immer rücksichtslos die anderen sitzenlassen und das getan, was ich für richtig hielt und was mir Spaß gemacht hat. Neulich, als der Sohn eines *stern*-Redakteurs ganz traurig war, weil sein Mädchen ihn hatte sitzenlassen, habe ich zu ihm gesagt: ›Mach dir keine Sorgen, das passiert – und das übt kolossal!‹ Nur, wenn es einem mit über sechzig passiert, dann ist das Scheiße.«

Und da er in dieser Krise nicht so recht wußte, »wo ich mit mir hin sollte«, sagte er seinen Leuten: »Ihr wißt, ich bin nicht einer, der von der Großhesseloher Brücke springt. Ihr braucht euch also keine Sorgen zu machen, aber bitte versucht nicht, mich zu finden. Ich haue jetzt ab.« Wieder vier Monate lang kein *Stern*leserbrief. Eigentlich wollte Nannen ja nach Mexiko, weil er da noch nie war, fuhr dann aber erst mal nach Emden zum Zahnarzt, startete von dort zu einer nostalgisch-kulinarischen Reise durch Frankreich und landete in Positano. »Dort habe ich mein Haus gestrichen.«

Traute Fischer, die nicht nur Nannen, sondern auch Positano recht gut kannte, hatte von vornherein angenommen, daß er dorthin fahren werde. Sie reiste ihm, wieder in Begleitung von Maggi Wolgast, sogar nach – allerdings nicht in der Absicht, die Affäre wiederaufleben zu lassen, sondern der Fürsorge wegen; aber auch das tat ihm gut.

Während der Frankreich-Fahrt aus Liebeskummer hatte Nannen übrigens versucht, in St.-Cloud die hübschen Wirtstöchter wiederzufinden, in die er als Soldat so verknallt war. Er fand »eine etwa sechzigjährige, etwas schlampige Frau«, das war eine davon. Diese Entdeckung sei ganz heilsam gewesen, sagte er. »Mein Spruch ›Frauen über vierzig interessieren mich eigentlich nicht‹ hat da den ersten Knacks bekommen«, und er sei ein bißchen in sich gegangen – »mit über sechzig«.

Als er dann siebzig wurde, ist er in einem *stern*-Interview nach einer bösen Bemerkung gefragt worden, die er in jenem Streit mit den Feministinnen gemacht hatte: daß manche Journalistinnen über Abtreibung schrieben, bei denen man sich vergebens frage, »wer denen denn was antreibt«. Ja, er erinnerte sich. Und er sagte: »Ich bitte Alice Schwarzer um Verzeihung.«

Das Freikorps in der Luxus–Kaserne

oder: von »menschlichen Schweinen«
und anderen Frustrierten

Am 10. Juni 1975 landete auf dem Schreibtisch des Politik-Ressortchefs Peter Koch die am 2. Juni in Kaiserslautern anonym »an die Redaktion des *stern*« nach Hamburg abgeschickte vierseitige Niederschrift eines am 3. Oktober 1974 geführten Telefonats zwischen dem rheinland-pfälzischen Ministerpräsidenten und CDU-Parteichef Helmut Kohl und dem CDU-Generalsekretär Kurt Biedenkopf. Das Gespräch drehte sich um den Artikel »Mann ohne Mumm« des *stern*-Redakteurs und eingeschriebenen CDU-Mitglieds Werner P. D'hein, worin dem Aspiranten auf die Kanzlerkandidatur der CDU – Kohl – nachgesagt wurde, er gelte bei prominenten Parteifreunden als führungsschwach, und speziell Biedenkopf werfe ihm »Mangel an Konzeption, Stehvermögen, Disziplin und Willenskraft« vor. Biedenkopf spielte diese Indiskretionen am Telefon herunter, versicherte Kohl betreten seiner Ergebenheit (»Eine ganz blöde Geschichte«) und bestritt eigene Ambitionen auf die Kanzlerkandidatur (Kohl: »Kurt, das mußt du ausräumen«). Kohl beklagte, daß die »innere Loyalität« in der Partei »immer mehr flöten« gehe, fand die wahren Schurken aber beim *stern*. Dort gebe es »menschliche Schweine«, die für 5000 verkaufte Exemplare mehr sogar ihre Mutter ans Messer liefern würden. Namhaft gemacht wurde in der phonetischen Niederschrift des Telefonats aber nur einer: »der Pitzinger«, der »Stellvertreter von Lammen«.

Wer das Telefonat abgehört und aufgeschrieben hatte, blieb damals unaufgeklärt. Nach der Wiedervereinigung reklamierten Herbert Brehmer (alias Buchner) und Günter Bohnsack, beide bis zur Wende Oberstleutnant in Markus Wolfs Lieblingsabteilung X der HVA (Hauptverwaltung Aufklärung) der DDR, den Coup für sich: In ihren Diskussionen mit den Rechercheuren des *stern* sei »deutlich geworden, für welche Themen außer ›Nante‹ (van

Nouhuys) die Hamburger Illustrierte sich interessierte«, also hielt man Ausschau nach »pflanzbarem« Material. Das Abhörprotokoll wollen Brehmer und Bohnsack von den Experten der Stasi-Hauptabteilung III, »Elektronische Aufklärung«, die bis zu 100 000 Telefon-Mitschnitte pro Jahr schaffte, bekommen und so umfrisiert haben, daß es wie ein amerikanisches Geheimdienstpapier aussah – wobei sie ein paar Fehler machten, die damals schon bemerkt wurden, aber nichts zur Aufklärung beitrugen.

Viel Mühe dürften die Stasi-Leute mit dem Protokoll ohnehin nicht gehabt haben. Als im März 1979 Biedenkopfs Chefsekretärin Christel Broszey verschwand und später in Ost-Berlin wieder auftauchte (beileibe nicht der einzige Fall jener Vorzimmer-Spionage, die damals auch die Opposition traf), nannte Verfassungsschutz-Präsident Richard Meier Frau Broszey als mutmaßliche Lieferantin des Abhörprotokolls. Da sie bereits seit 1971 in der Chefetage der CDU gearbeitet hatte, dürfte sie noch weit Interessanteres zu liefern gewußt haben.

Falsch war das Protokoll jedenfalls nicht. Koch und D'hein zeigten es am 11. Juni 1975 Biedenkopf, der sich dieses Telefonats gut erinnerte. Er wollte zunächst sogar, daß der Lauschangriff publik werde; auf die nicht völlig abwegige Vermutung, das ganze Protokoll könnte veröffentlicht werden, kam er erst, als Vorausmeldungen kursierten, und wollte dann vom *stern* die Zusicherung, das Protokoll nicht zu drucken. Am Telefon bekam er die weder von Koch noch von Nannen. Darauf schickte er, am Freitag, dem 13. Juni, 15.20 Uhr, ein Fernschreiben an Nannen, in dem er, auch in Kohls Namen, darauf aufmerksam machte, »daß wir mit der Veröffentlichung dieser Aufzeichnung nicht einverstanden sind und in ihr eine Verletzung des persönlichen Lebens- und Geheimnisbereichs im Sinne des § 201 StGB sehen«. Die Antwort kam, da Nannen das Haus bereits verlassen habe, um 17.00 Uhr von der G+J-Rechtsabteilung, die zusicherte, den durch § 201 geschützten Bereich »von Ihnen und Herrn Dr. Kohl respektieren und nicht ohne Ihre Zustimmung verletzen« zu wollen.

Diese Zusicherung hinderte Kohls und Biedenkopfs Hamburger Rechtsbeistand Bernhard Servatius daran, bereits am Freitagabend eine einstweilige Verfügung zu beantragen – zumal er auch beim sondierenden Geplauder mit dem G+J-Vorsitzenden Fischer auf einer Nachfeier zu John Jahrs 75. Geburtstag den Eindruck gewann, der *stern* werde das Protokoll nicht drucken, wenn das rechtlich problematisch sei. Erst am Dienstagmorgen, nach einem Auftritt Nannens in *Panorama* am Montagabend und weiteren Vorausmeldungen, beantragte und bekam Servatius seine einstweilige Verfügung. Bei deren Zustellung am 17. Juni, weiland einem Feiertag, stieß der Obergerichtsvollzieher auf verschlossene Türen und einen die Annahme verweigernden Pförtner, woraus sich eine kleine Kriminalkomödie entwickelte. Laut einer »Dokumentation« der CDU sei der G+J-Angestellte Karl Stöhr dem im Auto wegfahrenden Gerichtsvollzieher nachgelaufen und habe versucht, »die Verfügung an dem Wagen zu befestigen«. Der diensthabende Portier Stöhr, ein pensionierter Schneidermeister, hätte das wohl kaum gekonnt: Er war damals 67 Jahre alt und litt unter Arthritis. Im übrigen war der *stern* zu diesem Zeitpunkt schon ausgedruckt.

Für Nannen war das Abhörprotokoll eindeutig »fit to print« im Sinne der *New York Times*. Denn der § 201 StGB verbot nur, daß die unbefugte Aufnahme eines nichtöffentlichen Gesprächs an Dritte weitergegeben wird, die Publikation einer solchen Aufzeichnung wird nicht erwähnt – eine Lücke, breit genug für Nannen. Außerdem fand er, die politischen Reaktionen auf das abgehörte Telefonat seien viel brisanter als das Telefonat selber: »Lassen wir sie also ans Licht, die Maus, die der kreißende Berg geboren hat.« Vor allem aber sickerten in Bonn immer mehr Details durch, denn es existierte ein zweites Exemplar der Mitschrift, das die Stasi an den Geheimdienstexperten und ehemaligen CDU-Staatssekretär Reinhold Mercker geschickt und das dieser der zuständigen Kontrollkommission im Innenministerium abgeliefert hatte. Sollte der *stern* sich den Knüller etwa wegschnappen lassen?

Aber ein richtiger Erfolg war die Veröffentlichung nicht. Erstens hatte der *stern* nicht so viele Exemplare gedruckt, wie er hätte verkaufen können. Zweitens hatte er eine so schlechte Presse wie schon lange nicht mehr. Die »Pharisäer« mit dem »erigierten moralischen Zeigefinger«, über die Nannen sogleich herfiel, waren diesmal überall. »Der publicity-geübte Chefredakteur«, so der *Spiegel* seines alten Freundes Augstein über Nannen, »dem anerkennenden Branchenneid wieder mal genüßlich entgegenfiebernd, sah sich plötzlich als Zielpunkt schwerster Geschosse.« Schimpfwörter wie »Bubenstück«, »Mittäter«, »sauberer Helfer« prasselten auf ihn nieder. Eine Sitzung des von Helmut Kohl angerufenen Deutschen Presserats, mit dem Nannen in einer Art Dauerfehde lag wie früher mit der Selbstkontrolle der Illustrierten oder der Bundesprüfstelle, verließ er unter lautstarkem Protest, weil der *stern* dort ohnehin vorverurteilt sei und kein faires Verfahren zu erwarten habe. »Es ist das persönliche Mißgeschick dieses beträchtlich fähigen Journalisten«, so der befreundete *Spiegel*, »daß er die Kritik, die er auf sich und sein Blatt gezogen hat, durch sein Verhalten nachträglich noch rechtfertigt und verschärft... Schmerzlich beglückt steht Nannen jetzt da und kann nicht anders: ›Ich weiß, daß ich der Prügelknabe bin.‹«

Lauter Niederlagen diesmal auch vor den Gerichten. Kohl und Biedenkopf entfachten nach der effektlosen einstweiligen Verfügung einen Rechtsstreit beim Landgericht und beim Oberlandesgericht Hamburg und setzten dort ein nachträgliches Veröffentlichungsverbot sowie Schmerzensgeld von je 10 000 Mark durch. Der *stern* ging in die Berufung, weil er vom Bundesgerichtshof das überragende öffentliche Interesse an diesem Gespräch bestätigt zu bekommen hoffte, und als er diese Bestätigung nicht bekam, erhob er Verfassungsbeschwerde, die vom Bundesverfassungsgericht (im Juli 1979) nicht zur Entscheidung angenommen wurde, »weil sie keine hinreichende Aussicht auf Erfolg hat«.

Schon unmittelbar nach der Veröffentlichung des Telefonats gab es »Manöverkritik« (Manfred Fischer) in den Führungsgremien von Gruner + Jahr. Springers *Bild am Sonntag* raunte von Entmachtung Nannens und zitierte einen ungenannten Aufsichtsrat mit der Frage, ob man es weiter dulden wolle, daß Nannen und seine Crew »Aktionen an den Interessen des Gesamthauses vorbei oder sogar dagegen durchführen dürfen«. Der Vorstandsvorsitzende Fischer zeigte sich über die scharfe Rüge des Presserats unangenehm überrascht und antwortete auf die Frage der *Welt*, ob er das Telefonat noch einmal veröffentlicht sehen wolle:

»Wenn Sie Herrn Nannen fragen, wird er sicher ›ja‹ sagen. Wenn Sie mich fragen: Hätte ich den Zirkus vorausgesehen, hätte ich ›nein‹ zur Veröffentlichung geraten.«

Ein gutes Jahr später gab Manfred Fischer einen solchen Rat, allerdings nicht dem Chefredakteur Nannen, denn der war nicht präsent (abermals vier Monate kein *Stern*leserbrief), sondern seinem amtierenden Stellvertreter Schuller. »Lieber Vic«, schrieb Fischer am 6. September 1976, »mir sind Gerüchte zu Ohren gekommen, nach denen der *stern* in nächster Zeit eine Geschichte über den Filmkaufmann Kirch und seine Geschäftspraktiken im Umgang mit den Fernsehsendern bringen will«, was die Redaktion in Konflikt mit geschäftspolitischen Interessen des Hauses bringen könnte.

Die Gerüchte trafen zu, wie Schuller beim zuständigen Ressortleiter Axel Hecht ermittelte. Er ließ sich Fahnenabzüge des geplanten Artikels geben, fand ihn gut und schickte ihn am 7. September dem »lieben Manfred« samt der Ankündigung des Abdrucks im nächsten Heft: »Ich bin also sehr für einen Abdruck und bitte um Ihre Meinung, wenn Sie das Manuskript gelesen haben.« Zwei Tage später kam Fischer in Schullers Büro und klärte ihn auf: G+J hatte im März eine »Kommunikationsgesellschaft TV und Film« namens »Alpha« gegründet und erwog, damit der »Beta« genannten Firma des Dr. Leo Kirch im Lizenzhandel Konkurrenz zu machen. Außerdem sollten Verhandlungen zwischen Bertelsmann-Chef Mohn und dem West-LB-Chef Ludwig Poullain als einem der Banker von Kirch (und Teilhaber an dessen Firma »Unitel«) darüber stattfinden, ob Mohn ein Kreditpaket von Kirch übernehme (wovon Poullain später nichts wissen wollte). Wenn nun, nach einem heftig umstrittenen Anti-Kirch-Artikel im *Spiegel*, auch noch der *stern* in diese Kerbe haue, dann müsse das so aussehen, als bringe G+J alle verfügbaren Geschütze in Stellung, um den Markt freizuschießen, Kirchs »Beta« in die Knie zu zwingen und dann mit »Alpha« nachzuziehen. Jedenfalls käme der *stern* in den unschönen Verdacht, Mohn bei seinen Verhandlungen, die nicht sehr gut liefen, Schützenhilfe geleistet zu haben. Also sollte der Artikel zumindest aufgeschoben werden.

Schuller leuchtete das ein. »Man muß halt in so einem Fall,

Teufel noch eins, das Interesse des Hauses ins Kalkül ziehen«, hat er später in einer Redaktionskonferenz gesagt. Auf Schullers Veranlassung wurde die bereits eingeplante Kirch-Geschichte zweimal wieder aus dem Blatt genommen, und als der Ressortleiter Hecht deshalb Krach schlug, bot Schuller an, mit ihm zwecks Klärung der Hintergründe zu Fischer zu gehen. Manfred Bissinger, der im übrigen mit Schuller d'accord war, hielt das für einen schweren Fehler, und der Lauf der Dinge sollte ihm recht geben. Hecht rief den *stern*-Beirat an, und der sah die redaktionelle Unabhängigkeit in Gefahr. Er lud Schuller vor und wollte mit Fischer, später dann auch mit Mohn reden. Fischer stand sofort zur Verfügung, am Donnerstag, dem 16. September, erläuterte dem Beirat seinen Wunsch nach Verschiebung und bot ein Gespräch mit Mohn für den 24. September an. Dann allerdings passierte ein Malheur. »Als habe ihn der Teufel geritten«, so Schullers Darstellung, »zog dieser Dr. Fischer plötzlich ein Ding aus dem Hut, nicht ein Kaninchen, sondern eher so was wie eine Natter. Seht mal her, was ich da habe! Ein juristischer Begriff, der da heißt: negatives Einzelanweisungsrecht.« Auf den Kirch-Artikel wollte Fischer dieses Recht nicht angewendet wissen, aber es sei für den Notfall da, wenn nämlich eine Veröffentlichung das Unternehmen schwer beschädigen könnte. Eine Drohung?

Im Protokoll des Beirats über diese Begegnung fehlte das Wort Drohung. Dafür stand die Sache mit dem »negativen Einzelanweisungsrecht« im nächsten *Spiegel* (der am Freitagabend Redaktionsschluß hat), durchaus bezogen auf den geschobenen Kirch-Artikel und angereichert mit der Feststellung, *stern*-Redakteure beklagten einen »Akt absoluter Zensur«. Schuller hatte sich an diesem Freitag arglos in den lang geplanten Urlaub auf Kreta verabschiedet. Am Sonntag, 19. September, versammelte sich der Beirat (die *Spiegel*-Notiz schon auf dem Tisch) und mißbilligte »schärfstens die Entscheidung des amtierenden Chefredakteurs Victor Schuller, die Veröffentlichung des Berichts über Kirch auf Intervention des Verlages aufzuschieben, ohne den Beirat zu konsultieren... Der Beirat fordert die amtierende Chefredaktion auf, den Bericht sofort zu drucken.« Am Montag, 20. September, erklärte Manfred Bissinger, die amtierende Chefredaktion, bestehend aus ihm und Rolf Gillhausen, »hat beschlossen, das Manuskript zu drucken«.

Das war denn auch nicht weiter problematisch, denn der Handel mit Kirch platzte. Am folgenden Freitag verkündete der G+J-Vorstand seinen Beschluß, die »Pläne im Lizenzhandel« mit der Firma »Alpha-Film« aufzugeben, ließ alle Bedenken gegen den »Beta«-Artikel fallen, und Reinhard Mohn schrieb Leo Kirch einen offenen Brief, in dem er ihn unter anderem der »glatten Lüge« bezichtigte. Was übrigblieb von der ganzen Aufregung, war das Scherbengericht über Schuller. Auch nur ein Malheur? Es gibt in der Partnerpsychologie den Begriff der »Fehlattribution von Resterregung«, womit die Neigung wichtiger älterer Herren zu sehr viel jüngeren Frauen erklärt werden soll; hier stammte die »Resterregung« aus der just überstandenen Krise und traf einen alten Getreuen, der Henri Nannen stets zu Diensten und obendrein zur Stelle war, wenn es galt, jemanden zu verarzten, den Nannen verletzt hatte.

Aus dem Urlaub zurück, bot Vic Schuller der Redaktion in einer gallebitteren Rede seinen vorzeitigen Rücktritt an. Der Beirat habe den »alten Sack, der sich jetzt auf Kreta in der Sonne aalt und der in ein paar Monaten sowieso weg vom Fenster ist, noch mal ordentlich in die Weichteile getreten, um vor der Redaktion und vor der Öffentlichkeit Gesicht zu wahren... Vor ein paar Jahren hätte ich die Forderung gestellt: Entweder der Beirat tritt sofort zurück, oder ich gehe. Drei Monate vor meinem Ausscheiden wäre das eine lächerliche Farce. Aber ich kann den Chefredakteur bitten, mich so bald wie nur irgend möglich von diesem ehrenwerten Posten zu entbinden.« Nannen tat das nicht. Aber die »Klimamaschine« Schuller war ausgefallen.

Auf dem Scheitelpunkt dieser Auseinandersetzung, am 26. September, nutzte der Lust-Linke Erich Kuby die – von Nannen contre cœur eingeführte – Heftkritik zu einer Grundsatzrede über die Lage der Redaktion. Man könne sagen, »daß der *stern* ein blühendes Unternehmen ist, seinen reichen Besitzern Reichtum einscheffelt, vielen nicht reichen Bediensteten die meist gut gestrichenen Brötchen einträgt – und somit sei alles gut. Ich sehe das anders... Wenn ich mich in der Redaktion umhöre, so bemerke ich, daß die Lust verdammt klein, die Unlust gewaltig ist. Die Frustration hat einen gefährlichen Grad erreicht.« Den Intellektuellen Kuby frustrierte vor allem, daß »in unserem System, und die Redaktion ist ein Teil dieses Systems, für das Wort Welterklärung das Wort Ideologie gesetzt« und dann vom Chefredakteur verteufelt werde. »Wie die Dinge liegen, ist der Erfolg des Blattes das Ergebnis eines sensiblen Opportunismus, dessen Kehrseite die Routine ist.« Der *stern* sei zu einer Fabrik geworden, in der die Maschinen nur noch mit halber Kraft laufen dürften. »Jene, die hinausgeschickt werden, um Stories zu recherchieren und zu fotografieren, sind nicht mehr willens, über den gesellschaftlichen Wert ihrer Arbeit nachzudenken, denn sie sind gezwungen, darüber nachzudenken, wie sie die Resultate ihrer Arbeit so frisieren, daß sie die Chance haben, im Blatt zu erscheinen.«

Wenn das stimmte, dann war das »Freikorps Nannen« in die »Luxus-Kaserne G+J« (Kuby) eingezogen und hatte dort den Zustand »einer modernen Armee erreicht, in der höchstens noch fünf Prozent des Personals für aktives Handeln an der Front vorgesehen sind«. Von der Lust zum Frust? Spukte wieder mal der Zeitgeist durch die geräumigen Redaktionsflure im (ursprünglich als Hotel gedachten) Terrassenbau an der Außenalster, genannt »Affenfelsen«? Auch bei der »Kundschaft«, beim breiten Publikum, war die Reformeuphorie geschwunden. Nicht mehr »Reform« war das Zauberwort der Regierung Helmut Schmidt, sondern »Stabilität«, nicht mehr der große Zukunftsentwurf regierte, sondern die pragmatische Alltagsarbeit und, nolens volens, ökonomisches Krisenmanagement. Der vom Ölboykott der arabischen Förderstaaten 1973 ausgelöste Konjunktureinbruch erreichte seinen Tiefpunkt erst nach Brandts Abgang, die Weltwirtschaft steckte in einer tiefen Krise, und die Bundesrepublik erreichte Mitte der siebziger Jahre die Talsohle der bis dato schärfsten Nachkriegsrezession. Terroristen erschreckten die Bundesbürger, 1975 wurde zum erstenmal ein Politiker entführt (Peter Lorenz, der Berliner CDU-Vorsitzende), Inhaftierte aus der Terrorszene wurden freigepreßt, ein verunsicherter Staat demonstrierte Härte im Hochsicherheitstrakt von Stammheim, wo die führenden Köpfe der Baader-Meinhof-Bande einsaßen, und die Stadtguerilla »Rote Armee Fraktion« rüstete für das Jahr des Terrors 1977.

In diesem Jahr 1977, nur wenige Wochen vor dem »heißen Herbst« der Entführungen und Ermordungen, gab es im *stern* abermals eine bemerkenswerte Heftkritik: von dem jungen Auslands-Ressortchef Klaus Liedtke, der zuvor als Amerika-Korrespondent so manches Mal gedacht hatte: »Du bist doch ein verflucht glücklicher Mensch, für dieses Blatt arbeiten zu dürfen« – kein frustrierter Linker also, auch kein verhinderter Chefideologe. »Tja, und dann kam ich nach Hamburg. Ich habe noch nie eine Redaktion gesehen, in der sich so viele Leute so falsch verstanden sehen, in der so viele Frustrierte, so viele Unlustige herumlaufen. Die Abwesenheit von Frohsinn, von Fröhlichkeit beim Zeitungsmachen ist wahrscheinlich gerade für den so auffällig, der frisch hinzukommt... Wie soll, bei soviel schlechter Laune, ein heiterer, lockerer *stern* herauskommen?« Liedtke nannte auch ein paar Gründe für die Unlust, vor allem »das jahrelange Rätselraten um die Chefredaktion«, also um Nannens Nachfolge, dann die hohe »Papierkorbquote« und »die Geringschätzung, mit der in dieser Redaktion über das – fast könnte man sagen: namenlose – Heer von Redakteuren gesprochen« werde. »In diesem Hause gibt es so viele Konferenzen, aber so wenig Gespräche.« Und dann appellierte Liedtke an die Chefredaktion, sich »so zu organisieren, damit Sie für den Rest der Redaktion ansprechbare Gesprächspartner« sein könnten. »Sie müssen uns nicht nur Beine, sondern auch Lust machen.«

Nannen reagierte auf solche Attacken, wenn er denn präsent war, nicht mit einem Strafgericht, brachten sie doch Leben in die Bude und Mitarbeiter gegeneinander auf, die er dann um so leichter disziplinieren konnte. Doch einer seiner Stellvertreter, Rolf Winter, damals ebenso wie Rolf Gillhausen fast mehr mit dem neuen Produkt *GEO* als mit dem *stern* beschäftigt, sagte pikiert zu Liedtke, das sei aber »ziemlich unerwachsen« gewesen.

Als die Terroranschläge nach Ulrike Meinhofs Selbstmord in Stammheim 1976 eskalierten und in jenem Herbst 1977 geradezu explodierten, als der Generalbundesanwalt Siegfried Buback, der Dresdner-Bank-Chef Jürgen Ponto ermordet, der Arbeitgeberpräsident Hanns-Martin Schleyer entführt und schließlich »hingerichtet« wurde, als die Lufthansa-Maschine »Landshut« gekidnappt wurde und in Mogadischu gestürmt werden mußte – da gab es »an der Front« für mehr als nur »fünf Prozent des Personals« genug zu tun. Und auch Nannen war als Kommentator »an der Front«, aber immer auf der Seite des »Systems«: »Jeder von uns weiß, daß diese unvollkommene Bundesrepublik Deutschland der freieste und liberalste Staat ist, den die Deutschen je hatten ... Der Staat, von dem Andreas Baader träumt, ist ein Obrigkeitsstaat, der reglementiert, Andersdenkende verdächtigt, wahllos Wohnungen durchsucht, Demonstrationen zusammenknüppelt.«

Die Kluft wurde tiefer zwischen diesem, dem G+J-Vorstand angehörenden Chefredakteur und jenem »politisch bewußten« Teil der Redaktion, der »das System« mit Hilfe des *stern* verändern wollte. Das zeigte sich sehr deutlich im Vorfeld einer Streikbewegung, bei der es um die Folgen der Einführung elektronischer Satztechniken für die immer noch Bleisatz herstellenden Setzer ging. Die Industriegewerkschaft Druck und Papier, die sich als Vorreiter einer eigenständigen Gesellschaftspolitik zur Sicherung der Arbeitsplätze verstand, hatte sich Gruner + Jahr als eine Art Demonstrationsobjekt für einen neuen Druckerstreik ausguckt. Und der »ideologische Einpeitscher des Streiks« (so Nannen später), der junge Jurist im Vorstand der IG Druck und Papier. Dr. Detlef Hensche, hatte dort wohl auch Sympathisanten.

Im Dezember 1977 nahm Henri Nannen eine Betriebsversammlung des Unternehmensbereichs Zeitschriften und »die Streiksituation« im Bereich Druck zum Anlaß eines siebenseitigen Briefes an alle *stern*-Mitarbeiter, in dem er zunächst einmal Dampf abließ: »Mich hat es erschreckt, daß die Bemerkung von Dr. Fischer in der Betriebsversammlung ›Der Vorstand hat sicher auch Fehler gemacht‹ von einigen Teilnehmern mit hämischem Gelächter quittiert wurde. Wo sind wir denn eigentlich? Will hier jemand einen Vorstandsvorsitzenden nach dem Motto ›Der Führer hat immer recht‹?« Und dann nahm er sich die IG Druck und Papier vor, nicht ohne zu erwähnen, daß sie unter Mitgliederschwund leide. »Ich meine, Sie sollten sich die Butter nicht vom

Brot nehmen lassen von Ideologen, denen es weniger um Ihren Arbeitsplatz als um die eigene Profilierung geht... Was ist denn das für eine Vorstellung von der Würde des Menschen, wenn man ihm ein Überwechseln in eine sinnvolle und entwicklungsfähige Arbeit versagen will, nur um ihn bei der Stange der IG Druck zu halten?«

Wenig später, als die Bissinger-Krise nicht nur neue Empörung, sondern auch ein paar verquälte Briefwechsel unter *stern*-Redakteuren zur Folge hatte, schrieb der zum *stern* zurückgekehrte Gerhard Gründler, gewiß kein Revolutionär, in einem sechsseitigen, engzeilig getippten Papier für Günter Dahl, das dann die Runde machte: »Seit seinem Brief zur Streiksituation im Hause G+J keimt bei mir und – wie ich weiß – auch bei vielen anderen Kollegen die Sorge, Henri Nannen könnte seine Rolle als Vorstandsmitglied mit seinem Ansehen als unabhängiger, als fortschrittlich-liberaler Publizist nicht länger in Einklang bringen... Was mich beunruhigt, ist die Aufgabe jeglicher Distanz zum Standpunkt der Unternehmer.« Und das *stern*-Statut erweise sich unter den veränderten ökonomischen Bedingungen, um Lichtenberg zu zitieren, als »Messer ohne Klinge, an dem der Griff fehlt«.

Deutschlands damals bekanntester Personalberater, der Psychologe Dr. Maximilian Schubart, äußerte um dieselbe Zeit in der Zeitschrift *Psychologie heute* die Ansicht, wenn Nannen im Altertum gelebt hätte, dann hätte er sich zumindest zum Halbgott erklärt. »Oder er hätte gesagt: Was ist denn Gott eigentlich gegen mich, Henri Nannen, der den *stern* geschaffen und damit übrigens auch ein Gottessymbol in die Welt gesetzt hat.« Aber, Spaß beiseite: Nannen sei »eine so starke Vaterfigur, daß ... jeder von den jungen Leuten im Grunde genommen den großen Wunsch hat, ihn als den Vater – analytisch gesprochen – zu kastrieren, zu entmannen, zu töten, um selbst seine Stelle einzunehmen, um ihn dann hinterher entsprechend verehren zu können. Henri Nannen ist in einer solchen Situation.«

Adenauer hätte gesagt: Die Situation ist da.

Der Bruch

oder: ein »Kronprinz« geht ab, und Nannen räumt auf

»In Lugano gibt es einen reizenden Flughafen mit einem schicken Hotel – sehr luxuriös. Eigentümer von Hotel und Flughafen ist der Textilfabrikant Müller-Wipperfürth, der in Deutschland seine Millionen verdient und der – weil ihm die Steuerfahndung aus Düsseldorf lästig wurde – jetzt in Lugano seinen Hobbies nachgeht. Nichts gegen seine zwei oder drei Flugzeuge; der Mann braucht sie ja, schließlich müssen seine Kinder jeden Tag von Lugano über die Alpen nach Zürich in die Schule geflogen werden.« So stand es im Dezember 1960 unter der Überschrift »Dolce Vita am Lago Maggiore – oder: Wie man Steuern spart« in der *Zeit.* »In Ascona wird ein ganzer Berg bebaut, mit reichen, oft nicht sonderlich geschmackvollen Villen. Die Eingeborenen nennen den Berg ›Germanen-Hügel‹. Dort wohnt ... schon heute eine Auslese des deutschen Unternehmertums.« Autor des Artikels war ein Mann, der bei Locarno selber eine Villa hatte bauen lassen: Gerd Bucerius.

Solch souveräner Umgang mit der Materie war den Herren der veröffentlichten Meinung offenbar abhanden gekommen, als 17 Jahre später ein Artikel im *stern* zum Thema Kapital- und Steuerflucht einen Sturm entfachte, der zunächst Nannens »Kronprinz« und dann auch noch das *stern*-Statut hinwegfegte.

Das war der Artikel gewiß nicht wert. Er verquickte volkswirtschaftlich sinnvolle Kapitalinvestitionen im Ausland mit dem Müßiggang, dem sich deutsche Steuerflüchtlinge außerhalb der Landesgrenzen hingaben: in Nannens Augen »eine Kolportage, die nicht miteinander zu vergleichende Fakten und Personen in einen Topf wirft«, zum Beispiel das VW-Käfer-Werk in Mexiko und Arndt von Bohlens Prachtvilla in Marrakesch. Der Titel »... und morgen die ganze Welt«, ein Nazi-Zitat, zeigte deutlich genug die demagogische Marschrichtung. Der Artikel enthielt sachliche Fehler, und völlig neu war er auch nicht. Drei Wochen vor der *stern*-Veröffentlichung erschien Ähnliches im *Jahrbuch der deutsche Anlageberatung 1978*, zu dessen 35 Autoren der Verfasser des *stern*-Artikels gehörte: Kurt Blauhorn, ein ehemaliger *Spiegel*-Redakteur und *stern*-Mitarbeiter.

Ins Blatt genommen hatte den – laut Impressum vom Wirtschaftsredakteur (und Beiratsmitglied) Georg Würtz verantworteten – Artikel Manfred Bissinger: zur Tatzeit das einzige anwesende Mitglied der Chefredaktion. Seine Stellvertreter-Kollegen, die beiden »Rölfe« Winter und Gillhausen, waren in *GEO*-Angelegenheiten in USA, wohin Nannen ihnen zur Eröffnung der vierten Weltausstellung der Fotografie (der *stern* war Mitveranstalter) nachfolgte. Als Heft Nr. 53/77 des *stern* mit dem Blauhorn-Bericht »abgefahren«, also zum Druck freigegeben werden mußte, war eigentlich der zurückgekehrte Winter wieder amtierender Chef. Das »Tableau« jedenfalls, eine graphische Zutat zu der Geschichte, bestehend aus einer Landkarte und »Briefmarken« (einer Art Paßbildfotos), hat Bissinger vor dem Druck gar nicht gesehen. Gründlich gelesen aber hatte nur er den Artikel. Das war auch am 20. Dezember noch so, als die wieder komplette Chefredaktion sich mit der Verlagsspitze zu Etatgesprächen traf, wobei der Blauhorn-Bericht halb im Scherz als Möglichkeit erwähnt wurde, die »dicken Hefte« durch Abschreckung von Anzeigenkunden etwas dünner zu machen. Nannen kannte den Beitrag überhaupt nicht.

Über die dann ausbrechende Krise haben die Hauptbeteiligten Bissinger, Nannen und der Vorstandsvorsitzende Fischer chronologische Aufzeichnungen gemacht, die den Hergang im wesentlichen übereinstimmend beschreiben.

21. Dezember: Nannen liest einen Beschwerdebrief von John Jahr sen. zu dem Blauhorn-Artikel (»Dieser Beitrag nimmt mir die Hoffnung, daß Sie noch zu einer Kooperation, die auch die Interessen des Verlages berücksichtigt, fähig sind«) und diktiert eine einzeilige Antwort (»Sie können mich am Arsch lecken«), die er auf Fischers dringende Bitte nicht abschickt. Dann liest Nannen einen Brief von Reinhard Mohn zum selben Thema (»Meines Erachtens stellt sich hier zum wiederholten Male die Frage nach der

Qualifikation der Stellvertretung«) und findet ihn in der Sachdarstellung moderat. Nun liest auch er den inkriminierten Artikel und findet ihn miserabel. Der herbeigerufene Bissinger verteidigt den Artikel und bekennt sich zu dessen Veröffentlichung. Nannen konstatiert Dissens in einer »Grundsatzfrage« und spricht von seiner nun offenkundig gewordenen Fehleinschätzung (der Person Bissingers), die ihn zwinge, seinen Hut zu nehmen. Bissinger erwidert, daß er selber Konsequenzen ziehen müsse, denn er, nicht Nannen, sei der Verantwortliche. Nannen diktiert einen Rücktrittsbrief an Mohn und einen neuen Brief an Jahr, worin »Konsequenzen« angekündigt werden. Fischer weigert sich nach einem erregten Disput mit Nannen und Bissinger, deren Rücktrittsangebote zur Kenntnis zu nehmen. In der Nacht telefoniert er mit Mohn, der anbietet, nach Hamburg zu kommen. Fischer lehnt das ab.

22. Dezember: Nannen sagt Fischer am Morgen, daß er doch nicht zurücktreten wolle. Beide telefonieren mit Mohn, und Nannen bittet ihn, nach Hamburg zu kommen. Im Beisein von Winter und Gillhausen, die vergebens zu vermitteln versuchen, weigert sich Bissinger, von dem Blauhorn-Artikel abzurücken. Seinen Rücktritt, den Nannen daraufhin fordert, lehnt Bissinger nun ebenfalls ab. Mohn trifft ein, entdeckt erst jetzt, daß auch er in dem »Tableau« erscheint, spricht von Desinformation und von Rücktritt aus dem Aufsichtsrat. Um 14 Uhr wiederholt Bissinger, konfrontiert mit Mohn, Fischer und Nannen, daß er kein Unrechtsbewußtsein habe und den Artikel genau so wieder im *stern* drucken würde. Nannen erklärt, daß er unter diesen Umständen nicht mehr mit Bissinger zusammenarbeiten könne, ihn beurlaube und den Verlag um die Auflösung des Stellvertreter-Vertrages bitten werde. Die angebotene Möglichkeit, von sich aus zu kündigen, lehnt Bissinger nach einem Gespräch mit dem Beirat ab. Von Nannen informiert, widerspricht der Beirat Bissingers Beurlaubung einstimmig.

23. Dezember: Eine Redaktionsvollversammlung (140 Teilnehmer) billigt bei nur vier Enthaltungen die Forderung des Beirats, Bissingers Beurlaubung zurückzunehmen, und unterstützt die Erwartung, »daß die gesamte Chefredaktion ... den Versuch

des Verlages, die redaktionelle Freiheit einzuschränken, solidarisch mit der Redaktion zurückweist«.

Man muß die Papierschlachten, die gleich nach Weihnachten losbrachen, nicht noch einmal schlagen, um zu entdecken, daß dies der falsche Streit über das falsche Objekt mit den falschen Fronten war. Nannen ließ den Mann fallen, den er selber aufgebaut hatte, und stand zum erstenmal auf seiten des Mehrheitsgesellschafters und des Verlags gegen die Redaktion. Bissinger riskierte seine Karriere für einen Artikel, dessen Schwächen ihm durchaus bewußt waren und von dem er sich leicht hätte distanzieren können. Die Redaktion und ihr Beirat sahen in der Tendenz des Artikels den Grund für die Intervention der Verleger und befürchteten eine »Tendenzwende« beim *stern*. »Die Chefredaktion wird aufgefordert, alles zu tun, um das Vertrauensverhältnis zur Redaktion wiederherzustellen.« Nannen hingegen stellte die handwerklichen Mängel des Artikels in den Vordergrund, sprach von schlampiger Recherche und verfaßte eine zwölfseitige Mängelrüge. »Nirgendwo im Statut steht, daß die Qualität der Recherche und die Wahrheit der Information dem politischen Engagement des Redakteurs unterzuordnen seien.«

Wie konnte es so weit kommen? Was war da passiert?

»Nannen, nicht Mohn, hatte Bissinger schon längst fallengelassen.« Das schrieb am 4. Januar 1978, gegen den Trend der Berichterstattung, der *Zeit*-Redakteur Haug von Kuenheim, aber nicht in der *Zeit*, sondern in der *Frankfurter Rundschau*, wo auch die (angeblich aus Nannens Schreibtisch entwendeten) Briefe Mohns und Jahrs an Nannen abgedruckt wurden. »Während der Chefredakteur sich mehr und mehr um seine Privatangelegenheiten kümmerte«, so Kuenheim, »und die beiden Stellvertreter Gillhausen und Winter um ihre inhaltsleere, aber goldene Creation *GEO* tanzten, wühlte Bissinger in der Redaktion... Ganz sicher hoffte er, Nannen eines Tages ablösen zu können. Es mag auch sein, daß der ehrgeizige und fanatische Bissinger nicht länger an die Formel glauben wollte, der *stern* sei Nannen. Denn war nicht er es, der den *stern* machte?« Nannen aber werde auf seinem Alleinvertretungsanspruch beharren.

Gewiß, Mohn mochte Bissinger nie. Aber daß wirklich Nannen selber den vermeintlichen Thronfolger rausgeschmissen habe, versuchte er dem Beirat mit einer ins Groteske verrutschten Metapher glaubhaft zu machen. »Wir wollen das mal völlig klarstellen: Während ich schlafe, wird im Nebenzimmer meine Frau bedroht. Wäre ich nicht aufgewacht, hätte ich meine Frau nicht schützen können. Ich gebe zu, daß Herr Mohn als Wecker funktioniert hat, aber den Mann, der meine Frau bedrohte, habe ich aus eigener Entscheidung des Zimmers verwiesen, nicht ohne dafür zu sorgen, daß ihm an der Haustür ein größerer Scheck überreicht wurde.« Schon im Sommer 1976, nach dem Streit um die Stellvertreter-Ernennung, hatte er zu Manfred Fischer gesagt: »Ich habe nie auf Bissinger als meinem Nachfolger bestanden, aber ich möchte nicht, daß er aus dem Kreis der Anwärter ausgeschlossen wird.«

Und plötzlich wollte er auch das nicht mehr. Das populäre Bild vom Tropfen, der das Faß zum Überlaufen bringt, bemühte Nannen nicht als Erklärung. Er sprach statt dessen vom »Porsche-Effekt«. Sein zweiter Porsche nämlich war ein Montagsauto gewesen. »Da war immer was dran. Aber ich liebte dieses Auto und wollte auf dieses Auto nichts kommen lassen. Eines Morgens ging der Scheibenwischer nicht. Da hab ich den Hörer genommen, hab die Fahrbereitschaft angerufen und gesagt: Holt das Auto aus meiner Garage, ich will es nie wieder sehen!«

Henri Nannen war es leid, sich immer wieder für diesen störrischen Bissinger schlagen zu müssen. Hatte er das doch erst vor ein paar Wochen wieder getan, als es darum gegangen war, den Ende 1977 auslaufenden Stellvertreter-Vertrag zu verlängern und den Verträgen der beiden Kollegen Bissingers anzugleichen, was weder Mohn noch Fischer wollten. Man hatte sich zu einem grundsätzlichen Gespräch über das immer dringender nach einer Lösung verlangende Problem der Vertretung Nannens mit Mohn auf Mallorca getroffen. Nannen hob Bissingers Bedeutung als Blattmacher hervor, ablesbar an der Auflage (die nach seinem Abgang tatsächlich sackte), und verteidigte ihn gegen den Vorwurf, ein linker Systemveränderer zu sein. Am Ende traf man eine Art Verabredung: Nannen versprach, darüber zu wachen, daß keine systemfeindlichen, die Interessen des Gesamtunternehmens schädigenden Beiträge ins Blatt kommen, und Bissinger bekam einen Vertrag als gleichberechtigter Stellvertreter bis Ende 1979.

Diese Verabredung war es wohl, auf die Mohn in seinem Brief zu dem Blauhorn-Artikel angespielt hatte: »Wir haben im Jahre 1977 gelernt, unsere Auffassungen in einem kollegialen Gespräch einander näherzubringen und im Interesse unserer gemeinsamen Arbeit eine einheitliche Auffassung zu erarbeiten.« Kaum war, drei Wochen vor Weihnachten, die Tinte unter Bissingers neuem Vertrag trocken, da erschien der *stern* mit einem Titel über Sex im Büro, »Deutsche Chefs – Ferkel im Betrieb«, bald darauf erschien dann der Artikel »...und morgen die ganze Welt«. So aber hatten die Bertelsmänner jene Verabredung von Mallorca nicht verstanden. Nannen wiederum mußte sich desavouiert, zumindest im Stich gelassen fühlen.

Und Manfred Bissinger? Er hätte bleiben können, wenn er ein Papier unterschrieben hätte, das die Bertelsmänner ihm präsentierten und worin er versichern sollte, daß ein Artikel wie »...und morgen die ganze Welt« im *stern* nicht mehr erscheinen werde. Seinen Einwand, so was könne man schon produktionstechnisch nicht versprechen, weil Fehler unvermeidlich seien, verfing nicht; man wollte diese Absichtserklärung als Eingeständnis falschen Handelns. Nannen riet Bissinger zur Unterschrift. Der aber blieb bei seinem Nein. Er sah damals wohl nicht, daß diese Unterschrift eine Chance bedeutet hätte, irgendwann doch noch *stern*-Chef zu werden (einfach weil er das Blatt am besten von allen Aspiranten verstand und weil er Nannen in mancher Beziehung am ähnlichsten war). Er sah nur, daß er Sir Henri verloren hatte und daß er nun nicht auch noch die Solidarität der Leute verlieren durfte, deren Leitwolf er so lange gewesen war. Diese Solidarität aber hätte er durch seine Unterschrift verspielt.

Reich geworden ist er bei der Vertragsauflösung im Januar 1978 nicht. Eine gute halbe Million Abfindung nach Steuern war keine große Verlockung für jemanden, dem man schon mal eine steuerfreie Million für seinen Abgang geboten hatte. Aber Solidarität gab's reichlich. 780 Schriftsteller, Gewerkschafter, Politiker und Künstler protestierten auf Initiative des Rowohlt-Lektors Freimut Duve und des Graphikers Klaus Staeck gegen den Rauswurf. Und Bissinger ließ sich nicht lumpen. »Ihre Solidarität, die der Schriftsteller, Politiker und Kollegen draußen hat uns alle etwas stärker gemacht«, schrieb er dem Beirat zum Abschied. »Es ist zu hoffen, daß dieser Fall Regierung und Gewerkschaften klarmacht, daß privatrechtliche Abmachungen nur soviel wert sind wie die, die sie abgeschlossen haben.«

Das Büfett bei der Abschiedsfete für Bissinger, zu der er nicht erschien, boykottierten die Redakteure und labten sich statt dessen an den vom Beirat spendierten Anzüglichkeiten wie »Mohn-Striezel« oder Erdnüssen (weil Rolf Winter die Einwände gegen den Kapitalflucht-Artikel »peanuts« genannt hatte). Das verschmähte Büfett bekamen die Setzer – was Nannen dazu veranlaßte, seinen Hund »Nuck« einen (freilich nicht abgeschickten) Brief an den Beirat schreiben zu lassen: »Liebe Herren Beiräte, mein Mensch hat mir gesagt, daß ich das halbe Pfund Tatar, das ich gestern bekam, eigentlich Euch verdanke. Das finde ich prima. Ich wäre gern dabeigewesen bei Eurer Feier, denn ich kann auch sehr gut bellen. Da wäre für mich vielleicht noch mehr abgefallen, aber mein Mensch sagt, das wäre in die Setzerei gegangen, wegen der Solidarität. Ich habe Pauline [dem Hund von Ursel Hintz, d. A.] auch übriggelassen, was ich nicht mochte, auch wegen der Solidarität.«

Aber niemandem war zum Lachen zumute. Am 5. Januar beschloß die Vollversammlung der *stern*-Mitarbeiter, durch Richterspruch feststellen zu lassen, ob Bissingers Beurlaubung gegen den einstimmigen Widerspruch des Beirats das *stern*-Statut verletze oder nicht. Zuvor hatte der Fernseh-Frühschöppner Werner Höfer, seit August 1977 auch als »Diplomatischer Korrespondent« für den *stern* tätig, mit lauter Stimme und in wohlgesetzten Worten gefordert, den ganzen Streit einfach zu vergessen und gemeinschaftlich weiterzumachen. Von den komplizierten Machtstrukturen im *stern* hatte Höfer keine Ahnung. Nannen fühlte sich an das *Wort zum Sonntag* erinnert: »Ich höre Pfarrer Sommerauer gern.« Die Versammlung ignorierte Höfers Appell. Noch im Januar beendeten Nannen und Höfer die ursprünglich auf zwei Jahre verabredete Zusammenarbeit »in der bisherigen Form«.

Ob der Rechtsstreit mit dem Beirat den Chefredakteur Nannen

wohl an den Brief erinnert hat, den ihm sein alter Freund Richard Gruner vor fast zehn Jahren geschrieben hatte? »Nahezu alle Paragraphen des Redaktionsstatuts laden unzufriedene Redakteure geradezu ein, eine persönliche Machtprobe zu suchen und herbeizuführen...« Gruner meldete sich auch jetzt, aber nicht bei Nannen, sondern bei Mohn, und zwar mit einer Bitte, deren Erfüllung er auf dem Rechtsweg nicht erzwingen konnte: Sein Name solle aus dem Firmennamen Gruner + Jahr endlich gelöscht werden: »Die Vorstellung, mit dieser Art Presse auch nur versehentlich identifiziert zu werden, ist mir unerträglich.« In dem Kapitalflucht-Artikel war sein Bild neben dem einer ihm zugeschriebenen Villa in Ascona erschienen, in der angeblich seine Goldvorräte lagerten, »bis sich der Preis verdreifacht hatte«. Es war nicht Gruners Villa. Den Artikel bezeichnete er als »Spitze der Niedertracht«.

Der Riß in der *stern*-Redaktion wurde tiefer. Ein Angebot der Chefredaktion, man möge die »Interpretationsfreiräume« des Statuts in einem Verhandlungsausschuß (dem auch Rolf Winter und Peter Koch angehören sollten) klären und dann mit dem Verlag »über eine Präzisierung« sprechen, scheiterte an der Weigerung der nominierten Beiräte Heiner Bremer und Thomas Walde, bei so etwas mitzuspielen. Die juristische Auseinandersetzung um das Statut verhedderte sich bald im Streit um rechtliche Voraussetzungen und Zuständigkeiten. Diesen Schwierigkeiten versuchten die Beiratsmitglieder dadurch zu entkommen, daß sie als Personen Klage beim Arbeitsgericht einreichten (das sich später als nicht zuständig erklärte und die Kläger ans Landgericht verwies), weil die Auseinandersetzung über das Statut auf den »Interessengegensatz zwischen Arbeitnehmer und Arbeitgeber« zurückzuführen sei. Spätestens damit war für Nannen klar, »daß dieses Statut die Redaktion in Chefredaktion und Redaktionsmannschaft aufzuspalten drohte«.

Das war einmal seine Mannschaft. Und nun? Am 18. Januar goß er Öl in die ohnehin schon lodernden Flammen und schrieb zwölf Redakteuren diesen Brief: »Sie sollten zuerst durch mich erfahren, daß ich Frau Hintz gebeten habe, mir die im letzten Jahr von Ihnen verfaßten Beiträge für den *stern* zusammenzustellen.

Ich möchte Sie bitten, ihr dabei behilflich zu sein. Sie wissen, daß ich nicht immer dazu komme, den *stern* von der ersten bis zur letzten Seite zu lesen. Deshalb habe ich mir jetzt einige Tage Urlaub genommen, um mir eine Vorstellung über Ihre journalistische Tätigkeit für den *stern* von der ersten bis zur letzten Seite machen zu können.« Unter den Empfängern: ein Betriebsrat, ein Beirat (der zugleich Betriebsrat war) und zwei Vertrauensleute der Deutschen Journalisten Union (dju) in der IG Druck und Papier. Was Wunder, daß der Verdacht aufkam, es handle sich um eine »schwarze Liste von Bissinger-Sympathisanten«. Das war sie nicht, denn über die angeschriebenen Zwölf war bereits im November im Beisein und mit Billigung Manfred Bissingers kritisch geredet, eine Entscheidung über Konsequenzen aber vertagt worden; jetzt jedoch, so Nannen, erzwängen die bevorstehenden Etatgespräche eine Wiederaufnahme dieses Verfahrens. Der aufgebrachte Beirat beanstandete Form und Zeitpunkt des Vorstoßes als »taktisch falsch«. Nannen räumte das ein. Aber es war ihm wohl gleichgültig.

Gegen Ende des Jahres 1978 beschlossen Verlagschef und Chefredakteur, den festgezurrten Knoten der juristischen Auseinandersetzung über das Statut durchzuhauen. Im Grunde ging es ja nur um den einen Punkt: das in Artikel 6 festgelegte Vetorecht des Beirats gegen Personalentscheidungen des Chefredakteurs. »Angenommen, das Gericht bestätigt die Auffassung des Beirats«, schrieb Manfred Fischer am 24. Oktober an Henri Nannen. »Mit einem solchen Statut könnten wir nicht leben. Wenn ein Chefredakteur keine personellen Entscheidungen mehr treffen kann, kann das die vollständige Paralysierung seiner Arbeit bedeuten.«

Das war Nannens Stichwort, und die Aktion, zu der es ihn veranlaßte, hatte etwas von einem klassischen Western: Nannen räumt auf. »Wenn ich Ende 1980 die Platte putze, will ich hier den Laden in Ordnung haben«, befand er und ließ am 15. November allen 180 *stern*-Redakteuren eine 14 Seiten lange Hausmitteilung auf den Tisch legen: Das Ende des gerichtlichen Auslegungsstreits um das *stern*-Statut sei nicht abzusehen. »Ich werde deshalb in der heutigen Vorstandssitzung den Antrag stellen, die Kündigung des bestehenden Statuts gemäß Artikel 9 zu beschließen und der Redaktion Verhandlungen über eine präzisere Neufassung anzubieten, die das gleiche Maß an redaktioneller Unabhängigkeit sichert und unterschiedliche Interpretationen ausschließt.«

Der Vorstand kündigte das Statut fristgerecht zum 31. Dezember 1979. Verhandlungen über eine Neufassung kamen nicht zustande. »Ein Statut ohne Veto-Möglichkeiten und damit also ohne jedes echte Mitbestimmungsrecht ist ein Rückschritt, der das fortschrittlich liberale Selbstverständnis dieser Redaktion im Nerv treffen muß«, so der Beirat in seiner Antwort. »Für Verhandlungen, die nur auf einen Status quo minus hinzielen, steht dieser Beirat nicht zur Verfügung.« Den Rechtsstreit hatten die Kläger aus dem Beirat ohnehin aufgegeben.

Unter den *stern*-Leuten, die in Manfred Bissinger ihren Vormann gesehen hatten, grassierte die Resignation. Zwei der zwölf von Nannen Angeschriebenen, der Wirtschaftsredakteur und Beirat Joachim Wegener und der politische Redakteur Werner Heine, verließen das Haus, obwohl sie beide auch Betriebsräte und mithin unkündbar waren; man trennte sich nach einigem Hin und Her gegen Abfindung. Der Beirat (und Ressortchef »Freizeit«) Peter Gimm ließ sich vom Verlag mit der Entwicklung einer neuen Frauenzeitschrift beauftragen. Der politische Reporter Gerhard Gründler hatte ein ehrenvolles Angebot vom Westdeutschen Rundfunk. Kai Hermann, der Reporter der äußerst erfolgreichen Geschichte der Christiane F., wollte nur noch frei mitarbeiten. Neue Leute wurden engagiert, der Reporter Rainer Fabian von der *Welt* und Hagen Rudolph von *Pardon* zum Beispiel, die nicht in dem Ruf standen, linke Systemveränderer zu sein.

Im Vorjahr war eine 995 Seiten umfassende Untersuchung der *stern*-Jahrgänge 1966 bis 1974 des Berliner Psychologie-Professors Otto Walter Haseloff erschienen, die den *stern* absichtsvoll in die linkssozialistische Ecke zu stellen versuchte. Haseloff sah den »Emanzipationsjournalismus«, der auf rasche und gründliche Bewußtseinsänderung der Menschen ziele, in einer schweren Krise und sagte eine neue Standortbestimmung des *stern* voraus.

Nannen schlug im Januar 1978 zurück. »Der Professor hat wohl nicht begriffen, daß Kritik eine besondere Form der Liebe sein kann.« Aber er fuhr fort, »den Laden hier in Ordnung« zu bringen. Als Bissingers Nachfolger berief er den 1975 zum Sonderthemen-Chef ernannten Peter Koch zu seinem dritten Stellvertreter. Und er verschickte weitere Mahnbriefe. Den Ressortleitern schrieb er ein paar Tage nach der Kündigung des Statuts: »Die erschreckende Häufung von Gegendarstellungsersuchen gibt mir Veranlassung, Sie noch einmal zu bitten, Ihr besonderes Augenmerk auf die Sorgfältigkeit der Recherche zu richten. In den meisten Fällen sind die ›gegendargestellten‹ Tatsachen für die Brisanz der betroffenen Veröffentlichung ganz unerheblich gewesen.« Und außerdem, das schrieb Nannen aber nicht, haben Gegendarstellungen nicht unbedingt etwas mit der Wahrheit zu tun.

Dem Betriebsrat hinterließ Nannen, bevor er in den angekündigten Urlaub ging, selber eine Art Gegendarstellung: »Nein, ich habe mich aus eigener journalistischer Motivation von Bissinger getrennt. Ich halte ihn nach wie vor für einen glänzenden Blattmacher. Aber er hätte aus unserem *stern* einen anderen *stern* gemacht. Nach meiner Meinung: einen weniger glaubwürdigen.«

Warum er diesen Bissinger so lange und so entschieden gefördert hatte, schrieb Henri Nannen nicht.

Der Kunsthändler

oder: »Onkel Henri« auf dem Weg nach Emden

Es geschah nun häufiger, daß Henri Nannen sich abwandte, daß er einfach verschwand für eine Weile, sich weigerte mitzuspielen. Nicht daß seine Sensoren versagt hätten, aber sie meldeten immer wieder Störungen, Unklarheiten, Widersprüche. Sein wachsendes Bedürfnis nach Ruhe und Ordnung traf auf den unerfüllten Wunsch nach einem neuen Ziel, das seine Phantasie noch einmal beflügelt hätte, und beides zusammen machte keinen Sinn.

Felix Schmidt, der den *stern* wegen Bissingers Beförderung verlassen hatte, war inzwischen Programmdirektor Fernsehen beim Südwestfunk in Baden-Baden geworden, und dort rief eines Tages Nannen an, aus Achern, einige Kilometer entfernt: »Ich bin auf der Flucht.« Ob Felix ihm ein anständiges Quartier empfehlen könne. Selbst auf der Flucht brauchte Sir Henri Lebenshelfer, und Schmidt war ihm von gemeinsamen kulinarischen Ausflügen vertraut. Er blieb ein paar Tage in der Gegend, aß und trank gehörig und zeigte sich erfreut darüber, daß in Baden-Baden alles so sauber und ordentlich sei.

Nach Bissingers Entlassung litt Henri Nannens Engagement für den *stern* unter Schwächeanfällen. Sein ehedem bedingungsloser Kampf für die Unabhängigkeit der Redaktion vom Verlag war beendet, denn die Mehrheit dieser Redaktion, die einmal sein Freikorps gewesen war, sah ihn nun auf der anderen Seite der Barriere, und das verzieh er ihr nicht.

Als Briefschreiber an die Leserschaft trat er nur noch selten auf, sozusagen anfallartig, wenn ihn etwas besonders aufregte, wie zum Beispiel der amerikanische Holocaust-Film (»Ich jedenfalls, ich habe gewußt, daß im Namen Deutschlands wehrlose Menschen vernichtet wurden«) oder die Kanzlerkandidatur von Franz Josef Strauß und dessen Wahlkampf-Umgang mit dem Massaker auf dem Münchner Oktoberfest 1980: »Ein politischer Leichenfledderer wie Franz Josef Strauß darf nicht Kanzler der Bundesrepublik werden.« Aber auch aus weniger spektakulären Anlässen, dem drohenden Konkurs eines Elektrokonzerns zum Beispiel (»Laßt die AEG doch pleite gehen!«) oder der Verteuerung von Schulbüchern, fand er Formulierungen wie verbale Blitzableiter: »Ade, du Volk der Dichter und Denker!«

Im internen Schriftverkehr rollte der Donner nun noch häufiger als früher. Den vierseitigen Beschwerdebrief eines altgedienten Redakteurs beantwortete der Chef mit der Feststellung, er habe ihn »nicht zu Ende gelesen. Dazu ist er mir zu larmoyant und in der Sache zu uninteressant.« Eine verlagsinterne Mitteilung »Warum G+J ins Ausland geht« motivierte ihn zu einer fünfseitigen, hohntriefenden Sprachglosse zum Thema »Bürokratendeutsch«: »Und dann kommt noch ein weiterer ›Faktor‹ hinzu. Der Faktor besteht in einer ›Tendenz‹ und – na, was wohl? Antwort: ›Auf diese Tendenz setzen wir.‹ Ich setze mich dabei auf den Arsch.« Als P.S. für seinen Vorstandskollegen, den Zeitschriften-Chef Dr. Jan Hensmann, schrieb er drunter: »Wer hat dies, Du armer Jan, Dir denn wieder angetan?« Und schickte das Papier nicht ab.

Dann wieder war er die Milde selbst. »Ich möchte die Korrespondenz in dieser Sache«, schrieb er aus gegebenem Anlaß an die Rechtsabteilung, »als eine Abmahnung an uns alle ansehen, daß wir in Zukunft uns mehr Mühe miteinander geben.« Beim Vorstandsvorsitzenden Fischer bedankte er sich im Januar 1979 für »die beiden mit außerordentlicher Sorgfalt ausgesuchten Tiffany-Vasen« zu seinem 65. Geburtstag und freute sich noch mehr darüber, »daß wir uns in den letzten Jahren so gut zusammengerauft haben... Das Haus und der *stern* sind bei Ihnen gut aufgehoben.« Nach Nannens 70. Geburtstag duzte man sich dann. Vergessen auch die Karate-Rhetorik des Streits mit Axel Springer. Im Dezember hatte der Verleger Anlaß, sich bei Nannen brieflich »für Ihre guten Worte« über das von Springer erworbene schleswig-holsteinische Gut Schierensee zu bedanken, und fügte hinzu: »Das wirklich Scheußliche an unserem Beruf ist für mich die Beigabe, unaufhörlich anderen Menschen Unrecht zuzufügen, was gar nichts damit zu tun hat, etwa anderer Meinung im Sachlichen zu sein.«

Axel Springer, Henri Nannen und Rudolf Augstein standen, in dieser Reihenfolge, auf einer Liste mit den Namen deutscher Top-Manager, die Fahnder des Bundeskriminalamtes in einer Hamburger »konspirativen Wohnung« der RAF-Terroristen im September 1977 sichergestellt hatten. Den genannten Herren wurde dringend angeraten, im Benehmen mit dem BKA Personenschutz zu organisieren, wenn sie nicht riskieren wollten, das Schicksal Hanns-Martin Schleyers zu teilen. Solcher Personenschutz war mit erheblichem Aufwand verbunden, der nicht nur von den Betroffenen ertragen, sondern auch von ihren Firmen bezahlt werden mußte. Nannen unterzog sich alledem bereitwilliger als beispielsweise Rudolf Augstein. Er versuchte auch gar nicht, seinen persönlichen Leibwächter Manfred Ey auf Distanz zu halten, sondern bezog ihn alsbald in seine Aktivitäten und in seine Probleme ein.

Manfred Ey war damals ein Privatpolizist Mitte Dreißig, mit einschlägigen Erfahrungen bei der »Diamantenpolizei« in Südafrika, aber auch in Argentinien oder im Libanon. Sein Personenschutz-Konzept für Nannen war »aggressiv«, es waren zeitweilig bis zu 20 Bewacher und ein Nannen-Double involviert, und als der echte Nannen einmal versuchte, das Netzwerk seiner Bewacher durch eine nicht verabredete Autofahrt auf den Ohlsdorfer Friedhof zu durchbrechen, fing Ey ihn ab und drohte hinzuschmeißen, wenn so was noch mal vorkomme. In der Regel aber beanspruchte Nannen ihn so gründlich, daß die junge Frau, die Ey in Hamburg geheiratet hatte, den Trauzeugen Nannen am Telefon einmal einen furchtbaren Egoisten schimpfte. Die befristete Symbiose zwischen Bewacher und Schützling (sie dauerte vom Herbst 1977 bis zum Jahreswechsel 1980/81) führte zum Beispiel dazu, daß beide Männer in Overalls eine reetgedeckte alte Fischerkate »entkernten«, die Nannen in Keitum auf Sylt gekauft hatte.

Als der Winter 1978, kurz nach Weihnachten, ganz Norddeutschland in ein Schneechaos stürzte, war Henri Nannen auf Sylt eingeschneit: in der Kampener Wohnung seines Vorstandskollegen Gerd Schulte-Hillen, der damals für die G+J-Druckereien zuständig war. Nannen hatte sich gleich nach seinem 65. Geburtstag mit Traute Fischer dorthin zurückgezogen. Aber das war, wie sich bald herausstellen sollte, keine besonders gute Idee. Die Stimmung war wie das Wetter: ziemlich katastrophal. Traute mußte obendrein bald nach Hamburg zurück, weil sie dort einen neuen Job antrat – in der Galerie Thomas Levy.

Auch Manfred Ey war ausnahmsweise nicht dabei; auf der Insel drohte kein Attentat. Nun aber kam Nannen von dort wegen des Schneechaos nicht mehr weg, und er fühlte sich deprimiert. Nicht zum erstenmal in einer solchen Situation entwickelte er Herzrhythmusstörungen, ließ seinen Leibwächter am Telefon den unregelmäßigen Puls hören und forderte Hilfe an. Man solle sofort etwas unternehmen, um ihn von der Insel herunterzuholen. Also setzte Ey sich mit den auch auf Sylt stationierten Marinefliegern in Verbindung und versuchte den zuständigen Leuten dort klarzumachen, daß es sich um einen kritischen Fall handle, der unbedingt ausgeflogen werden müsse. Als er die Militärs endlich von der Notlage überzeugt hatte und Nannen erleichtert mitteilte, daß er demnächst abfliegen könne, war der Schatten der Depression wieder abgezogen. Nannen war nach Westerland ins Hotel *Stadt Hamburg* umgezogen und relativ guter Dinge. Schulte-Hillen, der mit einer kleinen Privatmaschine eigenhändig nach Sylt fliegen konnte, hatte sich samt seiner Frau Irene zu einem Besuch angesagt, und Nannen machte Ey Vorwürfe, weil der sein Gejammer so ernst genommen hatte.

Beruflich unternahm oder unterstützte Nannen in dieser Zeit ein paar Dinge, die nach Hinterlassenschaft schmeckten. Im Januar 1977 rief er, gestiftet vom *stern*, einen Reportage-Preis ins Leben und gab ihm den Namen des großen tschechischen Reporters Egon Erwin Kisch. Das sollte, unter anderem, ein Bekenntnis zu der (von Karl Kraus geschmähten) Arbeit »eines Kehrichtsammlers der Tatsachenwelt« sein. Noch immer, so Nannen, »ist die Reportage bei uns ein schweres Geschäft. Noch immer ist der erhobene Zeigefinger des Lehrmeisters der Nation mehr angesehen als die nur scheinbar leichte Feder des Reporters.« Im Jahr darauf wirkte er mit in der Arbeitsgruppe zur Vorbereitung einer von

Gruner + Jahr und der *Zeit* (als Fünf-Prozent-Gesellschafter) getragenen Journalistenschule, die im Frühjahr 1979 eröffnet und die 1983 nach ihm benannt wurde. Wichtig war ihm dabei vor allem die praxisbezogene Art der Ausbildung, denn er glaubte nicht daran, daß man Journalismus auf der Universität lernen könne; »journalistische Homunculi« nannte er die Studienabgänger. Aber selber unterrichten an der Henri-Nannen-Schule wollte er nicht. »Dazu bin ich viel zu ungeduldig.«

Als der Tag des Machtwechsels an der Spitze des *stern* gekommen war, zeigte Henri Nannen sich ungerührt, zugeknöpft, cool. Der Redaktionskonferenz am 5. Januar 1981 bot er statt einer Abschiedsrede ein paar Sarkasmen: Die Beisetzung habe auf Wunsch des Verstorbenen in aller Stille stattgefunden. Die Wiederauferstehung geschehe, »wie wir aus der Bibel wissen«, nicht im Fleische. Der Niedergelegte werde auffahren gen Himmel und sitzen zur Rechten Gottes. Ins Weltliche übersetzt bedeute dies, daß er wie bisher die Interessen des *stern* im Vorstand vertreten werde. Das war's. Wenn ihm jemand mit der augenzwinkernden Mutmaßung kam, in Wahrheit habe doch er im *stern* weiterhin das Sagen, dann wurde er grantig: »Das ist kein Maskenball. Die neue Chefredaktion ist voll verantwortlich.« Ein Triumvirat: Rolf Gillhausen, Peter Koch und Felix Schmidt (den Manfred Fischer zurückgeholt hatte, weil er ein konservatives Pendant zu dem »linken« Koch haben wollte).

Wenig Aufwand, auch wenig Emotion für einen Abschied nach 32 Jahren und sieben Monaten Chefredakteur. Aber Nannen lebte ja schon eine ganze Weile in der selbstgewählten Distanz zu seinem Job, in einer Art »splendid isolation«, aus der er gelegentlich hervorbrach, um in druckfertigen Blaupausen herumzuredigieren oder in die Heftmischung einzugreifen – und er wußte natürlich, wie lästig das für die Diensthabenden war. Aber er konnte nun mal nicht delegieren, er hatte immer schon »zu den Leuten gehört, die alles selber machen wollen, damit sie sich dann darüber beschweren können, daß sie alles selber machen müssen«. Er hielt nichts davon, die Rolle des Chefredakteurs doppelt oder gar dreifach zu besetzen. Ein Chefredakteur, hat er wiederholt gesagt, müsse an sein Blatt geflochten sein wie an ein Rad:

»Liegt er unten, blutet er. Ist er oben, ist es sein Sieg.« Und ein solcher Mann sollte mit dem Amt des Herausgebers, das er nun übernahm, etwas anfangen können?

Er konnte es nicht. Niemand hat diesen Job drastischer abqualifiziert als Nannen selber. Er ließ keine Gelegenheit aus zu sagen: Ein Herausgeber, das sei ein Frühstücksdirektor, schlimmer noch, »das ist ein Grüß-August, der geht im Speiselokal herum und fragt: Hat's den Herrschaften geschmeckt? ... Ich hatte doch weder Weisungsbefugnis, noch hatte ich irgendeinen Einfluß auf die Redaktion.« Den hatte er doch oder hätte ihn haben können, aber er machte wenig Gebrauch davon. Er hatte nichts dagegen, die Galionsfigur des *stern* zu sein, aber seinen Alleinvertretungsanspruch konnte das nicht erfüllen. Nannen war der *stern* eben nur dann, wenn Nannen den *stern* auch machte. Und den machten jetzt andere, jedenfalls nicht der Herausgeber. »Als ich die Chefredaktion abgab«, hat er später mal zu Günter Dahl gesagt, »hätte ich aus dem Hause verschwinden sollen. Aufhören mit dem Tanzen, solange die Musik noch spielt.«

Vorgenommen hatte er sich das. Und deshalb gründete er bereits 1979 die Personengesellschaft »Henri Nannen Kunsthandel«, Hamburg, Fontenay-Allee 12. »Dies zum klaren Zeichen, daß ich in zwei Jahren nicht mehr Chefredakteur sein werde.« Nun sollten die Bilder ins Zentrum seines Lebens rücken, sollten auch die Attraktionen sein, die er dem staunenden Publikum vorzuzeigen hatte. Die Fischerkate in Keitum war anfangs als Galerie gedacht, Schwerpunkt: deutsche Expressionisten. »Ich werde einen Katalog machen, wie sich das gehört, und dann kann's losgehen.« Die Betonung lag auf Kunst, nicht auf Handel, denn ein Händler war Nannen nun wirklich nicht, aber das verdrängte er. Außerdem hatte er natürlich Helfer. Die meisten Expressionisten kaufte der junge Galerist Thomas Levy für den Kunsthändler Nannen ein. Daß Thomas Levy unterdessen der Ehemann von Traute Fischer geworden war, schadete den beruflichen Beziehungen nicht, es förderte sie eher.

Aber die Freunde und Helfer des Kunsthändlers Nannen sahen wohl früher als er selber, daß dieser Aufbruch in Sir Henris »drittes Leben« zum Fehlstart wurde. Es hätte zu einem erfolgreichen

Kunsthandel, neben kaufmännischen Talenten, auch eine starke Neigung zum »social life«, zum gesellschaftlichen Umgang, gehört, und die fehlte Nannen völlig. Er wollte, wenn er zum Beispiel mit Felix Schmidt, dessen Lebensgefährtin Monika Wiese und deren Freundin Ursel Hintz opulent gekocht hatte, noch nicht mal jemanden zum Essen einladen; es fiel ihm einfach niemand ein, und neue Leute wollte er nicht mehr um sich haben.

Dabei fehlte es weder an Förderung noch an beifälliger Publizität. Als Thomas Levy den Kunsthändler Nannen 1982 »huckepack« auf den internationalen Kunstmarkt in Düsseldorf mitnahm (»Wir zeigen Expressionisten in Zusammenarbeit mit Henri Nannen Kunsthandel«, hieß es im Katalog), bekam Nannen zwar gute Kritiken, aber auch Ärger mit der Zunft, weil er die Voraussetzung der Teilnahme an diesem Kunstmarkt – eine zu bestimmten Zeiten geöffnete Galerie – noch nicht erfüllte. Die ordentliche Mitgliederversammlung des Bundesverbandes Deutscher Galerien e.V. beschloß am Messe-Schlußtag einstimmig, »hinfort das hier praktizierte Huckepackverfahren nicht mehr zuzulassen«. Auch hatte Nannen ernsthaften Interessenten auf der Messe erklärt, gerade das Bild, das sie haben wollten, verkaufe er nicht. Er haßte es, »Dinge, die man gern hat, wieder zu verkaufen«.

Für Franz Marcs *Blaue Fohlen* hatte er dem Münchner Galeristen Gunzenhauser 1979 fast eine Million hingeblättert und wurde das kleinformatige Bild, wie von der Branche prophezeit, für soviel Geld nicht mehr los: »Gott sei Dank«, wie er später sagte. Bei Marlborough kaufte er Erich Heckels *Rotes Haus* für 130 000 Mark, verkaufte es dem Münchner Galeristen Raimund Thomas für 180 000 Mark und entdeckte es später bei einem Sammler, der ihm stolz erzählte, er habe es »billig gekriegt«: für 600 000 Mark.

Erfolg hatte der Kunsthändler Nannen, wenn er wie ein Journalist arbeitete und sich in der Sowjetunion auf die Suche nach der zeitgenössischen russischen Malerei jenseits des »sozialistischen Realismus« machte. Mit Hilfe seiner guten Beziehungen zur Sowjet-Prominenz fand er, wieder begleitet von Thomas Levy, nicht nur die im verborgenen arbeitenden Maler, er brachte deren Bilder auch durch die Staatliche Außenhandelsstelle der

UdSSR in den Westen und machte sie dort bekannt – wozu wiederum der *stern* und zuvor die bei Gruner + Jahr erscheinende Kunstzeitschrift *art* beitrugen. Am 25. Mai 1982 eröffneten der Henri Nannen Kunsthandel und die Galerie Levy in Hamburg eine zweifellos außergewöhnliche Verkaufsausstellung »Russische Malerei heute«. Am 27. Mai erschien der *stern* mit einer vierzehnseitigen Bildergeschichte zum selben Thema. »Daß dieser Henri Nannen, Kunsthändler, zufällig denselben Geschmack hat wie die Redaktion des *stern*, deren Herausgeber ein gewisser Henri Nannen ist, das kann vorkommen«, höhnte die *Welt*. Aber am Erfolg der Ausstellung war nicht zu rütteln. Sie wurde auch in München, in Stuttgart, in Düsseldorf und in Wiesbaden gezeigt. Und in Emden.

Die Idee, in Emden auszustellen, obwohl zu diesem Zweck das Rathaus in eine Ausstellungshalle umfunktioniert werden mußte, kam Nannen in Wiesbaden. »Da habe ich zu dem Levy gesagt: Mensch, ich würde das gern mal in meiner Vaterstadt tun. Das würde mich interessieren, wie das da läuft.« Eine sentimentale Anwandlung? Der alte Traum von ein bißchen Glück zu Hause? Zurück zu den Wurzeln? Es wurde »ein ungeheures Erlebnis«. Die Leute reagierten nicht wie auf den Hamburger Vernissagen, »wo man sich am Sektglas festhält, mit dem Arsch an den Bildern rumscheuert und davon redet, was man gestern anderswo erlebt hat«, sondern es kamen »Leute, die hungrig waren, die interessiert waren, Werftarbeiter zum Beispiel, die mich fragten: Wie ist so was möglich, wir haben immer gedacht, russische Kunst ist so wie NS-Kunst, fahnenschwingende Arbeiter und stramme Bauernmaiden, und nun gibt es da auch pessimistische, zum Teil verzweifelte Bilder. Wie ist das möglich?« Nannen konnte richtig reden mit diesen Leuten, »und das hat mir so viel Spaß gemacht, daß ich mir gesagt habe: Eigentlich müßte man da was tun.« In Emden.

Aber da gab es schon seit einiger Zeit noch eine stärkere Anziehungskraft. Auch sie war, was Henri Nannen angeht, durchaus sentimental, nah verwandt mit seinem alten Traum vom Glück daheim, von einer Sommerwiese, in der man liegen und der Lerche zusehen kann. Und sie ging aus von einer Frau, die damals sogar noch unter vierzig war und die er schon ihr Leben lang kannte.

Für Eske Nagel, die Tochter seines Schulfreundes Rudi, war Nannen jahrzehntelang der »Onkel Henri«, ein wichtiger, bewunderter, in jeder Weise attraktiver Mann. Er hatte einen Tag nach ihrer Geburt, also am 5. Januar 1942, als Soldat auf Urlaub an ihrer Wiege gestanden und war von Unkundigen für Eskes Vater gehalten worden, denn der leibliche Vater, ebenfalls Soldat, hatte keinen Urlaub bekommen. Später hat Eske den angeschwärmten Onkel Henri vom *stern* ein paarmal um Rückendeckung gebeten, wenn sie Protektion brauchte oder mit einem Problem nicht fertig wurde – zum Beispiel bei ihrer Eheschließung.

Die gebürtige Emderin Eske Nagel jobbte 1970 als Reiseleiterin auf einem russischen Kreuzfahrtschiff mit Kurs Schwarzes Meer, geriet dabei in eine hochromantische Beziehung zu einem Passagier namens Ebert, und zwar derart heftig, daß die beiden unbedingt noch an Bord heiraten wollten. Der russische Kapitän traute sie. Das erwies sich, da die Eheschließung in Berlin sowohl standesamtlich als auch kirchlich nachvollzogen werden sollte, als Problem, weil die Berliner Behörden sich rechtens weigerten, die »auf sowjetischem Territorium« zustande gekommene Ehe noch einmal zu schließen. Eske bat Onkel Henri um Intervention, und der erreichte beim Berliner Senat, im Kielwasser der neuen Ostpolitik, daß diese »russische« Ehe nochmals auf deutsch geschlossen werden durfte.

Sie war dennoch nicht von Dauer. Nicht daß Onkel Henri die Probleme dieser Partnerschaft verursacht hätte, aber er erfuhr natürlich davon, zumal er zu Eskes Sohn Bernd eine ausgesprochen positive Beziehung entwickelte. Bernd Ebert hatte denn auch nichts dagegen, sondern freute sich darüber, daß Onkel Henri und seine Mutter sich offenbar immer besser leiden mochten. Im Oktober 1981 erschien der Herausgeber des *stern*, in Begleitung von Frau Ebert, beim Ostfriesland-Presseball, der zur Feier des hundertjährigen Bestehens der *Borkumer Zeitung und Badezeitung* erstmals auf der Insel Borkum veranstaltet wurde und den Henri Nannen bislang nicht zur Kenntnis genommen hatte.

Der Ball-Almanach registrierte die beiden erstmals als Paar: »Herr Nannen und Frau Eberth« am selben Tisch, an dem auch das Ehepaar Nagel plaziert war.

Rudi Nagel war damals schon sehr krank, und Eske Ebert zog 1981 mit ihrem Sohn von Berlin zu den Eltern nach Emden, obwohl sie eigentlich lieber nach Hamburg gezogen wäre. Henri Nannen kam nun auch öfter nach Emden und leistete dem kranken Freund Beistand – keine Selbstverständlichkeit für einen Mann, der normalerweise mit Kranken nicht umgehen konnte. Manchmal übernahm er die Nachtwachen. Solche Begleitung eines sterbenden Menschen ist immer ein emotionaler Ausnahmezustand. Sie schafft eine Intensität des »umgebenden Gefühls«, die im täglichen Leben nirgends zu finden ist. Nannen hat diese Erfahrung nicht näher beschrieben, und was sie für Eske und ihn bedeutete, hat er in einen schlichten Satz gefaßt, der weder Nachfrage noch Widerspruch zuließ: »Und dann sind wir beieinandergeblieben.« Die beiden wurden ein Paar, ein Liebespaar. Später hat sich Eske (und wohl auch Henri) manchmal gefragt, »ob das wohl passiert wäre, wenn mein Vater am Leben geblieben wäre«. Aber die Frage war müßig. Rudi Nagel starb am 10. Februar 1982.

Eske Ebert nahm Wohnung in der Nordertorstraße 42, und Nannen kümmerte sich um die erforderliche Renovierung und um die Einrichtung. Seine schriftlichen Anweisungen an die Handwerker, wenn er nicht selber Hand anlegen konnte, waren an Präzision schwer zu überbieten (»Der Mann von Hansen, der die bisherigen Löcher gebohrt hat, kann nach dem Abschlagen des Putzes auch weitere Löcher bohren, und zwar in drei Reihen übereinander im Abstand von 15 cm jeweils nach oben versetzt, 30 cm nach den Seiten«). Auch Bauzeichnungen (»Wandansicht Wohn- und Arbeitszimmer Bernd Ebert«) fertigte er an.

Seine Vorstellung von Hinterlassenschaft wandelte sich, wurde konkret. »Wenn man sein ganzes Leben damit verbracht hat, etwas zu bewirken, und dann doch immer wieder sieht, daß dieselben Geschichten passieren, daß die Menschen sich nicht ändern, daß man selber sich auch nicht ändert... Ich möchte, daß mehr von mir übrigbleibt als ein paar tausend Blatt Papier.«

Schtonk
oder: Sir Henris verdorbener Abschied

Wer weiß, wann Henri Nannen erfahren hätte, daß Adolf Hitler Tagebücher geschrieben und daß der *stern* sie gefunden habe, wenn nicht am 13. Mai 1981 ein jünger Türke namens Mehmet Ali Agça während der Generalaudienz auf dem Petersplatz in Rom den Papst angeschossen hätte. Die (bis heute nicht völlig aufgeklärten) Hintergründe des Attentats auf Johannes Paul II. und die Motive des Attentäters sollte Gerd Heidemann für den *stern* recherchieren, aber »der Detektiv« war angeblich nicht aufzufinden. Schließlich klemmte sich Felix Schmidt, der diensthabende Mann in dem Chefredakteurs-Trio, das unmittelbar auf Nannen folgte, hinter Heidemanns Ressortchef Dr. Thomas Walde und drohte ihm eine Abmahnung an, wenn er den »Spürhund« nicht unverzüglich herschaffe.

So kam heraus, daß Heidemann sich einen Sonderauftrag des Vorstandsvorsitzenden Manfred Fischer besorgt hatte, die angeblichen Tagebücher Hitlers anzuschaffen. Bei den Chefredakteuren, auch schon bei Henri Nannen 1979 oder 1980, war der wegen seiner Nazi-Obsessionen mittlerweile teils gefürchtete, teils bespöttelte Heidemann abgeblitzt, als er andeutete, Hitlers Tagebücher und andere »Führer«-Reliquien beschaffen zu können. Man nahm den Mann, der sich Hermann Görings Yacht »Carin II« gekauft und bei deren Renovierung finanziell übernommen hatte, in solchen Dingen nicht mehr ernst. Eingeweiht in die geheime Kommandosache waren außer Fischer (und frühzeitig auch Reinhard Mohn in Gütersloh) nur Zeitschriften-Vorstand Dr. Jan Hensmann, der stellvertretende Verlagsleiter Wilfried Sorge (hernach auch dessen Chef Peter Hess), Thomas Walde und Gerd Heidemann (dann auch deren Adlatus Leo Pesch, ein studierter Historiker). Die Chefredaktion hatte ebensowenig Ahnung davon wie der Herausgeber.

Nannen war zum Zeitpunkt des Attentats auf den Papst in Südfrankreich, im Haus des Schlagerautors Michael Kunze, der viele Udo-Jürgens-Hits (zum Beispiel *Ein ehrenwertes Haus*) geschrieben hatte und mit Victor und Thea Schuller um eine Ecke herum verwandt war. Sir Henri war nicht in der besten Verfassung; er war sich des Lebens nach dem *stern* noch nicht wirklich sicher, auch nicht im Privaten. Als er hörte, daß die Schullers in die Provence fahren wollten, bat er mitgenommen zu werden, er habe Kummer; dafür sprach auch, daß er sich vor Ort sogleich daran machte, Kunzes Haus mit frischer Farbe anzustreichen.

Gegen Ende des Aufenthalts erreichte ihn dort ein Telefonat aus Hamburg, von dem er eher brummig als begeistert zu den Schullers in den Garten zurückkam. Da sei wieder was mit Hitler-Dokumenten und »deinem Heidemann«, sagte er zu Vic Schuller, ein dickes Ding, noch furchtbar geheim, die Chefredaktion werde erst jetzt informiert. Seit Heidemann mit Schullers Plazet auf ausgedehnten Südamerika-Reisen nach versteckten Nazi-Größen gefahndet hatte, aber ohne spektakuläre Ergebnisse zurückgekehrt war, schob Nannen die Verantwortung für den »Detektiv« gern seinem alten Freund und Stellvertreter in die Schuhe.

Aber er dachte offenbar nicht daran, den Urlaub abzubrechen und sofort in die Redaktion zu gehen. Ein paar Tage später erst fuhr er, wie geplant, mit den Schullers aus dem Estérel-Gebirge Richtung Italien, ließ sich unterwegs absetzen und flog von Genf aus nach Hamburg.

Dort hatte der von Felix Schmidt mit Abmahnung bedrohte Thomas Walde seinen Mitwisser Wilfried Sorge konsultiert, und der fand, nun könne man die Sache nicht länger unterm Deckel halten. Da der Vorsitzende Fischer zu Verhandlungen über eine amerikanische *GEO*-Ausgabe in New York unterwegs war, ging Sorge mit dem Problem zu Dr. Hensmann, und Walde lehnte dessen Verlegenheitsvorschlag, Heidemann solle sich eben krank melden, als unzumutbar ab. Also griff Hensmann schweren Herzens zum Telefon und beriet sich zunächst mit Manfred Fischer in New York, der ihm, nicht minder schweren Herzens, aufgab,

Nannen und die Chefredaktion in groben Zügen und unter dem Siegel tiefster Verschwiegenheit über die Aktion Tagebücher zu informieren; alles weitere werde er nach Rückkehr selber besorgen.

Jan Hensmann plädiert, was den Anruf bei seinem ostfriesischen Landsmann Nannen angeht, auf Erinnerungslücken. In dem internen, nie vollständig veröffentlichten Untersuchungsbericht, den vier *stern*-Redakteure (Manfred von Conta, Christa Kölblinger, Burkhard Lüpke und Gerhard Thomssen) unter dem Vorsitz des Kölner Strafrechtsprofessors und ehemaligen Hamburger Justizsenators Ulrich Klug im Juli 1983 vorgelegt haben, steht aber: »...ruft Hensmann Nannen in seinem Urlaubsort an. Sorge, der bei diesem Telefonat anwesend war, hatte den Eindruck, Nannen sei über die Hitler-Tagebücher bereits informiert gewesen.« Wer ihn eingeweiht haben könnte, wird aber nirgendwo gesagt. Vermutlich hat Sorge Henri Nannens »Laßt-mich-doch-mit-diesem-Quatsch-in-Ruhe«-Attitüde, die auch Heidemann schon zu spüren bekommen hatte, für Kenntnis gehalten.

Manfred Fischer kam am Samstag, dem 23. Mai, morgens um sechs Uhr mit LH 405 aus New York in Hamburg an. Am Montag, dem 25. Mai, präsentierte er der übergangenen Chefredakteurs-Troika Gillhausen, Koch, Schmidt einige der vorhandenen Hitler-Kladden, für die zu diesem Zeitpunkt bereits eine Million bezahlt worden war, und bestätigte, wie vor ihm schon Hensmann, daß Heidemann beauftragt sei, weitere zu beschaffen. Nannen war noch nicht aus dem Urlaub zurück. Präzise Auskünfte über die Quelle der (angeblich aus einer im April 1945 bei Börnersdorf abgestürzten Kuriermaschine Hitlers stammenden) Tagebücher verweigerte Heidemann, weil er dann Menschenleben in Gefahr bringen müßte. Die Frage nach der Echtheit wurde gestellt, kategorisch bejaht, aber im Hinblick auf spätere Prüfungen nicht vertieft. Die Chefredakteure beschäftigte der Umstand, übergangen worden zu sein, erst mal mehr als die Tagebücher selber, auf die sie sich, zu Wilfried Sorges Verwunderung, nicht sofort stürzten. Hätten sie es getan, dann hätten sie damals schon erfahren, daß Heidemann und Walde mit dem Vorstandsvorsitzenden Sonderverträge über die Auswertung der Tagebücher hatten abschließen können, die ihnen ermöglichten, andere Bearbeiter abzublocken.

Manfred Fischer hatte Henri Nannen gegenüber kein gutes Gewissen. Daß Heidemann, als er mit seinem sensationellen »Fund« zu ihm kam, die Chefredaktion umging, weil Peter Koch ihm verboten hatte, weiterhin Nazi-Themen aufzuspüren, hatte Fischer eingeleuchtet. Er traute Koch, dem ehrgeizigen politischen Kopf der Chefredaktion, weder persönlich noch politisch über den Weg, und er sah sich in seiner Abneigung bestätigt, als Koch den in der *stern*-Redaktion vorsprechenden Zuträger einer sensationellen Korruptionsaffäre bei der gewerkschaftseigenen »Neuen Heimat« verprellte und so dem *Spiegel* in die Arme trieb. Aber was Nannen wohl von dem Hitler-Fund halte, das hatte Fischer durchaus gefragt und nur zögernd zugestimmt, als Heidemann sagte, Nannens bekannte »Geschwätzigkeit« lasse es angeraten erscheinen, ihn nicht ins Vertrauen zu ziehen. Jedenfalls befürchtete Fischer, daß Nannen, den er nach dessen Rückkehr sofort aufsuchte, ihm nun wegen der Geheimaktion des Verlages »den Kopf abreißen« werde, und war sehr erleichtert, als dies nicht geschah, weil Nannen von dem »Neue-Heimat«-geschädigten Peter Koch inzwischen telefonisch eingestimmt und auch selber der Meinung war, daß diese »Weltsensation« Hitler-Tagebücher dem *stern* keinesfalls durch die Lappen gehen dürfe.

Die Psychopathologie des Reinfalls auf die gefälschten Tagebücher soll hier nicht noch einmal aufgearbeitet werden. Der Fall ist erledigt – bis auf den Verbleib von ein paar Millionen Mark, aber auch die sind schon lange abgeschrieben. Die Geschichte ist oft und ausführlich und mit Variationen erzählt worden, sogar als Kino-Satire *Schtonk!*, und selbst Heidemanns Version ist in einem ziegelsteindicken Buch auf dem Markt. Aber das Unglaubliche daran ist nicht dadurch glaublicher geworden, daß die meisten unmittelbar Beteiligten eingeräumt haben, zeitweilig nicht ganz bei Trost gewesen zu sein. Eine Gruppenpsychose? Wirtschaft, Horatio, Wirtschaft! Oder: Wer wagt, gewinnt. Man investierte in die »Weltsensation«, weil man sie international mit großem Gewinn zu vermarkten hoffte. Kein Argument ist damals so inbrünstig gegen aufkommende Zweifel an der Echtheit der Hitler-

Kladden ins Feld geführt worden wie der Hinweis auf das viele Geld, das dafür aufgebracht wurde. Schon beim ersten Renkontre mit den düpierten Chefredakteuren sagte Manfred Fischer (laut Klug-Bericht), man könne die Tagebücher ja auch anders vermarkten, wenn der *stern* sie nicht haben wolle. »Glauben Sie, daß ich soviel Geld bewilligen würde, wenn ich nicht überzeugt wäre?« Und Peter Koch repetierte das gegenüber Zweiflern an den Quellen des Knüllers: »Wer soviel Geld lockermacht, der weiß, warum er es tut.«

Hier geht es nur darum, welche Rolle Henri Nannen in dieser Tragikomödie gespielt hat. Daß auch er geglaubt hat, die Tagebücher seien echt, und daß auch er sie im *stern* veröffentlichen wollte, hat er nie bestritten. Außerdem hat er sich in allen seinen Selbstzeugnissen zum Thema Hitler-Tagebücher immer wieder dazu bekannt, »journalistisch und politisch versagt zu haben«, weil er als Vorstandsmitglied nicht Front gemacht habe gegen die durch Sonderverträge geschützten Exklusivrechte von Walde und Heidemann. Er hat es gar nicht ernsthaft versucht.

Aber geht es wirklich nur darum? War der »Spürhund« Heidemann nicht hochgekommen in einer Redaktion, der Nannen beigebracht hatte, das Blaue vom Himmel herunterzuholen? Der Klug-Bericht hat das so formuliert: »Alles, was nicht auf den ersten Blick nach einer ›großen Geschichte‹ aussieht, hat wenig Chancen, prominent gedruckt zu werden. Kein Wunder also, daß die Journalisten im *stern* in eine Knüller-Mentalität verfallen. Vermeintliche Sensationen werden oft als ›toll ins Blatt passend‹ akzeptiert, ohne daß ihr Wahrheitsgehalt kritisch geprüft wird.« Manfred Bissinger, der selber viele Jahre lang so manches mitgemacht hat, ist in einem 1984 erschienenen, von Revanchegelüsten gewiß nicht freien, aber sehr kenntnisreichen Buch über *Hitlers Sternstunde* noch drastischer geworden: »Heidemann ist eine Kreatur der jeweiligen Sensationsgeilheit seiner Redakteure, Chefredakteure und Verleger.« Seinen Kollegen sei er vielleicht auf die Nerven gegangen mit seinem Nazi-Tick, »aber gesagt haben sie nichts... Fast alle Kollegen vom *stern* haben eben fast alles mitgemacht.« Nach Erich Kubys Meinung, der Nannen bereits 1983 in einem Pamphlet über den Tagebücher-Skandal als den eigentlich

Schuldigen vorgeführt hatte, lag das daran, »daß in den letzten fünf Jahren die Basisdemokratie in dieser Redaktion zerstört worden ist«, in der von 120 qualifizierten Leuten »mindestens 50 gewußt hätten, was hier gespielt wird«.

Mag sein. Aber eines wird niemand, der Nannen als Chefredakteur erlebt hat, ernstlich bestreiten wollen: Wäre er im *stern* noch der Alte gewesen, hätte kein Vorstandsvorsitzender es wagen können, an ihm und an der Redaktion vorbei Hitler-Tagebücher beschaffen zu lassen. Wäre Nannen noch der alte gewesen, hätte er auch gegen den Widerstand des Verlags und der drei Chefredakteure durchgesetzt, daß die Tagebücher (Sonderverträge hin oder her) von ausgewiesenen Zeitgeschichtlern wie Sebastian Haffner oder Joachim Fest interpretiert worden wären – und dann wären sie nie im *stern* erschienen, denn Haffner oder Fest hätten schon am Umgang mit den Fakten die Fälschung erkannt.

Doch er war eben nicht mehr der alte, nicht im *stern*. Das Blatt war nicht mehr die eine Sache, auf die er sich immer nur konzentrieren konnte. An Augstein, der ihn im *Spiegel* hart kritisiert hatte, schrieb er am 17. Mai 1983: »Ich werde Dir bei nächster Gelegenheit erzählen, wie es zu dieser ganzen unheilvollen Geschichte kommen konnte. Im übrigen kümmern mich meine Bilder mehr als mein Bild, wenngleich es nicht richtig ist, daß ich mich in letzter Zeit mit Kunstreisen beschäftigt hätte.«

Doch sein Lebensmittelpunkt hatte sich verlagert. Als im April 1983 in Hamburg vom *stern* die »Weltsensation« Tagebücher mit großer Fanfare angekündigt wurde, war Nannen in Emden – zur Feier des 50. Abitur-Jubiläums im Hause seines weiland Widersachers Hans Mälzer und im Kreise der nicht sehr zahlreichen Absolventen, die noch am Leben waren. Allerdings war er an diesem Abend mehr an Mälzers Telefon und vor dem Fernseher als bei den Schulfreunden zu finden. Anfang 1982 pflegte er in Emden den todkranken Rudi Nagel, und die Emderin Eske Ebert wurde seine Lebensgefährtin. Im April 1983 zeigte der Kunsthändler Nannen im Emder Rathaus seine Ausstellung moderner russischer Malerei. Im Mai 1983, als die Bombe der Fälschung hochging, rief Henri Nannen in Emden eine »Ludolf Backhuysen Gesellschaft« ins Leben, zu Ehren dieses in Emden geborenen Malers und als Forum für moderne Kunst. Und im August 1983 verwirklichte er eine Idee von Eske Ebert und gründete im Rahmen der Backhuysen-Gesellschaft eine Malschule für Kinder. Sein »drittes Leben«, das Leben nach dem *stern*, nahm Gestalt an und auch die eine Sache, auf die er sich immer nur konzentrieren konnte: Er wollte ein Stifter werden, in Emden eine Kunsthalle bauen. An seinem 70. Geburtstag, im Dezember 1983, als die Trümmer der Tagebücher-Katastrophe noch rauchten, kehrte er dem *stern* endgültig den Rücken und gründete in Emden die »Henri Nannen Stiftung«.

»Können Sie sich vorstellen«, so hat ihn Manfred Bissinger 1984 zitiert, »was das für ein Gefühl ist für jemanden, der dort 33 Jahre Chefredakteur war und der nun als Grüß-August oder als Herausgeber fungiert, der sozusagen nur beiläufig überhaupt eingeweiht wird? Das hatte mich natürlich so getroffen, daß ich selbst schon erheblichen Abstand entwickelt hatte.« Als Heinrich Senfft, Anwalt des Hauses und also auf Nannens Seite, ihn während einer beiläufigen Begegnung in der Kantine aufforderte, sich wieder mehr um seinen Laden zu kümmern, denn da laufe einiges schief, winkte der Ermahnte ab. Das sollten jetzt mal die Jüngeren machen.

Das soll aber nicht heißen, daß er sich zwischen der Information über die Existenz der Tagebücher und deren Untergang als Fälschung zwei Jahre später überhaupt nicht um die Hitlerei gekümmert habe. Die Veröffentlichung im *stern* mit einer Story über den Fund zu beginnen, war zum Beispiel seine Idee. »Die Leser interessieren sich doch in erster Linie für diese Kriminalgeschichte.« Er las auch Manuskripte. An Silvester 1982 las er auf Sylt die »Plan III« genannte Geschichte über den »Führer-Stellvertreter« Rudolf Heß und dessen geheimnisvollen England-Flug, gab sie auch Eske Ebert zu lesen, der dabei nicht auffiel, daß von »Hitlers Aufzeichnungen« die Rede war.

Sogar den Beschaffer Gerd Heidemann beehrte Nannen mit seinem Besuch, wie schon einmal 1976 auf der »Carin II«, diesmal aber in Heidemanns Wohnung an der Elbchaussee 348. Beim ersten Besuch hatte ihn die von Heidemann minutiös dokumentierte Geschichte der Göring-Yacht als »eine unglaubliche journalistische Leistung« beeindruckt. Beim zweiten Besuch bestaunte er die Fülle der Nazi-Devotionalien, für die Heidemann eine eigene Wohnung gemietet hatte: von frühen Zeichnungen Hitlers bis zur Pistole, mit der er sich angeblich erschossen hat. Was Nannen mißtrauisch machte, waren Heidemanns Lebensstil und der Sammlerwert aller dieser Dinge. Deshalb sagte er dem neuen Vorstandsvorsitzenden Gerd Schulte-Hillen, der Heidemann »bescheißt uns, der zweigt was ab«. Schulte-Hillen, der die ganze Geschichte von seinem im Sommer 1981 nach Gütersloh beförderten Vorgänger Fischer »geerbt« hatte und nun ständig neue Millionen lockermachen mußte, fragte nach Beweisen und war von Nannens Insistenz schließlich so genervt, daß er sagte: »Man traut anderen immer nur das zu, wozu man auch selber fähig ist.«

Am 6. Mai dann die Detonation: Das Bundesarchiv in Koblenz nannte die Hitler-Tagebücher, deren Veröffentlichung am 25. April 1983 in Nummer 18 des *stern* begonnen hatte, eine »plumpe Fälschung«. Als diese Nachricht in der G+J-Chefetage eintraf, war Nannen auf dem Hamburger Flughafen unterwegs zur Maschine nach Rom, wo er anstelle von Felix Schmidt den Gastgeber einer seit Februar geplanten *stern*-Fete spielen sollte. Kurz vor dem Start wurde er zurückgeholt. Am Tatort eingetroffen, griff er sofort in die Zügel – eine Reflexbewegung. Er formulierte für die Nachrichtenagenturen die Hiobsbotschaft (die Innenminister Zimmermann in Bonn aber schon verkündet hatte) und sagte: »Ich werde jetzt versuchen, den Karren aus dem Dreck zu ziehen, aber nur unter der Bedingung, daß ich das alleinige Sagen habe.« Was das bedeuten sollte, blieb unklar; realisierbar war es ohnehin nicht.

Nannen ging zwar vor die Medienfront, gab Interviews, sagte öffentlich, »daß wir Anlaß haben, uns vor unseren Lesern zu schämen«, und stellte sich der entsetzensstarren Redaktion. Aber in den hereinbrechenden Scherbengerichten und den türenschlagenden Versuchen, so etwas wie ein Katastrophen-Management auf die Beine zu bringen, war er ein Akteur unter anderen. Die bereits druckende Folge der Heß-Serie wurde gegen sein Votum abgebrochen. Auch den (mit je drei Millionen Mark abgefederten) Rücktritt der Chefredakteure Peter Koch und Felix Schmidt konnte er nicht aufhalten. Als schließlich klar war, daß dieser Rücktritt unvermeidlich sei, sagte er, am 7. Mai: »Aber ich mache die Chefredaktion nicht.« Und machte sie dann doch.

Nannen – sein eigener, sein einzig möglicher Nachfolger. Das war wie ein Adrenalinstoß. Gemeinsam mit dem rücktrittsbereiten, aber (als weniger belastet) dienstverpflichteten Rolf Gillhausen und dem sogleich reaktivierten Victor Schuller übernahm Sir Henri das Ruder des schwer beschädigten Dampfers. Ein Augenblick später Genugtuung brach an. Am Montag, dem 9. Mai, leitete Nannen die wöchentliche Redaktionskonferenz. Es war nach dem Urteil der meisten Teilnehmer »die beste Konferenz seit Jahren«. Das alte Zirkuspferd vernahm die Trompete, die zum Auftritt blies, trabte ins Zentrum der Manege und gab den ratlosen Artisten das Gefühl, die Vorstellung werde weitergehen. Am Nachmittag trafen sich Schulte-Hillen, Schuller und Nannen in dessen Büro und faßten den Vorsatz, die Chefredaktion in einem halben Jahr neu zu besetzen. Es wurden Namen genannt, Peter Merseburger, Dagobert Lindlau, Friedrich Nowottny zum Beispiel, schließlich nannte Schulte-Hillen auch den damaligen Leiter des Pariser ZDF-Studios Peter Scholl-Latour, den Schuller favorisierte und der, von Schulte-Hillen tags darauf befragt, grundsätzlich zusagte. Hoffnung kam auf und so etwas wie Aufbruchstimmung – und wurde gleich wieder zerstört.

Am Mittwoch, dem 11. Mai, rief der Aufsichtsrat Gerd Bucerius bei Schulte-Hillen an und forderte, Nannen abzuberufen und sofort eine neue Chefredaktion einzusetzen, widrigenfalls würden er und der Deutsche-Bank-Mann Ehret auf einer für Freitag einzuberufenden Aufsichtsratssitzung unter Protest zurücktreten. Einwände, besonders Hinweise auf die von Nannen ausgehende Beruhigung, schrie Bucerius nieder. Daß er dies mit Lust tat, war nicht nur Schulte-Hillens Eindruck. Er selber hat es zwei Wochen später in der *Zeit* geschrieben: »Aber wehe, wenn der überwältigende, lastende Mann«, Nannen nämlich, »sich eine Blöße gibt; uns nicht mehr nützlich, gar schädlich erscheint. Ich will es nicht für alle unterstellen: ihn niederreißen würde mir ein Akt der Befreiung scheinen. Gnade für den großen alten Mann? Lächerlich. Also genoß ich es wohl, als ich, nach der Hitler-Tagebuch-Blamage und dem Rausschmiß der Chefredakteure Koch und Schmidt, Nannens Rücktritt fordern konnte.«

Er hatte es wohl auch genossen, den Rausschmiß der Chefredakteure zu fordern. Vor Peter Koch hatte er ausdrücklich gewarnt. In einer der bittersten Kontroversen, die Bucerius und Nannen in vielen langen Briefen ausgefochten haben – 1981 über die Nachrüstung der US-Truppen in Europa und einen *stern*-Titel, der zeigt, wie eine amerikanische Rakete eine weiße Taube aufspießt – , schrieb Bucerius über Koch: »Er ist fähig zu allem, was dem *stern* dient. Die USA zu bezichtigen, den Frieden zu zerstören, ist populär, dient der Auflage. Moral aber ist für ihn ein Glasperlenspiel. Weil er empfindet, daß er nicht ganz ausreicht, ist er immer in Gefahr, die Grenzen zu überschreiten... An Koch können Sie zugrunde gehen. An Bissinger wären Sie fast zugrunde gegangen.« Worauf Nannen erwiderte, Koch sei »im Gegensatz zu dem trickreichen Bissinger ein offener und ehrlicher Kollege. Er finassiert nicht. Und er ist ganz sicher kein ›linker Spinner‹... An Peter Koch, das ist meine Überzeugung, wird weder der *stern* noch werde ich an ihm zugrunde gehen.«

An Peter Koch hing Nannen wirklich, auch an dessen Frau Angela, weit mehr als an Manfred Bissinger. Man war nicht nur im *stern* oft zusammen. »Er ist herzlich und privat zuweilen gehemmt«, sagte Nannen zu Ben Witter von der *Zeit*. Kochs Eigenmächtigkeiten, dessen manchmal schwer erträgliche Arroganz schien er zu übersehen. Daß Koch den von Sepp Ebelseder »angewärmten« Informanten des »Neue-Heimat«-Skandals, John Siegfried Mehnert, durch Schroffheit und Knauserei verscheuchte, kreidete Nannen ihm ebensowenig an wie den skandalösen Satz, die Geschichte des Dritten Reiches müsse (wegen der Hitler-Tagebücher) teilweise umgeschrieben werden. Sir Henri half sogar mit, die Version zu verbreiten, dieser Satz stamme eigentlich von dem englischen Historiker Hugh Trevor-Roper, der auch einige Tagebücher begutachtet hatte. Das stimmte aber nicht. Koch hatte lediglich versucht, Trevor-Ropers Einverständnis mit diesem Diktum zu bekommen – vergebens.

Am 12. Mai 1983, dem Himmelfahrtstag, versammelten sich auf Bucerius' Betreiben und in seinem Hause die Gütersloher

Mark Wössner und Reinhard Mohn (der eigentlich nach Mallorca fliegen wollte), Robert Ehret, John Jahr sen. und sein juristisch vorgebildeter Sohn Alexander sowie Schulte-Hillen und später auch Hensmann und Nannen. Eine Koalition aus Bucerius, Jahr sen. und Ehret verlangte ultimativ, den mit Scholl-Latour befreundeten Chefredakteur von *Capital* und konservativen Causeur Johannes Gross, Jahrgang 1932, neben Scholl-Latour, Jahrgang 1924, und Rolf Gillhausen an die *stern*-Spitze zu stellen. Die beiden Bertelsmänner billigten das, forcierten Gross aber nicht. Schulte-Hillen und Nannen rieten dringend ab. Gross bedeute Krieg, sagte Schulte-Hillen, und zwar nicht nur mit der Redaktion, sondern womöglich auch mit der Technik; ein Streik sei nicht auszuschließen. Die Kapitaleigner, vor allem Jahr, hielten das für übertrieben, waren jedenfalls entschlossen, das Risiko einzugehen. Schulte-Hillen und Nannen wurde klar, daß sie sich nicht würden durchsetzen können, und sie gaben nach – Schulte-Hillen aus Loyalität, Nannen aus Resignation. Wenn die Eigentümer den Chefredakteur bestimmten, konnte und wollte er es nicht mehr sein. Bucerius machte das sehr deutlich: Nannen habe – abermals fürstlich abgefunden – das Ruder wieder aus der Hand zu geben und in die Reihe der Herausgeber zu treten, die ausdrücklich »keine redaktionelle Weisungsbefugnis« haben sollten. Als Schulte-Hillen sich bereit fand, in den Krieg um Johannes Gross zu ziehen, wenn die Kapitaleigner ihm dafür ihre unbedingte Unterstützung zusicherten, stimmten alle zu; nur Bucerius wollte erst mal eine Nacht darüber schlafen.

Am Freitag, dem 13. Mai, um elf Uhr, verkündete Nannen im Beisein Schulte-Hillens der *stern*-Konferenz die Entscheidungen des Vortags. Der Krieg brach aus. Die Redaktion fühlte sich verraten, sah die lange befürchtete Tendenzwende vollzogen. Das Wort »Machtergreifung« fiel. »Fehlt nur das Ermächtigungsgesetz«, rief einer. »Raus!« wurde gebrüllt, »hauen Sie endlich ab nach Gütersloh!« Das galt Schulte-Hillen. Aber der Rauswurf traf auch Nannen. Die beiden Chefs mußten die Konferenz verlassen. Der »Affenfelsen« bebte. Als Nannen am folgenden Montag wieder die wöchentliche Themenkonferenz des *stern* leiten wollte, kam keiner; die Redakteure waren in einer ganztägigen Abteilungsversammlung. Nannen hätte nur noch tun können, was er für diesen Fall vorhergesagt hatte: »Dann werde ich die Konferenz alleine in meiner Person leiten und an die Wand reden.« Das tat er natürlich nicht. Es war auch so klar, daß die Redaktion ihn verlassen hatte.

Auch der Sechs-Tage-Krieg im Hause Gruner + Jahr muß hier nicht noch einmal geführt werden. Er endete am 18. Mai mit dem Verzicht des enttäuschten Johannes Gross auf die Chefredaktion, dessen Einzug in den Vorstand, Nannens Vertreibung als Interims-Chefredakteur und der Zusage, über ein neues Redaktionsstatut zu verhandeln. Für vieles, was diesem verwackelten Kompromiß voranging, wäre die Bezeichnung Gruppenpsychose nun doch richtig gewesen. Die Atmosphäre der Verhandlungen und vor allem der vielen Versammlungen war geladen mit einem explosiven Gemisch aus Angst, Wut, Selbstzerfleischung, Sturheit und blankem Haß. Da wurden »Edelfedern« zu Jakobinern, bedächtige Redakteure zu eifernden Anklägern, und so mancher ungeübte Agitator bekam hinterher das heulende Elend. Hier bleibt zu berichten, wie Henri Nannen diese Vorkommnisse, besonders die Paroxysmen zweier extrem emotionaler Betriebsversammlungen, überstanden hat: scheinbar ungerührt.

Auf der ersten außerordentlichen Betriebsversammlung am 17. Mai, die im Auditorium maximum der Hamburger Universität begann, hatte Nannen noch einen großen Auftritt. »Damit Sie wissen, mit wem Sie es zu tun haben«, rief er in den völlig überfüllten Hörsaal: »Ich habe diesen *stern* erfunden! Und ich habe ihn mit der Redaktion, mit den Mitarbeitern vom Verlag, mit den Mitarbeitern aus der Druckerei zu der Lokomotive gemacht, die nicht nur den Zug, sondern die den ganzen Bahnhof zieht. Das ist mein Lebenswerk!« Und er werde nicht zulassen, daß es von Verlegern oder rechtslastigen Chefredakteuren zerstört werde. Das wirkte. Da stand er wieder, Prototyp des großen alten Mannes, und übte sich noch einmal in der Kunst, Menschen zu manipulieren. Als er die Redaktion dann aber aufforderte, sich selbstbewußt auf Gross und Scholl-Latour einzulassen, trieb ein gnadenloser Proteststurm ihn vom Podium.

Weil Nannen ein paar Stunden nach dieser Veranstaltung immer noch nicht in seinem Büro war, machte Maggi Wolgast, seine Sekretärin, sich ernstlich Sorgen. Hatte der Chef diesen zweiten Platzverweis nicht mehr verkraftet? Sollte man ihn etwa suchen lassen? Schließlich erschien Nannen, ganz gelassen und ohne weiteren Kommentar, mit einer Tüte Schokoladeneis in der Hand.

Die zweite Betriebsversammlung, am 19. Mai im Gewerkschaftshaus Besenbinderhof, also am Tag nachdem die *stern*-Redaktion »das Verhandlungsergebnis als heute erreichbare Kompromißlösung zur Kenntnis« genommen, auf der Entlassung Nannens und Schulte-Hillens aber bestanden hatte, war eigentlich ein Nachspiel. Sie brachte »den letzten Querschläger im Rückzugsgefecht«, wie im Klug-Bericht steht. Nannen hatte am Morgen das Radio-Interview eines Beteiligten gehört, das ihn so erbost hatte, daß er sich zu dem Satz hinreißen ließ: »Hier gibt's auch die Ratten, die aus den Löchern kommen und ihre alten Rechnungen begleichen.« Das provozierte den dritten Hinauswurf. Der Betriebsratsvorsitzende Rudolf Herbers als Versammlungsleiter berief sich auf sein Hausrecht und verwies Nannen des Saales, drohte sogar mit der Polizei. Der Tumult war erheblich. »Gerd Schulte-Hillens tränenersticktes Flehen nach ›Erbarmen mit so einem Mann‹ gehört schon zum Beklagen der Opfer«, heißt es ebenso lakonisch wie herabsetzend im Klug-Bericht, dessen Objektivität zu wünschen übrigläßt. Es war aber viel dramatischer.

Zweimal versagte dem verzweifelnden Vorstandsvorsitzenden die Stimme bei dem Versuch, der tobenden Versammlung das Vatermörderische ihres Tuns vorzuhalten, zweimal mußte er diesen Versuch abbrechen und außerhalb des Saales um Fassung ringen – nur um sie völlig zu verlieren, als der zurückkehrende Nannen ihn gerührt umarmte. Denn Nannen hatte den Saal überhaupt nicht verlassen. Er war im Hintergrund rauchend auf und ab gegangen und hatte schließlich signalisiert, daß er bereit sei, sich zu entschuldigen. Schulte-Hillen brachte ihn zurück, und Nannens Satz, er sei nicht feige genug, sich für seinen Ratten-Spruch nicht zu entschuldigen, verschaffte den Gebeutelten die Chance, sich mit einer Ovation für den alten Hexenmeister selber zu absolvieren.

Der wiederum wirkte so, als betrachte er das ganze Theater bereits aus sicherer Entfernung. Als er vom Besenbinderhof in den »Affenfelsen« zurückkam, traf er im Fahrstuhl Wibke Bruhns, damals Korrespondentin des *stern* in Israel, die Mitglied der Verhandlungskommission und auch auf der Betriebsversammlung gewesen war. Nannen nahm einen Augenblick ihr Gesicht in die Hände und sagte fast vergnügt: »Siehste, Wibke, so macht man das.« Auch über *Schtonk* hat er sich, im Unterschied zu anderen Parodierten, später köstlich amüsiert. Das sei, sagte er, nun mal ein glänzend gemachter Film.

Und doch: ein lausiges Lebewohl. »Eine Tragödie mochte es nennen«, schrieb Haug von Kuenheim in der *Zeit*, »wer den 69jährigen Herausgeber Henri Nannen, den ›größten Illustriertenmacher der letzen dreißig Jahre‹, wie er ohne Übertreibung genannt werden durfte, in den Trümmern seines Lebenswerks herumtappen sah, vergeblich um die Rolle des rettenden Helden bemüht und nur noch ein trauriger Abglanz seiner selbst. Er glich einem Zirkuspferd, das die Orientierung verloren hatte.« Nicht wirklich. Er trat jetzt nur woanders auf: in Emden.

Alle Feierlichkeiten zu seinem 70. Geburtstag, der zugleich sein Abschied war, verbat sich Nannen. »Ich habe nicht die Absicht, mich in irgendeiner Weise abfeiern zu lassen, da steige ich eher in ein Flugzeug nach Pernambuco. Verlogene Reden liebe ich nicht so sehr.« Statt dessen kassierte er 50 000 Mark für seine Emder Backhuysen-Gesellschaft. Er wollte auch nicht zu einem Friedensmahl am 12. Dezember bei Hamburgs Promi-Italiener »Paolino« erscheinen. Die von Künstlerhand gemalte Einladung dazu hatten über hundert *stern*-Redakteure unterschrieben, und überbracht wurde sie am 7. Dezember von Scholl-Latour, Vic Schuller, Heiner Bremer und Michael Jürgs, die fünf Stunden brauchten, Nannen zur Annahme zu überreden. Sie konnten ja nicht wissen, daß er tags zuvor einen Schmähbrief an den amtierenden Redaktionsbeirat des *stern* abgefaßt hatte. Auch konnten sie noch nicht wissen, daß er dem »Spaziergänger« Ben Witter von der *Zeit* gerade gesagt hatte: »Die Redaktion kann mich jetzt am Arsch lecken.«

Das dementierte Nannen zwar. Aber was er in seinem Brief an

den Beirat (der die Epistel dann vervielfältigen ließ) der Redaktion ins Stammbuch schrieb, war viel härter. Vordergründig ging es um den Entwurf eines neuen Redaktionsstatuts, in Wahrheit schmiß Nannen die Tür ins Schloß, durch die er hinauskomplimentiert worden war. »Was ist in Euch gefahren, daß der *stern* seit Monaten nicht mehr beißt? Hat Euch die Hitler-Scheiße so verschreckt, daß Ihr jetzt zu anonymen Titten und anderen Leckereien Zuflucht nehmt, um am Ende doch keine Auflage zu machen? Und wie verhält sich das zu Eurer eigenen Arroganz, zur verbalen Aufgeblasenheit eines Statutsentwurfs, der demokratische Tugenden predigt, während Ihr in Wirklichkeit darauf aus seid, es denen da oben mal gehörig zu zeigen.«

Sätze wie krepierende Handgranaten: »Und nun kämpft Ihr also wieder. Für was? Für mehr Einfälle, für mehr Spontaneität, für besseres journalistisches Handwerk? Für die Mitbestimmung der Kompetenten (die dafür keine Statuten brauchen), oder nicht doch nur für die Kompetenz der Mitbestimmung? Für gleiche Rechte bis ins dritte Glied, damit einer wenigstens Rechte hat, wo's für die Pflichten schon nicht ausreicht... Gälte der von Ihnen erarbeitete Statutsentwurf, dann wären wir vom VEB *stern* nicht mehr weit entfernt. Aber das würde so wenig funktionieren wie alle VEBs.« Und dann kam noch mal sein Lieblingsspruch: »Verstand ist stets bei wen'gen nur gewesen.« Diesmal schrieb er ihn Gotthold Ephraim Lessing zu.

Das große Fest für Nannen fand dann doch noch statt, fünf Jahre später. Am Freitag, dem 13. Januar 1989, fuhr ein »*stern*-Express« mit 500 Redakteuren, Altgedienten und Freunden des 75 Jahre alt gewordenen Henri Nannen vom Hamburger Hauptbahnhof – nach Emden natürlich, wo nun Nannens Kunsthalle stand und wo der *stern* für den erkennbar gerührten Jubilar eine ebenso opulent wie nostalgisch besetzte Revue auf die Bühne des »Neuen Theaters Emden« stemmte. Titel: »Das gibt's nur einmal.« Nannen hatte feuchte Augen, und selbst alte Achtundsechziger fanden: »Es war ein großer, glücklicher Tag.«

Stifter und Lenker

oder: zurück zu den Wurzeln und hinein ins
»dritte Leben«

Die Heimkehr des »großen Sohnes« in seine Vaterstadt war kein Triumphzug, jedenfalls zunächst nicht, sondern eine strategische Meisterleistung, eine charakteristische Mischung aus Wagemut und kalkulierter Wirksamkeit. Die Emder standen nicht Spalier, als der Mann mit der spektakulären Karriere nach Jahrzehnten in seine Heimat zurückkehrte, und dann auch noch als ein Verkünder der Kunst des 20. Jahrhunderts. »Ein bißchen zu sehr Kolonialherr, fanden da viele, einen Tick zu strahlend und siegesgewiß, und das mögen sie nicht so in Ostfriesland«, notierte ausgerechnet der *stern*. Aber da hatte Nannen das Problem längst erkannt. Einmal hatte ihn Gudrun Mälzer, die (aus Gütersloh stammende) Frau seines Klassenkameraden Hans Mälzer, angesprochen, als er »so typisch hamburgisch« durch die Stadt ging und sie nicht wahrnahm: »Sie sind jetzt wieder in Emden, Herr Nannen, hier müssen Sie die Leute schon angucken.« Das hat er sich nicht zweimal sagen lassen.

Er demonstrierte den Mitbürgern, wie man sich reinschafft. Zum Beispiel zog er »eines schönen Sommermorgens um fünf« zu dem restaurierten Emder Renaissance-Rathaus, dessen Backsteinmauern zu seinem Verdruß als Plakatwände genutzt wurden, »und weichte zunächst einmal alles mit Teufelsdreck ein, also mit diesem Abbeizmittel, und habe es dann abgewaschen. Als es trocken war, morgens um elf, habe ich diese Mauern mit ›Anti-Plaka‹ eingestrichen. Dann kamen die Leute und sagten: ›Mutten Se dat?‹ Ick segg: ›Nee, dat mut ick neet, aber dat do ick, een mut dat ja doen, nich.‹ Und warum sollte ich das nicht machen?«

Danach blieben an den Emder Rathauswänden jedenfalls keine Plakate mehr kleben.

461

»Nannens untrüglicher Sinn für Publikumswirkung verließ den einstigen Illustriertenmacher auch nicht auf seinem zweiten Bilderweg«, so Peter Sager in seiner Personenbeschreibung des Kunstsammlers. Die Spendenaktion für Ludolf Backhuysen, den aus Emden stammenden Marinemaler des Barock, war »mein trojanisches Pferd«, wie Nannen später bekannte. Sein »Tagebuch eines Bettlers«, in dem er beschrieb, wie er die halbe Million für das Backhuysen-Bild *Die Übergabe des Oberbefehls über die Flotte der Generalstaaten an den Admiral Michiel de Ruyter am 15. August 1665* zusammengekriegt hat, erschien nur ein Vierteljahr nach der Tagebücher-Katastrophe – in der *Emder Zeitung*. Nannen organisierte eine Ausstellung mit Backhuysen-Leihgaben (sogar aus dem Louvre und aus Margaret Thatchers Arbeitszimmer), eine über den Maler Franz Radziwill oder über den Fotografen Thomas Höpker, schrieb Katalogtexte, schleppte Stellwände, strich sie eigenhändig an. Seinen alten Graphiker-Freund Günter Radtke spannte er für den Entwurf eines Emden-Plakats ein und dachte sich einen Slogan dafür aus: »In Emden ist alles mitten in der Stadt.« Und bevor er sich gänzlich seiner Kunsthalle, diesem Musentempel für die Diaspora, zuwandte, entwickelte er Pläne für einen Museumsbus, »der durch die Dörfer fährt und dort Ausstellungen macht mit großen Reproduktionen und einem Videogerät«, und realisierte mit Hilfe seiner Stiftung eine Idee von Eske Ebert: die Malschule für Kinder, zunächst in der Emder Berufsschule untergebracht, aber mit Außenstelle in Leer, die 1991, als sie ihr eigenes Domizil neben der Kunsthalle bekam, rund 500 Schüler und 25 Kursleiter hatte.

Die Idee, in Emden eine Kunsthalle zu bauen, war zunächst einmal der Versuch, eine adäquate Antwort auf die Frage zu finden, was aus Nannens Bildern werden solle, wenn er nicht mehr am Leben sei. Seine Sammlung einem Hamburger Museum zu vermachen, das sich dann ein paar Highlights herausgesucht und irgendwo eine Plakette an die Wand genagelt hätte, kam für ihn nicht in Frage. Die durchaus vorhandene Möglichkeit, Thomas Levys Galeriehaus an der Hamburger Moorweide zu kaufen, dort seine Bilder zu hängen und selber ins Penthouse zu ziehen, verwarf er ebenfalls. Das wollte er nun wirklich nicht: in unmittelbarer Nähe seiner alten Wirkungsstätte als der große Ex residieren oder als grauer Party-Panther mit dem Hamburger Vernissage-Publikum Ellbogen reiben. Er hatte sich mehr vorgenommen.

Eine Bundeskunsthalle zum Beispiel. Den Vorschlag hatte er 1981 in jenem aufschlußreichen, aber nicht allzuweit verbreiteten *Playboy*-Interview gemacht, das der Verleger Heinz Bauer, voller Wut über die endlosen Nouhuys-Prozesse und ohne Rücksicht auf die horrenden Kosten, aus dem bereits druckenden Heft hatte herausnehmen lassen. »Es würde mir zum Beispiel Spaß machen«, hatte Nannen da gesagt, »eine Konzeption für ein solches Museum zu entwickeln, zu überlegen: Was ist der deutsche Beitrag zur Kunst unserer Zeit... Ich würde mir auch zutrauen, in zehn Jahren – wenn der liebe Gott mir diese zehn Jahre noch läßt – als One-Dollar-Man von der Industrie einen entsprechenden Bestand für ein solches Museum zusammenzubetteln.« Aber die Regierung Helmut Kohl, die 1982 ans Ruder kam, mochte von solchen Offerten ihres alten Widersachers keinen Gebrauch machen.

Eine Kunsthalle in Emden war nun freilich nicht dasselbe, aber sie bot eine vergleichbare Herausforderung. Der sie stiftete, trat an gegen das uralte Vorurteil der regionalen Kunstabstinenz »Frisia non cantat« und auch gegen seinen eigenen Spottspruch »Nolde kam nur bis Oldenburg«. Als Herr eines Kunsthauses konnte der Illustriertenmacher a. D. einer nennenswerten Öffentlichkeit nun auch vermitteln, was ihn aufregte an den anderen, den bleibenden Bildern, was er entdeckt oder mindestens zutage gefördert hatte beispielsweise in den Tagen von Glasnost und Perestroika: seien es die gemalten Erinnerungen der alten Lenina Nikitina an das Trauma ihrer Kindheit, die Blockade Leningrads durch die deutschen Truppen, oder die Ikonostase der Unterdrückten und Verzweifelten, die gemalte »Geschichte eines totalitären Staates« in der Werkgruppe des jungen Maksim Kantor aus Moskau – allesamt sehr persönliche Erfahrungen und Begegnungen, auch mit der eigenen Vergangenheit. »Wenn Sie mich fragen, wo kommt man am meisten zu sich selbst«, so hat Peter Sager den Stifter der Emder Kunsthalle zitiert, »muß ich sagen:

Die Begegnung mit Bildern bedeutet mir heute mehr als die Begegnung mit den meisten Menschen.«

Und natürlich schuf er sich ein Denkmal in seiner Vaterstadt, als er, im Unterschied zu den meisten Sammlern, nicht nur seine Bilder stiftete, sondern das Museum noch dazu – ein »Jahrhundertgeschenk«, wie die Stadtväter frohlockten, obwohl es auch ein Danaergeschenk war, denn für die laufenden Kosten der Kunsthalle reichte das Stiftungsvermögen von etwa drei Millionen mitnichten. Runde 14 Millionen Mark hat Nannen aufgebracht: 6,7 Millionen aus seinem Vermögen für den Bau und die Stiftung, dann seine Sammlung deutscher Expressionisten (deren Wert heute bei 35 Millionen liegt). »Er muß wenig verbraucht und viel gespart haben«, schrieb Gerd Bucerius in der *Zeit* wider besseres Wissen. Nannen selber hat gern gesagt, er habe sein letztes Hemd hergegeben; aber er hatte einen ganzen Stoß letzter Hemden. Niemand hat darben müssen, weder die durch Erbverzicht in die Stiftung einbezogene Familie noch der gut ausgestattete Rentner Nannen selber. Das Haus in Keitum – zum Beispiel – schenkte er nicht der Stiftung, sondern seinem Sohn (und als der es, um geschäftlichen Investitionsbedarf befriedigen zu können, verkaufte, war der Stifter Nannen verärgert). Das alles aber nimmt dieser exemplarischen Privatinitiative nichts von ihrer Einmaligkeit. Denn in diesem Fall war der Stifter nicht nur Mäzen, sondern auch »Bettler«.

Das war sie nun, die Herausforderung, die ihm den *stern*, seinen *stern*, ersetzen konnte, und so ging er sie auch an: wie weiland in der Gründerzeit. Seine Betteltouren, seine Benefizveranstaltungen, seine Auftritte in der Produktwerbung wurden zum Paradebeispiel für monomanes Marketing. Nannen schnorrte Geld oder Naturalien für den Bau mit einer Hemmungslosigkeit, die wohl auch ihm peinlich gewesen wäre, wenn er nicht selber fast alles hergegeben hätte. Er ließ von den Meinungsforschern seinen damaligen Bekanntheitsgrad ermitteln, stolze 69 Prozent (unter Kunstfreunden sogar 86 Prozent), und posierte dann nicht nur für die Post, sondern als »eiskalter Aussteiger« für Aquavit und als bekennender Schwerhöriger für Hörgeräte. Er ließ die Prominenz antreten und die Stars auftreten und bugsierte die Politiker ohne Ansehen der Parteizugehörigkeit in eine große Koalition der Geldgeber. Emdens SPD-Stadtväter bewilligten einen jährlichen Zuschuß von einer Viertelmillion zum laufenden Unterhalt, Niedersachsens CDU-Regierung steuerte 830 000 Mark zu den Gesamtkosten (von fast sieben Millionen) bei, und als der Sozialdemokrat Gerhard Schröder 1990 in Hannover an die Regierung kam, erhöhte er den jährlichen Zuschuß des Landes von 350 000 Mark auf eine halbe Million.

Neu war das alles nicht für Nannen. Besonders intensiv geübt hatte er es – freilich nicht als Einzelkämpfer, sondern als Kommandeur sämtlicher *stern*-Truppen – im November 1973, als er die bis dato größte private Hilfsaktion für die Opfer der Hungerkatastrophe im Äthiopien des Kaisers Haile Selassie auf die Beine gebracht hatte. Er trommelte bei der Industrie und den *stern*-Lesern binnen zwei Monaten 18 Millionen Mark zusammen, versammelte Polit-Prominenz und Wirtschaftsbosse in einem Kuratorium, beschaffte enorme Transportkapazitäten bei der Bundeswehr, mobilisierte die Medien und die Künstler, setzte *stern*-Leute zur Kontrolle und Verteilung der gespendeten Hilfsgüter ein und machte einen Kopfsprung ins Haifischbecken der gemeinnützigen Spendensammler, die dem gigantischen PR-Aufwand des Bilderblatts gründlich (und nicht gänzlich grundlos) mißtrauten.

Die Erfahrung, daß die vom Emotionsschub erzeugte Startgeschwindigkeit einer solchen Aktion nicht durchzuhalten sei, machte Nannen damals schon, auch daß die Wiederkehr der Hungerkatastrophe auf diese Weise nicht zu verhindern war. Aber deutlich gesagt hat er das erst in Emden, als Peter Sager ihn noch einmal auf die Äthiopien-Aktion ansprach: »Ja, und? Wir haben dafür gesorgt, daß 100 000 Menschen überlebten und Kinder zeugten und daß nachher um so mehr verhungerten.« Die Kunsthalle aber blieb stehen.

Und sie wurde ein rauschender Erfolg, ein gelungenes Abenteuer, das wohl nur ein Mann wie Nannen bestehen konnte – mit seinem neu erwachten Aktionismus, seiner begnadeten Bettelei und seinem geringen Respekt vor finanziellen Risiken. Wer sonst hätte für das Trümmergrundstück, auf dem zu Nazi-Zeiten die örtliche Gestapo ihr Quartier hatte, den Horrorpreis von 300 Mark pro Quadratmeter bezahlt, den die Bundesvermögensverwaltung mit der Begründung verlangte, ein anderer Interessent biete das auch, und hätte obendrein die Suche nach Blindgängern übernommen. Wer sonst hätte mit soviel detailversessener Begeisterung das Entstehen dieses Bilder-Hauses begleitet, von dem der damalige Bundespräsident Richard von Weizsäcker bei der Eröffnung im Oktober 1986 sagte, es habe »so menschliche Dimensionen«. Bockhorner Klinker, Sheddächer, viel Nordlicht und viel naturbelassenes Holz an den Decken – es war, als hätte das nicht der Architekt Friedrich Spengelin, sondern Nannen selber erfunden. Und wer sonst hätte wohl gewußt, wie man ein solches Museum in kürzester Zeit zu einem Publikumsmagneten macht: 20 000 Besucher in weniger als drei Monaten, 109 000 in einem Jahr, und das in einer Stadt mit nur 50 000 Einwohnern und um die 20 Prozent Arbeitslosigkeit. Wollte man solche Zahlen auf München oder Hamburg hochrechnen, käme man auf je eine halbe Million Besucher im Jahr.

»Neuer Stern am Museumshimmel«, »Sternstunde für Ostfriesland«: Emden und Ostfriesland haben lange nicht mehr so viele freundliche Beschreibungen erlebt wie seit der Errichtung von Nannens »Altersheim«, wie Horst Janssen die Kunsthalle freundschaftlich taufte. »Dieses Museum hat die Region verändert«, konstatierte Nannen und verfaßte eine Werbebroschüre für den Tourismus mit dem beziehungsreichen Titel *Mein Ostfriesland*.

Das konnte nur einer machen, der mit seinem Publikum so umzugehen wußte wie Nannen. Die Avantgarde zum Beispiel ersparte er den Leuten, schon weil er selber nichts damit anfangen konnte. Die Fettecken des ehemaligen Stuka-Fliegers Beuys erinnerten ihn immerhin daran, daß er bei seinen eigenen Stuka-Einsätzen im russischen Winter immer »so'n Pott Vaseline« dabeihaben mußte, um im Notfall das Gesicht vor Erfrierungen schützen zu können. Überhaupt ließ er auch als Museumsmann und Ausstellungsmacher nicht davon ab, Geschichten zu erzählen – die Geschichte etwa, wie er im Dezember 1989 von Außenminister Genscher zu Gesprächen über ein deutsch-sowjetisches Kulturabkommen nach Moskau mitgenommen wurde. Dort teilte er dem Kulturminister Nikolaj Gubenko mit, er wisse von einer Verwandten Alexej von Jawlenskys, daß sieben völlig unbekannte Frühwerke des Meisters im Museum der westsibirischen Stadt Omsk lägen: Ob Nikolaj Nikolajewitsch ihm die nicht für eine aktuelle Jawlensky-Ausstellung leihen könne? Gubenko konnte. Kurz vor Weihnachten erschien die Kustodin Irina Dewjatjerowa aus Omsk furchtbar aufgeregt mit den sieben Bildern im schwarzen Koffer (Versicherungswert 1,8 Millionen) in Emden. Nannen baute die Stücke in seine laufende Ausstellung ein. »So habe ich auch den *stern* gemacht: nämlich in den letzten fünf Minuten alles umschmeißen.«

Daß Nannen seine Emder Stiftung – laut Sager »im Kern die Kollektion eines sitzengebliebenen Kunsthändlers« – managte wie weiland den *stern*, fiel allgemein auf, sogar *Bild*: »Beim *stern* lief er sonntags oft in die Redaktion und tauschte die Seiten aus. Hier kommt was Neues rein, da muß was raus. Neu mischen, nannte er das. Und wissen Sie, was er heute macht? Er läuft am Sonntag in sein Museum und tauscht die Bilder aus. Hier kommt was Neues rein, da muß was raus. Henri Nannen kann's nicht lassen.« In den Frühzeiten der Kunsthalle verschliß er seine Museumsdirektoren schneller als der *stern* die Nannen-Nachfolger. Nummer zwei und Nummer drei kapitulierten innerhalb eines Jahres. Der erste packte beim Bilderaufhängen nicht so an, wie der Boß sich das vorgestellt hatte, und der zweite wollte »120,5 Überstunden bezahlt bekommen«. Mit so was wurde Nannen schnell fertig.

Unterschätzt aber hatte er die materiellen Probleme, die ungeachtet des Erfolgs beim Publikum auf die Kunsthalle zukamen und deren Lösung ein Maß an Ausdauer erforderte, das schon früher nicht unbedingt Nannens größte Stärke war. Im Jahr 1987 zum Beispiel schloß die Kunsthalle mit einem Defizit von 300 000 Mark ab. Nannen hat Defizite fast immer mit Spenden ausgleichen können, aber er wollte die öffentliche Hand nicht aus ihrer Verantwortung entlassen. »Ich möchte weniger gelobt werden, statt dessen mehr Geld«, sagte Nannen damals. »Die Folgekosten werden das Projekt am Ende erwürgen, wenn nicht von irgendwoher Hilfe kommt. Weder ein Museum noch ein Theater können aus eigener Kraft existieren.« Das Theater aber subventioniere die Stadt Emden mit 632 000 Mark im Jahr, die Kunsthalle (damals) nur mit 100 000. »Das ist kein Verhältnis zwischen Emil Nolde und dem *Zigeunerbaron*.« Es war langwierig und mühsam, diese Relation zu korrigieren. Ein spendenfreudiger Freundeskreis mußte geschaffen werden. Die Leistungen der öffentlichen Hand für die Betriebskosten der Kunsthalle kamen erst während der niedersächsischen Regentschaft Gerhard Schröders richtig in Gang.

Ohne die Zielstrebigkeit und die immense Arbeitskraft der Geschäftsführerin Eske Ebert wäre das alles für Henri Nannen nicht zu bewältigen gewesen. Es gab Wochen, in denen er fast allabendlich bei dem ehemaligen *stern*-Redakteur und jetzigen *art*-Chef, dem Stiftungsratsvorsitzenden Axel Hecht, anrief und alles hinzuschmeißen drohte, weil er mit so vielen Problemen nicht gerechnet und auch nicht Lust hatte, damit umzugehen. Nannens Kampfgeist wurde geringer im achten Lebensjahrzehnt, nicht aber die Entwicklungsgeschwindigkeit seiner jungen Stiftung, deren Vorstand Eske Ebert nun angehörte. Der Anbau für die Malschule, mit 800 000 Mark kalkuliert, wurde in Angriff genommen (und kostete dann ein Mehrfaches). Dorthinein kam auch die zuerst im Eingangsbereich angesiedelte Cafeteria, deren Pächter sie als kleines Restaurant betrieb (das an dieser Stelle aber Mühe hatte, die Pacht zu verdienen). Ein Museumsshop wurde gebaut und als eigene GmbH (Geschäftsführerin Eske Ebert) gegründet, da die Stiftung ja keine Geschäfte machen durfte. Der Shop erzielte bald gute Umsätze, bezahlte an die Stiftung aber nur eine Miete.

Im Mai 1990 starb Martha Nannen. Sie war aus ihrem Münchner Exil nach Hamburg zurückgekehrt, weil sie abermals an einem Tumor operiert werden sollte. Im Jahr 1975 war bei ihr (als sie auf Drängen ihres Mannes zur Mammographie ging) Brustkrebs im Frühstadium festgestellt, und die rechte Brust war abgenommen worden. Diesmal wurde ein Gehirntumor diagnostiziert. Henri Nannen ließ seine Frau in diesen letzten Tagen ihres Lebens nicht allein. In einem unbewachten Augenblick aber kam sie im Hamburger Heidberg-Krankenhaus zu Fall und brach sich zwei Rippen. Die Tumor-Operation blieb ihr erspart. Martha Nannen starb, 69 Jahre alt, an einer Lungenembolie. Bei der Trauerfeier im engsten Freundeskreis auf dem Ohlsdorfer Friedhof sprach Victor Schuller die Abschiedsworte.

Am 5. Oktober 1990 heiratete der 76 Jahre alte Henri Nannen in Emden die damals 48jährige Eske Ebert. *Bild* zitierte ihn mit dem Satz: »Ohne Eske würde ich eingehen wie eine Primel.« Das war nicht nur so dahingesagt. Nannen suchte Nähe und Geborgenheit in einer späten Liebe. Für eine reine Vernunftehe wäre er ohnehin nicht der richtige Partner gewesen. Daß Henri und Eske längst zusammenlebten, war auch denen bekannt, die fanden, man hätte mit der Eheschließung ruhig ein bißchen länger warten können. Den Freunden und Gratulanten schrieben Henri und Eske Nannen: »Eigentlich hatten wir ohne jede Ankündigung heiraten wollen. Aber wie ein Sammler seine Schätze nicht im Depot versteckt, so mag ein Glücklicher den Freunden seine Gefühle nicht verbergen.« Auf der Karte mit der Hochzeitsanzeige prangte ein Foto der Kunsthalle. Unterschrift: »Vor vier Jahren, am 3. Oktober 1986, wurde uns dieses Kind geboren.« Und dann folgte ein abgewandeltes Willy-Brandt-Zitat: »Was zusammengewachsen ist, soll nun zusammengehören.«

Warten war Nannens Sache nie, im Alter schon gar nicht. Gegen Ende des Jahres 1995 betrieb er mit großer Dringlichkeit die Erweiterung zur »Stiftung Henri und Eske Nannen«. Er wolle sich das sozusagen zum Geburtstag schenken, vielleicht sei es ja sein letzter, sagte er dem Vorsitzenden Hecht, als der sich weigerte, sofort eine außerordentliche Sitzung des Stiftungsrats einzuberufen, der mit Zweidrittelmehrheit zustimmen mußte. Der Vorstand hatte bereits zugestimmt. Auch die erforderliche Änderung seines Testaments hatte Nannen schon vollzogen. Diese Änderung erlaubte es ihm, jenen Teil seiner Bilder, die (aus steuerlichen Gründen) nicht sofort, sondern erst nach seinem Tod der Stiftung gehörten sollten, nun seiner Frau zu schenken, die sie dann in die Stiftung einbrachte und so zur Stifterin wurde. Warum? »Mein Mann wollte alles geregelt haben«, so Eske Nannen. »Mit der Namensänderung der Stiftung wollte er dokumentieren, daß die

Kunsthalle unsere gemeinsame Sache ist. Im Blick auf die Zukunft war es meinem Mann wichtig, auszudrücken, daß man künftig auch mir die Hilfe zukommen läßt, die ihm entgegengebracht wurde.«

Diese Hilfe brauchte sie zum Beispiel deswegen, weil nicht nur die Stiftung, sondern auch die Kunsthalle erweitert werden sollte. Nannen hatte den damals siebzigjährigen Münchner Galeristen Otto van de Loo dazu bewegen können, dessen Sammlung von 80 Bildern der Künstlergruppen »Cobra« und »Spur« und des deutschen Informel als Ergänzung der Expressionisten-Sammlung Nannens der Emder Kunsthalle zu schenken. Dabei geholfen hatte der Ministerpräsident Schröder, den Nannen überreden konnte, trotz der gerade ausgebrochenen Ehekrise mit Frau Hillu nach München zu fliegen und van de Loo zu charmieren, indem er ihm beispielsweise versprach, eigenhändig ein Pfeffer-Gulasch für ihn zu kochen. Für die Kunsthalle bedeutete die Schenkung, daß angebaut werden mußte; denn van de Loo gab seine Bilder nur unter der Bedingung her, daß sie ständig ausgestellt würden, und dafür war das Emder Haus zu klein. Diese Erweiterung zu realisieren, von der Akquisition des Baugelds (14 Millionen) bis zu den juristischen Auseinandersetzungen um den zeitweilig durch nachbarliche Einsprüche behinderten Bau selbst, war allein Eske Nannens Aufgabe.

Den Respekt dafür, einen solchen Kraftakt in Angriff zu nehmen, mochte ihr niemand versagen. Christian Nannen und die Seinen waren allerdings dezidiert der Meinung, daß sowohl die Absicht als auch die Methode der Stiftungserweiterung und der Namensänderung rechtzeitig und ausführlich in der Familie hätten erörtert werden müssen. Das war wohl beabsichtigt, aber nicht geschehen. Es war eben immer wieder was dazwischengekommen – worüber Henri Nannen bestimmt nicht traurig war, denn zu familiären Auseinandersetzungen fehlte ihm die Lust und am Ende auch die Kraft. Er hätte dann auch über Erwägungen diskutieren müssen, Eskes Sohn Bernd zu adoptieren, und das wollte er sich und seiner Familie nicht mehr zumuten. Das Plazet des Stiftungsrats zur Einbeziehung seiner Frau in die Stiftung bekam er im Mai 1996, vier Monate vor seinem Tod.

Der zehnte Geburtstag der Kunsthalle im Oktober 1996 rückte näher. Es sollte einen Freudentanz in Bildern geben, eine Jubiläumsausstellung unter dem Titel »Tanz in der Moderne. Von Matisse bis Schlemmer«, und ein großes, mehrtägiges Fest. Das Fest fand nicht statt.

Die Mühen des Alters

oder: wenn ein Hypochonder wirklich krank wird

Im Mai 1992 wurde Willy Brandt, sieben Tage jünger als Henri Nannen, zum wiederholten Mal ins Krankenhaus eingeliefert – Darmkrebs. Rolf Schmidt-Holtz, der amtierende *stern*-Herausgeber, bat seinen Vorgänger, prophylaktisch den Nachruf zu schreiben. Nannen versuchte das, aber es wollte ihm nicht gelingen.

»Ein Nachruf auf Vorrat? Kollege Schmidt-Holtz, seien Sie mir nicht böse, wer weiß denn überhaupt, wer von den beiden handelnden Personen hier als erster abberufen wird?« Den Nachruf auf Vorrat sollten die anderen schreiben, die ihre Archive hätten, »und den richtigen Ton werden sie wohl auch finden. Ich finde ihn nicht, ich sitze hier vor meinem Papier mit zugeschnürter Kehle, weil ich nicht weiß, ob ich über einen Lebenden oder über einen Toten schreibe.« Es wurde kein Nachruf, es wurde eine Liebeserklärung. »Mich zwingt es einfach, zu diesem Zeitpunkt der Ungewißheit zwischen Leben und Tod zu bekennen, daß ich diesen Willy Brandt geliebt habe und daß ich ihn auch über seinen Tod hinaus lieben werde.« Erinnerungen übermannten den Autor, besonders die Erinnerung an Brandts Kniefall im ehemaligen Warschauer Ghetto 1970: »Ich habe in Warschau daneben gestanden, als plötzlich seine Lippen zu zittern begannen und er in die Knie fiel... Wo in aller Welt hat ein Mann, der auf der Höhe seines Erfolges stand, solch tiefe innere Bescheidenheit besessen, wo sich stellvertretend für andere mitschuldig gefühlt? Ich kann es beschwören: Nicht mehr als eine Sekunde vor dem Kniefall muß ihm die Idee gekommen sein. Nicht er kniete nieder – es kniete ihn einfach hin.«

Im Krankenhaus nach Brandts Zustand zu fragen, scheute sich Nannen. »Ich scheue mich auch davor, daß jemand ihm sagen könnte, ich hätte nach seinem Befinden gefragt. Und ich scheue mich noch mehr davor, daß man mir antworten würde, meine

Frage sei inzwischen obsolet geworden. Sollte Willy Brandt zufällig an mich denken, es mag ja sowas wie Gedankenübertragung geben, dann wird er wissen: Ich gäbe alles dafür, wenn dieser Text nicht gedruckt würde.«

Er wurde nicht gedruckt, auch nicht als Willy Brandt im Oktober 1992 starb. So hat der »liebe *Stern*leser« leider nur den lauten, aggressiven, manchmal beleidigenden, aber nicht den leisen, altersmilden Nannen kennengelernt, ausgenommen seinen späten Kommentar zum mysteriösen Tod des schleswig-holsteinischen Ministerpräsidenten Uwe Barschel vom Oktober 1987: »Kann denn einer nachvollziehen, was dieser Mann durchgemacht haben muß, seinen senkrechten Aufstieg zur Macht, das ungeklärte Flugzeugunglück, die wochenlangen Schmerzen, den Wahlkampf mit allen Handicaps – selbst wenn er ihn mit den vom *Spiegel* zitierten ›schmutzigen Tricks‹ geführt haben sollte? Sind nicht auch schmutzige Tricks und die Angst vor der Entlarvung eine furchtbare Belastung?« Was immer Barschel falsch gemacht haben möge, »was er in den letzten Wochen erlebte, muß mörderisch gewesen sein, es hat ihn ermordet«.

Eine neue Dimension, auch eine andere Artikulation im Umgang mit des Geschickes Mächten wird da deutlich: *es* kniete ihn ... *es* zwingt mich ... *es* hat ihn ermordet. Was für ein *es* ist das? Eine Anspielung auf die Transzendenz? Vielleicht nicht. Aber für Feindschaften war kein Platz mehr in der verbleibenden Lebenszeit. »Ich glaube, eines der wichtigsten Dinge, die man lernt, wenn man älter wird, ist, Feindbilder abzubauen«, hat Nannen gesagt, als er siebzig wurde. Keine Rede mehr davon, daß Franz Josef Strauß ein machthungriges Monstrum sei. »Das ist ein hochgebildeter Mann, und das ist auch ein amüsanter Mann... So ungeheuer mutig ist der nicht, er wollte auch nicht Bundeskanzler werden.« Nicht nur Freunde, auch ehemalige Widersacher hat Nannen angerufen und um Unterstützung für die Kunsthalle gebeten. Herbert Kremp, den Springer-Mann, hat er sogar nach Emden eingeladen. Nicht ein Wort über den alten Streit. »Wir haben über Expressionismus geredet«, erinnert sich Kremp, und nur manchmal »verriet so ein Aufblitzen in den Augen, daß der jeweils andere wohl wußte: Du hast mich mal abgeschossen«.

Mit alten Freunden war es schwieriger. Richard Gruner, den Nannen in dessen New Yorker Büro besuchte, lud ihn zwar zum Lunch in seinen Klub ein, wollte ihm aber kein Geld für die Kunsthalle geben, woraus Nannen den scherzhaften Schluß zog: »Hüte dich vor rothaarigen Verlegern!« Auch Gerd Bucerius, nach eigenem Urteil der »Gegner, der ich ihm allzeit gewesen war«, fand erst spät zu dem Diktum »Nannen ist doch wohl ein großer Mann« und noch später zu dem Eingeständnis, daß er Nannens wegen »abandonniert« habe, denn »der *stern* ohne Nannen, das machte mir einfach nur noch angst«. Für die Kunsthalle allerdings hat er Geld lockergemacht. Als Bucerius im September 1995 starb, verfaßte Nannen einen bemerkenswerten Nachruf: »Der Verlust schmerzt mich über alle Maßen, aber nicht geringer ist meine Dankbarkeit, daß ich mit diesem großen Verleger einige Jahrzehnte in Lust und Schmerz gemeinsam verbracht habe.« Und er erzählte von der letzten Begegnung mit Bucerius. »Leiden und Gelassenheit zeichneten sein Gesicht, und ich möchte hoffen, daß diese Gelassenheit auch mir zuteil wird, wenn eines Tages die Stunde kommt.«

Man wird lange suchen müssen, selbst unter Journalisten, bis man wieder zwei findet, die sich so oft Freunde genannt und dabei in ihren Blättern so schonungslos kritisiert haben wie Rudolf Augstein und Henri Nannen. Mal entsetzte sich Augstein darüber, daß Nannen den Franz Josef Strauß als Kolumnisten engagiert hatte, mal verriß Nannen den Verzicht Augsteins auf dessen Bundestagsmandat 1973. Nach der Hitler-Tagebücher-Affäre machte Augstein im *Spiegel* auch Nannen für die Katastrophe haftbar und druckte Auszüge aus Bissingers Buch *Hitlers Sternstunde*. Dafür revanchierte sich Nannen in einem Leserbrief: »Einem ›Lustlügner‹ (*Adolf* Augstein über Manfred Bissinger) muß man einiges nachsehen.« Was Augstein sogleich kommentierte: »›Lustlügner‹ *Henri* Bissinger... war zwischen 1967 und 1977 der Liebling und Kronensohn des minder forschen, aber auch nicht sehr genauen Nannen.« Sogar darüber, ob sie denn nun Freunde seien oder nicht, haben die beiden sich öffentlich gestritten. »Ich weiß nicht, ob man mit ihm befreundet sein kann«, sagte Nannen dem *Playboy* 1981. »Augstein ist im Grunde ein Zyniker. Und

Zyniker sind nicht meine Welt.« Und Augsteins Nachruf auf Nannen schloß 1996 so: »Ich weiß nicht, wer er war. In jedem Fall ein Stoff für Orson Welles: ›Citizen Henri‹.« Freunde?

Auf ihre in jeder Hinsicht unnachahmliche Weise waren sie es. »Diese Freundschaft konnte natürlich auch nicht durch die Veröffentlichung von falschen Hitler-Tagebüchern, an der er nicht direkt beteiligt war, getrübt werden«, schrieb Augstein anderthalb Jahre nach Nannens Tod. Die Behauptung, Augstein sei ein Zyniker, hatte Nannen 1993 im ZDF zurückgenommen: »Das ist er nach meiner Meinung überhaupt nicht. Er ist eher ein empfindsamer und auch empfindlicher Mensch.« In einem persönlichen Brief an Augstein hatte er sich schon zehn Jahre zuvor, im Mai 1983, korrigiert: »Zur Dokumentation: Ich habe nie gesagt, daß ich mit Dir nicht befreundet sein könne, weil Du ein Zyniker seist. Auf die Frage, ob wir Freunde seien, habe ich gesagt, ja, soweit man mit einem Zyniker befreundet sein kann. Und da ich keiner bin, Dich aber bei allem Respekt dafür halte, wird damit weniger meine Beziehung zu Dir als Deine zu mir in Frage gestellt.«

Streit ist im Alter auch Zeitvergeudung. Das Schwinden der Kräfte setzt die Prioritäten neu, das physische Befinden geht dem psychischen vor, besonders natürlich bei einem »geborenen Hypochonder«, als den Nannen sich stets bekannt hat. Erzählte man ihm eine Geschichte, dann machte er sie zu der seinen, beschrieb man ihm eine Krankheit, dann hatte er sie gleich selber – aber nicht weil er krank sein, sondern weil er die Krankheit unter Kontrolle haben wollte. Er war der Typ Hypochonder, der immer wieder in die Mayo-Klinik rennt, weil er immer wieder hören will, daß ihm nichts fehle, beziehungsweise daß ihm problemlos geholfen werden könne. Mal war er Kettenraucher, mal fanatischer Nichtraucher; ganz aufgehört hat er erst sehr spät im Leben.

Das Medizin-Arsenal, das er prophylaktisch mit sich führte, hätte einer Apotheke Ehre gemacht. Manchmal schluckte er mindestens ein Dutzend verschiedene Medikamente pro Tag, für oder gegen alles mögliche, und zwar hochwirksame Medikamente, keine Placebos. Er war ständig auf der Suche nach »dem richtigen Medikament« und erörterte seine aktuelle Pillen-Liste mit jeder medizinischen Autorität, die er zu fassen bekam. In der *stern*-Redaktion, wo er seinen Zustand stets in jeder Weise öffentlich machte, galt Günter Dahl als der »Leibarzt« und dessen Kollege Klaus Lempke als »Oberarzt«. Beide hatten reichlich zu tun.

Geradezu gigantisch war Nannens Karzinophobie. Das Wort Krebs durfte in seiner Gegenwart eigentlich nicht in den Mund genommen werden, auch nicht in harmlosen Zusammenhängen. Wer es doch tat, löste damit Nannens ausführlich artikulierte Befürchtung aus, selber Krebs zu haben, inklusive einer Beschreibung der verdächtigen Symptome. Das ging schon frühzeitig so weit, daß seine geplagten Freunde in der Redaktion sich mit schwarzem Humor dagegen zur Wehr setzten: Sie kauften Krebse, klebten ihnen Schilder mit den Bezeichnungen diverser Karzinome an – Lungenkrebs, Darmkrebs, Magenkrebs – und ließen sie im vorübergehend verlassenen Büro Nannens frei. Seine Reaktion war angemessen freundlich. Spaß verstand er, auch makabren.

Altwerden aber ist kein Spaß. »Altwerden ist Scheiße«, hat Henri Nannen jedem, der es hören wollte, gesagt, als die virtuellen Leiden des geborenen Hypochonders allmählich von den realen Hinfälligkeiten des alten Mannes abgelöst wurden. Das begann spätestens an der Schwelle zum neunten Lebensjahrzehnt. Im April 1993 mußte Sir Henri sich an der Prostata operieren lassen, im Juni wurde eine Star-Operation nötig, dazu kamen wachsende Probleme mit dem Bewegungsapparat. Den »Mentor-Preis 1993« einer Mannheimer Versicherung konnte er nicht selber entgegennehmen; seine Frau verlas die Dankesrede. Nannen hatte schwere Depressionen. Als Günter Radtke (einer der Urheber des Streichs mit den Krebsen) und seine Frau den Rekonvaleszenten im Mai 1993 in der Curschmann-Klinik an der Ostsee besuchten, sagte Nannen, er würde am liebsten aus dem Fenster springen – worauf Radtke ihm riet, erst mal hinauszugucken. »Da unten ist ein Vordach, da knallst du drauf, bist nicht tot, höchstens ein Krüppel.«

Für einen Aktionisten, einen Anstifter wie Nannen war die plötzliche Passivität, war der Verlust der Kontrolle über vitale physische Fähigkeiten ein schwer zu bewältigendes Problem. Wenn er sich selber einen Rentner nannte, klang das sarkastisch, bestenfalls ironisch. Er war immer der Chef, und er war ein leidenschaftlicher Handwerker, nicht nur im übertragenen Sinne, auch nicht nur als Hobbybastler (»Do it yourself – das hasse ich«). Und nun fehlte ihm die Kraft zu beidem. Auch die vertrauten Attribute seines Wohllebens mußte er, eins nach dem anderen, aufgeben. Seine Yacht, die teure »Positano III«, hatte er schon 1980 verkauft und statt dessen nacheinander zwei Segelschiffe erworben, die beide »Buddelskip« hießen; das zweite, kleinere, ein Kimm-Kieler, der bei Ebbe im Wattenmeer nicht kippt, überließ er nach dem Tagebücher-Skandal Peter Koch (der das Schiff später kaufte) als Refugium. Sein Haus in Positano verkaufte Nannen ebenfalls, auch weil ihm nicht gestattet worden war, einen Lift für die steile Strecke zum Kiesstrand zu bauen. Das letzte Attribut seiner Vita activa, das er aufgab, war im März 1995 sein Führerschein, was die *Emder Zeitung* als vorbildliche Tat vermeldete, natürlich ohne zu erwähnen, daß Nannen zeit seines Lebens ein tollkühner Fahrer gewesen war.

Zumindest dem Führerschein hat er heftig nachgetrauert. Und es ist nicht anzunehmen, daß Orden und Ehrungen, die ihm nun zuteil wurden, solche Verluste kompensieren konnten – vom Großen Bundesverdienstkreuz bis zum »Senatsfrühstück« im Hamburger Rathaus zum Achtzigsten. Oft genug verdarben die physischen Probleme ihm die Freude am Auftritt. Als er im November 1995 die »Maecenas-Ehrung« des Arbeitskreises selbständiger Kulturinstitute für seine Verdienste um die Gründung der Kunsthalle entgegennahm, mußte Frau Eske bei der Dankesrede wieder einspringen.

Die Verlustängste des alternden Mannes, vor allem die Angst vor dem völligen Kontrollverlust, trafen Henri Nannen härter als andere Menschen seiner Generation. Die im Alter wachsende Hinwendung zum Kreatürlichen, für das er immer schon einen offenen Sinn hatte, ließ ihn den Verfall seiner Körperlichkeit besonders deutlich wahrnehmen, und da Körperlichkeit ein wesentliches Attribut seiner Wirkung war, schmerzte diese Wahrnehmung sehr. Sie verstärkte das verwünschte Gefühl der Schwäche und zugleich den Anspruch auf Fürsorge und verstärkte Beachtung seines Befindens, auf das er selber sich immer mehr konzentrierte. Man darf annehmen, daß die Einsicht in seine eigene Schwäche ihn noch mehr deprimiert hat als die Sorge um den Fortbestand des Erreichten. Für den war ja gesorgt.

Daß sein zweites Lebenswerk, die Kunsthalle, sich allmählich verselbständigte – im Grunde eine erwünschte Entwicklung –, machte ihm offensichtlich zu schaffen. Was er begonnen und mit der energischen Unterstützung seiner Frau realisiert hatte, funktionierte zusehends ohne seine aktive Mitwirkung, außerhalb seiner Kontrolle; er hatte auch nicht mehr das letzte Wort über die veranstalteten Ausstellungen. Und ohne Zweifel hat das Gefühl, daß die Kunsthalle ihm immer mehr entgleite, ihn oft traurig, manchmal auch zornig gemacht. Daß er das große Büro in der Kunsthalle für seine immer präsente Frau und die dort stattfindenden Besprechungen aufgeben und mit einer kleinen Klause vertauschen sollte (ein eigenes Arbeitszimmer hatte er ja in seinem Haus in der Tonstraße), hat er natürlich gebilligt; geschmerzt hat es ihn trotzdem. Natürlich wußte er (und sagte es auch öffentlich), daß die Kunsthalle ohne Eske nicht entstanden und nicht lebensfähig wäre; aber daß seine Rolle dabei immer mehr einem Denkmal glich, war ihm nicht geheuer. Wiederholte sich in der Kunsthalle jener Prozeß der Entfremdung, den er im *stern* erlebt hatte?

Sein Befinden begann stark, oft gefährlich zu schwanken. Mal beschwerte er sich über alles und über jeden, voran über seinen Zustand, dann wieder war er guter Dinge und sang Dörte Radtke am Telefon etwas vor, weil er sich freute, daß es ihm wieder eingefallen war: »Als Martin noch ein Knabe war, hat er gesungen manches Jahr...« Mal klagte er über Magenschmerzen und stocherte im Essen herum, dann wieder langte er zu wie in alten Zeiten. Die meiste Beschwer machte ihm jene Behinderung seiner Beweglichkeit, die ihm den Stock in die Hand zwang und ihn manchmal sogar auf den Rollstuhl verwies: Polyneuropathie, eine Erkrankung der peripheren Nerven (in denen motorische, sensible und vegetative Fasern das Rückenmark mit Sehnen, Gelenken und inneren Organen verbinden). Polyneuropathien bringen hochkomplexe Erscheinungsbilder hervor, können bis zu 300 mögliche Ursachen haben und sind längst noch nicht so erforscht, daß sie zielgenau therapiert werden können.

Aber Henri Nannen versuchte, trotzdem im Bilde zu bleiben. Er fuhr oder flog in der Obhut seiner Frau und mit dem Rollstuhl im Gepäck weiterhin zu Ausstellungen, oder er reiste mit der Familie seines Sohnes nach Port d'Andratx auf Mallorca, wo er sich, trotz starker Gehbehinderung, in Christians Ferienhaus ausgesprochen wohl fühlte. Ein Jahr später, im Juli 1996, ging er mit Christian und den beiden Enkeln Stephanie und Oliver auf eine ziemlich anstrengende England-Reise, bei der er wieder mächtigen Appetit entwickelte, auch zwischen den Mahlzeiten. Einmal verschwand er mit dem Rollstuhl in einem Supermarkt, weil er dort seine bevorzugten Kekse gesehen hatte.

Aber während Eske Nannen in der Kunsthalle war, auch am Abend noch, oder in Sachen Stiftung unterwegs sein müßte, saß er in dem großen, hellen, nach seinen Anweisungen umgebauten Haus in der Emder Tonstraße, aufmerksam betreut von Helga Reck, der Haushälterin, und wählte am Telefon die Nummern alter Freunde und Freundinnen. Dann fragte er zum Beispiel Günter und Dörte Radtke, ob sie nicht Lust hätten, nach Emden zu kommen und ihm bei der Auswahl geeigneter Gartenmöbel für seinen neuen Sitzplatz im Garten am Kanal zu helfen, der aussah wie ein Schiffsdeck. Das war im Juni 1996.

Das Haus der Radtkes in Uetze bei Hannover wurde in diesen Jahren manchmal zu Henri Nannens Ausweichquartier. Meistens brachte Eske ihn hin, bevor sie auf Reisen ging, und holte ihn nach Rückkehr wieder ab. Bei längeren Abwesenheiten, wenn sie zum Beispiel allein nach Amerika flog, hinterließ sie einen detaillierten Reiseplan, komplett mit Telefonnummern. Darauf bestand er, denn er konnte ihre Abwesenheit nur schwer ertragen. Es ist vorgekommen, daß der bettflüchtige Nannen morgens um sechs solche Nummern anrufen wollte und sich nur mühsam davon überzeugen ließ, daß in Amerika Mitternacht war.

Er hatte nie allein sein wollen, jetzt konnte er es gar nicht mehr. Im Gästehäuschen auf dem Gelände der Radtkes, wo er in jeder Hinsicht autonom gewesen wäre, wollte er nicht wohnen.

Auf jeglichen Auftritt verzichten mochte er aber auch nicht. Bevor Günter Radtke ihn zur Apotheke fuhr, lernte Nannen vom Verschreibungszettel die komplizierten Namen der zu beschaffenden Medikamente auswendig, um sie dem Apotheker dann frei vorzutragen. Ihn aus den Augen zu lassen war riskant. Ende Juli 1996 setzte er sich auf der Terrasse zwischen zwei Stühle und knallte mit dem Kopf gegen die Glastür, zum Glück folgenlos.

Meistens aber saß er still an der Terrassentür und schaute in den Garten, dessen Wachstum er über viele Jahre miterlebt hatte. Einmal fragte er Dörte, was das für ein Vogel sei da draußen. Eine Amsel, sagte sie, er wolle doch wohl nicht behaupten, daß er noch nie eine Amsel gesehen habe. Doch. »Ich hab das nicht gewußt«, sagte er, »daß das eine Amsel ist.« Und dann sagte er: »Wenn ich hier bei euch so aus dem Fenster schaue, dann denke ich: Ich hab gar nicht gelebt.«

»Peter«, sagte Dörte, »jetzt versündigst du dich aber.«

Am 18. September 1996 rief Nannen in Uetze an und teilte mit, daß Eske und er gleich vorbeikommen würden, auf dem Weg nach Hannover ins Krankenhaus, zu einer eingehenden Untersuchung durch Professor Pichlmayr. Es sei Magenkrebs bei ihm festgestellt worden. »Na, was sagt ihr nun? Schöne Scheiße, was?« Dann kein Wort mehr über die Krankheit. Die Nannens blieben über Nacht, man ging zum Abendessen, und Henri aß mit größtem Appetit. Beim Aufbruch am nächsten Morgen sagte er: »Ihr werdet sehen, es ist gar nichts…«

Finale

oder: keine Angst vor dem Ende

Als Henri Nannen erfuhr, daß er an Magenkrebs erkrankt war, blieb er gelassen. Kein spektakulärer Zusammenbruch, auch keine stumme Verzweiflung. Der Mann, dessen überdimensionale Karzinophobie der *running gag* seiner medizinischen Vita war, reagierte auf die finale Diagnose wie einer, kein Aufhebens davon machen will. Die große Emotion, die er zum Handeln brauchte, trat nicht in Erscheinung. Keine Gegenwehr, keinerlei Versuch, das überstrapazierte Klischee vom »Kampf gegen die Krankheit« zu bedienen. Er überließ die Therapie den Ärzten. Mit einer Operation war er sofort einverstanden, und anders als in früheren Fällen wollte er auch nicht bis ins letzte Detail über Risiken und Nebenwirkungen ins Bild gesetzt werden.

So kann nur ein Mensch reagieren, der von seinem Leben nichts Wesentliches mehr erwartet, der weiß, daß er bekommen hat, was ihm zugemessen war, und der zur Genüge erfahren hat, daß alles, was ihm noch bleibt, mit den Mühen des Alters teuer, vielleicht zu teuer erkauft werden muß. So kann nur einer reagieren, der keine Angst vor dem Ende hat.

Vor genau 36 Jahren hatte der *stern* eine Bildergeschichte über einen der ganz großen Kino-Stars der frühen dreißiger Jahre Jahre gebracht: »Lilian Harvey – mit Wehmut fotografiert von Kurt Will«, anrührende und zugleich erschreckende Bilder einer alt gewordenen Schönheit, die nicht wahrhaben wollte, daß ihre Zeit vorbei war (und die den *stern*-Fotografen sogar verklagte, erfolglos). Damals schrieb Nannen dem »lieben *Stern*leser«, wie erschrocken er über solchen Selbstbetrug war: »Die letzte Rolle spielt jeder allein – nicht nur der Schauspieler. Und wenn unser Leben nichts war als Rennen und Betrieb, dann wird diese letzte Rolle nichts anderes sein können als ein Monolog der Angst.« Henri Nannens letzte Rolle war ganz anders.

Er ist ein paarmal gefragt worden, ob er sich vor dem Sterben fürchte, und er hat stets geantwortet, ihn schrecke allenfalls die Vorstellung, hilflos zu werden und lange Schmerzen zu haben. »Angst hätte ich davor, lange krank zu sein, oder bevor ich sterbe in einen menschenunwürdigen Zustand zu geraten. Vorm Sterben selbst nicht.« Er hat den Gedanken an den Tod nicht verdrängt. Was zu geschehen habe, wenn es soweit sei, hat er mit der Akribie des geübten Organisators vorgeplant. Seinen Grabplatz auf dem Friedhof Tholenswehr in Emden und dessen Anlage hat er genau bestimmt, hat auch immer wieder Spaziergänge von seinem Haus in der Tonstraße dorthin unternommen: »Einmal Friedhof und zurück.« Den Grabstein hat er Anfang der neunziger Jahre schon gekauft und im Skulpturenhof der Kunsthalle aufgestellt: »Auf meinem Grab wird eine zwei Meter hohe Bronze-Stele stehen, die einzige Inschrift wird mein Name, mein Geburtsdatum und mein Sterbetag sein.« Gefunden hatte er die Stele des Bildhauers Michael Croissant auf einer Kölner Kunstmesse. »Als ich sie zum erstenmal sah, habe ich sofort daran gedacht, sie für mein Grab zu kaufen.«

Die Krebsdiagnose aber erfuhr er erst kurz vor der Operation. Als im Frühjahr 1996 die Magenschmerzen unter den diversen Beschwerden, mit denen er sich plagte, eine immer größere Rolle spielten, konsultierte Nannen auf Initiative seiner Frau zunächst den Hausarzt, einen Emder Internisten. Es wurden, in ziemlich großen Abständen, zwei Magenspiegelungen vorgenommen, deren Ergebnisse mehrere Möglichkeiten offenließen: chronische Gastritis, vernarbte Magengeschwüre, allerdings auch Tumorverdacht. Aber Nannens Magenschmerzen ließen deutlich nach, er war häufig beschwerdefrei und bei gutem Appetit. Erst eine dritte Gastroskopie brachte Gewißheit. Die entnommenen Gewebeproben wurden zur Biopsie nach Oldenburg geschickt, und der dort amtierende Pathologe diagnostizierte Krebs.

An dieser Stelle fragte Eske Nannen, die schon tief in den Vorbereitungen der Feier zum zehnjährigen Bestehen der Kunsthalle Anfang Oktober steckte, Nannens »Oberarzt« Klaus Lempke vom *stern* um Rat. Der veranlaßte eine weitere Biopsie der Gewebeproben durch einen renommierten Spezialisten des Instituts für

Pathologie am Klinikum Bayreuth, und dieser bestätigte, es handle sich um einen bösartigen, schnell wachsenden Tumor. Eske verständigte Christian Nannen, und nun trat der Familienrat in Aktion, ohne Wissen des Patienten, mit Lempke als fachmännischem Berater. Eine Operation erschien unumgänglich – aber wer sollte operieren und wann? Konnte, durfte man warten bis nach dem Jubiläum der Kunsthalle?

Drei Operateure standen zur Debatte, einer in Hamburg, einer in München und einer in Hannover, allesamt hervorragende Chirurgen. Kontakt wurde Anfang September aufgenommen mit Professor Rudolf Pichlmayr, einer weltweit anerkannten Kapazität: Chef der Klinik für Bauch- und Transplantationschirurgie an der Medizinischen Hochschule Hannover, auch Präsident der Deutschen Gesellschaft für Chirurgie, damals 64 Jahre alt, ein Pionier der Transplantationsmedizin und zweifellos ein begnadeter Chirurg, wohlvertraut mit prominenten Patienten. Pichlmayr beschrieb die Operation von Nannens Tumor anhand der vorliegenden Diagnose als nicht besonders problematisch, mit guten Chancen für die verbleibende Lebensqualität des Patienten. Von einem Aufschub riet er ab, nicht nur wegen des relativ kleinen, aber ständig wachsenden Tumors. Da er am 1. Oktober für etwa zehn Tage nach Amerika reisen mußte, hätte die Operation, wollte man das Jubiläum der Kunsthalle abwarten, frühestens Mitte Oktober stattfinden können.

Eske hätte gern gewartet, auch weil sie sicher war, daß Henri Nannen es genossen hätte, bei diesem Jubiläum noch einmal als der Gründer und wahre Herr der Kunsthalle gefeiert zu werden (auch wenn er manchmal sagte, er scheue die Strapaze). Aber Christian Nannens Familie war anderer Meinung: Der Wille des Patienten sei maßgeblich, zuviel kostbare Zeit sei schon verstrichen, und der Kunsthallen-Geburtstag könne ja auch nachgefeiert werden. Eske als die Ehefrau hätte versuchen können, ihre Meinung durchzusetzen. Sie tat es nicht. Hätte sie verantworten sollen, dem medizinischen Rat zuwiderzuhandeln?

Eske und Christian Nannen verabredeten, dem Patienten die schlechte Nachricht bei der nächsten Gelegenheit gemeinsam zu überbringen. Die kam, als der ehemalige Bundeskanzler Helmut

Schmidt am 17. September bei einer Veranstaltung im Hamburger »Anglo-German Club« sein neues Buch *Weggefährten* vorstellte; die Laudatio hielt der Weggefährte Klaus von Dohnanyi. Henri Nannen hatte zugesagt, erschien auch mit Eske, obgleich er sich nicht wohl fühlte und die Veranstaltung nur mit Mühe durchstand. Am nächsten Morgen sollte Christian in die kleine Wohnung am Wolffsonweg kommen, die nach der Auflösung des großen Wellingsbütteler Hauses Nannens Hamburger Stützpunkt war, und sollte dem Vater gemeinsam mit Eske die bevorstehende Operation ankündigen. Aber irgendwann hielt Eske dem Wissensdruck nicht mehr stand und sagte ihrem Mann, was gesagt werden mußte.

Keine große Szene also, kein Zusammenbruch, keine Klagen. »Mein armes Tütje«, sagte Henri Nannen. Das war Eskes Kosename. Über sich selber sprach er fast gar nicht. Als Christian eintraf, war das Entscheidende schon gesagt. Henri Nannen bat nicht um Aufschub. Wenn der Arzt das für richtig halte, solle sofort operiert werden. Pichlmayr wollte den Patienten bereits am nächsten Tag zu den vorbereitenden Untersuchungen in Hannover sehen. Nannen war damit einverstanden, sofort loszufahren und bei den Radtkes in Uetze zu übernachten, wollte aber vorher zwei Besuche machen: in Christians Haus (nicht weit von der geräumten Nannen-Villa in Wellingsbüttel), wo es einen neuen, noch nicht ganz fertiggestellten Wintergarten-Anbau zu besichtigen gab, und bei Victor Schuller in Großhansdorf. Auch hier keine Rede von Abschied, vielmehr verbreitete sich ein trotziger Zweckoptimismus: Schiet, aber da müssen wir nun durch. Wird schon schiefgehen.

In Hannover wurde nach dem sogenannten Staging, der computertomographischen Suche nach möglichen Metastasen, die negativ blieb, der 26. September als Operationstermin vereinbart. Auf der Rückfahrt nach Emden redeten Henri und Eske Nannen im Auto fast nur über Organisatorisches: wie das Jubiläumsfest abzusagen sei und dergleichen. Ein im Hinblick auf das Jubiläum anberaumter Fototermin in der Kunsthalle am Sonntag, dem 22. September, wurde nicht abgesagt. Hier entstand das Porträt, das dann auch bei der Trauerfeier in der Hamburger Hauptkirche St.

Michaelis aufgestellt wurde. Es zeigt einen gelassenen, heiter resignierenden alten Mann, der sich vor nichts mehr fürchtet. Auch »Familienfotos« entstanden bei dieser Gelegenheit: Eske und Bernd und dahinter Henri Nannen. Wenn er je gütig ausgesehen hat, dann auf diesen Bildern.

Am 23. September wollte er noch einmal auf den Friedhof, zu seiner Grabstelle. Was ihm dort durch den Kopf ging, sagte er nicht; die Geste sprach für sich. Tags darauf dann die Fahrt ins Krankenhaus nach Hannover, allerdings nicht in die Chirurgie der Medizinischen Hochschule, wo in der Nähe des OP Bauarbeiten im Gange waren, sondern – zur Überraschung der Familie – ins Oststadt-Krankenhaus. Dort leitete Professor Pichlmayr kommissarisch die Allgemeinchirurgie, und seine Frau, Professor Ina Pichlmayr, amtierte als Chefin der Anästhesie. Am 25. September blieb Eske Nannen bei ihrem Mann am Bett und las ihm, wenn die Operationsvorbereitungen es zuließen, aus Helmut Schmidts neuem Buch vor. »Was hab ich kulturell nicht alles versäumt in meinem Leben!« sagte Sir Henri an einer Stelle. Der letzte Besucher am Tag vor der Operation war Gerd Schulte-Hillen, der eine Reise unterbrach, um vorbeikommen zu können. Als er sich verabschiedet hatte und schon an der Tür war, rief Nannen seinen Namen. »Ich wollte dich nur noch mal sehen. Es könnte ja das letzte Mal sein.«

In den Telefongesprächen, die Henri Nannen aus dem Krankenhaus noch führte, fehlten »famous last words«. Einmal gebrauchte er den Begriff ganz locker, in einem Telefonat mit den Radtkes in Uetze, als Einleitung zu der Frage: »Ihr wißt doch, daß ich euch liebe?« Er rief gute Freunde an; viele waren es ja nicht. »Da brauch ich nicht die fünf Finger einer Hand«, hat er einmal auf die Frage geantwortet, wie viele verläßliche, absolut loyale Freunde er habe. Auch seine alten Freundinnen rief er an, die Studienfreundin Ilse zum Beispiel. Eine Stelle aus dem Vierten Buch Mose, die sie ihm zitierte – »Der Herr segne dich und behüte dich / Der Herr lasse sein Angesicht leuchten über dir« – rührte ihn an, und er bat Eske, das aufzuschreiben. Als Ilse versprach, für ihn zu beten, sagte er: »Würdest du das bitte tun?«

In Hannover war Messe, die Hotels waren ausgebucht, Eske

Nannen fand schließlich Quartier im Gästehaus der Landesregierung. Am 26. September war sie um halb sieben wieder auf der Station und ging mit bis an die Tür des OP, als der Patient um halb acht abgeholt wurde. »Ich hab ihm noch mal einen Kuß gegeben und gesagt: Dann mach's mal gut – oder so was.« Mittags gegen ein Uhr kam der Professor ziemlich optimistisch aus dem OP zurück. Von Komplikationen oder unverhofften Problemen war nicht die Rede.

Rudolf Pichlmayr hat vor der Operation – und in den Gesprächen mit Nannens Familie auch danach – immer wieder gesagt, eine solche Magenresektion sei schon tausendmal gut ausgegangen. Bei dieser »subtotalen Gastrektomie« bleibt ein relativ kleines Stück des Magens erhalten und wird mit Hilfe eines »zwischengeschalteten« Stücks vom Dünndarm mit dem Zwölffingerdarm und den »Zuflüssen« von der Galle und der Bauchspeicheldrüse verbunden. So kann der Magen, wenn auch stark reduziert, weiter funktionieren, unter der Voraussetzung, daß mehrmals täglich nur ganz wenig Nahrung aufgenommen wird. Da Pichlmayr den Eingriff offenbar so klein wie möglich halten wollte, verzichtete er darauf, auch die Milz herauszunehmen (was manchmal gemacht wird), er entfernte lediglich die Lymphknoten von der Oberfläche der Bauchspeicheldrüse (eine Vorsichtsmaßnahme, die sich später bei der Biopsie als überflüssig herausstellte). Was bei diesen Eingriffen nötig, was überflüssig, was gelungen und was mißlungen war – das zu beurteilen kann kein Laie den Medizinern abnehmen. Aber soviel ist sicher: Es ist nicht gut ausgegangen.

In den ersten beiden Tagen nach der Operation war das noch nicht ohne weiteres erkennbar. Nannen blieb auf der Intensivstation, konnte sich nur mit Mühe artikulieren, war aber begrenzt ansprechbar. Als Christians Familie kam, war er kaum dialogfähig. »So was machen wir aber nicht noch mal«, glaubte seine Schwiegertochter Gisela ihn verstanden zu haben. Eske durfte ihm einmal etwas Bitter Lemon geben, wonach er verlangt hatte. Dann begann er zu phantasieren, behauptete, an den Wänden und an der Decke Spinnen zu sehen. Das Fieber, das ihn am zweiten Tag befiel, deutete auf eine Lungenentzündung, die mit

Antibiotika bekämpft wurde und bereits abzuklingen schien, als das plötzlich wieder stark ansteigende Fieber eine andere, wesentlich gravierendere Ursache befürchten ließ: eine Entzündung im Bauchraum, die mit Antibiotika nicht mehr zu kontrollieren war. Am 29. September war die Krise evident. Eine neue Operation, eine Notoperation, wurde unvermeidlich; anders wäre die Ursache der drohenden Sepsis nicht zu ermitteln gewesen. Pichlmayr bestand darauf, auch diesen Eingriff selbst vorzunehmen, wenige Stunden vor seinem Abflug nach Amerika. »Herr Nannen, ich muß noch mal nachschauen«, sagte er dem Patienten, der kaum erkennbar reagierte.

Die Operation begann am 30. September um 19 Uhr. Wieder assistierte sein damaliger Oberarzt Dr. Wolfgang Hiller, und die Frau des Professors leitete die Anästhesie. Was sie vorfanden, ließ ihnen wenig Entscheidungsspielraum. Die Bauchspeicheldrüse war bereits brandig, war also in einen Zustand biochemischen Zerfalls übergegangen, sie verdaute sich sozusagen selber. Der Operateur mußte nun auch die Milz und die Gallenblase entfernen. Ina Pichlmayr hatte Eske ihren Ordinationsraum als Wartezimmer angeboten. Dort erschien etwa um ein Uhr nachts der Professor, weiß wie die Wand, und erklärte der Wartenden, was er hatte tun müssen – ein Arzt am Ende seiner Möglichkeiten. »Jetzt hilft nur noch Beten«, sagte Rudolf Pichlmayr.

Henri Nannen hat nach dieser Operation das Bewußtsein nicht wiedererlangt. Er wurde in ein »künstliches Koma« versetzt. Die Apparatemedizin sorgte für sein Überleben, dreizehn Tage lang. Professor Pichlmayr, nach Amerika abgeflogen, meldete sich von dort fast täglich und beriet sich über Nannens Zustand telefonisch mit Dr. Hiller.

Eske Nannen wußte, daß genau dies der »menschenunwürdige Zustand« der Hilflosigkeit war, den ihr Mann nicht hatte erleben wollen, und sie fürchtete, daß er, wenn er durchkommen sollte, nur noch die Lebensqualität eines Pflegefalls haben würde; aber sie wußte auch keine Alternative. Pichlmayrs Statthalter erklärten den Angehörigen zwar immer wieder, daß auch ein Mensch, dem so wichtige Organe entnommen worden waren, noch etwas vom Leben haben könne. Aber daß Nannens Zustand sich nur vorübergehend verbesserte, daß dann neue Komplikationen auftraten, konnten sie nicht übersehen. Eske bat, auf der Suche nach Rat, ihren Emder Internisten, der Nannen behandelt hatte, um seine Meinung. Aber der hatte Professor Pichlmayrs telefonisch gegebener Anordnung, jede neu auftretende Komplikation zu therapieren, nichts entgegenzusetzen.

Am 12. Oktober kam Pichlmayr aus den USA zurück. Er erreichte Eske über deren Handy, als sie am Bahnhof eine Freundin abholte, die ihr beistehen wollte. Es sehe nicht gut aus, sagte der Professor, ob man sich am nächsten Morgen beraten könne. Als der Morgen kam, war keine Beratung mehr nötig. Henri Nannen war in der Nacht zum 13. Oktober gestorben.

Man muß sich nicht vorstellen, daß da jemand, mit Pichlmayrs endlich erteilter Genehmigung, »den Stecker herausgezogen« und die lebensverlängernden Maschinen zum Stillstand gebracht habe. Wenn Komplikationen so überhandnehmen, wie das hier der Fall war, dann gerät auch die intensivmedizinische Lebenserhaltung an ihre Grenzen. Irgendwann läßt eine solche Komplikation sich nicht mehr wirksam bekämpfen, das Herzkammerflimmern zum Beispiel. Nannens Herz war den Strapazen der Therapie nicht gewachsen.

Rudolf Pichlmayr hat Henri Nannen nur um ein knappes Jahr überlebt. Er starb in Acapulco, wo er am 37. Weltkongreß der Chirurgie teilnahm, beim Schwimmen im Meer aus ungeklärter Ursache. Zehn Minuten nachdem er, morgens um sieben, zum Strand gegangen war, sah seine Frau ihn vom Hotelbalkon aus weit draußen im Meer schwimmen, über dem zu dieser Zeit eine schwarze Wolke hing. »Plötzlich hat es in kurzer Folge drei Blitze und einen Donnerschlag gegeben«, berichtete Ina Pichlmayr, »dann war wieder Stille. Es war wie ein Naturereignis.« Eine Stunde später wurde der Professor tot am Strand gefunden. Seine Frau vermutete, daß er durch die elektrische Aufladung des Wassers einen Herzstillstand erlitten haben könnte.

Am 18. Oktober wurde Henri Nannen auf dem Emder Friedhof in einem kleinen Kreis von Freunden und Angehörigen zu Grabe getragen. Vivaldi wurde gespielt. Die Grabrede hielt Victor Schuller, das hatten die beiden so vereinbart: Wer übrigbleibt, muß reden. »Ich wünschte«, sagte Vic Schuller, »ich könnte dir noch einmal die Hand geben. Es war immer gut, in diese Hand zu greifen, in eine große, starke Männerhand. Es war eine Hand, die das Glück ein Leben lang ganz fest im Griff hatte, bis daß der Tod es ihr entriß.«

Die Gedenkfeier für Henri Nannen war am 4. November im Hamburger Michel, in dem vielerlei Weggefährten sich drängten. Reden wurden gehalten von Helmut Schmidt, Rudolf Augstein, Gerd Schulte-Hillen, dem Hamburger Stadtoberhaupt Henning Voscherau und, als einer Freundin der Familie, von Dorothea Radtke. Der Hauptpastor von St. Michaelis, Helge Adolphsen, hielt die Predigt und las die geistlichen Texte. Er las auch jene Stelle aus dem Vierten Buch Mose, die Nannen sich kurz vor der Operation hatte aufschreiben lassen.

> Der Herr segne und behüte dich.
> Der Herr lasse sein Angesicht leuchten über dir
>   und sei dir gnädig.
> Der Herr hebe sein Angesicht über dich
>   und gebe dir Frieden.

In der Trauergemeinde hörte es Henri Nannens Studienfreundin Ilse, und sie dachte: »Jetzt ist er angekommen.«

Dank

Die Familie Nannen hat das Vorhaben dieser Biographie freundlich aufgenommen und ist mir stets mit großer Offenheit begegnet. Dafür bin ich besonders dankbar. Eske Nannen in Emden, Christian Nannen und die Seinen in Hamburg haben mir sehr geholfen.

Dank schulde ich auch dem Hause Gruner + Jahr, das mir ungehinderten Zugang zu den noch vorhandenen Dokumenten gewährt hat und dessen Archiv meine Dokumentarin Jutta Temme und ich nutzen konnten – wobei uns besonders Mathias Unger behilflich war.

Und da wir gerade bei den Archiven sind: Hilfreich waren die Bundesarchive, besonders das Militärarchiv (Freiburg); das Niedersächsische Hauptstaatsarchiv in Hannover; das Deutsche Rundfunkarchiv in Frankfurt; das Archiv des Deutschen Liberalismus in der Friedrich-Naumann-Stiftung; das Stadtarchiv der Landeshauptstadt München und, last but not least, das Stadtarchiv in Emden.

Bei den Recherchen »vor Ort«, die ich allein nicht hätte bewältigen können, sind mir Kundige und Kollegen zu Hilfe gekommen, vor allem Klaus Schumann in München, Dieter Tasch in Hannover, Jürgen Vordemann in Italien, Shabtai Tal in Israel, und in Emden waren es immer wieder Marie Werth und Bernhard Hallenga. Ihnen allen ein herzliches Dankeschön.

Verloren gewesen wäre ich ohne die Hilfs- und Auskunftsbereitschaft der Weggefährten Henri Nannens, unter ihnen besonders viele altgediente *stern*-Leute, die ich unmöglich alle aufzählen kann. Für mich immer zugänglich waren Victor Schuller, Günter und Dorothea Radtke, Günter Dahl, Ernst Artur Albaum.

Ein spezieller Dank gilt Dr. Heinrich Senfft, nicht nur für sein juristisches Lektorat, sondern auch für seine superbe Sachkenntnis. Sehr profitiert habe ich in militärischen Dingen vom Wissen der Historiker Dr. Ortwin Buchbender und Dr. Gerhard Schreiber.

Mit Lord Ralf Dahrendorf, der an der Lebensgeschichte von Gerd Bucerius arbeitet, habe ich Fakten vergleichen und Quellen austauschen können. Auch dafür Dank.

Literatur

Ahrens, Wilfried: Herrn Nannens Gewerbe. Der Skandal Stern. Eine Chronik. Ahrens Verlag, Sauerlach/Arget 1984

Althof, Wolf-Bernd: Der deutsche Selbstmord führt zu Prozessen. Eine interessante Auseinandersetzung um ein noch nicht fertiges Buch. In: Deutsche Tagespost 20./21.9.1963

Balfour, Michael: Vier-Mächte-Kontrolle in Deutschland. Droste Verlag, Düsseldorf 1959

Baumann, Guido: Gefragte Leute. Interview mit Henri Nannen. In: Schweizer Illustrierte, Zofingen 21.2.1983

Beer, Manfred R.: Glanz und Elend der Propagandatruppe. In: Die Welt 2. – 9.5.1970

Beschorner, Herward: »Sie haben nur ihre Pflicht getan.« In der Sicherheitszone Padua Süd. Harald-Kater-Verlag, Dieter Brünn, Berlin 1997

Bissinger, Manfred: Hitlers Sternstunde. Kujau, Heidemann und die Millionen. Rasch und Röhring Verlag, Hamburg 1984

Bissinger, Manfred: L'éléphant et l'amour. In: Die Woche 18.10.1996

Bohnsack, Günter/Brehmer, Herbert: Auftrag Irreführung. Wie die Stasi Politik im Westen machte. Carlsen Verlag, Hamburg 1992

Braun, Sabine/Haman, Jens: Köpfe, Könner, Kulissen. Henri Nannen. In: WDR Fernsehen 9.8.1987

Bub, Dieter: Das Gespräch. Henri Nannen. In: ARD-Fernsehen N 3, 13. Mai 1979

Bucerius, Gerd: Der angeklagte Verleger. Notizen zur Freiheit der Presse. R. Piper Verlag, München 1974

Bucerius, Gerd: Zwischenrufe und Ordnungsrufe. Wolf Jobst Siedler Verlag, Berlin 1984

Bucerius, Gerd: Henri Nannens Briefe an den stern-Leser. In: Medium, Frankfurt 11/1984

Bucerius, Gerd: Kein Nachruf. Henri Nannen nach der stern-Krise. In: Die Zeit 27.5.1983

Buchbender, Ortwin/Mrosik, Julius: Die vierte Waffe. Deutsche

Kampfpropaganda gegen das Anders-Korps 1944/45. In: Deutsche Studien 90, Hrsg. und Verlag: Ost-Akademie eV, Lüneburg 1985

Buchbender, Ortwin/Schuh, Horst: Heil Beil. Flugblattpropaganda im Zweiten Weltkrieg. Dokumentation und Analyse. Seewald Verlag, Stuttgart 1974

Buchbender, Ortwin/ Schuh, Horst: Die Waffe, die auf die Seele zielt. Psychologische Kriegführung 1939-1945. Motorbuch Verlag, Stuttgart 1983 (2. Auflage 1988)

Buchbender, Ortwin: Das tönende Erz. Deutsche Propaganda gegen die Rote Armee im Zweiten Weltkrieg. Seewald Verlag, Stuttgart 1978

Claudi, Marianne/Claudi, Reinhard: Die wir verloren haben. Lebensgeschichten Emder Juden. Hrsg. Volkshochschule Emden und Ostfriesische Landschaft 1991

Dahl, Günter: »... und bringen Sie Ihre Schreibmaschine mit.« In: Merian 2/1991

Dahl, Günter: Meine steile Karriere. In: 40 Jahre stern. Sonderausgabe 22.8.1988

Deutschland-Magazin: Die Diktatur der Meinungsmacher, 6/1987

Elten, Jörg Andrees: Karma und Karriere. Das Märchen von tausendundeiner Nacht. Hoffmann und Campe, Hamburg 1992

Frerichs, Klaus (Hrsg.): Beiträge zur Geschichte Emdens während der Weimarer Republik. Verlag Burkhart Krebs, Emden 1982

Grabe, Thomas/Hollmann, Reimar/Mlynek, Klaus: Wege aus dem Chaos. Hannover 1945-1949. Ernst Kabel Verlag, Hamburg 1985

Greiwe, Ulrich: Interview mit Henri Nannen. In: Pardon 2/1975

Habe, Hans: Our Love Affair with Germany. G. R. Putnam Sons, New York 1953

Habe, Hans: Ich stelle mich. Meine Lebensgeschichte. Verlag Kurt Desch, Wien/München/Basel 1954

Harpprecht, Klaus: Dialog mit Henri Nannen. In: ZDF 16.1.1969

Haseloff, Otto Walter: stern. Strategie und Krise einer Publikumszeitschrift. v. Hase & Koehler Verlag, Mainz 1977

Hesse: Reinhard: Deutschland, dein stern. In: Transatlantik 9/1984

Heuer, Holde: Ich weiß wenig, aber ich kann viel. In: Bild am Sonntag 4.5.1986

Hohoff, Curt: Unter den Fischen. Erinnerungen an Männer, Mädchen und Bücher 1934-1939. Limes Verlag, Wiesbaden/München 1982

Hurwitz, Harold: Die Stunde Null der deutschen Presse. Die amerikanische Pressepolitik in Deutschland 1945-1949. Verlag Wissenschaft und Politik, Köln 1972

Irnberger, Harald: Blätter, die die Welt bedeuten. stern magazin. In: Extrablatt, Wien, 4.6.1980

Jacobi, Claus: Fremde, Freunde, Feinde. Eine private Zeitgeschichte. Ullstein, Berlin/Frankfurt a. M. 1991

Janßen, Karl-Heinz: Die Zeit in der Zeit. 50 Jahre die Wochenzeitung Die Zeit. Wolf Jobst Siedler Verlag, Berlin 1995

Ketterer, Roman Norbert: Dialoge. Stuttgarter Kunstkabinett. Moderne Kunst. Belser Verlag, Stuttgart/Zürich 1988

Knef, Hildegard: Der geschenkte Gaul. Molden Verlag, Wien/München/Zürich 1970

Koch, Peter-Ferdinand: Der Fund. Die Skandale des stern. Gerd Heidemann und die Hitler-Tagebücher. Verlag Facta Oblita GmbH, Hamburg 1990

Köhler, Otto: Wir Schreibmaschinentäter. Journalisten unter Hitler – und danach. Pahl-Rugenstern Verlag, Köln 1989

Kuby, Erich: Der Fall stern und die Folgen. Konkret Literatur Verlag, Hamburg 1983

Kuenheim, Haug von: Wirbel auf dem Pressemarkt. In: Die Zeit 28.6.1968

Kuenheim, Haug von: Schlägt dem stern eine Sternstunde? In: Die Zeit 25.4.1969

Leinemann, Jürgen: Der Sohn von Lieschen Müller. In: Der Spiegel 2.1.1984

Le Viseur, Raimond/Uecker, Wolf: Interview mit Henri Nannen. In: Playboy 5/1981. Nur in einer Teilauflage

Marten, Heinz-Georg: Politischer Liberalismus in Niedersachsen. Aufbau und Entwicklung der Freien Demokratischen Partei 1945-1955. Dissertation, Göttingen 1976

Mende, Erich: Die neue Freiheit. 1945-1961. F. A. Herbig, München/Berlin 1984

Mende, Erich: Von Wende zu Wende. 1962-1982. F. A. Herbig, München/Berlin 1986

Mlynek, Klaus/Röhrbein, Waldemar R. (Hrsg.): Hannover Chronik. Von den Anfängen bis zur Gegenwart. Schlütersche Verlagsanstalt und Druckerei, Hannover 1991

Nannen, Henri: Die Gründungsgeschichte. In: 40 Jahre stern. Sonderausgabe 22.8.1988

Nayhauß, Mainhardt Graf von: Bonn vertraulich. Hase & Koehler, Mainz 1998

Nolte, Jost: Quatschen auf dem Flur ... In: Weltwoche, Zürich 26.2.1975

Polenz, Sabine: Der Mann für Lieschen Müller. In: Fernsehen N 3, 28.12.1993

Riefenstahl, Leni: Memoiren. Knaus Verlag, München/Hamburg 1987

Riehl-Heyse, Herbert: Götterdämmerung. Die Herren der öffentlichen Meinung. Siedler Verlag, Berlin 1995

Ronner, Markus R.: Das Gespräch des Monats mit Henri Nannen. In: Sonntags-Zeitung, Zürich 30.8.1987

Sager, Peter: Die Besessenen – Begegnungen mit Kunstsammlern zwischen Aachen und Tokio. DuMont, Köln 1992

Schmidt, Helmut: Weggefährten. Erinnerungen und Reflexionen. Siedler Verlag, Berlin 1996

Schmidt-Eenboom, Erich: Undercover. Der BND und die deutschen Journalisten. Kiepenheuer & Witsch, Köln 1998

Schmitt, J. W. Christian: Interview mit Henri Nannen. In: Börsenblatt 9.11.1994

Schreiber, Gerhard: Deutsche Kriegsverbrechen in Italien. Verlag C. H. Beck, München 1996

Schrenck-Notzing, Caspar: Charakterschwäche. Die amerikanische Besatzung in Deutschland und ihre Folgen. Seewald Verlag, Stuttgart 1965

Schröder, Karsten: Die FDP in der britischen Besatzungszone 1946-1948. Droste Verlag, Düsseldorf 1985

Siekmeier, Matthias: Restauration oder Reform? Die FDP in den sechziger Jahren. Janus Verlag-Ges., Köln 1998

Stern: Henri Nannen. Siebzig Jahre und kein bißchen leise. In: stern 21.12.1983

50 Jahre das Beste vom STERN. Verlag Gruner + Jahr AG & Co. 1998

Stern: 30 Jahre. Sonderausgabe 25.12.1978

Stern: 40 Jahre. Sonderausgabe 22.8.1988

Streicher, Jürgen: Der stern und sein Gründer. Hausarbeit zur Erlangung des akademischen Grades eines Magisters Artium. Fachbereich Sozialwissenschaften Johannes-Gutenberg-Universität zu Mainz 1986

Suhr, Herbert: Schreib das auf, Herbert! 40 Jahre beim »stern«. Rasch und Röhring Verlag, Hamburg 1996

Tango Stadtmagazin: Henri Nannen. Ich bin ein guter Verlierer. 1/1970

Tasch, Dieter: Hannover zwischen Null und Neubeginn. Verlagsgesellschaft Madsack. Buchrechte bei Leuenhagen & Paris, Hannover 1985

Theil, Edmund: Kampf um Italien. Von Sizilien bis Tirol 1943-1945. Albert Langen – Georg Müller Verlag GmbH, München/Wien 1983

Thomas, Michael: Deutschland, England über alles. Rückkehr als Besatzungsoffizier. Siedler Verlag, Berlin 1984

Timmermans, Felix: Pallieter. Insel Verlag, Leipzig 1922

Wedel, Hasso von: Die Propagandatruppen der deutschen Wehrmacht. Kurt Vowinckel Verlag, Neckargemünd 1962

Wildente, Die. Informationen. PK-Mitteilungsblatt. Verantwortlich f. d. Inhalt Günther Heysing, Meldorf/Holstein. Ausgaben 1/1952 – 28/1966 (Erscheinen eingestellt)

Wilhelmsmeyer, Helmut: Der Krieg in Italien 1943-1945. Leopold Stocker Verlag, Graz/Stuttgart 1995

Winter, Rolf (Hrsg.): Henri Nannen. Lieber stern Leser. Briefe an den Leser 1958-1983. Stern-Buch im Verlag Gruner + Jahr, Hamburg 1984

Witter, Ben: Spaziergang mit Henri Nannen. Ich habe keinen Anspruch auf Freiheit. In: Die Zeit 16.12.1983

Wolf, Markus: Spionagechef im geheimen Krieg. Erinnerungen. List Verlag, München 1997

Ziesel: Kurt: Die Meinungsmacher. Spiegel, Zeit, stern & Co. Universitas Verlag, München 1988

Ziesel, Kurt: Der rote Rufmord. Eine Dokumentation zum kalten Krieg. Fritz Schlichtenmayer Verlag, Tübingen/Neckar 1961

Zschocke, Fee: Lokal-Termin mit Henri Nannen. In: Essen und Trinken 4/1984

Kunst-Artikel von Henri Nannen

Tag der Deutschen Kunst. In: Die Kunst im Dritten Reich, Jg. 1937, Bd. 1, S. 40. Zentralverlag der NSDAP, Franz Eher Nachf., München

Wege zur Kunst. In: Die Kunst im Dritten Reich, Folge 9, September 1937

Der Lebenswert in der bildenden Kunst heute. In: Die Kunst im Dritten Reich, Jg. 1937, Bd. 1, Juli 1937, S. 62-63

Die Eröffnungsausstellung im »Haus der Deutschen Kunst«. II: Die Malerei. In: Die Kunst für alle. Malerei, Plastik, Graphik, Architektur, Jg. 53, Oktober 1937, Nr. 21, ebenfalls in: Die Kunst 39. Jg., 1938, Nr. 77, S. 19-24

Die Malerin Emilie von Hallavanya. In: Die Kunst. Februar 1938, Bd. 77, S.157-158

Über das künstlerische Plakat. In: Die Kunst. Mai 1938, Band 77, Heft 8, S. 225-231

Farbe und Dekorationen bei Ferruccio Ferrazzi. In: Die Kunst. Bd. 79, Heft 3, Dezember 1938, S. 86-91. Ebenfalls in: Die Kunst für alle, Jg. 54, Heft 3, Dezember 1938, S. 86-91

Heroisches Italien. In: Die Kunst. Dezember 1938, S. 92-93

Totenmale des Grossen Krieges. In: Die Kunst. 40 Jg., Bd. 79, 1939, S. 62-64

Von der Schönheit der bewegten Linie. Eine Betrachtung über das Wesen der Graphik. In: Die Kunst. Juni 1939, S. 3-4

Die Grosse Deutsche Kunstausstellung 1939. 1. Teil. In: Kunst dem Volk. Folge 7, Juli 1939, S. 7-40, Hrsg. von Prof. H. Hoffmann, München/Wien

Maske und Gesicht der sowjetischen Kunst. In: Die Kunst. November 1941, Band 85, Heft 2, S. 44-48

Einige PK-Berichte von Henri Nannen aus dem Bundesarchiv/Militärarchiv, Freiburg

PK-Berichte – Lw. Kriegsberichterkompagnie (mot.) 2

PK 1942: Kroatien – Akrobaten der Luft

PK 8.5.1942: ... und vernichtet ihn! (Halbinsel Kertsch)

PK 13.5.1942: Tiefangriff auf Sewastopol

PK 28.5.1942: So schlugen wir zu (Charkow)

PK 31.5.1942: Holzauge, sei wachsam! Die Männer, von denen niemand spricht, Nahaufklärer leisten die Vorarbeit...

PK 12.6.1942: Seefestung Sewastopol sturmreif

Register

Abbildungsnachweis